FACHDIDAKTIK BIOLOGIE

Harald Gropengießer, Ute Harms, Ulrich Kattmann (Hrsg.)

Fachdidaktik Biologie

Die Biologiedidaktik begründet von
Dieter Eschenhagen, Ulrich Kattmann und *Dieter Rodi*

9., völlig überarbeitete Auflage

Autoren
*Susanne Bögeholz, Karla Etschenberg, Ulrich Gebhard,
Harald Gropengießer, Ilka Gropengießer, Marcus Hammann,
Ute Harms, Ulrich Kattmann, Jürgen Langlet, Jürgen Mayer,
Susanne Meyfarth, Georg Pfligersdorffer, Christoph Randler,
Carolin Retzlaff-Fürst, Steffen Schaal, Ulrike Unterbruner,
Annette Upmeier zu Belzen* und *Jörg Zabel*

Karikaturen von *Roland Bühs*

AULIS VERLAG

Bibliografische Information der Deutschen Nationalbibliothek

Die Deutsche Nationalbibliothek verzeichnet diese Publikation in der Deutschen Nationalbibliografie; detaillierte bibliografische Daten sind im Internet über http://dnb.dnb.de abrufbar.

1. Auflage 1985 verfasst von *Dieter Eschenhagen, Ulrich Kattmann* und *Dieter Rodi*
2. völlig überarbeitete Auflage 1992
3. gegenüber der 2. unveränderte Auflage 1996
4. neu bearbeitete Auflage 1998 herausgegeben von *Ulrich Kattmann*
5. gegenüber der 4. unveränderte Auflage 2001
6. gegenüber der 4. unveränderte Auflage 2003
7. völlig überarbeitete Auflage 2006 herausgegeben von *Harald Gropengießer* und *Ulrich Kattmann*
8. durchgesehene Auflage 2008 herausgegeben von *Harald Gropengießer* und *Ulrich Kattmann*
9. völlig überarbeitete Auflage 2013 herausgegeben von *Harald Gropengießer, Ute Harms* und *Ulrich Kattmann*

Das vorliegende Werk wurde sorgfältig erarbeitet. Dennoch übernehmen Autoren, Herausgeber und Verlag für die Richtigkeit von Angaben, Hinweisen und Ratschlägen sowie für eventuelle Druckfehler keine Haftung.
Das Werk und alle seine Bestandteile sind urheberrechtlich geschützt. Jede vollständige oder teilweise Vervielfältigung, Verbreitung und Veröffentlichung bedarf der ausdrücklichen Genehmigung des Verlages.

Redaktion: Brigitte Abel

Best. Nr. A302868
© Alle Rechte bei Aulis Verlag in der Stark Verlagsgesellschaft, Hallbergmoos 2013
Layout, Satz und Grafik: Grafisches Atelier Wolfgang Felber, Ottobrunn
ISBN 978-3-7614-2868-9

Inhalt

Vorwort VII
Zum Arbeiten mit diesem Buch IX

Biologiedidaktisches Denken und Handeln
1. Biologie lernen und lehren 2
   Harald Gropengießer
2. Analyse fachlicher Aussagen in Lehrbüchern 8
   Harald Gropengießer & Ulrich Kattmann
3. Arbeiten mit Schülervorstellungen 12
   Harald Gropengießer & Ulrich Kattmann
4. Didaktische Rekonstruktion 16
   Harald Gropengießer & Ulrich Kattmann
5. Begründung des Biologieunterrichts 24
   Ulrich Kattmann
6. Auswahl und Verknüpfung der Lerninhalte 29
   Ulrich Kattmann
7. Berufswissenschaft Didaktik der Biologie 39
   Harald Gropengießer & Ulrich Kattmann

Kompetenzorientierung des Biologieunterrichts
8. Kompetenzen im Biologieunterricht 48
   Ute Harms
9. Fachwissen kennen und anwenden 51
   Ute Harms
10. Erkenntnisse mit naturwissenschaftlichen Methoden gewinnen 56
    Jürgen Mayer
11. Kommunikation biologischer Phänomene und Erkenntnisse 62
    Ute Harms & Ulrich Kattmann
12. Bewerten der Anwendung biologischer Erkenntnisse 71
    Susanne Bögeholz

Reflexionsrahmen des Biologieunterrichts
13. Kultur der Naturwissenschaften 80
    Jürgen Langlet
14. Erkenntnistheorie und Lernen 98
    Jörg Zabel
15. Geschichte und Struktur der Biologie 105
    Ulrich Kattmann
16. Wissenschaftsethik und Bioethik 114
    Ute Harms & Ulrich Kattmann
17. Geschichte des Biologieunterrichts 125
    Ulrich Kattmann

Überfachliche Bildungsaufgaben des Biologieunterrichts

18 Brückenfach Biologie 143
   Ulrich Kattmann
19 Gesundheitsbildung 148
   Ilka Gropengießer
20 Sexualbildung 157
   Karla Etschenberg
21 Umweltbildung 169
   Ulrike Unterbruner
22 Sozialbildung 191
   Ulrich Gebhard

Lernende und Lehrende

23 Schülerinnen und Schüler 198
   Ulrich Gebhard
24 Biologielehrerinnen und Biologielehrer 212
   Harald Gropengießer

Planung von Biologieunterricht

25 Unterrichtsziele formulieren 220
   Jürgen Mayer
26 Unterricht planen 227
   Harald Gropengießer
27 Lernaufgaben entwickeln 243
   Harald Gropengießer
28 Schülerleistungen beurteilen 251
   Ute Harms

Arbeitsweisen im Biologieunterricht

29 Erkunden und Erkennen 268
   Harald Gropengießer
30 Beobachten 273
   Harald Gropengießer
31 Mikroskopieren 278
   Harald Gropengießer
32 Experimentieren 284
   Harald Gropengießer
33 Vergleichen 294
   Marcus Hammann
34 Unterrichten mit Lebewesen 299
   Christoph Randler
35 Protokollieren, Zeichnen und Mathematisieren 312
   Carolin Retzlaff-Fürst
36 Unterrichten mit Modellen 325
   Annette Upmeier zu Belzen

| 37 | Sammeln und Ausstellen | 335 |

Steffen Schaal

Medien im Biologieunterricht

| 38 | Vielfalt und Funktionen von Unterrichtsmedien | 344 |

Ulrich Kattmann

| 39 | Präparate, Bilder und Arbeitsblätter | 350 |

Susanne Meyfarth

| 40 | Diagramme | 360 |

Ulrich Kattmann

| 41 | Sprache | 378 |

Ute Harms & Ulrich Kattmann

| 42 | Schulbücher | 390 |

Harald Gropengießer

| 43 | Computer | 395 |

Georg Pfligersdorffer

Lernorte für den Biologieunterricht

| 44 | Fachräume und Sammlung | 412 |

Carolin Retzlaff-Fürst

| 45 | Schulgelände und Schulgarten | 421 |

Carolin Retzlaff-Fürst

| 46 | Freiland, Umweltzentren und Schülerlabore | 429 |

Jürgen Mayer

| 47 | Botanischer Garten, Zoo und Naturkundemuseum | 441 |

Ute Harms

Quellen

48	Biologiedidaktische Quellen	448
49	Literaturverzeichnis für jedes Kapitel	452
50	Stichwortverzeichnis	453

| 51 | Herausgeber und Bearbeiter | 461 |

Vorwort zur 9. Auflage

Das Lehrbuch Fachdidaktik Biologie ist seit mehr als 25 Jahren als Standardwerk in der ersten und zweiten Phase der Lehrerbildung etabliert. Es richtet sich an alle, die Experten für das Lernen und Lehren der Biologie werden wollen oder es bereits sind, also an Studierende und Referendare für das Lehramt Biologie und an Biologielehrkräfte aller Schularten. Darüber hinaus ist es für Biologie-Studierende mit anderen Studienzielen von Interesse, also auch für künftig Lehrende in außerschulischen Institutionen, Organisationen oder Vereinen.

Für die 9. Auflage wurde das Lehrbuch von 18 ausgewiesenen Fachleuten überarbeitet; in 48 Kapiteln wird das aktuelle Wissen der Biologiedidaktik dargestellt. Im letzten Jahrzehnt wurde die Biologiedidaktik von einer internationalen Forschergemeinschaft vorangetrieben und zu einer rasant fortschreitenden, empirisch forschenden Wissenschaft weiterentwickelt. Dem wurde bei der Neuauflage ebenso Rechnung getragen wie der gegenwärtigen Kompetenzorientierung des Biologieunterrichts mit der daraus folgenden Hinwendung zum wissensbasierten Können, zu dem die Lernenden nach dem Unterricht fähig sein sollen.

Neu ist in dieser Auflage ebenfalls die Einführung in biologiedidaktisches Denken und Handeln, die den Einstieg in das Studium der Biologiedidaktik erleichtern soll. Der Förderung des Lernens dienen auch die am Anfang eines jeden Kapitels aufgeführten Konzepte, die beim Lernen und bei der Wiederholung des Gelernten einen raschen Überblick ermöglichen. Die Konzepte sind zugleich die Überschriften der Unterabschnitte eines Kapitels und geben den ausgeführten Inhalten somit eine klare Struktur.

Das Lehrbuch Fachdidaktik Biologie zeichnet sich seit seinem Entstehen durch den umfassenden Nachweis der relevanten Literatur aus. Es erschien nicht zweckmäßig, das umfangreiche Literaturverzeichnis im Buch abzudrucken. Stattdessen wird es in nutzerfreundlicher Weise im Internet zur Verfügung gestellt und dort regelmäßig aktualisiert.

Unser Dank gilt den bisherigen Bearbeitern (siehe Kapitel 51). Ihre Arbeit war die Grundlage für die vorliegende 9. Auflage. Bei Frau Dr. Brigitte Abel vom Aulis Verlag möchten wir uns für die kritische Durchsicht aller Entwürfe der Neubearbeitung bedanken.

Hannover, Kiel und Oldenburg im Sommer 2013
Harald Gropengießer, Ute Harms und *Ulrich Kattmann*

Aus dem Vorwort zur 1. Auflage 1985

Mit dem Entschluss, ein Lehrbuch zur Fachdidaktik Biologie zu verfassen, strebten die Autoren an, eine nicht zu umfangreiche, aber auch nicht zu stoffarme Orientierungshilfe für die Unterrichtspraxis und das Studium zu schaffen.
Im deutschen Sprachraum liegen mehrere hilfreiche Darstellungen der Biologiedidaktik vor. Es fehlte bisher jedoch ein Lehrbuch, in dem der Hauptakzent auf den systematischen Überblick über den gegenwärtigen Stand der Biologiedidaktik gelegt wird. ...
Besonderen Wert haben die Autoren auf begrifflich-terminologische Klärungen gelegt und damit versucht, die Fachsprache der Biologiedidaktik zu vereinheitlichen und zu vereinfachen.
Zwei Umstände erlauben es, den Umfang des Lehrbuchs zugunsten von Lesbarkeit und systematischer Klarheit zu beschränken. Zum einen ist die Darstellung auf die biologiedidaktischen Probleme im engeren Sinne konzentriert, während die Verzahnung mit allgemeindidaktischen Fragen nur in Grundzügen umrissen wird. ... Zum anderen werden diejenigen speziellen biologiedidaktischen Fragen, die mit bestimmten Unterrichtsinhalten verknüpft sind, nicht behandelt. Die Berücksichtigung dieser Fragen hätte den Charakter des Lehrbuches gesprengt. In diesem Bereich liegt heute eine große Anzahl von Unterrichtshilfen in Zeitschriften, Handbüchern und Schullehrbüchern vor.

Oldenburg und Schwäbisch Gmünd, Frühjahr 1985
Dieter Eschenhagen, Ulrich Kattmann, Dieter Rodi

Zum Arbeiten mit diesem Buch

Wir laden Sie ein, mit der Fachdidaktik Biologie einen Einstieg in das zentrale Professionswissen für Biologielehrkräfte zu finden – einen Einstieg in ein komplexes und mit der Biologie und Pädagogik vielfach verbundenes Wissensgebiet. Weitergehend können Sie mit der Fachdidaktik Biologie Ihre Argumentationsfähigkeit, Handlungsfähigkeit und Reflexionsfähigkeit für den Biologieunterricht aufbauen und weiterentwickeln.

Die Fachdidaktik Biologie hilft Ihnen im Studium, im Referendariat und in der Praxis. Sie können die Fachdidaktik Biologie vielfältig nutzen: zum Lernen, zur Vorbereitung eines Referats, zum Schreiben eines Berichts, zur Anfertigung einer schriftlichen Arbeit oder zum Einstieg in eine biologiedidaktische Forschungsarbeit und nicht zuletzt für die theoretische Fundierung und Verbesserung Ihres Biologieunterrichts.

Die Kapitel 1 bis 7 (Biologiedidaktisches Denken und Handeln) sind als Einführung gedacht und sollten in der vorliegenden Reihenfolge studiert werden. Für die folgenden Teile und Kapitel des Lehrbuchs gilt dies nicht. Sie können beispielsweise mit Teil II, also mit der Kompetenzorientierung des Biologieunterrichts, beginnen oder sich genauso gut gleich mit der Planung von Biologieunterricht (Teil VI) beschäftigen. Das gilt für andere Kapitel in gleicher Weise.

Mit der Fachdidaktik Biologie möchten wir das Lesen, Studieren und Verstehen erleichtern, indem wir Ihnen didaktische Brücken zwischen dem Wissen der Autoren und Ihrem Wissen anbieten. Derartige Brücken sind die Konzepte, die am Anfang jeden Kapitels den wesentlichen Grundgedanken verständlich darlegen. Eine solche Konzeptorientierung kennen Sie möglicherweise aus führenden Lehrbüchern der Biologie.

Jedes Kapitel der Fachdidaktik Biologie trägt eine kurze Überschrift, die den jeweiligen Bereich der Biologiedidaktik markiert. Darunter steht eine Liste mit Konzepten, die Sie in den folgenden Unterüberschriften wiederfinden. Die Konzepte bringen den Inhalt auf den Punkt und drücken von vornherein aus, worauf es in diesem Kapitel bzw. Abschnitt ankommt. Als Schlüsselsätze helfen Ihnen die Konzepte so, einen leichten Zugang zur Kernbotschaft des jeweiligen Textes zu finden. Es lohnt sich also, die Überschriften zu lesen. Vor allem können Sie Ihr Lernen mit Hilfe der Konzepte selbst steuern, weil sie orientieren und Ihnen helfen, die Übersicht zu behalten. Das gilt auch für die Wiederholung des Gelernten: Sie können mit einem Blick erfassen, ob Sie den Inhalt eines Abschnitts verstanden haben oder besser noch einmal nachlesen.

Hilfreich sind die Verweise wie (▶ 7). Die Dreiecksspitze weist auf das Kapitel, die Abbildung, die Tabelle oder den Kasten hin und macht Sie auf Zusammenhänge, Grundlagen oder Erweiterungen aufmerksam.

Besonderen Wert haben wir auf Hinweise gelegt, die Ihnen für Unterricht oder Forschung nützlich sein können. Beispielsweise finden Sie in der Tabelle 34-1 für den Unterricht empfohlene Tiere zusammen mit Anmerkungen und Literaturhinweisen.

Die Literaturliste finden Sie unter *www.aulis.de/files/A302868-Literaturliste.pdf* im Internet, wo Sie sie abrufen und herunterladen können. Die Liste wird regelmäßig aktualisiert.

Wenn Sie das Gesamtwerk *Fachdidaktik Biologie* zitieren, schlagen wir die folgende Zitationsweise vor:
Gropengießer, H., Harms, U. & Kattmann, U. (Hrsg.). (2013). Fachdidaktik Biologie. Die Fachdidaktik begründet von Dieter Eschenhagen, Ulrich Kattmann und Dieter Rodi. Hallbergmoos: Aulis Verlag, 9. Aufl.
Wenn Sie ein Kapitel der Fachdidaktik Biologie zitieren, wäre eine gängige Zitationsmöglichkeit: Gebhard, U. (2013). Schülerinnen und Schüler. In: H. Gropengießer, U. Harms & U. Kattmann, (Hrsg.), Fachdidaktik Biologie (S. 198–211). Hallbergmoos: Aulis Verlag, 9. Aufl.

Biologiedidaktisches Denken und Handeln

1 Biologie lernen und lehren

Harald Gropengießer

> - Biologie lehren lernen heißt die Perspektive wechseln.
> - Die Planung des Unterrichts ist eine zentrale professionelle Aufgabe.

1.1 Biologie lehren lernen heißt die Perspektive wechseln

Als Erwachsener haben Sie schon viele Biologie-Unterrichtsstunden erlebt und eine Vorstellung von der Vielfalt der Erscheinungsformen des Biologieunterrichts. Werden Sie vor die Aufgabe gestellt, selbst zu unterrichten, gehen Sie einen Schritt weiter – vom Lernen zum Lehren der Biologie. Zwar werden Sie dabei feststellen, dass das Lehren eine der wirksamsten Formen des inhaltlichen Lernens darstellt (Lernen durch Lehren), aber man lernt das Lehren nicht selbstverständlich und ganz nebenbei: Es ist eine Herausforderung, das Lehren der Biologie zu lernen. Biologiedidaktik ist dafür die zentrale Berufswissenschaft (▶ 7.3).

Zunächst wird Sie die Frage nach Ihrer Eignung für den Lehrerberuf umtreiben: Werde ich als Lehrperson von den Schülern akzeptiert? Schenkt man mir Aufmerksamkeit, wenn ich als Lehrperson vor einer Klasse stehe? Kann ich schwierige Sachverhalte erklären? Damit stellen sich Fragen nach der persönlichen Eignung und der sozialen Kompetenz. Ein Selbsttest, wie ihn viele Universitäten bereitstellen oder fordern, kann Anhaltspunkte liefern. Aber auch kritische Freunde, die der Selbsteinschätzung eine Fremdeinschätzung entgegen halten, sind hilfreich. Sehr empfehlenswert ist es, Gelegenheiten zu nutzen, um Kinder und Jugendliche anzuleiten, beispielsweise in einem Verein.

Viele Menschen glauben, sie wüssten, was Lehrkräfte tun; schließlich haben sie es ja selbst jahrelang erlebt. Allerdings werden viele Intentionen und Handlungen einer Lehrperson nicht erkannt und lassen sich erst mit dem Auge des Wissenden entdecken. Unterricht ist eine Form des sozialen Lernens, die zwei verschiedene Rollen bereithält: Lernende und Lehrende. Biologie lehren zu lernen bedeutet somit einen Rollenwechsel. Die Rolle der Lehrperson ist zudem die komplexere und deshalb schwierigere. Sie kann nicht allein dadurch übernommen werden, dass man im Unterricht in anderer Funktion dabei war. Aus dem eigenen Erleben des Unterrichts als Lernender lässt sich die Lehrerrolle nicht antizipieren. Wenig empfehlenswert ist die Idee, es mit der Imitation einer erlebten Lehrerrolle zu versuchen. In die Rolle der Biologielehrerin, des Biologielehrers muss man hineinwachsen, bis man sie schließlich ausfüllen kann. Darüber hinaus wird die Fähigkeit verlangt, sich in einen kritischen Zuschauer hineinzuversetzen. Von Lehrpersonen wird schließlich die Fähigkeit zur kritischen und theoriegeleiteten Sicht auf den Unterricht und auf ihr eigenes Tun erwartet. Zentral für eine erfolgreiche Lehrperson ist also ihre Fähigkeit zur Reflexion.

Der Weg zum Experten für das Lernen und Lehren der Biologie führt über ungewohnte Standpunkte zu völlig neuen Perspektiven. Vom Standpunkt des Lernenden ist es vor allem wichtig aufzupassen, was die Lehrperson tut. Auch wenn es viele andere Situationen im Unterricht gibt:

Aus Schülerperspektive ist die Lehrperson der wichtigste Akteur im Klassenraum. Man nennt diese Perspektive auf das Unterrichtsgeschehen lehrerzentriert (vgl. Meyer 2003). Das eigene Lernen kommt Schülern dabei seltener in den Blick, meistens nur dann, wenn es ein Verstehensproblem gibt. Wer hingegen die Gestaltung von Biologieunterricht plant, arbeitet an der Strukturierung der Unterrichtsstunde, besorgt Materialien, stellt Folien und Arbeitsblätter her und beschäftigt sich mit seinem Auftritt. Unterricht ist aus dieser Perspektive ein Werk der Lehrperson und wird lehrzentriert oder unterrichtszentriert gedacht. Allerdings bleibt die Frage, wozu Unterricht überhaupt veranstaltet wird. Zweifellos soll der Unterricht primär das Lernen der Schüler unterstützen. Dies ist die Kernaufgabe und Grundlage der Existenz von Schule. Notwendig ist also der Perspektivwechsel von einer lehrer- und lehrzentrierten bzw. unterrichtzentrierten Sicht hin zu einer schülerzentrierten Perspektive. Der Unterricht soll an der Lernstruktur der Schüler ausgerichtet werden. Lehren ist Anregung und Förderung von Lernen – oder vergeblich. Der Unterricht erfüllt seine Funktionen dann, wenn Fragen wie die folgenden bedacht und die Unterrichtssituationen entsprechend gestaltet werden:

– Warum sollte sich ein Lernender für den Lerngegenstand interessieren?
– Welcher Sinn liegt für die Lernenden im Lernen dieses Gegenstandes?
– Wissen die Lernenden, was im Verlauf des Unterrichts auf sie zukommt?
– Was weiß, versteht und kann ein Lernender bereits?
– Welche Lernangebote könnten den Lernenden helfen?
– Welche Lerntätigkeiten können die Lernenden ausführen?
– Wie viel echte Lernzeit steht den Lernenden zur Verfügung?
– Wissen die Lernenden, welche Leistungen erwartet werden?
– Welche Rückmeldungen zu ihren Verständnissen und Fähigkeiten bekommen die Lernenden?

1.2 Die Planung des Unterrichts ist eine zentrale professionelle Aufgabe

Der tatsächliche Verlauf eines Unterrichts wird meist allen Beteiligten deutlich – den vollständigen Unterrichtsplan kennt nur die Lehrperson. Die didaktische Strukturierung mit den Intentionen und Überlegungen der Lehrperson, die zur geplanten didaktischen Struktur führen, wird üblicherweise nicht auf der Bühne des Unterrichts ausgebreitet. Genau das soll aber im Folgenden zumindest ansatzweise dargestellt werden: Eine Unterrichtssituation zum Thema „Menschlicher Blutkreislauf", wie sie sich den Lernenden darbietet, wird in einzelnen Phasen (Kästen) skizziert, rechts daneben werden Überlegungen und Absichten beschrieben (vgl. Gropengießer 1987).

1) Einstieg

„Wie sich das Blut in eurem Körper bewegt – darüber könnt ihr heute einiges lernen."

„Bei welchen Gelegenheiten lässt sich Blut beim Menschen beobachten?"
Erwartete Äußerungen:
- Verletzung,
- Nasenbluten,
- rot werden,
- rote Äderchen der Bindehaut,
- …

Zunächst soll die Absicht deutlich und damit den Lernenden Orientierung angeboten werden.
Dann wird an lebensweltliche Erfahrungen angeknüpft. Die Lernenden sammeln die erfragten Gelegenheiten. Vorüberlegung zur Dokumentation: Wo werden die Beiträge der Schüler notiert, auf der Tafel, der seitlichen Weißwandtafel oder dem Projektor? Welche Überschrift? Wird im Verlauf des Unterrichts noch ergänzt? (Dies ist bei der Entscheidung über den Ort des Anschriebs zu beachten.) Wann und unter welchen Bedingungen übernehmen die Schüler das? An den Dauerauftrag des Mitschreibens muss erinnert werden. Mit den „Verletzungen" wird die lebensweltliche Relevanz des Themas deutlich.

2) Aufgabe

„Zeichne deine Vorstellung von der Bewegung des Bluts in den Körperumriss. Beschrifte so, dass deine Nachbarin, dein Nachbar deine Zeichnung ohne deine Hilfe verstehen kann."

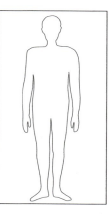

Den Schülern soll ein Körperumriss vorgelegt werden. Wirtschaftlichkeitsüberlegung: Wie groß sollte der Umriss kopiert werden?
Wichtige Aufträge und Gelenkstellen immer ausformulieren.
Mit der Aufgabe wird das Vorwissen aktiviert. Jeder Lernende stellt seine Vorstellung dar. Dies kann Grundlage sein für ein kurzes Gespräch mit den Sitznachbarn oder der Tischgruppe über die verschiedenen individuellen Vorstellungen. Hier sind Forschungsbefunde zu den Vorstellungen (▶ 3) hilfreich, um Zeichnungen einordnen zu können.
Am Ende der Unterrichtssequenz soll der Lernfortschritt durch den Vergleich der Schemazeichnungen deutlich werden.

1 Biologie lernen und lehren

3) Erarbeitung des Problems

„Naturwissenschaftler geben sich mit ersten Ideen nicht zufrieden. Sie überprüfen es am Objekt."

„Welche Beobachtungen können Hinweise auf die Bewegung des Blutes geben?"
Erwartete Äußerungen:
– Puls,
– spritzende Blutung bei Arterienverletzungen,
– …

„An welchen Stellen des Körpers lässt sich der Puls spüren?"
Erwartete Äußerungen:
– Hals,
– Unterarm, nahe Handgelenk,
– …

Von den schematischen Zeichnungen, d. h. von den Darstellungen der Vorstellungen ausgehend, soll die Notwendigkeit der empirischen Prüfung der Vorstellungen deutlich werden. Mit dem Wechselspiel von Theorie und Empirie beginnt das naturwissenschaftliche Denken und Arbeiten.
Die Vorstellungen sollen hier zunächst strukturell durch Beobachtungen korrigiert werden.
Vermutlich wird das Wort „Pulsschlag" genannt. Hier ist richtigzustellen, dass „Puls" bereits so viel wie „Schlag" heißt. Aber was spürt man da? Zu spüren ist die Durchmesseränderung der Schlagader oder Arterie, verursacht durch die schubweise Austreibung des Blutes aus dem Herzen.
Relevant: Überall, wo der Puls zu spüren ist, kann eine Arterie bei notwendiger Erster Hilfe abgedrückt werden.

4) Untersuchung

Zeige- und Mittelfinger einer Hand werden auf bestimmte Stellen des eigenen Körpers gelegt und der Puls gespürt. Dies erfordert einiges an Fingerspitzengefühl. Einige Stellen sind den Schülern bekannt: Hals und Unterarm, nahe dem Handgelenk. Weitere Beobachtungsstellen werden von der Lehrperson demonstriert, z. B. Bauchschlagader. Andere werden mit einer Tabelle auf einem Arbeitsblatt beschrieben.
„Ich kann meinen Puls auch ohne zu tasten spüren." Die Lernenden anleiten, ihrem Herzschlag nachzuspüren: Die Bewegungen der Hals-, Bauch-, Arm- und Beinarterien lassen sich erspüren.

Mit dieser Übung werden Erfahrungen am und mit dem eigenen Körper gestiftet. Es ist aus Gründen des Persönlichkeitsschutzes und der Gefahr von Übergriffen nur die Untersuchung des eigenen Köpers anzuraten.
Viele Schüler kennen ihren eigenen Körper kaum. Der Biologieunterricht kann dazu beitragen, den eigenen Leib bewusster wahrzunehmen und die Vorstellung vom eigenen Körper weiterzuentwickeln.
Organkenntnis und Erste-Hilfe-Wissen sind ein Ansatz der Gesundheitsbildung. Gefühle sind beteiligt: Allein die Art und Weise, wie achtsam mit dem eigenen Leib als lebendiger, funktionierender Ganzheit umgegangen wird, kann zu Faszination führen.

> **5) Dokumentation**
> Eine lebensgroße Umrisszeichnung wird an einer Tafel befestigt. Die Stellen, an denen der Puls zu spüren war, werden markiert, von der Lehrperson mit Strichen verbunden und beschriftet.

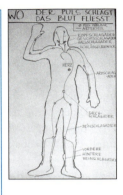

Die Umrisszeichnung wird hergestellt, indem sich ein Lernender auf Makulaturpapier legt; eine gleichgeschlechtliche Person umfährt die Körperkonturen mit dickem Filzstift. Dabei ist sorgfältig auf die Kleidung zu achten.

Wenn sich die Person vom Makulaturpapier erhebt, zeigt sich noch der individuelle Umriss dieser Person. An der Tafel aufgeklebt und hochgezogen, lässt sich darin schon eine Schemazeichnung sehen, die lernförderlich mit einem weitaus komplizierteren Schema des Blutkreislaufs verglichen werden kann.

> **6) Auswertung/Reflexion**
> „Das Herz pumpt Blut in die Arterien. Aber wo bleibt das Blut?"
> Erwartete Äußerungen:
> – Das Blut fließt zu den Organen.
> – Das Blut fließt zu den Organen und wieder zurück.
> – Das Blut fließt im Kreislauf.
> – …

Wiederum ist gedankliche Arbeit notwendig: Welche Befunde wurden mit der Untersuchung erhoben und zu welchen neuen Fragen und Erarbeitungen führen sie?
Der Frage lässt sich eine andere Richtung geben: Woher kommt das Blut, welches in die Arterien gepumpt wird?
Hier kann eine der großen Ideen der Biologie deutlich werden: Das Blut wird in Adern in einem Kreislauf geführt.

Die Unterrichtssequenz kann und sollte weitergeführt werden, wobei die Funktion des Blutkreislaufs in den Blick rücken sollte (vgl. Kattmann 2007). Das Beispiel sollte nur zeigen, dass Lernende und Lehrpersonen denselben Biologieunterricht völlig anders wahrnehmen und erleben. Erst die Biologiedidaktik als zentrale Berufswissenschaft für Biologielehrkräfte verschafft den vollen Überblick. Auf dem Weg zum Experten für das Lernen und Lehren der Biologie sollte man die lehrer-, unterrichts- und schülerzentrierte Perspektive auf Unterricht unterscheiden können und letzterer bei der Planung Priorität geben.

Die Planung von Lernangeboten, Lernsequenzen und Lernumgebungen, also die didaktische Strukturierung von Unterricht, steht und fällt allerdings mit mindestens zwei anderen zu bearbeitenden Aufgaben. Einmal müssen die wissenschaftlichen Erkenntnisse, Methoden und Theorien, die den Unterrichtsgegenstand (hier: Blutkreislauf) fundieren, berücksichtigt werden. Sie müssen aus didaktischer Perspektive geklärt werden, weil nur fachlich korrekte Inhalte unterrichtlich nützlich sind. Ein Unterricht, der falsche fachliche Ziele verfolgt, gerät auf Abwege. Es besteht die Gefahr, dass Veraltetes oder gar Falsches gelehrt und gelernt wird. Zum anderen geht es um die Kenntnisse, Fertigkeiten, Verständnisse und Kompetenzen, über die die Lernenden schon vor dem Unterricht verfügen. Dieses individuelle Lernpotenzial ist Ausgangspunkt für weiteres Lernen auf dem jeweiligen Gebiet. Ein Unterricht, der Lernende unter- oder überfordert, führt nicht weiter.

Unterricht zu planen – und das heißt eine didaktische Struktur zu entwerfen – ist nur dann professionell, wenn die fachlichen Grundlagen geklärt werden (Analyse fachlicher Aussagen in Lehrbüchern, ▶ 2) und wenn möglichst gut fundierte Annahmen zu den Schülervorstellungen und Lernpotenzialen (▶ 3) der Lernenden getroffen werden (Didaktische Rekonstruktion, ▶ 4).

2 Analyse fachlicher Aussagen in Lehrbüchern

Harald Gropengießer & Ulrich Kattmann

- Fachliche Aussagen sind darauf zu prüfen, welche Vorstellungen sie vermitteln.
- Fachdidaktisch geklärte Vorstellungen sollen das fachliche Lernen fördern.

2.1 Fachliche Aussagen sind darauf zu prüfen, welche Vorstellungen sie vermitteln

Fachliche Informationen finden Sie in Ihrem Studium und bei der Unterrichtsvorbereitung vor allem in Hochschullehrbüchern. Man erwartet darin verlässliche und verständliche Informationen zum gewählten Thema. Das kann man jedoch nicht voraussetzen. Solche Lehrbücher richten sich an Fortgeschrittene und bieten den Stand des Wissens in kondensierter Form an. Ohne Vorwissen bleibt manches unverständlich. Außerdem werden historisch bedingte Fachwörter (Termini) verwendet und traditionelle Auffassungen vertreten. Achten Sie deshalb auf die „Fossilien alten Denkens" in den Lehrbuch-Texten. Für das eigene Verstehen und für den Unterricht müssen die fachlichen Aussagen interpretiert und neu formuliert werden. Es ist eine fachdidaktische Aufgabe zu prüfen, welche Vorstellungen die Aussagen vermitteln und ob sie fachliches Lernen hindern oder fördern können.

Lehrbuchaussagen zum Blutkreislauf

1. „Die Blutzirkulation zum und vom Herz erfolgt durch ein erstaunlich ausgedehntes Netzwerk von Gefäßen: Die Gesamtlänge der Blutgefäße bei einem durchschnittlichen Erwachsenen entspricht dem zweimaligen Umfang der Erde am Äquator" (Campbell & Reece 2009, 1246).

2. „Wie [...] zu sehen ist, weisen die Kreislaufsysteme von Amphibien, Reptilien, Vögeln und Säugern zwei eigenständige Kreisläufe aus, eine Anordnung, die man als *doppelten Kreislauf* bezeichnet. Die Pumpen der beiden Kreisläufe dienen der Versorgung unterschiedlicher Gewebe, liegen aber in einem gemeinsamen Organ, dem Herz" (Campbell & Reece 2009, 1247).

3. „*Beachte:* Die Zuordnung der Bezeichnung Arterie oder Vene erfolgt nach dem Wandaufbau, Hoch- bzw. Niederdrucksystem und nicht nach dem Sauerstoffgehalt des Blutes, der hier dargestellt ist. Im Lungenkreislauf enthält folglich die Pulmonalarterie venöses Blut (= blau), während die Pulmonalvene das arterialisierte Blut (= rot) enthält" (Schünke et al. 2009, 10).

4. „Venöses Blut strömt über die V. cava superior und inferior über den Sinus venarum cavarum in den rechten Vorhof. [...] Arterielles Blut strömt von den Lungen [...] in den linken Ventrikel" (Schünke et al. 2009, 111).

Zum Thema „Menschlicher Blutkreislauf" (▶ 1) sind in führenden Hochschullehrbüchern die im Kasten abgedruckten Texte zu lesen.

Im ersten Zitat wird ein erstaunlicher naturwissenschaftlicher Befund mitgeteilt, der unseren Körper in einem völlig neuen Licht erscheinen lässt. Der Blick in ein Hochschullehrbuch hat sich als lohnenswert erwiesen, denn eine solche Aussage kann Interesse wecken und zu Fragen führen, die im Unterricht geklärt werden können:
– Wozu gibt es so viele Blutgefäße?
– Was für Blutgefäße sind das?

Das zweite Zitat hält dagegen einer fachdidaktischen Prüfung auf korrekte Vorstellungen nicht stand. Aus der unvoreingenommenen Perspektive der Lernenden wird behauptet, die genannten Organismen hätten *zwei* Kreisläufe. Dabei ist doch wohl auch den Verfassern klar, dass das Blut in einem Organismus wie dem unseren in *einem* Kreislauf zirkuliert. Aber die Lehrbuchautoren haben sich an die gebräuchlichen Fachausdrücke gehalten und damit die historisch bedingte Terminologie über die Klarheit der Darstellung gestellt. Die überkommene und allgemein gebräuchliche Terminologie ist aber in diesem Fall missleitend und daher für einen verständnisfördernden Biologieunterricht nicht akzeptabel. Die entsprechend fachlich geklärte Vorstellung muss vielmehr lauten: Der Mensch hat einen Blutkreislauf.

Kritisch sind daher die in Lehrbüchern (▶ Kasten, Zitat 3) und Biologieschulbüchern gebräuchlichen Termini „Lungenkreislauf" und „Körperkreislauf" zu betrachten. Sie sind historisch bedingt und nur verständlich, wenn man das Herz als ungeteilt ansieht. Dann würde das Blut in den beiden „Kreisen" jeweils zum Herzen und zurück fließen. Tatsächlich ist das Herz jedoch in eine rechte und linke Hälfte geteilt. Das Blut fließt also nicht zweimal an denselben Ort, sondern in die jeweils andere Herzhälfte. Fachlich geklärt handelt es sich demnach um einen Blutkreislauf, der vereinfacht in der Form einer 8 darstellbar ist. Dabei werden die Blutbahnen in der Taille der 8 kreuzungsfrei aneinander vorbei geführt. Anstelle von zwei Kreisläufen kann man von daher einer Lungenpassage oder Lungenschleife und einer Körperpassage oder Körperschleife sprechen. (▶ Tab. 2-1; auch das ist nicht ganz eindeutig, denn die Lunge gehört ebenfalls zum Körper).

2.2 Fachdidaktisch geklärte Vorstellungen sollen das fachliche Lernen fördern

Die wissenschaftlichen Erkenntnisse, Methoden und Theorien, die den Unterrichtsgegenstand fundieren, müssen aus fachdidaktischer Perspektive geklärt werden, weil nur fachlich korrekte und verständliche Inhalte unterrichtlich nützlich sind (▶ Tab. 2-1). Allgemein gewendet: Fachsprache ist in fachlich geklärte Unterrichtssprache zu überführen. Erst wenn die Bedeutungen der Begriffe mit Hilfe lernförderlicher Termini gelernt sind, sollten übliche Fachtermini genannt und zugeordnet werden, sodass sich die Lernenden im Schulbuch und in anderer Literatur orientieren können. (▶ 41).

Zur Klärung des Begriffs des *einen Kreislaufs* ist der Weg einer Blutzelle zu verfolgen. Dafür müssen wir gedanklich an einer Stelle beginnen. Günstig ist es, die Reise der Blutzelle in einer

Konventionelle, aber fehlleitende Termini	Fachlich geklärte lernförderliche Termini
zwei Kreisläufe doppelter Kreislauf	ein ungeteilter Blutkreislauf in Form einer kreuzungsfreien 8
Lungenkreislauf Körperkreislauf	Lungenpassage oder Lungenschleife Körperpassage oder Körperschleife
ein ungeteiltes Herz	ein Herz mit zwei getrennten Pumpen: linke und rechte Herzhälfte
frisches Blut, arterielles Blut verbrauchtes Blut, venöses Blut	sauerstoffreiches Blut kohlenstoffdioxidreiches Blut
	Arterien führen Blut vom Herzen weg Venen führen Blut in Richtung Herz (▶ Kasten)

Tabelle 2-1: Fehlleitende und lernförderliche Termini zum menschlichen Blutkreislauf

Herzkammer oder in der Aorta beginnen zu lassen. Der Kreislauf ist einmal vollständig durchlaufen, wenn die Blutzelle wieder am Ausgangsort angelangt ist (vgl. Gropengießer 1987).
Mit diesem kritischen Blick erscheint auch der erste zitierte Absatz (▶ Kasten, S. 8) klärungsbedürftig: „Die Blutzirkulation zum und vom Herz ..." Wenn es sich wirklich um einen Kreislauf handelt, dann ist ein Kreislauf gerade dadurch ausgezeichnet, dass er keinen Anfang und kein Ende hat (▶ 3). Fachlich geklärt heißt das: Das Blut zirkuliert in Leitungsbahnen. Wie irreleitend historisch bedingte Termini sein können, zeigen die widersprüchlichen Termini Arterie vs. arterielles Blut bzw. Vene vs. venöses Blut (▶ Kasten, S. 8, Zitat 3 und 4).
Nimmt man die Funktion des *Gasaustauschs* in den Blick, dann steht nicht mehr das Herz im Mittelpunkt der Betrachtung, sondern die Wege von der Lunge zu den Organen und zurück. Ein Sauerstoffmolekül beginnt seinen Weg in einer Alveole, gelangt in eine der umliegenden Kapillaren und wird – von der linken Herzkammer angetrieben – zu einem Organ getragen. Aus einer Kapillare gelangt das Sauerstoffmolekül beispielsweise in eine Muskelzelle. Dieser Teil des Blutkreislaufs kann somit als *Versorgungsleitung* verstanden werden. Die Muskelzelle gibt gleichzeitig Kohlenstoffdioxid in die Kapillare ab. Dort beginnt gedanklich der Teil des Blutkreislaufsystems, der als *Entsorgungsleitung* verstanden werden kann (Kattmann 2007).

Der Prozess der fachdidaktisch kritischen Prüfung und Neuformulierung fachlicher Aussagen heißt *fachliche Klärung* (▶ 4). Die fachliche Klärung teilt mit der „Sachanalyse" nach Wolfgang Klafki (1969, 18) eine gemeinsame Didaktik-Tradition und die fachwissenschaftliche Fragerichtung. Der Unterschied liegt vor allem im kritischen (und nicht nur rezeptiven) fachwissenschaftlichen Anspruch. Fachliche Theorien, die in einem Wechselspiel von Theorie und Empirie erarbeitet und von der Wissenschaftlergemeinschaft skeptisch geprüft worden sind, sind eben auch nur Vorstellungen, die mit fachdidaktischen Methoden untersucht werden können. Die fachdidaktisch geklärten Vorstellungen helfen, die lebensweltlichen Vorstellungen in ihrer Differenz zu fachlichen Aussagen besser zu verstehen (▶ 3; 4).

Wie man Lernende verwirrt

Es muss schon ein blutiger Anfänger gewesen sein, jener Experte, der auf die Idee gekommen ist, Blut als „venös" oder „arteriell" zu bezeichnen. Solange es in der Körperpassage fließt, befindet sich venöses Blut in Venen und arterielles Blut in Arterien. So weit, so gut. In der Lungenpassage fließt allerdings venöses Blut in Arterien und arterielles Blut in Venen. Alles klar?

Die Termini arterielles und venöses Blut sind historisch bedingt; sie stammen aus einer Zeit, als man die Lungenpassage des Blutes noch nicht kannte. Das Blut in den Arterien ist sauerstoffreich oder -arm, je nachdem, ob es über die linke Herzhälfte von der Lunge, oder über die rechte Herzhälfte beispielsweise von den Muskeln kommt.

Ohne diesen Hintergrund könnte man auf die Idee kommen, die beiden Termini seien nur zur Verwirrung der Schüler eingerichtet. Wo es doch eigentlich bei „arteriell" und „venös" nur darum gehen könnte, dass Arterien größere Blutgefäße sind, in denen Blut mit hohem Druck vom Herzen wegfließt und Venen größere Blutgefäße sind, in denen sich Blut mit niedrigem Druck zum Herzen hin bewegt.

Rot wird in den Schemata (Modellen) zum Blutkreislauf üblicherweise das Blut symbolisiert, das sauerstoffreich und kohlenstoffdioxidarm ist und in Wirklichkeit eine hellrote Farbe hat. Blau symbolisiert wird sauerstoffarmes, kohlenstoffdioxidreiches Blut, das in Wirklichkeit eine dunkelrote Farbe hat.

3 Arbeiten mit Schülervorstellungen

Harald Gropengießer & Ulrich Kattmann

- Die Lernenden bringen Vorstellungen zu einem Thema in den Unterricht mit.
- Die Vorstellungen der Lernenden sind Lernvoraussetzungen und Lernmittel.

3.1 Die Lernenden bringen Vorstellungen zu einem Thema in den Unterricht mit

Wenn Sie ein Thema wie „Menschlicher Blutkreislauf" (▶ 1; 2) unterrichten, bringen die Lernenden ihre eigenen Vorstellungen mit in den Unterricht. Diese gründen meistens in tiefgreifenden individuellen lebensweltlichen Erfahrungen. Aus Informationsquellen wie Internet, Fernsehen oder Zeitschriften werden sie vorrangig dann übernommen, wenn diese den aufgrund eigener Erfahrung gebildeten Vorstellungen entsprechen, ähneln oder sich mit ihnen leicht assoziieren lassen.

Nun könnten Sie versucht sein, die fachliche Sichtweise nach vorn zu stellen und die verfügbaren lebensweltlichen Vorstellungen zu ignorieren oder gar als Fehlvorstellungen abzuwerten, die im Biologieunterricht keinen Platz haben. Allerdings sollten Sie bedenken, dass diese Vorstellungen den Lernenden bisher geholfen haben, sich die Prozesse in ihrem Körper zu erklären. Auch wenn sie aus fachlicher Sicht nicht akzeptabel erscheinen mögen, sind die Vorstellungen für die Lernenden bedeutsam.

Sie meinen vielleicht, dass die Lernenden den Lehrstoff begreifen müssten, wenn Sie ihn nur klar und einfach genug darstellen. Das ist aber häufig nicht der Fall, weil Lernende an ihren eigenen, ihnen sinnvoll erscheinenden und fest eingeprägten Vorstellungen festhalten. Sie sollten daher bedenken, dass die Lernenden immer nur mit den kognitiven Strukturen weiterlernen können, die jeweils für sie verfügbar sind (▶ 23.2). Die Vorstellungen der Lernenden zu (be-)achten, ist deshalb so wichtig, weil Sie daran erkennen können, warum manche Sachverhalte so schwer gelernt werden, obwohl Sie selbst sie als leicht, klar und verständlich einschätzen. Das Wissen über solche bereichsspezifischen Vorstellungen von Lernenden ist für Sie als Lehrpersonen daher genauso wichtig wie das fachliche Wissen (vgl. Gunstone & White 1992).

Als Lehrperson sollte man sich zunächst kundig machen, über welche Vorstellungen zum jeweiligen Thema die Lernenden verfügen. Eine gute Idee ist es zudem, einfache Erhebungsmethoden für Schülervorstellungen in den Unterricht zu integrieren und mit den so erhobenen Vorstellungen weiterzuarbeiten (vgl. Gropengießer 1986; 1997, ▶ Kasten).

Zum Thema Blutbewegung im menschlichen Körper sind Schülervorstellungen weitgehend erforscht und kategorisiert worden (▶ Tab. 3-1).

3 Arbeiten mit Schülervorstellungen

Die Vorstellungen der Lernenden können im Unterricht erhoben werden

Auch wenn viele Vorstellungen bereits bekannt sind, ist es lohnenswert und lernförderlich, die Vorstellungen in einer Lerngruppe zu erheben. Denn welche der Vorstellungen wirklich als Lernvoraussetzungen für das Weiterlernen verfügbar sind, zeigt sich erst durch die Erhebung. Dabei ist es eher ungünstig, nur einzelne Lernende zu Wort kommen zu lassen, weil so die Vielfalt der Vorstellungen nicht deutlich wird. Zudem ist die fachlich angemessene Vorstellung erst wirklich verstanden, wenn andere Denkmöglichkeiten bekannt sind.

Kartenabfrage. Aus dem Unterrichtszusammenhang heraus wird eine Frage schriftlich an der Tafel gestellt. Beispielsweise: „Welche Funktionen hat das Herz?" Die Lernenden bekommen eine Karteikarte im Postkartenformat und werden aufgefordert, ihre Antwort aufzuschreiben. Den Teilnehmern wird Anonymität zugesichert. Drei Minuten werden als Bearbeitungszeit vorgegeben und die Karten dann eingesammelt. Es werden zunächst alle Karten kommentarlos vorgelesen. Jeder Teilnehmer wird damit in seiner Antwort gewürdigt. Dabei kann die Lehrperson schon still auf einander widersprechende und besonders interessante Antworten achten, die im Anschluss in einer ausgewählten Reihenfolge zur Diskussion gestellt und geklärt werden.

Zeichnungen. Die Lernenden werden aufgefordert, einen vorgegebenen Körperumriss zu ergänzen: „Zeichne, wie sich das Blut im Körper bewegt." Es sollte deutlich werden, dass keine perfekte Zeichnung erwartet wird, damit es nicht zu Blockaden kommt. Die Zeichnung sollte möglichst kontrastreich und groß angelegt werden. Wieder sollte eine bestimmte Zeit, z. B. 5 Minuten, vorgegeben werden.

Zeichnungen enthüllen eher ein Gesamtverständnis als Einzelheiten und sind ohne zusätzliche Beschriftung in besonderem Maße offen für Interpretationen. Sie sind gut als Gesprächsanlass geeignet. Die Zeichnungen können gut sichtbar aufgehängt oder auf Tischflächen präsentiert werden. Eine methodische Variante sind Kleingruppen von vier bis sechs Lernenden, die sich gegenseitig ihre Vorstellungen von der Blutbewegung anhand ihrer Zeichnung erläutern und so verschiedene Verständnisse kennenlernen.

Wiederholter Einsatz. Mit Kartenabfragen und Zeichnungen lässt sich der Wandel und Wechsel von Vorstellungen veranschaulichen und dokumentieren, wenn sie vor, während und am Ende der Unterrichtseinheit eingesetzt werden. Die Aufmerksamkeit gegenüber veränderten Vorstellungen ermöglicht, den eigenen Lernfortschritt wahrzunehmen, und ist ein erster Schritt hin zu einer eigenverantwortlichen Lernprozesssteuerung.

Konzeptnamen	Konzepte
Allgegenwart des Blutes	Blut ist überall in und unter der Haut.
Blutbewegung	
zu den Organen	Blut fließt vom Herzen zu den Organen.
hin und zurück	Blut fließt vom Herzen zu den Organen und wieder zurück.
Kreislauf	
einfach	Blut fließt im Kreislauf durch Herz und Körper.
doppelt	Blut fließt im Körper- und im Lungenkreislauf.
gegliedert in 2-Schleifen	Blut fließt in *einem* Kreislauf mit Lungen- und Körperpassage.

Tabelle 3-1: Konzepte zur Blutbewegung (Riemeier et al. 2010, verändert)

3.2 Die Vorstellungen der Lernenden sind Lernvoraussetzungen und Lernmittel

Im Biologieunterricht sollte schrittweise ein lernförderliches Klima geschaffen werden, welches es den Lernenden erlaubt, ihre Vorstellungen angstfrei zu äußern. Sie sollten eine Haltung entwickeln, die neugierig verfügbare Vorstellungen bewusst macht und als Lernvoraussetzungen und Lernmittel begreift. Die Vorstellung vom Kreislauf erscheint zunächst selbstverständlich. Aber das Denken in Kreisläufen bietet bei genauerem Nachdenken Überraschungen. Lehrenden erscheint der Blutkreislauf als selbstverständlich; den Lernenden jedoch nicht. Bei ihnen ist oft nur die Durchblutung der Organe und die Blutbewegung vom Herzen weg oder hin und zurück im Blick (Tab. 3-1). Der Blutkreislauf wird erst auf höheren Kompetenzstufen erkannt (vgl. Schmiemann 2010, 106 ff.). Ein ähnliches Bild ergeben Zeichnungen: Deutlich steht das Herz im Mittelpunkt (▶ Abb. 3-1). Mit der linken Zeichnung wird ein mehrfacher Blutfluss hin zu den Organen und zurück zum Herzen dargestellt. Auf der rechten Zeichnung ist allenfalls ein Kreislauf entlang des Körperumrisses zu erkennen, der aber mehrfach im ungeteilten Herzen mündet.

Und wie sollte man sich einen Kreislauf im Körper vorstellen? Ein Kreislauf hat keinen Anfang und kein Ende (▶ Kasten). Steht das Herz im Zentrum, dann ist allein dadurch diese Vorstellung behindert.

Das Arbeiten mit den Schülern bedeutet für den Unterricht also zweierlei:
- Der Blutkreislauf ist nicht als leicht begreifbar vorauszusetzen, sondern anschaulich einzuführen (▶ 1) und zu verdeutlichen (▶ Kasten). Die verwirrende Rede von zwei Kreisläufen ist durch Verfolgen des Blutstroms zu korrigieren (▶ 2.2).
- Die Fixierung auf das Herz als Mittelpunkt ist aufzulösen. Dazu wird den Lernenden mit der Funktion des Gasaustauschs eine neue Perspektive gegeben: von der Lunge zum Gewebe und zurück (Versorgungs- und Entsorgungsleitung). Damit werden die beiden Herzhälften zu zwei Pumpen: ein Kreislauf, zwei Pumpen (Kattmann 2007, ▶ 2.2).

Wie diese Vorstellungen von Kreislauf und Zentrum auf den Blutkreislauf des menschlichen Körpers anzuwenden sind, ist so schrittweise mit Blick auf deren Funktionen zu entwickeln.

3 Arbeiten mit Schülervorstellungen

Abbildung 3-1: Zeichnungen von Lernenden der 8. Klasse zur Blutbewegung im menschlichen Körper (Riemeier et al. 2010)

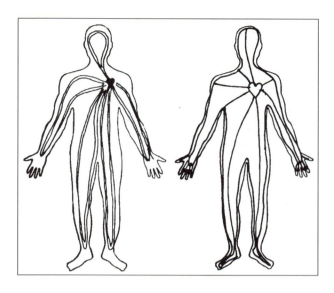

> **Gudruns Curriculum oder das Denken in Kreisläufen**
> Mit Gudrun, meiner kleineren Nachbarin und Freundin, spielte ich in meiner Kindheit oft auf ihrem Hof. Wir konnten auf einer Mauer um den Misthaufen laufen. Weil ich schneller war, konnte ich an den Ecken springend überholen. Wenn ich vorher hinter Gudrun hergelaufen war, befand ich mich nach einem Sprung über die Ecke vor ihr. Aber nicht lange, dann war ich wieder hinter ihr und musste sie wieder überholen. Mir machte das zu schaffen.
> Wenn man in einem Kreis läuft, verlieren vor und hinter, zuerst und zuletzt, ihre Eindeutigkeit. Wichtig ist nur die Richtung, in der der Kreis durchlaufen wird. Es ist eine Frage der Beschreibung, wo man gedanklich den Anfang setzt. Zum Zwecke einer linearen Beschreibung zerschneidet man diesen Kreis. Der Lauf beginnt an einem Startpunkt und endet am Ziel. Das Denken folgt dabei dem Start-Weg-Ziel Schema. Wichtig ist es aber, den Kreis wieder zusammenzusetzen. Dann fallen Start und Ziel zusammen.

Ein Mensch hat einen Blutkreislauf. So lautet die grundlegende Aussage. Sie muss allerdings noch differenziert auf den ganzen Körper bezogen werden: Der Blutstrom muss alle Organe erreichen; nur wenn er sich jeder Zelle bis auf wenige Zellen Abstand nähert, kann die Diffusion der Atemgase ausreichend schnell erfolgen. Deshalb muss die Idee des Kreislaufs mit nur einer Bahn erweitert werden um die Idee der Verzweigung und des anschließenden Zusammenfließens. Das Blutgefäßsystem hat zentral durch die beiden Herzhälften in Form der Vorhöfe, Herzkammern sowie Lungenarterie und Aorta nur einen Weg, peripher in den Organen hingegen viele Wege (kleinere Adern und Kapillaren).

4 Didaktische Rekonstruktion

Harald Gropengießer & Ulrich Kattmann

- Didaktische Rekonstruktion dient als Rahmen für fachdidaktische Forschung.
- Didaktische Rekonstruktion ist ein Weg zum guten Unterricht.
- Lerngegenstände sind zu elementarisieren, fachlich zu rahmen und lebensweltlich einzubetten.

4.1 Didaktische Rekonstruktion dient als Rahmen für fachdidaktische Forschung

Biologiedidaktische Forschung hat das Lernen und Lehren von Biologie zum Gegenstand. Das *Modell der Didaktischen Rekonstruktion* ist ein fachdidaktischer Forschungsrahmen, der diese Arbeit durch drei Teilaufgaben strukturiert (Tab. 4-1, vgl. Kattmann et al. 1997; Gropengießer 2001; 2012; Duit, Gropengießer & Kattmann 2005; Kattmann 2007 a; b; Komorek & Kattmann 2008; Reinfried, Mathis & Kattmann 2009; Duit et al. 2012).
Eine solche Vorgehensweise dient der fachdidaktischen Aufgabe, die Lernenden und Bereiche der Wissenschaft zusammenzubringen. Im empirischen Teil ist deshalb die Erhebung von Vorstellungen der Lernenden zentral (▶ 23). Der analytische Teil betrifft vor allem die Klärung der für das jeweilige Thema wichtigen wissenschaftlichen Aussagen. Diese beiden Aufgaben bilden die Basis für die konstruktive Aufgabe: die didaktische Strukturierung des Unterrichts. Das Verhältnis der drei Aufgaben zueinander wird mit dem „fachdidaktischen Triplett" verdeutlicht (▶ Abb. 4-1). Exemplarisch kann die Didaktische Rekonstruktion an der Klassifikation der Wirbeltiere gezeigt werden. Das Beachten des Lernpotenzials führt hier zugleich zu einer fachlich fundierten Strukturierung des Unterrichts (▶ Kasten).

Forschungsaufgabe	Fragestellung
Fachliche Klärung	Welche Genese, Funktion und Bedeutung haben die für ein Thema bedeutsamen biologischen Begriffe, und in welchem theoretischen Kontext stehen sie?
Erfassen der Lernpotenziale	Welche Vorstellungen verbinden die Lernenden mit dem Thema? Welche Lernvoraussetzungen, Lernfähigkeiten und Einstellungen bringen die Lernenden für das Thema mit?
Didaktische Strukturierung	Welche Lernwege sind aussichtsreich, um von den Lernpotenzialen zu den fachlich geklärten Begriffen zu gelangen? Welche Möglichkeiten für das Lernen und Lehren des Themas eröffnen sich?

Tabelle 4-1: Die drei Teilaufgaben der Didaktischen Rekonstruktion

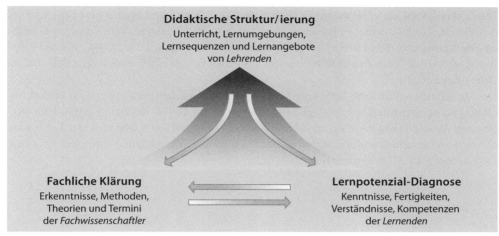

Abbildung 4-1: Fachdidaktisches Triplett (nach Kattmann et al. 1997, verändert)

Tiere ordnen
Wirbeltiere werden in Schulbüchern für die Klassenstufe 5/6 nach Merkmalen der Hautbedeckung in systematische Gruppen eingeteilt: Säugetiere haben Haare, Vögel haben Federn usw.
Dieses Vorgehen ist durch *Didaktische Rekonstruktion* zu revidieren:
Fragt man Lernende nach ihren eigenen Vorstellungen, wie sie Tiere ordnen, so bilden sie ganz andere Gruppen: vor allem Wassertiere, fliegende Tiere, kriechende Tiere. Ihre Kriterien sind Lebensräume (Wasser, Land, Luft) und entsprechende Fortbewegungsweisen (Schwimmen, Fliegen, Kriechen). Das ist das erhobene *Lernpotenzial* (Kattmann & Schmitt 1996). Wissenschaftliche und lebensweltliche Kriterien des Ordnens erscheinen hier jedoch als Gegensätze, die nicht miteinander zu verbinden sind. Das Lernpotenzial ist scheinbar ein Lernhindernis. Doch der Schein trügt: Das typologische Ordnen (nach Merkmalen) hat ohne eine evolutionstheoretische Fundierung keine hinreichende fachliche Basis. Beachtet man nämlich, dass die systematischen Gruppen die phylogenetische Verwandtschaft widerspiegeln sollen, dann sind sie keine Merkmalsklassen, sondern Abstammungsgemeinschaften. Das ist das Ergebnis der *fachlichen Klärung*.
Führt man entsprechend einen Evolutionsgedanken ein, nach dem die Wirbeltiere im Laufe ihrer Geschichte vom Wasser her das Land besiedelt haben, so werden wissenschaftliche Vorstellungen (ökologischer Aspekt der Evolution der Wirbeltiere) und lebensweltliche Vorstellungen (Ordnen der Tiere nach Lebensräumen) konstruktiv miteinander verbunden. Das Ordnen der Wirbeltiere erfolgt dementsprechend nach den Lebensräumen: Wasser (Fische), Übergang Wasser-Land (Amphibien), Land (echte Landtiere, Amnioten). Das ist die *didaktische Struktur* der Unterrichtseinheit „Vom Wasser aufs Land und zurück".
Zum korrekten Einordnen einiger Wirbeltiere (u. a. Wale, Krokodile) sind dann weitere Schritte innerhalb des naturgeschichtlichen Vorgehens nötig (Baumann et al. 1996).

Durch diese Anbindung an die grundlegende Struktur fachlichen Lernens und Lehrens wird erreicht, dass fachdidaktisches Forschen unmittelbar für die Praxis der Vermittlung von Biologie relevant ist und direkt umgesetzt werden kann (▶ Tab. 4-2; vgl. Duit 2004). Ebenso bietet das Modell einen Rahmen zur Reanalyse der Aufgaben von internationalen Vergleichsstudien (Jelemenská 2007).

Das Modell ist von der Lehr-Lern-Forschung ausgehend auch auf Forschungen für die Lehrerbildung weiterentwickelt worden (vgl. Lohmann 2006; van Dijk & Kattmann 2007). Hier werden anstelle der Lernpotenziale der Lernenden die Lehr- und Lernpotenziale der Lehrenden erhoben und entsprechende didaktische Strukturen für die Lehrerbildung entwickelt (van Dijk 2009; Jelemenská 2012; Kattmann & Kizil 2013).

Gebiet	Forschung	Unterricht
Genetik	Strukturen und Prozesse der Vererbung (Frerichs 1999)	Genetik im Kontext von Evolution (Baalmann & Kattmann 2000) schwarz-weiße Zwillinge (Kattmann 2007 d)
	Gene und Gesundheit (Schwanewedel 2011)	
	Genetikunterricht in der Sekundarstufe I (Gluhodedow 2011)	Einführungskurs in die Genetik (Gluhodedow 2011)
Evolution	Anpassung (Baalmann et al. 2004; Weitzel 2006)	Warum gibt es Säugetiere?; Selektion (Kattmann, Janßen-Bartels & Müller 2006 a; b; Baalmann & Kattmann 2000)
	Narration und Verstehen der Evolution (Zabel 2009)	
	Abstammung des Menschen (Groß 2007) fachdidaktisches Wissen von Lehrkräften (van Dijk 2009; van Dijk & Kattmann 2010)	Abstammung und Verwandtschaft des Menschen (Kattmann & Groß 2007) naturgeschichtlicher Unterricht (van Dijk & Kattmann 2008)
	Evolutionstheorie und Religion (Illner 1999)	Evolution und Schöpfung (Kattmann 2008)
Systematik	Tiere ordnen (Kattmann & Schmitt 1996; Sonnefeld & Kattmann 2002)	Klassifikation der Wirbeltiere (Baumann et al. 1996)
Ökologie	Ökologie verstehen (Sander, Jelemenská & Kattmann 2006) ökologische Einheiten (Jelemenská 2006)	Woher kommt der Sauerstoff? (Sander, Jelemenská & Kattmann 2004) Naturschutz (Kattmann & Sander 2007)
	Klimawandel (Niebert 2010) Exponat Blattschneiderameisen (Groß 2007)	Kohlenstoffkreislauf (Niebert 2009) Ernährung der Blattschneiderameisen (Angersbach & Groß 2005)

Tabelle 4-2: Didaktische Rekonstruktion biologischer Themen *(Teil 1)*
Die angegebenen Unterrichtseinheiten wurden auf der Basis von Ergebnissen der Forschungsarbeiten erstellt. In den Forschungsarbeiten selbst sind ebenfalls konkrete Vorschläge für den Unterricht enthalten (Vermittlungsexperimente, didaktische Strukturierung).

Gebiet	Forschung	Unterricht
Mikrobiologie	Mikroben und mikrobiologische Prozesse (Hilge 1999 a) Bakterien (Schneeweiß 2010) Mikroben im menschlichen Körper (Hörsch 2007)	Wer zersetzt Lebensmittel? (Hilge 1999 b) Leben im Magen (Kattmann & Hörsch 2007)
Botanik	Pflanzen als Lebewesen in Evolution und Entwicklung (Cypionka 2012) Wie Pflanzen mit Wasser leben (Sieke 2005)	Kletterpflanzen (Cypionka 2012)
Zellenlehre	Zelltheorie (Riemeier 2005 a)	Zellteilung, Zellverdoppelung (Riemeier 2005 b)
Sinnesphysiologie	Sehen (Gropengießer 2001) Sinneswahrnehmung (Sundermeier 2009)	Material zum Sehen (Gropengießer 2002)
Stoffwechsel	Blut, Herz und Kreislauf (Riemeier et al. 2010) Atmung (Schwegmann 2004) Körperwärme (Focken zum Buttel 2004) menschliche Haut (Sturm 2004)	Blutkreislauf des Menschen (Kattmann 2007 c)

Tabelle 4-2: Didaktische Rekonstruktion biologischer Themen *(Teil 2)*

4.2 Didaktische Rekonstruktion ist ein Weg zum guten Unterricht

Durch die Anbindung an die Praxis ist das Modell der Didaktischen Rekonstruktion nicht nur als Forschungsrahmen, sondern auch als alltäglicher Planungsrahmen für den Unterricht tauglich. Es geht dann um Rekonstruktion der Lerngegenstände und entsprechende Strukturierung der Lernumgebungen (Gropengießer & Kattmann 2009; vgl. Kansanen 2003, ▶ 26).

Biologielehrkräfte und Biologiedidaktiker sind sich im Allgemeinen darin einig, dass Methoden und Aussagen aus dem Wissenschaftsbereich nicht unbesehen und unverändert in den Biologieunterricht übernommen werden sollten. Auch bei einem wissenschaftsorientierten Unterricht sind daher die Inhalte, Probleme und Verfahrensweisen nicht einfach aus der im Wissenschaftsbereich vorhandenen Fülle auszuwählen. Die Gegenstände des Lernens sind nicht vom Wissenschaftsbereich vorgegeben; sie müssen vielmehr in pädagogischer Zielsetzung erst hergestellt, d. h. didaktisch rekonstruiert werden.

Lernen ist ein aktiver Akt, sodass die Gedankenwelt der Lernenden als entscheidende Lernvoraussetzung zu beachten ist (▶ 23). Durch die Didaktische Rekonstruktion wissenschaftlicher Inhalte rückt das Herstellen von Bezügen zwischen fachlichem und interdisziplinärem Wissen und der Lebenswelt der Lernenden, deren Vorverständnis, Anschauungen und Werthaltungen ins Zentrum (vgl. Kattmann et al. 1997).

Bei der Unterrichtsvorbereitung – und entsprechend zurückgewendet bei der Unterrichtsreflexion – können die Analysefragen zur fachlichen Klärung, zu den Lernpotenzialen und zur didaktischen Strukturierung leitend sein (vgl. Kattmann 2004, ▶ 26).

> **Leitfragen der Didaktischen Rekonstruktion**
>
> **Fachliche Klärung:**
> - Welche fachwissenschaftlichen Aussagen liegen zu dem jeweiligen Bereich vor, und wo zeigen sich deren Grenzen?
> - Welche Genese, Funktion und Bedeutung haben die wissenschaftlichen Vorstellungen, und in welchem Kontext stehen sie?
> - Welche wissenschaftlichen und epistemologischen Positionen sind erkennbar?
> - Wo sind Grenzüberschreitungen sichtbar, bei denen bereichsspezifische Erkenntnisse auf andere Gebiete übertragen werden?
> - Welche ethischen und gesellschaftlichen Implikationen sind mit den wissenschaftlichen Vorstellungen verbunden?
> - Welche Bereiche sind von einer Anwendung der Erkenntnisse betroffen?
>
> **Lernpotenziale:**
> - Welche Vorstellungen entwickeln Lernende, bezogen auf fachlich relevante Phänomene?
> - Welche Vorstellungen, also Begriffe, Konzepte und Denkfiguren, verwenden die Lernenden in fachbezogenen Kontexten?
> - Welche Vorstellung haben die Lernenden von Wissenschaft?
> - Welche Korrespondenzen zwischen lebensweltlichen Vorstellungen und wissenschaftlichen Vorstellungen sind erkennbar?
> - Welches sind die wichtigsten Elemente der Alltagsvorstellungen der Lernenden, die im Unterricht berücksichtigt werden müssen?
>
> **Didaktische Strukturierung:**
> - Welche Lern- und Lehr-Möglichkeiten eröffnen sich, wenn die Schülervorstellungen beachtet werden?
> - Welche Lernchancen und -schwierigkeiten bieten die fachlich geklärten Vorstellungen für das Lernen?
> - Welche Vorstellungen sind bei der Bildung von Begriffen und der Verwendung von Termini zu beachten?
> - Welche der Alltagsvorstellungen von Lernenden korrespondieren mit wissenschaftlichen Konzepten dergestalt, dass sie für ein angemessenes und fruchtbares Lernen genutzt werden können?
> - Wie müssen die Lernbedingungen (z. B. Motivation, Lernklima, Hierarchie im Klassenraum) gestaltet werden, um fachliches Lernen und Vorstellungsänderungen zu fördern?

Im Sinne der Didaktischen Rekonstruktion sind wissenschaftliche Lehrbücher für die fachdidaktische Forschung keine optimalen Quellen. Damit wird nämlich oft die geforderte Einsicht in Zusammenhänge sowie in Komplexität und Geschichtlichkeit der Einzelphänomene durch eine verallgemeinernde Darstellung von Wissensbeständen verdrängt. Für die fachdidaktische Forschung gilt: Als Quellen der fachlichen Klärung und für den Rückbezug zur Wissenschaft Biologie im Unterricht sind *Originalarbeiten* am besten geeignet. Hochschullehrbücher eignen sich häufig erst nur vor dem Hintergrund *historischer Quellen,* durch die die komprimierten und verallgemeinerten Aussagen des Lehrbuchs kritisch betrachtet und reflektiert werden können. Bei der Unterrichtsplanung sollten entsprechende fachdidaktische Forschungsergebnisse und darauf basierende Unterrichtsvorschläge zugrunde gelegt werden (vgl. Tab. 4-2 und Kattmann 1992).

4.3 Lerngegenstände sind zu elementarisieren, fachlich zu rahmen und lebensweltlich einzubetten

Vereinfachung
Ein Sachverhalt oder System kann vereinfacht werden, indem Teile oder Beziehungen zwischen den Teilen weggelassen werden. Traditionell bezeichnet man den Prozess der Vereinfachung von Sachverhalten für den Unterricht als *didaktische Reduktion*. Heinrich E. Weber (1976) unterscheidet zwei Formen: strukturelle und sektorale Reduktion.
Mit der *strukturellen Reduktion* wird eine Aussage „lediglich hinsichtlich der Kompliziertheit und des Umfanges ihrer Struktur, nicht dagegen in ihrer inhaltlichen Kernaussage vereinfacht" (Weber 1976, 7). Als Hauptverfahren der strukturellen Reduktion werden genannt (vgl. Staeck 2009):
– Weglassen von wissenschaftlichen Daten, die die Kernaussage nicht berühren;
– Überführen von verbalen Daten in einfache Diagramme;
– Entwicklung von Modellen (Modellbildung);
– Schematisieren, Zusammenfassen von Elementen und Beziehungen zu größeren Einheiten; black-box-Methode.

Bei der *sektoralen Reduktion* wird ein kleinerer Ausschnitt des Systems oder des Phänomens gewählt, z. B. aus einem verzweigten Nahrungsnetz nur eine lineare Nahrungskette. Bei einer sektoralen Reduktion ist meist auch die Struktur des ausgewählten Teils vereinfacht, enthält also zusätzlich eine strukturelle Reduktion: Beispielsweise sind Darstellungen eines Nahrungsnetzes und einer Nahrungskette als vereinfachte Abbildungen der originalen Wirklichkeit bereits das Ergebnis einer Modellbildung.

Die didaktische Reduktion kann die kognitive und auch die psychomotorische Dimension von Unterrichtszielen betreffen, indem die Komplexität der zu lernenden Sachverhalte wie der zu übenden Techniken und Arbeitsschritte oder der im Experiment verwendeten Apparate reduziert wird. Die Vereinfachung betrifft also nicht nur Inhalte, sondern ebenso das Niveau der sprachlichen Darstellung und der wissenschaftsbezogenen Arbeitsweisen. Hat man diese unterrichtsmethodische Umwandlung von wissenschaftlichen Aussagen und Methoden im Blick, spricht man auch von „didaktischer" oder „methodischer Transformation".

Fraglich ist hingegen die Möglichkeit oder Wirksamkeit der Vereinfachung in der emotional-affektiven Dimension: Wenn z. B. lebende Spinnen im Unterricht eingesetzt werden, so lassen sich die Abwehr oder der Ekel der Lernenden nicht „vereinfachen". Es gibt lediglich Methoden, um die Lernenden schrittweise näher an die Tiere heranzuführen (z. B. zunächst Präsentieren in geschlossenen Petrischalen). Dadurch wird das Unterrichtsverfahren nicht einfacher, sondern komplizierter – und die Gefühle werden nicht einfacher, sondern im günstigen Fall vom Lernenden besser beherrscht. Die mit einer Fragestellung, einem Sachverhalt oder einer Methode verbundenen Gefühle, Einstellungen und Interessen lassen sich also nicht in der gleichen Weise vereinfachen, wie das bezogen auf die kognitive und die psychomotorische Dimension angenommen werden kann. Dieser Umstand verweist darauf, dass das Umsetzen wissenschaftlicher Aussagen in den Unterricht mit dem Prozess der didaktischen Reduktion und Transformation nicht hinreichend zu beschreiben ist.

Elementarisierung

Innerhalb der Didaktischen Rekonstruktion hat die didaktische Vereinfachung ebenfalls die Aufgabe, komplizierte Sachverhalte auf wesentliche Teile bzw. Zusammenhänge zu konzentrieren. Diese *Elementarisierung* von Lerninhalten wird stets in dreierlei Hinsicht ausgerichtet (vgl. Kattmann et al. 1997):

– Elementarisierung soll die fachlich grundlegenden, d. h. die wesentlichen Grundideen des Themas herausstellen (Ergebnisse der fachlichen Klärung);
– Elementarisierung wird stets in Hinblick auf die Vorstellungswelt und die Bedeutung in der Lebenswelt der Schüler vorgenommen (Anschlussfähigkeit an Schülerperspektiven);
– mit Elementarisierung wird der Unterrichtsgegenstand zerlegt, indem Unterrichtselemente konstruiert werden, in denen die fachlichen Grundideen und lebensweltlichen Verständnisse aufeinander bezogen sind, sodass sie bedeutungsvoll und aufeinander aufbauend gelernt werden können (Grundlagen der didaktischen Strukturierung).

Fachliche Rahmung und lebensweltliche Einbettung

In der Didaktischen Rekonstruktion sind häufig solche fachlichen und fachübergreifenden Bezüge zu berücksichtigen, die Fachleute in ihren Arbeiten voraussetzen können, die den Nichtspezialisten und Lernenden aber nicht bekannt sind. Den Lernenden ist daher ein *fachlicher Rahmen* zu geben, der das fachliche Lernen fördert und zuweilen erst eröffnet. Durch die zusätzlichen Informationen werden didaktisch rekonstruierte Lerngegenstände in diesen Fällen komplexer und nicht bloß vereinfacht (also nicht nur „didaktisch reduziert"). Das Lernen jedoch wird durch die Komplexität nicht behindert, sondern gefördert.

Dieser Sachverhalt ist am Beispiel des Ordnens von Tieren zu demonstrieren (▶ 4.1, Kasten, S. 17). Die fachliche Rahmung besteht hier in der Einführung des Evolutionsgedankens, der auf die Geschichte der Wirbeltiere angewendet wird (evolutionstheoretische Fundierung der Klassifizierung der Tiere). Das Verfahren des Ordnens wird dadurch komplexer als das einfache typologische Ordnen nach einer Merkmalskategorie (Hautbeschaffenheit). Das Bewerten der Merkmale wird durch die evolutionäre Sicht umgedreht, d. h. vom Kopf auf die Füße gestellt:

Säugetiere sind nicht deshalb Säugetiere, weil sie Haare haben, sondern sie haben Haare, weil sie Säugetiere sind (und wenn sie keine Haare haben, wie Wale und Nacktmaus, bleiben sie dennoch Säugetiere).

Die durch die Rahmung hergestellte Komplexität ist nötig, um im Kontext des Faches und der Lebenswirklichkeit die Bildung angemessener fachlich geklärter Vorstellungen zu fördern und unangemessenen zu begegnen. Die fachliche Rahmung besteht also im Herausstellen von Bedingungen, die von Fachwissenschaftlern häufig nicht mitgeteilt werden, u. a.
- dem Verdeutlichen der zum Verständnis eines Prozesses nötigen Voraussetzungen;
- der Reflexion theoretischer Vorannahmen und kontroverser Auffassungen;
- dem In-Beziehung-Setzen von biologischen Aussagen zu vielfach nicht beachteten Ergebnissen anderer Disziplinen.

Während die fachliche Rahmung die Sichtweise fachlich orientiert und das fachlich zutreffende Verstehen eröffnet, stellt die *Einbettung in außerfachliche Kontexte* die Beziehungen zur Lebenswelt her. Im Fall des Ordnens der Tiere besteht der lebensweltliche Bezug in der Anschauung der großen (elementaren) Lebensräume Wasser, Luft, Erde, mit der eine lernförderliche Strukturierung gewonnen wird.

Generell kann die Einbettung das Lernen für die Lernenden bedeutsam machen, indem
- biologische Aussagen auf umweltliche, gesellschaftliche und individuale Zusammenhänge bezogen werden,
- Entstehungs- und Verwertungszusammenhänge ethisch bewertet werden, d. h., wie bestimmte Ergebnisse biologischer Forschung gewonnen wurden bzw. wie und wofür sie verwendet werden.

Auf der Grundlage der fachlichen Rahmung und der lebensweltlichen Einbettung ist die Elementarisierung der Lerngegenstände vorzunehmen (s. oben).

5 Begründung des Biologieunterrichts

Ulrich Kattmann

> - Biologieunterricht zielt auf naturwissenschaftliche Grundbildung.
> - Biologieunterricht hat einen spezifischen Bildungswert.

5.1 Biologieunterricht zielt auf naturwissenschaftliche Grundbildung

Ziele für eine naturwissenschaftliche Grundbildung wurden bereits im „Strukturplan für das Bildungswesen" formuliert (Deutscher Bildungsrat 1970), in dem der Rahmen für den Sekundarbereich I umrissen wurde. Die Grundbildung sollte wissenschaftsorientiert sein und in den allgemeinbildenden Schulen für alle Lernenden gelten.
Mit der Konzeption der Grundbildung wird an die deutsche Bildungstradition angeschlossen. Der Terminus Bildung bezeichnet den Prozess der Auseinandersetzung des Individuums mit seiner Umwelt, in dem es sich die Welt und sein Selbst verstehend erschließt (vgl. Klafki 1980). Der konkrete Inhalt von Bildung und Erziehung ist jeweils nur bezogen auf eine konkrete gesellschaftliche und geschichtliche Situation zu bestimmen. Eine wichtige Aufgabe besteht darin, das Fachwissen auf pädagogisch bedeutsame Elemente hin zu untersuchen, d. h., seinen Bildungswert aufzuschlüsseln. Im Sinne der bildungstheoretischen Didaktik soll die *didaktische Analyse* den Bildungsgehalt von Lerninhalten aufdecken und den größeren Sinnzusammenhang herstellen (Klafki 1964).
Die Forderung nach naturwissenschaftlicher Grundbildung wurde mit dem in der angelsächsischen Tradition geprägten Begriff der *„Scientific Literacy"* wieder aufgenommen (vgl. Bybee 1997; Laugksch 2000; Nentwig 2000; PISA-Konsortium 2001; Dubs 2002; Moschner, Kiper & Kattmann 2003). Man kann den englischen Ausdruck mit *naturwissenschaftlicher Lesefähigkeit* übersetzen (Kattmann 2003; vgl. Gebhard 2003).
Roger W. Bybee (1997) begreift Scientific Literacy nicht als erworbenes Merkmal von Personen, sondern als kontinuierlichen Prozess, dessen (vorläufige) Resultate sich in vier naturwissenschaftliche Kompetenzstufen einteilen lassen (▶ Kasten).

> **Kompetenzstufen der naturwissenschaftlichen Lesefähigkeit** (nach Bybee 1997)
> 1. *Nominelle naturwissenschaftliche Lesefähigkeit:* Die Kennzeichnung der Kompetenzstufe als nominell bezieht sich auf die alleinige Kenntnis der Wörter. Nominelle Kompetenz ist charakterisiert durch Alltagsvorstellungen, die in der fachdidaktischen Forschung als lebensweltliche Vorstellungen (implizite oder naive Theorien) und aus naturwissenschaftlicher Sicht häufig als „Fehlvorstellungen" (misconceptions) bezeichnet werden (▶ 23).
> 2. *Funktionale naturwissenschaftliche Lesefähigkeit:* Auf dieser Kompetenzstufe werden naturwissenschaftliche Termini zutreffend gebraucht und z. B. in Tests fachlich richtig

definiert sowie beim Lesen oder Hören von Sachtexten im speziellen Zusammenhang zutreffend verstanden. Die funktionale Kompetenzstufe ist eine terminologische und definitorische: Das Verständnis verbleibt vorwiegend auf der Ebene des Faktenwissens und des Vokabellernens. Die biologisch erfassbaren Zusammenhänge und Kontexte werden erst auf der nächsten Kompetenzstufe erfasst.

3. *Konzeptuelle und prozedurale naturwissenschaftliche Lesefähigkeit:* Die Lernenden verstehen den Zusammenhang zwischen naturwissenschaftlichen Begriffen und deren theoretischen Voraussetzungen innerhalb der naturwissenschaftlichen Disziplinen. Zu dieser Kompetenzstufe gehört die Fähigkeit, naturwissenschaftliche Methoden sachgemäß auf Probleme anzuwenden sowie ihren Erklärungswert und die Tragfähigkeit der Ergebnisse zu beurteilen (Methodenkompetenz). Die Erkenntnisse stehen in naturwissenschaftlich begrifflichen und theoretischen (konzeptuellen) sowie epistomologisch-methodischen (prozeduralen) Kontexten: Die Einzelkonzepte einer Naturwissenschaft werden durch übergreifende Theorien (unifying conceptual schemes) verbunden. In der Biologie stellt die Evolutionstheorie dieses einigende Band dar (▶ 6.7).

4. *Multidimensionale naturwissenschaftliche Lesefähigkeit:* Hier wird über die Einzeldisziplin hinausgegriffen; die naturwissenschaftlichen Konzepte und Prozeduren werden in wissenschaftsgeschichtliche, soziale und individuale Kontexte gestellt. Die multidimensionale Kompetenzstufe ist fächerverbindend und fächerübergreifend, insbesondere, indem naturwissenschaftliche Konzepte mit gesellschaftlichen Problemen und Erwartungen zusammen gedacht werden (▶ 18.1).

Die Kompetenzstufen liegen der Auswertung der PISA-Aufgaben zugrunde, wobei allerdings die 4. Stufe aus pragmatischen Gründen nicht berücksichtigt wurde. Sie lassen sich exemplarisch am Verständnis „Vom Blatt zum Planeten" veranschaulichen (Kattmann 2003; ▶ Kasten, S. 26)

5.2 Biologieunterricht hat einen spezifischen Bildungswert

Die Beiträge der Biologie zu einem rational fundierten Selbst- und Weltverständnis werden seit Langem als Einsicht in die *Grundphänomene des Lebendigen* sowie die *Stellung und Rolle des Menschen in der Natur* beschrieben.

Zum Bildungswert der Biologie haben sich in diesem Sinne Wissenschaftler aus verschiedenen Bereichen geäußert (Fachwissenschaftler: Mohr 1970; Markl 1971; Biologiedidaktiker: Siedentop 1972, 11–13; Grupe 1977, 207–217; Esser 1978, 10–20; Leicht 1981, 21–42; Lieb 1981; Friedrich Verlag 1988; Entrich 1994; Falkenhausen & Rottländer 1994; VDBiol 1996; 2001; Schecker et al. 1996; Bögeholz 1997; Horn 1997; Bayrhuber et al. 1998; Tausch 1998; Schaefer 2007). Neben den Beiträgen zur Allgemeinbildung werden spezielle Aspekte biologischer Bildung diskutiert. Wichtige Aspekte der Biologie betreffen – insbesondere in der Umwelterziehung – das *Zeitverständnis* mit dem „prognostischen Denken" (vgl. Duderstadt 1977) und die *Nachhaltigkeit*

> **Vom Blatt zum Planeten**
> Kompetenzstufen der naturwissenschaftlichen Lesefähigkeit am biologischen Beispiel:
> *Nominelle Kompetenz:* Das Wort „Blatt" wird als ein biologisches Wort erkannt, aber dessen Bedeutung nur im alltäglichen Sinn verstanden: Ein Blatt ist ein flaches Gebilde, wie ein Blatt Papier oder Blattgold. Während ein Blatt im biologischen Sinne ganz unterschiedliche Formen annehmen kann und daher auch die Nadeln der Nadelbäume Blätter sind, ist dies im nominellen Alltagsverständnis nicht der Fall.
> *Funktionale Kompetenz:* Das Wort „Blatt" wird z. B. im Zusammenhang mit dem Blattaustrieb und Blattfall oder dem „Blätterdach" der Bäume verwendet. Blätter werden zwar als Teile des Baumes definiert, aber sie werden z. B. nicht in ihrer Bedeutung für das Leben eines Baumes oder in ihrer Wirkung für die Wasserbilanz einer Landschaft erkannt.
> *Konzeptuelle und prozedurale Kompetenz:* Durch die Evolutionstheorie werden z. B. die Variation und Angepasstheit der Blätter und Pflanzen sowie die Koexistenz in Ökosystemen miteinander verknüpft und erklärt. Der Begriff „Blatt" trägt nunmehr zum Verständnis von Bäumen und des Ökosystems „Wald" bei, bzw. er wird jetzt in diesen Kontexten wissenschaftlich zutreffend verstanden und führt schließlich zur planetaren Sicht: Mit den Bäumen wird die Biosphäre der Erde – wenn man von Mikroben in den Wolken absieht – bis etwa 60 m hoch in die Atmosphäre erweitert.
> *Multidimensionale Kompetenz:* Spätestens auf dieser Stufe führt der Weg vom Blatt zum Planeten. Die planetare Sicht wird u. a. durch die Vernichtung der tropischen Regenwälder mit den daraus folgenden Klimawirkungen erweitert. Mit dem Konzept der Erde als Bioplanet wird besonders die Verbindung zwischen Biologie und Geologie bedeutungsvoll (▶ 15.2).

(vgl. Mayer 1997; ▶ 21.2) sowie das historische Denken (vgl. Kattmann 1987; 1995; 1999; 2004; Stichmann 1989; Herrmann 1994). Seit einiger Zeit wird die Rolle der *Formenkunde* für die Lesbarkeit der lebendigen Natur besonders hervorgehoben (vgl. Sturm 1982; Eschenhagen 1985; Eschenhagen, Kattmann & Rodi 1989; 1992; Mayer 1992; 1995; Janßen 1993; Bibliographie: Mayer & Mertins 1993; Zabel 1993; Gerhardt-Dircksen & Hurka 2005).

Der Zoologe Gerd von Wahlert (1977) sieht in der *Geschichtlichkeit* des Lebendigen die spezifische und zentrale Aussage der Biologie, die im Biologieunterricht zu vermitteln ist. Dem entspricht das Konzept eines „naturgeschichtlichen Unterrichts" (▶ 6.7; 15.3).

Dabei ist das *Verständnis der menschlichen Natur* genauer als bisher zu beachten. Die mit der Stellung und dem Handeln des Menschen in der Natur verbundenen Probleme sollten dazu führen, die *Rolle der Biologie in der Gesellschaft* und damit verstärkt ethische Fragen zu behandeln (▶ 12.4; 16). Von daher bestimmt sich der Beitrag des Fachs Biologie zu fächerübergreifenden Aufgaben (▶ 18.1) und dem Stellenwert von biologischen Inhalten in einem integrierten Unterricht Naturwissenschaft (▶ 18.2).

Wenn man die Fragen nach Selbst- und Welterkenntnis, erkenntnistheoretische Aspekte und den Entstehungs- und Verwertungszusammenhang biologischen Wissens berücksichtigt, lässt sich der Bildungsauftrag des Biologieunterrichts in vier zentrale Felder zusammenfassen (▶ Kasten).

Bildungsgehalt des Biologieunterrichts (Gropengießer 2010, verändert)

Lesbarkeit der lebendigen Natur
Die Lernenden erkennen und verstehen das Leben auf der Erde in seinen Formen, Wechselwirkungen und seiner Geschichte.
Sie entwickeln
- ein grundlegendes biologisches Verständnis der Natur;
- eine verantwortungsvolle und ethisch begründete Teilhabe an der Natur;
- Erlebensfähigkeit für die Sinnlichkeit und Sinnhaftigkeit der Natur.

Verständnis der eigenen (menschlichen) Natur
Die Lernenden nehmen ihren Körper und die menschliche Natur wahr. Sie gelangen zu einem Verständnis ihrer selbst, anderer und des sozialen Miteinanders. Sie verstehen und reflektieren folgende Fragen:
- Woher kommen wir?
  Dazu gehören Themen wie die Abstammung des Menschen, die Besiedelung der Erde und Elemente der Kulturgeschichte.
- Wer sind wir?
  Hier geht es um die Eigenart und Doppelrolle des Menschen als Teil und Gegenüber der Natur. Der Mensch wird verstanden als ein Kultur schaffendes Wesen in der Natur. Kultur wird damit zu einem spezifisch menschlichen Teil der Natur.
- Wie leben wir?
  Stichworte sind: Liebe und Sexualität, Geburt, Wachstum und Entwicklung, Ernährung, Bewegung, Gesundheit und Krankheit, Aggression, Wahrnehmen, Lernen, Denken, Gefühle, Kommunikation, Technik als die wissenschaftsgestützte zweite Natur.
- Wohin gehen wir?
  Themen sind die Zukunft der Erde, des Lebens und der Menschen.

Biologie als Modus der Welterschließung
Die Lernenden erkennen, ob es sich um biologische bzw. naturwissenschaftliche Fragen zu Phänomenen handelt. Sie kennen Denk- und Arbeitsweisen der Biologie, wenden sie an, entwickeln, reflektieren und kommunizieren sie. Sie haben teil an Praxis und Diskurs der Biologie. Sie begreifen und erleben Biologie als eine spezifische, naturwissenschaftliche Weise der Erkenntnisgewinnung. Biologie
- führt in einem Wechselspiel empirischer Befunde und theoretischer Erklärungen zu verlässlichem, gleichwohl revidierbarem Wissen in Form von Konzepten und Theorien;
- umfasst Regeln guter wissenschaftlicher Praxis;
- hält Denkwerkzeuge zum Verstehen von Komplexität (Systemtheorie, Modellbildung) und Geschichte der Natur (Evolutionstheorie) bereit.

Biologie in der Gesellschaft
Die Lernenden ordnen die Biologie als Teil unserer Kultur ein. Sie lernen gesellschaftliche Anwendungen der Biologie kennen und können deren Folgen für das Leben und Über-

leben bewerten. Sie nehmen dabei eine pflegerische und verantwortliche Haltung ein. Als gesellschaftlich relevante Folgen der Biologie erkennen sie:
- die Anwendung und Nutzung biologischen Wissens in Berufen und Wirtschaftszweigen;
- die mit der Anwendung biologischer Kenntnis (z. B. Gentechnik, Fortpflanzungstechnik) verbundenen Chancen und Risiken;
- den Gebrauch und Missbrauch biologischer Aussagen durch ökonomische, politische und religiöse Interessengruppen (z. B. Rassismus, Genetizismus, Sexismus, Kreationismus).

6 Auswahl und Verknüpfung der Lerninhalte

Ulrich Kattmann

> - Relevanzkriterien schließen ungeeignete Lerninhalte aus.
> - Die ausgewählten Inhalte sollen exemplarisch sein.
> - Allgemeinbiologische Themen haben die Anordnung nach dem biologischen System abgelöst.
> - Strukturierungsprinzipien sollen die Themen verknüpfen.
> - Erschließungsfelder oder Basiskonzepte sollen Prinzipien bewusst machen.
> - Große Ideen sollen das Lernen durch Zusammenhänge fruchtbar machen.
> - Evolution ist das zentrale Thema und durchgehende Erklärungsprinzip.

6.1 Relevanzkriterien schließen ungeeignete Lerninhalte aus

Eine Aufgabe der Fachdidaktik ist es, die notwendigen Entscheidungen bei der Auswahl von Lerninhalten möglichst weitgehend zu begründen und durch Angabe von Grundsätzen einsehbar zu machen. Lange Zeit wurden die Überlegungen zur Gestaltung des Unterrichts von dieser Aufgabe beherrscht (Primat des Inhalts). Amtliche Richtlinien waren entsprechend fast ausschließlich als Stoffpläne angelegt.

Für die Inhaltsauswahl werden verbreitet die Aspekte Wissenschaft, Gesellschaft und Schüler genannt. Sie werden als die entscheidungsleitenden Relevanzkriterien bezeichnet. Die drei Aspekte stammen von Ralph W. Tyler (1973), der sie nicht als Entscheidungskriterien betrachtete, sondern lediglich als Ressourcen (Vorräte, Quellen) zur Gewinnung relevanter Unterrichtsziele. Dabei werden mehr Inhalte ermittelt als im Unterricht verwirklicht werden können. Daher fordert Tyler, dass die Auswahl der Lerninhalte mit Hilfe eines Gesamtkonzeptes der Bildung und Erziehung sowie durch Kriterien der Lernpsychologie weiter eingeschränkt werden müsse. Ungeachtet dessen wurden die Aspekte Tylers in der Curriculumentwicklung seit Mitte der 1960-er Jahre normativ als *Relevanzkriterien* übernommen (vgl. Huhse 1968). Sie können als unterrichtsbezogene Fragen formuliert werden (Kattmann & Schaefer 1974, 11):

„1. Bedürfnisse und Interessen des Schülers: Was möchte und was braucht der Schüler jetzt? (,Schülerrelevanz');
2. Anforderungen in der Gesellschaft: Welche Qualifikationen braucht der Staatsbürger gegenwärtig und wahrscheinlich in absehbarer Zeit? (,Gesellschaftsrelevanz');
3. Anforderungen der jeweiligen Bezugswissenschaften: Welches Wissen ist für den Schüler notwendig, damit wissenschaftliche Aussagen sachgemäß verstanden und angewendet werden können? (,Wissenschaftsrelevanz')".

Ohne weitere Vorgaben können die drei Relevanzkriterien lediglich als grobes Hilfsinstrument verwendet werden, um ungeeignete Lerninhalte auszuschließen (▶ Abb. 6-1).

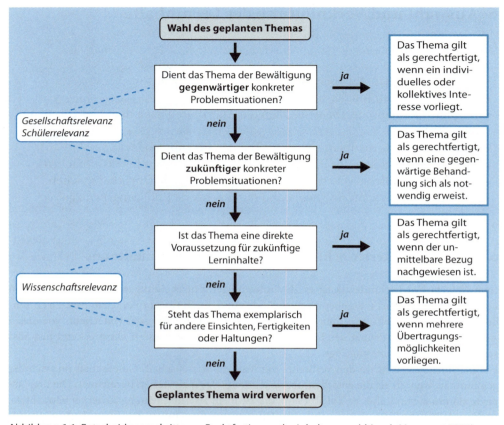

Abbildung 6-1: Entscheidungsschritte zur Rechtfertigung der Inhaltsauswahl (nach Memmert 1980)

Letztlich steht hinter der Frage der Inhaltsauswahl die nach einem verbindlichen Bildungskanon. Ein erneuter Anlauf, die Inhaltsauswahl zu begründen, ist die Kompetenzorientierung des Unterrichts mit der Entwicklung von Kerncurricula und Standards (▶ 8 bis 12). Da systematische Begründungen ohne eine hinreichende empirische und theoretische Grundlage schwierig sind, wird bisher weitestgehend pragmatisch vorgegangen (vgl. KMK 2004 b; Harms et al. 2004; Frank & Gropengießer 2005; MNU 2006).

6.2 Die ausgewählten Inhalte sollen exemplarisch sein

Martin Wagenschein (1973; 1962) begründet mit dem „exemplarischen Prinzip" (vgl. Berck 1996; Schmidt 2003; Berck & Graf 2010) die Inhaltsauswahl pädagogisch und fachdidaktisch.

> **Exemplarisches Prinzip**
> Der Unterricht soll bestimmt werden durch
> – das *Elementare:* Die Beispiele müssen sich auf grundlegende Einsichten beziehen;
> – das *Genetische:* Im Unterricht soll forschend-entwickelnd anhand von Beobachtungen und Experimenten vorgegangen werden;
> – die *Begegnung mit den Phänomenen:* Es soll von Realobjekten ausgegangen und nicht vorschnell abstrahiert und verallgemeinert werden;
> – das *Fundamentale:* Es sollen Ergebnisse erzielt werden, die den Menschen besonders angehen, die daher das Verständnis der Lernenden von sich selbst und von der Welt grundlegend verändern.

Der Terminus „exemplarisch" wird in der Literatur nicht einheitlich verwendet. Kennzeichnend für den Unterricht nach dem exemplarischen Prinzip ist es, dass die Auswahl der Inhalte an Problemen orientiert ist, die für die Lernenden bedeutsam sind. Auf diese Weise sollen die wissenschaftlichen Aussagen von der Lebenswelt, d. h., von unmittelbar erfahrbaren Phänomenen her, erschlossen werden. Durch die exemplarische Auswahl soll außerdem die Stofffülle beschränkt werden. Der Unterrichtsstoff wird in der Regel nicht von einer fachlich systematischen Reihenfolge bestimmt, sondern es wird jeweils vom ausgewählten Problem bzw. Phänomen ausgegangen. Von dort soll in die Tiefe gehend gelernt werden. So soll das Vorratslernen vermieden werden, bei dem den Lernenden vor allem das vermittelt wird, was sie erst später oder vielleicht gar nicht benötigen.

Das exemplarische Prinzip ist auch bei großer Akzeptanz der Lehrenden nicht leicht umzusetzen, wie u. a. in der Lehrerausbildung zu beobachten ist (vgl. Brülls 2004). Neben Vorteilen gibt es einige Nachteile des exemplarischen Vorgehens (vgl. Siedentop 1972, 47 ff.; Memmert 1975, 30 ff.):
– *Vorteile:* geringer Zeitaufwand, vertiefte Behandlung, Eigentätigkeit der Lernenden, Motivation, bessere Verknüpfung mit Problemen.
– *Nachteile:* geringer Zugang zu allgemeinen Einsichten und zur biologischen Vielfalt, Überschneidungen der Inhalte verschiedener Probleme, fehlende Verknüpfungen und Ordnung, ungeklärtes Verhältnis von Einzelwissen und Allgemeinwissen, Überforderung der Lehrkraft durch unvorhersehbare Situationen.

Die Nachteile zeigen, dass das exemplarische Prinzip ein wesentlicher, aber nicht alleiniger Grundsatz für die Inhaltsauswahl des Unterrichts sein kann. Das exemplarische Vorgehen sollte durch Unterrichtsphasen ergänzt werden, in denen den Lernenden die nötige *Orientierung* zum Weiterlernen und zur Einordnung des Gelernten gegeben werden. Ein Vorgehen besteht darin, das nötige Orientierungswissen in besonderen Phasen des Unterrichts systematisch zu vermitteln.

6.3 Allgemeinbiologische Themen haben die Anordnung nach dem biologischen System abgelöst

Der Biologieunterricht wurde bis in die Mitte der 1970er Jahre innerhalb der verschiedenen Schultypen noch ziemlich einheitlich strukturiert. In Gymnasien wurde die Abfolge durch das System der Lebewesen bestimmt; erst in der Oberstufe wurden allgemeinbiologische Themen behandelt. In der Hauptschule und teilweise in der Realschule folgte der Biologieunterricht den Jahreszeiten oder war nach Lebensräumen strukturiert (▶ 17.3).

Biologiedidaktiker wie Wilhelm Brockhaus (1958), Alfons Beiler (1965), Werner Siedentop (1968, 4. Aufl. 1972), Hans Esser (1969, 3. Aufl. 1978), Wilfried Stichmann (1970) und Hans Grupe (1971, 4. Aufl. 1977) orientierten sich schon früh an allgemeinbiologischen Konzepten und bezogen die damaligen modernen Entwicklungen in der Biologie ein. Ihre Vorschläge betrafen vor allem
– die Orientierung an Grundsachverhalten (Phänomenen des Lebendigen),
– die Auswahl zeitgemäßer und schülergemäßer Bildungsinhalte,
– die Wissenschaftsorientierung,
– das Einüben und die Einsicht in biologische Arbeitsweisen.

Die nachfolgende *Curriculumentwicklung* in der Bundesrepublik Deutschland hatte Vorbilder in den USA (Biological Sciences Curriculum Study, BSCS 1963) und Großbritannien (Nuffield Biology 1966), die nach allgemeinbiologischen Kriterien aufgebaut waren (vgl. Huhse 1968; Sönnichsen 1973; Werner 1973). Die Entwicklung wurde vom Institut für die Pädagogik der Naturwissenschaften (IPN) in Kiel stark beeinflusst (IPN Einheitenbank Curriculum Biologie 1974 ff.; Kattmann & Schaefer 1974). Die nach 1975 entwickelten Lehrpläne der Bundesländer sind deutlich an Teildisziplinen der Allgemeinen Biologie orientiert und streben besonders in der Humanbiologie einen experimentell ausgerichteten Unterricht an (vgl. Hedewig 1980; 1992; 1997; Staeck 1991 a; b; 2009; Bayrhuber & Mayer 1990; Rahmenplan des Verbandes deutscher Biologen, VdBiol 1973; 1987; 2000; MNU-Empfehlungen 1991).

Besonders in der Sekundarstufe I war die Frage, ob und wie individuale und soziale Probleme mit biologischen Inhalten zu verknüpfen sind, lange umstritten (vgl. Kattmann 1980). Im *ganzheitlich-kritischen Biologieunterricht* wird angestrebt, die Lernenden in die Lage zu versetzen, biologisches Wissen verantwortlich und angemessen anzuwenden (vgl. Ellenberger 1993). In der *Existenzbiologie* sollen die Aufgaben des Biologieunterrichts völlig auf das zum Leben und Überleben Notwendige beschränkt werden (Drutjons 1982, zur Kritik vgl. Eschenhagen 1983). In der DDR wurde an der Anordnung des Stoffs nach systematischen Gruppen festgehalten und seit den 1980er Jahren versucht, den allgemeinbiologischen Aspekten durch Leitlinien („Linienführung") gerecht zu werden (vgl. Zabel 1988).

6.4 Strukturierungsprinzipien sollen die Themen verknüpfen

Der an allgemeinbiologischen Disziplinen orientierte Biologieunterricht besteht meist aus mehreren Strängen, die weitgehend gegeneinander isoliert erscheinen (z. B. Abfolgen ökologischer und physiologischer oder ethologischer Themen). Diese Aufsplitterung und z. T. stark von einander abweichende Lehrpläne warfen in der Bundesrepublik Deutschland die Frage nach den Zusammenhängen und den für das Biologie-Lernen bedeutsamen Verknüpfungen auf. Ein erster Versuch, die zusammenhanglose Abfolge von Themen zu überwinden, wurde mit den Strukturierungsansätzen für den Biologieunterricht unternommen. Sie sind dadurch charakterisiert, dass der gesamte Biologieunterricht jeweils nach nur einem Prinzip strukturiert sein soll, um so ein für die Lernenden bedeutungsvolles und beziehungsreiches Lernangebot zu machen. In den verschiedenen Ansätzen wurde als Strukturierungsprinzip Allgemeine Biologie, Systemtheorie, Ökologie und Humanbiologie verwendet (vgl. Kattmann & Isensee 1977).

Am stärksten ausgearbeitet und konkretisiert wurde der *humanzentrierte Strukturierungsansatz* (Kattmann 1980). Mit ihm wird biologisches Wissen durchgehend mit sozialen und individuellen Fragen verknüpft. Dem Ansatz liegt ein evolutionsökologisches Verständnis der Biologie als Wissenschaft von der Biosphäre und deren Geschichte zugrunde. Der Mensch ist Teil und Gegenüber der Natur. Auf dieser Grundlage sollte der Biologieunterricht auf der Sekundarstufe I mit Hilfe dreier Fragen strukturiert werden (▶ Kasten), die die drei hauptsächlichen biologischen Betrachtungsebenen (▶ 15.3) betreffen:

Humanzentrierter Unterricht (Kattmann 1980)

Strukturierende Fragen	Konzepte
1 Welchen biologischen Grundlagen und Bedingungen verdankt der Mensch seine Existenz?	*Biosphäre:* Evolution, Ökosysteme *Population:* Verhalten, Variabilität, Vererbung, Sexualität *Organismus:* Systeme, Reizbarkeit, Fortpflanzung, Entwicklung, Stoff- und Energiewechsel, aktive Bewegung
2 Worin besteht die Eigenart des Menschen und welche Bedeutung hat sie für die Biosphäre?	*Biosphäre:* Doppelrolle des Menschen, menschliche Umwelt, menschliche Gesellschaften *Population:* menschliche Lebensspanne und soziales Lernen, Symbolsprache und nichtsprachliche Verständigung, menschliche Sexualität *Organismus:* differenziertes Gehirn, generalisierte Hand, menschliches Gesicht, bipeder Aufrechtgang
3 Welche Bedeutung hat die Variabilität des Menschen?	*Biosphäre:* zukünftige Evolution des Menschen *Population:* biologische Unterschiede zwischen Populationen, sozialen Gruppen und Geschlechtsgruppen *Organismus:* biologische Unterschiede zwischen Individuen

---

Die Strukturierungsansätze wurden in der Lehrplanentwicklung nur bruchstückhaft umgesetzt, vor allem, weil den Kommissionen das Vorgehen nach nur einem Prinzip als zu einseitig erschien (historische Einordnung bei Brucker 1978; 1979; vgl. Nagel 1978; zur Kritik am Konzept der Strukturierungsansätze vgl. Werner 1980; Leicht 1981). Das durch die Strukturierung unübersehbar aufgezeigte Problem, die disparaten Themen des Biologieunterrichts zu verbinden, wurde in der Folgezeit mit mehreren Prinzipien zu lösen versucht (▶ 6.5; 6.6).

6.5 Erschließungsfelder oder Basiskonzepte sollen Prinzipien bewusst machen

Von internationalen Studien wie TIMSS und PISA zum Vergleich von Schulleistungen (vgl. Baumert et al. 1997; Baumert, Bos & Watermann 2000; PISA-Konsortium 2001; 2004) gingen ab Ende der 1990er Jahre starke Impulse aus, naturwissenschaftliche Grundbildung neu zu bedenken und an Kerncurricula, Basiskonzepten, Standards und Kompetenzen zu orientieren (▶ 8 bis 12). Noch immer wirft die Zusammenhangslosigkeit der Unterrichtsthemen im Biologieunterricht Probleme auf. Die Aufsplitterung des Biologieunterrichts in Teilthemen, die für die Lernenden beziehungslos nebeneinander stehen, korrespondiert mit dem vorwiegend additiven Lernen deutscher Schüler (PISA-Konsortium 2001).

Ein pragmatischer Weg, sinnvolle Verknüpfungen zu erreichen, ist die Formulierung von Basiskonzepten oder Erschließungsfeldern. Sie sollen zugleich der Konzentration der Inhalte auf fachlich und didaktisch wesentliche Inhaltsaspekte dienen und den Lernenden helfen, sich fachlich zu orientieren, biologische Prinzipien und Zusammenhänge zu erkennen, sie einzuordnen und fruchtbar weiterzulernen.

Erschließungsfelder wie Bewegung, Variabilität, Angepasstheit, Information sollen bei verschiedenen Themen immer wieder angesprochen werden und das Gelernte als Strukturierungs- und Systematisierungshilfe verbinden (MNU 2001; VdBiol o. J.). In dieselbe Richtung weisen die von Gerhard Schaefer (1990) als spannungsvolle und zugleich integrierende Polaritäten formulierten Lebensprinzipien. Sie sollen im Unterricht dazu dienen, den Charakter der Biologie zu erfassen und sie mit den anderen Naturwissenschaften zu verknüpfen (vgl. MNU 2005).

Ähnlich wie die Erschließungsfelder werden *Basiskonzepte* behandelt. In den Standards für den mittleren Schulabschluss (KMK 2005) werden drei Basiskonzepte formuliert: System, Struktur und Funktion sowie Entwicklung (▶ 9). In den Einheitlichen Prüfungsanforderungen für das Abitur (KMK 2004) wurden acht konkret umrissene Basiskonzepte formuliert (▶ Kasten).

Da Basiskonzepte und Erschließungsfelder die fachlichen Inhalte repräsentieren und konzentrieren sollen, hängt ihre Formulierung und Auswahl weitestgehend davon ab, wie die Autoren Biologie verstehen. Bei einem angemessenen Verständnis der Evolution wäre es z. B. nicht angebracht, diese zusammen mit der Ontogenese einem Basiskonzept Entwicklung unterzuordnen. Wenn sehr abstrakte Basiskonzepte – wie System – formuliert werden, ist es fraglich, ob sie den Lernenden zur Orientierung dienen können oder ob sie eher zum Verbalismus, d. h. zu rein assoziativer Zuordnung, führen (vgl. dazu KMK 2005).

Bei einer großen Anzahl relativ abstrakter Begriffe in den Erschließungsfeldern ist zu bedenken, ob dadurch nur die Systematik der Lehrenden befördert wird, oder ob sie ebenso als Lerninstrumente fungieren und damit zum bedeutungsvollen Lernen beitragen können. Es ist zu befürchten, dass die Zuordnung zu beschreibenden Begriffen von den Lernenden (fälschlich) schon als Erklärung des jeweiligen biologischen Phänomens verstanden wird.

Am ehesten scheint bei den für die Abiturprüfung formulierten Basiskonzepten ein Mittelweg gelungen (KMK 2004). Diese Basiskonzepte können auch auf der Sekundarstufe I angewendet werden (vgl. MNU 2005). Die Anzahl ließe sich reduzieren: Kompartimentierung, Steuerung und Regelung sowie Information und Kommunikation können auf der Sekundarstufe I unter Struktur und Funktion subsummiert werden.

> **Basiskonzepte in den EPA** (KMK 2004)
> Der Vielfalt biologischer Phänomene und Sachverhalte liegen Prinzipien zugrunde, die sich als Basiskonzepte beschreiben lassen. […] Alle Basiskonzepte beinhalten den Aspekt der Wechselwirkungen in verschiedenen Zusammenhängen:
> – Struktur und Funktion
> – Reproduktion
> – Kompartimentierung
> – Steuerung und Regelung
> – Stoff- und Energieumwandlung
> – Information und Kommunikation
> – Variabilität und Angepasstheit
> – Geschichte und Verwandtschaft

6.6 Große Ideen sollen das Lernen durch Zusammenhänge fruchtbar machen

Mit den großen Ideen wird nach innerbiologischen Theorien Ausschau gehalten, die geeignet sind zu strukturieren, zu systematisieren, zu vernetzen und zu erschließen (Gropengießer 2010). Der Gedanke stammt von Paul Nurse (2004). Seine Ideen (Nr. 4 bis 6 und 8) sind hier um drei weitere ergänzt und umformuliert (▶ Kasten, S. 36). Nr. 1 und 2 ergeben sich aus fachdidaktischen Überlegungen zur Biologie (▶ 15.3), während mit Nr. 7 eine Idee des Philosophen John R. Searle (1996) aufgegriffen und erweitert wird. Searle bezeichnet die „Keimtheorie der Krankheit" als eine wichtige biologische Theorie.

Die acht Ideen versprechen als solche einen inneren Zusammenhang biologischer Aussagen zu erfassen. Durch theoretische Grundlagen haben sie zugleich erklärenden Charakter. Sie sind also mehr als nur Ordnungshilfen – jede dieser Ideen ist ein Denkwerkzeug, welches Phänomene und Themen aus biologischer Perspektive begreifbar machen soll. Sie markieren den Kern biologischen Wissens.

6.7 Evolution ist das zentrale Thema und Erklärungsprinzip

Die Evolutionstheorie ist die durchgehende Basistheorie der Biologie (▶ 15.3). Dennoch hat sie bisher im Lernen und Lehren von Biologie bisher keine zentrale Stellung erlangt. In der Sekundarstufe I wurde sie auf die Abstammung des Menschen beschränkt. In der Sekundarstufe II wurde sie durch einen (häufig nicht stattfindenden oder nicht prüfungsrelevanten) abschließenden Kurs marginalisiert.

Einwände gegen eine wesentliche Rolle der Evolution sind nicht nur in der Geschichte des Biologieunterrichts zu finden (▶ 17.3; 17.5). In der Nachfolge von Otto Schmeil, der die darwinsche

Acht große Ideen der Biologie (Gropengießer 2010, verändert)

1 Leben hat eine Geschichte. Alle lebenden Systeme und ihre Strukturen sind historisch zu betrachten und zu erklären. Die historisch kausale Frage lautet: Wie kam es dazu? Biologie ist eine historische Naturwissenschaft.

2 Struktur und Funktion bilden eine Einheit. Lebewesen und ihre Teile sind strukturiert. Die Strukturen von Lebewesen verursachen Funktionen. Die Entstehung der Strukturen hat funktionelle Ursachen.

3 Lebensprozesse sind chemisch und physikalisch zu erklären. Die meisten Tätigkeiten lebender Zellen beruhen auf enzymatischen Reaktionen. Tausende chemischer Reaktionen finden in Zellen gleichzeitig statt. Die Chemie der Zelle ist hoch geordnet und wechselwirkend gesteuert. Reaktionsräume und Zusammenlagerungen ermöglichen viele verschiedene enzymatische Reaktionen zur gleichen Zeit. Lebewesen tauschen mit ihrer Umgebung Stoffe, Energie und damit auch Informationen aus.

4 Lebewesen bestehen und entstehen aus Zellen (Zelltheorie). Lebewesen bestehen aus Zellen und Zellprodukten. Zellen werden als grundlegende strukturelle und funktionelle Einheit aller Lebewesen angesehen. Zellen entstehen aus Zellen. Wachstum von Organen und Organismen entsteht durch Wachstum und Vermehrung von Zellen.

5 Gene werden vererbt (Vererbungstheorie). Gene stehen für bestimmte Einheiten der Vererbung. Gene befinden sich in den Chromosomen und werden mit ihnen vererbt. Chromosomen werden verdoppelt und während der Zellteilung getrennt. Nachkommen erben je eins der Chromosomen von jedem Elternteil. DNA ist der Stoff, der Gene bildet. Gene werden durch Replikation der DNA kopiert. (Fast) alle Zellen eines Organismus enthalten dieselben Gene. Unterschiedliche Zellen nutzen verschiedene Gene. Merkmale werden durch Gene, Entwicklungsprozesse und Umwelteinflüsse bestimmt. Mutation und Rekombination der Gene führen zu größerer Verschiedenheit der Individuen.

6 Populationen verändern sich durch das Überleben der Geeigneteren (Selektionstheorie). Selektion ist der Prozess, der zur Änderung der Zusammensetzung einer Population über Generationen führt. Populationen einer Art bestehen aus voneinander verschiedenen Individuen (Variation). Merkmalsunterschiede können genetisch bedingt sein. Merkmalsvarianten passen unterschiedlich gut zu den Lebensbedingungen eines Organismus. Einige Individuen pflanzen sich zahlreicher fort und haben erfolgreichere Nachkommen als andere (Fitness). Die Nachkommen erfolgreicher reproduzierender Individuen sind in der nächsten Generation in höherem Anteil vertreten.

7 Mikroben verursachen sehr viele Lebensprozesse (Keimtheorie). Viele Lebensphänomene beruhen auf der Wirksamkeit von mikroskopisch kleinen Lebewesen (Keime). Lebensmittel werden mit Hilfe von Mikroben hergestellt (Käse, Sauerkraut, Bier, Wein, Wurst). Viele Krankheiten werden von Mikroben verursacht. Bei einer Ansteckung (Infektion) werden Mikroben von einem Organismus auf einen anderen übertragen. Hygiene bezeichnet Maßnahmen zur Verringerung von Keimen (Reinigung, Desinfektion und Sterilisation). Mikroben verursachen Verrottung (Verwesung, Fäulnis, Gärung). Mikroben halten globale Stoffkreisläufe (N, S, C) in Gang.

8 Lebendiges ist komplex organisiert (Biosystemtheorie). Der Bioplanet Erde wird als umfassendes Biosystem betrachtet. Er lässt sich auf Ebenen unterschiedlicher Komplexität betrachten (Organisationsniveaus). Als Teile des Bioplaneten können Biosysteme wie Art oder Individuum ausgewählt und abgegrenzt werden. Biosysteme sind organisiert durch ihre Strukturen und deren Beziehungen. Biosysteme bilden eine Ganzheit und sind damit verletzlich und zerstörbar. Organisatorische Komplexität lässt sich u. a. mit positiven und negativen Rückwirkungen darstellen.

Theorie als spekulativ betrachtete, gibt es bis heute Vorbehalte: Von Lehrkräften wird z. B. die experimentelle Überprüfbarkeit evolutionsbiologischer Aussagen bemängelt (vgl. van Dijk & Kattmann 2010).

Die Scheu, sich mit religiös motivierten Einwänden des Kreationismus auseinanderzusetzen, mag ebenfalls manchen Lehrenden davon abhalten, dem Thema Evolution in seinem Unterricht den gebührenden Raum zu geben (vgl. Kattmann 2008; van Dijk & Kattmann 2008; 2010; Bayrhuber 2011).

Im Gegensatz zu den genannten einschränkenden Positionen wird mit der Konzeption des *naturgeschichtlichen Unterrichts* vorgeschlagen, den Evolutionsgedanken als durchgehende Leitlinie zu verwenden (Kattmann 1995; vgl. 1996, 12 f.; 2005, 11 f.; Illner & Gebauer 1997; van Dijk & Kattmann 2008; 2009; Killermann, Hiering & Starosta 2005, 315 ff). Die Erklärungsmächtigkeit der Evolutionstheorie wird im Sinne von Theodosius Dobzhansky (1973) genutzt: „Nothing in biology makes sense except in the light of evolution" (vgl. Bojunga 1990; Peled, Barenholz & Tamir 2000; Hagman, Olander & Wallin 2003; Zabel 2006; Kattmann 2009; 2010).

Durch die Leitlinie „Evolution" wird das Thema Evolution selbst verändert: Evolution der Lebewesen wird nicht durch isolierte Stammeslinien und abgegrenzte Typen beschrieben, sondern als Ko-Evolution in Abhängigkeit, Konkurrenz und Kooperation der Arten (synökologische Betrachtung der Evolution). Die Lebewesen sind in ihrer Geschichte und Zukunft durch konkrete Beziehungen miteinander verbunden und nur in geschichtlicher und gegenwärtiger Abhängigkeit zueinander zu beschreiben und zu erklären (Kattmann 1992; 2000; 2005 b; Hedewig, Kattmann & Rodi 1998).

Entsprechend ihrer Bedeutung als durchgehende und spezifische Theorie sollte die Evolutionstheorie didaktisch als Erklärungsprinzip verstanden werden und daher – über das Thema Evolution hinaus – bei möglichst vielen Gelegenheiten im Biologieunterricht angewendet werden. Im Gegensatz zum Vorgehen bei den Strukturierungsprinzpen (▶ 6.4) muss das Konzept des naturgeschichtlichen Unterrichts die Lehrpläne nicht mit einem Schlag revolutionieren; vielmehr können einzelne Themen nach und nach evolutionär ausgerichtet werden. Die Konzeption des naturgeschichtlichen Biologieunterrichts wurde vor allem in der Sekundarstufe I umgesetzt (van Dijk & Kattmann 2009, ▶ Tab. 6-2). Der Evolutionsgedanke wird dabei so früh wie möglich auf unteren Klassenstufen eingeführt, um in vielen Themenbereichen historische Erklärungen zu liefern. Damit wird die Zersplitterung und Zusammenhangslosigkeit der Themen des Biologieunterrichts aufgehoben. Darüber hinaus gilt: Im Unterricht sind persönliche

Themenbereiche	Unterrichtseinheiten	Klassenstufen
Systematische Gruppen:		
Wirbeltiere	Baumann u. a. (1996); Herkner (2004); Kattmann,	5 bis 7
Säugetiere	Janssen-Bartels & Müller (2005 a); Schmitt (2002);	
Vögel	Gaebel (2000)	
Physiologie und Lebensweise	Harwardt (1996)	7/8
Genetik	Baalmann & Kattmann (2000)	9/10
Zytologie	Harms & Bertsch (2000)	11
Verhalten	Kattmann & Klein (1989);	7 bis 10
	Weber-Peukert & Peukert (1989); Hedewig (2000)	
Entwicklung und Brutversorgung	Kaminski & Kattmann (1996)	11/12
Bioplanet, globale Ökologie	Sander, Jelemenská & Kattmann (2004)	7 bis 10
Blütenökologie	Kattmann & Fischbeck-Eysholdt (2000)	10 bis 13
Krankheit	Hinrichs & Kattmann (2005)	10
Mikroben	Kattmann & Hörsch (2007)	9/10
Angepasstheit: Birkenspanner	Baalmann & Kattmann (2000)	7 bis 10
Giraffen	Kattmann, Janßen-Bartels & Müller (2005 b)	
Mimikry	Lichtner (2007)	
Hautfarben	Schultze & Menke (2005)	
Kulturentwicklung	Kattmann (2009)	10 bis 12
Schöpfung und Evolution	Kattmann (1998)	9 bis 13

Tabelle 6-2: Konzept des naturgeschichtlichen Unterrichts: exemplarische Unterrichtseinheiten

Überzeugungen der Lernenden zu respektieren. Evolutionstheorie soll nicht weltanschaulich verpflichtend oder als Glaubenslehre, sondern als die wissenschaftlich gültige Theorie der Geschichte des Lebens behandelt werden.

7 Berufswissenschaft Didaktik der Biologie

Harald Gropengießer & Ulrich Kattmann

> - Didaktik der Biologie ist zugleich Teil und Gegenüber der Biologie.
> - Didaktik der Biologie ist u. a. eine empirisch forschende Wissenschaft.
> - Didaktik der Biologie ist die zentrale Berufswissenschaft für Lehrende der Biologie.

7.1 Didaktik der Biologie ist zugleich Teil und Gegenüber der Biologie

Welche Bedeutung hat Didaktik der Biologie für den Lehrberuf? Wozu wird sie betrieben? Was können Lehrende und Lernende der Biologie von ihr erwarten?
Antwort auf diese Fragen gibt der Wissenschaftscharakter, der der Didaktik der Biologie zugeschrieben wird. Verbreitet wird die Ansicht vertreten, dass die Didaktik der Biologie (wie die anderen Fachdidaktiken) eine Brückenfunktion zwischen dem Fach (hier: Biologie) und der allgemeinen Didaktik hat. Die wissenschaftlich fundierte Verknüpfung beider Bereiche wird dann als die eigentliche fachdidaktische Aufgabe beschrieben (vgl. Schaefer 1971; Rüther 1978; Pick 1981; Wenk 1985). Die Zugehörigkeit der Didaktik der Biologie zur Biologie wird damit begründet, dass sie auf das Verstehen der fachwissenschaftlichen Aussagen ganz besonders angewiesen sei (vgl. Werner 1978, 84; 1980; Berck 1980, 89; Berck & Graf 2010).
Ohne die Nähe zur Fachwissenschaft Biologie zu verneinen ist herauszustellen, dass die Didaktik der Biologie grundsätzlich *erziehungswissenschaftlichen Charakter* hat (vgl. Ewers 1979; Kattmann 1994): Die *Fachdidaktik Biologie* beschäftigt sich mit dem Lernen und Lehren von Biologie. Diese Charakterisierung entspricht der Tradition und der Bedeutung des Worts Didaktik (▶ Kasten).
In der Fachdidaktik geht es nicht nur um Anwendung von Fachwissen, sondern um die *Vermittlung* von Fachwissen. Vermittlung ist hier im diplomatischen Sinne gemeint. Sie umfasst zwei Komponenten, zum Ersten, den Lernenden biologisches Wissen nahezubringen, zum Zweiten, dieses Wissen in eine Beziehung zu den Lernenden zu bringen, zu deren Vorwissen, Anschauungen und Werthaltungen. In der Vermittlung von Biologie hat die Didaktik der Biologie also nicht nur die Biologie zu vertreten, sondern auch und vor allem pädagogische Anforderungen an dieses Fach zu richten und nach dem spezifischen Beitrag der Biologie, ihrer Rolle und ihrer Bedeutung für das Individuum und die Gesellschaft zu fragen (vgl. von Wahlert 1977, 48; Messner 1980, 38; Kattmann 1980; 1994; Gropengießer & Kattmann 1994; Spörhase-Eichmann & Ruppert 2004).

Didaktik

Das Wort *Didaktik* wird im deutschen Sprachraum seit dem 17. Jahrhundert für den Bereich des Lehrens, Lernens und Unterrichtens verwendet (Johann Amos Comenius, Didactica magna, 1657; ▶ 17.2). Das griechische Verb διδακτειν kann sowohl lehren wie einüben und lernen bedeuten. Das Adjektiv διδακτοσ kennzeichnet das Lehrbare und Lernbare. Die deutschen Wörter lehren und lernen stammen aus derselben sprachlichen Wurzel. Nach dem „Deutschen Wörterbuch" (Grimm & Grimm 1984, 559) stammt das Wort „lehren" aus der Jägersprache. Es bedeutet soviel wie „auf die Spur setzen", was sehr schön das Verhältnis vom Lehren zum Lernen kennzeichnet: Lehren ist Anregung zum Lernen – oder vergeblich.

Didaktik beschreibt Bedingungen und Faktoren (Parameter) aus dem Beziehungsnetz des Lehrens und Lernens, die für wichtig gehalten werden und in die Planung des Unterrichts eingehen sollen (▶ Abb. 7-1). Nach Werner Jank und Hilbert Meyer (2002, 62) lässt sich Unterricht mit nur fünf Grundkategorien vollständig beschreiben: Zielstruktur, Inhaltsstruktur, Sozialstruktur (einschl. Lernorte), Handlungsstruktur (Methoden einschl. Medien) und Prozessstruktur (zeitliche Gliederung, Verlaufsplanung).

Einige Didaktiker unterscheiden – wie schon Comenius – noch zwischen Didaktik (als Lehre vom *Lehren)* und *Mathetik* (als Lehre vom *Lernen,* vgl. u. a. Winkel 1997). Damit soll die Schülerorientierung oder in konstruktivistischer Sicht die Rolle des Lernens besonders hervorgehoben werden. In diesem Buch wird Didaktik im umfassenden Sinne gebraucht.

Der Didaktik wird häufig die *Methodik* gegenübergestellt. In diesem Begriffspaar wird die Didaktik auf die Fragen der Lernziele und Lerninhalte (das Was, Warum und Wozu des Lernens und Unterrichtens) beschränkt und die Methodik (das Wie des Lernens und Unterrichtens) als selbstständiger Bereich angesehen. Dies geschieht besonders in der Tradition der bildungstheoretischen Didaktik, bei der die Bestimmung der Lerninhalte (Didaktik) der Wahl der Unterrichtsformen (Methodik) vorgeordnet war (Primat der Inhalte). Durch den Einfluss der lerntheoretischen Didaktik und der Curriculumtheorien wird die Wechselbeziehung zwischen Lerninhalten und Lernformen stärker hervorgehoben und die Methodik als integraler Bestandteil der Didaktik angesehen. Didaktik enthält hier also auch die methodischen Überlegungen, die dadurch stärkeren Einfluss auf Lerninhalte und Lernziele bekommen können. In diesem Buch ist die Methodik im Begriff Didaktik eingeschlossen.

Anhand der Gegenstände unterscheidet man allgemeine und spezielle Fachdidaktik. Dieses Buch ist im Wesentlichen der *allgemeinen Didaktik der Biologie* gewidmet. Sie beschäftigt sich mit den Fragen, die themenunabhängig den gesamten Biologieunterricht betreffen. Die spezielle Didaktik der Biologie betrifft bestimmte Unterrichtsthemen wie Sinneswahrnehmung oder Bewegung und daneben fächerübergreifende Aufgaben wie Umweltbildung und oder Sexualbildung. Konkrete Umsetzungen von didaktisch begründeten Unterrichtsvorschlägen finden sich in Zeitschriften und Handbüchern für den Biologieunterricht (u. a. Eschenhagen, Kattmann & Rodi 1989 ff.).

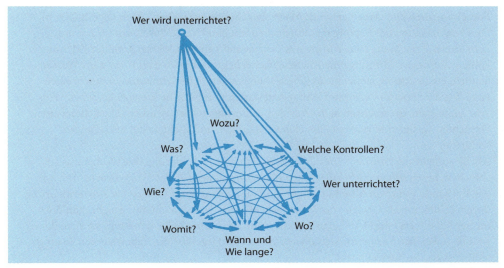

Abbildung 7-1: Beziehungsnetz der für den Unterricht wichtigen Fragengruppen (nach Schaefer 1971), *„didaktisches System Δ":* Wer wird unterrichtet? (Adressatenfragen) – Wozu soll unterrichtet werden? (Zielfragen) – Was soll unterrichtet werden? (Stoff-Fragen) – Wie soll unterrichtet werden? (Methodenfragen) – Womit soll unterrichtet werden? (Medienfragen) – Wann und Wie lange soll unterrichtet werden? (Zeitfragen) – Wo wird unterrichtet? (Milieufragen) – Wer unterrichtet? (Personalfragen) – Welche Kontrollen werden durchgeführt? (Evaluationsfragen).

Die Didaktik der Biologie hat einen Doppelcharakter, sie ist weder nur Biologie noch ausschließlich Erziehungswissenschaft. Bei der Vermittlung von Biologie ist sie *Teil* der Fachwissenschaft Biologie und zugleich ihr *Gegenüber*.

Diese Funktion geht in einem entscheidenden Punkt über die Beschreibung als Brücke zwischen Fach und Erziehungswissenschaften hinaus: Die Didaktik der Biologie steht nicht zwischen oder neben beiden Bereichen, sondern sieht die gesamte Biologie in der nur ihr eigenen Perspektive in Vermittlungsabsicht (vgl. Kattmann 1980, 164; 1994). Sie kann daher als *Metadisziplin* der Biologie betrachtet werden (▶ Abb. 15-1, S. 107). Didaktik der Biologie ist die mit dem Lernen und Lehren von Biologie befasste Bildungswissenschaft (▶ 5). In diese Definition sind fächerübergreifende Bildungsaufgaben eingeschlossen (▶ 18).

7.2 Didaktik der Biologie ist unter anderem eine empirisch forschende Wissenschaft

Die biologiedidaktische Forschung besteht aus analytischen, konzeptionellen und empirischen Teilen. Der empirische Anteil ist im letzten Jahrzehnt verstärkt und theoretisch fundiert worden. Wie in einer Nussschale lassen sich an dem Forschungsbeispiel Kennzeichen biologiedidaktischer Forschung deutlich machen (▶ Beispiel im Kasten).

Forschungsbeispiel „Wie Lernende Wurzelwachstum verstehen" (Riemeier 2005 a; b)
Drei Schülerinnen der 9. Jahrgangsstufe sitzen mit einer Versuchsleiterin im Labor für Lehr-/Lern-Forschung. In der Mitte des Tisches steht ein mit Wasser gefüllter Erlenmeyerkolben, auf dessen Öffnung eine Küchenzwiebel liegt. Deren Wurzeln ragen ins Wasser. Seitlich, etwas erhöht, steht eine laufende Videokamera. Die Schülerinnen beschreiben zunächst die Situation: „Da sind Wurzeln gewachsen" oder „Die Zwiebel ist dabei, Wurzeln zu kriegen, die wachsen halt." Aus den Äußerungen wird deutlich: Die Schülerinnen betrachten wachsende Wurzeln als selbstverständlich und nicht weiter erklärungsbedürftig.

Als sie aufgefordert werden, über ihre Vorstellungen zur Erklärung des Wachstums zu sprechen, beschreiben die Schülerinnen die Bedingungen für das Wurzelwachstum, z. B. das Vorhandensein von Mineralstoffen und Wasser. Erst dann nennen sie Zellvermehrung durch Zellteilung als Ursache des Wurzelwachstums. Sarah: „Zellteilung sieht man doch immer bei diesen Filmen in Sexualkunde. Dann ist da eine Zelle, dann teilt sie sich, dann sind das zwei, dann teilen sie sich noch mal [...] und irgendwann haben sie sich so oft geteilt, dass da ein Baby entsteht".

Auch aufgrund vorangegangener Vermittlungsexperimente wird deutlich: Lernende verstehen unter Zellteilung oft lediglich einen fortlaufenden Teilungsprozess. Das Wachstum der Wurzelzellen im Zeitraum zwischen den Teilungen wird dabei nicht mitgedacht – selbst wenn Sarah das korrekte (Fach-)Wort Zellteilung verwendet.

Diese Schülervorstellung kann mit Hilfe einer Theorie des Verstehens erklärt werden: Wir verfügen aufgrund unserer Alltagserfahrungen über Vorstellungen zur Teilung. Teilt man z. B. einen Kuchen, ist die Anzahl der Kuchenstücke nach der Teilung größer als vorher. Diese Bedeutung „Mehrwerden" der Stücke nutzt Sarah, wenn sie das Wachstum mit der Zellteilung erklärt. Ihr entgeht dabei, dass die geteilten Zellen kleiner als die Ausgangszellen wären.

Den Schülerinnen wird daraufhin ein *Lernangebot* gemacht. Sie sollen eine Tafel Schokolade teilen und den Vorgang erläutern. Sarah beschreibt die Situation und zieht eine Analogie: „Die Anzahl hat sich durch das Teilen verändert. [...] Aber wenn das jetzt bei der Zelle wäre, dann würde das ja gar nichts bringen, weil – dann wäre es ja genauso groß". Zusammen entwickeln die drei Schülerinnen daraufhin eine zutreffende Vorstellung vom Wurzelwachstum mit Teilung und anschließendem Wachstum der entstandenen Zellen.

Zunächst geht es um einen biologiedidaktischen *Forschungsgegenstand:* das Lehren und Lernen von biologischem Wissen. Im Forschungsbeispiel muss dazu u. a. geklärt werden, was unter Vorstellungen zu verstehen ist und was Lernen bedeutet. Es soll also eine *biologiedidaktische Frage* beantwortet werden: Über welche Vorstellungen zum Wachstum verfügen die Lernenden? Fachinhaltlich arbeitende Biologen dagegen würden z. B. fragen: Wie wächst eine Zwiebelwurzel? Noch anders würden Erziehungswissenschaftler oder pädagogische Psychologen fragen, z. B.: Wie wirkt sich das Warten der Lehrperson nach einer Frage auf den Lernerfolg aus? Fachdidaktische Forschung unterscheidet sich von der allgemeindidaktischen speziell dadurch, dass die fachliche bzw. bereichsspezifische Komponente von Lernen und Lehren besonders beachtet wird (vgl. Eschenhagen 1977; Duit & Mayer 1999; Bayrhuber et al. 1998; Häußler et al. 1998; Duit 2004; Krüger & Vogt 2007). Zudem ist biologiedidaktische Forschung an den Erfahrungen mit dem Forschungsgegenstand orientiert: Im Forschungsbeispiel werden mit Hilfe der Videokamera die Äußerungen der Beteiligten dokumentiert. Diese Datenerhebung ist die Grundlage für die folgende Datenaufbereitung (Verschriften der mündlichen Äußerungen) und die Datenauswertung, bei der auf die Vorstellungen der Lernenden geschlossen wird (Gropengießer 2005).

Das Vorgehen biologiedidaktischer Untersuchungen muss methodisch kontrolliert sein. Zur Durchführung ist ein *Untersuchungsplan* notwendig, der Untersuchungsaufgaben festlegt und deren Bezüge untereinander verdeutlicht. Im Forschungsbeispiel ist als *Methode* ein Vermittlungsexperiment (teaching experiment) gewählt (vgl. Steffe & D'Ambrosio 1996; Wilbers & Duit 2001; Komorek & Duit 2004). In diesem Fall werden drei Lernende mündlich befragt, und es werden ihnen Lernangebote gemacht. Die Methode der qualitativen Inhaltsanalyse (Mayring 2002; Mayring & Gläser-Zikuda 2005) leitet das Vorgehen bei der Auswertung der Schüleräußerungen. Es wurden außerdem typische *Lernpfade* identifiziert, die den Unterricht strukturieren können. Ein kleines Teilergebnis besteht darin, – aufgrund der Alltagsvorstellungen zum Teilen – Zellteilung nur mehr als einen Teilprozess anzusehen und für den Gesamtprozess, den Zellzyklus (der das Zellwachstum einschließt), den Terminus „Zellverdopplung" einzuführen.
Die *Ergebnisse* didaktisch-empirischer Untersuchungen sind prinzipiell nur dann verallgemeinerbar und umsetzbar, wenn die Untersuchungen mit präziser Fragestellung unter definierten Bedingungen durchgeführt und mit klaren *theoretischen Grundlagen* konzipiert werden (Krüger & Vogt 2007; vgl. Kattmann 1983). Dazu wird hier eine Theorie benötigt, die erklärt, warum Schüler bestimmte Vorstellungen mitbringen und warum sie Lernschwierigkeiten bei einigen biologischen Konzepten haben und bei anderen nicht (Lakoff 1990; vgl. Gropengießer 2003; 2007).
Für die Durchführung einer solchen Studie ist es günstig, wenn sie in einem allgemeinen *Forschungsrahmen* stattfindet. Das Forschungsbeispiel ist im Rahmen des *Modells der Didaktischen Rekonstruktion* durchgeführt worden (▶ 4; vgl. Kattmann et al. 1997; Kattmann 2007; Duit et al. 2012).
Die Entwicklung von Unterrichtseinheiten steht im Vordergrund der sogenannten *Entwicklungsforschung* (developmental research, educational design research), die ähnliche Ziele verfolgt wie die Didaktische Rekonstruktion (Lijnse 1995; Boersma 1998; Krüger 2003; 2007; Andersson & Wallin 2006; Prediger et al. 2012; Cobb et al. 2003; Design-Based Research Collective 2003; van den Akker et al. 2006; Kelly et al. 2008; vgl. exemplarisch zu Unterrichtsthemen: Knippels 2002; Verhoeff 2003; Wolf & Graf 2012).
Andere biologiedidaktische Untersuchungen orientieren sich, wie in der Interessenforschung, eher an psychologisch-pädagogischen Modellvorstellungen (▶ 23.5–23.8; vgl. Duit & Rhöneck 2000; Vogt 2007; Upmeier zu Belzen 2007; Harms 2007).

7.3 Didaktik der Biologie ist die zentrale Berufswissenschaft für Lehrende der Biologie

Durch die Anbindung der fachdidaktischen Forschung an die grundlegende Struktur fachlichen Lernens und Lehrens wird erreicht, dass sie unmittelbar für die *Praxis der Vermittlung* von Biologie relevant ist und konsequent umgesetzt werden kann (▶ 4). Aufgrund der Bedeutung der fachdidaktisch-forschenden Haltung für die Praxis des Lehrberufes selbst und der damit verbundenen wissenschaftsbasierten Professionalisierung werden für Staatsexamens- bzw. Masterarbeiten anstelle fachwissenschaftlicher zunehmend fachdidaktische Forschungsthemen vergeben.

Schule ist nicht der einzige Ort, an dem Biologie vermittelt wird. Didaktik der Biologie muss daher die Tätigkeit in anderen Bildungsbereichen berücksichtigen, z. B. Veranstaltungen der Hochschulen und des Freizeitbereiches, Massenmedien, Erstellung von Lehrbüchern (▶ Abbildung 7-2). Außerdem hat Fachdidaktik wesentliche Aufgaben in der *Lehrerbildung* (vgl. Kattmann 2003; Reinhold 2004; ▶ 24.3).

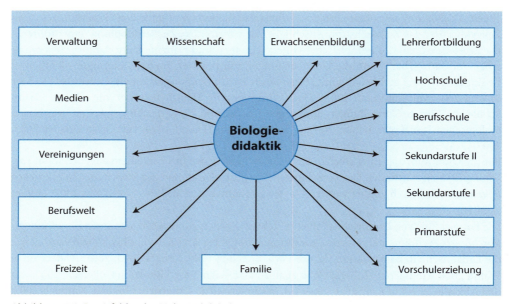

Abbildung 7-2: Praxisfelder der Biologiedidaktik

Die biologiedidaktische Arbeit soll den Lehrenden in allen Praxisfeldern helfen, in ihrem Unterricht rationale und wissenschaftlich begründete Entscheidungen zu fällen. In dem gewählten Forschungsbeispiel (▶ Kasten, S. 42) heißt dies, dass Lehrende aufgrund der Ergebnisse mit bestimmten *Vorstellungen* zur Zellteilung im Unterricht rechnen und entsprechende Lernangebote planen können.

Die Schwerpunkte empirischer biologiedidaktischer Arbeit für den Unterricht liegen bisher in den folgenden Bereichen (vgl. Bayrhuber & Mayer 1999; Krüger & Vogt 2007; Asshoff & Hammann 2008):
- Inhaltsstruktur und Bildungswert biologischer Themen (▶ 5; 6);
- Evaluation von Bildungsstandards, Kompetenztests (▶ 8);
- Schülerwissen, -vorstellungen und Vorstellungsänderungen (▶ 23.4; auch ▶ 20; 21);
- Interessen, bezogen auf Biologie und Biologieunterricht (▶ 23.5);
- Motivation im Biologieunterricht (▶ 23.5);
- Entwicklung moralischer Urteilsfähigkeit (▶ 12; 16);
- Evaluation von Entwicklungsprojekten zu verschiedenen Unterrichtsthemen;
- Wirkung von Medien und Unterrichtsmethoden (▶ 32; 34; 38);
- Biologielernen in außerschulischen Umgebungen (▶ 46; 47).

Die Forschungsarbeiten werden auf wissenschaftlichen Tagungen vorgestellt und in Tagungsbänden, speziellen Fachzeitschriften und Reihen veröffentlicht. Angaben zu den meisten publizierten Arbeiten findet man in Verzeichnissen von Schriften zur (Naturwissenschafts-)Didaktik (Bibliographien). Lehrende der Biologie können ihren Unterricht anhand dieser Veröffentlichungen und anhand von Unterrichtsentwürfen und Empfehlungen weiterentwickeln, die basierend auf biologiedidaktischen Forschungsergebnissen in Unterrichtszeitschriften veröffentlicht werden (▶ 48).

Kompetenzorientierung des Biologieunterrichts

8 Kompetenzen im Biologieunterricht

Ute Harms

> • Kompetenzen sind auf nachhaltiges Wissen und Können gerichtete Unterrichtsziele.

Im Jahr 2004 wurden von der Kultusministerkonferenz länderübergreifende Bildungsstandards für den Mittleren Schulabschluss in der Biologie verabschiedet (KMK 2005). Diese Standards wurden in Form von Kompetenzen formuliert. Mit ihrer Festlegung war ein Paradigmenwechsel hinsichtlich der Vorgaben für Biologieunterricht in allen Bundesländern verbunden: Wurde der Unterricht zuvor durch Lehrpläne geleitet, die angaben, welche Ziele, Inhalte und Methoden im Unterricht vermittelt werden sollten, so legen die Standards die Lernergebnisse des Unterrichts fest. Das heißt, es wird nicht festgelegt, was in den Unterricht hinein gegeben werden soll *(Input)*, sondern das, was konkret an Wissen und Können am Ende eines Bildungsabschnitts bei Lernenden vorhanden sein soll *(Output)*. Ähnliche Entwicklungen fanden zeitgleich zum Beispiel in der Schweiz statt (Metzger & Labudde 2007). Im Zusammenhang mit der Etablierung der Bildungsstandards wurde ein kontinuierliches Bildungsmonitoring für die Naturwissenschaften in Deutschland beschlossen. Dieses soll zukünftig in regelmäßigen Abständen über den Kompetenzstand der Lernenden am Ende des Mittleren Schulabschlusses Auskunft geben (vgl. KMK 2005).

Die Output-Orientierung durch Kompetenzen ist für den Biologieunterricht nicht völlig neu. Ähnlich wurde sie schon mit der *Lernziel-Orientierung* ab den 1970er Jahren angestrebt (▶ 27). Durch die Formulierung von Kompetenzen werden die Ziele jedoch eindeutiger auf das Können akzentuiert als bei anderen Unterrichtszielen sowie durch Bildungsstandards konkretisiert. Bezugspunkt für die normativ festgelegten Standards ist insbesondere das Kompetenzkonzept der OECD (http://pisa.ipn.uni-kiel.de/), das die *naturwissenschaftliche Grundbildung* für die Fächer Biologie, Chemie und Physik beschreibt. Der entsprechende, aber anders als in der deutschen Bildungstradition pragmatisch ausgerichtete englische Begriff „Scientific Literacy" kann im Deutschen als *naturwissenschaftliche Lesefähigkeit* bezeichnet werden (▶ 5.1; vgl. Kattmann 2003). Naturwissenschaftliche Grundbildung umfasst die Fähigkeiten:

- naturwissenschaftliches Wissen anzuwenden,
- naturwissenschaftliche Fragen zu erkennen
- und aus Belegen Schlussfolgerungen zu ziehen, um Entscheidungen zu verstehen und zu treffen, welche die natürliche Welt und die durch menschliches Handeln daran vorgenommenen Veränderungen betreffen.

Diese Fähigkeiten adressieren drei Ebenen:
- Zum einen wird die Ebene der *naturwissenschaftlichen Konzepte* angesprochen, deren Verständnis notwendig ist, um Vorgänge in der Natur sowie durch den Menschen bewirkte Veränderungen zu verstehen. Für die Biologie ist dies beispielsweise das Zellkonzept oder das Ökosystemkonzept.

- Die zweite fachliche Ebene stellt die Ebene der *naturwissenschaftlichen Prozesse* dar. Hier geht es darum, Fragestellungen zu erkennen, die naturwissenschaftlich untersucht werden können; Belege und Nachweise zu identifizieren, die in einer naturwissenschaftlichen Untersuchung benötigt werden, sowie Schlussfolgerungen zu ziehen (z. B. aus selbst erhobenen oder aus vorgegebenen Daten), sie zu bewerten und/oder zu kommunizieren.
- Die dritte Ebene betrifft *Situationen und Anwendungsbereiche,* für die Biologie zentral ist. Ihre Bedeutung kann dabei persönlich, lokal oder global sein; das heißt sie betreffen entweder das Individuum (die Lernenden direkt), eine Gemeinschaft (wie eine Kommune) oder die gesamte Erde. Beispiele für Themenfelder sind Kontexte wie Leben und Gesundheit, Erde und Umwelt, Naturwissenschaft und Technik. Beispiele für konkrete Unterrichtsthemen sind Ernährung, Trinkwasseraufbereitung oder Treibhauseffekt (▶ 18).

Das Konzept der naturwissenschaftlichen Grundbildung ist also darauf gerichtet, die Lernenden zu befähigen, mit naturwissenschaftlichem Wissen umzugehen und es nicht – im Sinne eines „trägen Wissens" (Renkl 1996) – anzuhäufen. Dieser Anspruch wird ebenfalls in der Kompetenzbeschreibung von Franz E. Weinert formuliert. Er definiert Kompetenz (im Allgemeinen) als „die bei Individuen verfügbaren oder durch sie erlernbaren kognitiven Fähigkeiten und Fertigkeiten, um bestimmte Probleme zu lösen sowie die damit verbundenen motivationalen, volitionalen und sozialen Bereitschaften und Fähigkeiten, um die Problemlösungen in variablen Situationen erfolgreich und verantwortungsvoll nutzen zu können" (Weinert 2001, 27). In dieser Definition werden Kompetenzen also in zwei Schritte zerlegt:
- kognitive und pragmatische Fähigkeiten, *Probleme zu lösen* sowie
- affektive Bereitschaft und Fähigkeiten, die gefundenen Problemlösungen *anzuwenden.* Der Begriff „volitional" bezeichnet hier die Willenskomponente.

Die in den Bildungsstandards der KMK (2005) formulierten Kompetenzen beziehen sich schwerpunktmäßig auf die kognitive Dimension des Lernens (vgl. Klieme & Leutner 2010). Für die Schulfächer Biologie, Chemie und Physik wurden in den Bildungsstandards vier *Kompetenzbereiche* festgelegt (▶ Tab. 8-1).

Kompetenzbereiche für Biologie, Chemie und Physik	Fachspezifische Beschreibung für Biologie
Fachwissen	Lebewesen, biologische Phänomene, Begriffe, Prinzipien, Fakten kennen und den Basiskonzepten zuordnen
Erkenntnisgewinnung	Beobachten, Vergleichen, Experimentieren, Modelle nutzen und Arbeitstechniken anwenden
Kommunikation	Informationen sach- und fachbezogen erschließen und austauschen
Bewertung	biologische Sachverhalte in verschiedenen Kontexten erkennen und bewerten

Tabelle 8-1: Kompetenzbereiche der Bildungsstandards des Faches Biologie (KMK 2005)

Während der Kompetenzbereich (Umgang mit) Fachwissen vorwiegend die inhaltliche Dimension der Fächer umfasst (▶ 9), richten sich die drei übrigen auf die Handlungsdimension des Lernens in den naturwissenschaftlichen Schulfächern (▶ 10 bis 12).

Die Bildungsstandards sind die Grundlage für die Erfassung der Kompetenzen von Lernenden am Ende der Sekundarstufe I. Sowohl zur Förderung der Kompetenzen im Unterricht als auch zur Erfassung des Kompetenzstandes sind Aufgaben notwendig (▶ 27 und 28). Sie werden in den Bildungsstandards – in Anlehnung an die Einheitlichen Prüfungsanforderungen in der Abiturprüfung (EPA) – bezüglich ihres kognitiven Anspruchsniveaus drei Anforderungsbereichen zugeordnet (vgl. KMK 2005). Die Anforderungsbereiche beschreiben Stufen, die verschiedene Schwierigkeitsgrade innerhalb ein und derselben Kompetenz abbilden sollen (▶ 28).

Für den Abschluss der Sekundarstufe II wurden bisher für das Fach Biologie keine Bildungsstandards formuliert. Analog zu den Bildungsstandards für den Mittleren Schulabschluss im Fach Biologie können aber die EPA für die Oberstufe herangezogen werden, in denen die von den Lernenden nach der 12. bzw. 13. Jahrgangsstufe zu erwartenden Kompetenzen (Kenntnisse, Fähigkeiten und Fertigkeiten) festgelegt werden (▶ 28). Dies geschieht durch die Beschreibung von Lernzielstufen, Lernzielkontrollen und Bewertungskriterien.

Neben den skizzierten fachlichen Kompetenzen, die in den Bildungsstandards und den EPA festgelegt wurden, ist es zugleich Aufgabe des Biologieunterrichts, gemeinsam mit allen anderen Unterrichtsfächern Schülerinnen und Schüler in der Entwicklung allgemeiner Methodenkompetenz, sozialer Kompetenz sowie Selbstkompetenz zu unterstützen.

9 Fachwissen kennen und anwenden

Ute Harms

- Biologieunterricht soll konzeptuelles Fachwissen vermitteln.
- Fachwissen muss im Unterricht kumulativ entwickelt werden.
- Der Umgang mit Fachwissen muss geübt werden.

9.1 Biologieunterricht soll konzeptuelles Fachwissen vermitteln

In den letzten 150 Jahren hat sich die Wissenschaft Biologie – nicht zuletzt durch die Entwicklung der Molekularbiologie – in zahlreiche Unterdisziplinen ausdifferenziert, die heute unter dem Begriff *Lebens-* oder *Biowissenschaften* zusammengefasst werden (▶ 15.2; vgl. Sitte 1999). Die rasche und große Zunahme biologischen Wissens durch die Forschung führte zu einer kontinuierlichen Ausweitung der Curricula in der schulischen und der universitären Lehre. Immer mehr Detailwissen wurde auf Kosten der Vermittlung von Zusammenhangswissen aufgenommen. Diese Tatsache führte verstärkt – insbesondere seit Beginn des 21. Jahrhunderts – zu Grundsatzdiskussionen darüber, *welches* Wissen im Biologieunterricht vermittelt werden sollte (▶ 6; vgl. vdbiol o. J.).

Parallel hierzu führten die mittelmäßigen Ergebnisse deutscher Schülerinnen und Schüler in den großen internationalen Vergleichsstudien wie der Third International Mathematics and Science Studie (TIMSS) und den PISA-Studien in den Naturwissenschaften zu der bildungspolitischen Entscheidung, für die drei naturwissenschaftlichen Fächer Bildungsstandards für den Mittleren Schulabschluss einzuführen. Einer der darin festgelegten Kompetenzbereiche ist der Bereich (Umgang mit) Fachwissen (▶ 8; KMK 2005). Der Grundgedanke für diesen Bereich liegt darin, dass das biologische Wissen für den Unterricht in der Sekundarstufe I auf seinen „Kern" zu reduzieren sei (KMK 2005, 8). Er wird in den Bildungsstandards für den Mittleren Schulabschluss durch die Festlegung von drei *Basiskonzepten* umgesetzt: *System, Struktur und Funktion, Entwicklung* (▶ Tab. 9-1). Das Basiskonzept Entwicklung enthält sowohl die Individualentwicklung (Ontogenese) als auch die Evolution (Phylogenese).

Es wird angenommen, dass der kontinuierliche Bezug der einzelnen Fachinhalte auf diese Basiskonzepte kumulatives, kontextbezogenes Lernen begünstigt. Mit den Konzepten sollen Schülerinnen und Schüler Anwendungssituationen analysieren, strukturieren und systematisieren. Sie sollen die Funktion einer „biologischen Brille" erfüllen, durch die Kontexte gefiltert, Inhalte fokussiert, Wesentliches von Unwesentlichem unterschieden sowie fachliche Querverbindungen geknüpft werden können (▶ 6.5). Durch die Verbindung der abstrakten Basiskonzepte mit konkreten biologischen Konzepten werden grundlegende biologische Prinzipien herausgearbeitet, die die Vernetzung der einzelnen fachlichen Inhalte (Phänomene, Fakten, Begriffe) unterstützen sollen. Die Basiskonzepte ziehen sich wie ein roter Faden durch die einzelnen Disziplinen und Themenbereiche der Biologie und sollen dazu dienen, den Lernenden die Einheit in der Vielfalt der biologischen Erscheinungen erkennbar zu machen.

Basiskonzepte	Kompetenzbeschreibungen Schülerinnen und Schüler …
System	– verstehen die Zelle als System. – erklären den Organismus und Organismengruppen als System. – beschreiben und erklären Wechselwirkungen im Organismus, zwischen Organismen sowie zwischen Organismen und unbelebter Materie.
Struktur und Funktion	– beschreiben Zellen als strukturelle und funktionelle Grundbaueinheiten von Lebewesen. – stellen strukturelle und funktionelle Gemeinsamkeiten und Unterschiede von Organismen und Organismengruppen dar. – beschreiben die strukturelle und funktionelle Organisation im Ökosystem.
Entwicklung	– erläutern die Bedeutung der Zellteilung für Wachstum, Fortpflanzung und Vermehrung. – beschreiben ein Ökosystem in zeitlicher Veränderung. – beschreiben und erklären stammesgeschichtliche Verwandtschaft von Organismen.

Tabelle 9-1: Beispiele für Kompetenzbeschreibungen zum (Umgang mit) Fachwissen (KMK 2005; 13 f.)

An dieser Stelle ist allerdings kritisch zu hinterfragen, ob es für ein grundlegendes Verständnis der Biologie nicht hinderlich sein kann, die Evolution auf einer Ebene mit den anderen beiden Basiskonzepten Struktur und Funktion sowie System kennen zu lernen, da die Evolution *das* übergreifende biologische Konzept ist, zu dem alle Inhalte und Phänomene der Biologie in Bezug stehen. Nur wer Evolution versteht, hat Biologie verstanden (▶ 6.7; 15.3).

Die auf den genannten Basiskonzepten der Bildungsstandards beruhende Entwicklung biologischen Wissens soll zugleich die interdisziplinäre Vernetzung von Wissen in den Naturwissenschaften fördern. Dies wird angenommen, weil in den Schulfächern Chemie und Physik vergleichbare Konzepte verwendet werden. So soll das biologische Basiskonzept System mit dem gleichnamigen Konzept der Physik-Bildungsstandards verbunden werden können, das Basiskonzept Struktur und Funktion mit dem Basiskonzept Struktur-Eigenschaftsbeziehungen in der Chemie.

Für die Sekundarstufe II liegen für die Biologie bisher keine Bildungsstandards vor. Zur Orientierung können die Basiskonzepte in den Einheitlichen Prüfungsanforderungen für das Abitur (KMK 2004) herangezogen werden (▶ Tab. 9-2). Auch hier wird das Fachwissen, wie in den Bildungsstandards, funktional verstanden. Im Vordergrund steht also nicht das Wissen an sich, sondern die Fähigkeit, dieses Wissen anzuwenden. Mit dem Abitur sollen die folgenden Fähigkeiten entwickelt worden sein (KMK 2004, 5):
– Kenntnisse über Phänomene und Sachzusammenhänge sowie über Begriffe, Modelle, Theorien etc. anwenden;
– erworbenes Wissen unter Verwendung facheigener Basiskonzepte strukturieren;
– Kenntnisse systematisieren und verknüpfen;
– wissensorientierte Assoziationen herstellen und auf Wissensnetze zurückgreifen.

Basiskonzept	Beschreibung	Unterstützung des Verständnisses ... (Beispiele)
Struktur und Funktion	Lebewesen und Lebensvorgänge sind an Strukturen gebunden; es gibt einen Zusammenhang von Struktur und Funktion.	des Baus von Biomolekülen, der Funktion der Enzyme, der Organe und der Ökosysteme
Reproduktion	Lebewesen sind fähig zur Reproduktion; damit verbunden ist die Weitergabe von Erbinformationen.	der identischen Replikation der DNS, der Viren, der Mitose und der geschlechtlichen Fortpflanzung
Kompartimentierung	Lebende Systeme zeigen abgegrenzte Reaktionsräume.	der Zellorganellen, der Organe und der Biosphäre
Steuerung und Regelung	Lebende Systeme halten bestimmte Zustände durch Regulation aufrecht und reagieren auf Veränderungen.	der Proteinbiosynthese, der hormonellen Regulation und der Populationsentwicklung
Stoff- und Energieumwandlung	Lebewesen sind offene Systeme; sie sind gebunden an Stoff- und Energieumwandlungen.	der Photosynthese, der Ernährung und der Stoffkreisläufe
Information und Kommunikation	Lebewesen nehmen Informationen auf, speichern und verarbeiten sie und kommunizieren.	der Verschlüsselung von Information auf der Ebene der Makromoleküle, der Erregungsleitung, des Lernens und des Territorialverhaltens
Variabilität und Angepasstheit	Lebewesen sind bzgl. Bau und Funktion an ihre Umwelt angepasst. Angepasstheit wird durch Variabilität ermöglicht. Grundlage der Variabilität bei Lebewesen sind Mutation, Rekombination und Modifikation.	der Sichelzellanämie, der ökologischen Nische und der Artbildung
Geschichte und Verwandtschaft	Ähnlichkeit und Vielfalt von Lebewesen sind das Ergebnis stammesgeschichtlicher Entwicklungsprozesse.	der Entstehung des Lebens, der ursprünglichen und abgeleiteten Merkmale und des letzten gemeinsamen Vorfahren, der Herkunft des Menschen

Tabelle 9-2: Basiskonzepte der EPA (1989) mit Beispielen für Unterrichtsinhalte, deren Verständnis durch das jeweilige Basiskonzept unterstützt werden soll

Mit der Fokussierung auf die Vermittlung von Basiskonzepten und damit auf grundlegende Prinzipien des Faches soll im Biologieunterricht u. a. der Flut an Detailwissen entgegengewirkt werden. Ob dieses Vorgehen das Verständnis der Biologie fördert und somit Lernenden zur Entwicklung biologischer Kompetenzen sowie naturwissenschaftlicher Lesefähigkeit verhilft, muss noch empirisch gezeigt werden.

9.2 Fachwissen muss im Unterricht kumulativ entwickelt werden

Kognitionspsychologisch wird Lernen als ein aktiver, konstruktiver Prozess der Lernenden aufgefasst (▶ 14). Generatives, produktives und verständnisvolles Lernen ist ein Prozess, der von der verfügbaren Wissensbasis des einzelnen Lernenden abhängt. Aus dieser Perspektive heißt Lernen also mehr als nur Information passiv aufzunehmen und mechanisch zu verarbeiten. Untersuchungen haben gezeigt, dass derart aufgenommenes Wissen „träge" bleibt und unter veränderten Bedingungen nicht angewendet werden kann (vgl. Weinert 1995). Dieses Wissen stellt kein anschlussfähiges Wissen dar; das heißt Wissen, das in den nachfolgenden Lernschritten elaboriert und erweitert werden kann. Ein solches *kumulatives Lernen* kann nur erfolgen, wenn der Unterricht dazu beiträgt, dass eine qualitative Veränderung der Wissensstruktur der Lernenden stattfindet. Kognitionspsychologisch gesehen kann dies durch zwei Prozesse erfolgen: durch Aufbau- oder Integrationsprozesse einerseits und durch Differenzierungsprozesse andererseits (Aebli 1969, 160; vgl. Harms & Bünder 1999; Kattmann 2003).

Im Zusammenhang mit der Entwicklung des biologischen Fachwissens entlang den Basiskonzepten ist hinsichtlich dieser Lernprozesse zweierlei denkbar. Das jeweilige Basiskonzept kann explizit zu Beginn eines Themas eingeführt werden. Im Unterrichtsverlauf wird das Konzept anhand konkreter biologischer Phänomene ausdifferenziert. Das Basiskonzept Struktur und Funktion beispielsweise kann anhand des Prinzips der Oberflächenvergrößerung und des damit verbundenen erhöhten Stoffaustauschs im Zusammenhang mit Verdauungsprozessen im Darm, mit dem Gasaustausch in der Lunge oder mit der Transpiration von Pflanzen thematisiert werden. Diese deduktive Vorgehensweise ist eher für ältere Lernende zu empfehlen. Bei einem induktiven Vorgehen, das kognitionspsychologisch gesehen zu Aufbauprozessen führt, wird ausgehend von den einzelnen biologischen Beispielen auf das Basiskonzept hingearbeitet – dieses wird nach und nach aufgebaut. Diese Vorgehensweise eignet sich, da hier vom Konkreten zum Abstrakten vorgegangen wird, eher für jüngere Kinder. Empirische Belege dafür, dass das Lernen mit Basiskonzepten einen kumulativen Wissensaufbau fördert, fehlen.

Biologisches Fachwissen wird im Schulunterricht über einen langen Zeitraum und über Schulwechsel (mindestens von der Grund- oder Primarschule zur weiterführenden Schule) hinweg von den Lernenden entwickelt. Um Schülerinnen und Schülern einen kohärenten und kumulativen Aufbau ihres Wissens in Biologie zu ermöglichen, ist die Kenntnis des Vorwissens, das die Lernenden in den Unterricht mitbringen, unerlässlich (▶ 23.2). Bereits im Kindergarten und in der anschließenden Grundschulzeit werden im Bereich der naturwissenschaftlichen Bildung insbesondere biologische Themen herangezogen. Schon hier sollte ein Verständnis für die Basiskonzepte der Biologie angebahnt werden; denn nur so kann das anschließende Lernen gelingen, die Kompetenzentwicklung in der weiterführenden Schule, wenn sie sich an den Bildungsstandards orientiert (vgl. Harms 2011).

Der nach Basiskonzepten strukturierte Aufbau von biologischem Fachwissen bei den Lernenden der Sekundarstufe I sollte diejenigen, die nach diesem Bildungsabschnitt die allgemeinbildende Schule verlassen, befähigen, eine Biologie-bezogene Berufsausbildung erfolgreich zu absolvieren. Hierfür ist es jedoch notwendig, dass anschließende Bildungsgänge die mit dem Mittleren Schulabschluss erreichten Kompetenzen sinnvoll aufgreifen. Für die Ausbildung von Biologielaboranten wies eine erste Analyse der Rahmenpläne auf eine entsprechende Anschlussfähigkeit hin (Harms, Eckhardt & Bernholt 2013). Gleiches gilt für die in den EPA für die Sekundarstufe II formulierten Basiskonzepte.

Für den kumulativen Aufbau von konzeptuellem Fachwissens wird in der internationalen Literatur der Begriff der *„learning progressions"* verwendet (Duschl et al. 2007; Krajcik et al. 2012). Er beschreibt die Lernwege, die Lernende im Laufe ihrer Verständnisentwicklung zu einem (Basis-)Konzept ihres Faches beschreiten.

9.3 Der Umgang mit Fachwissen muss geübt werden

Ein Ziel der Kompetenzorientierung des Unterrichts ist es, Lernende im Schulunterricht zur Anwendungsfähigkeit bezüglich ihres erworbenen Fachwissens zu leiten. Rückbezogen auf die Kompetenzdefinition von Weinert (2001; ▶ 8) heißt dies im Kern, die Lernenden zu befähigen, ihr Wissen in variablen Problemsituationen zielgerichtet und erfolgreich einzusetzen. Dies ist im Biologieunterricht nur begrenzt möglich. Durch die Vernetzung des Kompetenzbereichs Fachwissen mit den drei handlungsbezogenen Kompetenzbereichen der Bildungsstandards (▶ 10; ▶ 11; ▶ 12) kann der Umgang mit Fachwissen jedoch eingeübt werden.

10 Erkenntnisse mit naturwissenschaftlichen Methoden gewinnen

Jürgen Mayer

- Naturwissenschaftliche Erkenntnisgewinnung ist ein wesentlicher Teil naturwissenschaftlicher Bildung.
- Die Bildungsstandards beschreiben Kompetenzen im Bereich der Erkenntnisgewinnung.
- Das wissenschaftliche Denken der Lernenden ist ein Gegenstand fachdidaktischer Forschung.
- Forschendes Lernen fördert Kompetenzen im Bereich der Erkenntnisgewinnung.

10.1 Naturwissenschaftliche Erkenntnisgewinnung ist ein wesentlicher Teil naturwissenschaftlicher Bildung

Kompetenzen im Bereich naturwissenschaftlicher Erkenntnisgewinnung gehören zum Kern naturwissenschaftlicher Bildung (▶ 29). Schülerinnen und Schüler sollen demnach lernen, wie naturwissenschaftliche Erkenntnisse gewonnen werden und was naturwissenschaftliche Methodik und Erkenntnisse charakterisiert. Dies wurde im Laufe der Entwicklung des Biologieunterrichts beispielsweise als wissenschaftliche Denk- und Arbeitsweisen (Duit, Gropengießer & Stäudel 2004), als Wissenschaftspropädeutik (Falkenhausen 2000) bzw. als Erkenntnisgewinnung (KMK 2005) in unterschiedlicher Art und Weise umgesetzt. Im Zuge von länderübergreifend verbindlichen Bildungsstandards wurden entsprechende Kompetenzen als einer von vier zentralen Bereichen naturwissenschaftlicher Bildung bestimmt und evaluiert (KMK 2005; Wellnitz et al. 2012; Mayer & Wellnitz 2013).

In angelsächsischen Curricula werden entsprechende Inhalte und Kompetenzen als *„inquiry standards"* und *„standards of nature of science"* beschrieben. Dort hat der Bereich naturwissenschaftlicher Erkenntnisgewinnung (*„scientific inquiry"* i.w.S.) traditionell eine hohe Bedeutung (Anderson 2007; Ledermann 2007). Anknüpfend an die prozessorientierten Curricula der 1960er Jahre (Schwab 1962) wurde dieser Bereich in den Curricula und Standards zunehmend ausgebaut: AAAS (American Association for the Advancement of Science) 1993; DfES & QCA (Department for Education and Skills & Qualification and Curriculum Authority) 2004; NRC (National Research Council) 2000.

Die wissenschaftlichen Denk- und Arbeitsweisen haben im Biologieunterricht nicht allein eine instrumentelle Funktion zum besseren Verständnis der biologischen Konzepte, sondern sie stellen selbst ein bedeutsames und eigenständiges Bildungsziel dar:

– Die Schüler lernen mit dem naturwissenschaftlichen Arbeiten *Methoden und Techniken* kennen (z.B. genaues Beobachten, Hypothesen Prüfen, Isolieren von Faktoren, sorgfältiges Arbeiten), die sie befähigen, selbstständig neue Probleme zu lösen (▶ 29; 30; 32).

- Die *fachtypischen Denk- und Arbeitsweisen* vermitteln den Schülern – neben biologischen Konzepten und Theorien – ein Verständnis für die Biologie als Wissenschaft (▶ 13; 15).
- Die kritische Auseinandersetzung mit naturwissenschaftlichen Erkenntnismethoden bahnt ein aufgeklärtes Verhältnis zur *Beurteilung wissenschaftlicher Erkenntnisse* an (▶ 12; 16).
- Wissenschaftliches Arbeiten ermöglicht selbstständigen Wissenserwerb und wirkt positiv auf die Lernmotivation sowie das Interesse an Naturwissenschaften (▶ 23.5).

10.2 Die Bildungsstandards beschreiben Kompetenzen im Bereich der Erkenntnisgewinnung

Mit der expliziten Ausweisung des Kompetenzbereichs *Erkenntnisgewinnung* haben die deutschen Curricula Anschluss an internationale Standards gefunden. So ist in den Bildungsstandards Biologie (KMK 2005), dem Kerncurriculum für die gymnasiale Oberstufe und den Einheitlichen Prüfungsanforderungen für das Abitur Erkenntnisgewinnung bzw. Methodenkompetenz als Kompetenzbereich ausgewiesen (Harms et al. 2004; KMK 2004).
Die im Bereich Erkenntnisgewinnung formulierten Standards können – angelehnt an internationale Standards und an Klassifikationen naturwissenschaftsdidaktischer Forschung – verschiedenen Aspekten naturwissenschaftlicher Erkenntnisgewinnung zugeordnet werden (Mayer 2007; ▶ Tab. 10-1).
Die Gewinnung von Daten mittels einer empirischen Untersuchung (z. B. durch Beobachten, Vergleichen, Experimentieren) im Sinne eines hypothetisch-deduktiven Vorgehens steht im Zentrum des naturwissenschaftlichen Erkenntnisprozesses der Lernenden: „Zunächst formulieren sie aus einem Problem heraus eine Fragestellung und stellen hierzu bezogene Hypothesen auf. Dann planen sie eine Beobachtung, einen Vergleich oder ein Experiment und führen diese Untersuchungsmethoden durch. Sie wenden dabei in der Biologie bestimmte Arbeitstechniken an wie das Mikroskopieren, das Bestimmen oder das Auszählen von Lebewesen. Schließlich werten die Lernenden die gewonnenen Daten aus und interpretieren sie hinsichtlich der Hypothesen" (KMK 2005, 10).
Innerhalb der Bildungsstandards werden das Beobachten, Vergleichen und Experimentieren als grundlegende wissenschaftsmethodische Verfahren besonders hervorgehoben (▶ 29; 30; 32; 33). Jede Methode besitzt bestimmte Charakteristika und wird zur Untersuchung von spezifischen Fragestellungen eingesetzt. Bei aller Unterschiedlichkeit folgt jede dieser Methoden der hypothetisch-deduktiven Erkenntnislogik (▶ 13.2; Tab. 10-1; vgl. Wellnitz & Mayer 2012; Meier & Wellnitz 2013).
Neben dem Erheben von Daten mittels Untersuchungen ist die Modellbildung ein weiterer wesentlicher Aspekt im naturwissenschaftlichen Erkenntnisprozess, der besonders dann zur Anwendung kommt, wenn die zu untersuchende Realität aufgrund ihrer räumlichen Dimension (z. B. Zellorganellen, Ökosysteme), ihrer zeitlichen Dimension (z. B. Evolution), ihrer Dynamik (z. B. Populationen, Stoffflüsse) oder aufgrund ethischer Grenzen (z. B. bei Untersuchungen am Menschen) nicht unmittelbar zugänglich ist (▶ 36; vgl. Meisert 2008; Upmeier zu Belzen & Krüger 2010).

Standards „Erkenntnisgewinnung" Sekundarstufe I	Methodenkompetenzen, Sekundarstufe II (Auswahl)
Charakteristika der Naturwissenschaften Lernende … • erörtern Tragweite und Grenzen von Untersuchungsanlage, -schritten und -ergebnissen	• beziehen Denkweisen und Erkenntnisse der Gesellschafts-, Geistes- und anderer Wissenschaften ein
Modellbildung Lernende … • wenden Modelle zur Veranschaulichung von Struktur und Funktion an • analysieren Wechselwirkungen mit Hilfe von Modellen • beschreiben Speicherung und Weitergabe genetischer Information auch unter Anwendung geeigneter Modelle • erklären dynamische Prozesse in Ökosystemen mit Hilfe von Modellvorstellungen • beurteilen die Aussagekraft eines Modells	• wenden naturwissenschaftliche Modelle an und prüfen deren Gültigkeitsbereiche • entwickeln Modellvorstellungen und modifizieren sie gegebenenfalls • gehen mit dynamischen und komplexen Modellen um
Wissenschaftliche Untersuchung Lernende … • beschreiben und vergleichen Anatomie und Morphologie von Organismen • analysieren die stammesgeschichtliche Verwandtschaft bzw. ökologisch bedingte Ähnlichkeit bei Organismen durch kriteriengeleitetes Vergleichen • planen einfache Experimente, führen die Experimente durch und/oder werten sie aus • wenden Schritte aus dem experimentellen Weg der Erkenntnisgewinnung zur Erklärung an	• unterscheiden, welche Fragen naturwissenschaftlich untersucht werden können und welche nicht • entwickeln Prognosen, bilden und überprüfen Hypothesen • planen Experimente, führen sie durch, protokollieren sie, werten sie aus, beziehen qualitative und quantitative Betrachtungen ein • untersuchen komplexe und dynamische Vielfaktorensysteme wie Organismen und Ökosysteme, analysieren sie und klären Zusammenhänge • nehmen Fehlerbetrachtungen vor
Biologische Arbeitstechniken Lernende … • mikroskopieren Zellen und stellen sie in einer Zeichnung dar • ermitteln mit Hilfe geeigneter Bestimmungsliteratur im Ökosystem häufig vorkommende Arten • führen Untersuchungen mit geeigneten qualifizierenden oder quantifizierenden Verfahren durch	• fertigen zeichnerische Protokolle an • wählen geeignete Arbeitstechniken und Methoden für biologische Untersuchungen aus und wenden sie an

Tabelle 10-1: Kompetenzen naturwissenschaftlicher Erkenntnisgewinnung in den Bildungsstandards Sek. I (KMK 2005) und den Einheitlichen Prüfungsanforderungen für das Abitur (KMK 2004)

Nicht zuletzt wird das Verständnis der grundlegenden Charakteristika der Naturwissenschaften als ein Ziel des Biologieunterrichts gefordert. Entsprechende Kompetenzen, die international unter dem Begriff *Nature of Science* beschrieben werden, haben innerhalb der Bildungsstandards eine eher geringere Bedeutung. Innerhalb der naturwissenschaftsdidaktischen Forschung wird diesem Bereich jedoch eine verstärkte Aufmerksamkeit zuteil (▶ 13.6; vgl. Priemer 2006; Kremer, Urhahne & Mayer 2008; Höttecke, Henke & Rieß 2012).

10.3 Das wissenschaftliche Denken der Lernenden ist ein Gegenstand fachdidaktischer Forschung

Die Rekonstruktion der Methoden, der Prozesse sowie der Charakteristika naturwissenschaftlicher Erkenntnisgewinnung durch die Lernenden wird als wissenschaftliches Denken bezeichnet. Innerhalb der fachdidaktischen Forschung werden unterschiedliche Aspekte des wissenschaftlichen Arbeitens z. B. als *Methodenkonzepte* („procedural understanding"; Roberts 2001), *experimentelle Fertigkeiten* („inquiry skills"), *wissenschaftliches Denken* („scientific thinking"; Kuhn, Amsel & O'Loughlin 1988) oder *wissenschaftliches Problemlösen* (Klahr 2000, Hammann, Hoé Pan & Bayrhuber 2007; Mayer 2007) modelliert. Zusammenfassend kann wissenschaftliches Denken als kognitiver, komplexer und domänenspezifischer Problemlöseprozess verstanden werden, der durch spezifische Prozeduren charakterisiert ist und bei dem auf inhaltliches und methodisches Wissens zurückgegriffen wird (Mayer 2007).

Die Forschungsliteratur beschreibt zahlreiche Befunde zu nicht angemessenen Vorstellungen, Denkfehlern und Kompetenzdefiziten der Lernenden bezüglich des naturwissenschaftlichen Erkenntnisprozesses:

- Schülerinnen und Schüler haben Probleme, eine angemessene *Fragestellung* zu formulieren, d. h. eine Fragestellung, die mit naturwissenschaftlichen Methoden untersucht werden kann.
- Das durch *Hypothesen* geleitete Vorgehen stellt die Lernenden vor zahlreiche Hürden. So starten die Schülerinnen und Schüler ihren Erkenntnisprozess oft ohne die Formulierung einer Hypothese (Schauble, Klopfer & Raghavan 1991). Das Generieren von mehr als einer Hypothese fällt den Schülern schwer (Klahr, Fay & Dunbar 1993), da sie als Ziel des Experiments weniger die Prüfung einer Hypothese bzw. alternativer Hypothesen sehen, als vielmehr einen bestimmten Effekt erzielen wollen. Darüber hinaus werden Hypothesen zu eng formuliert und beziehen sich oft nur auf den augenscheinlichen Aspekt des Phänomens (Wason 1960).
- Die umfangreichsten Befunde liegen zur *Planung eines Experiments* vor bzw. zum Umgang mit Variablen (u. a. Messvariable, Kontrollvariablen). Insbesondere jüngere Lernende haben lediglich eine Variable im Blick und verstehen nicht, dass beim Experimentieren Zusammenhänge von zwei Variablen untersucht werden (Schauble et al. 1995). Eine besondere Schwierigkeit stellt die Variablenkontrolle dar (Kuhn et al. 1988; Mayer, Grube & Möller 2008). Lernende verändern nicht nur die zu untersuchende Variable, sondern auch gleichzeitig die zu kontrollierenden Variablen (Konfundierung). Nicht zuletzt ist die Planung eines Experiments oftmals so angelegt, dass lediglich die die Hypothese bestätigenden Daten erhoben werden *(confirmation bias)*. Letztlich bemühen Schülerinnen und Schüler sich nicht um Belege, die ihre Hypothese widerlegen könnten.

- Bei der *Durchführung von Untersuchungen* zeigt sich ein eingeschränktes Verständnis eines Messkonzepts. Die Messungen erfolgen vorwiegend qualitativ und teils ungenau. Die Notwendigkeit einer Messwiederholung wird nicht gesehen (Lubben & Millar 1996; Duggan & Gott 2000).
- Die Herausforderung bei der *Dateninterpretation* besteht für die Lernenden darin, ihre erhobenen Befunde mit ihren Hypothesen und ihrem konzeptuellen Wissen in Beziehung zu setzen. Ein sehr belastbarer Befund ist, dass die Lernenden die Ergebnisse ihres Experiments überhaupt nicht mit ihrer Hypothese in Beziehung setzen (Germann; Aram & Burke 1996). So ziehen Lernende Schlüsse, die nicht zu den Daten passen (Schauble et al. 1991). Untersuchungen von Chinn und Brewer (1998) zeigen, dass Lernende selbst bei Daten, die ihre Hypothesen widerlegen, daran festhalten. Die Lernenden ziehen die Schlussfolgerungen eher aus ihrem biologischen Wissen und nicht aus den tatsächlich vorliegenden Ergebnissen ihres Experiments. Untersuchungen zeigen, dass Schülergruppen teils „ihre Ergebnisse ‚glätten' oder an die Ergebnisse anderer Gruppen anpassen" (Ziemek, Keiner & Mayer 2005). Defizite in der Dateninterpretation können u. a. darauf beruhen, dass keine auf die Messmethode bezogenen Prognosen formuliert wurden (Kizil & Kattmann 2013).

10.4 Forschendes Lernen fördert Kompetenzen im Bereich der Erkenntnisgewinnung

Im Zentrum eines Unterrichts, in dem Kompetenzen naturwissenschaftlicher Erkenntnisgewinnung aufgebaut werden sollen, steht die Durchführung von Untersuchungen durch die Lernenden selbst. Allerdings sind Schulversuche i. w. S. keine hinreichende Bedingung für einen entsprechenden Kompetenzerwerb, insbesondere wenn der Fokus im Unterricht zu sehr auf den praktisch-technischen Aspekten des Arbeitens liegt. Deshalb wird allgemein neben dem *„hands on"* (praktisches Arbeiten) ein *„minds on"* (wissenschaftliches Denken) gefordert, also die explizite Abfolge einer Untersuchung von der Fragestellung bis zur Interpretation der Ergebnisse (Arnold, Kremer & Mayer 2013). Das Grundmodell dieses Unterrichts wird allgemein als *forschendes Lernen* (inquiry learning) bezeichnet. Forschendes Lernen kann im Klassenraum, in Schülerlaboren und im Freiland (▶ 46), mittels virtueller Labore sowie in informellen Lernsettings stattfinden (z. B. BundesUmweltWettbewerb (BUW), oder „Jugend forscht").

Ausgehend vom allgemeinen Lernmodell des Entdeckenden Lernens (discovery learning, Bruner 1961; 1981; Neber 1981) und des Forschenden Unterrichts (Fries & Rosenberger 1994) wurde der *Forschend-entwickelnde Unterricht* (Schmidkunz & Lindemann 1992) beschrieben. Grundidee dieses Unterrichts ist die Parallelität von Lernprozess und naturwissenschaftlichem Erkenntnisprozess sowie die Annahme, dass die Unterrichtsinhalte effektiver gelernt werden, wenn sie selbstständig erkundet werden. Insofern lag der Fokus dieser Unterrichtsmodelle zunächst allein auf dem Erwerb des inhaltlichen Wissens. Neuere Konzepte definieren Forschendes Lernen jedoch als eine Lernmethode, bei der sich Lernende durch eigenständiges Durchlaufen eines wissenschaftlichen Erkenntnisprozesses sowohl Lerninhalte als auch Erkenntnismethoden aneignen (Mayer & Ziemek 2006). Dabei sollte jedoch der Eindruck vermieden werden, dass Forschung und das Lösen naturwissenschaftlicher Probleme immer in einer stereotypen

Abfolge oder nur durch die Anwendung einer einzigen Methode abläuft (Ledermann et al. 2002; Wellnitz & Mayer 2012; Wellnitz 2012; Kizil & Kattmann 2013). Neben dem problemorientierten, wissenschaftlichen Vorgehen gibt es zufällige Entdeckungen und kreative Hypothesenbildung durch Vorerfahrungen und Beobachtung auffälliger Effekte. Das forschende Lernen zeichnet sich darüber hinaus durch authentische Kontexte, kooperatives Arbeiten sowie durch offenes und eigenständiges Lernen aus (Mayer & Ziemek 2006).

Um das forschende Lernen authentisch, motivierend und kognitiv herausfordernd zu gestalten, kann der Lernprozess in unterschiedlicher Hinsicht „offen" gestaltet werden. Dazu können die Vorgaben z. B. zu relevanten Fachinhalten, zu Schritten des naturwissenschaftlichen Erkenntnisprozesses, zu Untersuchungsmethoden sowie zur Anzahl der möglichen Lösungen und Lösungswege minimiert (Priemer 2011) bzw. durch gestufte Lernhilfen zur Verfügung gestellt werden. In der Literatur werden unterschiedliche Grade der Offenheit beschrieben:

– „structured inquiry": Die Lehrperson gibt den Lernenden ein zu lösendes Problem sowie den dazu passenden Untersuchungsplan. Die Lernenden generieren selbstständig die Problemlösung.
– „guided inquiry": Die Lehrperson gibt den Lernenden lediglich die Fragestellung und das benötigte Material. Die Problemlösestrategie wird von den Schülern gewählt.
– „open inquiry": Die Lernenden bearbeiten eigenständig ihre eigenen Fragestellungen. Die Lehrperson berät.

Zur Unterstützung der Schülerinnen und Schüler beim Forschenden Lernen können verschiedene Medien und Lernhilfen eingesetzt werden: Mittels sogenannter Forscherhefte kann der selbstständige Untersuchungsprozess der Lernenden angeleitet werden (Krüger & Mayer 2006; Mayer & Möller 2010). In Interaktionsboxen werden den Lernenden eine Forschungsfrage sowie diverse Materialien zur Verfügung gestellt, mit denen sie dann selbstständig arbeiten. Der Einsatz eines begleitenden, strukturierten Antwortformates als sogenanntes V-Diagramm fördert das möglichst systematische Vorgehen im Erkenntnisprozess (Meier & Mayer 2011).

11 Kommunikation biologischer Phänomene und Erkenntnisse

Ute Harms & Ulrich Kattmann

- Fachliche Kommunikation ist ein wesentlicher Teil wissenschaftlicher Tätigkeit.
- Fachliche Quellen müssen recherchiert, erschlossen und ausgewertet werden.
- Zum Dokumentieren und Referieren braucht man angemessene Darstellungsformen.
- Fachliches Argumentieren ist eine komplexe Fähigkeit.
- Die Fähigkeit zum wissenschaftlichen Kommunizieren sollte schrittweise gelernt und differenziert beurteilt werden.

11.1 Fachliche Kommunikation ist ein wesentlicher Teil wissenschaftlicher Tätigkeit

Eine Wissenschaft wird getragen von einer Gemeinschaft von Wissenschaftlerinnen und Wissenschaftlern, die miteinander kommunizieren. Dies geschieht bei der direkten Zusammenarbeit in Forschungsinstitutionen, durch Präsentationen und Diskussionen auf Tagungen sowie durch Beiträge in Fachzeitschriften. Diese Kommunikationsformen betreffen hauptsächlich die *Forschung*. Wissenschaft ist zugleich durch *Lehre* charakterisiert – durch die Kommunikation mit Studierenden in Lehrveranstaltungen. Lehrbücher sind dafür die überwiegende schriftliche Kommunikationsform. Über die Kommunikation untereinander und mit Studierenden hinaus sind Wissenschaftlerinnen und Wissenschaftler zur Kommunikation mit der *Öffentlichkeit* verpflichtet. Dies entspricht der Verantwortung der Wissenschaft (▶ 16.1) sowie dem Interesse an der Verbreitung, Anwendung und gesellschaftlicher Akzeptanz ihrer Ergebnisse. Diesem Anspruch wird insbesondere durch Beiträge in allgemeinverständlichen Wissenschaftsjournalen entsprochen (u. a. Spektrum der Wissenschaft, Bild der Wissenschaft, Biologie in unserer Zeit, Naturwissenschaftliche Rundschau). Kommunikation ist also originärer Teil wissenschaftlicher Tätigkeit. Teilhabe an Wissenschaft bedeutet deshalb auch, wissenschaftliche Ergebnisse angemessen interpretieren, verständlich und adressatengerecht darstellen und argumentativ vertreten zu können.

Kommunikationskompetenz ist in den Standards für den mittleren Schulabschluss als eigener Kompetenzbereich ausgewiesen (KMK 2005). Sie hat zwar engen Bezug zu allgemein bildenden Zielen wie Mündigkeit und Selbstkompetenz, soll aber im Biologieunterricht stets an biologische Inhalte gebunden entwickelt werden. Beim Kommunizieren sind Mittel anzuwenden, die mit biologischer *Erkenntnisgewinnung* und *Bewertung* in Beziehung stehen und damit ebenso diese Kompetenzbereiche berühren (▶ 10; 12).

Kommunikation wird häufig auch im pädagogischen Bereich als Interaktion zwischen einem „Sender" und einem „Empfänger" verstanden. Diese Begriffe stammen aus der Informationstheorie von Claude E. Shannon und Warren Weaver (1949), die damit die Übertragung der Information in technischen Systemen beschreiben. Dabei wird die Bedeutung (der Inhalt) der Information nicht thematisiert, sondern es wird vorausgesetzt, dass sie für Sender und Empfänger identisch ist (semantische Übereinstimmung oder Geschlossenheit). Überträgt man die Begriffe Sender und Empfänger auf Lehrpersonen und Lernende, so werden sie – in Analogie zu Rundfunksender und Rundfunkempfänger – im Grunde als technische Apparate verstanden. Daher werden diese Begriffe hier vermieden. Stattdessen werden die Bezeichnungen *„Sprecher"* und *„Hörer"* verwendet. Die beiden Termini werden im übertragenen (metaphorischen) Sinne verstanden, sodass nicht nur Sprechen und Hören gemeint sind, sondern jede Form medialer Vermittlung und sinnlicher Wahrnehmung. Als Beispiel kann ein Experimentalvortrag dienen, bei dem der Sprecher nicht nur redet, sondern u. a. Gesten, Bilder und Experimente zeigt, mit denen die Hörer „angesprochen" werden. Sie hören nicht nur den Sprecher, sondern sehen Gesten, Bilder und riechen beispielsweise den Duft etherischer Öle.

Der Prozess der Kommunikation zwischen Menschen ist im Gegensatz zu dem zwischen technischen Systemen semantisch nicht eindeutig und damit offen. Er wird zum einen von den Fähigkeiten des Sprechers und seinen Vorstellungen über die Hörer (Adressaten seiner Botschaft) und zum anderen von den Fähigkeiten und Vorstellungen der Hörer beeinflusst. Fachliche Vorkenntnisse sowie Alltagsvorstellungen sind dabei für das jeweilige, individuelle Verstehen zentral (▶ Tab. 11-1). Sprecher und Hörer legen der kommunizierten Botschaft eigene Bedeutungen bei (Bedeutungszuweisungen). Zwischen der Auseinandersetzung des Sprechers mit dem Phänomen oder Sachverhalt und der Auseinandersetzung des Hörers mit der Botschaft liegen Brüche im „Informationsfluss". *Bedeutung* (semantische Information) ist also nicht von Person zu Person übertragbar, sondern wird stets rekonstruiert (konstruktivistische Sicht der Kommunikation, ▶ Abb. 11-1; ▶ 14). Mit dem Erstellen einer Antwort wird der Hörer zum Sprecher, der Sprecher der Botschaft zum Hörer, der sich mit den Antworten des Hörers auseinandersetzen muss. Dadurch wird deutlich, dass die Grundstruktur menschlicher Kommunikation nicht die Informationsübertragung ist, sondern das *Gespräch*. Die möglichen gemeinsamen Bedeutungszuweisungen sind kommunikativ auszuhandeln (▶ 14.3). Dies geschieht rational durch den Austausch von *Argumenten* (▶ 11.4 und ▶ Abb. 11-1).

Kommunikation umfasst für die Lernenden zwei Aufgaben: (1) Informationen sind fach- und sachbezogen zu erschließen und (2) an andere Personen zu vermitteln. Die Lernenden sind also einerseits Hörer; denn sie sollen aus Quellen relevante Informationen entnehmen, sie von unwichtigen unterscheiden und ihnen angemessene sachliche Bedeutung zuweisen (▶ 11.2; 11.3). Andererseits sind die Lernenden Sprecher; denn sie sollen biologische Sachverhalte fachlich angemessen dokumentieren, anschaulich darstellen und präsentieren sowie für die jeweiligen Adressaten verständlich und argumentativ schlüssig erläutern (▶ 11.4).

Handlungsaspekt	Sprecher	Hörer
Rezipieren und Interpretieren	Auseinandersetzung mit dem *Phänomen* oder *Sachverhalt* Sie wird beeinflusst von – Kenntnissen und Fähigkeiten des Sprechers bzgl. des Phänomens oder Sachverhalts (Vorerfahrungen); – Vorstellungen zum lebensweltlichen Bezug des Phänomens oder Sachverhalts (allgemeine Relevanz)	Auseinandersetzung mit der *Botschaft* Sie wird beeinflusst von – persönlichen Kenntnissen und Fähigkeiten bzgl. des Phänomens oder Sachverhalts (Vorerfahrungen); – Vorstellungen zum lebensweltlichen Bezug des Phänomens oder Sachverhalts (persönliche Relevanz); – Fähigkeiten im Umgang mit Medien und Repräsentationsformen der Botschaft; – Vorstellungen über Fähigkeiten und Absichten des Sprechers.
Rekonstruktion von Vorstellungen zum Phänomen oder Sachverhalt	*Bedeutungszuweisungen* aufgrund der Auseinandersetzung mit dem Phänomen oder Sachverhalt	*Bedeutungszuweisungen* aufgrund der Auseinandersetzung mit der *Botschaft*
Erstellen eines sinnlich wahrnehmbaren Objekts	Umsetzung der rekonstruierten Vorstellungen in eine *Botschaft*. Das Erstellen der Botschaft wird beeinflusst von – Vorstellungen über die Fähigkeiten der Hörer (Adressaten); – Fähigkeiten des Sprechers zur Auswahl und Anwendung der Medien und Repräsentationsformen (▶ 38).	Umsetzung der rekonstruierten Vorstellungen in eine *Antwort*. Das Erstellen der Antwort wird beeinflusst von – Vorstellungen über die Fähigkeiten und Erwartungen des Sprechers der Botschaft; – Fähigkeiten des Hörers zur Auswahl und Anwendung der Medien und Repräsentationsformen.

Tabelle 11-1: Handlungsaspekte bei der Kommunikation in konstruktivistischer Sicht

11.2 Fachliche Quellen müssen recherchiert, erschlossen und ausgewertet werden

Als Voraussetzung für das eigene Verständnis und zur Vermittlung an Dritte sind Quellen auszuwählen und zu bewerten. Besonders das Internet bietet ganz unterschiedliche Materialien an, die ohne Kriterien der Auswahl in die Irre führen können (▶ 43.5). Populäre, populärwissenschaftliche und wissenschaftliche *Texte* sind zu unterscheiden, ihre Aussagen entsprechend einzuordnen. Die gezielte Informationsentnahme muss gelernt werden, d.h. das Erschließen der Quellen zur Bearbeitung der gestellten oder selbst gewählten Aufgabe. Mitgeteilte und selbst erarbeitete Ergebnisse sind von Deutungen zu unterscheiden. Entsprechend ist die Wiedergabe der Argumentation in Texten von der eigenen Interpretation zu trennen (▶ 41.7).

Eine besondere Aufgabe besteht in der adäquaten Auswertung von Quellen, in denen verschiedene Darstellungsformen (wie Texte, Diagramme, Tabellen) kombiniert sind. International wird der Charakter dieser Quellen als „multiple external representations" (MER) bezeichnet

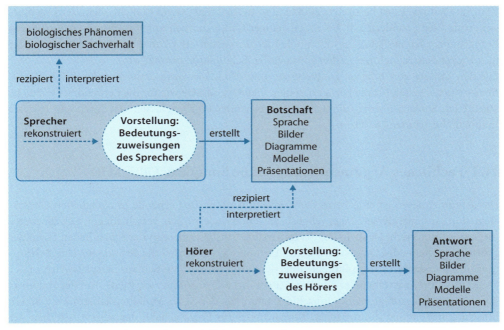

Abbildung 11-1: Konstruktivistisches Modell der Kommunikation
Kästen: sinnlich wahrnehmbare Objekte; abgerundete Kästen: Personen; gestrichelte Ovale: gedankliche Konstrukte; gestrichelte Pfeile: Denkakte; durchgezogene Pfeile: Tätigkeiten

(Treagust & Tsui 2013). Es wird als besondere Aufgabe des naturwissenschaftlichen Unterrichts angesehen, die Lernenden zu befähigen, solche komplexen Quellen auszuwerten sowie die verschiedenen Darstellungsformen für das eigene Lernen zu nutzen (▶ 11.3; vgl. Yore & Treagust 2006).

11.3 Zum Dokumentieren und Referieren braucht man angemessene Darstellungsformen

Für alle Formen der wissenschaftlichen Kommunikation ist eine der wichtigsten Voraussetzungen die Wahl einer für die Adressaten angemessenen Sprache. Die Lernenden sollten fähig sein, die *Fachsprache* sachgemäß anzuwenden und bei der Vermittlung in eigenen Worten zu umschreiben. Um sich verständlich zu machen, sind außerdem verbreitete *Alltagsvorstellungen* zu beachten; deren Reflexion ist wichtig. Dazu müssen sich Lernende die eigenen Vorstellungen bewusst machen. Ziel ist eine „Zweisprachigkeit", die es ermöglicht, auf die Vorstellungen der Adressaten einzugehen und sie auf die wissenschaftlichen Vorstellungen zu beziehen (▶ 23). Dokumentation wird besonders beim Protokollieren und dem Führen eines Arbeitsheftes bzw. der Anlage von Portfolios geübt (▶ 28; 35; 39.3). Das Protokollieren wird zu einem Mittel der

Kommunikation. Es ist besonders effektiv und motivierend, wenn es nicht allein der Ergebnissicherung dient, sondern z. B. bei arbeitsteiliger Gruppenarbeit zur Information der größeren Lerngruppe oder bei jahrgangsübergreifenden Projekten als Grundlage für die Arbeiten der nachrückenden Teilnehmer in den kommenden Schuljahren genutzt wird.

Für den Einsatz von *Bildern, Diagrammen* und *Modellen* sowie dem Umgang mit *Präsentationstechniken* gelten für die Lernenden dieselben Grundsätze wie für die Lehrenden (▶ 36; 39; 40; 43). Die Schwierigkeiten, die sich für die Lernenden ergeben, lassen sich durch schrittweises Einüben überwinden (▶ 11.5).

11.4 Fachliches Argumentieren ist eine komplexe Fähigkeit

Das Argumentieren ist eine Form der Kommunikation, die Lernende in alltäglichen Gesprächen und Auseinandersetzungen ebenso anwenden wie in den verschiedenen Schulfächern. Im Deutschunterricht ist sie in der Sekundarstufe I insbesondere in der schriftlichen Form der Erörterung Thema des Unterrichts. Beim Argumentieren werden die Gründe für eine Behauptung auseinandergesetzt. Im Biologieunterricht argumentiert ein Schüler beispielsweise zu der Frage, was zum Aussterben der Dinosaurier geführt haben könnte, wie folgt: „Auf der Halbinsel Yukatan wurde der Krater eines Einschlags gefunden, der ca. 65 Millionen Jahre her ist. So ein Einschlag hätte einen dramatischen Klimawandel zur Folge gehabt, der zum Aussterben der Dinosaurier geführt haben könnte."

Der Begriff *Argument* (lat. *argumentatio*, Beweisführung) beschreibt in seiner ursprünglichen Bedeutung eine sprachliche Handlung, deren Ziel es ist, durch eine begründende Beweisführung Erkenntnisse zu gewinnen oder Einstellungsänderungen zu bewirken (Bußmann 1983, 42). Dem Argumentieren kommt entsprechend in den Naturwissenschaften eine doppelte Funktion zu: zum einen als epistemische Methode zur Wissensgenerierung (▶ 13) und zum anderen zur Bewertung gesellschaftlicher Fragestellungen, in denen neben den naturwissenschaftlichen Fakten soziale Normen und Werte berücksichtigt werden müssen (u. a. Mittelsten Scheid & Hößle 2008; Sadler & Zeidler 2005; Zohar & Nemet 2002; ▶ 12 und 16). Das Austauschen von Argumenten ist immer dann notwendig, wenn eine Situation strittig ist: „Argumentieren ist ein Verfahren, mit dem einer etwas, was strittig ist, mit Hilfe von Unstrittigem unstrittig machen will oder kann" (Nussbaumer 1995, 1).

Die Erkenntnisentwicklung in der Biologie erfolgt im Kern durch wissenschaftliches, auf Empirie gegründetes Argumentieren (epistemische Funktion des Argumentierens). Aus Beobachtungen und Experimenten werden Aussagen abgeleitet, die den bis zu diesem Zeitpunkt angenommenen Erklärungen bzw. (zeitgleichen) Aussagen anderer Biologinnen und Biologen widersprechen können. Ein historisches Beispiel hierfür ist die Erklärung der Entwicklung der Lebewesen durch Lamarck bzw. Darwin im Übergang vom 18. zum 19. Jahrhundert. Ein aktuelles Beispiel ist die Entwicklung der Priontheorie. Bevor empirisch gezeigt werden konnte, dass Prionkrankheiten durch ein bestimmtes, im Gehirn exprimiertes Protein ausgelöst werden, standen zwei Erklärungsansätze einander gegenüber. Eine Wissenschaftlergruppe vermutete einen Virus als Auslöser dieser Krankheiten, eine andere ein Protein. Durch den argumentativen Dialog, der auf Nachvollziehbarkeit und Schlüssigkeit der Behauptungen, Gegenbehauptungen,

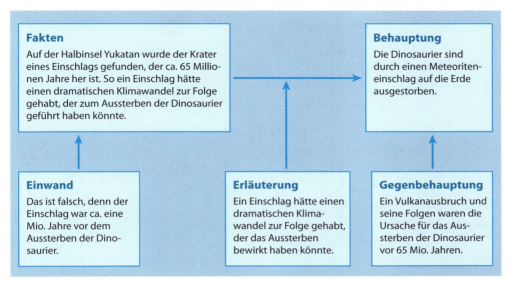

Abbildung 11-2: Argumentationsstruktur zu „Warum starben die Dinosaurier aus?" (nach Toulmin 2003)

Erklärungen und Schlussfolgerungen beruht, die aus den gewonnenen Daten gezogen wurden, entstand neues biologisches Wissen.

Beim Bewerten biologischer Erkenntnisse in gesellschaftlich relevanten Anwendungsfragen stützen Argumente sich sowohl auf deskriptiv-naturwissenschaftliche als auch auf normative Prämissen, die rational beurteilbar und kollektiv gültig sind (Toulmin 1975, 155 f.; bzw. Herbig 1992, 35, zit. bei Mittelsten Scheid & Hößle 2008, 148). Diese Form des Argumentierens spielt insbesondere im Zusammenhang mit der Entwicklung von Bewertungskompetenz im Biologieunterricht eine Rolle (▶ 12). Argumentationen weisen eine grundlegende formale Struktur auf (▶ Abb. 11-2; vgl. Basel et al. 2013).

In der neueren naturwissenschaftsdidaktischen Forschung wird der Begriff der *Argumentation* – analog dem Begriff der *„argumentation"* in der englischsprachigen, internationalen Forschungsliteratur – verwendet. Hierunter wird entsprechend ein kommunikativer *Prozess* verstanden, in dem Behauptungen oder Schlussfolgerungen durch Evidenzen gestützt werden (vgl. Riemeier et al. 2012, 144). *Ergebnisse* von Argumentationen sind *Argumente*.

Mit der Einführung der Bildungsstandards für die Fächer Biologie, Chemie und Physik für den Mittleren Schulabschluss (KMK 2005) wurde eine Vielfalt von Sprachhandlungen explizit Lernziel des naturwissenschaftlichen Unterrichts (vgl. Tajmel 2011). Hierzu zählt das Argumentieren, das als Lerngegenstand traditionell dem Bereich der geisteswissenschaftlichen Fächer zuzuordnen ist. Die Fähigkeit zu argumentieren wird so nun zu einem verbindlichen Lernziel nicht nur über Fächergrenzen, sondern über Domänengrenzen hinweg (Naturwissenschaften vs. Geisteswissenschaften). Argumentieren wird als Denk- und Arbeitsweise natur- und geisteswissenschaftlicher Erkenntnisgewinnung und Kommunikation aufgefasst, die im Unterricht als disziplinäre Methodik fachbezogen zu vermitteln und zu fördern ist, zugleich aber als fächer-

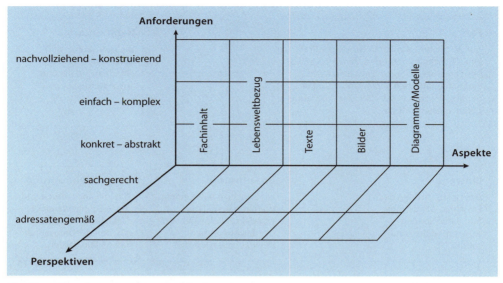

Abbildung 11-3: Raster zur Bewertung biologischer Kommunikationskompetenz (in Anlehnung an Kulgemeyer & Schecker 2012)

übergreifendes Bildungsziel den Lernenden für unterschiedliche Anwendungskontexte verfügbar gemacht werden soll.

Mit dem Begriff *Argumentationsfähigkeit* werden die Fähigkeiten zusammengefasst, die notwendig sind, um eine Argumentation vorzubringen und zu bewerten. Argumentationsfähigkeit kann als gegeben angenommen werden (nach Blair & Johnson 1987; zitiert nach Jonasson & Kim 2010), wenn die vorgebrachten Argumente
- akzeptabel sind;
- für die Schlussfolgerung relevant sind;
- für die Schlussfolgerung ausreichen.

Erste Untersuchungen zur Entwicklung von Argumentationsfähigkeit haben gezeigt, dass sie sich über Domänen- und Fächergrenzen hinweg entwickelt. Dies bedeutet für den Schulunterricht, dass die einzelnen Fächer zur Entwicklung dieser Kompetenz beitragen. Im Fach Biologie geschieht dies beispielsweise bezogen auf biologische Phänomene, Theorien oder Anwendungsfragen biologischen Wissens. Um eine kohärente und kumulative Entwicklung von Argumentationsfähigkeit bei den Lernenden zu ermöglichen, ist eine fächerübergreifende Zusammenarbeit unerlässlich. Fachbezogene Merkmale domänenspezifischen Argumentierens sind bisher größtenteils ungeklärt (Sampson & Clark 2010).

Anlass für einen argumentativen Dialog ist das Vorliegen von Strittigkeit. Für die Unterrichtspraxis bedeutet dies, dass zur Förderung von Argumentationsfähigkeit strittige Aussagen oder Beobachtungen zum Ausgangspunkt gemacht werden. Dies bedingt einen problemorientierten Unterrichtsgang (▶ 26). Zur Förderung der Argumentationsfähigkeit als Element des wissen-

Anforderungen an Denken bzw. Tätigkeiten	Umgang mit Inhalten		Verwendung von Darstellungsformen		
	Fachlicher Aspekt	*Lebensweltbezug*	*Sprache*	*Bilder*	*Diagramme/ Modelle*
konkret – abstrakt	Verstehen von Phänomenen – Formeln, Gesetzen, Theorien	Beziehen auf Ereignisse, Erfahrungen – Regeln, Normen	Formulieren in Umgangssprache, Fachsprache, – mathematischer Sprache	Auswertung von merkmalsaffinen – merkmals-inaffinen Bildern	Deutung von ikonischen Darstellungen – Pfeilen, Blöcken mathematischen Symbolen
einfach – komplex	Verstehen von linearen Beziehungen – Rückwirkungen, Interaktionen, Systemen	Beziehen auf individuale – soziale, globale Probleme	Formulieren in Schlagworten, Beschreibungen – Erläuterungen, Erklärungen	Auswertung von einfachen – komplexen Einzelbildern, Bildfolgen	Deutung von Abbildungen, Modellierung von einfachen – komplexen Sachverhalten
	anleitende Vorgaben				
nachvollziehend	Rezipieren des Inhalts und seiner Bezüge		Erkennen des Texttyps, der Gliederungspunkte	Auswertung der gezeigten Bilder	Lesen der gegebenen Diagramme und Symbole/ Umgang mit fertigen Modellen
—	*selbstständige Wahl*				
konstruierend	Wahl eines Themas	Herstellen des Lebensweltbezugs	Auswahl des Texttyps, selbstständiges Formulieren	Bildrecherche und Auswahl	Wahl des Diagrammtyps, der Symbole/ des Modelltyps, selbstständige Konstruktion von Diagrammen/ Modellen

Tabelle 11-2: Anforderungen und Aspekte der Kommunikationskompetenz im Biologieunterricht

schaftsimmanenten Diskurses können widersprüchliche historische und aktuelle biologische Theorien und Annahmen als Ausgangspunkt dienen. Zur Förderung der Argumentationsfähigkeit im Bewertungskontext bieten sich insbesondere solche normativen und gesellschaftlichen Fragestellungen an, zu denen die Lernenden einen persönlichen Lebensbezug herstellen können (▶ 12).

11.5 Die Fähigkeit zum wissenschaftlichen Kommunizieren sollte schrittweise gelernt und differenziert beurteilt werden

Schritte, mit denen Fähigkeiten zur wissenschaftlichen Kommunikation erworben werden können, können sich an allgemeinen didaktischen Grundsätzen orientieren: vom Konkreten zum Abstrakten, vom Einfachen zum Komplexen und vom angeleiteten Nachvollziehen zum selbstständigen Konstruieren. Diese Prinzipien sind sowohl auf den Umgang mit den Inhalten der Kommunikation als auch auf die Auswahl verschiedener Darstellungsformen anwendbar (▶ Tab. 11-2 und ▶ Abb. 11-3, S. 68).

Kommunikationskompetenz ist zusätzlich danach zu beurteilen, ob das Mitgeteilte in der Perspektive des Faches sachgerecht und in der Perspektive der Empfänger adressatengemäß ist (Kulgemeyer & Schecker 2009; 2012). Damit ergibt sich ein Kriterienraster zur Beurteilung der Kommunikationskompetenz von Lernenden und der diesbezüglichen Bewertung von Aufgaben (▶ Abb. 11-3).

12 Bewerten der Anwendung biologischer Erkenntnisse

Susanne Bögeholz

- Entscheiden und Handeln an der Schnittstelle von Biologie und Gesellschaft erfordern Bewertungsfähigkeit.
- Die Bezeichnungen „Bewerten" und „Beurteilen" werden unterschiedlich verwendet und sollten spezifiziert werden.
- Kognitive Kompetenzen sind für das Bewerten zentral.
- Für das Bewerten liegen empirisch fundierte Kompetenzmodelle vor.
- Unterricht zum Kompetenzbereich Bewertung sollte Ergebnisse fachdidaktischer Forschung berücksichtigen.

12.1 Entscheiden und Handeln an der Schnittstelle von Biologie und Gesellschaft erfordern Bewertungsfähigkeit

Biologie als Wissenschaft ist stets durch gesellschaftliche Interessen beeinflusst – auch wenn sie im Kern keine normative Wissenschaft ist. Was beforscht wird, ist nicht frei von gesellschaftlichen Randbedingungen. Aber: Ergebnisse biologischer Forschung sollten gegenüber gesellschaftlichen Randbedingungen möglichst invariant sein. Damit wird die erkenntnistheoretische Seite der Erzeugung von biologischem Wissen angesprochen (▶ 14). Daneben besteht eine direkte Wechselwirkung von Biologie und Gesellschaft. Biologisches Wissen wird für gesellschaftliches Entscheiden und Handeln genutzt, z. B. in Fragen der Anwendung von Gentechnik, der angewandten Humanbiologie (Ernährung, Gesundheit) oder im Umgang mit Ökosystemen und der Biosphäre inklusive der biologischen Vielfalt (▶ 16; 18; vgl. Jiménez-Aleixandre & Pereiro-Munoz 2002; Sadler & Zeidler 2004; Eggert & Hößle 2006).

Themen an der Schnittstelle von Biologie (Naturwissenschaften) und Gesellschaft werden international als *„socioscientific issues"* (SSI) bezeichnet (vgl. Ratcliffe & Grace 2003; Sadler, Barab & Scott 2007). „They are open-ended problems without clear-cut solutions; […] they tend to have multiple plausible solutions. […] the solutions cannot be fully determined by scientific considerations. The issues […] are influenced by a variety of social factors including politics, economics, and ethics" (Sadler 2011, 4). Ein SSI ist z. B. der Klimawandel. Welche Handlungsoptionen habe ich persönlich, haben staatliche Akteure? Für welche Möglichkeit soll ich mich, soll sich der Staat entscheiden? Um solche Fragen kompetent zu beantworten, müssen Lernende naturwissenschaftliches Wissen systematisch mit individuellen und gesellschaftlich relevanten Werten und Normen in Verbindung bringen können, d.h., über Bewertungskompetenz verfügen (vgl. Jiménez-Aleixandre & Pereiro-Munoz 2002; Ratcliffe & Grace 2003; Bögeholz 2006).

12.2 Die Bezeichnungen „Bewerten" und „Beurteilen" werden unterschiedlich verwendet und sollten spezifiziert werden

Mit den Bildungsstandards und den Kerncurricula Biologie wurde der Kompetenzbereich Bewertung eingeführt (▶ 8; KMK 2005; z. B. Niedersächsisches Kultusministerium 2007; 2009). Auf der Basis von Vorwissen und -erfahrungen verbinden Studienanfänger/-innen für das Lehramt mit Bewerten im Biologieunterricht z. B. 1) Notenvergabe und Leistungsrückmeldung, 2) Bewerten der Ergebnisse von Experimenten bzw. Versuchen oder Bewerten von Modellen, 3) Bewerten von wissenschaftlichen Quellen, Diagrammen und Tabellen sowie 4) ethische Themen wie Gentechnik, embryonale Stammzellforschung und Tierversuche (eigene Befragung). Während die ersten drei Aspekte in anderen Kapiteln behandelt werden (▶ 28; 10; 11), widmet sich dieses Kapitel dem vierten Bereich, dem Bewerten bei Fragen angewandter Biologie (▶ Abb. 12-1, S. 74).

Neben der Bezeichnung *Bewerten* ist die Bezeichnung *Beurteilen* zu beachten. Dabei variiert das jeweils Gemeinte teilweise abhängig davon, welche Publikation aus welcher Zeit zu Rate gezogen wird bzw. auf welcher Forschungstradition aufgebaut wird (Bögeholz et al. 2004; Eggert & Hößle 2006; Reitschert et al. 2007).

Beurteilen heißt z. B.: „Zu einem Sachverhalt ein selbständiges Urteil unter Verwendung von Fachwissen und Fachmethoden formulieren und begründen" können (Niedersächsisches Kultusministerium 2007, 105) oder es bedeutet, „eine nicht normativ geprägte Aussage über einen naturwissenschaftlichen Sachgegenstand" zu treffen (Eggert & Hößle 2006, 1).

Unter *Bewerten* fällt „Sachverhalte, Gegenstände, Methoden, Ergebnisse etc. an erkennbaren Wertkategorien […] messen" können (Niedersächsisches Kultusministerium 2007, 105); oder „das begründete Abwägen von Fakten, Konzepten, Methoden oder Handlungen hinsichtlich eines moralischen Maßstabes" (Eggert & Hößle 2006, 1).

Während Beurteilen eher naturwissenschaftliches Wissen betrifft, werden beim Bewerten ethische Reflexionen relevant. In der biologiedidaktischen Literatur wird beim Beurteilen jedoch manchmal das Abwägen von Werten einbezogen (Reitschert et al. 2007, 47). Darauf folgt eine reflektierte Urteilsfällung (ebd.). Der gesamte Prozess bis zum Urteil wird dabei als *ethisches Bewerten* gefasst (Reitschert & Hößle 2010, 227). Bewerten erfordert im Bildungsbereich – neben einem informierten Umgang mit der faktischen Komplexität – stets einen reflektierten, transparenten Umgang mit der ethischen Komplexität (Bögeholz & Barkmann 2005; vgl. Sadler et al. 2007).

Bei den teilweise unterschiedlichen Verwendungen der Bezeichnungen „Bewerten" und „Beurteilen" sollte es Ziel sein, inhaltliche Klarheit über das jeweils Gemeinte zu schaffen. Dafür ist es hilfreich zu konkretisieren, in welchem Bereich die jeweiligen Herausforderungen liegen. Dies kann durch das Beziehen auf spezifische Bereiche geschehen, wie *innerfachliches Bewerten* (Schecker & Höttecke 2007) oder *gesellschaftlich-handlungsvorbereitendes Bewerten* in Bezug auf gesellschaftlich relevante Probleme (vgl. KMK 2005).

12.3 Kognitive Kompetenzen sind für das Bewerten zentral

Die biologiedidaktische Forschung zum Kompetenzbereich Bewertung konzentriert sich bisher auf die kognitive Dimension: Kompetenzen werden als „kontextspezifische kognitive Leistungsdispositionen (beschrieben), die sich funktional auf Situationen und Anforderungen in bestimmten Domänen beziehen" (Klieme & Leutner 2006, 879); sie sind zentral, um die Anforderungssituationen zu bewältigen; sie sind erlernbar (Klieme, Hartig & Rauch 2008).
Der Biologieunterricht soll Schüler auf Fragen an der Schnittstelle von biologischer Wissenschaft sowie von Ethik und Moral vorbereiten (vgl. Sadler & Zeidler 2004; Sadler & Donnelly 2006). Das sind z. B. Fragen nach der ethischen Zulässigkeit der Eingriffe in menschliche und nicht-menschliche Genome, u.a. im Hinblick auf grüne, rote, weiße und graue Gentechnik oder medizinethische Probleme im Umfeld von Geburt und Tod, wie der Beginn des Lebens, Präimplantationsdiagnostik, Sterbehilfe oder Organtransplantation (▶ 16; vgl. Hößle & Bayrhuber 2006; Niedersächsisches Kultusministerium 2010). Die gesellschaftliche Diskussion richtet sich meist an der Frage aus: Soll eine bestimmte, technisch mögliche Handlung grundsätzlich verboten, begrenzt oder erlaubt sein? Häufig wird diese Frage auf eine kategorische Ja-/Nein-Entscheidung bzw. auf die Grenze des Erlaubten zugespitzt. Die kognitive Bearbeitung dieser und ähnlicher Fragen sollte der gesellschaftlich geführten Diskussion Rechnung tragen, indem sie die „Urteilsfähigkeit" der Schüler schärft (Hößle 2001; 2007) und ggf. die Diskussion für weitere Handlungsoptionen jenseits von Pro- und Kontra-Diskussionen öffnet (Dulitz & Kattmann 1990).
Fragen nach dem individuell und gesellschaftlich richtigen Umgang mit der ökologischen Umwelt sind ebenfalls biologische wie ethische Fragen (vgl. z. B. Hogan 2002; Ratcliffe & Grace 2003). Wenn es etwa um das Aussterben von Arten geht, können kategoriale Fragen angesprochen werden. In der Regel liegen jedoch mehrere Handlungsoptionen vor (z. B. Bögeholz & Barkmann 2005; Sadler 2011), aus denen die geeignete(n) herausgefiltert werden soll(en). Entsprechend der gesellschaftlichen Diskussion sollten die relativen Vor- und Nachteile der einzelnen Optionen miteinander verglichen werden (vgl. Dulitz & Kattmann 1990; Eggert et al. 2010). Da neben ökologischen regelmäßig ökonomische und soziale Erwägungen treten, handelt es sich meist um Gestaltungsfragen *Nachhaltiger Entwicklung* (vgl. Ratcliffe & Grace 2003; Bögeholz 2011; Ostermeyer, Eggert & Bögeholz 2012).
Das Bewerten im Kontext biologischer Technik und Medizin hat mit dem Bewerten im Kontext Nachhaltiger Entwicklung viele Gemeinsamkeiten: Stets sind Argumente auf ihre fachbiologische Richtigkeit zu befragen, ist der normative Gehalt der Argumente auf belastbare normative Grundlagen zurückzuführen, die Fähigkeit zur Übernahme anderer Perspektiven zu fördern und sind Werte und Normen zu reflektieren (vgl. Ratcliffe & Grace 2003; Bögeholz 2006; Sadler et al. 2007; KMK-BMZ 2008). Die zu vermittelnden Kompetenzen können sich in den beiden Bereichen jedoch aufgrund kontextspezifischer Sachstrukturen und Handlungs-herausforderungen unterscheiden (Bögeholz et al. 2004; Eggert & Hößle 2006).
Zur Bewertungskompetenz gehören ein Abwägen von Vor- und Nachteilen und ein kriterienbezogenes Vergleichen von (auch mehreren) Handlungsoptionen (vgl. Eggert & Bögeholz 2006; 2010; Gresch, Hasselhorn & Bögeholz 2011). International wird Bewertungskompetenz unter *„socioscientific decision making"* diskutiert (▶ Abb. 12-1; vgl. Ratcliffe 1997; Jiménez-Aleixandre

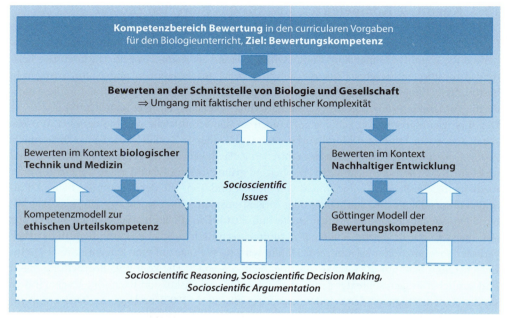

Abbildung 12-1: Gesellschaftlich-handlungsvorbereitendes Bewerten als zentrales Element des Kompetenzbereichs Bewertung

& Pereiro-Munoz 2002). In gleicher Weise sind „socioscientific reasoning" und „argumentation" (▶ 11. 4) bedeutsame fachdidaktische Ansätze im Hinblick auf eine Partizipation an der Diskussion um gesellschaftsrelevante Bewertungsfragen. Letztere betreffen z. B. die Zulässigkeit und Wünschbarkeit von Gentechnologie in verschiedenen Anwendungsbereichen wie den Schutz und die Nutzung biologischer Vielfalt bzw. biologischer Ressourcen (vgl. Jiménez-Aleixandre & Pereiro-Munoz 2002; Sadler 2004; Sadler & Zeidler 2004; Sadler & Donnelly 2006; Sadler et al. 2007). Hier kann – neben der Berücksichtigung von Pro- und Kontra-Argumenten bzw. -Positionen – das Unterrichten von Argumentationsschemata bzw. Entscheidungsstrategien die Argumentationsfähigkeit bzw. Bewertungskompetenz für persönliche und gesellschaftliche Entscheidungsprozesse kognitiv unterstützen (▶ 11. 4; vgl. Zohar & Nemet 2002; Dawson & Venville 2010; Eggert, Barford-Werner & Bögeholz 2010; Gresch & Bögeholz 2013).

12.4 Für das Bewerten liegen empirisch fundierte Kompetenzmodelle vor

In den vergangenen Jahren wurden kontextspezifische Kompetenzmodelle zum Kompetenzbereich Bewertung entwickelt und empirisch fundiert:
Für Handlungsherausforderungen im Kontext biologischer Technik und Medizin wurde das Modell der ethischen Urteilskompetenz entworfen (▶ Abb. 12-1; Reitschert et al. 2007). Es zielt

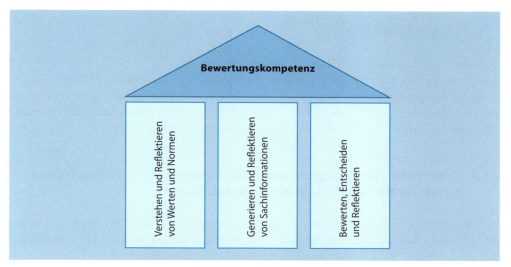

Abbildung 12-2: Göttinger Modell der Bewertungskompetenz für Anforderungssituationen nachhaltiger Entwicklung (nach Bögeholz 2011)

auf die „Befähigung zu einem sensibilisierten Zugang zum moralischen Problemgehalt moderner Biotechnologien und medizinischen Fortschritts sowie die Fähigkeit zu einer bewussten, reflektierten, kritisch hinterfragenden und argumentativ fundierten Urteilsfähigkeit" (Reitschert & Hößle 2007, 126). Theoretisch umfasste das Modell zunächst acht Dimensionen (Reitschert et al. 2007; vgl. Reitschert & Hößle 2007). Katja Reitschert (2009) konnte darauf aufbauend folgende fünf Teilkompetenzen empirisch identifizieren: „Wahrnehmen und Bewusstmachen moralisch-ethischer Relevanz", „Beurteilen", „Wahrnehmen und Bewusstmachen der Quellen der eigenen Einstellung", „Folgenreflexion" und „Ethisches Basiswissen". Die diesbezügliche Forschung ist vornehmlich qualitativ.

Für den Kontext der Nachhaltigen Entwicklung wurde das Göttinger Modell der Bewertungskompetenz theoretisch hergeleitet (Eggert & Bögeholz 2006). Bewertungskompetenz meint hier die „Fähigkeit, sich in komplexen [Umwelt-]Problemsituationen begründet und systematisch bei unterschiedlichen Handlungsoptionen zu entscheiden, um kompetent am gesellschaftlichen Diskurs um die Gestaltung von Nachhaltiger Entwicklung teilhaben zu können" (Bögeholz 2007, 209). Das Kompetenzmodell (Eggert & Bögeholz 2006; Bögeholz 2011; ▶ Abb. 12-1; 12-2) umfasst das

- Erkennen einer Umweltproblemsituation, das informierte Entwickeln von tragfähigen Handlungsoptionen: Teilkompetenz „Generieren und Reflektieren von Sachinformationen", (vgl. Gausmann et al. 2010; Ostermeyer et al. 2012) und das
- Anwenden von Entscheidungsstrategien für systematische und reflektierte Entscheidungen (Teilkompetenz „Bewerten, Entscheiden und Reflektieren", vgl. Eggert 2008; Eggert & Bögeholz 2006; 2010). Darüber hinaus ist

– das „Verstehen und Reflektieren von Werten und Normen im Kontext Nachhaltiger Entwicklung" relevant (Bögeholz 2011).

Das Modell wird schwerpunktmäßig quantitativ beforscht.
Beide vorgestellten Kompetenzmodelle sind grundlegend für eine forschungsbasierte Umsetzung des Kompetenzbereichs Bewertung. Das Göttinger Modell trägt zudem zur Förderung von Gestaltungskompetenz, dem Ziel von Bildung für Nachhaltige Entwicklung, bei (Bögeholz 2011; vgl. de Haan & Gerhold 2008; de Haan et al. 2008; KMK-BMZ 2008).

12.5 Unterricht zum Kompetenzbereich Bewertung sollte Ergebnisse fachdidaktischer Forschung berücksichtigen

Zur unterrichtlichen Behandlung von Anforderungssituationen an der Schnittstelle von Biologie und Gesellschaft wurden in den letzten 25 Jahren viele Vorschläge gemacht (▶ 16; vgl. Bögeholz et al. 2004), z. B.: „ethischer Entscheidungsprozess" von Barbara Dulitz und Ulrich Kattmann (1990), „ethische Analyse" von Horst Bayrhuber (1992; vgl. Bayrhuber, Harms & Kroß 2001; Harms 2004), „moralische Urteilsfähigkeit" von Corinna Hößle (2001; vgl. Hößle & Bayrhuber 2006) und „ökologische Bewertungs- und Urteilskompetenz" von Susanne Bögeholz und Jan Barkmann (2003; vgl. Bögeholz 2006). Dazu wurden mehrere Unterrichtsvorschläge erarbeitet (▶ Tab. 16-2, S. 123).

Im Zuge der Kompetenzorientierung erfolgte zunehmend eine theoretische und empirische Fundierung des vorgeschlagenen unterrichtlichen Vorgehens beim ethischen Bewerten zur Förderung von Bewertungskompetenz (Eggert, Barfod-Werner & Bögeholz 2010; Reitschert & Hößle 2010). Dabei wurden empirisch abgesicherte Teilkompetenzen der Bewertungskompetenz berücksichtigt (Reitschert & Hößle 2007; Eggert 2008; Reitschert 2009; Eggert & Bögeholz 2010).

Ausgehend von den Kompetenzmodellen liegen mittlerweile erprobte prototypische Unterrichtseinheiten, Lernaufgaben und Materialien vor (Eggert, Barfod-Werner & Bögeholz 2008; 2010; Schroeter & Lücken 2008; Eggert et al. 2011; Niedersächsisches Kultusministerium 2010; Eilks et al. 2011). Viele dieser Arbeiten sind in Zusammenarbeit von Fachdidaktikern und Lehrkräften entstanden (vgl. Bayrhuber et al. 2007). Daneben stehen konkrete Hinweise für eine unterrichtliche Behandlung ethischer Themen zur Verfügung (▶ Tab. 16-2, S. 123; vgl. Reitschert 2012).

In der jüngsten Zeit begann die empirische Überprüfung der Wirksamkeit einer auf Kompetenzmodelle gestützten Förderung von Bewertungskompetenz. So konnte z. B. das „Bewerten, Entscheiden und Reflektieren" (▶ Abb. 12-2) in Trainingsstudien in den Sekundarstufen I und II gezielt gefördert werden (Eggert et al. 2010; Gresch et al. 2011; Gresch 2012). Bislang gibt es nur wenige derartige Studien, da die Kompetenzmodellierung und die Entwicklung entsprechend reliabler und valider Messinstrumente große Herausforderungen darstellen (Bögeholz 2011).

Überall dort, wo theoretisch und empirisch fundierte Konzepte zur Bewertungskompetenz vorliegen, gilt es diese zu nutzen. Wo sie noch nicht verfügbar sind, stellen die vorhandenen Vorschläge zur Förderung von Bewertungskompetenz wertvolle Ansatzpunkte dar. Ansätze anderer Fachdidaktiken für Bewertung können für den Biologieunterricht adaptiert bzw. fruchtbar gemacht werden (vgl. Schecker & Höttecke 2007; Fuchs 2010; Eilks 2011; Heitmann & Tiemann 2011). Es sollte zudem die internationale Forschung im Bereich *„socioscientific reasoning"*, *„decision making"* und *„argumentation"* einbezogen werden (▶ 11; vgl. Ratcliffe 1997; Jiménez-Aleixandre & Pereiro-Munoz 2002; Hogan 2002; Sadler & Fowler 2006; Sadler et al. 2007). Richtungsweisende Studien für evidenzbasiertes Unterrichten an der Schnittstelle von Biologie (Naturwissenschaften) und Gesellschaft liegen international und national vor (Zohar & Nemet 2002; Uskola, Maguregi & Jiménez-Aleixandre 2010; Eggert et al. 2010; Gresch et al. 2011; Ostermeyer et al. 2012).

Reflexionsrahmen des Biologieunterrichts

13 Kultur der Naturwissenschaften

Jürgen Langlet

> - Wissenschaft beschäftigt sich systematisch und systematisierend mit Wissen.
> - Naturwissenschaftliches Vorgehen beruht auf Vorannahmen: Hypothesen und Paradigmen.
> - Naturwissenschaftliches Erklären beantwortet Fragen nach Ursache und Wirkung.
> - Die Gegenstände der Biologie erfordern systemtheoretisches Denken.
> - Biologie erklärt auf mehreren Ebenen und ist nicht auf nur eine reduzierbar.
> - Im Biologieunterricht werden Tragweite und Grenzen der Wissenschaft reflektiert.

13.1 Wissenschaft beschäftigt sich systematisch und systematisierend mit Wissen

„Die ganze Wissenschaft ist nur eine Systematisierung des alltäglichen Denkens", so der Wissenschaftsphilosoph Paul Hoyningen-Huene 1999; 2001). Die Metawissenschaft Wissenschaftsphilosophie untersucht und analysiert Wissenschaft. Gerhard Vollmer (2000) nimmt mehr die institutionelle Seite in den Blick: „Wissenschaft ist alles, was an einer Universität durch mindestens eine Professur vertreten ist." Des Weiteren offenbart sich Wissenschaft in einer gewaltigen Menge an Wissen, angehäuft in Publikationen und Erfahrungen. Demgemäß definiert Hoyningen-Huene (1999, 2001): Wissenschaft beschreibt, erklärt, etabliert, erweitert und kommuniziert Wissen in systematischer Weise.

– *Wissenschaft beschreibt Wissen:*
Das gewaltige, exponenziell wachsende Wissen ist nur brauchbar, weil es systematisiert und geordnet vorliegt. Auf Grund der Beschreibung und Klassifizierung von Phänomenen werden Verallgemeinerungen und Regelmäßigkeiten der Welt (die sogenannten Fakten [lat. facere, etwas herstellen]) erzeugt, die wiederum Vorhersagen erlauben; Beispiel Zelltheorie: „Lebewesen bestehen aus Zellen" (Matthias Schleiden und Theodor Schwann).

– *Wissenschaft erklärt Wissen:*
Die Vorhersagekraft der Wissenschaft steigt deutlich mit Erklärungen. Erklärungen werden in der Wissenschaft auf der Grundlage von Theorien formuliert, die mögliche Ursachen formulieren und verallgemeinern; Beispiel Zelltheorie: „Jede Zelle entsteht aus einer Zelle" (Rudolf Virchow).

– *Wissenschaft etabliert Wissen durch Fehlerausschluss:*
In keinem anderen Bereich als in der Wissenschaft sucht der Mensch so gezielt und systematisch nach Fehlern und versucht diese zu eliminieren (Langlet 2003). Einwände sind im Prozess der Wissenschaft daher wichtiger als Wissensbehauptungen (▶ 13.2). Von dieser Bereitschaft zur Fehlerkorrektur hängt u. a. die moralische Integrität von Wissenschaft ab, die ihr Forschungs-

freiheit garantiert (Art. 8 Grundgesetz). Zur Fehlersuche werden Beobachtungen und Experimente eingesetzt, einmal um behauptete kausale, d. h. Ursache-Wirkungs-Erklärungen, zum anderen um die Existenz der theoretisch angenommenen Faktoren kausaler Wechselwirkungen zu überprüfen. Beispiel Zelltheorie: Matthias Schleiden, ein Begründer der Zelltheorie, nahm an, dass Zellen sich neu bilden, indem sie um den Zellkern aus einer Matrix auskristallisieren. Die Beobachtung der Zellteilung widerlegte seine Hypothese.

– *Wissenschaft erweitert Wissen:*

Das Wachstum wissenschaftlichen Wissens ist enorm. Diese Erweiterung geschieht ebenfalls systematisch durch drei sich selbst verstärkende Prozesse (positives Feedback).

- Aus vorhandenem Wissen wird neues Wissen geboren. Dabei folgen Forscher weniger den Schritten einer wissenschaftlichen Methode; vielmehr erzeugen Wissenschaftler auf der jeweils aktuellen Wissensgrundlage mit Hilfe von Analogien (Vergleichen) und Metaphern (Übertragungen) neue Erklärungen und Modelle (Pörksen 1986; Schöffel 1988). Beispiel Zelltheorie: Evolutionsbiologie, Mikrobiologie und Biochemie waren die Voraussetzung zur Entwicklung der Endosymbiontentheorie der Eucyte.
- Selbstverständlich können sich Technologien nur auf einer breiten und spezialisierten Wissensgrundlage entwickeln. Beispiel Zelltheorie: Fortpflanzungstechnik, Gentechnik.
- Im Gegenzug gibt die Erfindung von neuesten Technologien, Maschinen, Apparaten den Grundlagen-Wissenschaften oft einen gewaltigen Schub. Beispiel Zelltheorie: Die Entwicklung des Elektronenmikroskops ermöglichte u. a. die Aufklärung der Strukturen des Membrantransports.
- Wissenschaft nutzt auch den Zufall: Entdeckungen durch ungenaues theoretisches („falsche" Hypothesen) und praktisches Arbeiten (z. B. Flemings Penicillin-Entdeckung). Unvorhersehbare Ergebnisse werden durch das systematische Variieren der Bedingungen beim wissenschaftlichen Arbeiten wahrscheinlicher gemacht.

– *Wissenschaft kommuniziert Wissen:*

Wissenschaftliche Ergebnisse müssen kommuniziert werden, um sie prüfen und gesellschaftlich nutzen zu können. Beispiel Zelltheorie: Schleiden und Schwann machten die Zelltheorie mit allgemeinverständlichen Schriften populär.

13.2 Naturwissenschaftliches Vorgehen beruht auf Vorannahmen: Hypothesen und Paradigmen

Empirische Wissenschaft unterscheidet sich vom Alltagswissen dadurch, dass Wissenschaftler bestrebt sind, verlässliches Wissen zu erzeugen und kritikfähig zu machen. Die wissenschaftstheoretische Abgrenzung von Wissenschaft gegenüber Glaubenssätzen (Dogmen) hat Karl R. Popper vorgenommen. Stark beeindruckt von Albert Einstein kam er „zu dem Schluss, dass die wissenschaftliche Haltung die kritische war; eine Haltung, die nicht auf Verifikation (Bestätigung) ausging, sondern kritische Überprüfungen suchte: Überprüfungen, die die Theorie falsifizieren (widerlegen) konnten, aber nicht verifizieren. Denn sie konnten die Theorie nie als wahr erweisen" (1984, 48).

Reflexionsrahmen des Biologieunterrichts

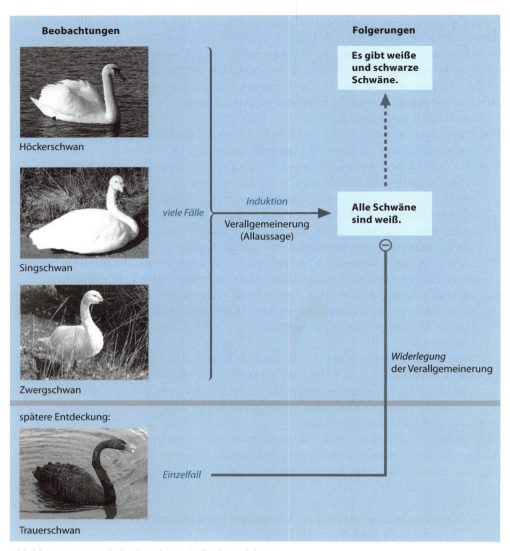

Abbildung 13-1: Logik der Forschung: Rolle der Induktion

Rolle der Induktion

Unter Laien wie auch unter Biowissenschaftlern und Biologie-Lehrkräften findet sich häufig die Vorstellung, das Vorgehen der Naturwissenschaften bestünde darin, durch vorurteilsfreies Beobachten und Experimentieren Fakten und Daten zu sammeln, diese sorgfältig auszuwerten und dann aus den so ermittelten Ergebnissen Gesetzmäßigkeiten abzuleiten. Von vielen erfassten Einzelfällen soll dabei auf das Allgemeingültige (die Regel, Gesetzmäßigkeit) geschlossen werden. Einen solchen Schluss vom Besonderen auf das Allgemeine nennt man in der Logik *Induktion*.

Aus den Beobachtungen, dass ausgewachsene Schwäne ein weißes Gefieder haben, könnte man durch Induktion schließen: „Alle Schwäne sind weiß". Damit wird zwar ein Zugewinn an Erkenntnis (Wissen) angestrebt, aber die Gültigkeit des Schlusses bleibt stets unsicher: In diesem Fall erweist sich die Verallgemeinerung „Alle Schwäne sind weiß" durch die Entdeckung (schwarzer) Trauerschwäne (in Australien) als falsch.

Induktive Erkenntnisgewinnung ist also streng logisch gesehen unmöglich (Popper 1976; 1984). „Das voraussetzungslose Beobachten – psychologisch ein Unding, logisch ein Spielzeug" (Fleck 1980). Dennoch haben sich voraussetzungsloses Beobachten und Experimentieren – als die angeblich wissenschaftliche Methode der Biologie – erstaunlich lange in der Biologiedidaktik gehalten. Verantwortlich dafür sind die Darstellungen von Max Hartmann (1948), die in der biologiedidaktischen Literatur mehrfach unkritisch übernommen (vgl. Grupe 1977, 197 ff.; Klautke 1997; Killermann 1991, 19 f.; Staeck 1995) und auch in der neueren didaktischen Literatur leider nicht konsequent korrigiert worden sind (Berck 2001; Berck & Graf 2003). Sicherlich gehen Wissenschaftler induktiv im Sinne des Verallgemeinerns vor. Es bleibt ihnen auch nichts anderes übrig, denn nie kann man alle Phänomene dieser Welt untersuchen. Aber es sollte immer klar sein, dass man beim Verallgemeinern spekuliert. Deshalb kann man in der Didaktik auf den Terminus der Induktion gänzlich verzichten und stattdessen nur noch vom Verallgemeinern sprechen (Langlet 2001 b).

Hypothetisch-deduktives Vorgehen

Beobachtung, Beschreibung und Erkenntnisgewinnung geschehen vielmehr auf der Grundlage von Vor-Stellungen: Unsere erfahrungsbedingten Vorannahmen ermöglichen und beeinflussen unsere Wahrnehmungen. Wenn ich keine Kenntnisse verschiedener Vogelstimmen besitze, bietet mir die morgendliche Vogelexkursion nur ein diffuses Stimmengewirr. Wenn Schülerinnen und Schüler keine Erfahrung im Experimentieren besitzen, sind Experimente für sie nichts Anderes als erkenntnisfreie Motivationsgelegenheiten (pure discovery), in denen sie selten das sehen, was die wissende Lehrkraft erwartet, und sie selten wissen, warum sie experimentieren. Unmittelbar wirkt die wissenschaftstheoretisch inzwischen allgemein anerkannte Einsicht, dass jede Beschreibung ein Vergleich (Hacking 1999) mit unseren Vorerfahrungen bzw. Hypothesen von Welt ist, auf biologiedidaktische Grundlagen ein: Die klassische, dogmatische Forderung an den Biologieunterricht „Erst beschreiben, dann deuten!" ist eine Illusion (Tetens-Jepsen 1992): Keine Beobachtung ist voraussetzungslos, keine Beschreibung ist deutungsfrei.

Am Anfang naturwissenschaftlichen Arbeitens und Forschens, auch im Unterricht, stehen also nicht voraussetzungslose Beobachtungen und Induktion, sondern in Vermutungen gekleidete Vorerfahrungen, Hypothesen. *Hypothesen* beziehen sich zwar meist auch auf Vorerfahrungen, sind aber nicht völlig aus diesen zu gewinnen oder durch ein Denkverfahren aus diesen abzuleiten. Sie enthalten vielmehr stets einen spekulativen oder intuitiven Anteil. (Böhnke 1978; Kattmann 1984, 9 ff.; v. Falkenhausen 1988, 99–109; Campbell & Reece 2003).

Eine wissenschaftliche Hypothese ist eine Annahme (Vermutung) über einen bisher unbekannten Zusammenhang, mit deren Hilfe bestimmte Ergebnisse von Beobachtungen und Experimenten vorhergesagt und erklärt werden können. Diesen Schluss vom Allgemeinen (Hypo-

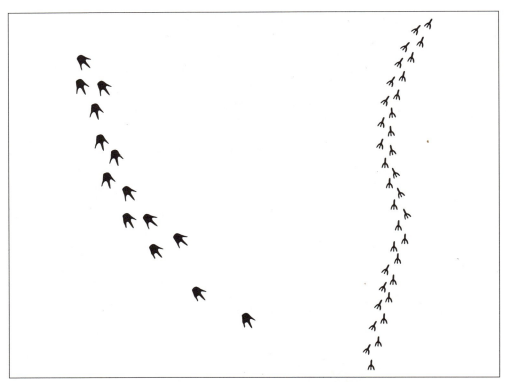

Abbildung 13-2: Angeblich voraussetzungsloses, „reines" Beobachten (Langlet 2001 b)

these, Theorie) auf das Besondere (Phänomen) nennt man *Deduktion*. Diese ist (im Gegensatz zur Induktion) nicht gehaltserweiternd, aber logisch immer sicher (hypothetisch-deduktive Auffassung).

Wissenschaftliche Hypothesen werden stets alternativ – entsprechend der Erwartung: *Alternativhypothese* [A] und wider die Erwartung: *Nullhypothese* [N] – so formuliert, dass Folgerungen aus ihnen, d. h. *Prognosen,* durch Beobachtungen oder Experimente überprüfbar und prinzipiell widerlegbar sind. Dabei sind Kriterien und Indikatoren für die Bestätigung der einen bzw. Widerlegung der anderen Hypothese anzugeben.

Die Prognosensicherheit hängt entscheidend von der Variablenvielfalt ab. Deshalb sind Prognosen in der Physik – mit der relativ geringen Anzahl von Variablen – viel eher möglich als in den Sozialwissenschaften; die Biologie nimmt unter den Wissenschaften diesbezüglich eine mittlere Position ein.

Durch Vergleich mit den Prognosen können die Ergebnisse von Beobachtungen und Experimenten Hypothesen entweder bestätigen oder widerlegen, niemals aber verifizieren bzw. die Wahrheit beweisen. Das unterscheidet *Geltung* von *Wahrheit*. Widersprechen die Ergebnisse den Prognosen, so wird die zugrunde liegende Hypothese entweder verworfen oder aber so

> **Naturwissenschaftliches Arbeiten** (am Beispiel von Saatversuchen mit Ringelblumen)
>
> I *Vorerwartungen/Klärungsbedarf*
>   Ringelblumen wachsen bei Düngerzugabe besser!
> II *Begründung der Vorerwartung durch Darlegung der theoretischen Grundlagen*
>   Dünger enthält Mineralsalzionen, die die Pflanze über die Wurzelhaare aufnimmt. Diese Ionen sind entscheidende (Co-)Faktoren in stoffwechselbedeutenden Enzymen, die wachstumsfördernde Stoffwechselwege katalysieren.
> III *Formulierung der Hypothesen*
>   [A]: Gedüngte Pflanzen wachsen besser.
>   [N]: Gedüngte und ungedüngte Pflanzen wachsen mal besser, mal schlechter.
> IV *Ableitung der Prognose(n) unter Angabe der Kriterien und Indikatoren*
>   Prognose: Gedüngte Blumen sollten deutlich besser wachsen.
>   Kriterium: Längenwachstum der Pflanzen
>   Indikator: Im Durchschnitt 5 cm längere Ringelblumen als im Kontrollversuch
> V *Versuchsdurchführung*
>   In zwei getrennte Blumentöpfe werden in „sauberer" Erde gleich viele Ringelblumensamen gegeben. Nach einer Woche wird der eine Blumentopf gedüngt.
> VI *Versuchsergebnis: Beantwortung der Hypothesen/Prognosen anhand des Indikators*
>   Tatsächlich wachsen gedüngte Ringelblumen um > 5 cm höher als ungedüngte. Damit ist [A] bestätigt und [N] widerlegt.

abgewandelt, dass ihre Vorhersagen mit den Ergebnissen in Einklang stehen und durch weitere Experimente geprüft werden können.

Mehrere Hypothesen, die in sich möglichst widerspruchsfrei und durch empirische Überprüfungen abgesichert sind, können zu einer *Theorie* (gr. theoria, Anschauung) zusammengefasst werden. Theorien sollen:

- Phänomene erklären;
- mit anderen anerkannten Theorien verträglich sein;
- widerspruchs- und zirkelfrei sein;
- prüfbare Prognosen ermöglichen, ja sogar erzeugen.

Auch eine als gesichert geltende Theorie kann durch neue Ergebnisse ganz oder in Teilen widerlegt werden. Eine naturwissenschaftliche Theorie behält also stets Hypothesencharakter. Der hypothetische bzw. kritische Rationalismus Popperscher Prägung setzt durch die Eliminierung (Entfernung) der widerlegten Hypothesen auf einen bescheidenen wissenschaftlichen Fortschritt. Die Idee der Wahrheit wirkt dabei heuristisch, als ein gedachtes, die Forschung antreibendes, aber nie erreichbares Ziel. Wissenschaft erreicht nicht absolute Wahrheit, sondern ist nur fähig, die gröbsten Irrtümer zu beseitigen. Die Vielfalt in der Biologie schränkt die Reproduzierbarkeit und Prognosesicherheit ein, was kein Makel ist, sondern den Reichtum und den Schwierigkeitsanspruch der Biologie verstärkt (Langlet 2002).

Biologie beschäftigt sich aber nicht nur mit gegenwärtigen Phänomenen, sondern auch mit der Geschichte des Lebens. Sie ist – wie Geologie und Kosmologie – eine *historische Naturwissen-*

schaft. Die Theorie, die den historischen Erklärungen zugrunde liegt, ist die *Evolutionstheorie* (▶ Tab. 13-1, S. 90). Für den Status der Evolutionstheorie als naturwissenschaftlicher Theorie ist es entscheidend, ob sie – zumindest in wesentlichen Teilen – empirisch überprüfbar, das heißt ihre Aussagen falsifizierbar sind. Historisch sind aus der Theorie oder einzelnen Hypothesen keine Prognosen herleitbar (die ja die Zukunft betreffen), wohl aber (widerlegbare) Aussagen über die Vergangenheit, sogenannte *Retrodikte*. Die sind den Prognosen logisch gleichwertig, sie unterscheiden sich nur darin, dass sie nicht auf die Zukunft, sondern auf die Vergangenheit bezogen sind. Überprüft werden können Retrodikte daher nicht mit Hilfe von Beobachtung und Experiment gewonnenen Daten, sondern sie werden bestätigt oder widerlegt durch Rekonstrukte, die aufgrund der Analyse von materiellen Dokumenten (u. a. Fossilien) erstellt werden (▶ Abb. 13-3, rechts).

Beispielsweise kann vermutet werden, dass *Tyrannosaurus rex* nicht ein Räuber, sondern nur ein Aasfresser war. Dieses Retrodikt kann anhand der Rekonstruktion des Schädels mit Gebiss bestätigt oder widerlegt werden.

Das *Aktualitätsprinzip* besagt, dass in der Vergangenheit dieselben Gesetzmäßigkeiten (nicht dieselben Bedingungen) geherrscht haben wie in der Gegenwart. Aufgrund des Aktualitätsprinzips kann dann mit einem rekonstruierten Schädel sogar experimentiert werden, also vom historisch-kausalen zum aktualen-kausalen Bereich gewechselt werden (▶ Abb. 13-3, links) und so z. B. der Beißdruck gemessen werden, der mit diesem Gebiss möglich war. War der Beißdruck zu gering, so war das Erbeuten von lebenden Sauriern nicht möglich.

Paradigmenwechsel
Gegen die fortschrittspositive Auffassung von Wissenschaft des kritischen Rationalismus machten seit den 50er Jahren des letzten Jahrhunderts Wissenschaftstheoretiker wie Stephen Toulmin, Thomas S. Kuhn und Paul Feyerabend Front. Gegen die „Logik der Forschung" (Popper) setzten sie den Blick in die Wissenschaftsgeschichte und in die Wissenschaft als soziales Phänomen. Das Werk mit dem größten Aufsehen und der weitreichendsten Wirkung war Kuhns „Die Struktur wissenschaftlicher Revolutionen" (1967): *„Sie* [die Wissenschaftstheoretiker, gemeint ist vor allem Popper] möchten nämlich die Theorien als Darstellungen der Natur, als Feststellungen darüber, ‚was es da draußen in Wirklichkeit gibt', miteinander vergleichen, […] sie suchen nach einem ‚Sinn', in dem die spätere Theorie eine bessere Annäherung an die Wahrheit sein könnte. Ich glaube dagegen, dass kein solcher ‚Sinn' gefunden werden kann" (Kuhn 1974, 256). Ausgehend von dem Begriff des „Denkstils" (Fleck 1980), der das je eigene Denken von Individuen bzw. Menschengruppen umschreibt und damit den Rahmen der Hypothesenbildung und empirischer Forschung bestimmt, führte Kuhn den Begriff des „Paradigma" (lat. Beispiel) in die wissenschaftstheoretische Diskussion ein. Das Paradigma (die „Struktur der Disziplin") umfasst die Überzeugungen und das aktuelle Wissen der jeweiligen Forschergemeinschaft. Das Paradigma bestimmt, was und wie geforscht wird und welche Phänomene, Probleme und Ergebnisse als relevant angesehen werden. Nicht die reine Wahrheitssuche ist der entscheidende Motor wissenschaftlichen Fortschritts. Vielmehr weist die Wissenschaftsgeschichte eine Reihe von Revolutionen auf, die keineswegs immer einen Fortschritt gebracht haben. Umwälzungen dieser Art werden solange wie möglich vermieden, indem das Theoriengebäude erweitert und ausgeschöpft wird und nicht erklärbare Phänomene als Anomalien (Abweichung von der Regel)

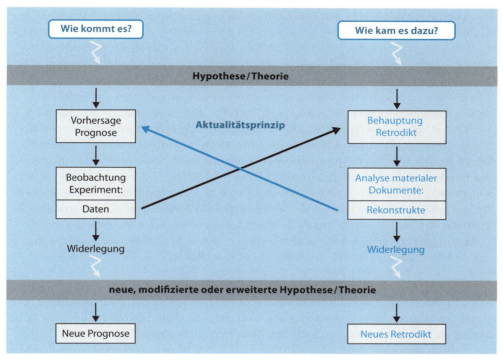

Abbildung 13-3: Wissenschaftliches Vorgehen der Biologie. Links: aktuell (Physiologie); rechts historisch (Evolutionsbiologie). Durch das Aktualitätsprinzip kann zwischen den Seiten gewechselt werden (nach Kattmann 2008).

beiseitegeschoben werden. „Die Natur mag uns ein lautes Nein entgegenschleudern, aber die menschliche Erfindungskraft ist […] immer imstande, ein noch lauteres Geschrei zu erheben" (Lakatos 1974, 281). Selbst falsifizierte Hypothesen und Theorien werden nicht immer vollständig eliminiert (Langlet 2001 b; 2002).
Werden diese Widersprüche (Anomalien) irgendwann in einem anderen Forschungsansatz (Paradigma) für bedeutend gehalten, kann es zu einer Krise in der Wissenschaft kommen, aus der sie sich in Form einer wissenschaftlichen Revolution durch die Bildung eines neuen Paradigmas rettet. Dabei ist der Wechsel in den Grundannahmen und Deutungsmuster häufig so radikal, dass die alten und neuen Theorien und Sprachen nahezu unvereinbar (inkommensurabel) sind. Hatte Kuhn Beispiele für solche *Paradigmenwechsel* allein aus der Physikgeschichte gewonnen (z. B. von Newton zu Einstein), so ließen sich in den letzten Jahrzehnten auch in den Biowissenschaften revolutionäre Paradigmenwechsel beobachten (▶ Kasten).

Den schon Kuhn vorgeworfenen Relativismus überhöhte – ironisierend und in aufklärerischer Absicht – Paul Feyerabend (1976): „*Anything goes!*" Angesichts der großen kreativen Neuerungen von Kopernikus bis Einstein, die durch kühne, provozierende Hypothesenbildung unter

> **Ein Paradigmenwechsel in den Biowissenschaften** (nach einer Schilderung von Jürg Lamprecht)
> Eine stille Revolution (ohne Krise) fand 1973 im Max-Planck-Institut für Vergleichende Verhaltensphysiologie in Seewiesen statt: Im Jahre seines Nobelpreises wurde Konrad Lorenz emeritiert. Mit ihm verließ auch die klassische Instinktlehre Seewiesen. Sein Nachfolger Wolfgang Wickler verfolgte ein alternatives Forschungsprogramm, die Verhaltensökologie (Soziobiologie). Das Paradigma Instinktlehre war damit durch ein anderes, die Verhaltensökologie, ersetzt worden. Die Verhaltensökologie stellt ultimate statt proximate Fragen (▶ 13.4), sie erhebt nicht einmal den Anspruch, die Probleme der Instinktlehre anzugehen; auch ihr Begriffsrepertoire ist ein anderes. Die Verhaltensökologie ist inkommensurabel mit der Instinktlehre. So hielt Lorenz Kindstötung (z. B. bei Löwen) für eine unnatürliche Ausnahme, eine Anomalie; also wurde sie auch nicht systematisch beobachtet und beachtet. Seitdem man mit der soziobiologischen Theorie den Infantizid erklären kann, hat sich inzwischen die Anzahl der Tierarten mit beobachteter Kindstötung von 2 auf weit über 100 erhöht. Auch in der Forschung sieht und entdeckt man nur das, wofür man sensibel ist bzw. was das herrschende Paradigma erlaubt.

Verletzung anerkannter wissenschaftlicher Regeln zustande gekommen sind, formulierte Feyerabend den Wissenschafts-Imperativ: „Habe Mut, dich deines eigenen Verstandes ohne Rücksicht auf die Normen der wissenschaftlichen Autoritäten zu bedienen!"
Imre Lakatos versuchte, den in den 1970er Jahren in der Wissenschaftstheorie eskalierenden Streit zwischen Popper und Kuhn (Lakatos & Musgrave 1974) zu schlichten, indem er den Begriff des *Forschungsprogramms* einführte. Dieses besteht aus einem harten Kern und umgebenden heuristischen Regeln (vgl. Kötter 2000). Der harte Kern des biologischen Forschungsprogramms besteht aus Evolutions- und Selektionstheorie.
Durch den Konstruktivismus (▶ 14) wird Jahre nach Feyerabend auch das Wahrheitspostulat selbst kritisiert (Janich & Weingarten 1999): *„Wahrheit ist die Erfindung eines Lügners!"* (v. Foerster & Pörksen 1999). Danach erzeugen (konstruieren) wir mit unserem Gehirn unsere individuelle Wirklichkeit; aber die Konstrukte sind nicht willkürlich, sondern im Allgemeinen zuverlässig und für unser Leben angemessen (viabel). Das gilt auch für die wissenschaftlichen Konstrukte. „Wie sicher und fest Aussagen der Naturwissenschaft auch erscheinen mögen, objektive Wahrheiten zu sein, können sie nicht beanspruchen. […] Was Naturwissenschaftler bestenfalls tun können, ist ein Gebäude von Aussagen zu errichten, das hinsichtlich der empirischen Daten und seiner logischen Struktur für eine bestimmte Zeitspanne ein Maximum an Konsistenz aufweist" (Roth 1994, 313). Diese konstruktivistische Sicht hat Folgen für den Umgang mit *Alltagsvorstellungen* (▶ 22.3), die Anwendung der Erkenntnismethoden (▶ 10, 29 und 30) sowie die Deutung der Ergebnisse im Unterricht (Langlet 1999).

13.3 Naturwissenschaftliches Erklären beantwortet Fragen nach Ursache und Wirkung

„Die Natur *erklären* wir, das Seelenleben *verstehen* wir" postulierte 1910 Wilhelm Dilthey. Damit traf er die folgenschwere Unterscheidung zwischen Natur- und Geisteswissenschaften. Wissenschaft soll, metaphorisch ausgedrückt, der Menschheit helfen zu verstehen, was die Welt im Innersten zusammenhält. Dazu dienen *Erklärungen*. Ob nicht Erklären und Verstehen einander bedingen, auch in den Naturwissenschaften, soll hier nicht erörtert werden. Unstritig ist, dass Wissenschaftler versuchen, Ursachen und deren Wirkungen zu bestimmen. Solche Zusammenhänge nennt man kausal. Gesucht werden also *Ursachen,* die kausal Wirkungen hervorrufen. Allerdings, darauf hat David Hume zu Recht hingewiesen (und die moderne Wissenschaftstheorie hat ihn bestätigt), können wir Kausalität nicht direkt beobachten, sondern nur eine zeitliche Aufeinanderfolge. Die Deutung der (kausalen) Ursache einer Abfolge ist deshalb immer hypothetisch. *Kausalität* ist als begründete Deutung einer Abfolge von bloßer Korrelation zu unterscheiden (vgl. Kattmann & Jungwirth 1988).

Die methodische Systematisierung von Erklären leistet das in der Wissenschaftstheorie allgemein anerkannte *Hempel-Oppenheim (HO)-Schema* der deduktiv-nomologischen Erklärung (DN-E) (Hempel 1965):

$A_1, A_2, \ldots A_k$ Anfangsbedingungen
$G_1, G_2, \ldots G_k$ Gesetze   *Explanans (das Erklärende)*
─────────   logische Ableitung
E   *Explanandum (das zu Erklärende)*

In strenger Hinsicht gilt das HO-Schema nur für lineare, gesetzmäßig ableitbare (deduktiv-nomologische) Ereignisse: Das Fallen des Steins ist aus dem Fallgesetz unter gegebenen Randbedingungen nicht nur zu beschreiben und zu erklären, sondern sogar vorherzusagen. Damit ist die Erklärung mit der Prognose strukturell identisch.

Zu klären ist aber, was als (Natur)Gesetz – im Gegensatz zur Theorie – anerkannt wird. Dies ist eine Sache der Übereinkunft bzw. des anerkannten Forschungsprogramms (▶ 13.2). Von einem Naturgesetz spricht man, wenn die einwirkenden Faktoren (Variablenvielfalt) gering und klar abzugrenzen sind und die als Theorie formulierte Ursache-Wirkungs-Beziehung ohne Ausnahme bislang immer beobachtet und beschrieben wurde: Aus der Gesetzmäßigkeit wird ein Gesetz. Dieses Ideal trifft für physikalische und chemische Phänomene häufig zu, in der Biologie für physiologische Zusammenhänge. So kann die Entwässerung (Dehydrierung) eines Körpers (das Explanandum) aus (Explanans) den Anfangsbedingungen (z. B. Trinken einer größeren Menge Meerwasser) und dem Gesetz (Osmose) abgeleitet werden.

Genauere Überlegungen verlangt allerdings das Erklären im Bereich des Lebendigen. Denn in nicht-linear strukturierten Systemen, wie den Lebewesen, sind Ursache-Wirkungs-Beziehungen ungeheuer komplex und systemisch vernetzt. Dementsprechend kann man in erster Näherung Wahrscheinlichkeiten (probabilistische Zusammenhänge) bzw. Gesetzmäßigkeiten beschreiben. Aber die Menschen erwarten viel von der Biologie: Sie soll nicht nur die Phänomene erfassen, also was es gibt, sondern auch wie ein Phänomen zustande kommt und darüber hinaus die Fragen beantworten, warum und wozu etwas entstanden ist. Diese Fragen und die Antwor-

Frage	Erkenntnismethode	Gegenstand	Disziplin
Was gibt es?	Beschreibung	Phänomene Strukturen	Morphologie Systematik
Wie kommt etwas zustande? Nahursachen	aktual-kausale, proximate Erklärung	Struktur und Funktion	Physiologie
Wie ist etwas zustande gekommen? (*Warum ist etwas entstanden?*) Fernursachen	ultimate, historische Erklärung	Geschichte des Lebendigen	Evolutionsbiologie Selektionstheorie
Wozu ist etwas entstanden? „Zweckursachen"	funktionale Beschreibung	Angepasstheiten teleonomische Strukturen	Verhaltensökologie Soziobiologie Entwicklungsbiologie
Welches Ziel wird verfolgt? Gründe, Motive	teleologische Erklärung	zielgerichtetes, bewusstes Handeln	Verhaltensbiologie Psychologie

Tabelle 13-1: Biologische Beschreibungen und Erklärungen

ten darauf sollten klar unterschieden werden. Lehrende wie Lernende sollten sich dabei der Bedingungen und Grenzen von Erklärungen besonders im Bereich der Biologie bewusst sein.

Was gibt es? In der Fülle des Lebendigen obliegt es der Biologie, einen Überblick zu gewinnen: Eigenheiten und Unterschiede zwischen den existierenden Formen zu erkennen und Strukturen zu identifizieren. Dieses geschieht traditionell durch morphologisches Beschreiben (mit den oben erläuterten Einschränkungen, ▶ 13.2); es wird zunehmend ergänzt durch molekulargenetisches Systematisieren. Reduktionistisches Analysieren (▶ 13.5) und systemisches Zusammenfassen (▶ 13.6) sind dabei unerlässliche Hilfsmittel.

Wie kommt etwas zustande? Aus dem Zusammenwirken der biologischen Phänomene kann die Biologie von der Struktur (Nahursache) auf die Funktion schließen bzw. umgekehrt. Funktionale Betrachtungen stehen im Zentrum der Biologie (Schlosser & Weingarten 2002), sowohl in den klassischen morphologischen und physiologischen Disziplinen wie auch in der Molekularbiologie. So kann das Überleben von (grampositiven) Bakterien auf einem Nährboden, der mit dem Antibiotikum Penicillin versetzt ist, folgendermaßen erklärt werden: Unter bestimmten Randbedingungen (z.B. Besitz der Penicillinase, Temperatur) und der *Theorie* (Enzym-Substrat-Passung) kann ein Bakterium das Penicillin abbauen und die Hemmung seiner Zellwandsynthese verhindern. Solche Erklärungen nennen wir *aktual kausal* bzw. *proximat* (lat. proxima, das Nächste). Damit ist aber noch nicht die ganze Erklärung des Phänomens geliefert.

Wie ist etwas zustande gekommen? (*Warum* ist etwas entstanden?) Das Überleben gerade dieser einen Bakterienkolonie auf dem mit Penicillin versetzten Nährboden kann auch historisch kausal erklärt werden: Unter bestimmten Randbedingungen (z.B. Besitz des Penicillin-Resistenzgens und damit der Penicillinase, Temperatur) und der Theorie (Selektion) kann genau dieses Bakterium überleben und eine Kolonie bilden, aber alle anderen nicht. Das zu erklärende Phänomen (Überleben) ist aus den historischen Voraussetzungen zu erklären: Ein Bakterium besaß anfänglich das Resistenz-Gen (Voraussetzung) und traf damit auf eine Umwelt mit Penicillin (Ereignis). Alle anderen Bakterien, die dieses Resistenz-Gen nicht besaßen, wurden ausselektiert, das resistente Bakterium bildete eine Kolonie (Selektions-Prozess). Diese *„historisch-kausalen Erklärungen"* (Kattmann 2005) sind u. a. spezifisch und charakteristisch für die Biologie. Sie betreffen die Evolution und damit Fernursachen. Sie sind *ultimate Erklärungen* im strengen evolutionären (historisch-kausalem) Sinn.

Fragt man nach der Geschichte des Lebens, so sind neben theoretischen (regelhaften) Grundlagen (Selektionstheorie) einmalige Ereignisse und singuläre Voraussetzungen stets mit enthalten. Sogenannte „narrative explanations" (Mayr 1984) besitzen einen eigenständigen Erklärungswert neben der Kausalanalyse (vgl. Arber 1960). Dem entspricht das biologiedidaktische Konzept, die Evolutionstheorie im Unterricht als durchgehendes Erklärungsprinzip einzusetzen. Evolution ist als *Naturgeschichte* zu rekonstruieren. Dazu bedarf es historisch kausaler Erklärungen, wenn Evolutionsbiologie nicht rein beschreibend bleiben soll (▶ Abb. 13-3). Ohne historische Erklärungen ergeben sich ahistorische Fehlurteile (vgl. Kattmann 1995 a, 31 f.).

Wozu ist etwas entstanden? Die alltägliche Frage: Warum besitzt der Eisbär weißes Fell? kann proximat (Wie kommt das?) unter Bezugnahme auf die Struktur (pigmentlose Haare) und physikalischen Ursachen (Reflexion des Sonnenlichts) funktional beantwortet werden. Hierbei wird Biologie analytisch auf Physik und/oder Chemie reduziert (▶ 13.5).

Wenn wir aber fragen, warum etwas in der Natur ist, dann meinen wir – vor allem Schüler – den *Zweck* und den Sinn von biologischen Phänomenen (Langlet 2002): *Wozu gibt es das? Wozu ist etwas entstanden?* Beispiel: Wozu besitzt der Eisbär weißes Fell? Dies sind Fragen nach den „Zweckursachen" bzw. nach dem Angepasstheitswert von Organismen, Eigenschafen und Prozessen.

In der Physik (warum fällt der Stein nach unten?) und in der Chemie (warum bildet sich Wasser aus Wasserstoff und Sauerstoff?) sind derartige Fragen bzw. Antworten verpönt und sinnlos, spätestens seit die Physik von einer kosmischen Teleologie Abschied genommen hat. In der Biologie gehen sie im „Als-ob-Modus" von der (überzogenen) Annahme aus, dass die heute (oder früher) vorgefundenen Formen optimale Angepasstheiten an die jeweiligen Lebensbedingungen darstellen. Daraus wird dann im Umkehrschluss gefolgert, dass diese Merkmale die Eliminierung durch den Selektionsprozess überstanden haben. Die Antworten müssen immer spekulativ bleiben, weil sie den Angepasstheitswert eines Merkmals in der Vergangenheit von der gegenwärtigen Funktion her beurteilen. Die dabei vorausgesetzte Konstanz der Selektionsbedingungen in Vergangenheit und Gegenwart ist evolutionsbiologisch fragwürdig, da die Umweltbedingungen und Lebensweisen sich geändert und die Merkmale z. B. einen Funktionswechsel durchgemacht haben können. So sind Federn nicht zum Fliegen entstanden, sondern hatten ursprünglich nur die Funktion des Wärmeschutzes. Allerdings enthalten die Wozu?-Fragen einen großen heuristischen Wert (gr. heurein: finden), woraus die Verhaltensökologie bzw. Soziobiologie ihren enormen wissenschaftlichen Schwung gezogen hat.

Die Antworten auf die Frage *Wozu?* werden auch funktionale Erklärungen genannt. Da sie keine kausalen Erklärungen liefern, bezeichnet man sie besser als funktionale *Beschreibungen*. Funktionale Beschreibungen sind auf Strukturen und Prozesse anzuwenden, die ihr „Zielgerichtetsein dem Wirken eines Programms" verdanken. Solche Strukturen und Prozesse nennt man teleonomisch (Teleonomie, von gr. telos: Ziel, nomos: Gesetz; Mayr 1979, 207). Bei Organismen beruht das „Programm" auf genetischer Information d. h., organismischen Strukturen, deren Anlagen vererbt werden und teilweise oder überwiegend durch erlernte Informationen ergänzt werden können. Vor allem Entwicklungsprozesse lassen sich teleonomisch beschreiben. Zielsetzende Faktoren werden bei teleonomischen Prozessen nicht angenommen. Die Frage, wie die aus evolutionärer und individueller Erfahrung zusammengesetzten Programme, die den Prozessen zugrunde liegen, entstanden sind, wird nicht beantwortet. Funktionale Beschreibungen können daher nicht an die Stelle historischer Erklärungen treten (Kattmann 2005).

Diese wissenschaftstheoretischen Implikationen sind für den Biologieunterricht zu reflektieren. Formal lassen sich teleonomische von teleologischen (s. u.) Formulierungen dadurch unterscheiden, dass man das finale *um* zu bzw. *damit* durch ein konsekutives *sodass* ersetzt.

Welches Ziel wird verfolgt? Zuletzt lässt sich für Menschen und einige andere Lebewesen (z. B. manche Primaten und Vögel), denen Absichten zugeschrieben werden können, eine weitere Erklärung unterscheiden: *Teleologische Erklärungen* sind auf bewusstes, zielgerichtetes Handeln beschränkt, bei dem das angestrebte Ziel zugleich Beweggrund oder Motiv ist.

13.4 Die Gegenstände der Biologie erfordern systemtheoretisches Denken

Ein System wird definiert als eine Gruppe von Elementen, die miteinander in Wechselbeziehungen (Interaktionen) stehen (vgl. von Bertalanffy, Beier & Laue 1977). Die Grenzziehung von Systemen ist dabei ein besonderes Problem. Sie ist nicht natürlich vorgegeben, sondern unterliegt der interessengeleiteten Entscheidung des Menschen: z. B. soll nur die See-Oberfläche untersucht werden – bis zu welcher Tiefe? – oder der gesamte Wasserkörper – unter Einbeziehung des Bodens oder/und der Atmosphäre?

In der Biologie kommen nur *offene Systeme* vor. Offene Systeme sind solche, die Stoffe und Energie mit ihrer Umgebung austauschen. Unter bestimmten Umständen sind offene Systeme in der Lage, sich selbst zu organisieren und sich selbst zu erhalten. Es handelt sich um Selbstorganisationsprozesse von Systemen fernab vom thermodynamischen Gleichgewicht. So wird nach Ilja Prigogine Leben definiert (▶ 15.3).

Halten sich die Ein- und Ausströme von Stoff und Energie die Waage, so spricht man von einem Fließgleichgewicht. Auch bei derartigen Bilanzierungserwägungen ist die gedankliche Abgrenzung des betrachteten Systems zu beachten. Ein einfaches (nichtbiologisches) Beispiel für ein offenes System im *Fließgleichgewicht* ist die Kerzenflamme (Kattmann 1980b; MNU 2004): Bei ruhigem Brennen bleibt ihre Gestalt im Wechsel der Bestandteile erhalten, Materieeinströme (Kerzenwachs, Sauerstoff) und Materieausströme (Kohlenstoffdioxid, Wasser) halten sich die Waage. Organismen sind ungleich komplizierter als das System der Kerzenflamme. Aber auch sie durchfließt ein ständiger Materiestrom (Nahrungsaufnahme, Ausscheidung, Atmung). „Ein lebender Organismus ist ein Stufenbau offener Systeme, der sich aufgrund seiner Systembedingungen im Wechsel der Bestandteile erhält" (von Bertalanffy 1990, 124).

Neuere Theorien zum *deterministischen Chaos* und zu *Fraktalen* (vgl. z. B. Gerok 1989; Hass 1999; Komorek, Duit & Schnegelberger 1998; Schlichting 1992; 1994) haben die systemtheoretische Auffassung ergänzt und modifiziert. Diese Theorien führten zu neuen Modellen für Prozesse der Selbstorganisation und Evolution (vgl. Goodwin 1994; Kauffman 1991). Demnach sind stationäre Zustände nicht mehr unbedingt auf einen geregelten Gleichgewichtszustand zurückzuführen. Viele ökologische Verhältnisse, die früher als *ökologisches Gleichgewicht* beschrieben wurden, können als Zyklen von Populationswachstum und Zusammenbruch dargestellt werden. An die Stelle von Gleichgewichtsbeschreibungen tritt daher das Erfassen des Zusammenwirkens von aufbauenden und abbauenden Prozessen, durch die sich komplexe Systeme bis an eine kritische Grenze aufbauen und erhalten bleiben, solange diese Grenze nicht überschritten wird („selbsterzeugte Kritizität", vgl. Bak & Chen 1991).

Das *„Denken in Systemen"* ist besonders von Gerhard Schaefer didaktisch umfangreich bearbeitet worden. Er hat das kybernetische Denken für die Erklärung regelhafter Zusammenhängen in Systemen fruchtbar gemacht: Positives und negatives Feedback sowie Konkurrenzverhältnisse. Zudem hat er „inklusives Denken" dem „exklusiven Denken" gegenübergestellt (1978; 1980; 1984; 2000). Das inklusive („sowohl als auch") unterscheidet sich vom ausschließenden, exkludierenden Denken („entweder – oder") dadurch, dass es stets mehrere Bezüge und Alternativen berücksichtigt. Exklusiv und inklusiv schließen sich nicht aus, sondern ergänzen einander. Die Bedeutung des Systemdenkens für das Verstehen der Biologie wird durch Studien belegt, die untersuchten, welche Faktoren die Entwicklung der Kompetenzen in diesem Bereich fördern bzw. verhindern (u. a. Sommer 2006; Harms & Sommer 2010; Sommer & Lücken 2010).

13.5 Biologie erklärt auf mehreren Ebenen und ist nicht auf nur eine reduzierbar

Wenn Biologen neurobiologische Prozesse bis hin zum Denken erklären wollen, unterscheiden sie zwischen verschiedenen Erklärungsebenen, die sie sukzessiv aufeinander beziehen: Sie wechseln zwischen der Ionen-Ebene am Neuron und der mentalen Ebene zur Erklärung geistiger Tätigkeiten (▶ Abb. 13-4, S. 94). Keine andere Wissenschaft als die Biologie kennt so viele Beschreibungs- und Erklärungsebenen. „So ist die Fähigkeit, zwischen den Organisationsebenen zu wechseln, eine der Kernkompetenzen des Biologieunterrichts" (MNU 2001).

Kann man beim Wechsel zwischen den Ebenen die obere mit den Gesetzmäßigkeiten der darunter liegenden vollständig erklären? Kann die obere also auf die untere reduziert werden?

Ein solcher *Reduktionismus* ist eine Erklärungsform, bei der ein komplexes Ganzes (z. B. Organismus) in einfacher zu untersuchende Teile (z. B. Organe, Gewebe, Zellen Moleküle) zerlegt wird. Aus dem analytischen gewonnenen Verständnis der Teile soll daraufhin das Ganze (die darüber liegende Ebene) verstanden werden. Diesen Reduktionismus, dessen verschiedene Formen Ernst Mayr (1984) analysiert hat, kann man schon aus pragmatischen Gründen ablehnen, weil es zwar möglich – aber nicht zweckmäßig – ist, die biologischen Erklärungen aus einer Theorie der Atome ableiten zu wollen (vgl. Mohr 1970, 24 f.).

Bahnbrechende Entdeckungen im 17. Jahrhundert, wie durch William Harvey (Blut zirkuliert nach physikalischen Prinzipien) und Friedrich Wöhler (Laborsynthese von Harnstoff), stützten dagegen Anschauungen, dass biologische Phänomene sich grundsätzlich und vollständig mit den damals bekannten chemischen und physikalischen Prozessen erklären lassen. Philosophen

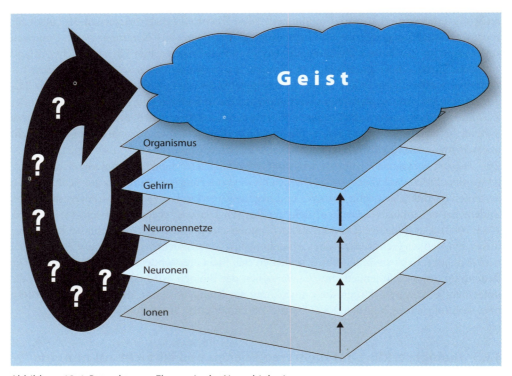

Abbildung 13-4: Betrachtungs-Ebenen in der Neurobiologie

formulierten auf dieser Basis die *Maschinentheorie* des Organismus (René Descartes; Julien Offray de La Mettrie), eine Anschauung, die zusammenfassend als *Mechanismus* bezeichnet wird.

Dagegen wendeten sich die Anhänger des *Vitalismus*. Sie nahmen als dem Leben immanent einen „Lebensstoff" oder eine „Lebenskraft", „vis vitalis" an, d. h., eine zielstrebige und gestaltende Größe, die die Entwicklung eines Organismus lenkt (aristotelische „Entelechie"). Vitalistische Anschauungen erwiesen sich in der Forschung als überflüssig und mechanistische als zu einfach. An die Stelle trat die systemtheoretische Deutung, wonach sich auf jeder Ebene neue Systemeigenschaften zeigen. Systemeigenschaften sind aus den unteren Ebenen nicht ableitbar, wie in reduktionistischen Vorstellungen – wie dem Mechanismus – gemeint wird. Der Vitalismus teilt im Grunde die reduktionistische Auffassung, doch wird ihr die Hypothese einer Lebenskraft oder eines Lebensstoffs hinzugefügt (Vitalismus = Mechanismus + Entelechie). Sowohl Vitalismus wie auch Mechanismus waren in ihrem Kern weltanschaulich motivierte, wissenschaftlich nicht begründbare (metaphysische) Positionen (von Bertalanffy 1932; 1990; Kattmann 1980a). Die Systemeigenschaften widersprechen den chemisch-physikalischen Prozessen nicht, benötigen keinen „Lebensstoff" und keine „Lebenskraft". Durch die systemtheoretische Auffassung wird es vielmehr überflüssig, nach besonderen Teilen oder Faktoren im Organismus zu suchen, die die Lebensprozesse hervorrufen könnten: „Was uns als typischer Lebensvorgang entgegentritt, ist … das Resultat gleich notwendiger Elemente. … Jeder dieser Teile leistet eine wichtige Teilfunktion, und wenn wir irgendeinen von ihnen fortnehmen, erscheint gerade dieser eine uns plötzlich als besonders wichtig, weil er jetzt den ganzen Lebensvorgang verhindert. … (Daher ist auch der Versuch), den seit Jahrtausenden gesuchten ‚materiellen Lebensgeist', die ‚lebendige Substanz' zu finden, gescheitert. … die besondere Form natürlicher Vorgänge, die wir als Leben im physiologischen Sinne bezeichnen, ist das Resultat des Zusammenwirkens der für sich leblosen Faktoren" (Bünning 1959, 130). Diese Aussagen sind auch anzuführen, wenn versucht wird, Gene oder die DNA als entscheidende Teile der Zellen oder Lebensträger und damit gleichsam als den – von den Vitalisten gesuchten – Lebensstoff anzusehen.

Biologie ist also eine Wissenschaft, in der die Gesetze der Physik und Chemie gelten, aber sie ist nicht auf Physik und Chemie reduzierbar. Das Leben ist variantenreich und dynamisch. Man kann es in seinen einzelnen Varianten beschreiben; in der Gesamtheit gelingt dieses nur in Form von Populations- und Wahrscheinlichkeitsaussagen. Darin besteht „der grundlegendste Unterschied zwischen der belebten und der unbelebten Welt" (Mayr 2002).

Das Ganze ist mehr (anders) als die Summe seiner Teile: „Organismen (unterscheiden sich) grundlegend von unbelebter Materie. Sie stellen hierarchisch geordnete Systeme mit zahlreichen emergierenden Eigenschaften dar, die bei unbelebter Materie nie zu finden sind" (Mayr 1998). Man spricht von sogenannten Emergenzen (lat. emergere, auftauchen). Damit sind *Systemeigenschaften* gemeint, die nur dem ganzen System eigen sind, nicht aber seinen Teilen.

Lineare und geschlossene Kausalitäten gibt es in der Biologie sehr selten; vielmehr sind alle Phänomene und Vorgänge systemisch und reguliert (▶ 13.6).

Ausschlaggebend für die Biologie-eigene Betrachtungsweise ist nicht allein die Zunahme an *Komplexität,* denn diese steigt auch innerhalb der Physik und Chemie bei zunehmender Analyse, z. B. des Atomkerns, an. Bereits in der Chemie sind die Eigenschaften von Molekülen (H_2O) nicht aus ihren Elementen (Wasserstoff und Sauerstoff) abzuleiten (Primas 1985). Die neuen Eigenschaften tauchen unvermittelt auf, sie sind nicht *analytisch,* wohl aber *systemtheoretisch* zu erklären. Deswegen sind Lebewesen nicht als gleichsam zu ungeheurer Komplexität gesteigerte Moleküle zu beschreiben. Die Organisationsebene des Organismus hat (wie die Ebenen von Populationen und von Ökosystemen) vielmehr ihre eigenen Systemeigenschaften, die als solche besonders zu erfassen und zu beschreiben sind (vgl. Mohr 1981, 148 ff.; Wuketits 1983, 131 ff.; ▶ 15.3).

Die Autonomie der Biologie gründet in ihrer Besonderheit, Populations- oder evolutionäres Denken zur Erklärung heranzuziehen und historische Analysen durchzuführen (von Wahlert 1977; 1992; Kattmann 1995 a; Langlet 2002, Mayr 2002).

Fachdidaktisch ist ein auf Physik und Chemie reduzierender Biologieunterricht auch deshalb zu hinterfragen, weil chemische Kenntnisse – wie jedes Wissen – nur funktional einzusetzen und kein Selbstzweck sind. Man muss eben nicht den ganzen Calvin-Zyklus beherrschen, um dessen Wirkung und Bedeutung zu verstehen (Langlet 2001 a; 2002).

13.6 Im Biologieunterricht werden Tragweite und Grenzen der Wissenschaft reflektiert

Die Kultusministerkonferenz formulierte 1972 zum ersten Mal im Zuge der Neugestaltung der gymnasialen Oberstufe Zielsetzungen (vgl. von Falkenhausen 1988), die seitdem in die Präambeln von Lehrplänen und Rahmenrichtlinien aufgenommen wurden und sich auch in Kerncurricula und Standards wiederfinden (vgl. KMK 2006):
- Kenntnis wesentlicher Strukturen und Methoden von Wissenschaften und Verständnis ihrer komplexen Denkformen;
- Erkennen von Grenzen wissenschaftlicher Aussagen und Einsicht in Zusammenhang und Zusammenwirken von Wissenschaften;
- Verständnis wissenschaftstheoretischer und philosophischer Fragestellungen;
- die Fähigkeit, theoretische Erkenntnisse sprachlich zu verdeutlichen und anzuwenden.

Solche Aspekte des Unterrichts, die beispielhaft in wissenschaftliche Fragestellungen, Kategorien und Methoden einführen, werden als Wissenschaftspropädeutik bezeichnet. *Propädeutik* war im mittelalterlichen Lehrbetrieb die Vorschule, der auf die höheren Künste vorbereitende Unterricht (gr. pro: vor, paideuein: unterrichten). *Wissenschaftspropädeutik* im engeren Sinne bezeichnet jene Aspekte des Unterrichts, die beispielhaft in wissenschaftliche Fragestellungen, Kategorien und Methoden einführen (KMK 2004b). Mit Wissenschaftspropädeutik wird damit ein wesentlicher Teil der Studierfähigkeit angestrebt (Eckebrecht & Schneeweiß 2003; Dittmer 2010). In einem weiten Sinn meint Wissenschaftspropädeutik jenen Unterricht, der Wissen über Biologie vermittelt und dabei allgemeine Bildung im Blick hat, ganz gleich, ob dies in der gymnasialen Oberstufe, der Sekundarstufe I oder der Primarstufe geschieht. Im Biologieunterricht geht es damit um mehr als das Lernen von biologischem Wissen (Fakten, Begriffen, Konzepten, Prinzipien und Theorien).

Wissenschaftspropädeutik besitzt im Sekundarbereich II eine bevorzugte Stellung (v. Falkenhausen 1988; 1989; 2000) und stützt sich dabei auf die in der Sekundarstufe I vermittelten naturwissenschaftlichen Denk- und Arbeitsweisen (Duit, Gropengießer & Stäudel 2004).

Wissenschaftspropädeutik im Unterricht ist weit mehr als die vielfach geforderte Wissenschaftsorientierung und deren Umsetzung im Unterricht. Mit Wissenschaftspropädeutik wird in Bezug auf die jeweilige Wissenschaft eine *Metaebene* eingenommen. Dem entspricht das aus dem angelsächsischen Bereich stammende und vielfach übernommene Konzept „Nature of Science", NOS (Lederman 1992; Matthews 1997; Hodson 1998; Hoyningen-Huene 1999; Janich & Weingarten 1999; Langlet 2001b; Eckebrecht & Schneeweiß 2003; Osborne, Simon & Collins 2003; Dittmer 2010). Somit ist auch die Wissenschaftsorientierung selbst zu reflektieren: Vorgehensweisen und Struktur der Wissenschaft *(„teaching science as science")* sind nur Elemente des wissenschaftspropädeutischen Unterrichts, aus ihnen ergibt sich nicht notwendig eine Strukturierung des Unterrichts nach der Struktur der Fachwissenschaft (vgl. dagegen von Falkenhausen 1988, 86). Vielmehr verlangen wissenschaftspropädeutische Überlegungen – stärker als in den Fachwissenschaften – auch die außerwissenschaftlichen Zusammenhänge zu berücksichtigen, in denen die fachwissenschaftlichen Aussagen entstehen und für die sie formuliert werden (Entstehungs- und Verwertungszusammenhänge).

Wissenschaftspropädeutische Aspekte	Unterrichtsbeispiele
Kern (Theorie, Problem, Hypothese, Prognose, Experiment, Beobachtung)	Bojunga 1990; Hagen, Alchin & Singer 1996; Duit, Gropengießer & Stäudel 2004; Eckebrecht & Schneeweiß 2003; v. Falkenhausen 1989, 2000; Hemer 2001; Kattmann 1971, 2008; Sack 2001; Langlet 2003
Methoden(-kritik)	Beyer, Kattmann & Meffert 1980; Ewert & Kühnemund 1986; v. Falkenhausen 1989, 2000; Kattmann & Jungwirth 1988; Koch 1992; Schäferhoff 1993; Schneider 1984; Eckebrecht 1995 a; b; Umbreit 1999
„Nature of Science"	Matthews 1997; Hodson 1998; Hoyningen-Huene 1999; Janich & Weingarten 1999; Langlet 1999; Eckebrecht & Schneeweiß 2003; Dittmer 2010

Tabelle 13-2: Wissenschaftspropädeutik im Unterricht

In der deutschen Wissenschaftspropädeutik schwingt neben dem Nachvollzug wissenschaftlicher Entdeckungen auch das kritisch erzieherische Moment einer gewissen Entmystifizierung von Wissenschaft mit. Sowohl die Zuverlässigkeit wissenschaftlichen Arbeitens soll nachvollzogen, wie auch deren Grenzen sollen thematisiert werden (Langlet 1992; Vollmer 2000).

Der Umfang und die Gewichtung von Wissenschaftspropädeutik im Unterricht werden durch das Verständnis der Lehrkraft von Wissenschaft und durch pädagogische Zielsetzungen bestimmt. Jede Lehrkraft unterrichtet mehr oder weniger implizit wissenschaftspropädeutisch. Es kommt darauf an, Wissenschaft zu entdecken und zu lernen, und dies an wesentlichen Stellen explizit zu machen (vgl. Langlet 2001 b; ▶ Tab. 13-2). Für den wissenschaftspropädeutischen Unterricht bieten sich diejenigen Themenbereiche an, bei denen wissenschaftstheoretische oder ideologische Aspekte besonders nahe liegen, wie dies bei der Evolutionsbiologie, Ethologie und Soziobiologie sowie Molekulargenetik, Humangenetik und Anthropologie der Fall ist (Langlet 2001 b). Zu den genannten Bereichen gibt es kritische Übersichtsartikel (vgl. Beyer, Kattmann & Meffert 1982; Vogel 1983; 1989; 1992; Kattmann 1985; 1991; 1992; 1993; 1995 b; c; 2002; 2004; 2005; 2009; Lethmate & Sommer 1994). Wissenschaftstheoretische Fragen sollten auch in der Lehrerbildung berücksichtigt werden (vgl. Rottländer & Reinhard 1988; Dittmer 2010; van Dijk & Kattmann 2010; Hanuscin, Lee & Akerson 2010).

14 Erkenntnistheorie und Lernen

Jörg Zabel

- Erkenntnis ist ein schöpferischer Akt.
- Der (radikale) Konstruktivismus ist eine Erkenntnistheorie.
- Der (moderate) Konstruktivismus begründet eine fachdidaktische Sicht auf das Lernen.
- Metaphern zeigen das Verständnis vom Lernen und Lehren.
- Lernen besteht in der Änderung von Vorstellungen.
- Der Konstruktivismus ist keine didaktische Theorie oder Handlungsanweisung.

14.1 Erkenntnis ist ein schöpferischer Akt

Philosophie geht von einfachen Fragen aus. Sie hat aber die Tendenz, ihnen so grundlegend nachzugehen, dass das Ergebnis am Ende quer zu unseren Denkgewohnheiten liegt. „Was kann ich wissen?" – ist die von Immanuel Kant (1724–1804) formulierte, zunächst simpel anmutende Grundfrage der Erkenntnistheorie. Kant selbst gibt eine wichtige Antwort auf diese Frage: Nicht nur die Gegenstände bestimmen die Erkenntnis, sondern auch die Erkenntnis bestimmt die Gegenstände. Mit dieser „kopernikanischen Wende der Metaphysik" gelingt es ihm, zwei unversöhnliche Positionen seiner Zeit miteinander zu verbinden: Erkennen wir kraft unserer sinnlichen Wahrnehmung, der *Empirie,* oder dank des spontan arbeitenden Verstandes, der *Ratio?* Sowohl als auch, denn: Für Kant fängt alle menschliche Erkenntnis „mit Anschauungen an, geht von da zu Begriffen und endigt mit Ideen." Mit *Begriffen* sind hier allerdings nicht Wörter gemeint, sondern die dahinterliegenden Vorstellungen: „Doch ein Begriff muss bei dem Worte sein!" wendet der Schüler in Goethes Faust ein, als Mephisto ihm empfiehlt, sich an Worte zu halten. Für Kant sind diese Begriffe *a priori* durch den Verstand gegeben, also primär nicht von der sinnlichen Erfahrung abhängig. Die Anschauung der Sache füllt dann aber einen „leeren" Begriff mit Erfahrung.

Der Verstand ist für Kant also die aktive Instanz des Erkennens, er hat schöpferische Qualität: „Der Mensch denkt mit seinem Verstand ursprünglich, und er schafft sich also seine Welt." (Kant 1998, AA VII, 71). Kant erkennt außerdem, dass unsere Anschauung der Dinge an Raum und Zeit gebunden ist – und damit alles, was im Raume oder der Zeit angeschaut wird, „nichts als Erscheinungen, d. i. bloße Vorstellungen sind."

Diese Betrachtung hat eine Bedeutung für den Biologieunterricht, weil sie dem *alltäglichen Realismus* widerspricht, der in den Alltagsvorstellungen nicht nur der Lernenden vorherrscht. Die Grundannahme ist: Die Welt ist so beschaffen, wie ich sie wahrnehme. Die uns erfahrbare Welt gehorcht aber bereits den Gesetzen unseres Erkenntnisvermögens. Dem Begriff des *Phänomens* stellt Kant das „Ding an sich" gegenüber. Zu diesen „Dingen an sich" haben wir keinen Zugang, sie bleiben unerkennbar. Unsere Erfahrung der Phänomene ist immer schon eine bedingte, d.h. eine durch unseren Vorstellungs- und Wahrnehmungsapparat beeinflusste

Erfahrung. Diese Einsicht relativiert alle menschliche Erkenntnis, schon Platon hatte in seinem berühmten Höhlengleichnis die erkennbaren Gegenstände als bloße Schatten der eigentlich realen *Ideen* bezeichnet. Kant beschreibt allerdings die Rolle der sinnlichen Wahrnehmung beim Erkenntnisprozess wesentlich genauer und in einer bis heute allgemein akzeptierten Weise. Die Erkenntnis, dass Menschen die Welt nicht einfach so wahrnehmen können, wie sie beschaffen ist, ist also Jahrtausende alt. Aufbauend auf Kant radikalisierte Johann Gottlieb Fichte (1762–1814) die Rolle des erkennenden Subjekts: Seiner Theorie nach wird alle Realität nur durch die *Einbildungskraft* hervorgebracht (Fichte 1997, 146).

Die frühen Erkenntnistheoretiker waren in der Mehrzahl keine Naturwissenschaftler, sondern Philosophen oder Universalgelehrte. In den letzten Jahrzehnten haben dagegen vor allem Neurobiologen und Hirnforscher versucht, auf die alte kantische Frage „Was kann ich wissen?" genauere Antworten zu geben, die in naturwissenschaftliche Theorien eingebettet und von experimentellen Befunden gestützt sind. Aus der Verbindung von kognitiver Neurobiologie, Systemtheorie und Philosophie entwickelte sich seit den 1970er Jahren eine bis heute sehr einflussreiche erkenntnistheoretische Position, der *Konstruktivismus*.

14.2 Der (radikale) Konstruktivismus ist eine Erkenntnistheorie

Grundlagen des Konstruktivismus

Konstruktivismus gilt als ein interdisziplinäres Paradigma, als eine Erkenntnistheorie, die auf neurobiologischen Befunden, aber auch einer biologischen Systemtheorie beruht. Wesentlichen Anteil an der Entstehung hatten die Veröffentlichungen der beiden chilenischen Neurobiologen Humberto Maturana und Francisco Varela (Maturana & Varela 1992; Maturana 2000). Besonders Maturana (geboren 1928) ist ein interdisziplinärer Generalist, dessen Lebenswerk Biologie, Philosophie und Psychologie verbindet. Ein zentraler Begriff für Maturana und Varela ist die *Autopoiese*. Er steht für ein allgemeines Organisationsmuster, das allen lebenden Systemen gemeinsam ist, wie auch immer sie aufgebaut sein mögen. Wichtig zum Verständnis ist die Unterscheidung zwischen Organisation und Struktur: Während die Organisation alles Lebendigen dessen Identität ausmacht und unveränderlich ist, kann die Struktur autopoietischer Lebewesen variieren und die unterschiedlichsten Ausprägungen erfahren (Schweizer 2007, 33). Strukturveränderungen können durch Einflüsse von außen zwar ausgelöst werden, sie werden jedoch vom System selbst festgelegt. „Nichts, was außerhalb eines lebenden Systems liegt, kann innerhalb dieses Systems bestimmen, was darin geschieht" (Maturana 2000, 322).

Im Zuge ihres systemischen Modells betrachten Maturana und Varela Autopoiese und Kognition als ein und dasselbe. Das hat grundlegende Folgerungen für die *Wahrnehmung* und die kantische Frage „Was kann ich wissen?": Auch das menschliche Gehirn ist als lebendes System autopoietisch organisiert, das heißt zirkulär. Seine Bestandteile erzeugen Relationen und seine Relationen wiederum Bestandteile (Schweizer 2007, 37). Damit kann es prinzipiell keine Reize oder gar Informationen von außerhalb des Systems aufnehmen. Wahrnehmungen sind vielmehr stets vom System selbst produziert – zwar möglicherweise ausgelöst durch äußere Strukturveränderungen, aber niemals durch sie determiniert. Das Gehirn ist semantisch abgeschlossen, es kann *Bedeutungen* nur selbst hervorbringen, nicht von außen aufnehmen. Kommunikation, auch die durch Sprache, erscheint nur dem äußeren Beobachter als Reaktion zweier Interaktionspartner auf die Botschaften des Gegenübers. In Wahrheit aber *agieren* beide Systeme nur (▶ Abb. 11-1, S. 65), statt zu reagieren, denn jedes der Gehirne ist bei der Interpretation der äußeren Einflüsse durch seine eigene Struktur determiniert. Für das Gehirn existiert folglich gar keine Unterscheidung zwischen Innen und Außen, es bringt diese Unterscheidung selbst hervor, so wie alle anderen Unterscheidungen. Es existiert damit eine ideengeschichtliche Linie von Kant über den deutschen Idealismus bis hin zur Theorie der Autopoiese (Schweizer 2007). Allerdings nutzen die chilenischen Neurobiologen erstmalig eine biologische Systemtheorie zur Beantwortung einer epistemischen Frage. Damit ebnen sie den Weg für den Konstruktivismus als produktive interdisziplinäre Verbindung zwischen klassischer Erkenntnistheorie einerseits und moderner Neurobiologie und Gehirnforschung auf der anderen Seite. Obwohl Maturana und Varela selbst sich nicht als Konstruktivisten sehen, wurde ihre Theorie der Autopoiese zu einem der Grundsteine des erkenntnistheoretischen Konstruktivismus, der als *radikaler Konstruktivismus* bezeichnet wird.

Realität und Wirklichkeit
Der radikale Konstruktivismus (z. B. von Glasersfeld 1997; von Foerster 1981; Watzlawick 1976; von Foerster & Pörksen 2001) geht von der Grundthese aus, dass Menschen zu einer wie auch immer beschaffenen Realität außerhalb ihrer Wahrnehmung keinen Zugang haben. Vielmehr existierten auf der Welt so viele Wirklichkeiten wie Gehirne.
Für das schulische Lehren und Lernen und für die Themen des Biologieunterrichts ist die Frage nach der Erkennbarkeit der Welt und dem genauen Modus der Weltkonstruktion von Bedeutung.
Neurobiologisch begründet wird die konstruktivistische Position vor allem durch den Prozess der *Transduktion* in unseren Sinneszellen. Transduktion ist die Voraussetzung für jede Sinneswahrnehmung und scheidet die Welt der Reize, also der physikalischen Parameter, von der Welt der Erregungen. Diese Erregungen sind zwar Korrelate der Reize, aber „an sich bedeutungsfrei und inhaltsneutral" (Riemeier 2007, 71). Der Neurobiologe Gerhard Roth (1997, 21) fasst die Kernthese dieses *neurobiologischen Konstruktivismus* so zusammen: „Das Gehirn kann zwar über seine Sinnesorgane durch die Umwelt erregt werden, diese Erregungen enthalten jedoch keine bedeutungshaften und verlässlichen Informationen über die Umwelt. Vielmehr muss das Gehirn über den Vergleich und die Kombination von sensorischen Elementarereignissen Bedeutungen erzeugen und diese Bedeutungen anhand interner Kriterien und des Vorwissens überprüfen. Dies sind die Bausteine der Wirklichkeit. Die Wirklichkeit, in der ich lebe, ist ein Konstrukt des Gehirns." In Roths Sinne ergibt sich damit eine Unterscheidung zwischen der jeweils vom Gehirn individuell konstruierten Wirklichkeit und der physikalischen Grundlage dieser Wirklichkeit, nämlich der Realität als gegenständliche Welt außerhalb des Gehirns.
Das, was das Gehirn konstruiert, ist nicht objektiv wahr, sondern nur brauchbar für das Überleben, es ist *viabel*. Das gilt auch für naturwissenschaftliche Erkenntnisse: „Wie sicher und fest Aussagen der Naturwissenschaft auch erscheinen mögen, objektive Wahrheiten zu sein, können sie nicht beanspruchen. […] Was Naturwissenschaftler bestenfalls tun können, ist ein Gebäude von Aussagen zu errichten, das hinsichtlich der empirischen Daten und seiner logischen Struktur für eine bestimmte Zeitspanne ein Maximum an Konsistenz aufweist" (Roth 1997, 350 f.).

Ist also auch in der Naturwissenschaft alles relativ? Roth (1997) argumentiert, dass ja ein reales Gehirn die Wirklichkeit hervorbringen müsse, in der wir leben, daher sei diese Wirklichkeit (die reale Existenz des Gehirns) letztlich Teil der Realität – der einzige Teil, zu dem wir Zugang haben. Durch diesen *ontologischen Realismus* werden im Rahmen des Konstruktivismus auch naturwissenschaftliche Untersuchungen wieder sinnvoll (vgl. Gropengießer 1997, 106).

14.3 Der (moderate) Konstruktivismus begründet eine fachdidaktische Sicht auf das Lernen

Die konstruktivistische Sicht hat Folgen für den Umgang mit Alltagsvorstellungen, die Anwendung der Erkenntnismethoden und die Deutung der Ergebnisse im Unterricht. Die konstruktivistische Lernauffassung ist die konsequente Anwendung der skizzierten konstruktivistischen Erkenntnistheorie auf den Bereich von Lehr- und Lernprozessen (▶ 23). Mit ihr wird versucht, im Wesentlichen folgende Frage zu beantworten: Wie können Menschen lernen, wenn ihre Gehirne doch semantisch abgeschlossene Systeme darstellen, die bedeutungsvolle Information stets selbst konstruieren müssen und nicht aus der Umwelt aufnehmen können? Dieser auf das Lernen konzentrierte Konstruktivismus heißt auch *moderater Konstruktivismus* (Reinmann-Rothmeier & Mandl 2006) und bestimmt seit zwei Jahrzehnten die Lehr-/Lernforschung in der Naturwissenschaftsdidaktik. Der moderate Konstruktivismus steht dabei auf dem Boden des ontologischen Realismus (▶ 14.2), stellt also eine existierende Realität prinzipiell nicht infrage. Man spricht daher anstelle von radikal und moderat besser von *konstruktivistischer Erkenntnistheorie* und davon abgeleitet *konstruktivistischer Lernauffassung*.

Konstruktionsprozesse, die Wirklichkeit generieren, können allerdings auch von der Gruppe bzw. dem überindividuellen System aus gedacht werden, nicht nur vom Individuum aus. Der russische Psychologe Lew Vygotsky (1934) geht davon aus, dass alle Lernprozesse aus sozialen Situationen entstehen. Aus soziologischer Sicht ist die „gesellschaftliche Konstruktion der Wirklichkeit" bereits lange Zeit eine weithin akzeptierte Grundannahme (Berger & Luckmann 1972). Der Soziologe und Erkenntnistheoretiker Niklas Luhmann analysierte aus einer systemtheoretischen Perspektive heraus soziale Systeme wie das Rechtssystem. Solche Teilsysteme der Gesellschaft, also Naturwissenschaft oder Schule, kann man seitdem in Luhmanns Sinne ebenfalls als durch Kommunikation erzeugte und selbstreferenzielle auffassen. Auch der Sozialkonstruktivismus hat die Naturwissenschaftsdidaktik in den letzten Jahrzehnten maßgeblich beeinflusst, vor allem im angelsächsischen Sprachraum.

Die **konstruktivistische Lernauffassung** lässt sich zusammenfassend durch folgende Postulate kennzeichnen (Reinmann-Rothmeier & Mandl 2006; vgl. Riemeier 2007, 71):
– Lernen ist selbstdeterminiert, kann also nicht von außen gesteuert oder kontrolliert werden.
– Lernen ist individuell, dabei spielen emotionale Aspekte eine wichtige Rolle.
– Lernen ist sozial, denn es findet im Rahmen von sozialen Interaktionen statt, in denen Ideen und Konzepte kommuniziert und ausgehandelt werden.
– Lernen ist situiert, d. h., das konstruierte Wissen ist mit dem inhaltlichen und sozialen Kontext der Lernsituation verbunden.

Wesentlicher Ausgangspunkt der konstruktivistischen Lernauffassung ist also die aktive Rolle der Lernenden, die Wissen niemals als „Information" passiv aufnehmen können, sondern konstruieren müssen. Im englischen Sprachraum hat sich für diese Konstruktion bedeutungsvollen Wissens der Terminus *Meaning Making* eingebürgert (z. B. Bruner 1996; Falk & Dierking 2000; Mortimer & Scott 2003). Einen anderen Schwerpunkt setzt die sozialkonstruktivistische Sicht der Naturwissenschaftsdidaktiker Eduardo Mortimer und Phil Scott (2003), die im Meaning Making vor allem das unmittelbare Aushandeln neuer Bedeutungen durch das Klassengespräch sehen. Die Autoren gründen ihre didaktische Position vor allem auf Vygotsky (1934). Erst im *Gespräch* kann ein Lernender demnach seine eigenen Vorstellungen mit anderen, mehr oder weniger davon abweichenden Konzepten in Beziehung setzen und dabei sein individuelles Denken entwickeln. Der letzte Schritt dieses Bedeutung erzeugenden Dialogprozesses findet dabei stets im Kopf des Lernenden statt.

14.4 Metaphern zeigen das Verständnis vom Lernen und Lehren

Bereits ein alltägliches Wort wie Wahrnehmung kann im Biologieunterricht in fruchtbarer Weise hinterfragt werden, suggeriert es doch auf den ersten Blick, unsere Sinne könnten die Wahrheit der Umwelt *entnehmen*. Dies steht im direkten Gegensatz zu neurobiologischen Fakten und der konstruktivistischen Sehtheorie (vgl. Gropengießer 1997, 107).
Sabine Marsch (2009) untersuchte, mit welchen Metaphern Lehrer ihr Handwerk, also das Lehren und Lernen, bezeichnen. Hintergrund ist die *Theorie des erfahrungsbasierten Verstehens* (Gropengießer 2006). Nach dieser Theorie dienen *Metaphern* als Verstehenswerkzeuge. Das wird an der Metapher des „Nürnberger Trichters" deutlich: Wir übertragen unsere Erfahrung in einem direkt erfahrbaren Ursprungsbereich, hier mit einem Trichter, auf einen abstrakteren Zielbereich, hier also das Lehren, um eine Verständnis dieses komplizierten Vorgangs zu erlangen. Wer vom Lehren und Lernen als „Eintrichtern" spricht, dessen Denken und didaktisches Handeln wird durch diese konzeptuelle Metapher wahrscheinlich geformt. Jede Metapher betont bestimmte Aspekte des Lehrens und Lernens und verdeckt andere. Marsch (2009, 68) ordnet die bei Lehrern und Experten empirisch gefundenen Metaphern danach, inwieweit sie mit einer konstruktivistischen Lernauffassung im Einklang stehen. Auch wenn sich eine eindeutige Abstufung als schwierig erwies: Günstig sei es demnach, wenn Lehrende den Lernprozess metaphorisch als „Bauen und Konstruieren" oder als „Gehen und Reisen" auffassen, weniger günstig z. B. als „Geben und Nehmen" oder „Arbeiten und Leisten". Marsch empfiehlt auf der Grundlage ihrer Ergebnisse, die Metaphern des Lehrens und Lernens als Reflexionsgrundlage in der Lehrerausbildung zu nutzen (vgl. Gropengießer 2004).

14.5 Lernen besteht in der Änderung von Vorstellungen

Der Begriff der Vorstellung spielt als Arbeitskonstrukt eine zentrale Rolle für Beschreibung und Erklärung von Lernprozessen in einer konstruktivistisch orientierten Naturwissenschaftsdidaktik (Duit 1995; ▶ 23). Die meisten fachdidaktischen Ansätze definieren Lernen daher als Veränderung von Vorstellungen. Ausgangspunkt des Lernens als Konstruktionsprozess sind die bereits verfügbaren Vorstellungen des Lerners; sie werden deshalb themenspezifisch nach und nach erforscht (Duit 2006). Vorstellungen stammen größtenteils aus seiner Lebenswelt und haben sich dort oft schon seit langer Zeit bewährt, sind also im Regelfall nicht naiv und spontan, sondern *viabel*. Elmar Drieschner (2006, 155) definiert den Prozess des Verstehens aus konstruktivistischer Sicht als „eine aktive, lebensgeschichtlich geprägte und selbsttätige Erfindung von Sinn und Bedeutung, die zur Erzeugung eigener ‚viabler' Wirklichkeiten führt." Die Wirklichkeiten der Lernenden entsprechen den fachlichen Vorstellungen allerdings häufig nicht. Gelingt es nicht, im Unterricht an die lebensweltlichen Wirklichkeiten anzuknüpfen, erweist sich deren Viabilität und Resistenz als Lernhindernis. Aus dieser Perspektive wird dann zuweilen von „Fehlvorstellungen" der Lernenden gesprochen (▶ 23). Dieser Terminus steht im Widerspruch zum Erkenntnispluralismus, den der Konstruktivismus impliziert. Ulrich Kattmann (2005) weist zudem darauf hin, dass anthropomorphe und damit fachlich anscheinend unangemessene Vorstellungen wichtige Brücken zu einem fachorientierten Verstehen sein können. Erst der Prozess eines gründlichen gegenseitigen Vergleichs zwischen der Schüler- und der fachlichen Perspektive, so wie er im *Modell der Didaktischen Rekonstruktion* angelegt ist (Kattmann, Duit, Gropengießer & Komorek 1997; ▶ 4), führt demnach zu einer erfolgversprechenden Neu-Konstruktion des Lerngegenstandes im wörtlichen Sinne. Über die Vermittlungsstrategien im alltäglichen Unterricht ist damit allerdings noch nicht alles ausgesagt.

Neuere Vermittlungsstrategien und theoretische Ansätze berücksichtigen die Rolle von Gefühlen, Werturteilen und Haltungen im Rahmen eines konstruktivistisch gedachten Lernprozesses. Dazu gehört beispielsweise das Vertrauen zum Lehrenden. Die Rolle der Emotionen im Lernprozess wird durch die Ergebnisse der Hirnforschung unterstrichen. So ist der Hippocampus als Teil des limbischen Systems für die Zuordnung von Emotionen zu Ereignissen oder Sachverhalten zuständig; gleichzeitig organisiert dieses Gehirnareal aber auch Lernen und Gedächtnisprozesse (vgl. Roth 1997, 209).

14.6 Der Konstruktivismus ist keine didaktische Theorie oder Handlungsanweisung

Gleich, ob man vom Individuum ausgeht oder von einer sozialen Lernsituation: Die Aussagen des moderaten Konstruktivismus wie auch die der sozialkonstruktivistischen Schule stehen im Widerspruch zu der noch bis vor wenigen Jahrzehnten vorherrschenden kognitivistischen Lernauffassung. Danach kann Wissen in Form von Informationen zwischen Menschen übertragen werden, in der Regel durch Instruktion. Noch älter und drastischer als der Informationsbegriff ist der „Nürnberger Trichter", mit dem den Lernenden das Wissen quasi direkt in den Kopf gefüllt wird – das perfekte Gegenbild zu einer konstruktivistischen Lernauffassung.

Hoffnungen, der Konstruktivismus könne nun als neue Lerntheorie das alltägliche schulische Lernen (oder Nichtlernen) revolutionieren, haben sich bisher nicht bestätigt (vgl. Moschner 2003). Eine der Ursachen dafür ist wohl, dass man vielerorts allzu schnell von einer Erkenntnistheorie auf bestimmte Unterrichtsmethoden zu schließen versuchte. So geriet die Instruktion im Unterricht unter den Generalverdacht einer veralteten Unterrichtsmethode. In diesem

Zusammenhang sind Ergebnisse aus der pädagogisch-psychologischen Forschung auch in der Fachdidaktik bedeutsam. So konnten John Hattie und Kollegen (2009; 2013) durch Metaanalysen die Wirksamkeit konkreter instruktionaler Maßnahmen (u. a. Einsatz von Concept Mapping und Feedback) auf Lernprozesse aufzeigen.

Umgekehrt sind viele methodische und didaktische Forderungen, die im Namen einer konstruktivistischen Lernauffassung erhoben wurden, älter als der Konstruktivismus und unter pädagogischen und lernpsychologischen Gesichtspunkten gut begründbar. Auch Konzepte wie Handlungsorientierung, entdeckendes Lernen und problemorientiertes Vorgehen fördern schließlich eine aktive Rolle der Lernenden, ohne auf einer neuartigen Erkenntnistheorie zu fußen.

Die fachdidaktische Forschung hat versucht, eine am Konstruktivismus orientierte *Unterrichtspraxis* näher zu beschreiben (z. B. Widodo 2004; Widodo & Duit 2005). Matthias Wilde, Detlef Urhahne und Siegfried Klautke (2003) überprüften die Effektivität konstruktivistisch orientierter mit der instruktional orientierter Lernumgebungen sowie einer Mischform und realisierten dieses Untersuchungsdesign mit Fünftklässlern in einem Naturkundemuseum. Zwar führte die Mischform aus Instruktion und Konstruktion zu den besten Lernergebnissen im kognitiven Bereich, im *follow-up*-Test waren sie jedoch wieder verschwunden. Sabine Marsch, Claudia Hartwig und Dirk Krüger (2009) beschreiben ein Kategoriensystem, das es ermöglicht, die konstruktivistische Orientierung von Biologieunterricht zu evaluieren. Sie erheben dazu jeweils die Ausprägung in vier Dimensionen, die als Kennzeichen konstruktivistischer Lernumgebungen gelten, nämlich situiertes, aktives, selbstgesteuertes und soziales Lernen. Ein grundlegendes Problem solcher Studien besteht in der Definition konstruktivistischer oder konstruktivistisch orientierter Lernumgebungen. Gerade weil Lernen ausnahmslos als aktiver und individuell selbstbestimmter Prozess gelten muss, ist es schwer, allgemein gültige Kriterien für dessen Gelingen zu definieren. Zuweilen wird sogar der Kategorienfehler begangen, den Konstruktivismus als Lerntheorie oder sogar als direkte Gestaltungsanweisung für Lernumgebungen misszuverstehen. Allein ein Zurücknehmen der instruktionalen Komponente des Unterrichts liefert offensichtlich noch keine überzeugende Antwort auf die Frage, wie Unterricht in konstruktivistischer Sicht aussehen sollte.

15 Geschichte und Struktur der Biologie

Ulrich Kattmann

- Der Begriff Biologie hat eine Geschichte.
- Biologie ist in Teildisziplinen gegliedert.
- Evolutionstheorie und Systemanalyse schaffen die Einheit.
- Die Geschichte der Biologie ist für das Lernen zu nutzen.

15.1 Der Begriff Biologie hat eine Geschichte

Die Anfänge der Biologie als „Wissenschaft vom Leben" sind älter als das Wort Biologie, das heute für diesen Wissenschaftsbereich verwendet wird. Die umfangreichen Naturbeschreibungen und -deutungen des Aristoteles (384 bis 322 v. u. Z.) haben die Naturbetrachtung des gesamten Mittelalters geprägt (vgl. Arber 1960; Isele in Freudig 2005, 10 ff.).

Bis zur Wende vom 18. zum 19. Jahrhundert umfasste die *Naturgeschichte* zunächst die Beschäftigung mit der lebenden *und* der nichtlebenden Natur. Noch Carl von Linné hat 1735 in seinem die moderne Systematik der Pflanzen und Tiere begründenden Werk „Systema naturae per regna tria naturae" neben den Pflanzen und Tieren als drittes Naturreich die Mineralien behandelt. Auf Aristoteles fußend unterschied er „Mineralien, die nur wachsen können" (man denke an Kristalle), „Pflanzen, die wachsen und leben" sowie „Tiere, die wachsen, leben und fühlen".

Als eigenständige Wissenschaft konnte die Biologie erst entstehen, als die Gemeinsamkeiten der Lebewesen gegenüber der nichtlebenden Natur stärker in den Blick kamen.

Der Genfer Naturforscher Charles Bonnet (1720–1793) war der Erste, der „unorganische" und „organische" Stoffe ausdrücklich gegenüberstellte. Der französische Arzt Xavier Bichat (1711 bis 1802), der als der Begründer der Gewebelehre gilt, trennte 1801 prinzipiell die „sciences physiques" von den „sciences physiologiques" ab, also die physischen (Physik, Chemie, Geologie) von den physiologischen Naturwissenschaften (Biologie, Medizin).

Aus der gesamten Naturgeschichte wurde entsprechend die *Naturlehre* ausgegliedert, die sich mit physikalischen und chemischen Phänomenen befasst. Die Bezeichnung *Naturgeschichte* wurde daraufhin auf die Beschäftigung mit Pflanzen und Tieren beschränkt.

Das Wort *Biologie* wurde zuerst von dem Braunschweiger Arzt Theodor G. A. Roose verwendet. Er bezeichnete 1797 sein Buch „Grundzüge der Lehre von der Lebenskraft" im Vorwort als den „Entwurf einer Biologie". Der Titel des Buches war ein Zugeständnis an den damals herrschenden Vitalismus (▶ 13.5), dem Roose selbst durchaus nicht zustimmte. (Der Mediziner Karl Friedrich Burdach, 1776–1847, verwendete das Wort Biologie schon früher, allerdings eingeschränkt im Sinn von Humanbiologie.)

Den Terminus Biologie in seiner *heutigen Bedeutung* haben um 1802 zwei Naturforscher gleichzeitig geprägt: der Bremer Mediziner Gottfried Reinhold Treviranus sowie der französische Zoologe und Naturphilosoph Jean Baptiste de Lamarck.

Lamarck verwendete den Terminus Biologie in den „Untersuchungen über die Organisation lebender Körper" (Recherches sur l'organisation des corps vivants, 1802). Treviranus nannte in seinem Werk „Biologie oder Philosophie der lebenden Natur für Naturforscher und Ärzte" (1802–1822) das Ziel der Biologie die „Erforschung der Triebfedern, wodurch jener große Organismus, den wir Natur nennen, in ewiger reger Tätigkeit erhalten wird." Er setzte hierfür eine einheitliche Naturbetrachtung voraus, die Botanik und Zoologie umfasst. Darüber hinaus schloss er auch angewandte (Landwirtschaft, Heilkunde) und ökologische Aspekte in seine Überlegungen mit ein (Leps 1977; Jahn 1990, 298).

15.2 Biologie ist in Teildisziplinen gegliedert

Die Entwicklung von einer vorwiegend beschreibenden zu einer vorwiegend experimentellen Naturwissenschaft ist leicht zu erkennen. Die Gliederung der Biologie in verschiedene *Teilgebiete* und Aspekte ist weitestgehend von historischen Faktoren und der genannten Entwicklung bestimmt, wobei sich mehrere Ausprägungen addierten und überlagerten.

Die Teildisziplinen der Biologie lassen sich zu vier Strängen ordnen, die quer zueinander stehen: *Spezielle Biologie, Allgemeine Biologie, Theoretische Biologie* und *Metadisziplinen der Biologie*.

Die älteste Aufteilung des Faches ist die in die Sparten der *Speziellen Biologie* (lat. species, Art: Artenbiologie). Dazu quer stehen die Organismengruppen übergreifenden Teildisziplinen, die zusammen die *Allgemeine Biologie* bilden. In neuerer Zeit hat sich die Unterscheidung von molekularer Biologie (vor allem Biochemie, Molekulargenetik) und organismischer Biologie (vor allem Systematik, Ökologie, Evolutionsbiologie) herausgebildet. Die Teilgebiete der Biologie können als Grundlagenwissenschaften oder als Angewandte Biologie betrieben werden. In der *Theoretischen Biologie* wird versucht, die Theorien zu formulieren, die Erklärungen für alle biologischen Phänomene liefern.

Als *Metadisziplinen* werden die Wissenschaftsgebiete bezeichnet, die nicht selbst Biologie betreiben, sondern *über* Biologie Aussagen machen; dazu gehört auch die Biologiedidaktik (▶ Abb. 15-1).

Die Gliederung der Biologie in Teildisziplinen wirft die Frage nach dem Band auf, das die Teildisziplinen verbindet. Obwohl die Unterscheidung von *lebend* und *nichtlebend* ursprünglich den Anlass zur Bildung des Wissenschaftsbereichs gab, ist bis heute nicht klar, was der gemeinsame Gegenstand aller biologischen Disziplinen ist (▶ Kasten).

15.3 Evolutionstheorie und Systemanalyse schaffen die Einheit

Der Evolutionsbiologe Ernst Mayr (1979, 186) unterscheidet zwei prinzipiell verschiedene und weitgehend getrennte Gebiete der Biologie: *Funktionsbiologie*, die sich mit den Wechselbeziehungen und Strukturen innerhalb des Organismus befasst, und *Evolutionsbiologie,* die nach der Evolution der Strukturen des Lebendigen fragt, also nach der Geschichte von Population-Umwelt-Systemen. Funktionsbiologie und Evolutionsbiologie sind im Sinne von Mayr keine Gegensätze, sondern ergänzen einander.

15 Geschichte und Struktur der Biologie

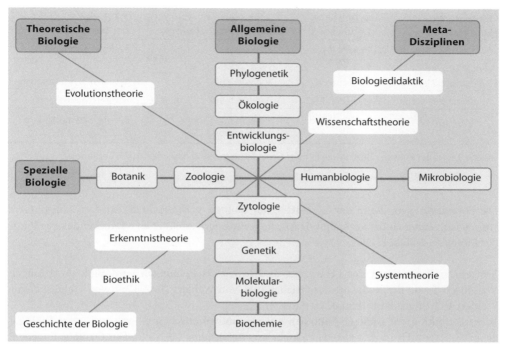

Abbildung 15-1: Teildisziplinen und Metadisziplinen der Biologie

Leben, lebendige oder lebende Systeme – Was ist Gegenstand der Biologie?
Wörtlich übersetzt heißt Biologie „Wissenschaft vom Leben" (gr. bios, das Leben, logos, die Lehre). Insbesondere physiologisch arbeitende Biologen vertreten jedoch die Auffassung, dass das Wort *Leben* einen *metaphysischen Begriff* bezeichne, der nicht Gegenstand der Naturwissenschaft Biologie sein könne. Biologie sei vielmehr die „Lehre von den lebenden Körpern und den Vorgängen, die sich an ihnen abspielen" (Hartmann 1953, 16).

Entsprechend beziehen sich Definitionen der Biologie nicht auf Leben, sondern zentral auf *Lebewesen* (lebende Dinge, lebende Systeme, Organismen) und deren Gesamtheit, das Lebendige (Libbert 1986, 15; Czihak, Langer & Ziegler 1990).

Eine andere Auffassung vertreten diejenigen Autoren, die mehrere Ebenen der Biosysteme im Blick haben. In dieser *systemtheoretischen Auffassung* wird naturwissenschaftlich von *Leben* als der Gesamterscheinung aller spezifischen Prozesse in Biosystemen gesprochen. Aufgrund dieser Auffassung, in der *Leben als Gesamtprozess* in umfassendem Sinne definiert ist, wird Biologie wieder (wörtlich) als Lehre vom Leben verstanden: „Biologie ist die Wissenschaft vom Leben" (Bünning 1959; von Sengbusch 1985, VII; Murphy & O'Neill 1997; Campbell & Reece 2003).

Biologie als Lehre von …	1. Phase Lebewesen	2. Phase Lebenserscheinungen	3. Phase der Biosphäre
orientiert sich an …	Morphologie	Physiologie	Evolutionsökologie
verhält sich in kognitiver Hinsicht …	betrachtend	analysierend	geschichtlich-systemisch
affektiver Hinsicht …	genießend	beherrschend	partnerschaftlich
expressiver Hinsicht …	beschreibend	experimentell und manipulierend	pflegend-gestaltend

Tabelle 15-1: Drei Phasen der Biologie in ihrer Geschichte (nach von Wahlert 1977, verändert)

Die Fragestellungen, die in der Geschichte der Biologie vorherrschten, hat der Zoologe Gerd von Wahlert miteinander verknüpft. Die *Evolutionsökologie*, sieht er als anbrechende neue Phase der Biologie (▶ Tab. 15-1).

Von einer Wissenschaft der Lebewesen und Lebenserscheinungen wird Biologie damit als Wissenschaft von der *Biosphäre* beschrieben (vgl. von Wahlert 1977; 1981; von Wahlert & von Wahlert 1977; Kattmann 1980, XXII ff.; 143).
Diese Definition der Biologie trifft sich mit systemtheoretischen Gliederungen zur Biologie. Sie orientieren sich an den *Ebenen biologischer Organisation* (▶ 13.5). Der Ökologe Eugene P. Odum (1983, 5 f.) nennt die folgenden Ebenen: Gene, Zellen, Organe, Organismen, Populationen, Gemeinschaften, Ökosysteme, Biosphäre. Zur besseren Gliederung der Biologie können bestimmte dieser Ebenen hervorgehoben werden, z. B. Organismus, Art, Bioplanet (▶ Kasten). In die gleiche Richtung gehen die vom russischen Biogeochemiker Vladimir I. Vernadsky entwickelten Vorstellungen. Die übergreifenden Biosysteme sind primäre Organisationsformen der „lebenden Materie" (vgl. Wernadski 1972, durch –W– und –i– abweichende Schreibweise in der zitierten Literatur). Erdgeschichte und Lebensgeschichte sind eng verbunden. Biologie und Geologie rücken dann wieder so eng zusammen, wie es ihren Gegenständen entspricht.
Der Planet Erde wird in seiner heutigen Gestalt wesentlich von den Lebewesen bestimmt und kann daher *Bioplanet* genannt werden (Kattmann 1991a; 2004; Krumbein 2004). Biologie wird so (in Partnerschaft mit der Geologie) zur Lehre vom Bioplaneten Erde. Auf dieser Grundlage lässt sich eine Struktur der Biologie entwerfen, an der sich das Lernen und Lehren von Biologie orientieren kann. Nach den konstituierenden Relationen der Systeme können drei grundlegende Ebenen herausgestellt werden (Kattmann 1980, ▶ Kasten).
Das Beachten des geschichtlichen und dialektischen Charakters der Biosysteme kann verhindern, dass die systemtheoretische Sicht in politischer oder ideologischer Absicht dazu missbraucht wird, z. B. die Unterordnung des Individuums unter ein übergeordnetes System (wie Natur, Art, Volk, Rasse) zu begründen, wie dies in der ganzheitlichen nationalsozialistischen Ideologie geschehen ist. Ein solcher Missbrauch gründet sich in einer ungeschichtlichen und statischen Sicht, in der die Variabilität sowie die Eigenart und Autonomie der Biosysteme unterschiedlicher Ebenen ausgeblendet sind (▶ 17.5).

Biologie als Wissenschaft vom Bioplaneten Erde (nach Kattmann 1980, verändert)

Der Entwurf der Struktur der Biologie orientiert sich an Biosystemtheorie und Evolutionstheorie. Darin werden nur *drei grundlegende Biosysteme* unterschieden:
Die Ebenen (Biosysteme) sind nicht einfach in der Natur vorfindlich, ihre Abgrenzung und Auswahl hängt von der wissenschaftlichen Perspektive ab, sie sind *Betrachtungsebenen* (vgl. Jax 2002). Die Begründung dafür, die drei ausgewählten Betrachtungsebenen herauszuheben, ergibt sich aus dem Umstand, dass sie nach deutlichen biologischen Kriterien abgrenzbar sind.
Die drei Biosysteme sind durch drei verschiedene Arten von Relationen (Beziehungen) charakterisiert:
- Der *Bioplanet* Erde ist das umfassende Gesamtsystem des Planeten; die konstituierenden Beziehungen sind *ökologisch*.
- Die *Art* wird definiert als ein durch die Grenzen des Genflusses charakterisiertes Populationssystem; die Beziehungen sind *generativ*.
- Der *Organismus* ist morphologisch abzugrenzen; die Beziehungen sind *physiologisch*.

Jede Ebene zeigt eigene Systemeigenschaften (vgl. Campbell & Reece 2003). Die Relationen in und zwischen Biosystemen müssen daher dialektisch beschrieben werden, sodass eine Systemebene nicht in der anderen aufgeht oder zu deren Gunsten aufgelöst werden kann (Teil-Ganzes-Relationen).
Alle Biosysteme haben eine *Geschichte*. Die Evolution ist daher das übergreifende Geschehen (Geschichte des Bioplaneten).

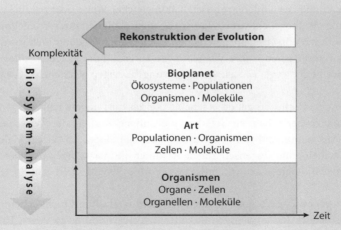

Abbildung: Struktur der Biologie

Die drei grundlegenden Biosystem-Ebenen werden in Abhängigkeit von Komplexität und Zeit erfasst. Die entstehende Struktur der Disziplin ist daher charakterisiert durch
- die *Rekonstruktion der Evolution* und
- die *Systemanalyse* auf verschiedenen Ebenen.

15.4 Die Geschichte der Biologie ist für das Lernen zu nutzen

Förderung des Lernens durch Geschichte
Die Geschichte der Biologie hilft im Biologieunterricht beim besseren Verstehen und Lernen von Biologie. In der Geschichte sind Parallelen zu Alltagsvorstellungen der Lernenden erkennbar und für das Lernen zu nutzen.

Gegen diese Funktionen wird (allerdings bezogen auf die Physik) eingewendet, dass die historisch gewonnenen Einsichten, wenn sie einmal erreicht worden sind, in einem Wissenschaftssystem tradiert wurden und somit von vornherein leichter und besser systematisch in unserem heutigen Verstehenszusammenhang zu vermitteln seien. Der historische Gang könne zwar den Lehrenden tiefere Einsichten gewähren, aber diese könne man den Lernenden besser ohne den Umweg über die Historie weitergeben: „Der historische Prozess stellt sich daher rückblickend immer dar als eine innerwissenschaftliche Theoriendynamik und als eine Dynamik der Phänomenproduktion im Rahmen einer Hierarchie von systematischen Abhängigkeiten … Die umfassende These ist dann, dass man den Gewinn an Verständnis, den man durch historische Studien subjektiv erworben hat, immer weitergeben kann, ohne das Historische auch nur als solches zu nennen" (Jung 1983, 12).

Dieser vom Lehren her gedachten – eher instruktionistischen – Ansicht kann entgegnet werden, dass die Lernenden (wie die Lehrenden) gerade beim Studium der Geschichte wissenschaftlicher Begriffe deren Genese selbst erforschen und damit die Inhalte für sich erschließen können. Diese *historisch-genetische* Ausformung des exemplarischen Prinzips durch Martin Wagenschein setzt voraus, dass die historische Genese der Wissenschaft und deren individuelle Aneignung durch die Lernenden grundsätzlich in gleicher Weise oder parallel verlaufen. Dieser Zusammenhang gilt aber nicht streng. Lernende wiederholen in ihrer Vorstellungsbildung zwar nicht die Phasen der Wissenschaftsgeschichte, es kann aber angenommen werden, dass (frühe) Wissenschaftler und Lernende ihre Vorstellungen aufgrund der gleichen Alltagserfahrungen in ähnlicher Weise bilden (vgl. Theorie des erfahrungsbasierten Verstehens, Gropengießer 2007, ▶ 23.2).

Das historisch-genetische Vorgehen erscheint überall dort angebracht, wo eine Übereinstimmung zwischen vorherrschenden Schülervorstellungen und in der Wissenschaftsgeschichte auftretenden Anschauungen nachgewiesen ist oder nahe liegt. In diesen Fällen werden auch als Umwege erscheinende wissenschaftliche Irrtümer und vorläufige Lösungen oder sogar Fälschungen für das Biologielernen fruchtbar (vgl. Puthz 1993; Misgeld et al. 1994; Schmidt 1984; Koch 1992).

Das historisch-genetische Vorgehen sollte aber nicht überall und nicht schematisch angewendet werden; es bedarf der sorgfältigen didaktischen Begründung. In vielen Fällen können die Lernenden bei geschichtlichem Vorgehen bewusst mit ihren vorunterrichtlichen Vorstellungen lernen und über den historischen Erkenntnisweg zur heutigen Sicht gelangen, ohne dass dabei eine vollständige Entsprechung zwischen dem Verlauf der Wissenschaftsgeschichte und den Erkenntnisschritten der Schüler angenommen werden müsste.

Die Geschichte der Biologie sollte ebenso nicht als bloße Abfolge logisch begründeter Erkenntnisschritte bzw. als Wissensakkumulation vermittelt werden. Der *Erkenntnisfortschritt* vollzog sich in vielen Fällen im Zusammenhang mit gesellschaftlich drängenden Fragen. Es sollte her-

Themenbereich	Unterrichtsbeispiele
Evolution	Kattmann 1984 b; Kattmann & Pinn 1984; Pflumm et al. 1984; Stripf 1984; DIFF 1985 ff.; 1990; Nottbohm 1998; Nieder 2012
Genetik	Böhnke 1978; Knievel 1984; Steinmetz 1984; Quitzow 1986; 1990; von Falkenhausen 1989; Nissen 1996; Zabel 2001; Ostersehlt & Voss 2012
Lyssenko	Palm 1965/66; Galinsky & Regelmann 1984; von Falkenhausen 1989; Glade, 2012
Rasse und Eugenik	Trommer 1983; von Falkenhausen 1989; Kattmann & Seidler 1989; Kattmann 1991 b; 1995
Verhalten	Rimmele 1984; Trommer 1984; Schröder 2001; Eckebrecht & Schneeweiß 2003; Arnold & Kremer, 2012
Urzeugung	Heubgen 1982; Rottländer 2004
Zelltheorie	Götz & Knodel 1980
Physiologie	
Photosynthese	Oehring 1978; 1982; Wood 1997
Blutkreislauf	Hirschfelder, Rüther & Düning 1984; Heenes 1993; Miehe 1998
Infektionskrankheiten	Rottländer 1992; Kremer & Stüben 2008
Mangelkrankheit	Sack 2001
Morphologie (Goethe)	Wittmann, Maas & Kiewisch 1985
Generationenwechsel (Chamisso)	Probst 2013
Vitalismus/Mechanismus	Kattmann 1971; Fäh 1984

Tabelle 15-2: Themen und Unterrichtsbeispiele zur Geschichte der Biologie

ausgestellt werden, welche Fragen in der Wissenschaft verfolgt, welche vernachlässigt wurden, und in welchem Entstehungs- bzw. Verwertungszusammenhang das wissenschaftliche Tun stattfand. In diesen Zusammenhang gehört auch die Geschichte ideologisch-politischer Nutzung der Biologie (▶ 17.5).

Ein weiteres Argument für wissenschaftshistorisches Vorgehen im Unterricht besteht darin, gerade die Fremdheit und das Ungewohnte der in der Geschichte auftretenden Anschauungen und Erklärungsversuche didaktisch zu nutzen. Indem eine heute vertraute Erklärung für eine Erscheinung mit einer ganz anderen historisch bedeutsamen Interpretation konfrontiert wird, können Unverstandenes oder nur halb Durchschautes aufgedeckt werden. Dabei werden diejenigen Bedingungen für das Verständnis der biologischen Aussagen herausgearbeitet, die bei allzu vertrauten Erklärungen gewöhnlich unbewusst vorausgesetzt werden, damit ungeklärt bleiben und so Verständnisschwierigkeiten der Lernenden bewirken können.

Historische Texte sind besonders geeignet, an die originale Gedankenwelt heranzuführen (Quellentexte zur Geschichte der Biologie z. B. bei Falkenhan & Müller-Schwarze 1981; Kattmann & Pinn 1984; Rimmele 1984; Pflumm et al. 1984). Aus den in der Tabelle 15-2 aufgelisteten Beispielen geht hervor, dass es für den Biologieunterricht angemessener erscheint, *Probleme und Ideen* zu studieren und in ihrer Entwicklung zu verfolgen, als geschichtliche Epochen zu charakterisieren. Wissenschaftsgeschichtliche Epochen sind nämlich schwer fassbar und ihre Charakteristika treffen nur auf Teilbereiche wirklich zu (vgl. Jahn 1990; 2000). Darüber hinaus ist auch der Bezug zum übrigen Biologieunterricht beim problemorientierten Vorgehen viel enger als bei einer historisch vergleichenden Sichtweise.

Rolle der Theorie

Wissenschaftsgeschichte wird häufig nach einem überholten induktivistischen Schema vermittelt. Danach hätte zum Beispiel Gregor Mendel seine Regeln durch bloßes Auszählen bei seinen Kreuzungsexperimenten erhalten (vgl. Götz & Knodel 1980, 61 f.), Charles Darwin die Evolutionstheorie aufgrund der Beobachtungen während seiner Weltreise direkt erkannt und William Harvey den Blutkreislauf anhand von Experimenten und Berechnungen entdeckt. Weder Darwin noch Mendel oder Harvey haben aber ihre Theorien aus Beobachtungsdaten oder Ergebnissen von Experimenten abgeleitet. Vielmehr wurden von ihnen Theorien entwickelt, um gezielt zu beobachten, Experimente durchzuführen und Daten zu erklären: *Theorie geht den Fakten voraus* (vgl. Kattmann 1984 a, 9 ff.; Puthz 1993).

Besonders ahistorisch werden in Biologiebüchern die Arbeiten Mendels behandelt. Mendels Forschungen haben nur mit mathematischer Kombinatorik der *Merkmale,* nicht aber mit Genen zu tun (Kattmann 1995; Frerichs 1999, 26 ff; Gliboff 1999). Ins Reich der Heldensagen gehört gar die Schilderung, Darwin habe die Evolution auf den Galapagos-Inseln anhand der Schnäbel der Grundfinken erkannt (Lorenz 1964; vgl. dagegen Sulloway 1982).

Der Biologieunterricht kann mit Hilfe wissenschaftsgeschichtlicher Fallstudien wesentlich zur Einsicht in den naturwissenschaftlichen *Erkenntnisprozess* und dessen methodischen Voraussetzungen beitragen, die genauso wie beim eigenen Beobachten und Experimentieren der Lernenden reflektiert werden sollten (▶ 29; 30; 32).

Personen machen Geschichte lebendig

Das wissenschaftsgeschichtliche Vorgehen kann pädagogisch schon dadurch gerechtfertigt sein, dass der geschichtliche Charakter der Wissenschaft im Handeln, im Lebensweg und den Leistungen historischer Persönlichkeiten deutlich wird (Ostersehlt 2012). Ein solcher Brückenschlag zur menschlichen Seite der Wissenschaft kommt denjenigen Lernenden entgegen, die sich besonders für die Rolle der Naturwissenschaften im menschlichen Leben interessieren.

> **Fragen zum Erschließen wissenschaftshistorischer Ereignisse** (Jung 1983, 14)
> Wie konnte man überhaupt auf ein solches Experiment kommen?
> Wie kam man auf diese Erklärung?
> Was bedeutet diese Entdeckung für den Entdecker, für sein Leben, für seine Zeit?
> Welche Folgen hatte sie für ihn und für andere Menschen, für den Lauf der Geschichte?
> Konnte man das nicht voraussehen?

Historische Versuche können die Lernenden zum Nachmachen und Nachdenken motivieren (vgl. Palm 1984; Scharf & Tönnies 1989). Das Herausstellen der persönlichen Leistungen großer Naturwissenschaftler sollte dabei nicht in Gegensatz zur Schilderung der historisch wirksamen gesellschaftlichen Bedingungen gesetzt werden. Wenn auch gezeigt werden kann, dass bestimmte wissenschaftliche Entwicklungen mit gesellschaftlichen Problemen verknüpft sind (z. B. bei der Entwicklung der Zellenlehre, vgl. Jeske 1978), so wird die individuelle Leistung der beteiligten Forscher dadurch nicht aufgehoben.

16 Wissenschaftsethik und Bioethik

Ute Harms & Ulrich Kattmann

- Ethik befasst sich mit Werten, Normen und verantwortlichem Handeln.
- Wissenschaftliche Verantwortung ist Gegenstand der Wissenschaftsethik.
- Bioethik ist angewandte Ethik für Entscheidungen im Bereich der Biologie.
- Beschreibende biologische Aussagen können ethische Implikate enthalten.
- Die Auseinandersetzung mit ethischen Fragen gehört zum Erziehungsauftrag der Schule.
- Ordnungsethik, Gesinnungsethik und Verantwortungsethik orientieren die Reflexion ethischer Fragen.
- Schemata zur Entscheidungsfindung können das Vorgehen im Unterricht strukturieren.
- Problemhaltige Unterrichtsmaterialien können die originale Begegnung ersetzen.

16.1 Ethik befasst sich mit Werten, Normen und verantwortlichem Handeln

Embryonale Stammzellen erweisen sich im Tierversuch als wirkungsvolle Mittel, kranke Gewebe und Organe zu heilen. Um embryonale Stammzellen des Menschen zu gewinnen, müssen sie menschlichen Keimen entnommen werden, die dadurch getötet werden. Die in Forschung und Praxis Beteiligten stehen dadurch vor zahlreichen Problemen:

– Darf ein menschlicher Keim, der sich zu einem Kind entwickeln könnte, zum Zweck der Heilung zerstört werden?
– Wird mit der Verwendung des Keims die Menschenwürde verletzt?
– Darf man unrechtmäßig (z. B. ohne Einwilligung von Eizell- und Samenspendern) erzeugte Keime verwenden?
– Darf man die Forschung unterlassen, wenn unheilbare Krankheiten zukünftig sicher geheilt werden können?

Die genannten Probleme beziehen sich auf *Normen*: Was darf man, was darf man nicht, und auf *Werte* wie die Menschenwürde sowie rechtmäßiges Vorgehen im Wissenschaftsbetrieb. Die Reflexion von Normen und Werten sowie das Bedenken von Folgen zielt auf verantwortliches Handeln der Beteiligten.

Der Begriff des *Wertes* bezieht sich auf die Fähigkeit des Menschen zu bewerten, d. h. Handlungen, Ziele oder Objekte als wertvoll zu erachten. Der Begriff beschreibt keine Eigenschaft von Objekten, sondern er steht für eine Zielorientierung, für ein vom Menschen als wertvoll erachtetes Gut. Gesundheit (und damit verbunden: Heilung) gilt z. B. als ein hoher Wert.

Der Begriff der *Norm* (Richtschnur, Maßstab, Vorschrift der Bewertung) steht für das handlungsbestimmende Prinzip, das die Realisierung des angestrebten Wertes ermöglicht. Durch die Norm „Du sollst nicht töten!" wird z. B. der Wert Leben umgesetzt. Ethik beschäftigt sich demzufolge mit *normativen Fragen*, mit dem „was sein soll", mit Fragen der Gesinnung und der Verantwortung. Von der Ethik wird die *Moral* als das System von gesellschaftlich anerkannten Normen unterschieden (vgl. Harms & Runtenberg 2001).

Verantwortliches Handeln ist gleichbedeutend mit Entscheidungen, in denen Werte und Normen reflektiert sowie die Folgen des Handelns beachtet werden. Ethisch gerechtfertigt heißt also verantwortlich zu handeln.

Grundlegende ethische Normen sind solche, die allein aus Vernunftgründen abgeleitet werden können. Hierzu zählt, dass allgemeine menschliche Verhaltensregeln für alle Menschen gelten (*Universalität* des gebotenen Verhaltens), dass eine Verhaltensregel Gültigkeit bei Vertauschen der Rollen hat *(Gegenseitigkeit)* und das Gebot des Eintretens für den anderen – selbst gegen das eigene Interesse *(Solidarität)*. Alle drei Normen sind aus *der Gleichwertigkeit aller Menschen* hergeleitet. Mit der Annahme eines Eigenwerts der Natur können sie dementsprechend auf die gesamte Natur ausgedehnt werden (▶ 21.3).

16.2 Wissenschaftliche Verantwortung ist Gegenstand der Wissenschaftsethik

Da jede Form menschlichen Handelns mit ethischen Fragen verbunden ist, gilt dies ebenso für das wissenschaftlich forschende Handeln. Aus wissenschaftlichem Handeln resultierende ethische Fragen betreffen zwei Bereiche: wissenschaftsinterne und wissenschaftsexterne Wissenschaftsethik.

In der *wissenschaftsinternen* Ethik geht es um gute wissenschaftliche Praxis, also um das konkrete wissenschaftliche Handeln des einzelnen Wissenschaftlers, von Arbeitsgruppen oder ganzen Institutionen. Zentraler Gegenstand dieses Bereiches ist die Beschreibung und Sicherung eines allgemein anerkannten Wissenschaftlerethos. Es betrifft den Umgang mit Wissen, Ergebnissen und Konzepten innerhalb der Gemeinschaft der Wissenschaftler und des Wissenschaftsbetriebes. Wissenschaftsethik identifiziert und beschreibt wissenschaftsinterne Normen. Hierzu gehören unter anderem:

- *Universalismus:* Wissenschaft soll unabhängig sein von Nation, Religion, Weltanschauungen und persönlichen Vorlieben;
- *Skeptizismus:* Es ist eine grundlegende skeptisch-kritische Haltung der eigenen wissenschaftlichen Arbeit gegenüber einzunehmen;
- *Gemeinschaftsorientiertheit:* Die Forschung soll relevant für die Gemeinschaft sein;
- *Toleranz und Ehrlichkeit:* Andere Meinungen sind zu respektieren, Fälschungen aufzudecken (vgl. Morton 1985).

Die Deutsche Forschungsgemeinschaft (DFG), die zentrale Organisation zur Förderung der Forschung an Hochschulen und öffentlich finanzierten Forschungsinstituten in Deutschland, verfasste in den 1990er Jahren – anlässlich eines besonders schwerwiegenden Falls wissenschaftlichen Fehlverhaltens – ein Papier zur Sicherung guter wissenschaftlicher Praxis (DFG 1998).

Die in diesem Papier formulierten 16 Empfehlungen sind heute für wissenschaftliches Arbeiten in Deutschland leitend (▶ Kasten). Universitäten und weitere Forschungseinrichtungen entwickelten auf Basis dieser Empfehlungen konkrete Regeln für das wissenschaftliche Arbeiten in ihren Institutionen, die jeweils verbindlich für alle Forschenden gelten und die Selbstkontrolle in der Wissenschaft sichern sollen.

> **Empfehlung der DFG zur Sicherung guter wissenschaftlicher Praxis** (DFG 1998, 7)
> Regeln guter wissenschaftlicher Praxis sollen – allgemein und nach Bedarf spezifiziert für die einzelnen Disziplinen – Grundsätze insbesondere für die folgenden Themen umfassen:
> – allgemeine Prinzipien wissenschaftlicher Arbeit, zum Beispiel:
>   • *lege artis* zu arbeiten,
>   • Resultate zu dokumentieren,
>   • alle Ergebnisse konsequent selbst anzuzweifeln,
>   • strikte Ehrlichkeit in Hinblick auf die Beiträge von Partnern, Konkurrenten und Vorgängern zu wahren,
> – Zusammenarbeit und Leitungsverantwortung in Arbeitsgruppen,
> – die Betreuung des wissenschaftlichen Nachwuchses,
> – die Sicherung und Aufbewahrung von Primärdaten,
> – wissenschaftliche Veröffentlichungen.

In der *wissenschaftsexternen Ethik* geht es um Chancen und Risiken neuer Forschungsgebiete und Forschungsergebnisse sowie ihrer Anwendung. Sie betrifft die grundsätzliche Verantwortung der Wissenschaftler gegenüber der Gesellschaft und den unmittelbar von Forschung Betroffenen. Hierzu gehört unter anderem die Festlegung und Differenzierung von Legitimationskriterien für Forschungsprojekte, bei denen eine Abwägung von Kosten, Nutzen und Gefahren unerlässlich ist. Wissenschaftler sind darüber hinaus nicht nur verantwortlich für ihr Handeln, sondern auch für die Konzepte, die sie verfolgen, und für deren Wirkungen (vgl. Frey 1992). Bereiche der wissenschaftsexternen Wissenschaftsethik werden manchmal eng an Einzelwissenschaften angeschlossen, sodass sie sich im Laufe der Zeit zu eigenständigen Disziplinen weiter entwickeln können, wie die Bioethik oder – weiter ausdifferenziert – die Umweltethik und die Sexualethik (▶ Abb. 16-1). Für die Biologie und ebenso für das Lehren und das Lernen der Biologie ist die Beschäftigung mit ethischen Fragestellungen unerlässlich (▶ 12; 16.3–16.8).

16.3 Bioethik ist angewandte Ethik für Entscheidungen im Bereich der Biologie

Die *Bioethik* ist der Teilbereich der Ethik, der sich mit Herausforderungen beschäftigt, die mit biologischen Erkenntnissen und deren Anwendung verknüpft sind. Während der Gegenstand der Naturwissenschaften das „Sein" ist, beschäftigt sich die Ethik mit dem „Sollen" menschlichen Handelns. Entsprechend sind biologische Aussagen beschreibend und erklärend, während

16 Wissenschaftsethik und Bioethik

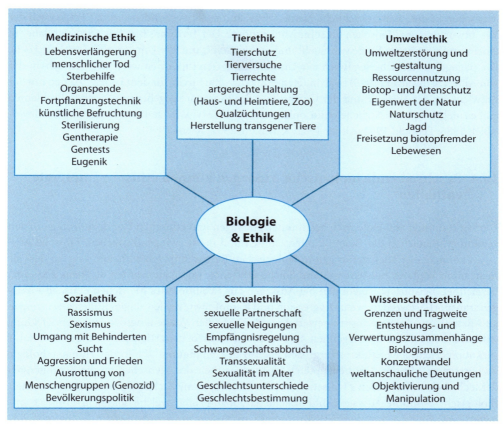

Abbildung 16-1: Für den Biologieunterricht bedeutsame Bereiche der Ethik

ethische Aussagen immer auch wertend (normativ) sind. Das wissenschaftliche Vorgehen selbst ist ebenfalls Gegenstand ethischer Reflexion (Wissenschaftsethik, ▶ 16.2).
Gebräuchlich ist der Terminus Bioethik insbesondere für Probleme, die durch neue Entwicklungen in der Medizin und den biochemisch orientierten Wissenschaften entstehen bzw. entstanden sind. Diese Probleme entsprechen meist ethischen *Dilemmata*, die sich dadurch auszeichnen, dass jede ihrer denkbaren Lösungen mit ethischen Normen in Konflikt geraten muss. Die Lösung eines ethischen Dilemmas erfordert daher immer eine Werteabwägung. Beispiele für entsprechende Problembereiche sind: Beginn und Ende des menschlichen Lebens, Einsatz von Fortpflanzungstechniken, der Gentechnik und der Stammzellforschung (vgl. Ach & Runtenberg 2002; 2004; Gebhard, Hößle & Johannsen 2005). Fragen der Anwendung von Psychopharmaka, die das Verhalten beeinflussen, zählen ebenso hierzu. In diesem Zusammenhang wird das Wort *Medizinethik* häufig synonym mit Bioethik verwendet.
Ethische Herausforderungen ergeben sich nicht nur aus neuen technischen Möglichkeiten, sondern auch aus den absehbaren Folgen bereits vorgenommener und andauernder Eingriffe des

Menschen in die nichtmenschliche Natur. Diese sind meist verbunden mit der Frage nach der Verantwortung des Menschen für seine Mitgeschöpfe. Der Terminus Bioethik wird hier daher in einem umfassenderen Sinne gebraucht und enthält somit u. a. die Umweltethik (▶ Abb. 16-1). Die pädagogischen Überlegungen zur Umwelt- und Tierethik orientieren sich vielfach an der von Albert Schweitzer (1975) begründeten Ethik der „Ehrfurcht vor dem Leben". Zu den mit der Entwicklung der Technik und der Gefährdung der Biosphäre gegebenen ethischen Problemen gibt es mehrere grundsätzliche philosophische Entwürfe (vgl. Jonas 1984; Teutsch 1985; Meyer-Abich 1986; Leopold 1992; Altner 1991; Kattmann 1997; Krebs 1997).

16.4 Beschreibende biologische Aussagen können ethische Implikate enthalten

Die Verknüpfung von biologisch bestimmten Aussagen und ethischen Überlegungen ist in den genannten Bereichen der Bioethik offensichtlich und meist zwingend gegeben. Ethische Aussagen können aber auch verborgen in biologischen Beschreibungen enthalten sein, so dass sie nicht ohne Weiteres bewusst werden. Solche ethischen Implikate werden als *heimliche Ethik* bezeichnet. Beispielsweise können bei Aussagen zur Evolution des Menschen ethische Aussagen transportiert werden, wenn Aggression und Kampf sowie die jeweiligen Rollenzuweisungen an Männer und Frauen positiv bewertet werden. Mit der Vorstellung der Höherentwicklung wird in der Regel eine Überlegenheit des Menschen und Höherwertigkeit über die übrige Natur verknüpft. Heimliche Ethik verbirgt sich ebenso in Denkfiguren, die in der Humanethologie vorherrschen. Mit der dort behaupteten Unangepasstheit des Menschen an die Bedingungen der technisch-industriellen Zivilisation werden kulturpessimistische Anschauungen verbreitet. Biologisch bestimmte Aussagen sind deshalb darauf zu prüfen, welche heimliche Ethik sie enthalten (vgl. Dulitz & Kattmann 1990). Außerdem besteht immer die Gefahr, biologische Tatsachen direkt als ethische Normen zu verstehen. Dies wäre ein logisch unzulässiger Schluss, ein sogenannter *naturalistischer Fehlschluss*. Was als „natürlich" beschrieben wird, wird hier unmittelbar als ethisch gerechtfertigt angesehen; von einem Sein (einem Sachverhalt) wird unmittelbar auf ein Sollen geschlossen. So ist z. B. die Argumentation, dass Formen des Gentransfers ebenfalls zwischen den Organismen vorkämen, der Mensch nur natürliche Vorgänge nutze und *aus diesem Grunde* Gentechnik legitim sei, ein naturalistischer Fehlschluss (vgl. Dulitz & Kattmann 1990; Harms & Runtenberg 2001).

16.5 Die Auseinandersetzung mit ethischen Fragen gehört zum Erziehungsauftrag der Schule

Die Verbindung von Biologieunterricht und Ethik ist grundsätzlich mit dem allgemeinen Erziehungsauftrag der Schule und mit dem Lebensbezug von biologischen Themen vorgegeben. Diese Aufgabe zu beschreiben, Schwierigkeiten von Lehrenden und Lernenden zu identifizieren und Folgerungen für eine effektiven Unterricht zu geben, ist Gegenstand empirischer biologiedidaktischer Forschung (vgl. Alfs 2012).

Eine zentrale Rolle spielen ethische Fragen im Zusammenhang mit der in den Vereinbarungen der KMK angestrebten Bewertungskompetenz der Lernenden (▶ 12).
Die Behandlung ethischer Fragen im Biologieunterricht ist aufgrund der rasanten Entwicklungen in der Biologie und in den Lebenswissenschaften insgesamt in den neunziger Jahren betont und sogar als neues Unterrichtsprinzip formuliert worden (Dulitz & Kattmann 1990; Bade 1992; Bayrhuber 1992; Brehmer 1993; Klein 1993b; Nissen 1996). Jeder Unterricht, der sich nicht auf deskriptive und explikative Aussagen beschränkt, sondern normative Fragen einbezieht, läuft Gefahr zu moralisieren und die Lernenden zu bevormunden. Das Bundesverfassungsgericht hat im Zusammenhang mit der Sexualerziehung ein *Indoktrinationsverbot* für den Unterricht ausgesprochen. Indoktrination liegt immer dann vor, wenn individuelle Überzeugungen oder Ideale einseitig betont oder für alle verpflichtend gemacht werden sollen. Das gilt auch für die Anschauungen einflussreicher gesellschaftlicher Gruppen und deren Partialethos. Die Lehrpersonen dürfen Lernenden ihre persönlichen Überzeugungen selbstverständlich nicht aufzwingen oder aufgrund ihrer Rolle in den Vordergrund stellen; denn damit würde es den Lernenden erschwert, sich selbst ethisch zu entscheiden.
Das sich aus der pluralistischen Gesellschaft und der Entscheidungsfreiheit des Einzelnen ergebende Verbot der Indoktrination bedeutet andererseits nicht, dass die persönlichen Entscheidungen rein subjektiv und ethisch beliebig zu begründen seien. Bei den in der Biologie anstehenden Problemen wird es zwar meist mehrere ethisch vertretbare Lösungen geben. Das heißt jedoch nicht, dass jeder beliebige Lösungsvorschlag ethisch zu akzeptieren wäre. Vielmehr sind die vorgeschlagenen Lösungen im Gespräch sachgemäß und vernünftig zu begründen. Die Lernenden sind demnach nicht über eine bestimmte Moral zu belehren, sondern sie sind darin zu unterstützen, ethische Probleme zu erkennen, darauf zu reagieren und ethisch vertretbare Lösungen zu finden. Dabei ist nicht entscheidend, ob am Ende ein allgemeiner Konsens über eine Lösung hergestellt wird. Vielmehr geht es erstens darum, dass gelernt wird, ethische Fragen als solche zu identifizieren, und zweitens, dass die Lernenden unterstützt werden, eine begründete Meinung zu einer ethischen Frage zu entwickeln. Empirische Untersuchungen geben Hinweise darauf, dass ethische Urteilsfähigkeit im Biologieunterricht gefördert werden kann (▶ 12). Allerdings ist dies zentral die Aufgabe anderer Unterrichtsfächer, beispielsweise des Ethik- und Religionsunterrichts. Fächerübergreifender Unterricht mit diesen Fächern bietet sich daher bei der Behandlung ethischer Fragen im Biologieunterricht an.

16.6 Ordnungsethik, Gesinnungsethik und Verantwortungsethik orientieren die Reflexion ethischer Fragen

Die für die begründeten Entscheidungen nötigen ethischen Reflexionen sollen verhindern, dass Schüler durch unerkannte oder unbedacht übernommene Werturteile bzw. Vorschriften und Verhaltensregeln bevormundet werden. In Schülergesprächen sollte angestrebt werden, reflektierte, auf (biologisches und ethisches) Sachwissen gegründete ethisch orientierte *Entscheidungsprozesse* anzustoßen.
Als Orientierungsrahmen können dafür idealtypisch drei Formen unterschieden werden (Dulitz & Kattmann 1990): Ordnungsethik, Gesinnungsethik und Verantwortungsethik. Die drei Ideal-

typen sind nicht als sich ausschließende Gegensätze, sondern als drei *Reflexions- und Begründungsebenen* zu sehen, die durchlaufen werden und einander so ablösen können, dass die vorhergehende jeweils in der nachfolgenden aufgehoben ist. Die grundlegenden Normen Universalität, Gegenseitigkeit und Solidarität (▶ 16.1) werden bei diesem Vorgehen vorausgesetzt.

In der *Ordnungsethik* liefern Tatsachenaussagen und kategoriale Unterscheidungen die Grundlagen für ethische Werturteile. So wird beispielsweise mit der (biologischen) Tatsache, dass der menschliche Keim von Anfang an als solcher erkennbar ist, die kategoriale Aussage verknüpft, dass von der Befruchtung an spezifisch menschliches Leben vorhanden sei. Hieraus wiederum folgt das Werturteil, mit einem gentechnischen Eingriff in einen solchen Keim werde die personale Identität angetastet, mit der Tötung des Keims ein menschliches Leben zerstört. Die Urteile gründen sich auf angenommene Seins-Ordnungen. Abweichungen werden als Verletzungen von Tabus empfunden. Positiv wird das Handeln geleitet durch die in natürlicher Ordnung geltenden Tugenden (▶ Tab. 16-1). Derartige Aussagen haben den Vorzug, eindeutig zu sein. Bei der Orientierung an Ordnungsethik besteht jedoch die Gefahr eines starren Dogmatismus, mit dem andere ethische Entscheidungen rigoros abgelehnt werden. Ordnungsethik kann auf Gefahren aufmerksam machen und helfen, gefährliche Entwicklungen abzuwehren. Sie hindert daran, vorschnell und leichthin über Grenzen hinwegzuschreiten.

In der *Gesinnungsethik* sind die mit einer Handlung verfolgten Absichten und Ziele der Maßstab für die ethische Beurteilung. Gesinnungsethisch wäre z. B. ein gentechnischer Eingriff an einem menschlichen Keim dann gerechtfertigt, wenn damit eine genetisch bedingte Krankheit geheilt oder menschliches Leiden überhaupt abgewehrt werden soll. Die therapeutischen Absichten und Motive können jedoch leicht in gegenteilige Folgen verkehrt werden. Gerade das Ziel, Krankheiten zu verhindern, kann dazu verleiten, ein Gesundheitsideal anzustreben, in dem Leiden, Krankheit und Behinderung keinen Platz haben. Statt des Leidens wird dann der Leidende verhindert. Gesinnungsethik lenkt die Sicht auf Motive und Ziele menschlichen Handelns und ist in dieser Funktion unverzichtbar (▶ Tab. 16-1). Gute Absichten allein sind kein Garant für moralisch einwandfreies Handeln. Im Unterricht ist es daher mit dem Betonen affektiver Unterrichtselemente oder mit emotionalen Appellen nicht getan. Gesinnungsethischer Eifer darf rationale Information über Bedingungen und Folgen des Handelns nicht ersetzen.

Die *Verantwortungsethik* ist dadurch ausgezeichnet, dass mit ihr die absehbaren Folgen einer Handlung einschließlich möglicher Fern- und Nebenfolgen bedacht werden, danach das Handeln an menschlichen Maßstäben ausgerichtet wird und die mit ihm verknüpften Chancen und Risiken abgewogen werden (▶ Tab. 16-1). Zu den menschlichen Maßstäben des Handelns gehören:
– Vorsicht beim Eingreifen in komplexe Lebensgefüge;
– Beschränkung auf fassbare Aufgaben mit überschaubaren Dimensionen;
– langsames Tempo der Entwicklung;
– Rechnen mit menschlichem Versagen (Fehlerfreundlichkeit).

Da sich die Folgen einer Handlung mit den Bedingungen ändern, sind verantwortungsethische Urteile in dieser Hinsicht immer vorläufig und grundsätzlich revidierbar. Sie stehen unter dem Vorbehalt neuer Situationen und neuer Erkenntnisse. Verantwortungsethische Aussagen sind damit grundsätzlich für vernunftbezogene Nachfragen und Überprüfungen offen. Verantwortungs-

	Ordnungsethik	**Gesinnungsethik**	**Verantwortungsethik**
Die Ethik gründet sich normativ auf …	Ordnung	Gesinnung	Verantwortung
sie wird kognitiv bestimmt durch …	Werte	Ziele	Folgen
sie wird affektiv beeinflusst durch …	Tabus	Appelle	Chancen und Risiken
sie wird pragmatisch geleitet durch …	Tugenden	Motive	Vernunft
ihre Urteile sind im Grundsatz …	kategorisch und zeitlos gültig	subjektiv herrschend und universell verpflichtend	geschichtlich gebildet und revidierbar

Tabelle 16-1: Kategorien ethischer Reflexion (nach Dulitz & Kattmann 1990)

ethisch werden keine unantastbaren Bereiche formuliert, in die der Mensch nicht eingreifen dürfte. Die Schranken ergeben sich aufgrund der Unfähigkeit des Menschen, die Folgen seines Handelns zu erkennen und zu tragen. Die weitreichenden Konsequenzen moderner Technik für Mensch und Umwelt machen es zur verantwortungsethischen Maxime, das Nichtwissen von Folgen und Nebenfolgen einzugestehen.

16.7 Schemata zur Entscheidungsfindung können das Vorgehen im Unterricht strukturieren

Ein Biologieunterricht, der ethische Fragestellungen einbezieht, muss zunächst einmal für Lernende einsichtig machen, dass zwischen naturwissenschaftlichen und ethischen Aussagen ein qualitativer Unterschied besteht, dass also die deskriptiv-explikative von der normativen Ebene unterschieden werden muss. Auf der normativen Ebene kann schon die Unterscheidung der Formen der Ethik und der Reflexionsebenen die ethischen Vorstellungen der Schüler differenzieren und klären helfen (▶ 16.5). Nach dem Modell der *ethischen Analyse* nach Barbara Dulitz und Ulrich Kattmann (1990) sollte im Unterricht so vorgegangen werden, dass bei ethischen Entscheidungsprozessen die drei Reflexionsebenen in der angegebenen Reihenfolge durchschritten und auf der jeweils nachfolgenden Stufe miteinander verknüpft werden. Neben dem genannten Modell existiert eine Vielzahl von Ansätzen und alternativen Unterrichtsverfahren zur Behandlung ethischer Fragen im Biologieunterricht (Übersicht und Systematisierung bei Bögeholz et al. 2004).

Für den Prozess der Entscheidungsfindung schlagen verschiedene Autoren eine konkrete Schrittfolge für den Unterricht vor (Dulitz & Kattmann 1990, 18 ff.; ▶ Kasten; vgl. Kattmann 1988; 1991; Klein 1993 a; b; Harms & Runtenberg 2001; Hößle & Bayrhuber 2006).

> **Sieben Schritte zur Entscheidungsfindung** (Dulitz & Kattmann 1990, 20 ff.)
>
> Schritt 1: *Wahrnehmung der Entscheidungssituation:*
> Worüber soll entschieden werden? Welche Vorschläge werden gemacht? Welche Bedingungen sind zu berücksichtigen? Wer soll entscheiden? Für wen soll entschieden werden? Wer wäre von der Entscheidung betroffen?
>
> Schritt 2: *Auflisten der Handlungsmöglichkeiten*
> Möglichst viele, nicht nur zwei gegensätzliche (alternative) Möglichkeiten erörtern. Man sollte „aus dem Feld gehen" und nach weiteren Möglichkeiten (phantasievoll) suchen, die nicht so nahe liegen.
>
> Schritt 3: *Auflisten der Werte*
> Es sind alle Werte aufzulisten, die bei der Entscheidung eine Rolle spielen können, z. B. Menschenleben, Wert der Traditionen, Selbstbestimmungsrecht der Betroffenen, Naturerhaltung, Sicherung der Lebensgrundlagen für zukünftige Generationen, Vermeidung von Leid (für Menschen, Tiere).
>
> Schritt 4: *Aufstellen einer Rangordnung der Werte*
> Abwägen der Werte gegeneinander, sofern sie in Konflikt stehen. Keine Mehrheitsentscheidungen, sondern persönlichen Rangfolge (z. B. Rangfolgen bei Eingriffen in die Natur: 1. Menschenleben, Selbstbestimmungsrecht, Naturerhaltung; 2. Naturerhaltung, Rettung von Menschenleben, Selbstbestimmungsrecht).
>
> Schritt 5: *Auflisten der Ziele und Motive*
> Die Ziele und Motive sind für alle Handlungsmöglichkeiten durchzuspielen. Welche und wessen Interessen werden dabei vertreten?
>
> Schritt 6: *Analyse der Ziele, Wertentscheidungen und Handlungsmöglichkeiten*
> Es sind alle drei Aspekte zusammen zu beurteilen:
> Wie stimmen Ziele und mögliche Folgen der Handlungen überein?
> Wie stimmen Rangfolgen der Werte mit Handlungsmöglichkeiten überein?
> Ist die Handlungsmöglichkeit für alle Betroffenen fair?
> Würde man dasselbe vorschlagen, wenn man selbst betroffen wäre?
>
> Schritt 7: *Auswahl einer Handlungsmöglichkeit*
> Die anscheinend beste Handlungsmöglichkeit wird ausgewählt und anhand des Ergebnisses von Schritt 6 begründet. Es kann mehrere Handlungsoptionen geben. Ziel ist nicht immer ein Konsens. Vielmehr sollen die Maßstäbe und Folgen des Handelns bewusst werden, sodass die Lernenden ihre (auch abweichenden) Entscheidungen ethisch reflektieren und begründen können.

Bei diesem Vorgehen kommt es zunächst darauf an, die Problemsituationen so anschaulich wie möglich zu machen. Durch Fallstudien können die Lernenden beispielsweise angeregt werden, sich in eine ethische Entscheidungssituation hineinzuversetzen und einen persönlichen Meinungsbildungsprozess zu durchlaufen.

Themenbereiche	Unterrichtsvorschläge
Umweltethik und Naturschutz	Bittner 1983; Bade 1985; Ehrnsberger 1985; Pfister 1986; Drutjons 1987; Dulitz & Kattmann 1991; Etschenberg 1997 a; b; Kronberg 2001; Nevers 2004; Bögeholz & Barkmann 2005; Bögeholz 2006; Eggert, Barfod-Werner & Bögeholz 2008; Eggert et al. 2010; Eggert, Barfod-Werner & Bögeholz 2008; Eggert et al. 2011; Eilks et al. 2011
Tierethik	Eggert, Barfod-Werner, Becker et al. 2011; Schaaf 1986; Kattmann 1995 b; Kruse 1997; Hornung 1998; Harms 2001; Runtenberg 2001; Hornung 1998; Goebel-Pflug 1998; Joos & Aken 1998; Leibold 1998
Sozialethik	Ruppert 1998
Medizinische Ethik: Fortpflanzungs- und Gentechnik	Klein 1987; 1993 a; b; Kühne et al. 1987; Hinske & Weigelt 1988; Bade 1990; Nissen 1996; Harms & Kroß 1998; Kattmann & Schüppel 1999; Thom-Schlüter 1998; Söling 2000; Wuketits 2000; Bayrhuber, Harms & Kroß 2001; Hößle 2001b; 2004; Meisert & Kierdorf 2002; Kattmann 2004; Hößle & Bayrhuber 2006; Niedersächsisches Kultusministerium 2010

Tabelle 16-2: Beispiele für Themen und Unterrichtsvorschläge zur Bioethik

Besonders wichtig für den Unterricht sind das Erkennen der ethischen Probleme oder Dilemmata in einer konkreten Entscheidungssituation sowie die Reflexion der berührten Werte und der möglichen Handlungsoptionen. Durch die ethische Analyse sollen die Lernenden angeregt werden, sich mit möglichst vielen Wertorientierungen auseinanderzusetzen und möglichst viele Handlungsoptionen zu finden und zu reflektieren.

16.8 Problemhaltige Unterrichtsmaterialien können die originale Begegnung ersetzen

Wo immer es möglich ist, sollten die Lernenden authentisch an die ethischen Problemfelder herangeführt werden, sodass die ethischen Fragen von der *originalen Begegnung* selbst provoziert werden. Das erfordert Unterricht außerhalb des Klassenraumes. So können Begegnung mit Behinderten ermöglicht, Praktika in einem Alten- und Pflegeheim oder Rehabilitationszentrum für Drogensüchtige durchgeführt sowie Patenschaften zu Krankenhäusern, Altenwohnungen, für ein Naturschutzgebiet oder einen Schulwald übernommen werden (vgl. Winkel 1978, 169 f.).

In der gegenwärtigen Schulorganisation werden derartige originale Begegnungen vorerst die Ausnahme bleiben, so dass *Rollenspiele und Planspiele* oft an die Stelle treten werden, in denen die Schülerinnen und Schüler Entscheidungssituationen erleben und reflektieren können. Während im Rollenspiel die Entscheidungssituationen von verschiedenen Positionen her durchgespielt und nahegebracht werden können (Hößle 2001a), eignet sich das Planspiel besonders gut dazu, das verantwortungsethische Abwägen von Entscheidungen samt den Folgen zu simulieren.

Die *Materialien für Fallstudien* müssen anschaulich und problemhaltig genug sein, um Betroffenheit herstellen zu können. Dazu eigen sich besonders Dilemmata, in die die Lernenden selbst geraten oder in die sie sich leicht hineindenken können. Neben kontroversen Texten aus dem Wissenschaftsbereich können dazu emotional ansprechende Bilder, z. B. Karikaturen, dienen (vgl. Kühne et al. 1987; Beer, Schober & Wulff 1988; Dulitz & Kattmann 1990). Bei jüngeren Lernenden können Anspielszenen, die den Ausgang einer Entscheidungssituation offen lassen, den Einstieg in ein Unterrichtsgespräch erleichtern.

Bei der im Biologieunterricht manchmal noch ungewohnten Textarbeit sollten die Schüler dazu angeleitet werden, die Texte auf verborgene ethische Argumente oder Implikationen zu befragen, um so der heimlichen Ethik auf die Spur zu kommen. Das kann auch am eingeführten Biologie-Schulbuch geschehen (▶ 41; 42).

Wissenschaftsethik kann besonders auf dem Hintergrund ethisch bedeutsamer Geschehnisse in der Wissenschaftsgeschichte behandelt werden (▶ 15).

Zur Bioethik im Unterricht gibt es einige *Sammlungen* von Materialien und Unterrichtsentwürfen, die z. T. mehrere Themen umgreifen (vgl. Birnbacher & Hörster 1982; Birnbacher & Wolf 1988; Beer, Schober & Wulff 1988; Bade 1989; Dulitz & Kattmann 1990; Gebhard & Johannsen 1990; Erhard et al. 1992; Kattmann 1995 a; Bayrhuber, Harms & Kroß 2001; Lücken & Schroeter 2008). *Unterrichtsentwürfe* betreffen vor allem ältere Lernende (Sekundarstufe II) (▶ Tab. 16-2).

17 Geschichte des Biologieunterrichts

Ulrich Kattmann

- Die Geschichte des Biologieunterrichts lässt sich in drei Strängen darstellen.
- Biologieunterricht orientiert sich an gesellschaftlichen Bedürfnissen.
- Biologieunterricht folgt der Entwicklung der Wissenschaft Biologie.
- Biologieunterricht entwickelt eigene Unterrichtsmethoden.
- Biologie und Biologieunterricht waren für die NS-Ideologie zu gebrauchen.
- Die Aufgaben der Geschichte sind unerledigt.

17.1 Die Geschichte des Biologieunterrichts lässt sich in drei Strängen darstellen

Die Hauptzüge der Geschichte des Biologieunterrichts lassen sich anhand dreier *durchgehender Stränge* darstellen: Ein Strang betrifft vorwiegend die Bedeutung der Biologie für das alltägliche Leben (Lebenskunde). Der zweite Strang ist am jeweils vorherrschenden Verständnis der Wissenschaft Biologie ausgerichtet (Wissenschaftsorientierung). Beide Linien tragen in unterschiedlicher Weise zum dritten Strang bei, der methodischen Unterrichtsgestaltung (vgl. Scheele 1981: zur Entwicklung bis 1933; Freyer, 1995 a; b: vom Mittelalter bis ins 20. Jh. am Beispiel bayerischer Lateinschulen; Knoll, 1995: zur Geschichte des Biologieunterrichts an Schulen Hannovers).

Traditionell werden in der Geschichte des Biologieunterrichts einander ablösende *Betrachtungsweisen* unterschieden, die in einzelnen Phasen des Biologieunterrichts wirksam waren (▶ Tabelle 17-1; vgl. Siedentop 1972; Grupe 1977; Mostler, Krumwiede & Meyer 1979; Killermann, Hiering & Starosta 2005). Diese Betrachtungsweisen sind im Folgenden den drei Strängen zugeordnet.

17.2 Biologieunterricht orientiert sich an gesellschaftlichen Bedürfnissen

Als Begründer der europäischen Didaktik gilt der Pfarrer und Lehrer der böhmischen Brüderschule in Preróv und Fulnek, Johann Amos Comenius (1592 bis 1670). Seine „Magna Didactica", die 1632 erschien, enthält den Entwurf einer umfassenden Schulreform, die er als den wichtigsten Teil eines Planes zur Erneuerung der Welt ansieht.

Comenius forderte eine öffentliche Schule, in der in der Muttersprache unterrichtet wird. Der Lehrplan soll neben dem System der antiken und mittelalterlichen Bildung, den „sieben Freien Künsten" (Grammatik, Rhetorik, Dialektik, Arithmetik, Geometrie, Musik, Astronomie), auch *Realien* umfassen. Die Lehrer sollen die „Kräfte der Pflanzen und Metalle, den Bau des menschlichen Körpers" kennen. Sein als Lateinbuch konzipierter „Orbis pictus" (Comenius 1658) war für lange Zeit das wichtigste naturkundliche Schulbuch.

Lebenskunde	Unterrichtmethode	Wissenschaft
	Comenius 1632 Magna Didactica 1658 Orbis Pictus	
nützliches Wissen 1657 **Reyher** „Kurzer Unterricht von natürlichen Dingen"	**Salzmann** (1744–1811) Unterricht in freier Natur	
	1776 **von Rochow**	
„Bauernfreund" „Kinderfreund"	Lesebuchtexte	
sinnige Betrachtungsweise 1854 **Roßmäßler** „Flora im Winterkleid" 1864 **Brehm** „Tierleben"	„Naturkörper im Unterricht"	*beschreibend-morphologische Betrachtungsweise* 1832 **Lüben** „Leitfaden zu einem methodischen Unterricht" 1869 **Leunis** „Schul-Naturgeschichte"
	Untersuchungen von Lebensgemeinschaften	*ökologische Betrachtungsweise* 1885 **Junge** „Der Dorfteich als Lebensgemeinschaft"
	Experimente im Unterricht	*funktionell-morphologische Betrachtungsweise* 1896 **Schmeil** „Reformbestrebungen" Lehrbücher **Kraepelin** **Smalian**
nützliches Wissen 1921 **Senner** „Heimische Scholle"	Arbeitsschulbewegung 1922 **Schmitt** „Heraus aus der Schulstube" Exkursionen 1921 **Grupe** 1938 „Natur und Unterricht" tätiger Umgang mit der Natur	*synthetische Betrachtungsweise* 1922 **Brohmer** „Naturgeschichtsplan in der Arbeitsschule" „Bauernnaturgeschichte"
1932 Vorschläge des Verbandes Deutscher Biologen	1933 **Steinecke** „Methodik"	1936 **Brohmer** „Deutsche Lebensgemeinschaften"

Tabelle 17-1: Übersicht zur Geschichte des Biologieunterrichts in Deutschland

Unter dem Einfluss von Comenius wurde 1662 der naturkundliche Unterricht in die Gothaer Schulordnung eingeführt. Die Inhalte betrafen vor allem Nutzpflanzen und Nutztiere, Heilkräuter und die Landwirtschaft, sie wurden also unter dem Gesichtspunkt nützliches Wissen ausgewählt. Biologie wurde als *Lebenskunde* betrachtet. Die Orientierung an *nützlichem Wissen* wird auch als utilitaristische Betrachtungsweise charakterisiert. Sie hatte besondere Bedeutung durch die verheerenden Folgen der großen Kriege auf die Versorgung der Bevölkerungen: Siebenjähriger Krieg (Preußen 1749–1756), 1. und 2. Weltkrieg (1914–1918 bzw. 1939–1945).

Friedrich Eberhard von Rochow richtete 1776 mit einem „Lesebuch für Volksschulen" den gesamten Unterricht darauf aus, durch die Vermittlung von naturwissenschaftlichem Wissen die Verwüstungen des Siebenjährigen Krieges zu beseitigen, die gerade in ländlichen Gebieten sehr groß waren (Textbeispiel bei Keckstein 1980, 19). 1854 machten die „Preußischen Regularien" die praktische Bedeutung zur Norm für alle naturkundlichen Inhalte.

Die Betrachtungsweise des nützlichen Wissens wurde in der Notlage nach dem 1. Weltkrieg vor allem von Anton Senner wieder aufgenommen. Er entwarf eine auf landwirtschaftlichtechnische Anwendung gegründete Naturkunde. Dadurch sollte der Biologieunterricht helfen, die landwirtschaftliche Produktion und somit die Versorgung der Bevölkerung zu verbessern. Unterrichtsthemen waren demgemäß vor allem Haustiere, Kulturpflanzen, Schädlinge und Unkräuter (vgl. Grupe 1977, 56).

Der einseitige Nützlichkeitsstandpunkt, die den lebenskundlichen Strang der Geschichte des Biologieunterrichts kennzeichnen, wurde im Biologieunterricht von 1933 bis 1945 noch übersteigert im Sinne *nationalsozialistischer Gemeinschaftsideologie*. Der Biologieunterricht sollte als Instrument in der „Material- und Abwehrschlacht" des 2. Weltkriegs zur Steigerung der landwirtschaftlichen Produktion ebenso dienen, wie die Rassenkunde und Erblehre die menschenverachtende nationalsozialistische Rassen- und Bevölkerungspolitik durchsetzen sollte (▶ 17.5).

Dem nützlichen Wissen kann auch eine weitere Betrachtungsweise zugeordnet werden, die zwischen den Kriegen vorherrschte und unter dem Einfluss dichterischer Naturbeschreibung des 19. Jahrhunderts stand: Die *sinnige Naturbetrachtung* hatte naturbezogene Gemütsbildung zum Ziel. Eindrucksvolle Erzählungen sollten ein die Gefühle und den Geist gleichermaßen ansprechendes und bildendes Naturerleben vermitteln (vgl. Scheele 1981, 87 ff.).

Die sinnige Naturbetrachtung hatte neben den romantisierend-emotionalen Absichten auch einen aufklärend-politischen Zug und näherte sich damit der Orientierung an der Wissenschaft (▶ 17.3). Neben anderen versuchte Alfred E. Brehm (Illustriertes Tierleben, 1864) – z. T. aus sozialpolitischen Motiven heraus – die Biologie zu popularisieren und somit breiten Volksschichten zugänglich zu machen. Dies ist ein Ziel, das sich heute modifiziert in der Umweltbildung wiederfindet (Pädagogik des Naturerlebens, ▶ 21.5). Die sinnige Naturbetrachtung wurde im Nationalsozialismus mit ihrer Betonung emotionaler Aspekte zur Gesinnungsbildung genutzt und antirational ausgedeutet (ganzheitliche Naturbetrachtung, ▶ 17.5).

17.3 Biologieunterricht folgt der Entwicklung der Wissenschaft Biologie

1735 erschien die erste Auflage des Werkes „Systema naturae" von Carl von Linné. In der 10. Auflage von 1758 wendete Linné zum ersten mal die bis heutige gültige binäre Nomenklatur konsequent auf Pflanzen- und Tierarten an. Der Einfluss, den die taxonomisch-systematischen Arbeiten von Linné auf Wissenschaft und Unterricht ausübten, war sehr weitreichend. Linné selbst sorgte z. B. dafür, dass in Schweden der naturkundliche Unterricht bereits 1747 an den allgemeinbildenden Schulen eingeführt wurde. Während Linné sehr an praktischen Fragen der Biologie interessiert war und zum Beispiel Vorschläge zur Forstwirtschaft, Kultivierung von Mooren und Unkrautbekämpfung machte, wurde der Biologieunterricht in Deutschland zeitweise ganz auf seine Systematik der Pflanzen und Tiere abgestellt. Die *beschreibend-morphologische Betrachtungsweise* beschränkte den Biologieunterricht auf Artbeschreibungen, systematisch-taxonomische Vergleiche und Bestimmungsübungen.

August E. Lüben führte das Linnésche System nicht nur als Stoffanordnungsprinzip, sondern auch als wesentlichen Inhalt in den Schulunterricht ein. Die Beschäftigung mit dem Linnéschen System sollte die formalen Fähigkeiten der Schüler schulen, vor allem deren Beobachtungsfähigkeit und logisches Denken (vgl. Scheele 1981, 50). Im Sommer wurden Pflanzen, im Winter Tiere nach einem starren Schema (Kopf-Schwanz- bzw. Wurzel-Blüte-Methode) genau beschrieben (Textbeispiel bei Siedentop 1972, 19). Die taxonomischen Kategorien wurden von Lüben nach dem Prinzip „Vom Besonderen zum Allgemeinen" behandelt, zuerst verwandte Arten, danach Gattungen, dann Familien, Ordnungen usw. In der Folgezeit bestimmte dieses Konzept mit nur leichten Abänderungen weitgehend den Biologieunterricht besonders an Realschulen und Gymnasien. Das zeigen zum Beispiel die sehr verbreiteten Schulbücher von Johannes Leunis. In dessen „Schul-Naturgeschichte" wird das Bestimmen von Pflanzen und Tieren zum Selbstzweck (Textbeispiel bei Siedentop 1972, 19).

Während dieses fast stupide Vorgehen und lebensferne Inhalte den Unterricht bestimmten, versuchten Emil August Roßmäßler und andere zur selben Zeit in populärwissenschaftlichen Schriften, die Natur als geschichtlich gewordenes Gefüge und große Einheit eindrücklich darzustellen. Diese Naturauffassung war durch die Anschauung Alexander von Humboldts (1769–1859) beeinflusst, der im Aufdecken der Zusammenhänge die eigentliche Aufgabe der Naturwissenschaften sah. Für das wissenschaftliche Erforschen organismusübergreifender Systeme waren die Arbeiten des Kieler Zoologen Karl August Möbius bahnbrechend. In der Abhandlung über „Die Nester der geselligen Wespen" wurden 1856 erstmals die Gesetzmäßigkeiten einer Tiersozietät genau dargestellt. Mit der Arbeit über „Die Auster und die Austernwirtschaft" führte Möbius 1877 den Begriff Biozönose („Lebensgemeinde", heute als Lebensgemeinschaft bezeichnet) in die Biologie ein und verknüpfte zugleich ökologische Erkenntnisse mit ökonomischen.

Ein Schüler von Möbius, der Lehrer Friedrich Junge, versuchte die neuen Gedanken auf den Schulunterricht anzuwenden (vgl. Brucker 1980; Stipproweit & Ant 1986; Trommer 1986). Er begründete mit seinem Buch „Der Dorfteich als Lebensgemeinschaft" (1885) die *ökologische Betrachtungsweise*. Er beschrieb seinen Unterricht, in dem die gesetzmäßigen Erscheinungen in Lebensgemeinschaften der vorherrschende Gegenstand sind. Der Unterricht sollte sich so an den „Gesetzen des organischen Lebens" orientieren (▶ Kasten).

> **Regeln zur ökologischen Betrachtungsweise im Unterricht** (Friedrich Junge 1907)
> Durch die Behandlung von Lebensgemeinschaften ist es ermöglicht, den Stoff im Einzelnen zu beschränken und sich doch zu vertiefen ... Ferner ermöglicht die Betrachtung der Lebensgemeinschaft mehr und mehr das Verständnis des Lebens auf der Erde als einer Gemeinschaft; ... ‚die Natur in jedem Winkel der Erde ist ein Abglanz des Ganzen' sagt Humboldt.
> Daraus ergeben sich die Forderungen:
> - Es ist ein klares gemütvolles Verständnis des einheitlichen Lebens in der Natur anzustreben.
> - Betrachte jedes Wesen als einen in sich vollkommenen Organismus.
> - Betrachte jedes Wesen ... nach seinen Wechselbeziehungen zu andern in derselben Gemeinschaft, in seiner Beziehung zum Ganzen, nach seiner Abhängigkeit von Wärme, Licht, Luft, Wasser.
> - Betrachte die ganze Lebensgemeinschaft als Glied eines höhern Ganzen, speziell in ihrer Beziehung zum Menschen.

Junge entwickelte eine *vielseitige biologische Artbeschreibung,* die über taxonomisch wichtige Bestimmungsmerkmale (Leunis) und systematisch-morphologische Bauplanmerkmale (Lüben) weit hinausgeht. Sie enthält anschauliche Angaben über den Lebensort, die Bewegung, Ernährung, Atmung, Sinnesleistungen, Fortpflanzung und Entwicklung. Außerdem wird selbstverständlich die Rolle der Art als Glied der Biozönose hervorgehoben.

Junges Arbeiten wurden in der Curriculumreform um 1970 aufgegriffen. Seine Prinzipien können nicht nur eng ökologisch, sondern *allgemeinbiologisch* ausgelegt werden. Es ist deutlich, dass Junges Gedanken in der Umweltbildung nachwirken (▶ 21).

Junges Versuch, die Lebensgemeinschaft und ökologische Beziehungen der Organismen in den Mittelpunkt des Unterrichts zu stellen, war jedoch zunächst weitgehend erfolglos. Nur in der Volksschule, wo der Lehrplan wenig einschränkende Bestimmungen machte, wurde das Prinzip des Vorgehens nach Lebensgemeinschaften teilweise verwirklicht. Die meisten Lehrer waren für einen solchen Unterricht nicht hinreichend ausgebildet und die entsprechenden ökologischen Disziplinen noch kaum entwickelt. Zudem waren einige Gesetzmäßigkeiten Junges sehr abstrakt, nur wenig belegt oder daher recht spekulativ.

So war es nicht verwunderlich, dass die Preußischen Richtlinien von 1892 für Realschulen, Realoberschulen und Gymnasien übergreifende ökologische oder allgemeinbiologische Aspekte nur in sehr geringem Ausmaß berücksichtigten. Stattdessen forderten sie weiterhin überwiegend Kenntnisse in der zoologischen und botanischen Systematik und ließen so für Neuerungen nur wenig Spielraum.

Mit diesen Rahmenbedingungen muss daher die Reform des Biologieunterrichts betrachtet werden, die mit dem Wirken von Otto Schmeil verbunden ist. Grundlegend für Schmeils Reformkonzept war seine Kampfschrift „Über die Reformbestrebungen auf dem Gebiete des naturgeschichtlichen Unterrichts" (1896). Mit den Ideen von Junge setzte er sich gründlich auseinander und übernahm dessen Konzept der vielseitigen Artbeschreibung. Otto Schmeil strebte mit der *funktionell-morphologischen Betrachtungsweise* einen experimentell ausgerichteten Biologieunterricht an, in dem Bau und Funktion der Lebewesen zu einer biologischen Sichtweise verknüpft werden. Die Ausrichtung des Unterrichts auf den Gedanken der Lebensgemeinschaft lehnte er aber ab und behielt auf den unteren Klassenstufen (wie es der Lehrplan vorschrieb) das Vorgehen nach dem System der Lebewesen bei. Der Anteil der Menschenkunde wurde stark vergrößert.

> **Grundsätze der funktionell-morphologischen Betrachtungsweise** (Otto Schmeil 1896)
> - Die Reformbewegung richtet sich allein gegen die einseitige Herausarbeitung des Systems, nicht etwa auch gegen systematische Gruppierungen … in Form von Rückblicken, Zusammenfassungen und dergleichen.
> - Bau und Lebensweise sollen in ursächlichen Zusammenhang gebracht werden. Es kommt nicht auf ein Aufzählen der … Eigenschaften, sondern auf eine Einführung in das Verständnis an.
> - Für den Schüler gilt es, selbständig, elementar zu forschen; das Eindringen in den kausalen Zusammenhang der Erscheinungen setzt eine viel größere Aufmerksamkeit und ein weit genaueres Beobachten voraus, als der rein morphologische Unterricht.
> - Nur durch fleißiges Beobachten, durch Selbstschauen und Selbstuntersuchen ist es möglich, den schlimmsten Feind alles geistbildenden Unterrichts aus der Schule zu verbannen: den Verbalismus.

Schmeil verband mit seiner Reform auch eine nationalpolitische Absicht: „Das Volk wird an der Spitze der Völker marschieren, welches mit der höchsten sittlichen Tüchtigkeit die tiefste Kenntnis der Natur in ihren mannigfachen Erscheinungen verbindet." Der Einfluss von Schmeils Konzept war sehr groß. Er erfasste fast alle Schulen und ist bis in die 1970er Jahre spürbar geblieben. Ganz in Schmeils Sinne wirkten viele andere Lehrbuchautoren.

Schmeil lehnte die Behandlung der *Evolution* ab: Der Darwinismus sei „eine durchaus nicht einwandfreie Hypothese … Aufgabe [der Schule] kann nur sein, unwiderleglich feststehende Tatsachen zu lehren" (Schmeil 1896, 67). Die für die Geschichte der Biologie revolutionären Theorien Darwins selbst fanden so zunächst keinen Eingang in den Biologieunterricht. Auseinandersetzungen um sie führten im Preußen sogar zum Verbot: Der Blütenbiologe Hermann Müller versuchte 1879 in einer Schule in Lippstadt, Darwins Arbeiten im Unterricht zu behandeln. Eltern, kirchliche Stellen und Journalisten empörten sich. 1882 untersagte der Preußische Kultusminister den Biologieunterricht auf der Oberstufe der höheren Schulen. Die Behandlung der Evolutionslehre wurde ein Jahr später für den gesamten Schulunterricht in Preußen verboten. Erst mit den Richtlinien von 1925 wurde Biologie wieder als Pflichtfach im Oberstufenunterricht eingeführt und die Evolutionslehre in den Lehrplan aufgenommen.

Von der Evolutionslehre abgesehen förderten die Ideen Schmeils die Orientierung des Biologieunterrichts an der Entwicklung der Wissenschaft. Er stieß damit eine Entwicklung an, in der versucht wurde, grundlegende biologische Erkenntnisse im Unterricht zu einem einheitlichen Bild zu vereinen. Noch bevor Max Hartmann im Jahre 1924 seine „Allgemeine Biologie" (4. Auflage 1953) veröffentlichte, entwarf Paul Brohmer für den Unterricht das Konzept einer „synthetischen Naturgeschichte" (Der Naturgeschichtsplan in der Arbeitsschule, 1922). Brohmer strebte an, alle bisherige Naturerkenntnis durch eine *synthetische Betrachtungsweise* möglichst lückenlos ineinander zu fügen. Bei diesem Ziel liegt es nahe, das Konzept der Lebensgemeinschaft wieder stärker zu betonen, wie es Heinrich Grupe und besonders Cornel Schmitt taten. 1936 wurde das Konzept dann von Brohmer unter dem Einfluss des Nationalsozialismus aufgegriffen und im Sinne der Gemeinschaftsideologie ausgedeutet (vgl. Trommer 1983/1984).

Die Preußischen Richtlinien von 1924/25 nahmen die Evolutionslehre sowie erstmalig die 1900 wiederentdeckte Genetik in den Stoffplan auf. Die Themen waren weiterhin nach dem System der Lebewesen angeordnet (teilweiser Abdruck der Richtlinien bei Mostler, Krumwiede & Meyer 1979, 7 f.).

Dieser Aufbau sollte sich in der Sekundarstufe I erst mit der *Curriculumreform* und neuen Richtlinien seit Mitte der 1970er Jahre ändern, in denen die Wissenschaftsorientierung verankert und häufig zum leitenden Gesichtspunkt erhoben wurde. Schon vorher war durch amerikanische Curriculumarbeiten die Bedeutung der *Struktur der Disziplin* als Grundlage des Biologie-Lernens und Lehrens herausgestellt worden (vgl. Bruner 1970; Schwab 1972).

17.4 Biologieunterricht entwickelt eigene Unterrichtsmethoden

Die Anfänge der Methodik des naturwissenschaftlichen Unterrichts liegen bereits bei Comenius, der anstrebte, die Schüler in naturwissenschaftliche Denk- und Arbeitsweisen einzuführen. Das Wissen über die Natur sollte nicht von dem Erzählen oder dem Zitieren von Texten und Autoritäten stammen, sondern aus direkter Beobachtung und Schlussfolgerung.

Im Sinne von Comenius gründete der pietistische Theologe August Hermann Francke um 1700 in Halle mehrere Schulen, u. a. auch eine Lateinschule für Bürgersöhne, womit er die Bildungsprivilegien der adeligen Stände durchbrach. In einigen Schulen führte er seit 1721 einen regelmäßigen naturwissenschaftlichen Unterricht ein. Dieser stand zwar nicht im Lehrplan, diente aber zur Erholung von den Anstrengungen des Sprachunterrichts („Recreationsübungen"). Im Sommer waren jeweils am Mittwoch- und Samstagnachmittag Exkursionen vorgesehen, um Botanik zu lehren. Im Winter sollten anatomische Übungen durchgeführt werden, z. B. das Sezieren von Hunden und das Ausstopfen von Vögeln. Als Ergänzung standen außerdem ein Botanischer Garten und eine Naturaliensammlung zur Verfügung. Nach ähnlichen Grundsätzen war der Unterricht in den Realschulen von Christoph Semler in Halle und von Johann Julius Hecker in Berlin gestaltet.

Der evangelische Pfarrer Christian Gotthilf Salzmann (1744–1811), der von den Erziehungsideen Jean Jaques Rousseaus beeindruckt war, forderte, den Unterricht in freier Natur durchzuführen, die Lebewesen in ihrer natürlichen Umgebung zu beobachten und Naturaliensammlungen anzulegen.

Der Realienunterricht folgte an den öffentlichen Schulen jedoch bald anderen Grundsätzen: Naturkundliche Themen wurden nur im Gelegenheitsunterricht angesprochen und zwar als nützliches Wissen z. B. bei einer passenden Bibelstelle oder bei geeigneten *Lesebuchtexten*. Diese Methode hielt sich bis ins 19. Jahrhundert. Daneben scheute man sich nicht, *Lehrexperimente* durchzuführen, bei denen Tiere zu Tode kamen, nur um einfachste Zusammenhänge zu demonstrieren (vgl. Knoll 1994).

August E. Lüben führte seit 1832 die *Naturkörper* nachdrücklich als Anschauungsobjekte ein und begründete mit seinen Anleitungen für den Unterricht eine eigenständige Methodik des naturgeschichtlichen Unterrichts. Den Lesebuchunterricht lehnte er nachdrücklich ab. Neben dem bis dahin üblichen bloßen Beschreiben von Pflanzen und Tieren legte er größten Wert auf das *Vergleichen,* mit dem das Interesse der Lernenden gefördert und zu einem genauen Beobachten und Unterscheiden anregt werden sollte. Lübens unterrichtsmethodische Prinzipien bedeuteten gegenüber dem Vorlesen aus Büchern einen wesentlichen Fortschritt. Sein Verfahren hat den Biologieunterricht bis heute mitbestimmt (▶ 33; 34).

Mit dem Vorgehen Lübens war jedoch nach wie vor die morphologisch-beschreibende Betrachtungsweise verbunden. Diese Ausrichtung führte mit der sinnigen Betrachtungsweise der Natur zu einer Gegenbewegung: Man legte Wert auf erlebnishafte und *gemütvolle Naturerzählungen.* Daher wurde der Unterricht wieder mit vorgegebenen und bestenfalls nachempfundenen Texten bestritten. In dieser Situation forderte vor allem Otto Schmeil seit 1895 einen auf Beobachtungen, Untersuchungen und Experimente ausgerichteten Biologieunterricht und setzte diesen zum großen Teil gegen den Verbalismus durch (▶ 17.3).

Einen Neuanfang machte die im ersten Drittel des 20. Jahrhunderts in Europa vorherrschende *Reformpädagogische Bewegung.* Sie hatte zum Ziel, die Schule durch eine Pädagogik vom Kinde aus grundlegend umzugestalten. An der „alten" Schule wurden deren Lebensfremdheit, einseitiger Intellektualismus, autoritärer Stil und Methodenschematismus kritisiert. Den naturwissenschaftlichen Unterricht erreichten solche Ideen vor allem durch die *Arbeitsschulbewegung.* Man wollte den spontanen Drang des Kindes nach selbstständiger und vor allem manueller Betätigung anregen und fördern. Die Arbeit selbst ist nicht nur Mittel zur Bildung, sondern auch bildend mittels der durch sie gemachten Erfahrungen und der Selbstprüfung des eigenen Tuns anhand des hergestellten Produkts. Innerhalb der Arbeitsschulbewegung lassen sich drei Richtungen unterscheiden:

– Elementare handwerkliche und andere berufliche Arbeit soll mit herkömmlichen Unterrichtsinhalten verknüpft werden (Georg Kerschensteiner: „Begriff der Arbeitsschule", 1912).
– Der traditionelle Lehrstoff soll zwar weitgehend beibehalten werden, aber der Prozess des Lernens wird als „freie geistige Tätigkeit" verstanden. An die Stelle der Stoffvermittlung soll das selbständige Lösen von z. T. selbst gestellten Aufgaben treten (Hermann Gaudig: „Freie geistige Schularbeit in Theorie und Praxis", 1928).
– Der Unterricht soll an den Problemen industrieller Arbeit und Produktion orientiert werden (Polytechnischer Unterricht, Pawel P. Blonskij).

Den Biologieunterricht in Deutschland hat die erste Richtung maßgeblich beeinflusst. Die Leitidee der Arbeitsschulbewegung im Biologieunterricht heißt: tätiger Umgang mit der Natur. Deshalb wurde gefordert, Pflanzen und Tiere der Heimat in den Mittelpunkt des Unterrichts zu stellen, damit die Schüler mit der heimatlichen Natur vertraut werden und diese erleben können. In vielem stimmen die Leitideen der Arbeitsschule mit denen des Projektunterrichts überein (▶ 26.4, Kasten S. 234). Cornel Schmitt forderte 1922 mit seinem Buch „Heraus aus der Schulstube" den Biologieunterricht möglichst ganz aus den Schulräumen hinaus zu verlegen. Schmitt entwickelte eine Methodik der *Exkursionen,* auf denen die Schüler gezielt biologische Erkenntnisse erarbeiten sollten (Beispiele bei Brucker 1980, 38 f.).

Für die praktische Arbeit wurden von Paul Brohmer und Heinrich Grupe *Bestimmungsbücher* verfasst, in denen die Schlüssel nach einfachen Merkmalen bzw. Lebensräumen die komplizierten Bestimmungsverfahren ersetzten.

Die Bemühungen um eine methodisch vielseitige Gestaltung des Unterrichts sind von Fritz Steinecke (1933, 2. Aufl. 1951) erstmals zu einer „Methodik des Biologieunterrichts" zusammengefasst worden. Diese Grundsätze sind heute – durch vielfältige neue Unterrichtsmittel ergänzt – allgemein Teil der Biologiedidaktik geworden. (Arbeitsweisen ▶ 29–37; Medien ▶ 38–43; Lernorte ▶ 44-47).

17.5 Biologie und Biologieunterricht waren für die NS-Ideologie zu gebrauchen

Biologie liefert wissenschaftliche Autorität

Die nationalsozialistische Ideologie entstand 1933 nicht aus dem Nichts und verschwand nach 1945 auch nicht spurlos. Seit der Regierungsübernahme im Jahre 1933 wurde der Biologieunterricht jedoch konsequent in den Dienst ihrer weltanschaulichen Ideen und politischen Absichten gestellt (vgl. Kanz 1990, 83).

> **Erlass zur Vererbungs- und Rassenkunde**
> Preußischer Kultusminister (13. September 1933)
>
> 1. In den Abschlussklassen sämtlicher Schulen … ist unverzüglich die Erarbeitung dieser Stoffe in Angriff zu nehmen, und zwar Vererbungslehre, Rassenkunde, Rassenhygiene, Familienkunde und Bevölkerungspolitik.
> Die Grundlage wird dabei im Wesentlichen die Biologie geben müssen, der eine ausreichende Stundenanzahl – 2 bis 3 Wochenstunden, nötigenfalls auf Kosten der Mathematik und der Fremdsprachen – sofort einzuräumen ist. Da jedoch biologisches Denken in allen Fächern Unterrichtsgrundsatz werden muss, so sind auch die übrigen Fächer, besonders Deutsch, Geschichte, Erdkunde, in den Dienst dieser Aufgabe zu stellen. Hierbei haben sie mit der Biologie zusammenzuarbeiten.
> 2. In sämtlichen Abschlussprüfungen sind diese Stoffe für jeden Schüler pflichtgemäßes Prüfungsgebiet, von dem niemand befreit werden darf.

Diese Inanspruchnahme bedeutete für den Biologieunterricht einen erheblichen Gewinn an *Prestige,* der sich (allerdings erst 1938/39) in einem auf allen Klassenstufen der weiterführenden Schulen durchgehend zweistündigen Anteil an den Stundentafeln auswirkte (vgl. Kanz 1990, 219 ff.). Die Ausrichtung auf das – jetzt im Sinne nationalsozialistischer Vorstellungen – *nützliche Wissen* drückte sich auch im Namen des Faches aus, das in der Volksschule jetzt offiziell Lebenskunde hieß (▶ 17.2). Es sind hauptsächlich fünf Bereiche, die den Biologieunterricht für die Nationalsozialisten als geeignet ausweisen, ihre Weltanschauung und ihre politischen Ziele zu unterstützen (▶ Tabelle 17-2, S. 134).

Bezug	Nationalsozialistische Ideologie
Menschliche Erblehre (Humangenetik)	Rassenhygiene (= Eugenik), genetisch „bewusste" Partnerwahl, Zwangssterilisation und Ermordung „Minderwertiger"
Anthropologie, Rassenkunde	Überlegenheit der „nordischen" „arischen Rasse"; Absonderung von fremden Rassen, Umsiedelung und Versklavung von Bevölkerungen, Ermordung von Juden und „Zigeunern"
Ökologie	Volksgemeinschaft „Blut und Boden"; ganzheitliche Auffassung
Ethologie	Abwehr und Ausmerzen „asozialer" Personen mit abweichendem „artfremdem" Verhalten
Einfühlende Naturbeschreibung	Einfügen in „Lebensgesetze", Befolgen der „Stimme des Blutes"

Tabelle 17-2: Bezüge der nationalsozialistischen Ideologie zur Biologie

Als Begründer der *Eugenik* (Lehre von der „Erbgesundheit") gilt Francis Galton (1822–1911). 1895 veröffentlichte Adolf Ploetz „Grundlinien einer Rassenhygiene". Das deutsche Wort *Rassenhygiene* ist gleichbedeutend mit Eugenik. Es enthält den Terminus Rasse im Sinne von Volk. Wörtlich übersetzt bedeutet es also „Volksgesundheit" und hatte mit der Einteilung in Rassetypen, also der anthropologischen Rassenkunde, anfänglich nichts zu tun. Mit der Anschauung von der Überlegenheit der „nordischen Rasse" wurde jedoch die Rassenhygiene mit der Rassenkunde verknüpft. Bereits 1923 erschien als Standardwerk das Lehrbuch von Ernst Baur, Eugen Fischer und Fritz Lenz „Menschliche Erblehre und Rassenhygiene" (5. und letzte Auflage 1940), das später als wissenschaftliche Grundlage der nationalsozialistischen Ideologie diente.

Als ein Kernstück nationalsozialistischer Weltanschauung sollte die *Rassenkunde* und *Rassenlehre* den Unterricht bestimmen. Letztere hat ihre Wurzeln in den Rassentheorien des 18. und 19. Jahrhunderts. Die Anschauung von der Überlegenheit bestimmter Menschenrassen über andere (Christoph Meiners, 1747–1810) wurde von J. A. Comte de Gobineau (1816–1882) zu einer Geschichtsphilosophie ausgebaut, nach der das historische Schicksal eines Volkes von dessen harmonischer Rassenzusammensetzung abhängt. Rassenmischung führt danach zum geschichtlichen Niedergang von Völkern und Staaten. Diese Rassenvorstellungen sind seit dem Ende des 17. Jahrhunderts in der europäischen Geistesgeschichte sehr verbreitet. Meiners, Gobineau und später noch Houston Stewart Chamberlain (1855 bis 1927) sind nur herausragende Vertreter und Ausläufer dieser allgemeinen europäischen Idee. Von den Nationalsozialisten wird die Überlegenheit der sogenannten „arischen Rasse" postuliert; sie meinen, dass besonders Juden und „Zigeuner" minderwertig seien *(Überlegenheitsrassismus)* und das deutsche Volk in seiner „Rasseneinheit" durch Vermischung bedroht sei *(Reinhalterassismus)*. Die Rassenlehre wird von den Nationalsozialisten mit der von Rassenkunde beherrschten biologischen Anthropologie verbunden. Sowohl im Unterricht als auch in einigen rassenkundlichen Schriften wurden Rassen mit Arten praktisch gleichgesetzt. Obgleich die Bezeichnung von „Ariern" und „Juden" als Rassen schon damals keineswegs mit biologischen Erkenntnissen übereinstimmte, wurden sie auch von biologischen Rassenkundlern als solche behandelt.

In der nationalsozialistischen Weltanschauung bildet die „Volksgemeinschaft" eine durch „Blut" (Verwandtschaft) und „Boden" (Lebensraum) verbundene organismusähnliche Einheit (vgl.

Scherf 1989). Ziel der Erziehung soll daher die organische Eingliederung des einzelnen in die *Lebensgemeinschaft* sein. Das Individuum soll zurücktreten gegenüber dem übergreifenden Ganzen: Volk und Rasse. Dabei erhält die propagierte „ganzheitliche Auffassung" den Zweck, dass sich der einzelne dem übergeordneten Ganzen zu unterwerfen habe. In diesem Sinne verfasste Paul Brohmer (1936) sein Werk „Die deutschen Lebensgemeinschaften" (▶ Tab. 17-1. S. 126).

Deutsche Lebensgemeinschaften (Paul Brohmer 1936)
Wollen wir im nationalsozialistischen Geiste erziehen, so müssen wir uns frei machen von der Einzelschau, die dem liberalistischen Geiste entsprach; vielmehr müssen wir die Kinder zu einer Gesamtschau führen. Das gilt natürlich auch für die Betrachtung jedes Einzelwesens, muss jedoch wegen der Notwendigkeit der völkischen Erziehung ebenso für die Behandlung von Lebensgemeinschaften angestrebt werden.

Mit dem Konzept des *arteigenen Verhaltens* steuerte auch die gerade erst entstehende Ethologie ihren Teil zur nationalsozialistischen Gemeinschafts- und Ganzheitsideologie bei. Konrad Lorenz (1940a) empfahl, gegenüber „asozial gewordenen Mitgliedern" des Volkes auf angeborene Art und Weise zu reagieren Diese Weltanschauung propagierte Lorenz (1940b) auch für den Biologieunterricht (vgl. Deichmann 1992).

Arteigenes Verhalten (Konrad Lorenz 1940a)
Der einzige Faktor, der eine den in Rede stehenden Verfallserscheinungen entgegenwirkende Auslese verursacht, liegt im Vorhandensein bestimmter angeborener Schemata, die bei vollwertigen Menschen nur auf bestimmte, den Solltypus der Art kennzeichnende Merkmale ansprechen, bei deren Fehlen aber eine gefühlsmäßige Abstoßung bewirken. ... Die wirksamste rassenpflegerische Maßnahme ist daher wenigstens vorläufig sicher die möglichste Unterstützung der natürlichen Abwehrkräfte, wir müssen – und dürfen – uns hier auf die Gefühle unserer Besten verlassen und ihnen die Gedeihen und Verderben unseres Volkes bestimmende Auslese anvertrauen. Versagt diese Auslese, misslingt die Ausmerzung der mit Ausfällen behafteten Elemente, so durchdringen diese den Volkskörper in biologisch ganz analoger Weise und aus ebenso analogen Ursachen, wie die Zellen einer bösartigen Geschwulst den gesunden Körper durchdringen und mit ihm schließlich auch sich selbst zugrunde richten.

Die nationalsozialistische Weltanschauung ist geprägt von der Abwehr rational geleiteter Erkenntnis, die als „rationalistisch" und „liberalistisch" bezeichnet wird. Wichtiger als verstandesmäßige Einsicht sind die *gefühlsmäßige Einstimmung* („Stimme des Blutes"), die ergreifende Erfahrung der Gemeinschaft und das Einfügen in den von ehernen Lebensgesetzen bestimmten Naturablauf.
Die Bezugspunkte zur Biologie wurden von den Nationalsozialisten gesucht. Sie ergeben sich nicht zwingend aus der Wissenschaft selber. Grenzüberschreitungen und unbegründete Aus-

weitung des Geltungsbereichs biologischer Aussagen werden als Biologismus bezeichnet. Die nationalsozialistische Ideologie enthält biologistische Aussagen in extremer Form:
- Der Rassenhygiene und Rassenkunde der nationalsozialistischen Ideologie liegt eine einseitige *Betonung des Genetischen* zugrunde,
- der Gemeinschaftsideologie eine Überbewertung der Funktion von Systemen, die das Individuum übergreifen. Population, Lebensgemeinschaft, Rasse, Volk und Natur gelten als Schicksal bestimmende *Ganzheiten*.
- Die gesamte Weltanschauung durchzieht ein statisches und *ungeschichtliches Naturbild*, in dem jede Veränderung als Bedrohung des gegebenen Zustandes gesehen wird: Sofern eingegriffen werden soll (Auslese), wird angestrebt, den ursprünglichen „natürlichen" Zustand wieder herzustellen.

Die nationalsozialistische Ideologie ist keine auf Evolution gründende Weltanschauung, sondern ein typologischer (essentialistischer) *Selektionismus,* mit dem deutsche „Rasse", „Volksgemeinschaft" und „Lebensraum" gegen den angeblich drohenden Verfall geschützt werden sollen. Trotz (auch damals) fehlender wissenschaftlicher Grundlagen waren Biologieunterricht und Biologen brauchbare Helfer, diese Ziele umzusetzen.

> **Deutscher Biologen-Verband zur Lehrplangestaltung 1932** (Auszug)
> - Mädchen sind durch die biologische Unterweisung auf den Mutterberuf hin zu erziehen. Sie müssen über das Notwendigste häuslicher Krankenpflege unterrichtet werden.
> - Die rassenbiologisch gefährdete Zukunft des deutschen Volkes macht einen gründlichen Unterricht über Vererbungslehre und Eugenik zum dringenden Gebot. Von diesem Unterricht kann die tiefste ethische Wirkung auf die Jugend erwartet werden, die angesichts des Niedergangs der Sittlichkeit im deutschen Volke notwendig erscheint.
> - Der biologische Unterricht soll keineswegs nur eine gewisse Menge von Wissen übermitteln, er soll zu biologischem Denken und Handeln erziehen. Z. B. bedeutet eugenischer Unterricht ein höchst bedeutsames Stück staatsbürgerlicher Erziehung. Die vorwiegend sprachlich-historische und formale Bildung, die die höhere Schule bisher vermittelte, berücksichtigt nur die geistige Seite der Volksgemeinschaft. Die biologischen Beziehungen des einzelnen zur Gesamtheit sind aber nicht minder bedeutsam. Deshalb liegt es im Interesse des Staates, den biologischen Unterricht zu fördern.
> - Der weltanschauliche und ästhetische Wert, der biologischen Betrachtungen innewohnt und nicht geringer ist als derjenige geisteswissenschaftlicher Fächer, muss im Unterricht zum Ausdruck kommen, was allerdings nur möglich ist, wenn hinreichende Zeit dafür zur Verfügung gestellt wird.
> - Die praktische, sittliche und staatsbürgerliche Bedeutung der Biologie rechtfertigt die Forderung, biologischen Unterricht den Schülern aller Schulgattungen ... in genügendem Maße angedeihen zu lassen. Die Biologie ist unter die Kernfächer aller Schulen aufzunehmen.

Biologen wirkten als Experten mit

Die Frage, wie wirksam die nationalsozialistischen Vorstellungen im Biologieunterricht von 1933 bis 1945 waren, lässt sich von den Voraussetzungen her beantworten, auf die sie bei Biologielehrkräften trafen. Einen Einblick vermitteln hierzu die Vorschläge des 1931 gegründeten Deutschen Biologen-Verbandes zur Lehrplangestaltung, die bereits 1932 veröffentlicht wurden (zitiert bei Ewers 1974, 58 f.). Diese Vorschläge enthielten die Forderung, den Biologieunterricht lebendig zu gestalten und nach modernen Erkenntnissen der Biologie zu reformieren. Lebende Organismen sollten neben der Menschenkunde im Vordergrund stehen. Bemerkenswert ist, dass bereits nachdrücklich die sexuelle Aufklärung von Mädchen und Jungen gefordert wird. In Hinblick auf die Entwicklung nach 1933 interessieren vor allem die politischen Zielsetzungen (▶ Kasten, S. 136).

Wie sehr die Nationalsozialisten an verbreitete Überzeugungen anknüpfen konnten, zeigt die Tatsache, dass das Thema Eugenik bereits 1928 bzw. 1932 in die Lehrpläne für die höheren Schulen Hamburgs bzw. Sachsens eingeführt wurde (vgl. Scheele 1981, 272). Im Dokument des Biologenverbandes sind neben der Eugenik weitere populäre Vorstellungen enthalten:
– Die Volksgemeinschaft wird biologisch begründet;
– die weltanschauliche Bedeutung der Biologie wird mit der ästhetischen verknüpft;
– es wird die nützliche Funktion des Biologieunterrichts begründet („praktische, sittliche und staatsbürgerliche Bedeutung"), die aufklärende und wissenschaftlich kritische Aufgabe aber bleibt schon 1932 unerwähnt.

Die sich als Nothelfer anbietenden Biologielehrer konnten all zu leicht durch die nationalsozialistische Form der Lebenskunde genutzt werden (vgl. Kattmann 1979; 1988; Ant & Stipproweit 1986; Bäumer-Schleinkofer 1992; Knoll 1995, 156–168). Die Richtlinien von 1938/39 enthielten alle zur Durchführung eines nationalsozialistisch bestimmten Unterrichts nötigen Angaben. Ab 1937 erschienen entsprechend bearbeitete Schulbücher, in denen die neuen Unterrichtsinhalte didaktisch umgesetzt wurden (Zitate und Bilder bei Kattmann & Seidler 1989). Der Umfang des geforderten „rassenkundlichen Lehrstoffs" war beträchtlich. Das zeigt u. a. das Inhaltsverzeichnis im Menschenkunde-Band der Neubearbeitung des verbreiteten Lehrbuchs von Kraepelin, Schaeffer & Franke, ▶ Kasten).

> **Inhalte der Menschenkunde im Schulbuch „Das Leben"**
> (Kraepelin, Schaeffer & Franke 1942)
> – Das deutsche Volk und seine Rassen.
> – Die Rassenkreise der Erde und ihre Lebensräume.
> – Rassenmischung und die Rassenschutzgesetze.
> – Die Minderwertigkeit und ihre Bekämpfung.
> – Die Geburtenfrage, eine Schicksalsfrage.
> – Die Leistungsfähigkeit des Einzelmenschen als Grundlage völkischen Lebens. (Unter dieser Hauptüberschrift stehen die traditionellen Teile der Menschenkunde: Bau und Funktion des Körpers.)

Am konsequentesten hat der Biologielehrer Jacob Graf die von ihm verfassten Biologie-Schulbücher im Sinne seiner nationalsozialistischen Anschauungen gestaltet und entsprechende „Lebensgesetze" formuliert, in denen die Ausdeutungen der Rassenkunde in allen Gebieten sehr markant hervortreten (Biologie für Oberschule und Gymnasien, 1942, 4. Band, Oberstufe, 393 f.):
- Genetik: „Blutsgemeinschaft des Volks", „Weiterleben der Rasse", „Reinhaltung des Bluts"
- Ökologie: „Fortbestehen der Lebensgemeinschaft"
- Ethologie: „Völker, die durch Entartung den Lebensgesetzen zuwider handeln, sind den aussterbenden Arten einer Lebensgemeinschaft gleichzusetzen.", daraus folgt: „Ausscheidung aller Fremdrassigen aus dem Volkskörper und die Fernhaltung von allem, was nordischdeutscher Seelenhaltung widerspricht."

Ein Widerstand von Biologielehrern gegen die Rassenkunde ist nicht dokumentiert (vgl. Zmarzlik 1966/67). Trotz eindeutiger Aufgabenstellung im Sinne nationalsozialistischer Ideologie sind die Richtlinien und Schulbücher jedoch nicht ausschließlich unter dem Aspekt des politischen Missbrauchs zu beurteilen. Sie enthalten vielmehr in großem Umfang Inhalte der Allgemeinen Biologie und stellen damit z. T. hohe Ansprüche an Lehrende und Lernende. Das Urteil, dass die umfangreichen didaktisch gut aufbereiteten sachlichen Beiträge ein Gegengewicht gegen die Ideologie darstellten (Klausing 1968, 121; vgl. die Beurteilung der Schulbücher bei Bäumer-Schleinkofer 1992) ist aber wohl kaum zutreffend. Dass die sachlich gehaltenen Kapitel zur allgemeinen Biologie gegen die Ideologie korrigierend gewirkt haben könnten, ist ebenso zu bezweifeln wie die Annahme, dass eine bessere, rein fachliche Ausbildung der Lehrkräfte den politischen Missbrauch hätte verhindern können (Klausing 1968, 121). Vielmehr waren gerade auch wissenschaftlich arbeitende Biologen nicht gegen die Verführung durch eine in der Konsequenz verbrecherische Ideologie gefeit. Ausgewiesene Fachbiologen begrüßten die nationalsozialistische Politik als „Angewandte Biologie" (▶ Kasten).

> **Biologie als angewandter Nationalsozialismus**
> (Biologieprofessoren Otto Aichel und Ottmar von Verschuer, Festschrift für den Humangenetiker und Anthropologen Eugen Fischer 1934)
> Der Führer Adolf Hitler setzt zum ersten Male in der Weltgeschichte die Erkenntnisse über die biologischen Grundlagen der Völker – Rasse, Erbe, Auslese – in die Tat um. Es ist kein Zufall, dass Deutschland der Ort dieses Geschehens ist: Die deutsche Wissenschaft legt den Politikern das Werkzeug in die Hand.

Augenscheinlich haben diejenigen Wissenschaftler und manche Biologielehrer, die sich von den Nationalsozialisten vereinnahmen ließen, dies nicht mit schlechtem Gewissen getan, sondern in gutem Glauben oder gar aus wissenschaftlicher Überzeugung (vgl. Seidler & Rett 1982; 1988; Chroust 1984; Müller-Hill 1984; Becker 1988; Kattmann & Seidler 1989; Bäumer 1990; Deichmann 1992; Preuschoft & Kattmann 1992; Weingart, Kroll & Bayertz 1992; Vogel 1992; Lösch 1997; Kaupen-Haas & Saller 1999; Lüddecke 2000; Kattmann 2003). Sie haben sich vor 1933 zwar zurückhaltender geäußert, aber dennoch schon im selben Sinne wie später. Sie wurden nicht nur missbraucht, sondern sie waren auch zu gebrauchen. Und viele haben aus eigenem Antrieb aktiv mitgewirkt. Sie wurden daher nicht von außen durch eine politische Ideologie genötigt oder verführt, sondern konnten dieser von innen her aus eigener Überzeugung entgegenkommen und mitwirken. Einer solchen Ausnutzung von Wissenschaft durch eine Ideologie sollte künftig im Lernen und Lehren von Biologie durch Aufklärung und kritische Reflexion begegnet werden.

17.6 Die Aufgaben der Geschichte sind unerledigt

Nach dem Kriege begann der Biologieunterricht 1945 in der Bundesrepublik Deutschland dort, wo er etwa um 1900 nach der Reform von Otto Schmeil gestanden hatte. Folgerungen aus der Beteiligung am Nationalsozialismus wurden nicht oder nur vordergründig gezogen. Die Beziehungen des Biologieunterrichts zum Nationalsozialismus wurden einseitig als politisch aufgenötigter Missbrauch gewertet, die Biologen als Opfer beschrieben, ohne dass die aktive Mitwirkung, die biologistischen Konzepte (Rasse, Erbgesundheit, Lebensgemeinschaft) und die Rolle der Biologen selbst (z. B. durch das Erstellen von Rassengutachten) genannt oder gar reflektiert wurden. Die Kontinuität betraf ebenso die Hochschulen, an denen die Professoren der Rassekunde und Erblehre weiter wirkten oder an diese nach kurzer Zeit zurückkehrten. So blieben Probleme ungelöst, was bis heute nachwirkt.

Die *Rassenanthropologie* wurde nach 1945 tabuisiert, aber nicht korrigiert. So konnten Irrtümer und irrige Vorstellungen weiterleben. Bis in die jüngste Vergangenheit und zuweilen noch heute befinden sich in Lehr- und Schulbüchern sowie Lexika überholte Darstellungen zur Existenz und Bedeutung von „Menschenrassen". Dabei ist das Rassenkonzept beim Menschen besonders durch molekularbiologische Erkenntnisse völlig überholt (UNESCO 1996; vgl. Kattmann 1995; 2002; Cavalli-Sforza 1999).

Für den Biologieunterricht ergibt sich die Aufgabe, biologische Informationen zur Anthropologie und Humangenetik besonders sorgfältig zu vermitteln und dabei in der Vergangenheit vernachlässigte populationsgenetische und auch kulturgeschichtliche Überlegungen einzubeziehen (Diamond 1998; Unterrichtseinheit dazu Kattmann 2009 d).

Das Konzept der *Eugenik* wurde nach 1945 nicht tabuisiert, sondern im Gegenteil mit neuer Begründung (Gefahr durch Mutationen) fortgeführt.

Heute ist aufgrund humangenetischer Kenntnisse unmissverständlich klarzustellen, dass Eugenik ein pseudowissenschaftliches und ungeschichtliches Konzept ist, das nicht nur unmenschlich, sondern auch unrealistisch und biologisch gegenstandslos ist (vgl. Kattmann 1991; 2000; 2009 c).

Mit den Fortschritten und der zunehmenden Bedeutung der *Ökologie* sind Themen zu Lebensgemeinschaften breit in den Unterricht aufgenommen worden, ohne dass mit ihnen der Gebrauch der Vorstellungen von Lebensraum und Lebensgemeinschaft im Sinne nationalsozialistischer Gemeinschaftsideologie bedacht wird. Ein solches Vorgehen ergibt aber ein völlig unangemessenes Bild von der Rolle der Individuen. Aufgabe des Biologieunterrichts wäre es, die besonderen Beziehungen in den einzelnen Biosystemen höherer Ordnung zu beschreiben und insbesondere die Rolle der Organismen als selbständige Individuen in den übergreifenden

Systemen herauszustellen. Es gibt keinen Grund, das spannungsvolle dialektische Verhältnis zwischen Individuum und übergreifenden Systemen zugunsten einer Seite aufzulösen.

In diesem Zusammenhang ist zu klären, welche Bedeutung eine sogenannte *ganzheitliche Betrachtung* in der Biologie hat. Diese Bezeichnung wurde nach 1945 zunächst auf eine umfassende Beschreibung des Einzelorganismus beschränkt (vgl. Kuhn 1967; 1975). In der nationalsozialistisch gedeuteten Biologie sind „Rasse", „Volk" und „Lebensgemeinschaften" das Individuum bestimmende Ganzheiten, die als die übergreifenden Ordnungen aufrechterhalten bleiben müssen. Heute können in systemtheoretischer Beschreibung derartige Vorstellungen in neuem Gewande wieder auftreten. Um eine unkritische Ganzheitsbetrachtung zu vermeiden, sind die mit der Evolution verbundenen Eigenschaften von Biosystemen, d. h. Veränderlichkeit und Geschichtlichkeit, besonders zu beachten (▶ 15.3).

Auch die Rolle der Ethologie mit ihrer Leitfigur Konrad Lorenz und dessen Konzept des *artgemäßen Verhaltens* wurde nicht reflektiert, sondern die Verhaltenslehre zunächst als neues interessantes Thema in den Lehrplan aufgenommen, wobei biologistische Deutungen menschlichen Verhaltens zuweilen nicht vermieden wurden. Die ethologischen Konzepte der Arterhaltung und des artgemäßen Verhaltens sind durch die soziobiologische Kritik obsolet geworden. „Abweichendes" Verhalten wird dadurch ebenfalls einer neuen Bewertung unterzogen (vgl. Vogel 1983; Kattmann 1983; 1985).

In der nationalsozialistischen Ideologie wurde die *Evolutionstheorie* mit den Stichwörtern „Selektion" oder „Ausmerze" und „Daseinskampf" als Rechtfertigung von Krieg, Rassenvernichtung und Mord an behinderten Menschen verbrecherisch missbraucht. In Wahrheit wurde Evolution damit ungeschichtlich und typologisch zum Prinzip der „Rassenerhaltung" umgedeutet. Nach 1945 wurde die Evolutionstheorie zunächst nur als Thema in den Abschlussklassen des Gymnasiums vorgesehen. Dieser Umstand verhinderte, dass sie als die wesentliche Grundlage biologischer Erkenntnis auf unteren Klassenstufen vermittelt wurde. Die Randstellung, die der Evolution damit zugewiesen wurde, war jedoch nur teilweise eine Reaktion auf den nationalsozialistischen Missbrauch:

- Vor 1933 hatte die Evolutionstheorie keine große Rolle im Biologieunterricht gespielt, da sie z. B. von Otto Schmeil als spekulativ abgelehnt wurde (▶ 17.2).
- In der DDR wurde die Evolution des Menschen ideologisch einseitig gedeutet, indem z. B. dogmatisch gelehrt wurde, die Menschwerdung sei im Sinne von Friedrich Engels als Produkt von Eiweißnahrung und Arbeitsteilung zu verstehen.
- Von den Anhängern *kreationistischer Vorstellungen* wurde und wird die Evolutionstheorie aufgrund buchstäblicher Auslegung der Schöpfungsberichte der Bibel abgelehnt, wodurch der Biologieunterricht herausgefordert ist, Evolutionstheorie zutreffend zu vermitteln (Kattmann 2008; 2009 a; Bayrhuber, Faber & Leinfelder 2011; Wasche & Lammers 2011).
- Viele Lehrende hatten und haben aufgrund der genannten Umstände historisch bedingte Wissens- und Verständnislücken (van Dijk 2009; van Dijk & Kattmann 2010). Bis heute gibt es einen völlig unangemessen Umgang mit der zentralen biologischen Theorie der Biologie. Die Einsicht, dass die Evolutionstheorie der gesamten Biologie zugrunde liegt, wird zunehmend erkannt und sollte daher im Lernen und Lehren von Biologie konsequent beachtet werden (vgl. Kattmann 1995; Harms et al. 2004; KMK 2004; MNU 2006, Niedersächsisches Kerncurriculum 2007, van Dijk & Kattmann 2008; ▶ 6.7).

Biologieunterricht diente in einigen Phasen seiner Geschichte vor allem der *Gemütsbildung* und einem einfühlsamen Erleben der Natur (sinnige Naturbetrachtung) und wurde im Nationalsozialismus im Sinne antirationaler Einstellungen und Erziehung zur Volksgemeinschaft missbraucht. An diesen Traditionsstrang knüpfte nach 1945 vor allem der Unterricht an der Hauptschule an, indem er teilweise auf die Ziele *religiöser Erziehung* ausgerichtet wurde. Er sollte anleiten „zur Ehrfurcht vor Gott und seinem Werk" (Richtlinien und Stoffpläne für die Volksschule in Nordrhein-Westfalen, 3. Auflage 1963, 32; vgl. Hörmann 1965; Kuhn 1975, 20; zur Kritik: Werner 1973, 47–52). Obgleich dieser Versuch der Anbindung des Biologieunterrichts an die Religion von den Autoren als Abwehr von Ideologien gedacht war, steht er doch in der Linie jener überwiegend gefühlsmäßigen und irrationalen Erfassung der Natur. Ein Biologieunterricht, der sich auf rationale Erkenntnisgewinnung der Wissenschaft Biologie bezieht, darf sich daher heute nicht mehr von einer einzelnen weltanschaulichen oder religiösen Gruppe beanspruchen lassen, sondern muss sich für mehrere Deutungen offen halten. Damit ist weltanschaulichen Positionen, die wissenschaftlichen Anspruch erheben, zu widersprechen. Das gilt auch für die Auseinandersetzung mit dem *Kreationismus* (s. oben).

Die Aufgabe rationaler Erkenntnisgewinnung lässt sich aber gerade nicht ohne einen klaren Bezug des Unterrichts zu allgemeinen ethischen Normen erfüllen. Das gilt sowohl im Bereich zwischenmenschlicher Beziehungen, wo der Unterricht den Menschenrechten verpflichtet ist (Grundgesetz der Bundesrepublik Deutschland), wie auch im ökologischen Bereich, wo das Handeln des Menschen ebenfalls biologisch mitbestimmte Maßstäbe erfordert. Damit sind auch Erziehungsziele der emotionalen Dimension (Werthaltungen, Erleben) verbunden (▶ 12). Naturerleben und Naturverstehen sollten daher nicht gegeneinander gestellt, sondern aufeinander bezogen werden (▶ 21).

Die geschilderten Probleme ergeben sich zum großen Teil aus *gesellschaftlichen Anforderungen*, die der Biologieunterricht erfüllen muss, wenn er Biologie in pädagogisch verantwortlicher Weise vermitteln soll. In der Geschichte der Biologie sind die beiden Stränge der „Lebenskunde" und der „Orientierung an der Wissenschaft" weitgehend unverbunden geblieben. Dieses unvermittelte Nebeneinander hat die widerstandslose Nutzung und den unglaublichen Missbrauch des Biologieunterrichts durch eine politisch verbrecherische Ideologie begünstigt. Ein solcher Irrweg wird sich daher auch künftig nicht dadurch verhindern lassen, dass Wissenschaft und Unterricht eng fachlich ausgerichtet werden und politisch abstinent sind. Wissenschaft und Unterricht sollten didaktisch so reflektiert werden, dass die politischen und weltanschaulichen Bezüge in kritischer Distanz bearbeitet werden und damit Totalitätsansprüchen jedweder Ideologie entgegengewirkt wird.

Die Auseinandersetzung mit auf Biologie bezogener Ideologie ist daher ein wichtiges Unterrichtsthema (vgl. Palm 1965/66; Kattmann 1982; 1992; 1999; 2000; 2008; 2009b; Regelmann 1984; Quitzow 1986; 1988). Als wichtige Folgerung ergibt sich aus der Geschichte des Biologieunterrichts die Aufgabe, das Verhältnis von Wissenschaft und gesellschaftlich bedeutsamem Wissen und Handeln zu überdenken und für die Vermittlung von Biologie neu zu bestimmen. Diese Aufgabe wurde in der Bundesrepublik Deutschland mit der Lernzielorientierung in der Curriculumreform seit dem Ende der 1960er Jahre angegangen und wird mit der gegenwärtigen Kompetenzorientierung fortgeführt (▶ 8).

Überfachliche Bildungsaufgaben des Biologieunterrichts

18 Brückenfach Biologie

Ulrich Kattmann

> - Lebensweltliche Probleme stellen fächerübergreifende Aufgaben.
> - In einem Fach Naturwissenschaft sollte Biologie eine besondere Stellung haben.

18.1 Lebensweltliche Probleme stellen fächerübergreifende Aufgaben

Der Schulunterricht ist in der Regel in Fächer gegliedert, die jeweils spezifische eigene Bildungsaufgaben haben (▶ 5). Darüber hinaus gibt es fächerübergreifende pädagogische Aufgaben, die sich aus dem allgemeinen Erziehungsauftrag der Schule herleiten. Mit ihnen sind die sozialen und individualen Probleme zu berücksichtigen, die sich den Menschen in der jeweiligen Zeit und Gesellschaft stellen. Wolfgang Klafki (1993, 56 ff.) nennt fünf *Schlüsselprobleme:*
– „die Friedensfrage";
– „die Umweltfrage";
– „die gesellschaftlich produzierte Ungleichheit ... zwischen sozialen Klassen und Schichten, zwischen Männern und Frauen, ... behinderten und nicht behinderten Menschen, ... Menschen, die einen Arbeitsplatz haben, und denen, für die das nicht gilt, ... Ausländern und der einheimischen Bevölkerung";
– „die Gefahren und die Möglichkeiten der neuen technischen Steuerungs-, Informations- und Kommunikationsmedien";
– „die Subjektivität des Einzelnen ... in der Spannung zwischen individuellem Glücksanspruch, zwischenmenschlicher Verantwortung und der Anerkennung des bzw. der jeweils Anderen."

Mit den Schlüsselproblemen sind jeweils mehrere Wissenschaftsbereiche angesprochen, was grundsätzlich eine über das einzelne Fach hinausgehende Behandlung im Unterricht erfordert. Die fächerübergreifenden Aufgaben ergeben sich daher nicht zwingend oder vollständig aus den Aufgaben und Zielen der einzelnen Schulfächer.
Das Fach Biologie hat innerhalb der Wissenschaften und Unterrichtsfächer eine Mittlerstellung zwischen Natur- und Sozialwissenschaften. Es ist daher bei fächerübergreifenden Aufgaben zentral angesprochen: Mit Gesundheit, Sexualität, Umwelt und Zusammenleben sind Probleme verbunden, die tief gehende Einsichten in soziale und biologische Zusammenhänge erfordern (vgl. Kattmann 1980, 167–216; Harms 2008). Dem Biologieunterricht sind entsprechend von den Kultusministerien mit Sexualerziehung, Gesundheitserziehung und Umwelterziehung umfangreiche fächerübergreifende Aufgaben als Zentralfach zugewiesen worden.
Das fächerübergreifende Vorgehen wird nicht nur durch die fachlich nicht zugeordnete Struktur der Probleme gestützt: Die lebensweltliche Erfahrung, mit der die Lernenden den Problemen begegnen, ist ursprünglich ebenfalls nicht gefächert. Daher wird vermutet, dass ein fächerübergreifendes Vorgehen dem nicht fächergebundenen Naturzugang der Lernenden entgegenkommt (vgl. Brandt 2005; Tille 2005; Harms 2008; Labudde-Dimmler 2008). Der nach Fächern

geordnete Unterricht erzeugt oder verstärkt hingegen vielfach ein Schubladendenken, das die Bewegung innerhalb eines Fachs zu erleichtern scheint, aber außerhalb der Schulfächer auf keine Realität trifft. Fächerübergreifender Unterricht soll daher der Zersplitterung der Fächer und dem damit verbundenen Schubladendenken entgegenwirken. Der Unterricht soll anleiten, die Probleme aus den Perspektiven mehrerer Fächer zu betrachten. Die besonderen Sichtweisen, Zugänge und Beiträge der verschiedenen Fächer können erst zur Geltung kommen, wenn sie miteinander kontrastiert und aufeinander bezogen werden (vgl. Bünder & Harms 1999).

Zuweilen wird der fachbezogenen Sicht die fächerübergreifende als *ganzheitliche Sicht* gegenübergestellt. Diese Anschauung steht der Tradition der sinnigen Naturbetrachtung und antirational ausgerichteten Ganzheitsideologie (▶ 17.5) nahe. Deshalb sollte der Bezug zur Lebenswirklichkeit nicht im Gegensatz, sondern als Ergänzung zum Fachunterricht betrachtet werden (vgl. Bayrhuber u. a. 1997; Trommer 1997).

Werden Biologie, Chemie und Physik zu einem Unterrichtsfach Naturwissenschaft vereinigt, so spricht man vom *integrierten* naturwissenschaftlichen Unterricht (▶ 18.2). Im Gegensatz dazu erfordern fächerübergreifende Aufgaben nicht die Auflösung der beteiligten Fächer, sondern lediglich *fächerübergreifende Phasen*. Vielfach wurden fächerübergreifende Aufgaben nur als *Unterrichtsprinzipien* formuliert, die im Unterricht an vielen Stellen aufgegriffen werden sollen. Dabei wird häufig ein reiner *Gelegenheitsunterricht* (abgestimmt auf Klassensituation und aktuelle Ereignisse) empfohlen. Es überwiegt jedoch die Auffassung, dass fächerübergreifende Bildungsaufgaben als pflichtgemäße Unterrichtsthemen planvoll und kompetenzorientiert behandelt werden sollen (vgl. Gerhardt-Dircksen & Müller 2000; Harms 2008; Staeck 2010). Ein solcher fächerübergreifender Unterricht kann mehrere Formen annehmen (vgl. Harms 2008):

– *Fachüberschreitender Unterricht*: Es wird vom einzelnen Fach ausgegangen; Aussagen anderer Fächer werden soweit wie nötig herangezogen. Im Biologieunterricht ist dies häufig der Fall: In der Physiologie werden regelmäßig chemische Kenntnisse benötigt, beim Thema Verhalten des Menschen gesellschaftswissenschaftliche.
– *Fächerverbindender Unterricht*: Mehrere Fächer beschäftigen sich gemeinsam mit einem Unterrichtsthema. Wird vom Problem selber ausgegangen und holt man von dort aus die Expertise mehrerer Fächer ein, so kann der Unterricht als fächerverknüpfend bezeichnet werden.
– *Fachunabhängiger Unterricht*: Projekte werden während längerer Unterrichtsphasen durchgeführt, die konsequent am jeweils ausgewählten Problem ausgerichtet sind. Fachunabhängige Unterrichtsvorhaben erfordern flexible Stundentafeln. Die Anteile der (naturwissenschaftlichen und weiteren) Fächer sollten dann nicht paritätisch verteilt werden, sondern sich in Art und Umfang nach deren Beitrag zur Lösung des gestellten Problems richten (vgl. Niedersächsisches Kultusministerium 1995, 297).

18.2 In einem Fach Naturwissenschaft sollte Biologie eine besondere Stellung haben

Die Forderung nach naturwissenschaftlicher Grundbildung legt den Schluss nahe, dass ein integrierter naturwissenschaftlicher Unterricht besser geeignet sein könnte, die höheren naturwissenschaftlichen Kompetenzstufen zu fördern, als ein aufgefächerter. Hierbei spielt beson-

ders der Aspekt eine Rolle, die Leistungsfähigkeit und die Grenzen, d. h. die „Natur der Naturwissenschaft(en)" zu erfassen (vgl. Höttecke 2001; Hößle, Höttecke & Kircher 2004; ▶ 13).
Diese Fragen sind in der deutschen Naturwissenschaftsdidaktik der 1970er Jahre bereits in aller Breite diskutiert worden (vgl. Frey & Häußler 1973; Frey & Blänsdorf 1974). Die Wirkungen dieser Debatte sind begrenzt geblieben. Prinzipen der Integration der Naturwissenschaften werden allenfalls in unteren Klassenstufen angewendet. Naturwissenschaftliche Aspekte sollen im Sachunterricht neben sozialwissenschaftlichen integriert unterrichtet werden. In einigen Bundesländern ist das Fach Naturwissenschaft in der Orientierungsstufe (Klassenstufe 5/6) eingerichtet worden. Es besteht in der Regel aus einzelnen biologisch, chemisch oder physikalisch orientierten Unterrichtseinheiten, die durch ihren Beitrag zur naturwissenschaftlichen Grundbildung zusammengebunden werden sollen, aber oft unverbunden oder mäßig verknüpft aufeinander folgen. Dies gilt bereits für die im Elementar- und Primarbereich biologisch, chemisch und physikalisch beschriebenen Phänomene. Indem naturwissenschaftliche Denk- und Arbeitsweisen und das Verstehen der „Natur der Naturwissenschaften" betont werden, wird ein von der Differenzierung in Fächer bzw. von den Besonderheiten biologischer, chemischer und physikalischer Inhalte abgelöstes Fachverständnis angestrebt.
Zu den Wirkungen eines integrierten naturwissenschaftlichen Unterrichts besteht trotz erfolgreicher Projekte noch ein erheblicher Forschungsbedarf (vgl. Klautke 2000). Die bisherigen Ergebnisse von PISA geben keine Auskunft darüber, ob integrierter oder gefächerter naturwissenschaftlicher Unterricht zu besseren Lernergebnissen im Sinne der getesteten Kompetenzen führt (PISA-Konsortium 2002, 245).
Innerhalb der Diskussion um Scientific Literacy (▶ 5.1) wurden Vorschläge gemacht, mit denen die bisherige Abfolge von integriertem Unterricht und Fächerunterricht nahezu umkehrt würde. Bisher ist der Unterricht am ehesten in der Sekundarstufe I an Problemen orientiert, während auf der Sekundarstufe II die fachliche Orientierung an einzelnen wissenschaftlichen Disziplinen und Teildisziplinen dominiert. Das Konzept von Siegfried Klautke und Reinhard Tutschek lässt dagegen auf eine Phase „undifferenzierter Ganzheit" eine Phase des „differenzierten Fachbezugs" (Fachunterricht) und schließlich die Phase „differenzierter Ganzheit" (fächerübergreifender Unterricht) folgen (Klautke & Tutschek 1997; Klautke 2000). Durch den Fachbezug sollen einzelne naturwissenschaftliche Fächer die Grundlage für ein angemessenes Verständnis der biologisch, chemisch oder physikalisch beschriebenen Sachverhalte schaffen. Deshalb soll ein sachorientierter Fachunterricht in der Sekundarstufe I die Grundlagen bereitstellen und in der Sekundarstufe II das Wissen im fächerübergreifenden Unterricht problemorientiert angewendet werden (vgl. Dubs 2002, 75). Auch Gerhard Schaefer (2002; 2007) plädiert für eine zunächst kooperativ von den einzelnen Fächern vermittelte „Sachkompetenz", die anschließend in Verbindung mit anderen Disziplinen zu Problemstellungen des alltäglichen Lebens zur „Schaffung einer allgemeinen Lebenskompetenz" genutzt werden soll. Im Sinne solcher Verschränkung und Ergänzung des Fachunterrichts wurde in einigen Bundesländern ein eigenes Fach MNT (Mensch bzw. Materie, Natur, Technik) neben den naturwissenschaftlichen Fächern eingerichtet.
Die Fragen der Problemorientierung und Anwendung sind mit einem bloßen Zusammenlegen der Fächer nicht gelöst. Auch ein gestuftes Nacheinander von fachlicher Orientierung und Anwendungsorientierung (bzw. „Sachkompetenz" und „Lebenskompetenz") erscheint fragwürdig:

Lebensbezug und Anwendung sollten nicht zugunsten eines auf Vorrat zu erwerbenden Fachwissens zurückgestellt werden. Vielmehr sollte auf allen Stufen ein angemessener Bezug zur Lebenswelt und Anwendung hergestellt und dabei zum Ausgangspunkt bzw. Zielpunkt gemacht werden (Didaktische Rekonstruktion, ▶ 4). Auf allen Stufen wären dabei *altersgemäße* fachlich orientierte Phasen und solche der fächerübergreifenden Anwendung und Problemlösung vorzusehen.

Die Besonderheiten der Fächer können nicht ohne Schaden zugunsten einer allgemeinen Naturwissenschaft aufgelöst werden. Besonders biologische Inhalte sind nicht ohne Verlust durch die anderer Naturwissenschaften zu ersetzen. Eine Integration, die auf die naturwissenschaftlichen Fächer (Physik, Chemie, Biologie) beschränkt ist, wäre für das Unterrichtsfach Biologie fragwürdig, da es weiterreichende enge Beziehungen zu anderen Fächern hat: über die Ökologie insbesondere zur Geografie (vgl. Lethmate 2002; 2005 a; b; Jungbauer 2004) und über Evolution zur Geologie (vgl. Knoll 1982; Jungbauer 1989; Gerhardt-Dircksen & Bayrhuber 2004; Kattmann 2004). Über die Biologie des Menschen ergeben sich enge Verknüpfungen zu den Sozialwissenschaften. Es ist daher angemessen, im Unterricht von biologisch bestimmten Problemen auszugehen und damit das Fach Biologie selbst zum Integrationspunkt zu machen (vgl. Schaefer 1976; Lepel 1997; Kattmann 2003, 129 f.). Wenn ein integriertes Fach Naturwissenschaft (etwa auf Primarstufe und Orientierungsstufe) eingerichtet ist, erscheint es sachgerecht, dieses ausschließlich an lebensweltlich zugänglichen Phänomenen auszurichten. Die Auswahl der Themen sollte nach der Bedeutung für die Erfahrungswelt der Lernenden erfolgen.

19 Gesundheitsbildung

Ilka Gropengießer

> - Gesundheit kann nicht definiert, aber diagnostiziert werden.
> - Gesundheitsförderung ist eine schulische Aufgabe.
> - Gesundheitswissen und Gesundheitshandeln sollen zur Gesundheitskompetenz verknüpft werden.
> - Gesunde Schule heißt, den Lebens- und Arbeitsort gesundheitsförderlich zu gestalten.
> - Gesundheitslernen bedarf biologischer Fachkenntnisse.
> - Gesundheitserziehung und Gesundheitsförderung wirken als didaktische Prinzipien.

19.1 Gesundheit kann nicht definiert, aber diagnostiziert werden

Was ist Gesundheit? „Wenn es mir gut geht!" Ungefähr die Hälfte der Befragten einer Studie von Gerhard Schaefer (1990) antwortete sinngemäß: „Gesundheit ist das Fehlen von Krankheit". Die Weltgesundheitsorganisation (WHO) definierte 1946: „Gesundheit ist ein Zustand völligen körperlichen, seelisch-geistigen und sozialen Wohlbefindens." Doch Menschen sind selten völlig gesund oder völlig krank. Gesundheit lässt sich daher kaum definieren, sondern nur – jeweils bezogen auf den Einzelfall – diagnostizieren. Gesundheit und Krankheit sind qualitativ wertende *diagnostische Begriffe* (Kattmann 1980, 157). Gesundheit und Krankheit bilden die Endpunkte eines Kontinuums. Jemand kann sich trotz hohen Blutdrucks sehr wohl fühlen. Andererseits kann ein Mensch sich krank fühlen, obwohl alle medizinisch messbaren Parameter ohne Befund sind. „Gesundheit ist ein Weg, der sich bildet, indem man ihn geht" (Schipperges zitiert nach Schneider 1990a, 8). Gesundheit ist kein Zustand, sondern Ausdruck eines Prozesses, konstituiert sich für jeden einzelnen Menschen unterschiedlich und zwar in der Auseinandersetzung mit dem jeweiligen sozialen, kulturellen, ökonomischen und ökologischen Lebensumfeld (vgl. Wenzel 1990). Lothar Staeck (1990, 27) unterscheidet genetische Dispositionen, Lebensgewohnheiten, physikalische und gesellschaftliche Umwelteinflüsse und medizinisch definierte Faktoren. Als Schutzfaktoren gelten „ausreichend Schlaf und Entspannung, ausgewogene Ernährung, körperliche Bewegung, Abhärtung, Körperhygiene, Zahnpflege, …" (Schwarzer 1990, 5; vgl. Schneider 1990a, 9). Gesundheit hat darüber hinaus viel mit Lebensmut und Lebensfreude, Selbstvertrauen und Leistungsbereitschaft zu tun. Behinderungen und Befindlichkeitsstörungen lassen sich in dieses Lebensgefühl integrieren. Gesundheit kann umschrieben werden als „Fähigkeit, trotz eines gewissen Maßes an Mängeln, Störungen, Schäden leben, arbeiten, genießen und zufrieden sein zu können" (Affemann zitiert nach Brauner 1980, 70).

19.2 Gesundheitsförderung ist eine schulische Aufgabe

Das Thema *Gesundheit* ist als Bildungs- und Erziehungsauftrag der Schule nicht in erster Linie sozialpolitisch durch die hohen Kosten im Gesundheitswesen motiviert. Vielmehr wird der schulische Bezug heute durch die Rahmenkonzeption für die internationale PISA-Studie abgebildet: Leben und Gesundheit sowie Krankheit und Ernährung werden als Anwendungsbereiche genannt, in denen „sich Fragen stellen, die Bürger von heute und morgen verstehen wollen und zu denen sie Entscheidungen treffen müssen" (PISA-Konsortium 2000, 71). Außerdem sind Gesundheit und Wohlbefinden wichtige Wirtschaftsfaktoren in der Gesellschaft des 21. Jahrhunderts (vgl. Gropengießer 2003). Studien zur Gesundheit von Kindern und Jugendlichen zeigen, dass ihre spezifische Lebenssituation sich auf die Gesundheit und das Wohlbefinden auswirkt (Robert Koch-Institut: KiGGS, 2008). Die dargestellte gesundheitliche Situation und die gesundheitsrelevanten Verhaltens- und Lebensmuster der Heranwachsenden erfordern Präventionsmaßnahmen und Programme zur Förderung allgemeiner Lebenskompetenz (life skills, Hurrelmann et al. 2003).

Schule und Unterricht fördern das gesundheitsbezogene Lernen erstens im Sinne der Gesundheits*erziehung* und zweitens als Gesundheits*förderung*. Karla Etschenberg (2005) trifft diese Unterscheidung und bezeichnet sie als die zwei Säulen des Gesundheitslernens. Die Gesundheitserziehung wirkt über das Gesundheitsverhalten und zielt auf den Einzelnen. Es geht um *Verhaltensprävention*. Diese Aufgabe wird dadurch erweitert, dass präventiv wirksame gesundheitsförderliche Verhältnisse für Lernende hier und jetzt in der Schule zu schaffen bzw. vorzubereiten sind (Etschenberg 2007). Die Gesundheitsförderung erreicht über die Gestaltung der Verhältnisse in den Schulen die Voraussetzung für gelebte Gesundheit.

> **Gesundheit von 11- bis 17-Jährigen** (Robert Koch-Institut, KiGGS, 2008)
> Grippale Infekte (86 % pro Jahr) und Magen-Darm-Erkrankungen (38 % pro Jahr) sind häufige *akute Beschwerden* von Kindern und Jugendlichen. Herpes-Infektionen nehmen tendenziell zu. Mädchen erkranken öfter an Harnwegs-Infektionen als Jungen. *Chronische Erkrankungen,* die Kinder und Jugendliche im Laufe ihres bisherigen Lebens häufig beeinträchtigen, sind Heuschnupfen (17 %), allergische Kontaktekzeme (14 %), Neurodermitis (14 %) und Asthma (7 %). Für ca. ein Viertel der Jugendlichen gehören *Gewalterfahrungen* zur Lebenswirklichkeit. Durchschnittlich mehr als ein Fünftel der Jugendlichen gibt Symptome einer *Essstörung* an. In der Pubertät entwickeln mehr Mädchen als Jungen *Übergewicht*. Zwischen 14 und 17 Jahren steigt der Konsum *psychoaktiver Substanzen* signifikant an. Fast die Hälfte der Jugendlichen benennt regelmäßige Erfahrungen mit Alkohol und Tabak. Dagegen wird Cannabis weniger konsumiert und andere illegale Drogen werden weniger genannt. Mehr Jungen als Mädchen zeigen *psychisch-emotionale Verhaltensauffälligkeiten*. Bei Jungen im Alter von 11 bis 13 Jahren wird oft ADHS (Aufmerksamkeitsdefizit-Hyperaktivitätssyndrom) diagnostiziert. Mit zunehmendem Alter wird das Syndrom weniger häufig benannt. Wenn Kinder und Jugendliche *Ärzte konsultieren,* so handelt es sich häufig um Allgemeinmediziner, Orthopäden oder Dermatologen.

Die Schule ist nicht an erster Stelle zu nennen, wenn nach den Faktoren gefragt wird, die das Gesundheitsverhalten der Kinder und Jugendlichen bestimmen. Neben dem Kindergarten und den Massenmedien hat die *Familie* den größeren und dauerhafteren Einfluss. Eine bedeutende Rolle für das Handeln der Heranwachsenden spielen die Gruppen von Gleichaltrigen *(Peergroups)*, in deren Werteskala Abenteuerlust und Risikoverhalten meist weit höher rangieren als ein gesundheitsförderndes Verhalten (vgl. Hedewig 1991, 374 f.). Die so entwickelten Gewohnheiten und Wertvorstellungen sind die Grundlage für die Effektivität des schulischen Gesundheitslernens. Sie bilden die Ausgangssituation für den Lernprozess der Schüler/-innen und deren Verhalten innerhalb und außerhalb der Schule. Die Wertschätzung von Gesundheit manifestiert sich auf der intellektuellen und besonders auf der emotionalen Ebene. Positiv bewertete Handlungen stellen oft den Beginn einer neuen Motivationsphase dar, sodass Kompetenzen Schritt für Schritt entwickelt werden können (vgl. Weiglhofer 1997).

19.3 Gesundheitswissen und Gesundheitshandeln sollen zur Gesundheitskompetenz verknüpft werden

Die Erziehung zur Gesundheit hat eine lange Tradition. Die Ansätze dafür haben sich stetig weiter entwickelt. Eine besondere inhaltliche Orientierung erfährt die Gesundheitserziehung durch Konfrontation der Lernenden mit den Risiken, die auf die menschliche Gesundheit wirken. „Im Mittelpunkt dieser gesundheitsbildenden Akzentsetzung stehen insbesondere die zivilisationsbedingten und häufig selbstverschuldeten Risikofaktoren (…), wie z. B. Bewegungsmangel, Fehlernährung, Übergewicht, Bluthochdruck, erhöhte Werte der Blutfette, des Blutzuckers und Stress (…)" (Staeck 2010, 99). Da die meisten Jugendlichen (wie auch viele Erwachsene) dazu neigen, gesundheitliche Risiken zwar abstrakt anzuerkennen, aber nicht konkret auf sich selbst zu beziehen, können Risikofaktoren „letztlich nicht den Weg anzeigen, auf dem der Adressat sich gesundheitlich weiterentwickeln kann. Dies ist wohl ein tieferer Grund, warum das *Risikofaktorenkonzept* als (…) Grundlage einer Gesundheitserziehung nicht erfolgreich war" (Schneider 1993, 65; vgl. Gropengießer & Gropengießer 1985).
Frühere Ansätze der Gesundheitserziehung hatten ihren Schwerpunkt in der *Information* und *Aufklärung*. Aufklärung vermeidet Indoktrination und bietet den Lernenden Orientierungs- und Entscheidungshilfe auf dem Weg zur Selbstbestimmung. Die Erfahrung zeigt aber, dass mit dem Erwerb der wesentlichen Kenntnisse und Einsichten sich keineswegs auch die erwünschten Haltungen und Fähigkeiten einstellen. „Die (…) Diskrepanz zwischen Wissen und Handeln, die jedem Pädagogen bekannt ist, tritt auf kaum einem Gebiet so deutlich zutage wie dem der Gesundheitserziehung" (Hedewig 1980, 9; 1991).
Das Bild vom Raucherbein in der Mülltonne ist ein Beispiel für das Bemühen, Affekte und emotionale Betroffenheit durch schockierende Texte, Bilder oder Filme hervorzurufen. Die Wirksamkeit der *Abschreckungsmethode* wird inzwischen unterschiedlich diskutiert. Einerseits ist Abschreckung kein geeignetes Mittel beim Gesundheitslernen, da sie Abwehr und Verdrängung bewirkt und so erwünschte Einstellungs- und Verhaltensänderungen erschwert, andererseits konnten „in zahlreichen experimentellen Arbeiten (…) positive Effekte von Furchtappellen auf gesundheitsbezogene Einstellungen nachgewiesen werden" (Barth & Bengel 1998, 122).

Nur eine vielperspektivische Sicht wird der Komplexität von Gesundheit und Gesundheitsverhalten gerecht. Mit dem *Ganzheitskonzept* wird darauf abgezielt, „konsequent den gesamten Menschen mit seinen affektiven, sozialen, pragmatischen und kognitiven Persönlichkeitsdimensionen in die ... Gesundheitserziehung ... einzubeziehen" (Staeck 1990, 27; vgl. auch Schneider 1990 b; Hedewig 1991; Homfeldt 1993 a).

Standards für „*health literacy*" (vgl. McLean 2009) berücksichtigen grundlegende Kenntnisse und Fähigkeiten, die in verschiedenen inhaltlichen Kontexten vermittelt werden. Die genannten Kontexte sind: Ernährung und Bewegung; Wachstum, Entwicklung und Sexualität; Verletzungsvorsorge und Sicherheit; Alkohol, Tabak und andere Drogen; mentale, emotionale und soziale Gesundheit; individuelle und gesellschaftliche Gesundheit.

Albert Zeyer und Freia Odermatt (2009, 271) übernehmen in ihren Ausführungen den Terminus *health literacy* und entwickeln daraus ein Rahmenmodell *Gesundheitskompetenz*. In diesem Modell werden Wissen, Handeln und Bewerten auf der Basis von Selbstreflexion in Beziehung gesetzt.

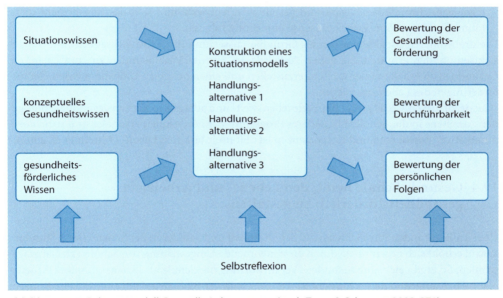

Abbildung 19-1: Rahmenmodell Gesundheitskompetenz (nach Zeyer & Odermatt 2009, 271)

Diese Vorstellungen basieren weitergehend auf dem sozialmedizinischen *life-style-Konzept*. Hiernach bestimmen die spezifischen wirtschaftlichen, ökologischen, sozialen und kulturellen Lebensbedingungen das menschliche Verhalten maßgeblich. Entscheidungen für oder gegen ein gesundheitsbezogenes Verhalten sind immer durch die Lebensgeschichte und den Lebenszusammenhang des Individuums geprägt (vgl. Gropengießer & Gropengießer 1985). Armut und Arbeitslosigkeit oder der Sozialstatus und die Bildung sind Einflussfaktoren, die sich gesundheitlich auswirken.

Als wirkungsvoll wird die Auseinandersetzung mit sich selbst angesehen. Diese Arbeit zielt auf die Stärkung der Selbstkompetenz, um mit den Herausforderungen des Lebens umgehen zu können (Etschenberg 2003 a; b, 10; Schaal 2011). Sie kann auf den moralisierend erhobenen Zeigefinger weitgehend verzichten. Die Förderung des Einzelnen in der Schule ist außerdem die Grundlage für den individuellen Prozess der Persönlichkeitsbildung und Kompetenzentwicklung. Es ist auch ein „Prozess, allen Menschen ein höheres Maß an Selbstbestimmung über ihre Gesundheit zu ermöglichen und sie damit zur Stärkung ihrer Gesundheit zu befähigen" (WHO 1948; 1986).

Dieser zeitgemäße Ansatz für Gesundheitsförderung basiert auf dem Modell der *Salutogenese* von Antonovsky (vgl. Bengel 1998). Lebens- und Gesundheitskompetenz kann erzielt werden, wenn

- herausfordernde Situationen transparent werden und als klar, geordnet und verlässlich erlebt werden: *Gefühl von Verstehbarkeit* (sense of comprehensibility).
- Anforderungen und Herausforderungen als bewältigbar erscheinen, weil eigenes Wissen und Können dafür ausreichen: *Gefühl von Handhabbarkeit* (sense of manageability).
- das eigene Tun als bedeutsam und gestaltbar erlebt wird und sich das Engagement dafür lohnt: *Gefühl von Sinnhaftigkeit* (sense of meaningfulness).

Die drei Kohärenzaspekte wurden als Grundvoraussetzung für Selbstwirksamkeit und Zuversichtsempfinden ermittelt. Sie haben Anteil daran, eigenes Wohlbefinden zu entwickeln, die Gesundheit zu erhalten oder wieder herzustellen und einen positiven Umgang mit den Herausforderungen des Lebens zu pflegen.

„Gut drauf" (BZgA 2011) zeigt Beispiele lebenswelt- und alltagsorientierten gesundheitsbezogenen Arbeitens in der Schule. Ein anderes Programm zur Förderung personaler und sozialkommunikativer Ressourcen und Kompetenzen ist „Fit und stark fürs Leben" (Ahrens et al. 2002).

19.4 Gesunde Schule heißt, den Lebens- und Arbeitsort gesundheitsförderlich zu gestalten

Über 15 000 Stunden ihres Lebens sind Schülerinnen und Schüler in der Schule. Diese Stundenanzahl erhöht sich gegenwärtig durch die zunehmende Umgestaltung von Schulen zu Ganztagsschulen. So ergibt sich eine besondere Verantwortung der Schule als Lebensraum und Arbeitsplatz. Auch aufgrund dieser Einsicht ist das innerhalb der Biologiedidaktik entwickelte Konzept der *Gesunden Schule* (Gropengießer & Gropengießer 1985, 7 f.; Gropengießer 1990) immer noch der Kern der Gesundheitsförderung.

Zum Konzept Gesunde Schule passen die Überlegungen von Volker Schneider (1990 a; b). Er teilt das didaktische Feld der Gesundheitsförderung in die Bereiche des Selbst (Eigenwelt), der sozialen Bezüge (Mitwelt) und der Umweltbedingungen (Umwelt). Curriculare und schulische Intentionen umfassen

- mit dem Gesundheitsbezug des Unterrichts die *Inhalte* und die *Vermittlungsmethoden* – mit der sozialen Dimension kommen gesundheitsverträgliche *Kommunikationsstrukturen* in den Blick, also z. B. Schulklima oder Schulkultur;

> **Gesunde Schule**
> Die Schule ist systematisch als lebenswerte Umgebung zu gestalten und eine *gesundheitsförderliche Schul- und Lernkultur* ist zu entwickeln. Betroffene sind dabei zu Beteiligten zu machen. *Gesundheitsförderliches Leben und Arbeiten* muss in der Schule konkret eingelöst werden, und zwar für alle beteiligten Personen. *Bedürfnisse aller Beteiligten* nach Sicherheit, Zugehörigkeit, Anerkennung, Selbstverwirklichung und die Befriedigung physiologischer Bedürfnisse sind zu berücksichtigen.
> *Gesundheitslernen* knüpft an den täglichen Erfahrungsbereich an und nimmt persönliche Betroffenheit auf. *Wege zu gesundheitsförderndem Verhalten* sind konkret und positiv. *Beziehungen zwischen den Beteiligten* und Erfahrungen in der Gruppe stärken gesundheitsbezogene Gewohnheiten. Gesundheitslernen bedeutet *Ermutigung zum selbstständigen Entscheiden* als informierte Beteiligte.
> Gesundheit ist ein Ziel *über die Grenzen der Schulfächer* hinweg und fordert die Lehrpersonen nicht nur als Vertreter ihrer Fächer, sondern als Erzieher und Menschen. Die *Grenze zwischen der Schule und ihrem Umfeld* von innen nach außen und von außen nach innen wird durchlässig.

- mit der ökologischen Dimension die Forderung nach gesundheitsgerechter Gestaltung des *Lebensraums Schule* und ihres Umfeldes,
- mit der kommunalen Dimension die Entwicklung der *Zusammenarbeit* mit Beratungs- und Informationsangeboten außerhalb der Schule (vgl. Hurrelmann 1994).

Auch Steffen Schaal (2011) plädiert nachdrücklich für die Entwicklung einer gesundheitsförderlichen Umwelt in der Schule, eine verbindliche Verankerung der Gesundheitsförderung im schulischen Leitbild und die Partizipation aller Beteiligten am Schulleben und an der Schulentwicklung.
Mit dem OPUS-Netzwerk „Gesundheitsfördernde Schule" wurde Gesundheitsförderung zum Programm (vgl. Barkholz & Paulus 1998). „Anschub.de" (Allianz für *n*achhaltige *Schul*gesundheit und *B*ildung in Deutschland) arbeitete daran, dass die Utopie der Gesunden Schule verwirklicht wird (vgl. Nilshon & Schminder 2005).

19.5 Gesundheitslernen bedarf biologischer Fachkenntnisse

Traditionell ist der Biologieunterricht mit dem Gesundheitslernen verknüpft. In Lehrplänen und Schulbüchern werden der Bau und die Funktion eines Organs oder Organsystems zusammen mit dessen Erkrankungen und Wegen zur Gesunderhaltung vermittelt. Befragungen zeigen, dass es ein relativ großes Interesse an Themen der Humanbiologie gibt. Dieses Interesse am menschlichen Körper und seinen Organen weist deutliche Altersverläufe und geschlechtsspezifische Unterschiede auf. Das Interesse der Mädchen an humanbiologischen und medizinischen Fragestellungen kann genutzt werden, um Mädchen den Zugang zu den naturwissenschaftlichen Fächern zu erleichtern – so wird in der Debatte um Koedukation argumentiert (Hoffmann 1990, 6). Der Markt für helfende, pflegerische oder medizinische Berufe hat sich stark erweitert. Entsprechende Berufswünsche scheinen das Interesse an gesundheitsbezogenen Fragestellungen zu befördern (vgl. Todt, Schütz & Moser 1978; Finke & Klee 1998). Bildungssysteme der Gegenwart definieren ihre Intentionen über Bildungsstandards. In Deutschland lassen sich in der KMK (2005) abgestimmte Standards für das Unterrichtsfach Biologie heranziehen und für die Gesundheitsbildung nutzen:

„Schülerinnen und Schüler
- beurteilen Maßnahmen und Verhaltensweisen zur Erhaltung der eigenen Gesundheit und zur sozialen Verantwortung,
- beschreiben und beurteilen Erkenntnisse und Methoden in ausgewählten aktuellen Bezügen wie zu Medizin, Biotechnik und Gentechnik, und zwar unter Berücksichtigung verhandelbarer Werte".

Darüber hinaus liefert der Kompetenzbereich Fachwissen Verknüpfungspunkte über die folgenden Standards:

„Schülerinnen und Schüler (…)
- beschreiben und erklären Wechselwirkungen im Organismus (…);
- wechseln zwischen den Systemebenen;
- beschreiben und erklären Struktur und Funktion von Organen und Organsystemen".

Organsysteme sind nach wie vor eine zentrale Thematik des Biologieunterrichts. Die inhaltliche Vermittlung sollte allerdings lebensweltliche Kontexte der Lernenden berücksichtigen (▶ Tabelle 19-1). Lebensweltlich sind Zusammenhänge und Prozesse bedeutsam, in die die Organe eingebunden sind. Deshalb werden Unterrichtsthemen entsprechend gestaltet, z. B. „Wie sehen wir" (nicht: „Das Auge"), „Wie ernähren wir uns" (nicht: „Der Verdauungstrakt").

Die Inhalte sind so zuzuschneiden, dass sowohl die biologische Funktion als auch die Gesundheit fördernden Effekte zum Tragen kommen. Exemplarisch kann dies am Thema Atmen gezeigt werden (Gropengießer 2004): Die Organfunktion ist im Zusammenhang mit der Stimme und dem Sprechen beim Präsentieren wichtig; die Atmung kann zur Entspannung bei Schmerz und Stress eingesetzt werden; die Luftbeschaffenheit im Arbeitsraum kann aktiv reguliert werden. Unterrichtsvorschläge und Materialien für die Erarbeitung gesundheitsbezogener Aspekte im Biologieunterricht werden in Themenheften biologiedidaktischer Zeitschriften veröffentlicht (vgl. Gropengießer 1985; 1990; 1991; 1994; 1997; 2003; 2007; Etschenberg 2002; 2003; 2004; Ruppert 2001; Teutloff 2001; Schlüter 2003; Kattmann 2004; Weitzel 2012). Ein Unterricht, der sich auf das Motivieren, Informieren und Überzeugen, auf das Vorleben, Gewöhnen und Einüben bezieht, dürfte die Erfolgsaussichten der Gesundheitserziehung erhöhen und der Erhaltung und Verbesserung der eigenen Gesundheit dienlich sein (vgl. Etschenberg, 2004; Schaal & Krapp 2012).

Organsystem	Gesundheitserzieherische Kontexte
Skelett- und Muskelsystem	Körperhaltung und Bewegung, Muskeltraining
Nervensystem	Wahrnehmung und Koordination, Lernen, Genuss und Sucht
Urogenital- und Verdauungssystem	Essen und Trinken, Esskultur, Nahrungsqualität, Leistungsfähigkeit
Fortpflanzungssystem	Empfängnis(-verhütung), Kinderwunsch, Safer Sex
Blutgefäßsystem	Fitness, Körpertemperatur, Verletzungen und Erste Hilfe
Abwehrsystem	Körperpflege und Hygiene, Organtransplantation, Infektionen, Impfungen, Stammzelltherapie

Tabelle 19-1: Organsysteme und lebensweltliche gesundheitserzieherische Kontexte

19.6 Gesundheitserziehung und Gesundheitsförderung wirken als didaktische Prinzipien

Im Zusammenhang mit der Diskussion um die Intention und die Effektivität der Gesundheitsbildung reichen die Forderungen von der Einrichtung eines Unterrichtsfaches Gesundheit über die Berücksichtigung gesundheitsbezogener Themen und Inhalte als Querschnittsaufgabe oder Unterrichtsprinzip bis hin zu einem Gesundheit fördernden Schulprogramm und einem allgemeinen Prinzip des Schullebens (vgl. z. B. Lutz-Dettinger 1979; Gropengießer 1985; Friedrich Verlag 1990; 1994; Borneff & Borneff 1991; Etschenberg 2007; Schaal 2011).

Unterrichtsprinzip Gesundheitsförderung
- Nutzung jeder Möglichkeit und Gelegenheit, gesundheitsbezogene Themen in den Unterricht einzubringen. Dies kann direkt geschehen, indem Zeitungsberichte, Quizsendungen in den Medien, Ereignisse im Schulleben oder andere aktuelle Anlässe unterrichtlich aufgearbeitet werden.
- Prüfung ganz unterschiedlicher Themen des Biologieunterrichts, auch aus den Bereichen der Botanik oder Zoologie, ob sie sich mit gesundheitlichen Aspekten verknüpfen lassen. Karla Etschenberg (2003 b) bezeichnet das Vorgehen als Integrationskonzept und nennt es umgangssprachlich Trojanisches Pferd oder Stille Strategie.
- Entwicklung eines Schulprogramms zur Gesundheitsförderung beispielsweise unter Einbeziehung der baulichen Gestaltung der Schule und des Schulgeländes, der Einrichtung der Schulräume, der Organisation des Wochen- und Tagesablaufs, der Gestaltung von Pausen und außerschulischen Unternehmungen (Klassenfahrten u. a.), Elternabenden, der Vorbildwirkung der Lehrpersonen.
- Bemühungen darum, dass die Lehrkräfte und andere an Schule Beteiligte die Gesundheitsförderung als allgemeines Prinzip des Schullebens anerkennen und praktizieren.

Karla Etschenberg (1992, 14–17) schlägt vor, aktuelle gesundheitsbezogene Anlässe im Rahmen der 5-Minuten-Biologie zu bearbeiten. Dabei kann es sich um die sachgerechte Versorgung einer Schnittwunde handeln, nachdem sich ein Schüler beim Basteln verletzt hatte, oder um den knurrenden Magen, der für ablenkende Heiterkeit sorgt. Die Tagespresse, Zeitschriften oder Broschüren liefern immer wieder interessante Bezüge zum Gesundheitswissen und zum Gesundheitsverhalten. Projektwochen und Arbeitsgemeinschaften bieten einen optimalen Rahmen für gesundheitsfördernde Aktionen (vgl. Eschenhagen 1990; Hedewig 1993; Schaal 2011). Der hier großzügiger bemessene Zeitrahmen ermöglicht es, erlebnisbetont und erfahrungsbezogen mit den Lernenden zu arbeiten. Auch in diesem Kontext spielen die klassischen Gesundheitsthemen wie Essen und Trinken, Bewegung im Aktionsfeld von Anspannung und Entspannung, sich kleiden und wohl fühlen, Sinneserfahrungen und Naturerleben eine große Rolle (vgl. Homfeldt 1993 a; b). In Kooperation mit den Krankenversicherungen sind Materialien entstanden, die Lehrkräfte als Kurs oder im Bausteinprinzip nutzen können. Beispielsweise werden in einem Unterrichtsmaterial „Verflixte Schönheit" Ernährung, Essstörungen, Fitnesswahn, Kleidung, pflegende und dekorative Kosmetik aufbereitet (DAK 1996). Trainingsprogramme zum Nichtrauchen (vgl. Ahrens et al. 2002) reichen in den Bemühungen der Gesundheitsförderung nicht aus. Inzwischen ist in einigen Bundesländern das Rauchen an den Schulen nicht mehr erlaubt. Die Gestaltung dieses schwierigen Prozesses in der Schule wird durch vielfältiges Material und Wettbewerbe gestützt (vgl. z. B. BZgA: Gut drauf 2011). In den Materialien werden die Problembereiche skizziert und methodische Wege angeregt, die geeignet sind, die Sachverhalte zu problematisieren, Kenntnisse zu vermitteln und die Lernenden zu aktivieren. Dazu gehören Rollen- und Planspiele, Erkundungen und Interviews ebenso wie der Einsatz experimenteller Erkundungsmethoden (vgl. z. B. Pommerening 1982). Der Unterricht sollte an außerschulische Erfahrungen der Lernenden oder an veröffentlichte Erfahrungsberichte und Fallstudien anknüpfen (vgl. z. B. Leuchtenstern 1980).

Das Einüben und Anwenden gewisser Gesundheitstechniken (z. B. Zahnpflege, Erste Hilfe, Fuß- und Rückenübungen, Entspannungstechniken, Ausdauertraining, Umgang mit Heilkräutern) macht Spaß und spricht die Sinne an. So können die verschiedenen Dimensionen des Lernens in den Lernprozess integriert werden. Besonders nachhaltige Wirkungen sind zu erwarten, wenn die Lernenden ihre Arbeitsergebnisse veröffentlichen. Neben allgemein üblichen Präsentationsformen bieten sich im Zusammenhang mit der Gesundheitsförderung der Verkauf von Produkten (Nahrung, Kosmetik) oder die Anwendung erlernter Techniken in sogenannten Studios (Kräuterküche, Schönheitssalon, Rückenschule, Fitness-Studio) an. Die Nähe zur Gründung einer Schülerfirma ist vorhanden. In diesem Zusammenhang muss aber betont werden, dass es sich um einen sensiblen mitmenschlichen Bereich handelt und die Schule keine therapeutischen Aufgaben übernehmen kann.

Andere Bereiche des Lebens in der Schule, wie die Veränderung der zeitlichen Gliederung des Schultages oder die Umsetzung der Erkenntnisse zum Lernen lernen, die Einführung eines gemeinsamen Pausenfrühstücks oder ein Konflikttraining tragen zum Bewusstsein bei, dass es sich lohnt, schon in der Gegenwart Lebensqualität zu entwickeln. Die genannten Beispiele zeigen die Vielfalt des Gesundheitslernens. Hinter der Aufzählung verbergen sich gesundheitsrelevante Kenntnisse und die Entwicklung von persönlichen Kompetenzen, um gesundheitsfördernde Entscheidungen treffen zu können und auf Gesundheit orientierte Einstellungen auszubilden. Es sind Voraussetzungen für ein umfassendes gesundheitsbezogenes Verhalten.

20 Sexualbildung

Karla Etschenberg

- Sexualität des Menschen umfasst biologische, persönliche, soziale und kulturelle Aspekte.
- Sexualbildung gründet in sexueller Sozialisation und sexueller Aufklärung.
- Sexualerziehung ist unverzichtbarer Teil des Bildungsauftrags der Schule.
- Sprache, Sozialformen und Methoden sind in der Sexualerziehung besonders zu beachten.
- Sexualerziehung hat mit Werturteilen zu tun.
- Eltern haben ein Recht auf Information über die Sexualerziehung ihrer Kinder.
- Sexualerziehung stellt besondere Anforderungen an die Lehrenden.
- Lernergebnisse und Wirkungen von Sexualerziehung sind schwer messbar.

20.1 Sexualität des Menschen umfasst biologische, persönliche, soziale und kulturelle Aspekte

Sexualität und insbesondere *menschliche Sexualität* ist ein vielschichtiger Begriff, dessen Bedeutung sich nicht durch die einfache Übersetzung *Geschlechtlichkeit* oder eine kurze Definition erfassen lässt.

Ursprünglich ist Sexualität ein biologisches Phänomen, das bei Pflanzen, Tieren und beim Menschen die zweielterliche Fortpflanzung und damit Variabilität und Individualität in der Nachkommenschaft ermöglicht (vgl. Eschenhagen, Kattmann & Rodi 1993; Etschenberg 1998). So gesehen kann man Sexualität als Antwort der Natur auf unterschiedliche und wechselnde Umweltbedingungen sehen, unter denen Lebewesen sich behaupten und Leben weitergeben müssen bzw. können. Beim Menschen hat Sexualität dagegen außer der biologischen persönliche, soziale und kulturelle Funktionen.

Funktionen menschlicher Sexualität
- Erhalt von Variabilität (Vielfalt und Individualität);
- Ermöglichen von Fortpflanzung;
- Mittel der Selbstverwirklichung und des Lustgewinns;
- Beziehung stiftendes bzw. prägendes Element zwischen Partnern;
- Anlass und Antrieb für soziale und kulturelle Gestaltungen.

Die Reihenfolge sagt nichts über die Bedeutung und Rangfolge dieser Funktionen im Leben des einzelnen Menschen. Wie ein Mensch Sexualität und ihre Funktionen erlebt, hängt nicht nur von seinen individuellen biologischen Voraussetzungen, sondern weitgehend von seiner Lebenssituation einschließlich Alter, seiner Erziehung und den geltenden gesellschaftlichen Normen ab (vgl. Haeberle 1985, 170 ff.).

Die soziale und kulturelle Dimension der Sexualität wird in Bezug auf die Geschlechter mit dem Wort *Gender* bezeichnet.

> **Sex und Gender**
> *Sex* meint schwerpunktmäßig alles, was mit körperlichen biologischen Gegebenheiten von Geschlechtlichkeit und Fortpflanzung zu tun hat *(biologisches Geschlecht)*. *Gender* bedeutet schwerpunktmäßig das, was mit sexueller Identität und Geschlechterrollen *(soziales Geschlecht)* zusammenhängt und weitgehend von sozialen und kulturellen Einflüssen bestimmt wird. Das Wort *Gender* löst mitunter Grundsatzdiskussionen aus über weltanschauliche und politische Implikationen, die im Biologieunterricht nicht zwangsläufig Thema sind. Die scheinbar klare Unterteilung in weiblich oder männlich wird vor allem durch intersexuelle Menschen in Frage gestellt, die aus anatomischen, neurologischen, hormonellen oder genetischen Gründen uneindeutigen Geschlechts sind.

Da sich der Mensch seiner Sexualität und ihrer möglichen Funktionen bewusst ist bzw. sein kann und sein Sexualverhalten im Prinzip reflektieren und steuern kann, ist er – im Gegensatz zu Tieren – für sein Sexualverhalten verantwortlich, auch wenn ihm das durch biografische Daten und vielerlei weltanschaulich, politisch oder wirtschaftlich motivierte Einflüsse und kaum durchschaubare Manipulationen mitunter schwer gemacht wird.

20.2 Sexualbildung gründet in sexueller Sozialisation und sexueller Aufklärung

Sexualbildung ist ein bisher ungebräuchlicher Ausdruck. Er kann sowohl den Prozess als auch das Ergebnis meinen. In der Sexualpädagogik spricht man auch von *sexueller Bildung* (Schmidt & Sielert 2008). Hier wird Sexualbildung analog zu den Bezeichnungen *Umweltbildung* und *Gesundheitsbildung* verwendet. Die Kultusbehörden bevorzugen in Richtlinien und Lehrplänen das Wort *Sexualerziehung*.

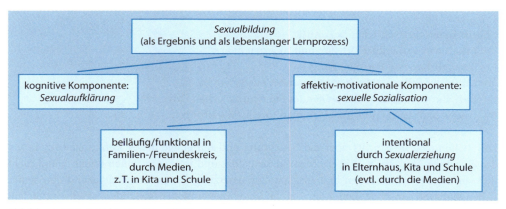

Abbildung 20-1: Aspekte der Sexualbildung

Eine präzise inhaltliche Abgrenzung der Sexualbildung von der Sexualerziehung ist nicht möglich (vgl. Etschenberg 1992 a; 2009; Kluge 2008). Ein wichtiges Merkmal von Sexualbildung ist jedoch die Perspektive des lebensbegleitenden Lernprozesses, die es beim Erziehungsbegriff nicht gibt, weil er in der Regel nur auf Kinder und Jugendliche anzuwenden ist. Erwachsene Frauen und Männer sollen sich zwar bezüglich ihres Verständnisses von Sexualität und bezüglich ihres eigenen Sexualverhaltens lebenslang weiter bilden und entwickeln, diesen Entwicklungsprozess aber selbstbestimmt und eigenverantwortlich gestalten – unabhängig von Erziehung und Erziehern.

Sexualbildung ist eine pädagogische Herausforderung, der sich alle Lehrer und Lehrerinnen im Schulalltag stellen sollten, sie ist aber auch eine Lehr- und Lernaufgabe, mit der sich Schüler und Schülerinnen fachspezifisch und fächerübergreifend (u. a. Biologie, Religion/Ethik, Deutsch, Musik) auseinandersetzen sollen. Sexualbildung in der Schule und über Schule hinaus bezieht sich auf den Umgang mit der eigenen Sexualität, mit der Sexualiät anderer und mit Sexualität als kulturell-gesellschaftliches Phänomen einschließlich medial dargestellter Sexualität.

Dem Fach Biologie kommt eine besondere Bedeutung zu, weil Sexualität wegen der Nähe zum Thema Fortpflanzung ein Phänomen in der Natur ist, das immer wieder zur Sprache kommt – auch unabhängig vom Menschen – und weil aus der Humanbiologie vieles an Wissen stammt, das man für einen aufgeklärten Umgang mit menschlicher Sexualität braucht. Dies ist ein wesentlicher Aspekt bereits in der Grundschule (vgl. Rutke 2007).

20.3 Sexualerziehung ist unverzichtbarer Teil des Bildungsauftrags der Schule

Solange sexualethische Normen und auf Sexualität bezogene Einstellungen in der Gesellschaft – insbesondere unter dem Einfluss der christlichen Kirchen – öffentlich unumstritten waren, erfolgte die sexuelle Sozialisation von Kindern als informelle Anpassung (auch wenn man diese evtl. nicht gut fand). Die Notwendigkeit geplanter formeller pädagogischer Begleitung der sexuellen Entwicklung in Kindertagesstätten und Schulen ergibt sich in unserer pluralen Gesellschaft heute zwingend aus der Vielfalt, Uneinheitlichkeit und Widersprüchlichkeit der Eindrücke, die auf Kinder und Jugendliche einwirken und ihnen die Orientierung schwer machen. Sexualerziehung gehört seit den *Empfehlungen der Kultusministerkonferenz* 1968 zu den Bildungsaufgaben von Schule und Unterricht. Sie soll die Sexualerziehung im Elternhaus ergänzen und unterstützen. Kinder und Jugendliche haben ein Recht auf Sexualbildung durch Sexualaufklärung und Sexualerziehung in der Schule.

Begründung schulischer Sexualerziehung
- Aufklärung über belastende oder sogar schädliche Verhaltensweisen im sexuellen Bereich, wie Sexualneurosen, sexuelle Gewalt, ungewollte Schwangerschaften und Infektionen;
- Zugang zu sexual- und menschenfreundlichen Sichtweisen zur Entfaltung der eigenen Persönlichkeit (als Kontrapunkt zu traditionell lustfeindlichen Normen).

Es ist wiederholt von Sexualpädagogen gefragt worden, ob Schule und insbesondere der Biologieunterricht überhaupt ein geeigneter Ort seien, Sexualerziehung zu betreiben, da die Rahmenbedingungen von Schule mit Zwangsgruppen, Leistungsdruck und 45-Minuten-Stunden einer Sexualerziehung, die mehr sein will als Wissensvermittlung, im Wege stünden (vgl. Müller 1992).

Ein Rückzug der Lehrkräfte aus der Sexualerziehung in der Schule würde die Probleme nicht lösen. Zudem würde die Chance verpasst, in einem existentiell wichtigen Lebensbereich ihrer Schüler und Schülerinnen, insbesondere der pubertierenden Jungen und Mädchen, das Fach Biologie und die Lehrperson als hilfreich erfahrbar zu machen. Eine Lehrperson wird immer einen Beitrag zur „beiläufigen sexuellen Sozialisation" leisten, sei es durch spontane Interaktionen mit Mädchen und Jungen oder durch ihr eigenes modellhaftes Verhalten als Mann oder Frau. Auch Informationen, die vordergründig nur der Sexualkunde entstammen und der Sexualaufklärung dienen, können sexualerzieherische Effekte haben, selbst wenn sich die Lehrperson keine weitergehenden Ziele gesteckt hat: Aus dem individuellen biografischen Kontext heraus konstruieren Kinder und Jugendliche persönlich Bedeutsames und leiten Interpretationen und Botschaften ab, von denen die Lehrperson in der Regel nichts erfährt. Im Unterricht über Sexualität spricht man nicht nur über Betroffene, sondern immer mit Betroffenen. Jede rein sachlich gemeinte Aussage kann sich vor dem Hintergrund von Erfahrungen oder in zukünftigen Lebenssituationen hilfreich oder belastend verhaltensrelevant auswirken. Das ist bei der Unterrichtsgestaltung zu reflektieren und führt zu unterschiedlichen Ergebnissen (vgl. zum Thema Homosexualität Etschenberg 1995; Weitzel 2006; Huch 2009).

Die Frage ist also nicht, ob Biologieunterricht einen Beitrag zur sexuellen Sozialisation und Sexualbildung von Kindern und Jugendlichen leisten soll oder kann, sondern wie reflektiert und professionell er sein soll (vgl. Hunger 1975; Kattmann, Lucht-Wraage & Stange-Stich 1990).

Fächerübergreifende Aufgabe
Im Nachgang zu den Empfehlungen der KMK 1968 wurden in fast allen Bundesländern eigene Richtlinien zur Sexualerziehung veröffentlicht. In den meisten Ländern sind überarbeitete Fassungen gültig (vgl. Schmidt 1994; Hilgers 1995). Diese Integration in Lehrpläne führte dazu, dass die KMK-Empfehlungen inzwischen ersatzlos gestrichen worden sind. In den Richtlinien wird Sexualerziehung durchgängig nicht als Lehrfach angesehen, sondern als *fächerübergreifende Aufgabe*. Mehrere Schulfächer sollen jeweils eigene Beiträge leisten (vgl. Etschenberg 2010). Die Delegation der Aufgaben an mehrere Schulfächer (Biologie, Sozialkunde, Religion, Deutsch, Kunst, Musik, Sport) sollte nicht so verstanden werden, dass die jeweiligen Schulfächer nur ihren fachtypischen Aspekt thematisieren und die Schüler sich daraus ein eigenes Bild zusammensetzen sollen. Jedes Fach sollte vielmehr Sexualität mit fachtypischen Schwerpunkten ansprechen, dabei aber den sachlichen und pädagogischen Gesamthorizont nicht aus dem Blick verlieren. Im Biologieunterricht sollte man die Fachgrenzen dort überschreiten, wo sexualbiologische Phänomene in einen größeren Zusammenhang zu stellen sind. Keinesfalls sollte sich der Biologieunterricht auf die Vermittlung sexualbiologischer Grundkenntnisse beschränken und anderen Fächern die Fortführung zuweisen (vgl. z. B. Rieß 1998).

Ziele und Themen

Wissensvermittlung ist ein wesentlicher und notwendiger, wenn auch nicht hinreichender Teil schulischer Sexualerziehung bzw. von Sexualbildung. Es ist üblich diesen Teil der Sexualerziehung als *Sexualaufklärung* oder *Sexualkunde* zu bezeichnen (Eschenhagen, Kattmann & Rodi 1993; Etschenberg 1994).

> **Ziele von pädagogisch reflektierter Sexualerziehung**
> - Bereitstellen von Wissen, das hilft, Beobachtungen am eigenen Körper und bei Partnern oder Partnerinnen zu verstehen und sexuelle Lust zu genießen;
> - Aufgeklärtes und angstfreies Umgehen mit sexuellen Phänomen einschließlich „geschlechtstypischer" Verhaltensweisen;
> - Vermeiden von Belastungen und Risiken für sich und andere (u.a. von ungewollten Schwangerschaften und Infektionen);
> - Ausgleich von Wissensunterschieden und Kompensation einseitiger Sichtweisen;
> - Vermittlung von Wörtern und Sprachmustern, die das Reden über Sexualität sowohl in sachlichen Zusammenhängen z.B. beim Arzt, als auch in der intimen Kommunikation erleichtern (Kommunikationskompetenz);
> - Verständnis wecken für Normen und Wertvorstellungen, deren Funktionen im Leben des Einzelnen und in einer Gesellschaft, und für ihre weltanschauliche und kulturelle Bedingtheit;
> - Hinterfragen von Massenmedien (einschließlich Werbung) und das von ihnen veröffentliche „interessengeleitete" Bild von Sexualität;
> - Auseinandersetzen mit einem Sexualleben, für das Medien in zunehmendem Maße interaktiv genutzt werden (können).

Sexualkundliche Informationen helfen den Lernenden allerdings nur dann wirklich, wenn sie in lebenspraktische Zusammenhänge gestellt werden und auf Fragen und Probleme der Lernenden bezogen sind (vgl. Staeck 1995, 214 ff.; Etschenberg 1996). Bedürfnisse und Interessen der Schüler und Schülerinnen beeinflussen nicht nur Themenauswahl und -gestaltung, sondern können selbst Thema im Unterricht werden. Die Lehrperson muss also noch mehr als sonst auf die Lernenden hören und deren Interessen in besonderer Weise reflektieren (vgl. Kattmann 1978, 9 ff.). Die Berücksichtigung von Schülerinteressen darf allerdings nicht dazu führen, mal dieses, mal jenes in der Sexualkunde anzusprechen – *Sachkompetenz* als Teil von Sexualbildung muss genauso systematisch aufgebaut werden wie in anderen Fächern auch.

Es spricht nichts dagegen, innerhalb allgemeinbiologisch konzipierter Unterrichtseinheiten sexualkundliche bzw. sexualpädagogisch bedeutsame Inhalte anzusprechen. Wenn also von der Vermehrung bei Pflanzen und Tieren die Rede ist, kann dabei ebenso Grundsätzliches über die Fortpflanzung beim Menschen gelernt werden. Dieser Zugang ist in der Regel einfacher als der über den Aspekt Lust oder Beziehung, der selbstverständlich integriert werden muss (Etschenberg 1998; 2000b).

> **Unterrichtliche Themenfelder** (nach Kattmann 1981)
> - Sexualität und Fortpflanzung: spezielle Funktionen der Geschlechtsorgane vor und ab der Pubertät; Geschlechtsverkehr; Zeugung; Schwangerschaft; vorgeburtliche Entwicklung; Geburt; Fortpflanzungstechnologie; Empfängnisregelung; Schwangerschaftsabbruch; frühkindliche Entwicklung;
> - Sexuelles Erleben des Kindes, des Jugendlichen und des Erwachsenen: Nacktheit; Körpersprache; sexuelle Lust und Ängste; Selbstbefriedigung; sexuelle Kommunikation; sexuelle Partnerschaft; Hetero-, Bi- und Homosexualität; Transsexualität; Sexualität und Gewalt; Sexualität und Sucht;
> - Geschlechterrollen: Rollen von Jungen und Mädchen, Mann und Frau im Wandel der Zeit; Emanzipation und Gleichstellung; Einstellungen zu Fragen des Sexualverhaltens (u. a. Sex, Liebe, Treue, Trennung); Verhältnis der Geschlechter zu Kindern; Ehe und andere Partnerschaften; Sexualität im Alter; Sexualität und Rassismus;
> - Gesellschaftlich bedingte Phänomene: Tabuisierungen und Enttabuisierungen; Leistungsprinzipien; Schönheitsideale; Reizüberflutung; Kommerzialisierung von Sex einschließlich Pornografie; Mediatisierung von Sex; Scheinsexualisierungen bzw. Desexualisierungen; Formen der sexuellen Ausbeutung einschließlich Prostitution; Diskriminierungen und sexuelle Denunziation.

Die Auswahl von Themen für einzelne Klassenstufen aus einem solchen Katalog sollte sich daran orientieren, welche für die Schüler in einem bestimmten Alter oder aus gesellschaftlichen Gründen aktuell sind (vgl. Etschenberg 1993 a; Schmidt 1993). Manchmal können Ereignisse im Schulbezirk oder solche, die über die Medien an Jungen und Mädchen herangetragen werden, Anlass für die Behandlung eines Themas werden. In diesem Punkt sollte man sich – nach Rücksprache mit den Eltern – nicht unbedingt an die von den Lehrplänen vorgesehene Themenverteilung halten. Zu berücksichtigen ist selbstverständlich, was Mädchen und Jungen bereits (u. a. von der Grundschule her) an gesichertem Wissen oder als korrekturbedürftige Vorstellungen mitbringen.

20.4 Sprache, Sozialformen und Methoden sind in der Sexualerziehung besonders zu beachten

Der Unterricht zum Thema menschliche Sexualität sollte möglichst viele Anstöße zum sozialen Lernen geben. Angemessen sind schülerzentrierte Unterrichtsformen und vor allem Gespräche (Klassen-, Gruppen- und Partnergespräche). Schulische Leistungsanforderungen sollten zugunsten eines freien Dialogs zwischen den Lernenden und mit der Lehrperson zurücktreten. Optimal ist ein Unterrichtsklima, „in dem Lehrer und Schüler sich ermutigt sehen, eigene existenzielle Haltungen und Lösungsversuche zu artikulieren, zu problematisieren und zu begründen" (Scarbath 1974, 355).
Im Unterrichtsgespräch ist auf die verwendete Sprache zu achten, und zwar sowohl hinsichtlich der Sprachebene (Vulgärsprache, Umgangssprache, Fachsprache) als auch hinsichtlich der

einzelnen verwendeten Namen und Fachwörter für den sexuellen Bereich (vgl. Kattmann, Lucht-Wraage & Stange-Stich 1990, 17 ff; Etschenberg 2010, 24–27). Die im Unterricht von der Lehrperson verwendeten Wörter sollten sachlich korrekt und unmissverständlich sein, keine diffamierenden oder provozierenden Nebeneffekte haben (wie Schwanz oder Titten) und nicht nur regional bekannt sein. Mit einer solchen Sprachregelung werden vulgärsprachliche Ausdrücke, die den Kindern und Jugendlichen vertraut sind, keineswegs schlecht gemacht, aber in den Bereich der privaten bzw. intimen Kommunikation verwiesen, der sich durchaus von der öffentlichen Kommunikation über Sexualität unterscheiden darf. Hilfreich ist der Grundsatz: Sprache ist wie Kleidung – sie muss zur Situation passen!

Emotional ansprechende Medien (Fotos, Comics, Texte, Poster, Musik, Videomitschnitte, Internetseiten) spielen eine wichtige Rolle in der Sexualerziehung, weil sie Betroffenheit erzeugen und Gespräche anstoßen können (vgl. Schwadtke 1975; Figge et al. 1977; Kattmann 1978; Müller 1979; Etschenberg 1996; 1999; 2009/10). Die in Texten oder Szenen dargestellten Personen fungieren als Stellvertreter: Jungen und Mädchen, die sich nicht mit intimen Aussagen über eigenes Denken, Fühlen und Handeln vor der Gruppe oder der Lehrperson bekennen wollen, können in der Aussprache über das Verhalten der Stellvertreter viel Persönliches mit einbringen. *Rollenspiele* sind vor allem dann wünschenswert, wenn es um das Durchspielen von Entscheidungssituationen geht. Insbesondere in der Sekundarstufe II können sexualpädagogische Themen ertragreich als Projekt durchgeführt werden.

Es hat sich bewährt, sexualpädagogisch geschulte Fachleute als Gäste in den Unterricht einzubeziehen (z. B. von Pro Familia). Dies ist besonders günstig im Rahmen von Wochenendveranstaltungen und Projekttagen, aber kein Ersatz *für kontinuierliche Sexualbildung im Schulalltag*. Wenn Materialien aus der außerschulischen Jugendarbeit eingesetzt oder externe Fachkräfte einbezogen werden, sind die schulspezifischen Rahmenbedingungen zu beachten. Methoden, z. B. Körperarbeit, Selbstbekenntnisse oder biografisches Arbeiten, sind hier nicht geeignet (vgl. Etschenberg 1996; 2000a).

Immer wieder aktuell ist die Frage der Koedukation in der Sexualerziehung. Es mehren sich die Stimmen, die in begrenztem Umfang spezielle „geschlechtssensible" Lernangebote für Jungen und Mädchen fordern (im Sinne einer „reflexiven Koedukation" nach Faulstich-Wieland 1999). Selbst wenn man im Biologieunterricht unter den derzeitigen Bedingungen keine gezielte Mädchen- und Jungenarbeit leisten kann, sind getrenntgeschlechtliche Gruppengesprächen eine Option (vgl. Glumpler 2000; Munding 2005). Bei Themen wie Intim- und Monatshygiene oder Selbstbefriedigung fühlen sich Lehrende und Lernende oftmals in geschlechtshomogenen Gruppen wohler. Da es aber ein wesentliches Ziel von Sexualbildung ist, (auch) die Verständigung zwischen den Geschlechtern zu verbessern, sollten alle Themen außerdem geschlechtsübergreifend angesprochen werden.

20.5 Sexualerziehung hat es mit Werturteilen zu tun

Ziel der Sexualerziehung ist der „freie, seiner Verantwortung bewusste junge Mensch" (Bundesverfassungsgericht, zit. bei Hilgers 1995, 75). Konkretere konsensfähige Maßstäbe zur Bewertung von Sexualverhalten müssen allgemeinen Verhaltensgrundsätzen in einer demokratischen

Gesellschaft entsprechen (vgl. Etschenberg 1986; 1993; 1994; 2010). Sie sind nicht aus der Biologie herzuleiten. Es sind vorrangig sozialethische Maßstäbe (vgl. Etschenberg 2011 a).

> **Wertmaßstäbe der Sexualerziehung**
> – Verantwortungsbewusstsein bezüglich des eigenen sexuellen Verhaltens;
> – Recht auf Selbstbestimmung (in sozialverträglichem Rahmen);
> – Verpflichtung zu Toleranz, Partnerschaftlichkeit und Gewaltverzicht;
> – Rücksichtnahme auf ein eventuell gezeugtes Kind.

In der sexualpädagogischen Literatur findet man in Anlehnung an die KMK-Empfehlungen von 1968 teilweise sehr anspruchsvolle Zielformulierungen, z. B. die von der „Erziehung zur Liebesfähigkeit". Auch wenn das gemeinte Ziel bejaht wird, müssen doch die begrenzten Möglichkeiten der Schule bedacht werden. Der Ausdruck *Liebesfähigkeit* lässt Liebe als etwas in der Schule Erlernbares wie Rechnen und Lesen erscheinen. Die Fähigkeit zu lieben wird jedoch vor allem in der Familie und durch eigene Erfahrung geprägt – Unterricht kann dazu nur ermutigen.

Obgleich die Notwendigkeit von Sexualerziehung in der Schule nur noch von wenigen bestritten wird, unterscheiden sich Autoren doch hinsichtlich der schulbezogenen Konzepte sowie deren Abgrenzung gegenüber familialer oder außerschulischer Sexualerziehung erheblich (vgl. Bach 1991; Etschenberg 1993; 1996 b; c; Valtl 1998; Glück 1998). Auch die Richtlinien der Bundesländer sind nicht einheitlich (vgl. Hilgers 1995). So sprechen die Richtlinien in Baden-Württemberg von Familien- und Geschlechtserziehung und die in Bayern und Sachsen von Familien- und Sexualerziehung und nicht nur von Sexualerziehung in der Schule. Das hat Auswirkungen auf die von der Lehrperson erwarteten Akzentsetzungen. Unterschiedliche Ansätze in den alten und neuen Bundesländern mussten und müssen immer noch beachtet und ausgeglichen werden (Pro Familia 1991; Zimmermann 1999). Ein aktueller internationaler Vergleich liegt nicht vor. Der ambitionierte Versuch dazu wurde nicht weiter verfolgt (vgl. Kluge 1984, Bd. 1, 289-430).

Die anfängliche Entwicklung der Sexualerziehung in der BRD wurde geprägt durch den Gegensatz zwischen einer behütenden („repressiven") Sexualerziehung, die sich an traditionellen christlichen sexualmoralischen Grundsätzen orientiert, und einer Sexualerziehung, die in ihrem Anspruch befreiend („emanzipatorisch") sein will (vgl. Kentler 1970, 142 ff.).

Die emanzipatorische Sexualerziehung wurde vielfach vermischt mit politischen Zielen. Die früher heftig geführten Auseinandersetzungen um heiße Eisen der Sexualerziehung (z. B. Masturbation, Jugendsexualität, Verhütung, Homosexualität) hat sich durch die kontinuierliche Liberalisierung in den letzten Jahrzehnten weitgehend beruhigt (vgl. Glück, Scholten & Strötges 1992). Ausdiskutiert ist aber u. a. das Thema Kindersexualität und der Umgang mit ihr nicht. Darüber hinaus sind beispielsweise die Standpunkte zur Hochschätzung von Ehe und Familie und zur ethischen Bewertung z. B. von Schwangerschaftsabbruch und Präimplantationsdiagnostik nach wie vor widersprüchlich. Bei solchen Themen muss sich die Lehrperson (fachüberschreitend) besonders sorgfältig vorbereiten und achtsam in der Wortwahl sein.

In einer pluralen Gesellschaft ist es nicht Aufgabe der Schule, in strittigen Bereichen alte oder neue Normen zu vermitteln, die nur von einem Teil der Gesellschaft (noch oder schon) als solche akzeptiert werden *(Indoktrinationsverbot)*.

Durch eine Normsetzung, bei der es um (nicht hinterfragte) Prinzipien ginge, z. B. Beschränkung der Sexualität auf die Partner in einer monogamen Ehe, aber auch durch Parolen zur sexuellen Freizügigkeit würde das Sexualverhalten vieler Menschen abgewertet. Sie sind in der Sexualerziehung der Schule nicht angebracht. Davon unberührt ist selbstverständlich die Freiheit jeder Lehrperson zu einer persönlichen Einstellung und Lebensgestaltung, die so konservativ oder freizügig sein kann wie bei allen anderen Bürgern und Bürgerinnen dieses Landes; aber sie darf nicht zum Maßstab für die Lernenden erhoben werden. Das Fach Biologie ist originär zuständig für ein sachgerechtes Bild von Sexualität als biologisches Phänomen, korrekte humanbiologisch-sexualkundliche Kenntnisse zur „Geschlechterfrage" z. B. über die Entwicklung des biologischen Geschlechts (vgl. Zankl 1999) und anwendungsrelevantes Wissen u. a. zum Empfängnis- und Infektionsschutz *(Fachkompetenz)*. Dabei werden Kenntnisse vermittelt, die traditionelle Sichtweisen von Mann und Frau bzw. von der „natürlichen" Zweigeschlechtlichkeit in Frage stellen. Prinzipien überkommener Sexualmoral werden dabei zugunsten von sexualpädagogischer Prävention und Fürsorge relativiert.

Die Lernenden sind zu befähigen, sich mit den verschiedenen Auffassungen reflektiert auseinanderzusetzen und sie – soweit sie nicht gegen Rechte von Menschen verstoßen – zu respektieren *(Toleranzgebot)*. Die Erörterung ethischer Fragen trägt zur *Bewertungskompetenz* bei. Kritisch kann es werden, wenn Schüler und Schülerinnen Positionen vertreten, die mit den sozialethischen Grundsätzen für Sexualverhalten nicht vereinbar sind, z. B. Verweigerung der Selbstbestimmung und Gleichberechtigung von Mädchen, Diskriminierung von Homosexualität, Verteidigung der Zwangsehe oder der genitalen Verstümmelung von Mädchen oder Bagatellisieren von Schwangerschaftsabbrüchen. Hier muss die Lehrperson eindeutig Stellung beziehen und evt. Konflikte in Kauf nehmen.

Eine besondere Situation hat sich für die Sexualerziehung durch das Auftreten der bis heute unheilbaren Immunschwächekrankheit *AIDS* seit den 1980er Jahren ergeben. Beschränkungen im sexuellen Handeln sind seitdem wegen des Hauptübertragungsweges (ungeschützter Geschlechtsverkehr) aus egoistischen Gründen (wieder) nötig. Die Befürchtung, dass die Angst vor AIDS das Ende jeder emanzipatorischen Sexualerziehung im ursprünglichen Sinne bedeuten könne (Koch 1992), wurde weitgehend entkräftet (vgl. Etschenberg 1990; 1993b; 1996a; 2009/2010; Gadermann 1992; Fahle et al. 1993; Looß 2001). Die Notwendigkeit neuer Akzentsetzungen in Sexualaufklärung und Sexualerziehung hat sich aktuell durch die Allgegenwart von Sex in den Medien und vor allem von Pornografie (einschließlich Porno-Rapper-Szene) ergeben. Da es offenbar nicht möglich ist, Kinder und Jugendliche – wie gesetzlich vorgesehen – vor pornografischen Darstellungen zu schützen, sollten Lernangebote konzipiert werden, die es jungen Menschen erleichtern, mit pornografischen Texten und Bildern umzugehen und sich vor Auswirkungen auf ihr eigenes sexuelles Erleben und Handeln zu schützen. Die Verwendung pornografischer Darstellungen ist gesetzlich untersagt. Die Lehrperson muss mit unterrichtsunabhängig entwickelten Schülervorstellungen rechnen, die von pornografischen Denk- und Sprachmustern mit geprägt sind (vgl. Gernert 2010; Hilkens 2010). Eine aktuelle pädagogische Herausforderung ist die zunehmende sexualisierte Gewalt gegenüber Kindern und Jugendlichen (auch) durch Kinder und Jugendliche (Freund & Riedel-Breidenstein 2004).

20.6 Eltern haben ein Recht auf Information über die Sexualerziehung ihrer Kinder

Bei der Sexualerziehung in der Schule hängt viel davon ab, dass die vom Bundesverfassungsgericht und von den Richtlinien vorgeschriebene Information der Eltern über das, was in Sexualerziehung geplant ist, nicht als lästige Pflicht verstanden, sondern als Chance zur Zusammenarbeit genutzt wird. Bei den Eltern kann Verständnis dafür geweckt werden, dass familiale und schulische Sexualerziehung unterschiedliche Aufgaben haben und einander ergänzen sollten. Die Erziehung im Elternhaus findet im privat-intimen Raum statt, die schulische aber hat öffentlichen Charakter. Sie hat u. a. die Aufgabe, das Bild von Sexualität zu reflektieren und zu korrigieren, das die Schüler z. B. durch Werbung und Massenmedien gewinnen. Eltern müssen vor dem Unterricht über dessen Form und Inhalte informiert werden. Sie haben allerdings kein Mitbestimmungsrecht bei der Gestaltung des Unterrichts. Diese liegt ausschließlich in der Verantwortung der Lehrperson. Grenzen setzt allerdings das Strafgesetz: Die illustrative Verwendung von Pornografie im Unterricht ist auch bei Einwilligung der Eltern verboten.

Der Elternabend ist als vertrauensbildende Maßnahme zu verstehen, durch die sich Lehrperson und Eltern als Partner bei der Sexualerziehung der Kinder und Jugendlichen wahrnehmen können. Eltern ist es möglich, ihre Erziehung auf den Unterricht in der Schule abzustimmen. Die Lehrperson kann ihrerseits Vorschläge und Anregungen der Eltern für ihren Unterricht berücksichtigen. Die Erfahrung zeigt, dass die Mehrzahl der Eltern gegenüber der schulischen Sexualerziehung aufgeschlossen ist. Für viele Eltern ist das Gespräch mit der Lehrperson die einzige Gelegenheit, sachlich über Sexualität zu sprechen.

Unter Eltern mag es extreme Positionen geben. Manche Eltern lehnen die Teilnahme ihres Kindes am sexualkundlichen Unterricht oder an anderen sexualpädagogischen Angeboten der Schule ab. In solchen Fällen ist der Hinweis auf geltende rechtliche Bestimmungen (Schulgesetz und Richtlinien) nötig, auch wenn – im Interesse des betroffenen Kindes oder Jugendlichen – eine Verschärfung des Konfliktes möglichst vermieden werden sollte. Viel Taktgefühl bedarf der Umgang mit Eltern und deren Kindern aus anderen Kulturen, in denen Sexualität und die Rollen von Mann und Frau an Normen orientiert sind, die den Wertmaßstäben der Sexualerziehung widersprechen (vgl. Marburger 1996; Teutloff 1998). Hier ist der explizite Bezug auf die Werte der Sexualbildung wichtig.

Der Elternabend zum Thema Sexualerziehung ist eine Chance, Themen wie sexuelle Gewalt, sexueller Missbrauch oder sexuelle Übergriffe auf Kinder und Jugendliche im Internet anzusprechen und begründet dafür zu werben, dass Eltern Pornografie von ihren Kindern fernhalten. Solche Angebote geben dem Elternabend einen Stellenwert, der über die rein formale Funktion hinausgeht und zur Sexualbildung in den Elternhäusern beitragen kann.

20.7 Sexualerziehung stellt besondere Anforderungen an die Lehrenden

Wie in anderen stark pädagogisch ausgerichteten Teilen des Unterrichts (vgl. Sozial-, Gesundheits- und Umweltbildung) ist die Lehrperson bei der Sexualerziehung mehr als sonst mit ihren persönlichen Einstellungen, Haltungen und Kompetenzen gefordert. In einigen Bundesländern können sich Lehrkräfte bei der Sexualerziehung vertreten lassen. Andere Bundesländer verpflichten ausdrücklich alle Lehrkräfte dazu. Es ist aber fragwürdig, wenn ein Unterricht, der Zwänge und Ängste abbauen soll, mit dienstlicher Verpflichtung durchgesetzt wird. Die Weigerung einiger Lehrpersonen verweist vielmehr auf Defizite in der Lehreraus- und -fortbildung. Die Lehrenden sind nicht nur besonders gefordert, sondern manchmal überfordert. Die Realisierung und Verbesserung von Sexualbildung/Sexualerziehung in der Schule müssten daher bei der Qualifizierung der Lehrkräfte anfangen. Diese Forderung ist alt (siehe u. a. Hunger 1975), aber unerfüllt. In der gegenwärtigen Situation bleibt nur der Weg, Lehrer und Lehrerinnen zum sexualpädagogischen Unterricht zu ermutigen. Dies kann mit Hilfe von Arbeitsmaterialien geschehen, die für den Einsatz im Unterricht konzipiert sind. Wichtig ist gemeinsames Lernen der Kollegen durch Erfahrungsaustausch. Noch wichtiger ist es, sich auf ein wechselseitiges Lernen mit Schülerinnen und Schülern zum Thema Sexualität pädagogisch einzulassen. Nicht der perfekte „Sexualexperte" erscheint als das geeignete Leitbild für Sexualerzieher, sondern die Lehrperson, die sich fachkundig und lebenserfahren einerseits, aber andererseits mit ihren Unsicherheiten in das Lernen mit ihren Schülern und Schülerinnen einbringt und bereit ist, die wechselnden Bedingungen sexueller Sozialisation, die von gesamtgesellschaftlichen Entwicklungen abhängig und für jede Schülergeneration anders sind, in ihrem pädagogischen Handeln zu berücksichtigen (vgl. Etschenberg 1996 b).

20.8 Die Lernergebnisse und Wirkungen von Sexualerziehung sind schwer messbar

Die Wirkungen von schulischer oder anderer formeller Sexualerziehung auf das Verhalten der Lernenden sind nur schwer abzuschätzen. Grundsätzlich ist davon auszugehen, dass die Einflüsse von Massenmedien (vor allem Fernsehen, Jugendzeitschriften und Internet) sowie von Elternhaus und Gruppen Gleichaltriger beim Thema Sexualität stärker und nachhaltiger sind als der Effekt von wenigen Unterrichtsstunden. Die in der Fachwelt diskutierten „genetischen" (angeborenen) Einflüsse auf das menschliche Sexualverhalten reduzieren die erzieherischen Einflussmöglichkeiten theoretisch noch mehr (vgl. z. B. Ruppert 1998 a; b). Eine generelle Aussage wird dadurch erschwert, dass die Durchführung der Sexualerziehung weitgehend vom Engagement einzelner Lehrpersonen abhängt. Lernkontrollen im üblichen Sinn sind nur zulässig bei Wissensfragen aus der Sexualkunde und beim Abfragen von begründeten Argumenten für oder gegen ein Verhalten. Beispiel: „Welche Argumente führen Menschen, die für oder gegen die Postkoitalpille sind, als Begründung an?" oder „Wie begründen Befürworter und Gegner der Präimplantationsdiagnostik ihre Positionen?". Unzulässig ist das Abfragen und Bewerten der persönlichen Einstellung von Schülern und Schülerinnen zu solchen Fragen.
Die Wirkung von Sexualerziehung auf das Sexualverhalten Jugendlicher ist ebenso schwer zu erfassen. Zwar wurden hierzu wiederholt Untersuchungen durchgeführt (vgl. Sigusch & Schmidt 1973; Schlaegel et al. 1975; Walczak et al. 1975 a; b; Husslein 1982; Schmid-Tannwald & Urdze 1983; Glück, Scholten & Strötges 1992; BZgA 1996; 1998; 2010; Kluge 1998), um insbesondere im Zusammenhang mit der AIDS-Prävention Informationen über das Sexualverhalten von Jugendlichen zu gewinnen. Untersucht wurde auch, ob durch Aufklärung die

Anzahl der Schwangerschaftsabbrüche und der Infektionen mit sexuell übertragbaren Krankheiten reduziert werden kann. Die Ergebnisse sagen jedoch wenig über einen Erfolg schulischer Sexualerziehung und sind zudem vorsichtig zu interpretieren. Es wird ja nicht das Verhalten selbst erfasst, sondern es sind die Angaben der Befragten über ihr Verhalten in bestimmten Befragungssituationen. Problematisch ist, dass durch die Veröffentlichung der Ergebnisse die normative Kraft des Faktischen wirksam werden kann. Der erhobene Ist-Wert wird leicht zum Soll-Wert und als Norm (das Normale) interpretiert.

21 Umweltbildung

Ulrike Unterbruner

> - Schulische Umweltbildung entstand in der Folge von Umweltkrisen.
> - Bildung für nachhaltige Entwicklung umfasst ökologische, wirtschaftliche und gesellschaftliche Aspekte.
> - Naturverständnisse prägen die Konzeptionen zur Umweltbildung.
> - Im Unterricht ist das Mensch-Natur-Verhältnis zu reflektieren.
> - Naturerfahrung motiviert zum Umwelthandeln.
> - Umweltwissen ist für Umwelthandeln notwendig, aber nicht hinreichend.
> - Umweltbewusstsein ist die wichtigste Voraussetzung für Umwelthandeln.
> - Umwelthandeln ist das höchste Ziel der Umweltbildung.

21.1 Schulische Umweltbildung entstand in der Folge von Umweltkrisen

In den 1970er Jahren rückte die Bedrohung unserer Lebensgrundlagen durch den technischen Fortschritt immer mehr ins öffentliche Bewusstsein. Das Epoche machende Buch „Der stumme Frühling" der US-Amerikanerin Rachel Carson (1963) hatte eine politische Debatte ausgelöst, die Ende der 1960er Jahre zu einem Verbot von DDT in den meisten Staaten der Nordhalbkugel führte. In den 1970er Jahren erschütterten Umweltskandale die Weltöffentlichkeit (z. B. Quecksilbervergiftung, Minamata in Japan, Dioxin, Seveso in Italien). Immer zahlreicher werdende Anti-Atomkraft-Gruppen und Bürgerinitiativen sorgten für heftige gesellschaftspolitische Auseinandersetzungen. In diesem gesellschaftlichen Kontext forderte und definierte die *International Union for the Conservation of Nature and Natural Ressources* bereits 1970 Umwelterziehung als „Prozess des Erkennens von Werten und klärenden Vorstellungen (concepts) im Hinblick auf die Entwicklung der Fähigkeiten und Einstellungen, die notwendig sind, um die Beziehungen zwischen dem Menschen, seiner Kultur und seiner natürlichen Umwelt (biophysical surroundings) zu verstehen und zu würdigen" (zitiert nach Eulefeld et al. 1981, 61). Großes Aufsehen erregte damals der Club of Rome mit seinem Bestseller „Grenzen des Wachstums" (Meadows et al. 1972), in dem auf die globale Bedrohung unserer Lebensgrundlagen durch Umweltzerstörung aufmerksam gemacht wurde.
1972 wurde in Stockholm die erste UNO-Umwelt-Konferenz zum Thema „Die Umwelt des Menschen" abgehalten und auf der *UNESCO-Konferenz in Tiflis 1977* eine programmatische Erklärung zur Umwelterziehung mit den „41 Empfehlungen von Tiflis" abgegeben (vgl. UNESCO 1979; Eulefeld & Kapune 1979). Umwelterziehung soll demnach Bewusstsein und Sensibilität gegenüber der gesamten Umwelt erzeugen. Interdisziplinäres Vorgehen und die Notwendigkeit eines ständigen, lebenslangen Lernprozesses werden betont. „Unterricht angesichts der Überlebenskrise" (Kattmann 1976) wurde so zu einem essenziellen biologiedidaktischen Anliegen.

Institutionalisierung der Umwelterziehung

In den 1980er Jahren wurden vorwiegend in nord- und mitteleuropäischen Industrieländern zahlreiche Impulse zur Institutionalisierung der Umwelterziehung gesetzt: durch Formulierung der Umwelterziehung als Unterrichtsprinzip, Integration von Umweltthemen in die Lehrpläne vor allem in den sogenannten Trägerfächern Biologie, Geografie und Sachunterricht und durch Aufnahme von Umweltthemen in die Schulbücher. Die ersten Umweltzentren wurden errichtet, um die schulische und außerschulische Umwelterziehung zu unterstützen (vgl. DGU et al. 1990; Eulefeld 1991).

Umwelterziehung sollte wesentlich zur Lösung der Umweltkrise beitragen, indem auf Veränderungen jedes Einzelnen gesetzt wurde und so politische Veränderungen durch pädagogische Prozesse bewirkt werden sollten (vgl. auch Calließ & Lob 1987). Dietmar Bolscho, Günter Eulefeld und Hansjörg Seybold (1980, 16 f.) definierten die Möglichkeiten der Umwelterziehung bescheidener: „Umwelterziehung führt nicht unmittelbar zur Sanierung eines Flusses, sie ändert nicht das Konsumenten-Produzenten-Verhältnis. Aber sie thematisiert diese Probleme, sie untersucht, vergleicht, stellt in Frage, sucht die Alternativen. Sie begleitet Denken und Handeln, wirkt durch ihre ständige Gegenwart, sie ist weniger mit der Feststellung und Verbreitung einzelner Fakten befasst als mit der Einbeziehung der Menschen in den Prozess des Umganges mit der Umwelt." Ziel ist *ökologische Handlungskompetenz*, die Fähigkeit zum Handeln unter Einbeziehung ökologischer Gesetzmäßigkeiten.

Die stärker an der Ökologiebewegung orientierten *Ökopädagogen* (vgl. Beer 1982; Beer & de Haan 1984; Moser 1982) kritisierten diesen Ansatz als zu systemkonform; sie wandten sich gegen die ökonomisch-technische Naturausbeutung und die diese bedingenden gesellschaftlichen Strukturen. Sie stellten auch effektives ökologisches Lernen in der Institution Schule generell in Frage. Diese anfänglichen Positionskämpfe verloren aber in den 1990er Jahren ihre Bedeutung und Bolscho und Seybold (1996) konstatierten ein Auflösen der starren Grenzen der umweltpädagogischen Konzeptionen. Es ging nach Hartmut Bölts (1995, 17) allen „um Einstellungs- und Verhaltensänderungen der Heranwachsenden und darum, Betroffenheit auszulösen über eine Handlungsorientierung des Lernens, über Situations- und Erfahrungsbezug und über interdisziplinär-problemorientiertes Lernen" (vgl. Mertens 1991; Heid 1992; Zucchi 1992; Rodi 1994). Dies schließt die Ausbildung von Kenntnissen (kognitive Dimension), Fähigkeiten und Fertigkeiten (pragmatische Dimension) sowie Einstellungen und Verhaltensweisen (affektive Dimension) ein. Umwelterziehung ist somit ein wesentlicher Teil der Gesamterziehung.

Neben den beiden bereits genannten Richtungen der Umweltbildung – in den 1990er Jahren wurde der Terminus Umwelterziehung weitgehend durch *Umweltbildung* ersetzt – entwickelten sich weitere Facetten mit unterschiedlichen Schwerpunkten, aber letztlich demselben Ziel einer ökologischen Handlungskompetenz. Hier sind z. B. zu nennen: „Naturbezogene Pädagogik" (Göpfert 1988), „Leitidee des Pflegerischen" (Winkel 1978; 1995), „Naturerfahrungspädagogik" (Cornell 1979; 1991), „Ökologie lernen" (Michelsen & Siebert 1985), „Existenzbiologie" (Drutjons 1986; 1988), „Freilandbiologie" (Kuhn, Probst & Schilke 1986), „Rucksackschule" (Trommer 1991; Trommer, Kretschmer & Prasse 1995), „Sozio-ökologische Umweltbildung" (Kyburz-Graber et al. 1997).

21.2 Bildung für nachhaltige Entwicklung umfasst ökologische, wirtschaftliche und gesellschaftliche Aspekte

Die internationale Diskussion über Umwelt und nachhaltige Entwicklung erreichte 1992 einen Höhepunkt auf der Konferenz der Vereinten Nationen (UNCED; „Erdgipfel") in Rio de Janeiro. Das deklarierte Ziel aller Bemühungen, eine Bildung für Nachhaltige Entwicklung (sustainable development), wurde in der *Agenda 21* zusammengefasst und von rund 180 Staaten, darunter auch Deutschland, unterzeichnet. Es ist ein Aktionsprogramm, das in 40 Kapiteln Vorschläge sowohl für Industrie- als auch Entwicklungsländer zusammenfasst, z. B. zur Bekämpfung der Armut, zu Bevölkerungspolitik, zu Ökologie und Umwelt, Energie, Abfall, Klima, Landwirtschaft, technologischen Entwicklungen. Das neue Leitbild dafür heißt *Nachhaltigkeit*. Dieser Terminus stammt ursprünglich aus der Forstwirtschaft des 19. Jahrhunderts und meint die Grundregel, einem Wald nie mehr Ressourcen zu entnehmen, als auf natürliche Weise nachwachsen können.

Auf die globale Entwicklung angewendet bedeutet das Leitbild *Nachhaltige Entwicklung* die Suche nach neuen politischen, wirtschaftlichen, technischen und sozialen Konzepten, mit denen „den Entwicklungs- und Umweltbedürfnissen heutiger und künftiger Generationen in gerechter Weise entsprochen wird" (Grundsatz 3, Bundesminister für Umwelt o. J., 45). Es bedarf somit einer Gesamtvernetzung (Retinität) zwischen Ökologie, Ökonomie und Sozialem und grundlegenden Wertentscheidungen. In Mitteleuropa bedeutet dies vor allem die Bewusstseinsbildung für die Begrenztheit der ökologischen Ressourcen und soziale und globale Gerechtigkeit (Solidarität). Weltweit betrachtet steht nachhaltige Entwicklung vor allem für den Kampf gegen Analphabetismus und für den allgemeinen Zugang von Frauen zur Bildung sowie für die Vermittlung von grundlegendem Wissen über Gesundheit. Im Kapitel 36 der Agenda 21 wird die Neuausrichtung der Bildung auf eine nachhaltige Entwicklung gefordert.

2005 bis 2014 haben die Vereinten Nationen schließlich die Weltdekade „Bildung für nachhaltige Entwicklung" ausgerufen. Der Nachhaltigkeitsgedanke soll damit weltweit in den jeweiligen Bildungssystemen verankert werden. Für Lehrkräfte gibt es Unterstützung in Form von Websites wie www.transfer-21.de, in denen zahlreiche Materialien und Vorschläge für die unterrichtliche Umsetzung des Nachhaltigkeitsgedankens angeboten werden.

Gerhard de Haan (2001) betont, dass der Nachhaltigkeitsdiskurs auf der Vorstellung aufbaut, mit Modernisierungen im Bereich der Ökonomie, der Technik, des Sozialen und Mentalen ein humanes Leben für alle in einer intakten Umwelt zu realisieren. Die Verbindung von Ökologie, Ökonomie und Sozialem stehe daher an zentraler Stelle (vgl. BUND & Misereor 1996; Hauptmann et al. 1996; Beyer 1998; Reichel 1997; Becker 2001; Stoltenberg 2002; Bölts 2002; Scott & Gough 2003; Steiner 2011). Damit gewinnt eine Verbindung von Biologieunterricht und sozialkundlichen Fächern eine große Bedeutung. Es gilt *Gestaltungskompetenz* zu erwerben, die de Haan (2001) als Fähigkeit und Fertigkeit bezeichnet, die es erlaubt, zukünftig Produktion, Konsum, Wohnen und Freizeit, Kommunikation und Soziales so zu gestalten, dass sie sowohl den Kriterien der Nachhaltigkeit genügen als auch den individuellen Bedürfnissen nach einem befriedigenden Leben. Gestaltungskompetenz enthält die *Kompetenz zur Partizipation,* ohne die die Agenda 21 nicht umgesetzt werden kann; die Förderung von Bewertungskompetenzen wird hervorgehoben (Bögeholz & Barkmann 2005; Bögeholz 2006; ▶ 12).

Eine Schwierigkeit besteht in der mangelnden Popularisierung des Konzepts der Nachhaltigkeit. Nachhaltigkeit war lange Zeit weitgehend auf die Ebene des Expertendiskurses beschränkt geblieben. Wie den Befragungen des Umweltbundesamts zum Umweltbewusstsein in Deutschland zu entnehmen ist, konnten 2000 nur 13 % der Befragten mit dem Begriff etwas anfangen, 2004 waren es 23 %. 2010 ist der Bekanntheitsgrad auf 43 % gestiegen (Borgstedt, Christ & Reusswig 2010, 40). Defizite ortet Rainer Brämer (2006; 2010) auch bei Jugendlichen: Die Hälfte der 3000 12- bis 15-jährigen Jugendlichen, die er im Rahmen des Jugendreports Natur 2010 befragte, konnten keine Assoziationen zum Begriff Nachhaltigkeit nennen (2003: 54 %). Nur 4 % der befragten Jugendlichen antworten auf die Frage, ob sie schon einmal an Bildung für Nachhaltigkeit teilgenommen hätten, mit „ja", 71 % mit „nein", der Rest war unsicher.

Die Umsetzung der Umweltbildung in den Schulen
Nach der programmatischen Etablierung der Umweltbildung gingen Günter Eulefeld et al. (1988; 1993), Horst Rode et al. (2001) und Heinz Pantring (2009; Erhebungszeitraum: 1996) der Frage nach, wie denn die Umweltbildung in Deutschland in der Praxis umgesetzt wurde.
Die Ergebnisse aus diesen Studien zeigen, dass Umweltbildung in deutschen Schulen bereits Ende der 1980er Jahre ihren festen Platz hatte. Während 1985 die Trägerfächer Biologie, Chemie und Erdkunde waren, war in den 1990er Jahren Umweltbildung nicht mehr die Domäne der Naturwissenschaften. Umweltthemen wurden in allen Unterrichtsfächern behandelt.
Der Vergleich der Ergebnisse von Mitte der 1980er bis Anfang der 1990er Jahre zeigte zwar nach Eulefeld et al. (1988, 1993) keine Zunahme bei der Behandlung von Umweltthemen, aber die Lehrpersonen widmeten den einzelnen Themen mehr Zeit und arbeiteten didaktisch anspruchsvoller. Allerdings waren Bemühungen zur Umweltbildung ungleich über die Schulen und einzelne Schulklassen hinweg verteilt. Der didaktische Anspruch, Umweltbildung fächerübergreifend zu unterrichten, wurde Eulefeld et al. zufolge allerdings ungenügend realisiert: 1985 wurden 16 % aller Umweltthemen fächerübergreifend bearbeitet, 1990/91 waren es 21 %. Rode et al. (2001) berichten, dass der Zustimmungsgrad der Lehrpersonen sinkt, wenn sie nach der Einbeziehung von Umweltinhalten in *alle* Schulfächer gefragt werden. Pantring (2009) berichtet von einer deutlichen Steigerung an fächerübergreifenden Aktivitäten in der Mitte der 1990er Jahre, die allerdings nicht mit einer verstärkten Kooperation zwischen den Lehrkräften einherging. Katharina Röll (2007) dämpft den programmatischen Optimismus, dass fächerverbindender Unterricht die Intention der Jugendlichen zum Umwelthandeln stärker positiv beeinflussen würde als traditioneller Unterricht. In ihrer Evaluation von Biologie- und Politikunterricht zu einem Naturraum in Berlin („Gleisdreieck") konnte diese Hypothese nicht bestätigt werden. Hauke Hellwig (2009) kommt in seiner Untersuchung über Konzepte von Lehrkräften zu dem Schluss, dass das Ziel einer Bildung für Nachhaltigkeit bei deutschen Biologielehrkräften qualitativ wie quantitativ defizitär ausgeprägt ist. Er unterscheidet sechs Lehrergruppen, die sich in ihren Unterrichtskonzepten unterscheiden, und ortet bei nur etwa der Hälfte der Befragten Unterrichtskonzepte, die – in unterschiedlichen Ausprägungen –

den Ansprüchen von Umweltbildung bzw. Bildung für Nachhaltigkeit genügen. Der Umgang mit den komplexen Themen, die methodischen Anforderungen und die nötigen Kooperationen sind den Lehrenden (noch) nicht ausreichend vertraut (Högger 2000; Kyburz-Graber & Högger 2000; Bögeholz et al. 2002; Eigner-Thiel & Bögeholz 2004; Radits, Rauch & Kattmann 2005; Lindemann-Matthies & Knecht 2011).
Rode et al. (2001) stellten eine Diskrepanz zwischen den Einschätzungen von Lernenden und Lehrenden fest: Die Schüler nehmen – im Gegensatz zu ihren Lehrern – ökologische Maßnahmen bzw. Profilierungen ihrer Schulen – bis auf Grünbereiche und Müll – häufig nicht genügend wahr. Ein nicht unerheblicher Anteil der Jugendlichen nimmt überdies gar nicht wahr, dass es im Unterricht um Umweltthemen geht. Nach neueren Daten wie der OECD/PISA-Studie „Green at Fifteen?" (2009) spielt die schulische Umweltbildung in den Einschätzungen der Jugendlichen durchaus eine Rolle, aber ihren Angaben zufolge beziehen sie sehr viele Informationen über Umweltthemen nicht aus der Schule, sondern aus den Medien.

Die Effektivität der schulischen Umweltbildung
Die Frage nach der Wirksamkeit der schulischen Umweltbildungsmaßnahmen ist auf Grund der vorliegenden Forschungsergebnisse schwer zu beantworten. Es verknüpfen sich hier die Schwierigkeiten von Unterrichtsforschung in den Schulen, bei der kaum Experimentalsituationen hergestellt werden können und die Vielzahl der Variablen nicht zu kontrollieren ist, mit der enormen Komplexität der Umweltbildung bzw. Bildung für Nachhaltigkeit. Die Forderung von Gerhard Becker (2001) nach einer umfassenden empirischen Umweltbildungsforschung im Interesse einer langfristigen Optimierung und Effektivierung ist daher nach wie vor aktuell. So liegen zu Teilbereichen zahlreiche interessante Forschungsergebnisse vor, von denen in diesem Kapitel berichtet wurde. Sie erlauben es aber kaum, die Frage nach der Effektivität der schulischen Umweltbildung in ihrer Gesamtheit zu beantworten. Rode et al. (2001) fordern deshalb Wirkungsstudien mit stärker experimentellem Design und Längsschnittstudien, die es erlauben, die möglichen Auswirkungen schulischer Umweltbildung über mindestens ein Schuljahr zu verfolgen.
Nach Jürgen Lehmann (1999) lassen sich keine direkten Wirkungen der schulischen Umweltbildung festmachen. Er geht davon aus, dass die Familie und die peer group die stärksten Wirkungen im ökologischen Kontext ausüben. Susanne Bögeholz (1999) und Armin Lude (2001) stellen ebenfalls fest, dass der Einfluss der schulischen Umwelterziehung auf Umwelthandeln nur gering ist. Ergebnisse des „Jugendreports Natur" veranlassen Brämer (2010) zu Kritik am „immer abstrakter werdenden naturwissenschaftlichen Unterricht", der dazu führe, dass Jugendliche zwischen dem, was sie in der Schule lernen, und dem, was sie „draußen" in der Natur erleben, zu wenig Bezüge herstellen können. Untersuchungen zur außerschulischen Umweltbildung in Nationalparks und Waldheimen zeigen hingegen teilweise positive Effekte auf Einstellungen, Wissen und Verhalten bei den Lernenden (vgl. Bogner 1998; Bittner 2003; Haase 2003; Bogner & Wiseman 2004; Lude 2005).

21.3 Naturverständnisse prägen die Konzeptionen zur Umweltbildung

Jeder glaubt zu wissen, was unter Natur zu verstehen ist. Der Begriff Natur entzieht sich allerdings bei genauer Betrachtung einer einheitlichen Definition. Zu vielfältig sind seine Facetten, abhängig davon, ob er in einem biologisch-ökologischen, psychologischen, politischen, ökonomischen, philosophischen oder religiösen Kontext diskutiert wird. Dazu ein paar Beispiele: Gerhard Trommer (1990) untersuchte den Naturbegriff Erwachsener und stellte fest, dass Assoziationen zu Natur sich häufig auf nichtmenschliche Naturphänomene (z. B. Bäume, Wald, Tiere, Blumen), ästhetische Kategorien (z. B. Schönheit, Weite, Harmonie) und erholungsbezogene Aktivitäten beziehen. Selten hingegen bringen die Befragten den Begriff Mensch in Zusammenhang mit Natur. Für Biologen wie Hubert Markl (1989, 74 f.) ist hingegen Natur ohne den Menschen zu denken ein „rein abstrakt-historisches Traumgespinst", da es heute keinen Lebensraum auf der Erde mehr gibt, der nicht durch direkte oder indirekte Auswirkungen menschlichen Tuns beeinflusst ist. Bei vielen Menschen wiederum ist Natur ein Symbol für paradiesische Zustände, für die Sehnsucht nach Ganzheit und Glück, ein Umstand, den sich die Werbung zunutze macht. Ulrich Gebhard (1994) betont, dass eine solche ästhetische Stilisierung historisch erst durch die zivilisatorische Entwicklung möglich wurde und vor allem die gezähmte Natur als schön empfunden wird. Intakte Natur wird häufig von Kindern und Jugendlichen als Symbol für Lebensqualität und Lebensfreude betrachtet (vgl. Unterbruner 1991, 2011) und als Ort von Spannung und Entspannung, Abenteuer, Spiel und Begegnungsraum definiert (vgl. Fischerlehner 1993).

Ulrich Kattmann (1994) unterscheidet sieben Weisen, die Natur zu verstehen. Sie sind im Wesentlichen empirisch bestätigt:
1. die *benötigte Natur* (Lebensgrundlage des Menschen);
2. die *geliebte Natur* (artgerechter Umgang mit Pflanzen und Tieren, Pflege der Landschaft);
3. die *verehrte Natur* (religiös-kultische Naturbegegnung);
4. die *erlebte Natur* (emotionale, einfühlsame Wahrnehmung);
5. die *beherrschte Natur* (Umgestaltung zur Nutzung);
6. die *bedrohte Natur* (Naturzerstörung als Ökokrise);
7. die *gelebte Natur* (Natur als Lebenszusammenhang: Der Mensch ist in die Natur eingeschlossen, er ist zugleich Teil und Gegenüber der Natur).

Anhand dieser Sichtweisen lassen sich verschiedene, zum Teil widersprechende pädagogisch-didaktische Konzeptionen unterscheiden, in denen die genannten Aspekte jeweils unterschiedlich zum Tragen kommen (vgl. Kattmann 1993).

Das Verständnis der bedrohten und benötigten Natur wurde zum Konzept einer *Existenzbiologie* umgesetzt (vgl. Drutjons 1987). Danach soll der Unterricht – ausgehend von der privaten Lebensführung – auf Überlebensfragen hin orientiert werden und zu einem Handeln anleiten, das die Existenz des Menschen sichert. Auch die in den 1970er Jahren in den UNESCO-Konferenzen entwickelten und von der KMK 1980 formulierten Ziele beachten ausschließlich die Sicherung der natürlichen Lebensgrundlagen für die gegenwärtige und zukünftige Generation und sind demnach im Wesentlichen anthropozentrisch ausgerichtet.

Der *Naturerlebnispädagogik,* zum Beispiel im Ansatz von Joseph Cornell (1979; 1991), liegt das Verständnis der erlebten und geliebten Natur zugrunde. Das Erleben eines positiven Naturkontakts steht ebenfalls im Mittelpunkt bei der „Leitidee des Pflegerischen" von Gerhard Winkel (1978; 1995).

Das Verständnis *„Natur als Lebenszusammenhang"* reflektiert das Wechselwirkungsgefüge zwischen Mensch und übriger Natur (gelebte Natur). Das Verhältnis kann dann als Teilhabe des Menschen an der Natur (Biosphäre) und der Natur am Menschen umschrieben werden (vgl. Kattmann 1980; 1997). Das von Helmut Schreier (1994) geforderte „Planet Erde-Bewusstsein" könnte im Sinne dieses Verständnisses von der gelebten Natur erreicht werden (vgl. „Bioplanet Erde", Kattmann 2004). Eine Bildung für Nachhaltigkeit ist wohl nur mit einem derartigen Naturverständnis realisierbar.

21.4 Im Unterricht ist das Mensch-Natur-Verhältnis zu reflektieren

Für Umweltbildung ist bedeutsam, welches Naturverständnis die Lernenden leitet und welches im Unterricht vermittelt werden soll. Dem wurde in unterschiedlichen Studien nachgegangen. In Gesprächen über Gentechnik konnte Gebhard (1997) vier Naturkonzeptionen in der Argumentation der Jugendlichen unterscheiden: „die gute Natur", „die personalisierte bzw. beseelte Natur", „die objektivierte bzw. naturwissenschaftliche" und vor allem „die gefährdete Natur". Er verweist auf eine enge Verschränkung von Naturbild und Menschenbild sowie Naturverständnis und Selbstverständnis des Menschen. Natur erscheint den Jugendlichen als eine zu schützende und als eine normgebende Instanz (vgl. auch Brämer 2006).

In einer kulturvergleichenden Studie wurden die Naturkonzepte von Grundschulkindern in Deutschland und Japan untersucht (Gebauer & Harada 2005). Natur wird von japanischen Kindern stärker in ein „Mitwelt-Konzept" integriert, das die tiefe Verehrung und Verbundenheit mit der Natur in den Traditionen des Buddhismus und des Shinto widerspiegelt. Die Naturkonzepte der deutschen Kinder sind polarisierter, widersprüchlicher. Natur dient ihnen stärker als Projektionsfläche für ihre individuellen Bedürfnisse und Interessen, aber auch Ängste und Aversionen. Von „charakteristischen Ungereimtheiten im jugendlichen Verhältnis zu Natur" spricht Brämer (2004; 2006; 2010) auf Grund seiner regelmäßigen Erhebungen zum Naturverständnis von Jugendlichen, dem „Jugendreport Natur". Brämer beschreibt eine „Segmentierung des Naturbildes" in den Köpfen der Jugendlichen: Neben einer „Alltagsnatur", von der man sich immer mehr entfremdet, definiert er eine „Wertnatur" mit pseudoreligiösem Charakter und eine „Nutznatur", die fast zur Gänze ausgeblendet wird. Natur wird von Jugendlichen verniedlicht, sie muss vor dem Menschen geschützt werden und steht für Harmonie, für Inbegriff des Guten und Schönen („Bambi-Syndrom"). Bäume zu pflanzen und zu schützen wird bejaht, sie zu fällen strikt abgelehnt („Schlachthaus-Syndrom"). Naturnutzung wird demnach verdrängt und denunziert.

Auf diesem Hintergrund sollten sich Lehrpersonen klar machen, welches Verständnis von Natur sie in ihrem Unterricht bewusst oder unbewusst transportieren. Gebauer und Harada (2005) empfehlen Lehrpersonen, das eigene Naturkonzept zu hinterfragen und die Einsicht zuzulassen, dass es andere Konzepte der Natur gibt. Die Neigung, das eigene Naturverständnis als das richtige anzusehen, könne Gespräche mit Kindern und Jugendlichen über deren Beziehungen zu Natur behindern (vgl. auch Pohl & Schrenk 2005).

Kattmann (1994) kritisiert, dass sich in den Biologieschulbüchern vorrangig eine Kombination von bedrohter, benötigter und beherrschter Natur findet. Es ginge aber darum, die *Doppelrolle des Menschen* zu verstehen, in der der Mensch in seinem Bewusstsein und mit seinem technischen Können der Natur als Gestalter und Veränderer gegenübersteht und doch zu jeder Zeit und unentrinnbar als Lebewesen ein Teil von ihr bleibt. Auch im Sinne von Brämer (2010) und Unterbruner (2011) darf die verantwortungsvolle Nutzung von Natur kein Tabu sein, ebenso wenig wie eine verantwortungsbewusste Gestaltung der Natur und Gesellschaft durch Technik und Naturwissenschaften. Eine Bildung für Nachhaltigkeit muss den *Nutzungsaspekt* explizit thematisieren. Dass Jugendliche den Menschen als außerhalb der Natur stehenden „Störenfried" sehen, ist ebenfalls einer Bildung für Nachhaltigkeit abträglich. Um Naturverständnisse und Argumentationsmuster sichtbar zu machen, eignen sich nicht nur für die Forschung, sondern auch für den Unterricht Gespräche mit Kindern (vgl. Billmann-Mahecha et al. 1997; Billmann-Mahecha & Gebhard 2009).

21.5 Naturerfahrung motiviert zum Umwelthandeln

Ein Bedürfnis von Jugendlichen

Naturerleben, Naturerfahrung, Naturbegegnung, Naturbeziehung … Alle diese Begriffe, die in der Praxis häufig synonym verwendet werden, stehen für eine intensive Zuwendung zu Lebewesen und/oder Landschaften und bezeichnen einen „spezifischen Auseinandersetzungsprozess des Menschen mit seiner belebten Umwelt …, der sich durch unmittelbare, multisensorische, affektive und vorwissenschaftliche Lernerfahrungen auszeichnet" (Mayer 2005, 240). Naturerfahrung ist geprägt vom kulturellen Kontext und umfasst unterschiedliche Dimensionen der kognitiven, affektiven und handlungsbezogenen Auseinandersetzung, die sich meist überlappen. Nach Jürgen Mayer (1992) sind dies die wirtschaftliche, wissenschaftliche, soziale, rekreative, schützende, ästhetische, ethisch-religiöse und symbolisch-allegorische Dimension.

Grundsätzlich lässt sich festhalten: *Naturerleben* tut uns gut und stärkt unser Wohlbefinden und Konzentrationsvermögen (vgl. Mitchell & Popham 2008). Menschen leiden nachweislich umso weniger unter Zivilisationskrankheiten und Depressionen, je grüner ihr Wohnumfeld ist (Maas et al. 2009). Gebhard (2009) argumentiert, dass Kontakt mit Natur für die seelische Entwicklung von Kindern förderlich ist. Natur habe im Leben und Erleben von Kindern und Jugendlichen große Bedeutung. Es gibt eine Vielzahl von entwicklungsfördernden Faktoren beim Umgang mit und in der Natur. Hier sind vor allem die Veränderbarkeit der Natur bei gleichzeitiger Kontinuität zu nennen, wie auch die Anregungen auf Grund der Vielfalt der Formen, Materialien und Farben. Nach Gebhard findet im Naturerleben Natur- und Selbsterfahrung statt, Natur wird gewissermaßen zu einem Interaktionspartner und kann damit für die Entwicklung eines Menschen eine wichtige Rolle spielen (vgl. Gebauer & Gebhard 2005; Wilke 2004).

Förderung der Naturerfahrung
Ein Credo vieler Naturschützer lautet: „Nur was ich schätze, bin ich auch bereit zu schützen". Der Naturerfahrung wird damit eine große *Relevanz für Umwelthandeln* zugesprochen – eine subjektive Überzeugung vieler Praktiker, die aber durch empirische Daten durchaus gestärkt wird.
Karl-Heinz Berck und Rainer Klee (1992) stellten in einer Befragung von Mitgliedern von Naturschutzverbänden und nicht aktiven Personen fest, dass Erstere sich nicht nur durch größeres Interesse und höhere Natur- und Umweltschutzaktivitäten, sondern auch durch einen größeren Handlungsbereich im Umweltschutz ausweisen. Nahezu die Hälfte der naturschützerisch tätigen Befragten hatte sich bereits vor dem 10. Lebensjahr gezielt mit Arten beschäftigt. Rolf Langeheine und Jürgen Lehmann (1986) betonen, dass direkte Naturerfahrung in der Kindheit unmittelbaren Einfluss auf das Umwelthandeln von Erwachsenen ausübt. Bei 12- bis 17-Jährigen fand man, dass häufiger Naturkontakt in der Kindheit sowohl später zu positiver Naturbeziehung wie auch größerer Aufgeschlossenheit für Umweltthemen führt (Bixler, Floyd & Hammitt 2002). Einen starken Zusammenhang zwischen frühem Naturkontakt und späterer umweltbezogener Berufswahl bei Studierenden des Studiengangs Landschaftsnutzung & Naturschutz konnte Norbert Jung (2005) zeigen.
Dietmar Pohl und Markus Schrenk (2005) untersuchten Naturwahrnehmung von Grundschulkindern und stellten fest, dass ihre Ausprägung in Bezug zum Naturangebot im jeweiligen Wohnbereich steht. Eine positive Bewertung der Natur geht überdies mit einer differenzierteren Kenntnis von Natur einher. Die interviewten Kinder äußerten vielfältige Naturzugänge und Interesse für Tätigkeiten und Landschaftselemente.
Naturerfahrung ist ein wesentlicher Bedingungsfaktor für die Genese umweltbewusster Einstellungen und vor allem von Handlungsbereitschaft. Dies stellte Susanne Bögeholz (1999) in ihrer Studie mit 10- bis 18-jährigen Kindern und Jugendlichen fest, in der sie in natur- und umweltbezogenen Gruppen Aktive und Nicht-Aktive verglich. Je häufiger Kinder und Jugendliche Erfahrungen in der Natur machen, umso häufiger zeigen sie Umwelthandeln in Alltagssituationen wie etwa bei ihrem Verkehrs- und Abfallverhalten. Häufige Naturerfahrungen gehen mit positiver Wertschätzung von Natur einher, wobei die Art der Naturerfahrung eine Rolle spielt. Bögeholz (1999) unterscheidet verschiedene Dimensionen der Naturerfahrung, die sich in einem ökologisch-erkundenden, einem instrumentell-erkundenden, einem ästhetischen und einem sozialen Typ äußern. Die höchste Motivation und Intention zu umweltverträglichem Handeln findet sich bei Jugendlichen des ökologisch-erkundenden und instrumentell-erkundenden Naturerfahrungstyps. Intensive Kontakte zu Haustieren (soziale Dimension) wie auch der ästhetisch dominierte Zugang zu Natur sind demnach für das Umwelthandeln weniger bedeutend.
Armin Lude (2001), der 16-jährige Gymnasialschüler/-innen befragte, ergänzte diese Dimensionen um drei weitere – um die erholungsbezogene, ernährungsbezogene und mediale Dimension von Naturerfahrung. Die am häufigsten genannte Dimension ist wie bei Bögeholz (1999) die soziale. Mädchen machen generell mehr Naturerfahrung (soziale, ästhetische, ernährungsbezogene und erkundende Dimension). Lude fand heraus, dass diejenigen Jugendlichen, die mehr Naturerfahrung machen, zugleich mehr Umwelthandeln zeigen. Er stellt fest, dass bezüglich der Naturerfahrungen kein Sättigungseffekt eintritt: Diejenigen Jugendlichen, die viele

Erfahrungen in einer bestimmten Naturerfahrungsdimension machen, wünschen sich zugleich noch mehr in diese Richtung tun zu können (vgl. Röll 2007).

Dass die Schönheit von Natur ein wesentliches Element von Naturerlebnissen ist, betonen Billmann-Mahecha und Gebhard (2004, 2009). Gebhard (2009, 2010a, b) verweist darüber hinaus auf die emotionale Bindung, die viele Kinder zu Tieren haben, und den „heilsamen" Effekt im Umgang mit Natur, vor allem mit Haustieren und Therapie-Tieren.

Daneben werden aber auch negative Erfahrungen gemacht, die das Naturverhältnis beeinflussen. Bögeholz & Rüter (2004) berichten, dass vor allem Mädchen häufiger Angst oder Ekel z. B. vor Spinnen und Schlangen äußern.

Vermittlung im Unterricht
Die Förderung von Naturerfahrung kann als ein wichtiger Mosaikstein der schulischen und außerschulischen Umweltbildung gesehen werden. Die Förderung eines spielerischen, unbelasteten Kontakts zur Natur ist nach Bögeholz (1999) sinnvoll, da dessen affektive Bedeutung für die Motivierung von Umwelthandeln doppelt so hoch ist wie die Motivierung durch Umweltprobleme. Didaktisch rekonstruierte Lernangebote sollten den unterschiedlichen Naturzugängen gerecht werden. Kinder und Jugendliche, die eher im Sinne der ästhetischen oder sozialen Naturerfahrung orientiert sind, sollten zu erkundender Naturerfahrung angeregt werden. Lude (2001, 200) empfiehlt, mit einer kreativen Integration von Naturschutzaspekten in den Unterricht Kinder und Jugendliche „auf den Geschmack" zu bringen, da naturschutzbezogene Naturerfahrung deutlich mit Umwelthandeln korreliert. Es wird empfohlen, Kindern zahlreiche, stark selbstgesteuerte Naturerfahrungen machen zu lassen und dafür Lernangebote in der Stadt zu nutzen (Pohl & Schrenk 2005).

Da Probleme um Arten-, Umwelt- oder Tierschutz durch Konflikte zwischen den Dimensionen unserer Naturbeziehung geprägt sind, plädiert Jürgen Mayer (2000) für einen mehrperspektivischen Unterricht. Kinder und Jugendliche sollten angeregt bzw. in die Lage versetzt werden, Tiere und Pflanzen aus verschiedenen Perspektiven zu betrachten, ihre eigene Sichtweise mit anderen zu kontrastieren (z. B. Nutzungs- kontra Schutzinteressen) und damit ein Bewusstsein über die eigenen Perspektiven zu erlangen. „Damit erschließt sich in der Mehrperspektivität auch die ganze Bandbreite von gesellschaftlich und kulturell bedingten Zugängen zur Natur und darin eingeschlossenen Erfahrungen. Damit werden den Lernenden zugleich Orientierungen und Werthaltungen angeboten" (Mayer 2000, 63). Er empfiehlt, die Vermittlung von Naturerfahrungen an die Lebenswirklichkeit der Schüler anzuknüpfen, da nur diejenigen Situationen Bedeutung für künftiges Umwelthandeln erlangen werden, die über die pädagogische Situation hinausgehen.

Darüber hinaus sind *negative Naturerfahrungen* und angelernte Aversionen zu berücksichtigen und möglichst durch alternative Zugänge zu kompensieren, z. B. bei Schnecken, Spinnen und Schlangen durch Faszination des Ungewöhnlichen (Bögeholz & Rüter 2004; vgl. Gropengießer & Gropengießer 1985).

Naturerfahrungspädagogik
In der Naturerfahrungspädagogik wird versucht, positiven, einfühlsamen Kontakt zu Natur mit Hilfe spielerischer Aktivitäten und Sensibilisierungsübungen zu fördern. Dabei wird die Wahr-

nehmungsfähigkeit mit allen Sinnen geschult und die emotionale Begegnung mit Landschaften, Pflanzen und Tieren gefördert. Ästhetische Aspekte der Natur werden in den Mittelpunkt gerückt. Der US-Amerikaner Joseph Cornell hat mit seinem Buch „Mit Kindern die Natur erleben" (1979) zweifellos den stärksten Einfluss auf die Entwicklung der Naturerlebnispädagogik genommen. Vielfach wurden seine Anregungen in der schulischen und außerschulischen Umweltbildung, besonders im Bereich des Naturschutzes, aufgegriffen und für die jeweiligen Bedürfnisse adaptiert. Cornell, dem es darum geht, Menschen jedes Alters ein „wirklich erhebendes Naturerlebnis zu verschaffen" (1991, 19), schlägt das Konzept des „Flow Learning" vor, nach dem Spiele und Aktivitäten in einer bestimmten Reihenfolge ausgewählt werden sollen. Die vier Stufen des „Flow Learning" lauten: „1. Begeisterung wecken, 2. konzentriert wahrnehmen, 3. unmittelbare Erfahrung und 4. andere an deinen Erfahrungen teilhaben lassen" (Cornell 1991, 18 f.).

Im deutschsprachigen Raum wurden weitere Ansätze entwickelt, die ebenfalls das Ziel eines intensiven Naturkontaktes verfolgen. Hans Göpfert (1988) legt in seiner „naturbezogenen Pädagogik" den Schwerpunkt auf die zweckfreie und „sinnenhafte ganzheitliche Naturerfahrung". Gerhard Trommer propagiert die „wildnisbezogene Pädagogik" als „Gegenkonstrukt für die so machtvoll vordringende moderne Zivilisation" und sucht die Begegnung mit der wilden, d. h. siedlungs-, kommerz- und technikfreien Natur (Trommer 1994, 128; 1992; vgl. Bittner 2005).

Zahlreiche *außerschulische Angebote* für Kinder und Jugendliche verbinden Spielpädagogik und Naturerfahrung (vgl. Wessel & Gesing 1995; Schlehufer & Kreuzinger 1997). In der Waldpädagogik und Nationalparkpädagogik werden spielerische, ökologische und ökonomische Elemente verbunden, um insbesondere Kindern und Jugendlichen den Lebensraum Wald und die Anliegen der Forstwirtschaft bzw. die Nationalpark-Thematik näherzubringen (vgl. Düring 1991; Voitleithner 2002). In sogenannten Wald-Kindergärten verbringen die Kinder die gesamte Zeit in freier Natur (vgl. Miklitz 2000). Zahlreiche Umweltzentren haben ihre Angebote im Sinne der Naturerlebnispädagogik ausgerichtet (vgl. Dempsey 1993; Kochanek, Pathe & Szyska 1996; Grimm 2003). Auch im (Öko-)Tourismus kommen zahlreiche Angebote zum Einsatz, in deren Zentrum das Erlebnis in und mit der Natur steht. Beispiele dafür sind Erlebnispädagogik (vgl. Paffrath & Ferstl 2001), „Land art" (vgl. Güthler, Lacher & Kreuzinger 2001), „Landschaftsinterpretation" (vgl. Lehnes & Glawion 2002).

Dennoch finden sich auch kritische Stimmen: Eine derartige Umweltbildung laufe Gefahr, sich gegen die gesellschaftliche Realität abzuschotten und damit entpolitisierend zu wirken. Es bestehe die Gefahr, dass damit eine neue Heilslehre im pädagogischen Alltag kreiert und Natur undifferenziert zum Mythos stilisiert werde (vgl. Kahlert 1991; Heid 1992; Schaar 1995). Manche gehen sogar so weit, dieser Art der Naturerfahrung jede Bedeutung in der Umweltbildung, insbesondere unter der Zielsetzung einer Bildung für Nachhaltigkeit, abzusprechen (de Haan, Jungk & Kutt 1997, 179 f.).

21.6 Umweltwissen ist für Umwelthandeln notwendig, aber nicht hinreichend

Ein uneinheitliches Konstrukt

Unter Umweltwissen wird in den vorliegenden Studien kein einheitliches Konstrukt verstanden, sondern es wird mit unterschiedlicher Schwerpunktsetzung nach Artenkenntnis, Kenntnis ökologischer Zusammenhänge, Wissen über Umweltprobleme, Umweltschutz, kommunalen oder gesellschaftlichen Aspekten (Alltagswissen) gefragt.

Die meisten Fragen in den empirischen Untersuchungen zählen zur Kategorie „to know what" (Daten-, Faktenwissen). Eine gewisse Schwierigkeit besteht darin, dass in diesen Untersuchungen sehr unterschiedliche, oft miteinander nicht vergleichbare Dimensionen bzw. Operationalisierungen von Umweltwissen (Einstellungen und Handeln) herangezogen werden. Als typische Fragen zum Umweltwissen werden zum Beispiel genannt: „Wohin werden Hausmüll und Geschäftsmüll aus Ihrer Stadt gebracht? Wissen Sie, weshalb FCKW umweltschädlich ist? Welche Umweltschutzorganisationen kennen Sie? Wie viele Kernkraftwerke gibt es in Deutschland? Kennen Sie die abgebildeten Tiere und Pflanzen?" (de Haan & Kuckartz 1996, 58). Wie Horst Siebert (1998, 93) bemerkt, ist ein solches Faktenwissen aber (fast) nur in Verwendungszusammenhängen relevant. „Wissensfragen in standardisierten, quantifizierten Befragungen sind problematisch, da sie von der Relevanz des Wissens für die Befragten und von Verwendungssituationen abstrahieren müssen".

Dem Wissen über Ursachen und Erklärungen („to know why") wird in Untersuchungen zu Vorstellungen zentraler Begriffe nachgegangen, z. B. über die Begriffe Ökosystem, Lebensgemeinschaft, Zersetzung und Kreislauf, Klimawandel oder Nachhaltigkeit. Die Untersuchungen geben Einblick in die alternativen Denkgebäude von Lernenden, die den fachlichen Bedeutungen der Begriffe, wie sich meist zeigt, nur partiell entsprechen.

Und schließlich ist es relevant, ob durch Umweltbildung Wissen über Verfahren und Strategien („to know how") in ausreichendem Maß bereitgestellt wird, was Personen darin unterstützt, ihr Handeln unter ökologischen Gesichtspunkten zu betrachten und/oder für Veränderung ihres Handelns anzuwenden. Cornelia Gräsel (1999; 2000) betont, dass ökologisches Wissen häufig „träges Wissen" ist, d. h., es wird nicht oder kaum zur Problemlösung herangezogen und stellt sich nicht als handlungsleitendes Motiv heraus. Sie fordert, dass bereits beim Erwerb von Wissen jene Problemlösesituationen berücksichtigt werden, in denen später dieses Wissen angewendet werden soll (situiertes Lernen). Authentische, für die Lernenden realitätsnahe und komplexe Fragestellungen sollten im Mittelpunkt eines *problemorientierten Unterrichts* stehen und von den Lernenden selbstgesteuert bearbeitet werden (vgl. auch Renkl 1996). Handlungsrelevantes Wissen sollte gegenüber herkömmlichem Faktenwissen in den Vordergrund rücken. Das Einbeziehen sozialer Systeme sollte nach Regula Kyburz-Graber et al. (1997) helfen, nicht-träges Wissen zu konstruieren. Die Bedeutung fachübergreifenden Projektunterrichts wird damit unterstrichen (vgl. Bolscho & Seybold 1996; Gudjons 1997).

Neben der Handlungsrelevanz gilt die Förderung von *vernetztem Denken* als zentrale Aufgabe der schulischen Umweltbildung. „Umwelterziehung obliegt die elementare Aufgabe, wissenschaftliche Erkenntnisse nicht als heterogene Menge von Einzelerkenntnissen darzustellen, sondern ‚Umwelt' als ein zusammenhängendes und vernetztes System zu strukturieren" (Gärtner

1990, 90; vgl. Vester 2002; Dörner 2003). Werden dazu vielfältige Unterrichtsmethoden eingesetzt (z. B. freilandbiologische und experimentelle Arbeiten), zeigen sich nach Sigrid Müller und Almut Gerhardt-Dircksen (2000b) positive Effekte beim Wissensaufbau.

Entgegen der landläufigen Meinung, dass mit der Vermittlung von Wissen über Ökologie und Umweltprobleme quasi automatisch positive Umwelteinstellungen bewirkt werden, die wiederum zu umweltgerechtem Handeln führen, lässt sich Umweltwissen in zahlreichen Studien nur in geringem Maße als Voraussetzung für eben dieses umweltschonende Verhalten und Handeln festmachen. Umweltwissen ist demnach wohl eine notwendige, aber keine hinreichende Bedingung für Umwelthandeln (vgl. Braun 1983; Hines, Hungerford & Tomera 1986/87; Langeheine & Lehmann 1986; Schahn & Holzer 1990; Billig 1990; Gehlhaar 1990; Grob 1991; Szagun & Mesenholl 1991; Diekmann & Preisendörfer 1992; 1998; Schuhmann-Hengsteler & Thomas 1994; de Haan & Kuckartz 1996; Bögeholz 1999; Lehmann 1999).

Defizite der Wissensvermittlung

Untersuchungen zu Umweltwissen wecken immer Zweifel an der Effektivität der schulischen Wissensvermittlung. So wurde in mehreren Studien in den 1980er und 1990er Jahren festgestellt, dass das ökologische Wissen von Schulabgängern „bruchstückhaft, abstrakt und theoretisch sowie gedanklich wenig durchdrungen" ist (Pfligersdorffer 1991, 186; 1994; vgl. de Haan & Kuckartz 1996; Müller & Gerhardt-Dircksen 2000a). Häufig zeigte sich, dass Wissen über die nähere Lebensumgebung geringer war als über entfernte Gegenden und Umweltprobleme wie etwa dem tropischen Regenwald oder dem Ozonloch (vgl. Dempsey, Rode & Rost 1997; Schmid 1995). Es wird vermutet, dass diese Differenz zwischen Nahem und Fernem daraus resultiert, dass die Umweltsituation „vor der Haustüre" wesentlich weniger besorgniserregend wahrgenommen wird als der Zustand der Umwelt in der Ferne oder für die Welt insgesamt (de Haan & Kuckartz 1996). Diese „Nah-Fern-Differenz" ist auch aus den BMU/UBA-Studien zum Umweltbewusstsein in Deutschland bekannt (Wippermann et al. 2008; Borgstedt et al. 2010).

Älteren Untersuchungen zufolge waren Kenntnisse über Naturschutz bei Lernenden der Sekundarstufe I schlechter ausgebildet als Kenntnisse über Umweltgefährdung und Umweltschutz (Scherf & Bienengräber 1988; Demuth 1992). Gertrud Scherf (1986) verweist aufgrund ihrer Untersuchung an Münchner Grundschulen auf die Bedeutung pflanzlicher Formenkenntnisse für eine naturschützerische Einstellung (zur Wahrnehmung der Biodiversität vgl. Eschenhagen 1985; Berck & Klee 1992; Mayer 1992; Zabel 1993; Menzel & Bögeholz 2005).

Was die Variablen Geschlecht und Schultyp betrifft, verhält es sich bei den Jugendlichen ähnlich wie bei den Erwachsenen: Jungen wissen mehr, besonders in Hinblick auf naturwissenschaftliche Fakten. Bei der Überprüfung von Artenkenntnis und Wissen über Tiere sind keine derartigen Geschlechterdifferenzen festzustellen, gelegentlich sind die Mädchen besser (z. B. bei Pflanzenkenntnissen – Bögeholz 1999; vgl. Scherf & Bienengräber 1988; Zubke & Mayer 2003). Befragungen von jungen Erwachsenen bescheinigen den ehemaligen Gymnasiasten mehr Umweltwissen als Haupt- oder Realschülern. Bei allen Gruppen ist das Wissen über nationale oder globale Umweltprobleme größer als über lokale (vgl. Braun 1984; Bolscho 1987; Pfligersdorffer 1991; Gebauer 1994; de Haan & Kuckartz 1996).

Schülervorstellungen
In den letzten Jahren hat sich der Fokus stärker auf die Untersuchung von Schülervorstellungen im Bereich Ökologie und Umwelt verschoben. Die Ergebnisse dieser Studien liefern wertvolle Hinweise für die didaktische Strukturierung von Umweltunterricht (vgl. z. B. Sander 2002, 2003 a; b; Jelemenská 2004; Baisch 2009; Holthusen 2004; Niebert 2010)
Die Untersuchungen geben zahlreiche Hinweise für eine „Nachschärfung" der unterrichtlichen Wissensvermittlung. So konnte Elke Sander (1998; 2002; 2003 a; b) zeigen, dass Konzeptionen Jugendlicher zu den Begriffen ökologisches Gleichgewicht, Stabilität und Veränderung weitgehend dem veralteten ökologischen Ansatz Friedrich Thienemanns (1956) entsprechen. Sie sprechen z. B. über eine gute und harmonische Natur, über Gleichgewicht als naturgesetzlichen Zustand und sehen im Menschen grundsätzlich einen Störenfried. Diese Vorstellung des außerhalb der Natur stehenden, negativ wirkenden Menschen ist einer Bildung für Nachhaltigkeit abträglich. Zudem entspricht diese Sichtweise keineswegs den aktuellen wissenschaftlichen Konzepten der Ökologie (vgl. Patch Dynamics, Townsend et al. 2009).
Patricia Jelemenská (2006) stellte fest, dass Jugendliche den Begriff „Ökosystem" nur räumlich verstehen und funktionelle Gesichtspunkte wie Energie- und Stoffflüsse ausblenden. „Kreislauf" wird meist nicht zirkulär, sondern linear als Nahrungskette oder Stofffluss mit den Pflanzen als Endstation begriffen (vgl. Hilge 1999; Helldén 2000; 2004; Jelemenská 2004). Vernetzung und Stoffkreisläufe kommen erst in globaler Sicht („Ökosystem Erde") stärker in den Blick. Elke Sander, Patricia Jelemenská und Ulrich Kattmann (2004) weisen darauf hin, dass ökologische Vernetzung und Stoffkreisläufe durch einen *Perspektivenwechsel* zwischen lokaler und globaler Sicht sowie durch eine Einbettung in den Kontext der Erdgeschichte anschaulich erfasst werden können. Petra Baisch (2009) untersuchte Schülervorstellungen zum ökologischen Konzept „Stoffkreislauf" mit Grundschüler/-innen und konnte zeigen, dass eine moderat-konstruktivistische Lernumgebung mit einer Kompostkiste den Aufbau adäquater Konzeptionen unterstützen konnte.
 Zum Problemkreis Nachhaltigkeit erhob Kerstin Holthusen (2004) mittels Schülerzeichnungen Konzepte Jugendlicher zum nachhaltigen Umgang mit dem Ökosystem Wald. Zahlreiche wissenschaftliche und lebensweltliche Konzepte konnten dabei analysiert werden, die, wenn auch teilweise konträr, den Jugendlichen nebeneinander verfügbar sind (vgl. z. B. „Totholz" versus „unordentlicher Wald").
Denkfiguren zum Klimawandel – insbesondere zur Rolle des CO_2 im Klimawandel und zu Mechanismen der globalen Erwärmung – hat Kai Niebert (2010) in einer Interviewstudie mit Jugendlichen erhoben. Dabei zeigt sich, dass Wissenschaftler und Lernende ähnliche Schemata benutzen, diese aber im Zielbereich Klimawandel unterschiedlich konzeptualisieren. Niebert entwickelte und evaluierte in der Folge auf den Untersuchungsergebnissen aufbauende Lernangebote. Li Sternäng und Cecilia Lundhom (2011) interviewten 14-jährige Chinesen zu Ursachen und Lösungen des Klimawandels. Sie beschreiben eine klassische Dilemmasituation zwischen individueller und gesellschaftlicher Problemlösung, in der sich viele der Jugendlichen befinden.

21.7 Umweltbewusstsein ist die wichtigste Voraussetzung für Umwelthandeln

Ein mehrdimensionales Konstrukt

Der Terminus Umweltbewusstsein wird unterschiedlich gebraucht. In der Regel versteht man darunter Einstellungen und Werthaltungen in Bezug auf Natur und Umwelt wie auch Wissen über Umweltzerstörung und Umweltschutz (vgl. Fietkau 1984; Acury & Johnson 1987; Holtappels, Hugo & Malinowski 1990; Waldmann 1992; Szagun & Jelen 1994). Andere sprechen von Umweltbewusstsein nur dann, wenn sowohl Umweltwissen, Umwelteinstellungen als auch Umweltverhalten berücksichtigt werden (de Haan & Kuckartz 1996). Horst Siebert hat die Dimensionen des Begriffs Umweltbewusstsein zusammengefasst (▶ Abb. 21-1).

Nach den Meta-Analysen (de Haan & Kuckartz 1996; Lehmann 1999) und nach den Ergebnissen der in regelmäßigen Abständen durchgeführten Erhebungen u. a. des Bundesministeriums für Umwelt, Naturschutz und Reaktorsicherheit (z. B. Kuckartz & Grunenberg 2002; Kuckartz & Rheingans-Heintze 2006; Wippermann et al. 2008; Borgstedt et al. 2010) lassen sich folgende zentrale Ergebnisse zusammenfassen:

– Das Umweltbewusstsein ist in Deutschland sehr groß. Die Bevölkerung sieht die globale Umweltsituation kritisch und ist skeptisch in Hinblick auf zukünftige Entwicklungen. Die Umweltqualität im Nahbereich wird besser beurteilt. Das Thema Umwelt wird als eines der wichtigsten Themen der Zukunft eingeschätzt, der Umweltpolitik hohe Bedeutung für die gesellschaftliche Herausforderungen zugesprochen.
– Während in früheren Untersuchungen die Aufmerksamkeit der Befragten auf Luft- und Wasserverschmutzung lag, haben sich in den letzten Jahren globale Probleme wie Klimawandel oder Energiegewinnung in den Vordergrund geschoben.
– Die überwiegende Mehrheit der Bevölkerung glaubt, dass sie selbst direkt zur Verbesserung der Umweltsituation beitragen könne, wenngleich vermehrt Anforderungen bezüglich Um-

Abbildung 21-1: Dimensionen des Umweltbewusstseins (nach Siebert 1998, 76)

welt- und Klimaschutz an Staat und Industrie gestellt werden. Das Wissen über Natur und Umwelt ist weitaus weniger ausgeprägt als der Grad und Umfang der Pro-Umwelt-Einstellungen.
- Fast alle Studien kommen zu dem Ergebnis, dass das Umweltbewusstsein und die persönliche Betroffenheit bei Frauen größer sind. Erwachsene Frauen wie auch Mädchen äußern wesentlich häufiger Gefühle wie Wut, Empörung, Traurigkeit oder Angst gegenüber der Umweltzerstörung.
- Das Umweltwissen hingegen ist bei Männern größer.

Zukunftsvorstellungen von Jugendlichen
Auch Jugendliche schätzen Umweltfragen als wichtig ein und beurteilen den Schutz der Umwelt als erstrebenswert und notwendig. Wie Studien aus den vergangenen zwei Jahrzehnten zeigen, äußern Kinder und Jugendliche viel Emotion im Zusammenhang mit Umwelt- und Zukunftsfragen. Mitte der 1980er Jahre wurde erstmals von Horst Petri, Klaus Boehnke, Michael Macpherson und Margarete Meador (1987) eine bundesweite Studie zu den Zukunftswünschen und -ängsten Jugendlicher durchgeführt, der weitere Studien in Deutschland und mehreren europäischen Ländern folgten (vgl. Boehnke et al. 1989; Grefe & Jerger-Bachmann 1992; Hurrelmann 1992; Aurand et al. 1993; Boehnke & Macpherson 1993; Kasek 1993; Szagun & Jelen 1994; Solanthaus & Rimpela 1986; Unterbruner 1991; Hirsch Hadorn et al. 1996). Kriegsgefahr und Umweltprobleme wurden von 13- bis 17-Jährigen in hohem Maße wahrgenommen. Der Terminus *Umweltängste* wurde damals geschaffen. Teenager in Australien und Neuseeland äußerten diese Ängste ebenfalls und zählten – wie die europäischen Jugendlichen – eine saubere Umwelt und Frieden zu ihren größten Hoffnungen und Wünschen (vgl. Eckersley 1999; Worsley & Skrzypiec 1998; Keown 2000). Als Hauptverursacher von Umweltproblemen wurden Fabriken und Autos genannt.

Ab 2000 begann sich in Deutschland ein neuer Trend abzuzeichnen: Jugendforscher sprachen von einer neuen Zuversicht und einer „pragmatischen" Jugend. Persönlicher Ausdruck über Markenkleidung und tolles Aussehen wurde zunehmend wichtiger, die Sorge um den Arbeitsplatz verdrängte die Umweltthematik (vgl. Zuba & Kromer 2003; Grunenberg & Kuckartz 2003). Persönliche und gesellschaftliche Zukunftsvorstellungen klafften aber auseinander. In der 14. Shell-Jugendstudie (Zinnecker et al. 2002) lässt sich nachlesen, dass 72% der befragten Jugendlichen „zuversichtlich" in ihre persönliche Zukunft blickten. Gleichzeitig aber glaubten 64%, dass Technik und Chemie die Umwelt zerstören würden. Ganz ähnliche Befunde wurden ein paar Jahre zuvor in Großbritannien ermittelt (Hicks 1995).

Neueste, u. a. internationale Ergebnisse deuten darauf hin, dass Umweltprobleme wieder vermehrt ins Blickfeld der Jugendlichen geraten sind. Hier finden die weltweiten Debatten um Klimawandel, Verlust an Biodiversität oder Globalisierung ihren Niederschlag. Die OECD/PISA-Studie „Green at Fifteen?" (2009) zum Beispiel macht deutlich, dass der überwiegende Teil der 15-Jährigen in den OECD-Ländern für Umweltfragen stark sensibilisiert ist. 94% der deutschen Jugendlichen sind der Meinung, dass sie selbst oder andere Menschen in ihrem Land dafür verantwortlich wären, etwas gegen die Luftverschmutzung zu tun (OECD-Durchschnitt: 92%). Die Zuversicht, dass sich die Luftqualität in den kommenden 20 Jahren verbessern würde, haben in Deutschland allerdings nur 14% der 15-Jährigen (vgl. die Umfrage „Jugend und Nachhaltigkeit" der Bertelsmann-Stiftung 2009).

In einer Replikationsstudie hat Ulrike Unterbruner (1991; 2010; 2011) Zukunftsvorstellungen 13- bis 17-jähriger österreichischer und deutscher Jugendlicher sowie deren Zukunftswünsche und -ängste erhoben. Zukunft wird von den Jugendlichen heute etwas positiver gesehen als vor 20 Jahren. Der Anteil der pessimistischen Zukunftsvorstellungen hat sich verringert (von 55 % auf 44 %), die optimistischen Szenarien sind von 25 % auf 38 % gestiegen. Natur ist nach wie vor ein zentrales Thema in den Zukunftsszenarien der Jugendlichen. Neben einer glücklichen Familie und einem guten Beruf ist intakte Natur auch heute für viele Jugendliche ein zentraler Bestandteil eines guten Lebens (vgl. Gebhard 2005). Naturzerstörung und Umweltverschmutzung hingegen rauben Perspektiven. Der zunehmende Verlust von Grün durch Megacitys sowie Luftverschmutzung durch Autos und Fabriken werden heute wie vor 20 Jahren befürchtet bzw. unmissverständlich abgelehnt (vgl. Unterbruner & Otrel-Cass 2010). Zusätzlich werden soziale Faktoren wie Profitgier oder soziale Kälte als Kriterien für eine lebensfeindliche zukünftige Welt beschrieben.

Wenn es um die gesellschaftliche Zukunft geht, ist der aktuellen 16. Shell-Studie (Leven, Quenzel & Hurrelmann 2010, 127) zufolge eine Mehrheit der deutschen Jugendlichen düster gestimmt (West/Ost: 53 % zu 57 %). Im Gegensatz dazu ist ihr Optimismus für die persönliche Zukunft steigend. „Das erste Jahrzehnt des 21. Jahrhunderts" – so die Autoren der Shell-Studie – „kann als Zeitraum des privaten Optimismus bei gleichzeitiger negativer Bewertung der gesellschaftlichen Zukunft abgespeichert werden".

Einbeziehen der Umweltängste
Als Konsequenz daraus fordert Unterbruner (1991; 1999; 2011; Brucker 1993; Hazard 1993 vgl. Gebhard 2009) einen *ganzheitlichen Unterricht,* in dem Wissen, Emotionen und Handeln gleichermaßen zum Tragen kommen. Die Emotionen der Kinder und Jugendlichen, im Besonderen die Ängste vor Umweltzerstörung und die Sehnsüchte nach einer heilen, grünen Welt, sollen ernst genommen und in den Unterricht integriert werden. Ziel muss es sein, einen konstruktiven Umgang mit all diesen Emotionen zu fördern. Dies ist besonders wichtig bei möglicherweise bedrohlichen Emotionen, um Kinder und Jugendliche nicht mit einem passiv-verleugnenden Umgang in Abwehrhaltungen (wie Verdrängung oder Verleugnung) zu drängen, die eine konstruktive Beschäftigung mit Umweltthemen und die Motivation für Umwelthandeln blockieren können (vgl. Petri 1992; Gebhard 2009; „Integriertes Handlungsmodell für Umwelthandeln" nach Rost, Gresele & Martens 2001; ▶ Abb. 21-2, S. 187).

Die Integration der Emotionen kann auf unterschiedliche Art und Weise realisiert werden, z.B. durch Beschäftigung mit Zukunftsphantasien, Thematisieren von Gefühlen, die bei Umweltthemen, insbesondere bei potenziell bedrohlichen, vorhanden sind oder bei mit Umweltfragen verbundenen Interessenskonflikten und Lösungsstrategien (vgl. „emotion talk", Reis & Roth 2010). Diese Prozesse können sehr gut mit kreativen Methoden wie Fantasiereisen, Zeichnen, kreativem Schreiben unterstützt werden (vgl. Unterbruner 1991; 1996; 2011; Holthusen 2004). Zukunftsvorstellungen sollten im Unterricht explizit thematisiert werden, da auf Sinn und Verstehen zielende Bildungsprozesse auf eine Verschränkung der Subjekt- und Objektebene angewiesen sind (Combe & Gebhard 2007). Durch das Hereinholen persönlicher Zukunftsgeschichten in den Unterricht kann dieser Bezug zwischen fachlichem Wissen, lebensweltlichen Vorstellungen und kulturellen Bildern begünstigt werden. Die Zukunftsvisionen provozieren gewissermaßen Fragen und Gespräche über den (Stellen-)Wert ökologischer und ökonomischer Entscheidungen für das zukünftige Leben auf unserem Planeten. Diese Verschränkung von Subjekt und Objekt erlaubt stärker, sich der Bedeutsamkeit einer nachhaltigen Entwicklung für das persönliche Leben gewahr zu werden.

Gleichzeitig müssen die Widersprüche und das Spannungsfeld Konsum – Umweltbelastung/Umweltschutz thematisiert und handlungsrelevant bearbeitet werden. Interessante Ansatzpunkte liefert dazu beispielsweise das MIPS-Konzept (Material-Input pro Serviceeinheit, vgl. Baedeker et al. 2004), das den „ökologischen Rucksack" von Produkten berechnet und Ressourcenverbrauch und Umweltbelastung eines Produkts abgeschätzt werden (vgl. „Footprint-Rechner"). Hier gilt es besonders, auf die entstehenden Emotionen der Kinder und Jugendlichen zu achten. Denn, was einerseits handlungsrelevante Information sein kann – wie der ökologische Rucksack eines bestimmten Produkts auf Grund von Naturraumnutzung, Wasserverbrauch, Pestizideinsatz, Gesundheitsgefährdung von Arbeiter/-innen, Transporte u. a. m. –, kann andererseits Ohnmachtsgefühle oder andere unangenehme Emotionen hervorrufen. Derartige Gefühle müssen in die unterrichtliche Auseinandersetzung integriert werden, um nicht zu Barrieren gegen ein nachhaltiges Handeln zu werden.

21.8 Umwelthandeln ist das höchste Ziel der Umweltbildung

Die Kluft zwischen Wissen und Handeln
Zwischen Umweltwissen, Umweltbewusstsein und Umwelthandeln besteht eine vielfach belegte Kluft. Die von Befragten signalisierte Bereitschaft zum umweltbewussten Handeln ist zwar im Allgemeinen relativ hoch, sie lässt aber keinen direkten Schluss auf das tatsächliche Handeln zu. In den letzten Jahren hat sich daher das Forschungsinteresse verlagert – von der Forschung zu ökologischem Wissen und Einstellungen hin zu Fragen der Lebensstile (Konsum- und Verhaltensmuster) und Handlungsbarrieren als Einflussgrößen für Umwelthandeln (vgl. Reusswig 1994, 1999; de Haan & Kuckartz 1996; Lehmann 1999; Linneweber & Kals 1999; Degenhardt 2002; Bolscho & Michelsen 2002; Zubke 2006; Schuster 2007; 2008; Borgstedt et al. 2010).

Umweltgerechtes Handeln ist das Ergebnis komplexer Prozesse, in denen kognitive und affektive, soziale, ökonomische und politische Faktoren zusammenwirken. Zur Erklärung von Umwelthandeln werden verschiedene theoretische Modelle herangezogen (vgl. de Haan & Kuckartz 1996; Lehmann 1999; Linneweber & Kals 1999; Riess 2003). Das „Integrierte Handlungsmodell für Umwelthandeln" nach Rost, Gresele & Martens (2001), eine Synthese aus gesundheits-, motivations- und sozialpsychologischen Theorien steht hier als Beispiel (▶ Abb. 21-2)

Das „Integrierte Modell für Umwelthandeln" weist drei Phasen aus, in denen unterschiedliche Prozesse ablaufen. Die Erfahrung der Diskrepanz zwischen Ist-Zuständen und subjektiven Wertvorstellungen ist eine wesentliche Voraussetzung für die Entstehung einer Handlungsmotivation.

Am Anfang einer Handlung muss sich eine entsprechende *Motivation* ausbilden, sich für den Schutz der Umwelt einzusetzen. Für die Ausbildung eines *Handlungsmotivs* ist die *Bedrohungswahrnehmung* ein sehr entscheidender Faktor, wobei sich „Bedrohung" nicht nur auf die eigene Unversehrtheit beziehen muss, sondern auch in Hinblick auf andere, ggf. zukünftige Menschen,

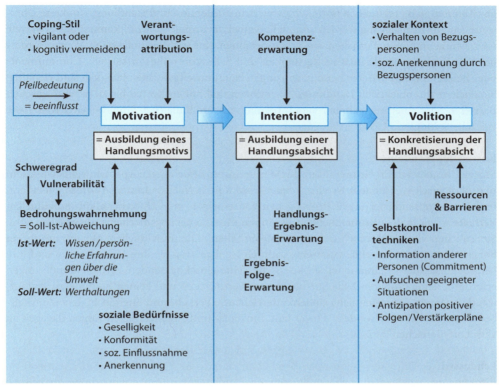

Abbildung 21-2: Integriertes Modell für Umwelthandeln (nach Rost, Gresele & Martens 2001; zit. n. Schlüter 2007, 59)

Tiere, Pflanzen oder Veränderungen in der Natur empfunden werden kann. Bei der Einschätzung der Bedrohung spielen die *Vulnerabilität* (Verwundbarkeit) und der Schweregrad eine Rolle. Bevor nun aber eine Handlungsabsicht ausgebildet wird, kommt der *Coping-Stil* einer Person zum Tragen (gezielte Aufmerksamkeit vs. Vermeidung, Verdrängung) und es ist entscheidend, ob sich die Person selbst dafür verantwortlich fühlt, Maßnahmen gegen die Bedrohung zu ergreifen (Verantwortungsattribution).

In der *Intentionsphase* (Handlungsauswahlphase) geht es nun darum, ob es eine Handlungsalternative gibt, die ein positives Ergebnis erwarten lässt, um die Bedrohung zu reduzieren. Die *Handlungs-Ergebnis-Erwartung* beschreibt die subjektive Erwartung einer Person, mit welcher Wahrscheinlichkeit die beabsichtigte Handlung zu einem Ergebnis führen kann. Unter der *Ergebnis-Folge-Erwartung* versteht man, wie die Person die langfristigen Folgen der geplanten Handlung in Hinblick auf das Ausgangsproblem beurteilt. Schließlich spielt das Selbstkonzept der Person eine wichtige Rolle, d.h. ob die Person sich zutraut, die beabsichtigte Handlung erfolgreich durchzuführen *(subjektive Kompetenzerwartung).* Je positiver die Erwartungskognitionen, umso wahrscheinlicher wird die Intentionsbildung.

Die *Volitionsphase* schließlich ist die Phase zwischen Intention und Handlung. Konkrete Überlegungen zur Realisierung werden angestellt, wobei der *soziale Kontext,* konkret das erwartete oder wahrgenommene Verhalten von Bezugspersonen, eine wichtige Rolle spielt. Weitere förderliche Maßnahmen sind situative Ressourcen und Selbstkontrolltechniken wie Commitments oder Belohnungen. *Barrieren* beim nachhaltigen bzw. umweltgerechten Handeln sind vielfältig. Sie reichen von objektiven Handlungsrestriktionen und hohen Kosten bis zu psychologischen Barrieren oder einer mangelnden Verantwortungszuschreibung (vgl. Linneweber & Kals 1999; vgl. Kals & Montada 1994).

Kosten des Handelns
Ein viel beachteter Erklärungsansatz für die geringen Beziehungen von Umweltbewusstsein und ökologischem Handeln ist ein *ökonomischer Kosten-Nutzen-Ansatz.* Andreas Diekmann und Peter Preisendörfer (1992; 1998) gehen von einem Kosten-Nutzen-Kalkül individuellen Verhaltens aus, in dem Bequemlichkeit als ein wichtiger Steuerungsmechanismus gesehen wird. Sie sprechen von „high cost" und „low cost-Verhalten": Die individuellen Akteure tun ihrem hohen Niveau des Umweltbewusstseins dadurch Genüge, dass sie ihre Umweltmoral und ihre Umwelteinsichten in Situationen einlösen, die keine einschneidenden Verhaltensänderungen erfordern, keine größeren Unbequemlichkeiten verursachen und keinen besonderen Zeitaufwand verlangen. Offensichtlich existieren Bereiche wie Verkehr und Energie, in denen umweltbewusstes Verhalten besonders schwer fällt. Einkaufs- und Abfallverhalten zählen dagegen zu „low cost-Bereichen".

Lebensstil
Ein weiterer Zugang ist die Lebensstilforschung. Unter *Lebensstilen* werden gruppenspezifische Formen der alltäglichen Lebensführung, -deutung und -symbolisierung von Menschen im Rahmen ökonomischer, politischer und kultureller Kontexte verstanden. In Lebensstilen verbinden sich objektive Lebenslagen mit subjektiven Mentalitäten und Wertvorstellungen. Die Lebensstilforschung fragt daher nach Einstellungen und Werten von Menschen (Orientierungen) wie auch nach ihren Aktivitäten, Verhaltensweisen, Konsum- und Freizeitmustern, Outfits u. Ä. (Stilisierungen).
In Studien, in denen der Frage nachgegangen wird, inwieweit Lebensstile umweltfreundliches oder nachhaltiges Handeln erwarten lassen, werden unterschiedlichste Lebensstile definiert. So kann umweltbewusstes Handeln von unterschiedlichsten Motiven getragen sein (Reusswig 1994; 1999). Energie zu sparen ist demnach für einen „kleinen Krauter" eine finanzielle Notwendigkeit, für einen „Lifestyle-Pionier" hingegen eine schicke Sache, sofern sie mit dem Kauf energiesparender Geräte und nicht mit Einschränkungen im Freizeitverhalten verbunden ist. Ebenso können je nach Lebensstil auch die Barrieren für Umwelthandeln völlig verschieden geartet sein.
Kai Schuster (2008) hat nach Lebensstiltypen und Akzeptanz von Naturschutz gefragt. Bei Gundula Zubke (2006) stehen jugendtypische Lebensstile im Zusammenhang mit Umwelthandeln im Mittelpunkt. Beide Autoren plädieren für eine stärkere Berücksichtigung der Lebensstile in Umweltbildung und in der Kommunikation über Naturschutz. Borgstedt et al. (2010) und Wippermann & Calmbach (2008) definieren in ihren breit angelegten Untersuchungen zum Um-

weltbewusstsein bei Erwachsenen und Jugendlichen zehn Lebensstile nach den Sinus-Milieus. Unbefriedigend ist allerdings, dass fast in jeder Studie neue Lebensstile kreiert werden, die sich selten miteinander vergleichen lassen.

Didaktische Folgerungen zum Umwelthandeln
Geht man vom „Integrierten Handlungsmodell" aus, lassen sich einige interessante Anknüpfungspunkte für die schulische Umweltbildung finden. So kann der Unterricht besonders in der Phase der Motivierung, aber ebenso in der Handlungsauswahlphase einen wichtigen Beitrag leisten. Die vermittelten Informationen sollten so beschaffen sein, dass sie die Bedrohung, die von einem Umweltproblem ausgeht, klar werden lassen (Rode et al. 2001; Rost 1999). Wissensvermittlung sollte auf den Aufbau stabiler Kognitionen über den Zustand der Umwelt abzielen, wobei neben einer ökologischen Problemorientierung politische, ökonomische und soziale Faktoren zu integrieren und Fragen der Verantwortung und soziale Normen sichtbar zu machen sind. Das Wissen sollte so vermittelt werden, dass es mit subjektiven Wertsetzungen verknüpft ist (vgl. Rost, Gresele & Martens 2001; ▶ 21.5).
Für die Handlungsauswahlphase können sowohl Informationen über *Handlungsmöglichkeiten* geboten wie auch Kompetenzen gefördert werden. Das Spektrum möglicher Ansatzpunkte kann von der Einrichtung und Pflege eines Biotops bis zur Durchführung von Info-Kampagnen oder zur ökologischen Umgestaltung der Schule reichen. Eine erfolgreiche Umweltbildung sollte die Vielzahl der Handlungsbarrieren thematisieren und mit den Lernenden die Überwindung dieser Barrieren bearbeiten (vgl. Riess 2003).
Der Unverbundenheit von Wertesystem und Umweltwissen kann durch Thematisierung der Lebensstile und des Spannungsfelds Konsum-Umweltbelastung-Umweltschutz begegnet werden (vgl. MIPS-Konzept – Baedecker et al. 2004). Die Komplexität der Probleme erfordert Kompetenzen zur Bewertung und Auswahl der Handlungsoptionen (vgl. Bögeholz & Barkmann 2005; Bögeholz 2006).
Zur Verwirklichung des übergeordneten Zieles *nachhaltiges Umwelthandeln* braucht es unterschiedlichste Teilziele und ein vielfältiges Bündel von Methoden. Da Umwelthandeln am ehesten durch handlungsorientierte Lern- und Arbeitsprozesse initiiert werden kann, müssen Handlungs- und Erfahrungsorientierung im schulischen Bereich Priorität erlangen. Es gilt eine möglichst konkrete Verknüpfung globaler und lokaler Themen in der täglichen Praxis des Lehrens und Lernens herzustellen, und dies sowohl fachspezifisch als auch fachübergreifend. „Handlungsprodukte sind das konkrete Ergebnis realen Handelns der Lernenden und machen ihr Engagement im Umweltbereich sichtbar. Sie stellen ein Stück Weg dar, die eigene Lern- und Lebensumwelt zu verändern" (Bolscho & Seybold 1996, 153; vgl. Braun 1983; 1987; Lehwald 1993; Lehmann 1993; Bölts 1995, 2002; Reichel 1997; vgl. „Community Education", Lieschke 1994; Göhlich 1997; BLK 1999; de Haan 2002; Loewenfeld & Kreuzinger 2006 ; Schelp 2008). Nach Axel Braun (2003) wirken sich Handlungserfahrungen in der Schule positiv auf umweltbewusstes Handeln 9- bis 11-Jähriger aus. Die Interviews von Katrin Hauenschild (2002) mit 9- bis 13-Jährigen liefern Hinweise, dass durch Aktivitäten in überschaubaren Handlungsräumen altersgemäß Bezüge zu Aspekten nachhaltiger Entwicklung hergestellt werden können, Handlungsketten durchschaubar gemacht und individuelles Handeln in weitere Kontexte eingebunden werden kann.

Die *Partizipation* der Kinder und Jugendlichen muss – besonders unter dem Leitbild einer nachhaltigen Entwicklung – eine wesentlich bedeutendere Rolle spielen, als dies in der Regel bisher der Fall ist. „No positive participation by young students should ever be discouraged, regardless of how insignificant the immediate environmental impact may appear to be", betont Philip Short (2010), denn Kinder und Jugendliche müssen die Möglichkeit haben, eigene, altersadäquate Ideen und Lösungswege zu finden, im Dialog mit anderen Kindern, Jugendlichen und Erwachsenen ihre Sichtweisen einzubringen und gleichzeitig zu entwickeln und zu schärfen (vgl. Hart 1997; BLK 1999; Stoltenberg 2002). Erfahrungen aus der außerschulischen Umweltbildung mit Kindern und Jugendlichen könnten hier für den schulischen Bereich wertvolle Impulse liefern (vgl. Evaluation der „Greenteams" von Degenhardt et al. 2002).

Die *Ökologisierung der Schulen* ist ein weiterer wichtiger Ansatzpunkt, in dem Partizipation von Lernenden gelebt werden kann. Der „Haushalt Schule" wird zum Thema gemacht: Vom Schulbuffet bis zum Abfall-, Wasser- und Energiehaushalt, von der Architektur bis zur Lernkultur können Untersuchungen angestellt und Veränderungen nach ökologischen Kriterien mit hohem Aktivitätsmaß der Lernenden bewerkstelligt werden (vgl. Eschner, Wolff & Schulz 1991; Jenchen 1992; Eulefeld et al. 1993; Rode 1993; 1996; Koch 1997; Baier 2001).

Grundsätzlich ist eine *Öffnung der Schulen* anzustreben, d. h. Schulen bzw. Lernende kooperieren mit außerschulischen Institutionen und Personen, tauschen mit anderen Schulen Informationen aus, führen konkrete, fachübergreifende Projekte durch, die den herkömmlichen Unterricht im Klassenzimmer sprengen. Diese Öffnung der Schule bedeutet auch die Erschließung regionaler Ressourcen für das Lernen, Einflussnahme der Schule auf die Region und mehr Spielraum für die eigenständige Gestaltung der institutionellen (Lern-)Kultur (vgl. Posch 1989; 1990; Elliott 1993; Marek 1993; Kyburz-Graber et al. 1997; Rauch 2004; Rauch & Steiner 2006).

22 Sozialbildung

Ulrich Gebhard

- Sozialbildung gehört zum Erziehungsauftrag der Schule.
- Der Unterrichtsstil ist ein wesentliches Element der Sozialbildung.
- Gesellschaftlich relevante Themen erfordern und fördern Sozialbildung.
- Sozialbildung befähigt zur Ideologiekritik.

22.1 Sozialbildung gehört zum Erziehungsauftrag der Schule

Sozialbildung ist ein Aspekt von Allgemeinbildung. „Allgemeinbildung bedeutet […] ein geschichtlich vermitteltes Bewusstsein von zentralen Problemen der Gegenwart und – soweit voraussehbar – der Zukunft zu gewinnen" (Klafki 1994, 56). Gerda Freise (1995) hat bereits Ende der 1960er Jahre ein politisches und emanzipatorisches Engagement im naturwissenschaftlichen Unterricht gefordert. Mit der Einführung der Bildungsstandards wurde die Bewertung und Kommunikation biologischer Sachverhalte in lebensweltlichen und gesellschaftlichen Kontexten verbindlich formuliert. Dazu sind Unterrichtsentwürfe konzipiert worden, in denen eine besondere Verantwortung des Biologieunterrichts im Hinblick auf die sozialen, politischen und ethischen Implikationen seiner Gegenstände reflektiert wird (Falkenhausen 1985; Kattmann 1980; 1988; Langlet 2001; Dittmer 2010). Im angelsächsischen Raum werden *Socioscientific Issues* (Sadler 2004) für die Sozialbildung verwendet. Das sind oft biologische Themen, die Dialog, Diskussion und Debatte fördern. Sie sind von sich aus kontrovers und verlangen darüber hinaus moralisches Argumentieren oder ethisches Urteilen. Dies geschieht in der Absicht, einen bedeutungsvollen und motivierenden Unterrichtsgegenstand einzubringen, der sach- und faktenbezogenes Begründen und Schlussfolgern erfordert und gleichzeitig einen Kontext für biologisches Verständnis bietet.

Mit dem Bildungsziel der *Scientific Literacy* ist ebenfalls kulturelle und politische Bildung intendiert. Es geht dabei um den Erwerb von Kompetenzen einschließlich der damit verbundenen Einstellungen und Handlungsbereitschaften, die zu einer aktiven Teilhabe an Entscheidungen und Prozessen einer modernen, von Wissenschaft und Technik stark geprägten Wissensgesellschaft befähigen (vgl. Dittmer 2010).

Im Zusammenhang mit dem Erziehungsauftrag der Schule geht es bei der Vermittlung von Inhalten auch um die Vermittlung von *Werten* im Sinne von Demokratieerziehung (Becker 2008; Beutel & Fauser 2007; Gebhard, Rehm & Wellensiek 2012; Grammes 2010). Sozialbildung ist dabei dem Ziel der Förderung prosozialen Verhaltens bzw. entsprechender Einstellungen verpflichtet (Oser & Näpflin 2010). Dabei befinden sich Lehrpersonen in der durchaus paradoxen Situation, einerseits Indoktrinierung vermeiden zu müssen (vgl. Tan 2008), jedoch andererseits auf der Gültigkeit bestimmter sozialer und kultureller Werte zu bestehen. Werteerziehung in der Schule ist daher bei aller Schwierigkeit eine unverzichtbare Aufgabe (Edelstein et al. 2001; Giesecke 2005).

22.2 Der Unterrichtsstil ist ein wesentliches Element der Sozialbildung

Unabhängig von den jeweils thematisierten Inhalten sind Lernprozesse immer auch soziale Lerngelegenheiten. Wolfgang Klafki (1994) nennt dazu vier Einstellungsbereiche: Kritikbereitschaft und -fähigkeit, Argumentationsbereitschaft und -fähigkeit, Empathie, vernetztes Denken. Hiermit geraten die Form und der Stil des Unterrichts in den Vordergrund. So kann z. B. empirisch gezeigt werden, dass es bestimmte formale und soziale Randbedingungen gibt, die für die Sozialbildung förderlich sind. Nach Wolfgang Lempert (1988) sind dies:
- stabile emotionale Zuwendung;
- offene Konfrontation mit sozialen Problemen;
- Chancen zur Teilnahme an Kommunikationsprozessen;
- Möglichkeit der Einwirkung an kooperativen Entscheidungen;
- Chancen zur Übernahme von Verantwortung.

Der Biologieunterricht bietet neben den klassischen Unterrichtsformen zusätzlich besondere Chancen: beispielsweise Exkursionen, Experimente sowie das Hegen und Pflegen von Tieren (Etschenberg 2011). Bei den Beiträgen des Biologieunterrichts zur Sozialbildung sollte es nicht darum gehen, viele neue Inhalte in den Unterricht einzuführen. Das „Klären der Sachen" und das „Stärken der Menschen" (von Hentig 1973) fällt bei der Sozialbildung zusammen. Mit einem solchen Biologieunterricht wird nicht nur Biologie gelernt, sondern zugleich die Partizipation an gesellschaftlichen Prozessen ermöglicht (Abels & Wellensiek 2010), beispielsweise die Fähigkeiten zur Perspektivenübernahme und Empathie, die in sozialen Aushandlungsprozessen grundlegend sind.

Ein Unterricht, der sich durch Aushandlung, Anerkennung und Diskursivität, Selbsttätigkeit und Selbstbestimmung auszeichnet und die Einfälle und Vorstellungen der Lernenden anerkennend behandelt, fördert damit die Ziele der Sozialbildung (Hericks 2006; Honneth 1990). Direktive und repressive Unterrichtsmaßnahmen widersprechen ihnen dagegen. Die Schule kann nämlich durch verschiedenste Faktoren (Erziehungsstil, Selektionsfunktion, Schulbauarchitektur) selbst zu einem Ort struktureller Gewalt werden und so an der Entstehung von Gewaltverhältnissen beteiligt sein. Deshalb ist der Versuch der *Gewaltprävention* (Hurrelmann & Bründel 2007; Schubarth 2010) in der Schule ein Aspekt von Sozialbildung. Indem die Chancen der (rationalen) Aushandlung von Konflikten in der Schule positiv sicht- und spürbar werden, wird aggressiver Gewalt vorgebeugt (vgl. Hößle 2004). Übermäßiger Anspruch auf Gehorsam kann Aggressivität befördern (Milgram 1974).

Im Einzelnen werden die folgenden „Maßnahmen methodischer, curricularer bzw. schulorganisatorischer Art" (Rehm 2007, 117) vorgeschlagen:
- das Einüben von Aushandlungsprozessen, z. B. durch Metadiskurse, philosophische Gespräche (Michalik 2011);
- Qualitätsveränderung des inhaltlichen Lernens durch In-Beziehung-Setzen zur Lebenswelt: sinnvolles, bedeutungsvolles Lernen (kumulatives Lernen, vgl. Kattmann 2003);
- Öffnung des Unterrichts (freie Arbeit, Projektmethode);
- Zulassen von „real life"-Konflikten im Unterricht.

Es sind Unterrichtsformen anzustreben, die den Bezug zur Erfahrungswelt der Schüler herstellen und Betroffenheit erzeugen. Die Schüler sollen sich mit eigenem und fremdem Verhalten sowohl identifizieren als auch sich davon distanzieren können. Bei Themen der globalen Ebene erscheinen besonders *Fallstudien und Planspiele* geeignet, um komplexe Zusammenhänge zu vermitteln und Betroffenheit der Schüler zu erzeugen, die eine Einstellung der „internationalen Loyalität" (Nicklas & Ostermann 1973, 317) fördert.

Für die Sozialbildung scheint ein *methodischer Dreischritt* – Analyse, Bewertung, Fortführung – sinnvoll zu sein (vgl. Nicklas & Ostermann 1973, 326). Die Bewertung bzw. Kritik bestehender Zustände oder Verhaltensweisen sollte sich an diskutierfähigen Normen, Zielen und Folgen möglichen Handelns orientieren. In diese Bewertungen gehen Vorstellungen über eine humane Lösung von Problemen ein, die für alle Beteiligten offenzulegen sind. Bei der Fortführung geht es um Vorschläge, Ansätze und Strategien für prosoziales Verhalten. Allerdings sollte die Fortführung im Horizont und möglichst innerhalb der Handlungsmöglichkeiten der Schüler liegen, um im Unterricht nicht bei bloßen Programmen und Appellen zu enden.

22.3 Gesellschaftlich relevante Themen erfordern und fördern Sozialbildung

Bezugsrahmen
Der Bezugsrahmen für Sozialbildung im Biologieunterricht können die von Wolfgang Klafki (1994) formulierten „epochaltypische Schlüsselprobleme" sein (▶ 18.1). Mit ihnen werden jeweils mehrere biologische Dimensionen angesprochen:
- die Friedensfrage wird durch Kooperation, Aggression und Konkurrenz berührt;
- die Umweltfrage wird durch Ökologie, Umwelt- und Naturschutz erfasst;
- Probleme gesellschaftlich produzierter Ungleichheit werden u. a. mit dem Verhältnis von Männern und Frauen, Behinderten und Nichtbehinderten sowie der Rassenfrage thematisiert;
- die zwischenmenschliche Verantwortung betrifft u. a. Liebe, Partnerschaft und Sexualität.

Die durch die Schlüsselprobleme angesprochenen biologischen Unterrichtsthemen lassen sich auf drei Ebenen konkretisieren (Kattmann 1988):
- *individuelle Ebene:* Gehorsam und Autorität, Signale der Kommunikation, Aggression, Kooperation und gegenseitige Hilfe in Gruppen;
- *soziale Ebene:* Gender, Außenseiter, Verhalten gegenüber Randgruppen (Alte, Behinderte, Minderheiten), Rassenvorurteile und Rassendiskriminierung, Fremdenfeindlichkeit; Eugenik, Sozialdarwinismus;
- *globale Ebene:* Welternährung und Hunger, Bevölkerungswachstum und Überbevölkerung, nachhaltige Entwicklung.

Diese Themen verlangen, dass die biologischen Inhalte eng verknüpft mit ethischen Fragen unterrichtet und Ergebnisse mehrerer Wissenschaften im Unterricht berücksichtigt werden. Falsche, missverständliche oder biologistisch überzogene Vorstellungen zu Sachverhalten wie

Aggression, Menschenrassen, Ausländerfeindlichkeit oder Geschlechterunterschiede können geklärt und überdacht werden.

Außerdem ist es wichtig, die emotionalen und sozialen Bedeutungen ernst zu nehmen, die biologische Themen für die Schüler jeweils haben können. Die Berücksichtigung inhalts- und fächerübergreifender Aspekte eröffnet das didaktische Konzept *Alltagsphantasien,* wodurch die Welt- und Menschenbilder, die mit biologischen Inhalten stets mittransportiert werden, und die damit verbundenen sozialen und politischen Implikationen in den Blick genommen werden (Gebhard 2007; 2009).

Sozialbildung im Biologieunterricht weist viele Überschneidungen zu anderen fächerübergreifenden Aufgaben (Umwelt, Nachhaltigkeit, Gesundheit, Sexualität) und zum Thema „Ethik im Biologieunterricht" auf. So können Gesundheits- und Sexualerziehung auch als klassische Bereiche der Sozialbildung im Biologieunterricht aufgefasst werden (▶16, 18 und 19).

Friedenserziehung

Eine gleichsam übergreifende Aufgabe von Sozialbildung ist Friedenserziehung (vgl. Kattmann 1988; Etschenberg 2011). Johann Galtung (1971) versteht Frieden als den Prozess der Vermeidung und Abschaffung von Gewalt. In diesem Zusammenhang stellt sich die Frage nach den Ursachen menschlicher Aggressivität (als Disposition zu gewalttätiger Austragung von Konflikten) und damit nach den Bedingungen eines gewaltfreien und sozialen Zusammenlebens und der Fähigkeit, Frieden zu stiften und zu halten (vgl. Kattmann 1988). Es gibt zahlreiche komplementäre und bisweilen konkurrierende Erklärungsversuche der Aggression (Triebtheorien, Lerntheorien, Frustrations-Aggressions-Hypothese, physiologische Kausalforschung; vgl. Schmid 2004; Strauß 1996). Dabei spielt die grundsätzliche Bewertung menschlicher Aggressivität eine wesentliche Rolle. Aggression wird dabei meistens als destruktiv, als Schädigungsversuch verstanden. Ein Zustand, in dem die als Aggression bezeichneten Antriebe des Menschen unterdrückt oder abdressiert sind, ist jedoch nicht erstrebenswert (vgl. Mitscherlich 1969, 126 f.; Strauß 1980, 317 f.), da gerade die unterdrückten und verdrängten Aggressionen ein Potenzial für destruktive Konfliktlösungen darstellen. Aggression kann zumindest vom Wortsinn her verstanden werden als Aktivität, als Herangehen an Menschen und Dinge im Sinne des lateinischen *aggredi* (Lorenz 1968; Roth 1974), womit konstruktive und destruktive Aggression unterschieden wird. Friedliche Verhältnisse zeichnen sich nicht dadurch aus, dass Aggressivität als böse tabuisiert und eliminiert ist, sondern dass sie steuerbar ist. In diesem Zusammenhang ist im Biologieunterricht zu thematisieren, dass die ethologisch fundierte nativistische Aggressionstheorie (z. B. Lorenz 1963) eben nicht als biologisches Schicksal zu betrachten ist, womit dann gewaltsame Auseinandersetzungen gerechtfertigt werden könnten. Der Mensch ist nicht einer Triebnatur hilflos ausgeliefert, sondern ein gesellschaftliches Wesen, womit biologische Wurzeln aggressiven Verhaltens beim Menschen natürlich nicht ausgeschlossen sind (vgl. Kattmann 1983; UNESCO: Erklärung von Sevilla 1986).

Genetische Verschiedenheit der Menschen

In der Öffentlichkeit werden häufig biologisch bestimmte Argumente so vorgetragen, dass sie im Gegensatz zu den Zielen der sozialen Gerechtigkeit stehen. Dies betrifft nicht nur Aussagen zur Aggressivität, sondern auch Aussagen zur genetischen Ungleichheit der Menschen (Etschenberg 1995; Kattmann 1995; 2009). Der Biologieunterricht hat hier die Aufgabe, falsche und missverständliche Vorstellungen zu biologischen Sachverhalten besonders dann zu klären und zu korrigieren, wenn sie die sozialen Beziehungen von Menschen belasten können (z. B. bei Ausländerfeindlichkeit, Rassenvorurteilen, Ablehnen von Menschen mit Behinderung und von alten Menschen, Eugenik, Geschlechtsrollenstereotype). Ähnliches gilt für eine als natürlich hingestellte Xenophobie als Legitimation für die Diskriminierung von Ausländern (vgl. Tsiakalos 1982). Insofern besteht ein Bezug zur interkulturellen Erziehung (Auernheimer 2010), einer im Einwanderungsland Deutschland immer bedeutsamer werdenden pädagogischen Aufgabe. Eine Beschäftigung mit den scheinbar wertfreien biologischen Begründungen für Rassismus, Ausländerfeindlichkeit oder Sexismus wirkt in dem Sinne aufklärend, als deutlich wird, dass die biologischen Argumente meist viel differenzierter betrachtet werden müssen, als es eine einseitige biologisch-ideologische Rechtfertigung vorgibt. So ist in der Anthropologie beispielsweise die Klassifikation nach Rassen inzwischen überholt, weil die Unterschiede zwischen den „Rassen" nicht größer, sondern geringer sind als innerhalb von „Rassen" (Kattmann 1995; 1999; 2009). Ähnliches gilt für Geschlechtsunterschiede und die scheinbar biologische Determiniertheit von Geschlechterrollen. Das biologische Geschlecht (Sex) ist vom sozialen Geschlecht (Gender) zu unterscheiden, das sozial und kulturell geprägt ist (vgl. Schmitz 2004; Kattmann 2009).

Nachhaltige Entwicklung
Sozialbildung ist für Fragen im Kontext nachhaltiger Entwicklung ebenfalls bedeutsam. Neben ökologischen und biologischen Parametern berühren Fragen zum Umgang mit der Natur und Umwelt immer auch soziale, kulturelle und ökonomische Aspekte.
Fortschreitende Globalisierungsprozesse, die mit ihnen verbundenen Umweltprobleme und soziale Disparitäten erfordern ein Nachdenken über das Zusammenleben verschiedener Menschen in einer globalisierten Welt und dessen Auswirkungen (Asbrand & Scheunpflug 2005). Im Sinne einer Bildung für nachhaltige Entwicklung sollen Schüler daher dazu befähigt werden, systemische Verbindungen zwischen lokalem und globalem menschlichen Handeln und dessen Auswirkungen auf Natur und Umwelt zu erkennen. Es soll ihnen ermöglicht werden, neben den persönlichen Zielen und Interessen die Perspektiven anderer und mögliche Ziel- und Interessenskonflikte zu erkennen. Sie sollen Empathie für andere entwickeln sowie faire Entscheidungen und Urteile im Sinne der Nachhaltigkeit treffen können (de Haan et al. 2008, ▶ 21).
Als praktischer Ansatzpunkt für Lernprozesse im Kontext von Bildung für nachhaltige Entwicklung ist der *Faire Handel* geeignet. Er stellt eine entwicklungspolitische Initiative dar und intendiert ein gerechtes Miteinander in der Weltgesellschaft, in der die Industrieländer als Konsumenten soziale Verantwortung für die Produzenten von Handelsprodukten in den Entwicklungsländern übernehmen. Ziel ist es, die Lebensbedingungen für Menschen in den wirtschaftlich benachteiligten Ländern zu verbessern. Durch fair gehandelte Produkte, z. B. Kaffee oder Bananen, wird eine gerechte Entlohnung in den Anbauländern gefördert und Ausbeutung entgegengewirkt. Eine gerechte Entlohnung ermöglicht den Betroffenen und ihren Familien u. a. einen Zugang zu ausreichend Nahrung, Kleidung und Bildung (für Unterrichtsbeispiele siehe Programm Transfer-21 2007).

22.4 Sozialbildung befähigt zur Ideologiekritik

Ein Beitrag des Biologieunterrichts zur Sozialbildung liegt darin, eine reflektierte Haltung zur Reichweite biologischer Aussagen zu vermitteln. Damit sind *epistemische Überzeugungen,* d. h. Vorstellungen zu Wissen und Wissenserwerb, angesprochen. Sozialbildung betrifft damit ebenfalls die Kompetenzen zur Erkenntnisgewinnung (▶ 10).

Die Vermittlung epistemischer Überzeugungen bezieht sich jedoch nicht nur auf den Umgang mit naturwissenschaftlichem Wissen, sondern auch auf den Umgang mit Wissen und Anschauungen anderer Kulturen oder Ethnien. Die Bereitschaft zur Akzeptanz fremder Meinungen und die Fähigkeit, die Grenzen der eigenen Position zu überschauen, sind eng mit „reifen" epistemischen Überzeugungen verknüpft (Oschatz 2011; ▶ 14). Sie bilden die Grundlage für einen reflektierten Umgang mit Informationen, u. a. der Fähigkeit, zwischen biologischen und *biologistischen* Aussagen ideologiekritisch zu unterscheiden. Dies betrifft u. a. die Bereiche Evolution (Stichwort: „Kampf ums Dasein"), Genetik und Ethologie. Beispielsweise wurden historisch entstandene Strukturen unter Verwendung der Biologie als natürliche Strukturen gerechtfertigt (vgl. Quitzow 1994; Gebhard & Langlet 1997). Wie katastrophal die Missachtung dieses ideologiekritischen Grundsatzes sein kann, zeigt die Geschichte der Biologie und des Biologieunterrichts zur Zeit des Nationalsozialismus (▶ 17).

In diesem Zusammenhang sind die Ausführungen zur sogenannten *heimlichen Ethik* (▶ 16.4) ausgesprochen bedeutsam für die Sozialbildung.

Lernende und Lehrende

23 Schülerinnen und Schüler

Ulrich Gebhard

- Der Unterricht soll sich zentral an den Lernenden orientieren.
- Die Lernenden kommen mit eigenen Vorstellungen in den Unterricht.
- Alltagsvorstellungen sind Lernvoraussetzungen.
- Lernende konstruieren ihre Vorstellungen selbst – unter Umständen auch neu.
- Das Interesse für einen Gegenstand kann effektives Lernen fördern
- Der Interessenabfall ab Klasse 5 ist eine Herausforderung für den Fachunterricht.
- Lernende sind von sich aus motiviert, sie wollen kompetent und wirksam sein.
- Anregende und interessante Lernumgebungen können die Motivation fördern.

23.1 Der Unterricht soll sich zentral an den Lernenden orientieren

Für eine Pädagogik, die auf Selbstbestimmung, Mündigkeit und Aufklärung zielt, ist es eine Selbstverständlichkeit, dass im Zentrum ihrer Überlegungen die Autonomie des Bildungssubjektes steht. Aufklärung und Mündigkeit lässt sich nicht lehren, herstellen oder gar verordnen, wohl aber lassen sich mehr oder weniger günstige Lernmöglichkeiten organisieren, in denen die Subjekte Selbstaufklärung im Sinne einer Auseinandersetzung mit dem eigenen Selbst- und Weltverständnis betreiben können. Hierfür sind nicht in erster Linie methodische Raffinessen nötig, um Lernprozesse möglichst effektiv zu machen, es geht eher um eine Haltung der Achtung angesichts der Interessen, Vorstellungen, Befindlichkeiten der Subjekte.

Biologieunterricht, der die Lernenden – ihre Lebenswelt, ihre Vorstellungen und Interessen – ignoriert, geht bestenfalls an ihnen vorbei. Sehenden Auges wird dabei in Kauf genommen (und zugleich beklagt), dass das Interesse am naturwissenschaftlichen Unterricht dramatisch (vor allem in Physik und Chemie, weniger in Biologie) sinkt.

Die Kenntnis noch so detaillierter Studien über Interessen und Alltagsvorstellungen von Lernenden zu biologischen Themen ersetzt nicht die Aufmerksamkeit auf konkrete Hinweise und Signale, die von den Individuen ausgehen. Schülerorientierung wäre absurd, wenn sie sich vor allem auf wissenschaftlich-empirische Befunde bezöge, und nicht oder nur weniger auf die lebendigen Personen im konkreten Unterricht. Schülerorientierung ist zuallererst eine Qualität der Beziehung zwischen Lehrenden und Lernenden. Dabei ist zudem zu berücksichtigen, dass das Lernen von Biologie keine rein rationale Angelegenheit ist (Häußler et al. 1998), sondern dass affektive und vorrationale Elemente eine kaum zu überschätzende Rolle spielen (Combe & Gebhard 2009; 2012; Gebhard 2002; 2007; Thomson & Mintzes 2002; Alsop & Watts 2003; Weidenbach 2005; Allen 2010; Kuhn 1989; Cheng & Brown 2010). Das Ernstnehmen der Lernerperspektiven (Interessen, Alltagsvorstellungen, lebensweltliche Bezüge, Sinnbedürfnis) trägt dem Rechnung.

„Ohne die Kenntnis des Standpunkts des Schülers ist keine ordentliche Belehrung desselben möglich." Das schrieb Adolph Diesterweg (1835) in seinem *Wegweiser zur Bildung deutscher Lehrer*. Und einer der heute maßgeblichen Lernpsychologen stellt fest: „Der wichtigste Faktor beim Lernen ist, was der Lernende schon weiß – man berücksichtige dies und lehre entsprechend" (Ausubel 1968).

Diese Position charakterisiert eine zentrale didaktische Grundüberzeugung eines schülerorientierten Unterrichts und stellt einen wesentlichen biologiedidaktischen Forschungsschwerpunkt dar: die Erforschung der Vorstellungen der Schülerinnen und Schüler.

23.2 Die Lernenden kommen mit eigenen Vorstellungen in den Unterricht

„Dann haben die heute dunklen Falter bemerkt, dass die Baumstämme dunkler wurden und sie als helle Tiere darauf für Feinde gut zu erkennen waren. Ich stelle mir das jetzt irgendwie über die Gene vor, dass da eine Erkenntnis: ‚Ich muss schwarz werden' stattgefunden hat – und sich dann über mehrere Generationen verteilt in den Genen festgeschrieben hat – und die dann wirklich so schwarz geworden sind" (Baalmann zit. n. Kattmann 2007).

Diese „Alltagsvorstellung" im Evolutionsunterricht zum Birkenspanner stammt aus dem 12. Jahrgang. Sie zeigt Vorstellungen zur adaptiven Erkenntnis, gezielten Veränderung der Gene und damit gezielten Anpassung. Bekanntlich sind die Aussagen der biologischen Evolutionstheorie andere. Eben aus dieser Spannung ergibt sich eine fachdidaktische Herausforderung.

„Kinder und Jugendliche, Schüler und Studenten kommen nicht als unbeschriebene Blätter in den naturwissenschaftlichen Unterricht hinein. Sie bringen vielmehr bereits Vorstellungen zu den Phänomenen, Begriffen und Prinzipien mit, die behandelt werden sollen. Diese Vorstellungen stammen aus alltäglichen Sinneserfahrungen, aus alltäglichen Handlungen, aus der Alltagssprache, aus den Massenmedien, aus Büchern, aus Gesprächen mit Eltern, Geschwistern, Freunden und natürlich aus dem vorangegangenen Unterricht" (Duit 1992, 47). Allgemein werden solche Vorstellungen als *Alltagsvorstellungen* bezeichnet. In der entwicklungspsychologisch ausgerichteten Konzeptforschung werden sogenannte „naive Theorien" im Hinblick auf biologische Phänomene diskutiert, z. B. zur Verwandtschaft, zur Genetik, zum Lebensbegriff und zum Tierbegriff (Pauen & Zauner 1999; Mähler 1999).

Nicht allein Vorstellungen zu naturwissenschaftlichen Phänomenen, Begriffen und Prinzipien (Inhaltsebene) bestimmen das Lernen, sondern auch Vorstellungen, die über diese fachliche Ebene hinausgehen (vgl. Duit 1993; Gebhard 2007). Dazu gehören Vorstellungen zur Natur und Reichweite naturwissenschaftlichen Wissens (epistemologische Vorstellungen), Vorstellungen zum eigenen Lernen und Vorstellungen zur Sinnhaftigkeit naturwissenschaftlichen Wissens und des Lernprozesses.

Im Anschluss an metapherntheoretische Ansätze der kognitiven Linguistik (Lakoff & Johnson 2000) bringt Harald Gropengießer (1999; 2006; 2007) Alltagsvorstellungen in einen Zusammenhang mit Erfahrungen mit dem eigenen Körper, sozialen und umweltlichen Beziehungen. Als *Theorie des erfahrungsbasierten Verstehens* erlaubt dieser Ansatz, Alltagsvorstellungen angemessen zu erklären und zu interpretieren (Gropengießer 2001; vgl. Baalmann et al. 2004; Kattmann

2005; Riemeier 2005; Schönfelder 2005; Groß 2007; Niebert 2010). Vor dem Hintergrund dieses theoriegeleiteten Verständnisses können begründete unterrichtliche Interventionen entwickelt und in sogenannten Vermittlungsexperimenten evaluiert werden.

Dass Alltagsvorstellungen zu biologischen Phänomenen Aspekte berühren, die über die fachliche Ebene hinausgehen, wird vor allem von Ansätzen hervorgehoben, die die subjektivierende, symbolische Bedeutung von biologischen Lerngegenständen zum Thema haben. Für diese Art von Alltagsvorstellungen hat Ulrich Gebhard (2007) den Terminus *Alltagsphantasien* vorgeschlagen. Alltagsphantasien treten eher als implizites denn als explizites Wissen in Erscheinung (vgl. Tytler & Prain 2010) und nehmen aufgrund ihrer Bedeutungstiefe (sie beinhalten Aspekte des Selbst-, Menschen- und Weltbildes) Einfluss auf Werthaltungen, Interessen und Verhaltensweisen (Gebhard 2004; 2007; Born 2007; Monetha 2009; Oschatz 2011).

Die zentrale Annahme ist, dass die explizite Reflexion assoziativer und intuitiver Vorstellungen – eben Phantasien – es in besonderem Maße möglich macht, dass subjektiv bedeutsames, persönlichkeitswirksames Lernen stattfinden kann. Indem subjektivierende Vorstellungen – Phantasien, Narrationen (Zabel 2009), Symbolisierungen – und objektivierende (beschreibende und erklärende Bestände des jeweiligen Faches) Zugänge miteinander verknüpft werden, wird der vormals fremde Gegenstand zu einem persönlich bedeutungsvollen Lerngegenstand.

Viele Alltagsvorstellungen stehen in einem gewissen Spannungsverhältnis zu den jeweiligen wissenschaftlichen Konzepten. Das kann zu Schwierigkeiten beim Lernen führen und zwar vor allem dann, wenn die Alltagsvorstellungen als „Fehlvorstellungen" exkommuniziert werden. Das funktioniert schon deshalb nicht, weil neues Wissen nur unter Berücksichtigung der bereits vorhandenen Vorstellungen aufgebaut werden kann. Lernen ist immer Umlernen. Vor dem Hintergrund der konstruktivistischen Lerntheorie (s. u.) sind Alltagsvorstellungen grundlegende Bausteine für die Neukonstituierung von Wissensstrukturen. Wir müssen also an den Schülervorstellungen anknüpfen und zugleich die Schüler für die neuen wissenschaftlichen Vorstellungen gewinnen.

Alltagsvorstellungen zu biologischen Phänomenen sind zudem nicht unangemessen oder gar falsch, wie der Ausdruck „misconceptions" suggeriert. Richtig und falsch sind Bewertungen, die immer nur innerhalb eines theoretischen Zusammenhangs oder einer bestimmten Perspektive gelten können. In lebensweltlichen Kontexten haben Alltagsvorstellungen eine wichtige, situationsadäquate Funktion und sind daher aus dieser Perspektive betrachtet richtig und sinnvoll. Der Terminus *alternative framework* (Driver & Easley 1978) trifft diesen Sachverhalt besser.

23.3 Alltagsvorstellungen sind Lernvoraussetzungen

Der Biologieunterricht sollte an die Vorstellungen, die die Lernenden in den Unterricht mitbringen, anknüpfen und explizit aufbauen. Von diesem Grundsatz geht das Modell der *Didaktischen Rekonstruktion* aus, indem es sowohl lebensweltlichen als auch wissenschaftlichen Vorstellungen prinzipiell Sinn unterstellt und beide systematisch in Beziehung zueinander setzt (▶ 4; vgl. Kattmann et al. 1997; Kattmann 2007).

Die im Alltag vorherrschenden Vorstellungen können die wissenschaftliche Begriffsbildung allerdings dann behindern, wenn die Spannung und der Widerspruch, der sich zwischen wissenschaftlichen und lebensweltlichen Vorstellungen auftut, entweder gar nicht thematisiert wird oder aber in einer Weise, der die lebensweltlichen Vorstellungen abwertet. Die unterschiedlichen Vorstellungen können jedoch bewusst gemacht, geklärt und im dialektischen Sinne „aufgehoben" werden (Guzetti, Snyder, Glass & Gamas 1993). Es gilt, entsprechende Widersprüche nicht einzuebnen, sondern sie fruchtbar zu machen. Das Ziel ist insofern nicht die Eliminierung irgendwelcher Vorstellungen, sondern ein Bewusstsein der Differenz der unterschiedlichen Konzepte (vgl. Häußler et al. 1998). Gelingt dies nicht, führen die Lernprozesse in der Schule lediglich zu „trägem Wissen" (Renkl 1996, 2010), das im Alltag keine oder nur eine untergeordnete Rolle spielt. Die Schüler sollen befähigt werden, zwischen wissenschaftlichen Vorstellungen und Alltagsvorstellungen je nach Situation hin- und herzuwechseln (vgl. Jung 1987; Gropengießer 1997; Rincke 2010). Es geht nicht darum, die wissenschaftlichen Konzepte gegenüber den alltäglichen auszuspielen (oder umgekehrt), es geht um die Fähigkeit der *Zweisprachigkeit* (Gebhard 2005; vgl. Fleer 2011).

Insofern sollen die Schüler/-innen lernen, in welchen Kontexten welche Konzepte sinnvoll angewandt werden können. Es geht nicht um eine strikte Änderung des Wissens, sondern um die Situiertheit des Wissens (Caravita & Halldén 1994) in Kontexten (Larsson & Halldén 2010; Fensham 2009). Lernprozesse sind damit stets an die Situation des Lernens gebunden (Stern 2006).

Die Hoffnung, die alltäglichen Vorstellungen auszumerzen und sie durch die richtigen wissenschaftlichen Vorstellungen ersetzen zu können, ist also – das zeigen alle Erfahrungen – völlig unrealistisch. Zudem würde damit das Subjekt seiner alltagspraktischen Erfahrungen und Vorstellungen beraubt. Das wäre verbunden mit einem Verlust an subjektiver Sicherheit und an subjektiven Sinnzusammenhängen und macht die emotionalen Widerstände bei didaktisch verordneten Konzeptwechselstrategien bzw. die Hartnäckigkeit der Alltagsvorstellungen verständlich.

Ein gutes Beispiel für den besagten Widerspruch zwischen biologischer Theorie und Alltagstheorie sind die oft diskreditierten *Anthropomorphismen*: Nicht nur jüngere Kinder beseelen häufig ihre Umwelt (vgl. Piaget 1974; Hedewig 1988; Gebhard, Billmann-Mahecha & Nevers 1997; ▶ 41.5). Dabei haben Naturphänomene, vor allem Tiere, aber auch Pflanzen, eine besondere Bedeutung. In der Verhaltensforschung werden solche Beseelungen als Anthropomorphismen (Vermenschlichungen) mit guten Gründen kritisch betrachtet. Aus psychologischer und pädagogischer Perspektive ist dagegen die subjektive Beseelung und Anthropomorphisierung von Tieren und Pflanzen als eine beziehungsstiftende Fähigkeit zu verstehen (Gebhard 1990; 2013), die mit dem verhaltensbiologischen Verdikt des Anthropomorphismus nicht abzutun ist. In anthropomorphen Weltdeutungen offenbart sich nicht nur eine kognitive Interpretation der Welt, sondern zugleich eine affektive Beziehung zu ihr, die ethisch begründete Einstellungen und Verhaltensweisen beeinflusst. Es sollte daher nicht angestrebt werden, derartige Vorstellungen rigoros abzubauen, sondern im Gegenteil pädagogisch und didaktisch zu nutzen (vgl. Gebhard 2009). Anthropomorphismen sind nicht nur im Hinblick auf die ethische Urteilsbildung (Gebhard, Nevers & Billmann-Mahecha 2003) und ihre affektive Dimension zu beachten, sondern sie sind aus lernpsychologischen Gründen bedeutsam: Anthropomorphe Vorstellungen sind ein „mental naheliegendes Instrument für das Lernen" (Kattmann 2005; 2008), die ein biologisches Verständnis oft (jedoch nicht immer) erleichtern können.

23.4 Lernende konstruieren ihre Vorstellungen selbst – unter Umständen auch neu

Eine zentrale theoretische Grundannahme der meisten Studien zu Schülervorstellungen ist der *Konstruktivismus* (Luhmann 1990; Duit & Treagust 1998; Duit 1995; Gerstenmaier & Mandl 1995; Terhart 1999; Widodo & Duit 2004; 2005; Riemeier 2007; zum *Diskurs des radikalen Konstruktivismus* vgl. Schmidt 1987; von Förster 1992). In didaktischer Hinsicht ist davon auszugehen, dass Wissen nicht einfach verabreicht werden kann, dass Lernen kein passives Geschehen ist, sondern dass Wissen aktiv konstruiert werden muss. Im Zentrum der konstruktivistischen Sichtweise steht das konstruierende Subjekt, das auf der Grundlage von bereits entwickelten und somit bewährten Alltagsvorstellungen und -theorien, affektiven Gestimmtheiten und natürlich den jeweiligen äußeren Gegebenheiten (z. B. der Lernumgebung) seine Versionen über die Welt aufbaut und ständig ändert. Lernen ist danach stets aktiv, selbstgesteuert, konstruierend, situiert, sozial und emotional (▶ 14.3; Reinmann & Mandl 2006; vgl. Marsch, Hartwig & Krüger 2009; Baviskar et al. 2009). Es geht dabei um den Aufbau anwendbaren Wissens, „um so die oft diskutierte Kluft zwischen Wissen und Handeln zu überbrücken" (Mandl 2006, 28). Diese Sichtweise vom Lernen hat übrigens Folgen für die Lehrerrolle: Die Lehrenden können Wissen nicht einfach weitergeben, sie können durch noch so geschickte Arrangements den Lernenden nicht biologisches Wissen mit definierten Bedeutungen „verabreichen" – sie können lediglich zur Konstruktion von neuen Versionen der Wirklichkeit anregen (vgl. Duit 2000). Diese Grundauffassung vom Lernen ist keineswegs eine neue Erfindung als Folge konstruktivistischer Sichtweisen. Solche Überlegungen finden sich bereits bei reformpädagogischen Ansätzen, oder bei John Dewey und Martin Wagenschein (1973).

> **Bedingungen für die Erweiterung von Vorstellungen** (Posner 1982)
> 1. die Lernenden müssen die Grenzen ihrer bereits verfügbaren Vorstellungen erfassen können,
> 2. die neue (fachwissenschaftliche) Vorstellung muss
>   – logisch verständlich sein,
>   – einleuchtend und plausibel sein,
>   – fruchtbar sein, d. h. sich in neuen Situationen als erfolgreich erweisen.

Um zu unterstreichen, dass die Vorstellungswelten des Alltags nicht einfach durch die wissenschaftlichen Vorstellungen ersetzt werden können, haben sich in letzter Zeit neben der klassischen Bezeichnung „conceptual change" (Duit & Treagust 2003; Krüger 2007; Vosniadou 2008) die Termini „conceptual growth" und „conceptual reconstruction" (begriffliches Umlernen) (Kattmann 2008) etabliert.

Die Bedingungen zur Erweiterung von Lernervorstellungen sind nicht leicht zu erfüllen, haben doch die Alltagsvorstellungen meist eine sinnvolle orientierende Funktion im Alltag, die nicht ohne weiteres aufgegeben werden dürfte. Duit unterscheidet einen revolutionären, diskontinuierlichen Weg und einen evolutionären, kontinuierlichen Weg des Konzeptwechsels. Beim diskontinuierlichen Weg werden die Schüler mit den eigenen Widersprüchen in Form eines

Themen	Untersuchungen
Ästhetik	Tetzlaff-Fürst & Horn 2002; Billmann-Mahecha & Gebhard 2004; 2009; Holthusen 2004; Lin et al. 2011
Bioethik	Dawson & Taylor 2000; Hößle 2001; Gebhard, Martens & Mielke 2004
Energie/ Stoffwechsel/ Wachstum	Schaefer 1983; Gerhardt & Piepenbrock 1992; Gerhardt, Rasche & Rusche 1993; Gerhardt 1994; Teixeira 2000; Burger & Gerhardt 2003; Özay & Öztas 2003; Fockenzum Buttel 2004; Riemeier et al. 2010; Marmaroti & Galanopoulou 2006; Kao 2007
Epistemische Vorstellungen	Preece & Baxter 2000; Höttcke 2001; Moss 2001; Treagust, Chittleborough & Mamiala 2002; Urhahne & Hopf 2004; Urhahne 2006; Haerle 2006; Khishfe 2008; Murmann et al. 2007; Vorst & Krüger 2010; Wu & Wu 2011; Oschatz 2011
Evolution	Wandersee, Good & Demastes 1995; Baalmann et al. 2004; Baalmann, Frerichs & Kattmann 2005; Johannsen & Krüger 2005; Weitzel 2006; Groß & Gropengießer 2008; Zabel 2009; Zabel & Gropengießer 2011; Fenner 2013
Genetik und Gentechnik	Gebhard 1994; 1997; 2000; 2004; Gebhard, Feldmann & Bremekamp 1994; Nissen 1996; Lumer & Hesse 1997; Todt 1997; Frerichs 1999; Lewis, Leach & Wood-Robinson 2000; Lewis & Wood-Robinson 2000; Gebhard & Mielke 2002; Meixner 2002; 2005; Kölsch-Bunzen 2003; Lewis & Kattmann 2004; Ruppert 2004; Baalmann, Frerichs & Kattmann 2005; Hößle 2005; Kattmann, Frerichs & Gluhodedow 2005; Venville et al. 2005; Oschatz et al. 2010; Schwanewedel, Hößle & Kattmann 2008; Schwanewedel 2009; Smith & Williams 2011
Hören	West 2011
Lebensbegriff	Schaefer & Wille 1995; Bitter 2010; Babai et al. 2011
Mikroben	Bayrhuber & Stolte 1997; Hilge 1999; Helldén 2004; Hörsch & Kattmann 2005; Byrne & Grace 2009; Schneeweiß & Gropengießer 2010
Naturbegriff und Naturethik	Billmann-Mahecha, Gebhard & Nevers 1997; Gebhard 1997; Bögeholz 1999; Gebhard, Nevers & Billmann-Mahecha 2003; Bögeholz & Rüter 2004; Jelemenská 2004; Sander 2002, 2003 a, b; Gebauer 2005; 2007; Gebauer & Gebhard 2005; Groß 2007
Ökologie und Naturschutz	Bogner 1997; Heimerich 1997; Schaefer 1983; Wenzel & Gerhardt 1998; Müller & Gerhardt-Dircksen 2000 a; b; Stachelscheid & Dziewas 2004; Menzel & Bögeholz 2006; Shepardson et al. 2007
Pflanzen	Jewell 2002; Cypionka 2005; 2012; Tekkaya & Yenilmez 2011; Christidou & Hatzinikita 2006
Sehen	Gropengießer 1997 a; b; 2001; Dannemann & Krüger 2010
Systematik und Formenkenntnisse	Jäkel 1991; 1992; Berck & Klee 1992; Mayer 1992; Klee 1995; Hartinger 1995; 1997; Kattmann & Schmitt 1996; Tunnicliffe & Reiss 2000; Lindemann-Matthies 2002; Shepardson 2002; Sonnefeld & Kattmann 2002; Krüger & Burmester 2005
Umweltthematik	Unterbruner 2010; 2011; Niebert & Gropengießer 2008; Niebert 2010; Niebert & Gropengießer 2013
Verhalten	Kamelger 2004
Zelle	Flores 2003; Brinschwitz 2002; Riemeier 2005; Verhoeff et al. 2008; Riemeier & Gropengießer 2008

Tabelle 23-1: Untersuchungen zu Schülervorstellungen

„kognitiven Konflikts" konfrontiert. Das kann zur Folge haben, dass die Alltagsvorstellungen im Sinne der „richtigen" fachlichen Konzepte revidiert werden. Beim kontinuierlichen Weg werden die Alltagsvorstellungen aufgegriffen und mit den wissenschaftlichen Vorstellungen verknüpft. Ziel ist kein totaler Vorstellungswechsel, sondern ein reflektierter Umgang mit beiden Arten von Vorstellungen: eben *conceptual reconstruction* (Widodo & Duit 2004, 2005; vgl. Krüger 2007; Schmidt & Parchmann 2011; Treagust & Duit 2008; Reinfried 2006).

Es geht zentral darum, die zu erwerbenden neuen Vorstellungen in sinnvolle Kontexte einzubetten. Diese sinnhafte Integration neuer Kenntnisse kann mit einem grundlegenden Sinnbedürfnis der Lernenden in Verbindung gebracht werden (Gebhard 2000). Die besagte sinnhafte Interpretation der Lerngegenstände wird insbesondere durch sog. situierte Lernprozesse (Stark & Mandl 2000) begünstigt.

Zahlreiche Untersuchungen zeigen, wie Alltagsvorstellungen bei Schüler/-innen zu verschiedenen Inhalten ausgeprägt und wie sie im Unterricht zu nutzen sind (▶ Tab. 23-1).

23.5 Das Interesse für einen Gegenstand kann effektives Lernen fördern

Interessen haben etwas mit unserer Person zu tun. Wofür wir uns interessieren, ist ein Teil unserer Identität, unseres Selbstkonzepts und ist insofern in einem viel tieferen Sinne bildungswirksam als nur im Hinblick auf die Effizienzsteigerung von Lernprozessen. Wenn wir uns mit etwas beschäftigen, wofür wir uns als Person interessieren, können wir diese Tätigkeit bzw. solche Momente als sinnvoll interpretieren (Combe & Gebhard 2007). Derartige Interessen wirken dementsprechend über die Schule bzw. die Schullaufbahn hinaus (Prenzel et al. 2000).

Interesse ist eine besondere Qualität der Beziehung zu bestimmten Sachverhalten und damit der gegenstandsorientierte, inhaltliche Aspekt der Motivation (▶ 23.4). Andreas Krapp bezeichnet Interesse als eine „auf Selbstbestimmung beruhende motivationale Komponente des intentionalen Lernens". „Interesse bezeichnet solche Person-Gegenstands-Relationen, die für das Individuum von herausgehobener Bedeutung sind und mit (positiven) emotionalen und wertbezogenen Valenzen verbunden sind" (Krapp 1993, 202; vgl. 1992a; b sowie Prenzel 1988; Todt 1990; Krapp & Prenzel 1992; Krapp & Ryan 2002; Vogt 2007).

In der Person-Gegenstands-Theorie des Interesses wird davon ausgegangen, dass die Aktivierung individuellen Interesses – als eine situationsübergreifende, motivationale Disposition – eine besondere Lernmotivation darstellt. Dieses dispositionale Interesse wird als ein relativ stabiles Personenmerkmal verstanden und ist somit ein wichtiger und zentraler Bestandteil des Selbstkonzepts. Krapp (1992) unterscheidet eine emotionale und eine wertbezogene Komponente des individuellen Interesses. Die emotionale Komponente bezieht sich darauf, dass während der Realisierung des Interesses überwiegend positive Gefühle erlebt werden. Die wertbezogene Komponente verweist darauf, dass der Gegenstand für die Person eine „herausgehobene, subjektive Bedeutung hat" (Krapp & Ryan 2002, 69).

Menschen befinden sich in ständiger Interaktion mit *Gegenständen,* Sinn- und Bedeutungseinheiten aus ihrer Umwelt: Dinge, Lebewesen, Institutionen oder Sachverhalte. Diese Gegenstände sind für die Individuen unterschiedlich bedeutsam, sie sind unterschiedlich interessant und schaffen damit ein *situationales Interesse.* Die (fach-)didaktische Aufgabe in diesem Zusammen-

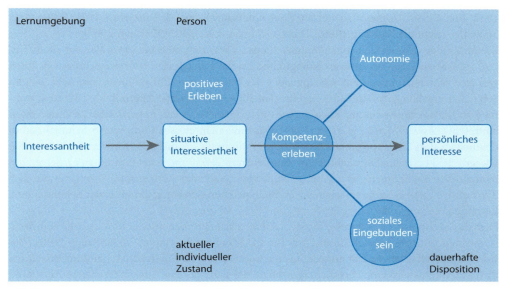

Abbildung 23-1: Zusammenhang Interessantheit (des Gegenstands) von situationalem Interesse (Interessiertheit) und Ausbildung von dispositionalem Interesse (nach Kattmann 2000)

hang ist, eine Beziehung zwischen der Interessantheit einer Situation oder eines Gegenstandes und der Interessiertheit einer Person herzustellen. Es ist davon auszugehen, dass aktuelle situative Interessiertheit das Entstehen von langfristigem Interesse fördern kann, und genau hier kann die aktive Tätigkeit der Lehrenden ansetzen: Man kann durch Anreizbedingungen in einer bestimmten Lernsituation eine situative Interessiertheit erzeugen, damit Interessehandlungen provozieren und so erfolgreich zur Entstehung von persönlichen Interessen beitragen. Zur dauerhaften Ausbildung einer Disposition bedarf es jedoch weiterer Faktoren, wie Kompetenz erleben, soziales Eingebundensein und Erleben der Selbstständigkeit (Autonomie), wie sie in der Theorie der Selbstbestimmung der Motivation angeführt werden (▶ 23.7; Abb. 23-1).

23.6 Der Interessenabfall ab Klasse 5 ist eine Herausforderung für den Fachunterricht

Eine Reihe von Untersuchungen belegt das ausgesprochen geringe Interesse vieler Schüler an naturwissenschaftlichen Themen (Prenzel et al. 2007; Krapp & Prenzel 2011; Zusammenfassung: Merzyn 2008), wobei die Biologie stets die positive Ausnahme ist. Allerdings liegt das nicht daran, dass die Biologie besonders beliebt ist. Vielmehr wird die Biologie weniger abgelehnt als andere Naturwissenschaften (Merzyn 2008). Insgesamt hat das Fach Biologie in der Beliebtheit der Schulfächer einen Platz im oberen Mittelfeld (Institut für Jugendforschung 2004).
Eine Reihe von *empirischen Untersuchungen* zu Interessen an biologischen Themen haben für die Biologiedidaktik differenzierte Befunde erbracht (vgl. Rolbitzki 1983; Noll 1984; Löwe 1990;

1992; Klein 1994; Upmeier zu Belzen 1998; Gehlhaar, Klepel & Fankhänel 1999; Kögel et al. 2000; Übersicht bei Kattmann 2000; Dietz, Gehlhaar & Klepel 2005; Elster 2007).
Kleine Kinder wenden sich voller Neugier allem zu, was sich aktiv bewegt – also vor allem Tieren, jedoch wird das Interesse an biologischen Erscheinungen im Laufe der Schulzeit deutlich geringer. Untersuchungen zur Abhängigkeit des Interesses an der Biologie vom Lebens- und Schulalter ergaben, „dass in den Klassenstufen 3 bis 5 nur geringe Alterseffekte auftreten, während ab Klassenstufe 6 bis zur Klassenstufe 8 (…) gravierende altersspezifische Veränderungen eintreten" (Löwe 1987, 62; vgl. Hesse 1984). Das Biologieinteresse nimmt vom 6. Schuljahr an so deutlich ab, dass Löwe von einem „Interessenverfall" und von einem „5.-Klassen-Effekt" spricht. Dieser Effekt tritt offenbar unabhängig vom Lebensalter auf und scheint mit dem Einsetzen des biologischen Fachunterrichts zusammenzuhängen. Nach der Klassenstufe 8 verlangsamt sich die negative Entwicklung; das Interesse an Biologie kann sich sogar am Ende der Sekundarstufe I erhöhen.
Dass das fachspezifische Interesse mit dem Alter bzw. mehr noch mit der Klassenstufe abnimmt, ist ein sehr gut belegter Befund und gilt für alle Schulfächer (Daniels 2008; Krapp 2010). Der Interessenabfall ist aber nicht notwendig eine Entwicklung zu einem zunehmend interesselosen Zustand. Interesse ist eine Personeneigenschaft, die sich mit dem Alter differenziert. Man kann sich eben nicht für alles interessieren.
Schülerinnen und Schüler sehen nach der Grundschulzeit dem Biologieunterricht durchaus freudig entgegen (Kögel et al. 2000). Sie glauben zu 69 %, dass in Biologie interessante Themen behandelt werden (v. a. Humanbiologie), sie freuen sich auf praktische Arbeiten: Mikroskopieren (75 %), Experimentieren (63 %). Darüber hinaus sind Lebewesen (66 %) interessant, ebenso Exkursionen (59 %). Nicht zuletzt glauben viele Schüler (66 %), dass sie biologische Kenntnisse im Alltag gebrauchen können.
Der Interessenabfall, der dennoch auch in Biologie eintritt, wird von Lernenden damit begründet, dass der Biologieunterricht immer theoretischer und komplexer wird (Prokop et al. 2007). In diesem Zusammenhang wird häufig die Forderung erhoben, die Abstraktheit, die theoretische Orientierung und Formalisierung des naturwissenschaftlichen Unterrichts abzubauen. Dieser Forderung ist insofern zuzustimmen, als dass damit ein sinnentleerter formelorientierter Unterricht kritisiert wird. Problematisch wird ein derartiger Theorie- und damit Komplexitätsvorbehalt v. a. dann, wenn das Interesse nach wirklichem Verstehen und nach dem Erfassen von Komplexität von vornherein ausgeschlossen wird. Das Gegenteil ist der Fall. Der Ansatz des *kumulativen Lernens* (vgl. Kattmann 2003, ▶ 23.4) setzt genau hier an. So zeigt sich, dass eine längere und vertiefte Auseinandersetzung mit Lerngegenständen (wie in Leistungskursen oder Projekten) durchaus interessefördernd ist (Köller et al. 2006). Die Einstellungen zu den Naturwissenschaften sind positiver als zum naturwissenschaftlichen Unterricht, ein Befund, den Jenkins & Nelson (2005) pointiert zusammenfassen: „Important, but not for me."
Das *Umweltinteresse* ist schon im 3. Schuljahr höher als das Interesse an den traditionellen Gebieten des Biologieunterrichts, und es gerät – wie das Interesse an humanbiologischen Themen – nicht „in den Strudel des pubertären Motivationsabfalls" (Löwe 1987, 63). Das Interesse an Umweltschutz ist nach Finke (1998) zudem auffallend geschlechtsunspezifisch und besonders stark an eigene Erfahrungen der Schüler von Natur- und Umweltzerstörung und die damit verbundenen Emotionen (Gebhard 2001³) geknüpft.

Das Interesse der Schüler hängt auch davon ab, unter welchem Aspekt das betreffende Unterrichtsthema behandelt wird. Der Einfluss *methodischer Varianten* wird bei der Ausprägung des Interesses durch empirische Studien in verschiedenen Jahrgangsstufen bestätigt: Neben außergewöhnlichen oder für die Schüler besonders relevanten und emotional ansprechenden Themen (z. B. Wale, Sexualkunde) werden in der Sekundarstufe I insbesondere praktische Arbeitsverfahren (Mikroskopieren, Experimentieren) und Organisationsformen wie Gruppenarbeit als besonders interessant erachtet (Vogt et al. 1999; vgl. Randler & Kunzmann 2005). Ähnliches gilt für die Grundschule (Kleine & Vogt 2002). Beliebt sind v. a. Arbeitsweisen, die der Eigentätigkeit der Schüler weiten Raum lassen, zum Beispiel Experimentieren, Mikroskopieren, Halten von Pflanzen und Tieren (vgl. Löwe 1980; 1983; 1990; Hesse 1984; Meyer 1987, 51 ff.).

Das geschlechtstypische Interesse an den Naturwissenschaften ist ein Thema für die Genderforschung (Buccheri, Gärber & Brühwiler 2011). So gibt es eine Reihe von Hinweisen, dass es typisch „männliche" Fächer (Physik, Technik, Chemie, Mathematik, Geografie) und „weibliche" Fächer (Religion, Biologie, Musik, Deutsch) gibt (Hoffmann & Lehrke 1986). Das zeigt sich bei entsprechenden Kurswahlen in der Sekundarstufe II und bei Berufswahlen. Biologie ist gewissermaßen ein „weibliches" Fach (Tamir 1985). In besonderer Weise interessieren sich Mädchen für Ernährungsfragen, Krankheiten und Schwangerschaft (Taber 1991; Finke 1998; Elster 2007). Scharfenberg (2005) zeigt, dass Mädchen sich mehr für Anwendungen der Gentechnik am Menschen und damit für ethische Aspekte der Biologie interessieren. Jungen haben dagegen ein geringeres Interesse am menschlichen Körper, besonders wenig an Schwangerschaft und Geburt (Taber 1991).

Die europaweite Befragung ROSE (The Relevance of Science Education, Schreiner & Sjoeberg 2004) bestätigt diese geschlechtstypischen Befunde im internationalen Bereich. Der deutsche Anteil der ROSE-Studie (Holstermann 2009; Holstermann & Bögeholz 2007) ist im Hinblick auf Geschlechtsunterschiede ausgewertet worden: Danach interessieren sich Mädchen besonders für humanbiologische Themen: Krankheiten, Epidemien, Körperfunktionen, Fortpflanzung, Körperbewusstsein. Im Hinblick auf den eigenen Körper sind die Jungen auffällig unbeteiligt. Zwar interessieren sich auch Jungen für humanbiologische Themen (Finke 1998; Kögel u. a. 2000; Löwe 1992), doch nicht so sehr für den eigenen Körper. Auch für Jungen sind jedoch Themen wichtig, die Schädigungen des Körpers betreffen.

23.7 Lernende sind von sich aus motiviert, sie wollen kompetent und wirksam sein

Durch Motivation wird menschlichem Verhalten Richtung, Ausdauer und Intensität verliehen (Urhahne 2008). Die Motivationsforschung unterscheidet zwischen intrinsischer (von innen kommender) und extrinsischer (durch externe Stimuli, wie Prüfungen, Belohnungen, soziale Anerkennung oder Missachtung, bedingter) Motivation. Intrinsische Motivation führt zu interesseorientierten Handlungen (▶ 23.3) und braucht keine externen Anstöße.

„Intrinsisch motivierte Handlungen repräsentieren den Prototyp selbstbestimmten Verhaltens. Das Individuum fühlt sich frei in der Auswahl und Durchführung seines Tuns. Das Handeln stimmt mit der eigenen Auffassung von sich selbst überein. Die intrinsische Motivation erklärt, warum Personen frei von äußerem Druck und inneren Zwängen nach einer Tätigkeit streben, in der sie engagiert tun können, was sie interessiert" (Deci & Ryan 1993, 226). Es kann empirisch gezeigt werden, dass die intrinsische Motivation untergraben wird, wenn durch extrinsische Belohnungen versucht wird, die Motivation aufrechtzuerhalten (Deci 1975). Das Gefühl der Selbstbestimmung wird dadurch in Frage gestellt.

Im Unterschied zu anderen Motivationstheorien betont die *Selbstbestimmungstheorie der Motivation* von Edward L. Deci und Richard M. Ryan (1993), dass nicht nur bei intrinsisch motivierten Handlungen ein hoher Grad von Selbstbestimmung vorliegt, sondern dass diese Selbstbestimmung auch bei extrinsisch motivierten Handlungen zumindest möglich ist. Diese Theorie differenziert motivierte Handlungen nach dem Grad ihrer Selbstbestimmung (bzw. ihrer Kontrolliertheit). Extrinsische Motivation kann verschiedene Stufen der Regulation von external über introjiziert und identifiziert zu integriert erreichen. Als Antriebsquelle für das Erzeugen und Erhalten von intrinsischer sowie extrinsischer Motivation nehmen Deci und Ryan drei psychologische Grundbedürfnisse des Menschen an, nämlich ein angeborenes, anthropologisch begründetes Streben nach Kompetenz, Autonomie und sozialer Eingebundenheit (Deci & Ryan 2000). „Wir gehen davon aus, dass der Mensch die angeborene motivationale Tendenz hat, sich mit anderen Personen in einem sozialen Milieu verbunden zu fühlen, in diesem Milieu effektiv zu wirken (zu funktionieren) und sich dabei persönlich autonom und initiativ zu erfahren" (Deci & Ryan 1993, 229; ▶ Abb. 23-1).

Oft werden intrinsisch motivierte (Lern-)Handlungen mit dem sogenannten „Flow-Erleben" (Csikszentmihalyi 2005) in Verbindung gebracht. Das ist ein beglückendes Aufgehen in einer Tätigkeit und das damit verbundene Gefühl der Hingabe an eine Sache, „als liefe das Geschehen gleitend wie aus einer inneren Logik" (Rheinberg et al. 2003, 263; zum Flow-Erleben im Biologieunterricht: Krombass et al. 2007).

23.8 Anregende und interessante Lernumgebungen können die Motivation fördern

Schülerorientierung wäre missverstanden, wenn damit eine Fixierung auf die vorgefundenen Interessen und Vorstellungen gemeint ist. Es geht schließlich auch darum, die Interessen der Lernenden zu entwickeln und ihre Vorstellungen zu erweitern (vgl. Kattmann 2000). Ein schülernaher Unterricht inspiriert die Schüler, ihre Perspektiven und Handlungsmöglichkeiten zu erweitern und gleichzeitig denunziert dieser Unterricht ihre Interessen und Vorstellungen nicht als das, was durch naturwissenschaftlichen Unterricht zu überwinden ist.

Ausgehend von dem Befund, dass das Interesse an biologischen Themen im Verlaufe der Schulzeit abnimmt, außerdem die meisten Schüler ihre Interessenausrichtung nicht auf die Schule zurückführen (Familie und Freunde sind wichtiger, vgl. Fölling-Albers 1995), ist die Interessenförderung ein zentrales Anliegen im Biologieunterricht. Die Förderung von individuellen Interessen im Sinne einer situationsübergreifenden motivationalen Disposition befördert zum einen die Persönlichkeitsentwicklung und ist zum anderen als ein wichtiger Bezugspunkt für die intrinsische Motivation anzusehen (s. u.). Dabei ist es wichtig, sich nicht mit der Inszenierung von möglichst interessanten Effekten zu begnügen, sondern das personnahe Interesse im

Blick zu behalten. Für die Interessenförderung ist zwischen einer *catch-* und einer *hold-*Komponente zu unterscheiden. Mit Techniken der Aufmerksamkeitssteuerung wie der Auslösung von Überraschungs- und Diskrepanz-Erlebnissen lässt sich das Interesse von Schülern und Schülerinnen „einfangen". Damit das Interesse „gehalten" werden kann, sind weitere Faktoren, z. B. das Erleben der Sinnhaftigkeit des Lernstoffs, nötig. Eine gute Gelegenheit, sich Einblick in die Motivationslage der Lernenden zu verschaffen, bietet die sogenannte Fünf-Minuten-Biologie (Stichmann 1970; 1992). Walter Kleesattel (2000) hat verschiedene Vorschläge für einen abwechslungsreichen Biologieunterricht zusammengestellt, die die Interessen der Lernenden berücksichtigen sowie die Möglichkeiten für praktisches Arbeiten in den Vordergrund rücken. Die wichtigste Methode in diesem Zusammenhang ist jedoch das Gespräch mit den Schülern. Für eine entsprechend förderliche Gesprächsatmosphäre bietet sich die Methode des *Philosophierens mit Kindern* besonders an (Michalik & Schreier 2006). Diese Methode lässt sich für die Situation im Biologieunterricht gut nutzen (Gebhard 2005; Nevers 2005). Eine Reihe von Vorschlägen zur Erkundung der Ausgangssituation der Lernenden findet sich bei Gernot Strey (1982; 1986) und Harald Gropengießer (1997).

Entscheidend für die Förderung eines hohen Grades an intrinsischer Motivation im Unterricht ist die soziale Umgebung im Allgemeinen und die jeweilige Lernumgebung im Besonderen. In einer Reihe von Labor- und Feldversuchen sind motivationsfördernde Faktoren ermittelt worden (zur Erfassung der Motivation: Wilde et al. 2009). Es handelt sich dabei um eine Lernumgebung, die Selbständigkeit fördert (Meyer-Ahrens et al. 2010; Bätz et al. 2009 a; b; Erhart 2005), die Wahlmöglichkeiten lässt, anerkennend ist, auf die Lebensbezüge und Interessen der Schüler eingeht, die wirkliche Kompetenzen vermittelt, die weder unter- noch überfordert. Gemäß dem psychologischen Grundbedürfnis nach Kompetenz eignen sich am besten Herausforderungen, die etwas über dem Kompetenzniveau liegen, das bereits erreicht ist (Ryan & La Guardia 1999). Sabrina Monetha (2009) konnte zeigen, dass durch eine konsequente Berücksichtigung von Alltagsvorstellungen bzw. Alltagsphantasien motivationale Faktoren günstig beeinflusst werden, und zwar in besonderer Weise das Erleben von sozialer Eingebundenheit und die situative Interessiertheit (vgl. Monetha & Gebhard 2008). In diesem Zusammenhang ist die Entwicklung von Aufgaben für den Biologieunterricht (Langlet 2003) bedeutsam: Sie sollen nicht nur deklaratives Wissen erfordern, sondern zu komplexen und selbstbestimmten Lösungsversuchen animieren. Unterrichtsmethoden wirken allerdings nicht zwingend, nur weil man sie anwendet (Duffy & Jonassen 1991). Die Frage der Motivation und Motivierung ist zu guter Letzt weniger ein methodisches oder unterrichtspraktisches Problem als vielmehr eine Frage der pädagogischen Haltung.

Ein zentraler Motivierungsfaktor ist es, die Interessen, also den gegenstandsorientierten Aspekt der Motivation, ernst zu nehmen und zu entwickeln (▶ 23.3). Ebenso wichtig ist eine explizite Bezugnahme auf die Alltagsvorstellungen der Schüler (▶ 23.2). Dazu gehört zum einen der genaue Blick auf diese Vorstellungen (Methoden zum Erfassen von Schülervorstellungen im Unterricht: Gropengießer 1996; 1997), zum anderen aber Konzepte, die diese Vorstellungen in den Unterricht integrieren („Denkpfade" zur Zellverdopplung: Riemeier 2005; Unterrichtseinheiten zur Evolutionsbiologie: Baalmann & Kattmann 2000; zum biologischen Gleichgewicht: Sander, Jelemenská & Kattmann 2004).

Eine wichtige Bedingung für motiviertes Lernen ist, dass das lernende Subjekt das eigene Lernen und damit verbunden die Lerngegenstände als bedeutungs- und sinnvoll interpretieren kann (Gebhard 2003). Eine Möglichkeit hierzu ist das sogenannte *kumulative Lernen* (vgl. Rottländer 2001; VDBiol 2002; Kattmann 2003). Biologische Sachverhalte sollen nicht reduziert, vereinfacht oder isoliert gelernt werden, sondern in breiter Komplexität, die die Lebenswelt ebenso einschließt wie wissenschaftliche und gesellschaftliche Dimensionen. Indem biologische Sachverhalte gewissermaßen „vom Blatt zum Planeten" (Kattmann 2003) durchdekliniert werden, erfassen die Lernenden das jeweils anstehende biologische Phänomen gleichzeitig in mehreren Dimensionen. Das biologische Wissen bleibt nicht isoliert und damit träge, sondern wird verbunden mit Alltagsvorstellungen, Vorwissen und gesellschaftlichen Bezügen (Wadouh, Sandmann & Neuhaus 2009). Das kumulative und bedeutungsvolle Lernen zeichnet sich durch folgende Schritte bzw. Dimensionen aus (nach Kattmann 2003, 124):

1. Erfahren von Komplexität (Erkennen von lebensweltlichen Bezügen, Mut zur Anwendung des Wissens auf Alltagsprobleme und -situationen);
2. Einsicht in die eigenen Vorstellungen (Reflektieren von Alltagsvorstellungen und wissenschaftlichen Vorstellungen);
3. Erkennen und Knüpfen von Zusammenhängen (Wiederholung und Erweiterung des Gelernten in neuen Kontexten, Aufbau einer komplexen Wissensstruktur);
4. Erfahren des eigenen Lernfortschritts und Anwendung des Wissens (Kompetenzerleben, Ausbildung von Interessen, Steigerung der Motivation).

Motivationsförderung

Der Unterricht soll der *Erlebnis- und Verstehensebene* und den *Denkformen* der Lernenden entsprechen. Zur Erarbeitung der Inhalte sollen möglichst alle Schüler beitragen können.

Die Lernenden sollen möglichst häufig an der *inhaltlichen und methodischen Planung* des Unterrichts beteiligt werden und ihre eigenen Ideen und Interessen im Umgang mit dem Unterrichtsmaterial verwirklichen können (vgl. Marek 1980; Strey 1982; Meyer 1987, 51 ff.; Bätz et al. 2009a; b; Streller 2009). Das entspricht dem grundlegenden Autonomiebedürfnis gemäß der Selbstbestimmungstheorie der Motivation (s. o.).

Der Unterricht sollte den psychologischen Grundbedürfnissen (Deci & Ryan 2003) entgegenkommen: neben dem Autonomiebedürfnis das Bedürfnis nach sozialer Eingebundenheit und das Bedürfnis nach Kompetenz.

Der *Unterrichtsinhalt* soll den Schülern so vor Augen geführt werden, dass er ihnen fragwürdig oder problemhaltig erscheint (kognitiver Konflikt), dass sie seine Bedeutung für ihr persönliches Leben erkennen und ihnen das Ziel ihres Lernens bewusst wird (vgl. Birkenbeil 1973; Iwon 1975; Etschenberg 1979, 80 f.; 1990). In diesem Zusammenhang ist der Unterrichtseinstieg bedeutsam (vgl. Clausnitzer 1983; Etschenberg 1990; Berck 1992; Oßwald 1995).

Die gewählten *Unterrichtsmethoden* sollen eine weitgehende Eigenaktivität der Schüler ermöglichen. Der Unterricht sollte in Bezug auf Methoden und Medien vielseitig und abwechslungsreich gestaltet werden, so dass er einem Nachlassen der Aufmerksamkeit und Lernbereitschaft entgegenwirkt und alle Wahrnehmungs- und Lerntypen anspricht (vgl. Bolay 1980; Iwon 1989). Besondere Beachtung verdienen die Methodenkonzepte und Sozialformen, die zu einer Binnendifferenzierung der Lerngruppen führen (z. B. Offener Unterricht, Kleingruppenarbeit, Gruppenpuzzle, vgl. Berger & Hänze 2004; ▶ Kästen S. 232 und 238).

Arbeitsweise, Lernort und Sozialform sollten so gewählt werden, dass sie zueinander passen und wechselseitig das Interesse am Unterricht verstärken können (vgl. Klein 1993).

Der Unterricht soll häufig ein *Erleben der Natur* (z. B. durch Einbeziehen lebender Organismen und Exkursionen) ermöglichen (vgl. Janßen & Trommer 1988). Dabei sollten Angst- und Ekelgefühle einzelner Schüler beachtet werden (vgl. Schanz 1972; Gropengießer & Gropengießer 1985; Gebhard 2013; Bögeholz & Rüter 2004).

Lebewesen sollten nicht nur als Träger von Eigenschaften (Grundphänomenen des Lebendigen) behandelt werden, sondern immer als ganze Organismen erkennbar sein.

Die *Lehrperson* soll persönliches Engagement und Interesse am Unterrichtsgegenstand und die eigene Bereitschaft zu ständigem Weiterlernen erkennen lassen (vgl. Bolay 1980, 113). Das steckt an.

Kumulatives Lernen: Biologische Sachverhalte sollen nicht reduziert, vereinfacht oder isoliert gelernt werden, sondern in breiter Komplexität, die die Lebenswelt ebenso einschließt wie wissenschaftliche und gesellschaftliche Dimensionen (Rottländer 2001; Kattmann 2003).

Biologische Inhalte sollen in *Kontexte* eingebettet werden.

Expliziter Bezug zu Alltagsvorstellungen (Gebhard 2007; Kattmann 2003);

Berücksichtigung und Entwicklung von *Interessen* (▶ 23.3);

Schaffen von *situierten Lernumgebungen*.

24 Biologielehrerinnen und Biologielehrer

Harald Gropengießer

- Biologielehrkräfte sind Experten für das Lernen und Lehren der Biologie.
- Professionelle Entwicklung zielt auf fachliche, fachdidaktische und pädagogische Handlungskompetenz.
- Die Struktur der Lehrerbildung muss den Anforderungen an den Lehrerberuf entsprechen.
- Lehrervorstellungen beeinflussen das Lehren und damit das Lernen.

24.1 Biologielehrkräfte sind Experten für das Lernen und Lehren der Biologie

Unterricht ist die Kernaufgabe der Institution Schule. Sein Gelingen hängt in starkem Maße von der Lehrperson ab. Deshalb ist ein Berufsbild für Biologielehrerinnen und -lehrer notwendig. Daran, wie an empirischen Befunden zu ihren Vorstellungen von einer Biologielehrkraft, kann sich die Lehrerbildung ausrichten.

Wer Biologielehrer/-in werden will, braucht ein Lehrerbild als Orientierung. Ein solches Leitbild gibt der Lehrerbildung Richtung und Zusammenhang. Die Kultusministerkonferenz zeichnet ein Berufsbild für Lehrpersonen mit den als notwendig erachteten Anforderungen (KMK 2004, 3). Aus dieser Sicht sind Lehrerinnen und Lehrer Fachleute für das Lehren und Lernen, die ihre Erziehungs-, Beurteilungs- und Beratungsaufgaben verantwortlich wahrnehmen, die sich fort- und weiterbilden und sich an der Entwicklung ihrer Schule beteiligen.

Alleinstellungsmerkmal: Welche Kompetenzen zeichnen Biologielehrkräfte aus?
Fachliche Kompetenz? Biologische Kompetenz ist unabdingbar – aber das gilt für professionelle Biologen genau so.
Personale Kompetenz? Diese Kompetenz ist wichtig – aber das gilt für viele andere Berufe ebenso.
Soziale Kompetenz? Diese Kompetenz ist notwendig – aber das gilt für viele andere Berufe ebenso.
Didaktische Kompetenz? Diese Kompetenz ist unerlässlich – aber das gilt für alle anderen Lehrenden genauso.
Fachdidaktische Kompetenz! Biologiedidaktische Kompetenz ist zentral und bildet die Kernkompetenz, die sonst niemand hat. Diese Kompetenz verschafft Biologielehrkräften eine Alleinstellung.

Tatsächlich werden aber in der Öffentlichkeit Lehrkräfte weniger als Fachleute oder Experten angesehen als Ärzte oder Ingenieure. Selbst Lehramtsstudierende billigen Hausfrauen eher einen Experten-Status zu als Lehrern (Bromme 1997). Auf dem Hintergrund eines so schwach ausgeprägten professionellen Selbstverständnisses erscheint es nützlich, das Berufsbild von Biologielehrkräften zu hinterfragen. In Anlehnung an Ewald Terhart (2000) ist demnach das Berufsbild auszuschärfen: Biologielehrerinnen und -lehrer sind als Fachlehrer Experten für das Lehren und Lernen von Biologie, d. h. für das Vermitteln und Aneignen von biologischem Wissen.
Welche Fähigkeiten Lehrpersonen für Biologie im Einzelnen benötigen, ist vor allem im Zusammenhang mit *Konzepten zur Lehrerbildung* vielfältig erörtert worden (vgl. Rodi 1975, 11 ff.; Entrich 1976; 1978; Raether 1977; Eulefeld & Rodi 1978; Killermann & Klautke 1978; Wagener 1992, 25 ff.). In einem sehr umfangreichen Katalog des VDBiol sind die „Qualifikationen eines Biologielehrers" zusammengestellt (vgl. Eulefeld & Rodi 1978, 155 ff.; revidierte Kurzfassung VDBiol 1983), von denen die für Biologieunterricht spezifischen Einstellungen und Bereitschaften (▶ Kasten) besonders hervorzuheben sind. Aus dieser Perspektive kommen vor allem die Persönlichkeitsmerkmale der Lehrkräfte in den Blick.

Bereitschaften von Biologielehrern (VDBiol 1978, verändert)
Biologielehrer/-innen sollen bereit sein,
- die für Lernende wesentlichen Erkenntnisse der Biologie auszuwählen, sie in sachlich richtiger und einwandfreier Form darzustellen und schülergerecht zu vermitteln;
- auch komplexe Bereiche im Biologieunterricht zu bearbeiten, die der Kooperation mit anderen Fächern bedürfen (z. B. Themen der Gesundheits-, Sexual-, Umwelt-, Friedenserziehung);
- die Erlebnisfähigkeit der Lernenden für die belebte Natur (einschließlich des eigenen Körpers) zu wecken und zu fördern;
- die Lernenden zu angemessenem Verhalten gegenüber Lebewesen anzuleiten;
- die eigene existenzielle Betroffenheit durch die heutige Situation der Menschheit in der industrialisierten Welt im Unterricht deutlich zu machen;
- sich für die Belange der Gegenwart und Zukunft des Menschen und der Natur einzusetzen;
- zur Zusammenarbeit mit Fachleuten (Ärzte, Forst- und Landwirte, Gärtner etc.) außerhalb der Schule, um deren Kenntnisse in den Unterricht einzubringen;
- zur anschaulichen Gestaltung des Biologieunterrichts, z. B. durch außerschulische Erkundungen und Verwendung lebender Objekte, auch wenn dies im Hinblick auf die Vorbereitung persönlichen Einsatz fordert (Sammeln von Objekten, Aufbau von Experimenten, Beschaffung von Medien, Umgang mit Pflanzen und Tieren).

24.2 Professionelle Entwicklung zielt auf fachliche, fachdidaktische und pädagogische Handlungskompetenz

Generell werden von der Lehrkraft Kenntnisse aus den Erziehungswissenschaften, der Fachdidaktik sowie der Biologie einschließlich der Nachbardisziplinen gefordert. Diese Dreiteilung legt nahe, dass es die Lehrperson mit drei gleich wichtigen Bezugswissenschaften zu tun habe. Gerhard Schaefer (1978) beantwortet die Frage „Muss ein Biologielehrer Biologe sein?" selbst für Grundstufenlehrer mit „Ja" und räumt damit der Biologie einen Vorrang ein. Man könnte dagegen mit ebenso guten Argumenten – sogar bezogen auf Gymnasiallehrer – die Bedeutung der Erziehungswissenschaften besonders betonen. Zusammengedacht und zusammengebracht werden die biologischen und die erziehungswissenschaftlichen Kompetenzen in der *Fachdidaktik*, denn die Biologiedidaktik ist die mit biologischem Lernen und Lehren befasste Vermittlungswissenschaft. Biologiedidaktik steht damit im Zentrum einer professionellen Biologielehrerbildung (Kattmann 2003 a; b). Eine solche Mitte ist notwendig, um dem Studium einen Zusammenhang zu geben. Denn das Lehramtsstudium kombiniert sehr unterschiedliche Studienteile zu einem Abschluss: Biologie, ein zweites (manchmal sogar noch ein drittes) Fach, Erziehungswissenschaften, zwei Fachdidaktiken sowie Schul- und Unterrichtspraktika. Shulman (1987) stellt das *fachdidaktische Wissen* in das Zentrum des Professionswissens von Lehrkräften (vgl. Berry, Loughran & van Driel 2008; Friedrichsen et al. 2010). Hiermit ist mehr gemeint als lediglich die Summierung des fachlichen und pädagogischen Wissens. Das fachdidaktische Wissen besteht vielmehr in der Verknüpfung von beidem in Hinblick auf Unterricht und Lernen. Zum fachdidaktischen Wissen von Lehrkräften gehören u. a. die Vorstellungen zur Biologie, vom Lehren und Lernen der Biologie und die Alltagsvorstellungen der Lernenden (▶ 23.4). Die mit dem fachdidaktischen Wissen angesprochenen Kompetenzen stehen damit in engem Zusammenhang mit den Aufgaben der Didaktischen Rekonstruktion (vgl. van Dijk & Kattmann 2007; ▶ 4 und 26).

In einer Delphistudie zum Fachlehrer-Leitbild (Lohmann 2005) wurden die Vorstellungen von Doktoranden der Fachdidaktik und Fachleitern an Studienseminaren für Gymnasien zum *Lehrerleitbild* ermittelt. Fachlehrer, so sehen es beide Gruppen:
- analysieren *Lernvoraussetzungen,*
- beziehen *Schülervorstellungen* in den Unterricht ein,
- *strukturieren* Unterricht klar und transparent,
- leiten Lernende zur *eigenständigen Erarbeitung* an,
- befähigen Lernende, *Inhalte und Methoden des Faches* auf reale Probleme *anzuwenden,*
- vermitteln den Lernenden ein *Kompetenzgefühl,*
- strahlen *Begeisterung für das Fach* aus.

Die für Biologielehrerinnen und -lehrer spezifischen Teile des Berufsbildes lassen sich als Wissen und Kompetenzen beschreiben:
1. Im Zentrum steht die Kompetenz zur Gestaltung von Vermittlungs- und Aneignungsprozessen im Bereich der Biologie. Solche biologiedidaktische Kompetenz umfasst das Wissen um Vorstellungen, Interessen und Lernschwierigkeiten, die Kenntnis von Lehrplänen und Lehr-

strategien, die Kenntnis fachdidaktischer Konzeptionen und die Fähigkeit, Leistung zu diagnostizieren und zu beurteilen (vgl. KMK 2010, 18; Abell 2010; ▶ 4).

2. Fundiertes und anschlussfähiges Wissen der Biologie, einschließlich ihrer Grundlagenfächer und Anwendungsgebiete, nimmt einen breiten Raum ein und stützt die biologiedidaktische Kompetenz (vgl. KMK 2010, 18). Hervorzuheben ist das *fachliche Wissen über Wahrnehmen, Gefühle, Denken, Lernen und Vergessen,* weil es Teil des Professionswissens ist.

3. Den Hintergrund bildet das *Wissen über Biologie und Naturwissenschaften:* Wissenschaftstheorie, Wissenschaftsgeschichte und Stellung der Biologie in unserer Gesellschaft (vgl. VDBiol 1999; ▶ 13 und 15). Konkreter geht es um analytisch-kritische Reflexionsfähigkeit, Methodenkompetenzen, Arbeits- und Erkenntnismethoden der Biologie, um hypothesengeleitetes Experimentieren und Vergleichen. Weiterhin sollen biologische Sachverhalte in verschiedenen Kontexten erfasst, sachlich und ethisch bewertet werden (vgl. KMK 2010, 18; ▶ 10 und 16).

4. Daneben stehen *fächerübergreifende Aufgaben,* wie sie in gleichem Umfang in keinem anderen Fach zu finden sind: Umwelterziehung, Gesundheitserziehung und Sexualerziehung haben in der Biologie einen Schwerpunkt; in der Friedenserziehung und der entwicklungspolitischen Bildung sind ebenfalls biologische Komponenten gefragt (▶ 18 bis 22). Diese Aufgaben erfordern von den Lehrenden eine positive Einstellung zur Beachtung pädagogischer Fragen und der mit den genannten Erziehungsbereichen verbundenen ethischen Probleme.

5. Die Vermittlung von Biologie erfordert eine *Vielfalt von Unterrichtsmethoden,* wie sie in keinem anderen Unterrichtsfach vorkommt: Das Spektrum reicht von Freilandarbeit und Pflege von Pflanzen und Tieren über Mikroskopieren, naturwissenschaftliches Beobachten und Experimentieren bis zu Textinterpretationen, von der Reflexion naturwissenschaftlicher Erkenntniswege bis hin zum Einstimmen in Naturerleben. Auch das Betreuen und Nutzen biologischer Sammlungen ist für den Unterricht von großer Bedeutung. So hängt der Anteil von Experimenten und Beobachtungen im Biologieunterricht erheblich von der Ausstattung der Schule ab (vgl. Meffert 1980, 11 f.).

24.3 Die Struktur der Lehrerbildung muss den Anforderungen an den Lehrerberuf entsprechen

Wer Biologielehrer/-in werden will, sollte sich mit Blick auf das Lehrerbild Entwicklungsaufgaben setzen. Das sind subjektiv als notwendig empfundene Herausforderungen zum Aufbau didaktischer und methodischer Handlungskompetenz, die biografisch bedeutsam werden (Meyer 2001, 229). Für die Kompetenzentwicklung sind nach einer inhaltlichen Orientierung vor allem strukturelle Fragen zu beantworten: Es sind die Fragen nach den Orten, den Phasen und der Fachlichkeit der Lehrerbildung.

Als erster Ort der Lehrerbildung kommen Universitäten und ihnen gleichgestellte Hochschulen oder Fachhochschulen in Betracht. Hier ist ein gewisser Konsens bezüglich einer universitären Lehrerbildung für alle Lehrämter zu erkennen (z. B. KMK-Kommission 1999); dies vor allem wegen der hohen fachlichen Qualität der Ausbildung und wegen der Fachdidaktik als universitärer Disziplin (Ossner 1999). Zudem sprechen berufspolitische Gründe – Ansehen und Status im öffentlichen Dienst – für die Universität als Ort der Lehrerbildung.

Erstausbildung		Beruf
1. Phase	2. Phase	3. Phase
Universität, Pädagogische Hochschule	Studienseminar	Schule
Lehramtsstudium	Vorbereitungsdienst	Lernen im Beruf
Bachelorstudium Masterstudium		Berufsein-gangsphase Fortbildung, Weiterbildung
zu erwerbende Kompetenzen: anschlussfähiges Fachwissen, Erkenntnis- und Arbeitsmethoden der Fächer, anschlussfähiges fachdidaktisches Wissen	fachliches Lernen planen und gestalten, Komplexität unterrichtlicher Situationen bewältigen, Nachhaltigkeit von Lernen fördern, fachspezifische Leistungsbeurteilung beherrschen	sich fachlich und persönlich in der Rolle als Lehrperson weiterentwickeln

Tabelle 24-1: Phasen der Lehrerbildung (vgl. KMK 2010, 3 f.)

Üblicherweise wird die Lehrerbildung in Abschnitte oder *Phasen* der Kompetenzentwicklung an unterschiedlichen Orten unterteilt. In den meisten Fällen zählen die Fachleute bis drei: universitäre 1. Phase, Vorbereitungsdienst als 2. Phase und Lernen im Beruf als 3. Phase (KMK-Kommission 1999, 11 f.). Wenn aber Hilbert Meyer (2001, 248) für eine einphasige Lehrerbildung plädiert, ist die Integration von 1. und 2. Phase gemeint. In jedem Fall bilden die beiden Phasen zusammen die Erstausbildung der Lehrerinnen und Lehrer. Weitere Unterscheidungen werden für die 3. Phase getroffen, wenn Berufseingangsphase und Fortbildung je eigene Funktionen zugewiesen werden (KMK-Kommission 1999). Mit der Errichtung eines europäischen Hochschulraumes (Bologna-Erklärung 1999) wird die 1. Phase in zwei Studienzyklen mit den universitären Abschlüssen Bachelor und Master gegliedert (▶ Tab. 24-1). Gottfried Merzyn (2002) gibt einen Überblick über die geschichtliche Entwicklung der Lehrerausbildung für die Gymnasien, die wohl mit der heutigen Struktur kaum ihre endgültige Form gefunden hat. Dazu sind die Problem- und Mängellisten der heutigen Lehrerbildung zu lang (z. B. Wildt 2002; Reusser & Messner 2002). So konnte Michael Germ (2009) mit Lernaufgaben zeigen, dass Lehramtsstudierende Schwierigkeiten haben, ihr allgemein erziehungswissenschaftliches mit ihrem fachunterrichtlichen Wissen zu verknüpfen.

Die heute übliche Ausbildung für zwei Fächer steht in der Kritik. Es erscheint sinnvoll, die durch Kombination äußerst unterschiedlicher Studienanteile geschaffene Komplexität zu vereinfachen und zunächst nur ein Fach zu studieren und darin eine Berufsbefähigung zu erreichen (z. B. Meyer 2001, 248). Sind aber zwei Fächer zu studieren, stellt sich die Frage nach einer günstigen Fächerkombination mit anderen Schulfächern. Dabei sind persönliche Neigungen, Einstellungschancen, aber auch Bezüge der Biologie zu anderen Bereichen in die Entscheidung einzubeziehen. Die häufig empfohlene Kombination Biologie/Chemie ist besonders für den Unterricht in der gymnasialen Oberstufe günstig, während in der Sekundarstufe I die Bezüge der Biologie zu Sozialwissenschaften, Geografie, Philosophie und Ethik für andere Fächerkombinationen sprechen. Lehrpersonen mit einem nicht-naturwissenschaftlichen Fach wird es näher liegen, biologisch bestimmte Themen von verschiedenen Zugängen und Gesichtspunkten her zu vermitteln (vgl. KMK-Empfehlungen 1989; Hedewig 1990).

Für eine professionelle Lehrerbildung sind aus biologiedidaktischer Perspektive folgende essenziellen Anforderungen zu nennen (vgl. Gropengießer & Kattmann 2002, 190; Kattmann 2003 b, 97):

- Die *Einheit der Lehrerbildung* soll durch universitäre Studiengänge für alle Schularten gewahrt bleiben.
- Das *Lehrerbild* „Experten für das Lehren und Lernen von biologischem Wissen" ist leitend.
- Der *Berufsbezug* soll von Anfang an durch eine Integration fachinhaltlicher, fachdidaktischer und erziehungswissenschaftlicher Studienanteile hergestellt werden.
- Studienbegleitende *schulpraktische Studien* und *fachdidaktische Forschungspraktika* sollen kontinuierlich die Perspektive und Reflexion der Vermittlung und Anwendung des fachlichen Wissens vermitteln.
- Die *Kooperation der 1., 2. (und 3.) Phase* der Lehrerbildung soll durch curriculare Abstimmung geklärt und verbessert werden.

24.4 Lehrervorstellungen beeinflussen das Lehren und damit das Lernen

Der Erforschung von Lehrervorstellungen liegt die Annahme zugrunde, dass die Vorstellungen, Einstellungen und Fähigkeiten der Lehrenden die Vorstellungen und Einstellungen der Lernenden beeinflussen (vgl. Lederman 1992). Dies ist plausibel aber erst teilweise belegt. So konnte Sabine Marsch (2009) zeigen, dass die Vorstellungen der Lehrperson, die für das Lehren und Lernen verwendeten Metaphern und das unterrichtliche Handeln in einem engen Zusammenhang stehen. Uwe Maier (2002) bestätigte einen Zusammenhang zwischen dem von der Lehrperson abwechslungsreich und flexibel gestalteten naturwissenschaftlichen Unterricht und dem Interesse der Lernenden.

Bisher wurden von der Lehrervorstellungsforschung vier Bereiche untersucht (vgl. Fischler 2001; de Jong, Korthagen & Wubbels 2003):

1. *Vorstellungen zur Biologie,* also Theorien, Prinzipien, Konzepte und Begriffe, die biologische Gegenstände betreffen. Das Ergebnis solcher Untersuchungen wird in der Behauptung zugespitzt, Lehrkräfte verfügten oft über dieselben Alltagsvorstellungen wie ihre Schüler (Wandersee, Mintzes & Novak 1994, 189).

2. *Vorstellungen über Biologie,* d. h. vor allem Wissenschaftstheorie und Wissenschaftsgeschichte. Dazu gibt es eine reiche Forschungstradition, deren Ergebnisse in drei Punkten zusammengefasst werden können: a) Naturwissenschaftslehrkräfte verfügen oft nicht über adäquate wissenschaftstheoretische Vorstellungen; b) Lernangebote zur Verbesserung des wissenschaftstheoretischen Verständnisses erweisen sich dann als erfolgreich, wenn sie wissenschaftsgeschichtliche Aspekte enthalten oder die Aufmerksamkeit direkt auf die Wissenschaftstheorie lenken; c) Die unterschiedliche akademische Bildung der Lehrkräfte korreliert nicht mit ihren wissenschaftstheoretischen Vorstellungen (Lederman 1992).

3. *Vorstellungen oder Einstellungen zum Biologieunterricht.* Hier geht es um das fachspezifische Vermittlungswissen oder fachdidaktische Wissen, welches allein Experten für das Lernen und Lehren der Biologie zukommt. Im englischsprachigen Bereich ist es als pedagogical content knowledge (PCK) (Shulman 1986; 1987; Abell 2010, 1107 f.) bekannt. Esther van Dijk (2009) hat das Vermittlungswissen von niedersächsischen Gymnasiallehrern zur Evolutionstheorie untersucht, gegliedert nach den Fragestellungen des Modells der Didaktischen Rekonstruktion (▶ 4.1). Dabei zeigte sich, dass die Lehrkräfte sich hauptsächlich auf mikro-evolutionäre Prozesse wie Mutation und Selektion beziehen und Konzepte wie „letzter gemeinsamer Vorfahre" oder Tiefenzeit, die die Geschichtlichkeit des Lebendigen verdeutlichen, in den Hintergrund treten. Lehrkräfte kennen einige vorunterrichtliche Vorstellungen der Schüler, beispielsweise deren Schwierigkeit, Variation in einer Population zu sehen, und setzen dafür gezielt Interventionen ein. Dieser integrative Forschungsansatz zielt auf die Verbesserung der Lehrerbildung (van Dijk & Kattmann 2007). Neele Alfs (2012) untersucht das fachdidaktische Wissen von Biologielehrkräften an Gymnasien zum Kompetenzbereich „Bewertung" (▶ 12) ausgehend vom Beispiel der Grünen Gentechnik. Dabei entsteht ein detailreiches Bild zu Themenbereichen, die die Bewertungskompetenz förden sollen, aber auch zu Schwierigkeiten bei der unterrichtlichen Umsetzung. Im Projekt „Messung professioneller Kompetenzen in mathematischen und naturwissenschaftlichen Lehramtsstudiengängen" (KiL) werden Instrumente entwickelt, die fachliches und fachdidaktisches Wissens von Lehramtstudierenden in Biologie valide erfassen.

4. *Vorstellungen über Lernen und Lehren.* Auch hierzu gibt es eine reiche Forschungstradition, die neben Biologie- oder Naturwissenschaftslehrern andere Lehrergruppen einbezieht. Zusammenfassend lässt sich festhalten:

a) Viele Lehrkräfte verfügen über mehr als eine Vorstellung zum Lehr-/Lern-Prozess. Beispielsweise wird die Lehrperson als Quelle des Wissens angesehen; Lehren ist dann eine Sache des Eintrichterns und des Verinnerlichens und beeinflusst das Verstehen der Schüler. Wissen wird übertragen. Oder die Lehrperson ist der Führer auf einem Weg oder einer Reise, holt Schüler ab und weist den Weg. Lernen wird u. a. als Aufnahme von Wissen beschrieben, bei dem die Schüler aufsaugen, ansammeln und abspeichern (Marsch 2009). Schüler und Wissen werden mit Schwamm und Wasser verglichen. Unter den richtigen Bedingungen wird alles aufgesogen. Werden die Schüler aber zu hart bedrängt oder gedrückt, geht alles wieder verloren (Aguirre, Haggerty & Linder 1990);

b) Alle Befragten drücken ihre Vorstellungen vom Lehr-/Lern-Prozess hauptsächlich in Bildern oder Metaphern aus. Es sind Metaphern wie die der Weitergabe, der Fütterung, des Verkaufens oder der Diplomatie, der gemeinsamen Reise, des Gärtnerns, Töpferns oder Bauens, die genutzt werden, um Verständnis an Lehr-/Lern-Prozesse heranzutragen (Gropengießer 2004). Metaphern können bewusst oder unbewusst das Verständnis des Lernens und Lehrens beeinflussen (vgl. Ritchie & Cook 1994; Tobin & Tippins 1996). Anhand von Aussagen zu unterrichtlichen Themengebieten konnten Biologielehrertypen identifiziert werden: ein pädagogisch-innovativer, ein fachlich-innovativer und ein fachlich-konventioneller Typ (Neuhaus & Vogt 2005).

Planung von Biologieunterricht

25 Unterrichtsziele formulieren

Jürgen Mayer

> - Unterrichtsziele dienen der Schwerpunktsetzung, Zielorientierung und Evaluation des Unterrichts.
> - Unterrichtsziele können nach Ebenen, Lerndimensionen und Stufen differenziert werden.
> - Bezugspunkte für Unterrichtsziele sind allgemeine Bildungsziele und fachspezifische Bildungsstandards.
> - Im Unterricht werden fachspezifische sowie überfachliche Unterrichtsziele verfolgt.

25.1 Unterrichtsziele dienen der Schwerpunktsetzung, Zielorientierung und Evaluation des Unterrichts

Unterrichtsziele beschreiben das angestrebte Lernergebnis eines Curriculums, eines Unterrichts oder einer Lehrsequenz. Gebräuchliche Fachtermini sind Lernziel, Lehrziel, Bildungsziel, Unterrichtsziel, Qualifikation und Kompetenz. Obwohl sich die jeweiligen Bedeutungen teilweise überschneiden, sind es keine Synonyme; vielmehr werden damit jeweils spezifische Aspekte der Lehr-Lern-Intention betont. Diese Differenzierungen werden im Folgenden unter der Bezeichnung Unterrichtsziele zusammengefasst.

Grundidee der Beschreibung ist, dass damit die Unterrichtsinhalte auf die zu lernenden Kenntnisse, Fähigkeiten und Einsichten ausgerichtet werden. Der Formulierung von Unterrichtszielen kommen mehrere Funktionen zu:
- Als allgemeine Bildungsziele und fachbezogene Zielangaben in Bildungsstandards und Lehrplänen umreißen sie die Anforderungen, die den *öffentlich-gesellschaftlichen Auftrag* an die Schule bzw. an den Biologieunterricht ausmachen.
- Bei der Unterrichtsvorbereitung setzen sie die Schwerpunkte der Lerninhalte und -kontexte.
- Mit ihnen kann der Lernprozess in Schritten und mit gestuftem Anspruchsniveau geplant werden, wenn sie differenziert formuliert werden. Sie dienen also der Planung von gestuften Lernprozessen.
- Sie können eine Verständigung von Lernenden und Lehrkräften über das Vorgehen und die Ausrichtung des Unterrichts erleichtern.
- Sie dienen als Kriterien für die Kontrolle des Lernerfolgs. Mit ihrer Hilfe lassen sich lernzielorientierte (kriterienorientierte) Tests erstellen (▶ 28).

Die Lernzieltheorie wurde vor allem im Rahmen der Curriculumforschung der 1960er und 1970er Jahre auf behavioristischer Grundlage entwickelt (Mager 1974; Robinsohn 1969; Möller 1986). In späteren Jahren wurden sowohl die wissenschaftlichen Grundlagen als auch eine zu strikte Handhabung von Unterrichtszielen in der Unterrichtspraxis kritisiert (vgl. Mietzel 2007; Jank & Meyer 1994; Glöckel 1996; Kaiser & Kaiser 1996; Kroner & Schauer 1997). Fachdidaktische Forschung, ein konstruktivistisches Verständnis von Lernen (▶ 4) sowie die Kompetenzorientierung des Unterrichts (vgl. ▶ 8 bis 12) haben neue Impulse für die Beschreibung von Unterrichtszielen gegeben. Jedoch sind sie nach wie vor fester Bestandteil von Bildungsstandards, Curricula und Lehrplänen (▶ 5; 8 bis 12) sowie der Unterrichtsplanung (▶ 26) und Evaluation von Schülerleistungen (▶ 28).

25.2 Unterrichtsziele können nach Ebenen, Lerndimensionen und Stufen differenziert werden

Ziele des Biologieunterrichts können für einen Lehrplan, eine Unterrichtsstunde oder Lernsequenz beschrieben werden. Insofern müssen sie hinsichtlich ihrer Ebene bzw. ihres Abstraktionsgrades konkretisiert werden (vgl. Möller 1973; Zöpfl & Strobl 1973; ▶ Abb. 25-1). Sogenannte *Leitziele* oder allgemeine Bildungsziele betreffen die Erziehung bzw. Schulbildung als Ganzes und werden in der Regel in den Präambeln der Lehrpläne oder den Schulgesetzen genannt. *Richtziele* beziehen sich auf die Bildungsbedeutung eines bestimmten Lernbereichs bzw. Unterrichtsfaches. Für den Biologieunterricht sind sie z. B. in den Bildungsstandards der Sekundarstufe I (KMK 2005), im Kerncurriculum der Sekundarstufe II (Harms et al. 2004; Mayer et al. 2004) sowie in den Lehrplänen der Länder beschrieben. Die Intentionen einer größeren Lerneinheit (z. B. Lehrplanthema oder Unterrichtseinheit) werden als *Grobziele* bezeichnet. *Feinziele*

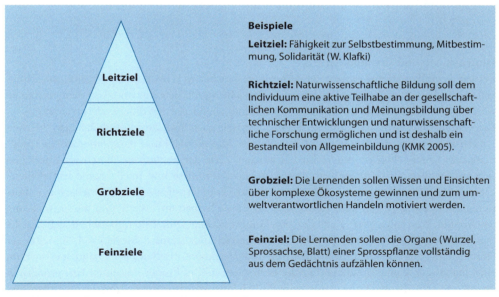

Abbildung 25-1: Ebenen von Unterrichtszielen mit Beispielen

beziehen sich auf einzelne Lernschritte innerhalb einer Lernsequenz; sie sind ein zentrales Element der Unterrichtsplanung (vgl. ▶ 26).

Grundsätzlich ist es nicht möglich, spezielle Ziele (z. B. Feinziele) aus den allgemeinen abzuleiten (z. B. aus Richtzielen). Für die Formulierung spezieller Ziele sind vielmehr jeweils weitere Informationen und Entscheidungen nötig (z. B. über die Lerngruppe), die in den allgemeinen Zielen nicht enthalten sind (vgl. Meyer 1971; Schaefer 1973).

Hinweise zum Formulieren von Unterrichtszielen
Ziele für eine Unterrichtsstunde (Grob- und Feinziele) sollten:
- im Einklang mit den allgemeinen Bildungszielen des Biologieunterrichts stehen, z. B. dem Beitrag des Faches zur Allgemeinbildung;
- Bezüge zum länderspezifischen Lehrplan bzw. Curriculum oder zu den Bildungsstandards aufweisen;
- im Hinblick auf die Unterrichtsstunde realistisch sein; sie sollten nicht mehr beschreiben, als umgesetzt werden kann – aber auch nicht weniger;
- nicht allein auf die kognitive Dimension fokussieren, sondern ebenso motivationale, handlungsbezogene, soziale oder überfachliche Bildungsziele in den Blick nehmen;
- eine angemessene Differenzierung aufweisen, z. B. bezogen auf Kompetenzstufen der Bildungsstandards (▶ 25.3), kumulative Lernschritte oder Lernen auf unterschiedlichen Niveaus;
- auf die Lerngruppe bezogen sein sowie den konkreten Lernkontext, z. B. Schule, Unterrichtsbedingungen oder Lernorte (▶ 44 bis 47) berücksichtigen;
- möglichst eindeutig und präzise formuliert sein, damit sie als Grundlage für eine kriterienorientierte Leistungsmessung und Evaluation des Unterrichts dienen können (▶ 28).

Dimensionen und Taxonomien
Lernen ist ein komplexer Prozess, an dem u. a. gespeichertes Wissen und Vorstellungen, Fähigkeiten und Fertigkeiten sowie Einstellungen und Motivation beteiligt sind. Um dem gerecht zu werden, müssen Unterrichtsziele nach wissenschaftlichen Kriterien differenziert werden.

Das gebräuchlichste System differenziert die Lernziele nach ihrer Zugehörigkeit zu psychischen Dimensionen; danach können kognitive, affektive (emotionale) und psychomotorische (pragmatische) Unterrichtsziele unterschieden werden. Ziele der kognitiven Dimension „beziehen sich auf Denken, Wissen, Problemlösen; d. h. auf Kenntnisse und intellektuelle Fähigkeiten". Ziele der affektiven Dimension „beziehen sich auf Veränderungen von Interessenlagen, auf die Bereitschaft, etwas zu tun oder zu denken, auf Einstellungen und Werte und die Entwicklung dauerhafter Werthaltungen". Ziele der psychomotorischen Dimension „beziehen sich auf die manipulativen und motorischen Fertigkeiten eines Schülers" (Jank & Meyer 1994, 305). Bei der Dimensionierung von kognitiven, affektiven und psychomotorischen Zielen handelt es sich um eine analytische Unterscheidung. Für die Lernenden gibt es immer nur einen Lernprozess, in dem die verschiedenen Dimensionen unauflöslich ineinander verwoben sind. Daraus folgt, dass die drei Dimensionen nicht getrennt voneinander betrachtet werden dürfen.

		Komplexität kognitiver Prozesse →					
		Wiedergeben	Verstehen	Anwenden	Analysieren	Bewerten	Erstellen
Wissensdimension	Faktenwissen						
	konzeptuelles Wissen		X		...bewerten experimentelle Daten hinsichtlich ihrer Aussagekraft.		
	prozedurales Wissen	...beschreiben den Bau einer Pflanzenzelle.					X
	metakognitives Wissen						

Tabelle 25-1: Zweidimensionale Taxonomie der kognitiven Lernziele (Anderson & Krathwohl 2001)

Bei der *Stufung* werden Unterrichtsziele in eine hierarchische Ordnung gebracht. In dem bekanntesten Versuch einer Taxonomie, der „Taxonomy of Educational Objectives" (TEO), werden Ziele der affektiven und der kognitiven Dimension in zwei getrennten Skalen angeordnet (vgl. Krathwohl et al. 1964; Bloom 1972). Die Stufung von Lernzielen hat sich vor allem im Bereich der kognitiven Dimension bewährt und wurde von Anderson und Krathwohl (2001) in einer weiterentwickelten Version vorgelegt (▶ Tab. 25-1).

Neben der „Taxonomie der Lernziele" existiert eine Vielzahl von weiteren Vorschlägen zur Dimensionierung und Stufung von Unterrichtszielen, (Klingberg 1972; Tyler 1973; Ausubel et al. 1980; Überblick in Anderson et al. 2001). In der Schulpraxis wird vielfach eine Stufung von Anforderungen bei Abituraufgaben für eine Lernzielstufung genutzt. Nach dem Grad der Selbstständigkeit bei der Bearbeitung der Aufgaben sowie dem Grad der Komplexität der gedanklichen Verarbeitungsprozesse werden Reproduktion (I), selbstständige Anwendung von Fachmethoden und die Herstellung neuer Kontexte (II) sowie eigenständige Planung und deren Umsetzung (III) unterschieden (KMK 2004). Diese Stufung wurde auch in den Anforderungsbereichen der Bildungsstandards aufgegriffen (KMK 2005).

Die Hierarchisierung der Unterrichtsziele kann dazu verleiten, die verschiedenen Stufen einer Dimension getrennt und als hintereinander ablaufende Prozesse zu betrachten. Jedoch ist die Lernzielhierarchie nicht mit Lernschritten oder Lernentwicklung zu verwechseln.

25.3 Bezugspunkte für Unterrichtsziele sind allgemeine Bildungsziele und fachbezogene Bildungsstandards

Bildungsstandards formulieren Anforderungen an das Lehren und Lernen in einem Fach. Sie greifen dabei allgemeine Bildungsziele auf und konkretisieren sie in Form von Kompetenzanforderungen (▶ 8). Sie legen fest, über welche Kompetenzen Schülerinnen und Schüler mit einem mittleren Bildungsabschluss verfügen müssen, wenn wichtige Ziele der Schule als erreicht gelten sollen (Klieme et al. 2003; KMK 2004; Köller 2010). Bildungsstandards haben international eine lange Tradition (NRC 1995). In Deutschland wurden sie für die naturwissenschaftlichen

Fächer 2004 eingeführt. Sie sind vor allem als ein Steuerungselement der Bildungspolitik zu sehen und stellen die Grundlage für ein Bildungsmonitoring dar (KMK 2006).

Obwohl Bildungsstandards bzw. Kompetenzbeschreibungen eine große konzeptionelle Nähe zu Lernzielen aufweisen (Köller 2010), heben sie sich vor allem in folgenden Punkten davon ab:

- Kompetenzen zielen weniger auf Wissen als auf Können; Wissen hat eine funktionale Bedeutung für die Befähigung, in verschiedenen Situationen kompetent handeln zu können (▶ 9).
- Diese Anwendungssituationen werden in Form kontextueller Einbindung des fachlichen Lerngegenstandes in die Gestaltung von Lernumgebungen, z. B. Aufgaben, umgesetzt; das Verständnis situierten Lernens ist daher integraler Bestandteil des Kompetenzbegriffs.
- Kompetenzen werden zwar domänenspezifisch formuliert, zielen aber auf eine Befähigung in verschiedenen Situationen; ihnen ist der Gedanke des Transfers von Fähigkeiten auf andere Lerninhalte und Anwendungskontexte inhärent.
- Kompetenzen enthalten viele Komponenten wie Wissen, Können, Verstehen, Handeln, Motivation. Der Erwerb und die Performanz von Kompetenzen sind daher kognitiv und motivational sowie volitional bestimmt (Klieme 2004; Klieme & Hartig 2007). Obwohl motivationale Faktoren ein genuiner Bestandteil dieser Kompetenzdefinition sind, hat sich eine Fokussierung auf die kognitive Dimension von Kompetenz durchgesetzt (Klieme & Leutner 2006).

Neben der Beschreibung der Struktur von Kompetenzen und ihren Teilelementen kommt der Beschreibung und Messung unterschiedlicher Kompetenzstufen eine besondere Bedeutung zu. Damit werden Maßstäbe beschrieben, anhand derer Leistungsniveaus unterschieden werden können. Jede Stufe ist durch fachspezifische mentale Operationen von bestimmter Qualität bestimmt, die Lernende auf dieser Stufe bewältigen können, nicht aber Lernende auf niedrigerer Stufe (▶ Tab. 25-2).

Bildungsstandards sind ein wichtiger Bezugspunkt für Unterrichtsziele, gleichwohl kann sich ihre Formulierung nicht darin erschöpfen, da Bildungsstandards
- sich auf das Lernergebnis am Ende der Sekundarstufe I beziehen; sie können daher nicht das Ziel einer Unterrichtsstunde oder -einheit beschreiben;

Stufe	Standard	Beschreibung des Standards (Kompetenzbereich Fachwissen)
V	Optimalstandard	Erklären neuer komplexer biologischer Zusammenhänge unter selbstständiger Anwendung von Konzepten und Prinzipien
IV	Regelstandard plus	Erklären komplexer biologischer Zusammenhänge unter Anwendung von Konzepten und Prinzipien
III	Regelstandard	Beschreiben und Erklären biologischer Zusammenhänge und Anwenden von Konzepten
II	Mindeststandard	Wiedergeben und Anwenden einfacher biologischer Zusammenhänge
I	Unterer Mindeststandard	Identifizieren und Wiedergeben einfacher biologischer Sachverhalte

Tabelle 25-2: Kompetenzstufen der Bildungsstandards Biologie (Kompetenzbereich Fachwissen)

- auf die kognitive Dimension von Kompetenz fokussieren; die Anbahnung affektiver Unterrichtsziele, z. B. Ausbildung von Interesse und motivationaler Dispositionen, bleiben darin unberücksichtigt.
- die angestrebten Kompetenzen eines Faches beschreiben; überfachliche Unterrichtsziele sind darin nicht enthalten;
- an eine Operationalisierung mittels Testaufgaben gebunden sind; nicht operationalisierbare pädagogische Aufgaben schulischer Bildung bleiben somit ausgespart.

25.4 Im Unterricht werden fachspezifische sowie überfachliche Unterrichtsziele verfolgt

Neben den fachspezifischen Zielen verfolgt der Biologieunterricht überfachliche Ziele, z. B. sogenannte Schlüsselqualifikationen. Darunter versteht man relativ langfristig verwertbare Kenntnisse, Fähigkeiten, Fertigkeiten und Werthaltungen als überfachliche Qualifikationen zur Bewältigung beruflicher Anforderungen (vgl. Orth 1999).
Schlüsselqualifikationen haben auch Eingang in die allgemeine Bildungsdiskussion gefunden (vgl. z. B. Bildungskommission NRW 1995; Schecker et al. 1996; KMK 1996; VDBiol 2000). Die zehn am häufigsten genannten sind: Kommunikationsfähigkeit, Kooperationsfähigkeit, Denken in Zusammenhängen, Flexibilität, Kreativität, Selbstständigkeit, Problemlösefähigkeit, Transferfähigkeit, Lernbereitschaft und Durchsetzungsvermögen (Didi et al. 1993).

> **Überfachliche Qualifikationen**
> *Allgemeine, fachliche Qualifikationen:* konzeptuelles Denken, logisches und abstraktes Denken, vernetztes Denken, Transferfähigkeit, Problemlösefähigkeit.
> *Methodische Qualifikationen:* informationstechnische Qualifikationen, Lern- und Arbeitstechniken.
> *Personale Qualifikationen:* Lern- und Leistungsbereitschaft, Verantwortungsbewusstsein, Ausdauer, Zuverlässigkeit, Sorgfalt und Gewissenhaftigkeit, Selbstständigkeit, Kreativität, ethisches Urteilsvermögen.
> *Kommunikative Qualifikationen:* Ausdrucksfähigkeit, Diskussionsfähigkeit, Präsentationstechniken.
> *Soziale Qualifikationen:* Kooperationsbereitschaft, Teamfähigkeit, Konflikt- und Kritikfähigkeit, Toleranz, Solidarität.

Der Erfolg des Konzepts der Schlüsselqualifikationen ist vor allem darauf zurückzuführen, dass es mehrere Aspekte integriert, die über die herkömmliche Klassifikation der Unterrichtsziele hinausgehen. Schlüsselqualifikationen
- setzen den Schwerpunkt auf das Erlernen kognitiver Fähigkeiten, z. B. Problemlösen, die in zahlreichen Inhaltsbereichen *universell anwendbar* sein sollen;

- fokussieren auf das Erlernen von Strategien, sich neues Wissen zu erschließen, d. h. auf *Lern- und Denkstrategien,* die den Erwerb von Wissen und die Vernetzung von Wissensbeständen steuern. Sie antizipieren damit das Konzept des *lebenslangen Lernens;*
- integrieren *kommunikative und soziale Qualifikationen,* die aufgrund von Veränderungen in der Arbeitswelt (Teamwork, Dienstleistungen, moderne Kommunikationstechnik) von großer Bedeutung sind.

Allerdings muss kritisch gefragt werden, ob das Konzept der Schlüsselqualifikationen diese Ansprüche einlösen kann. So bezieht sich die umfangreiche Kritik vor allem auf die mangelnde wissenschaftliche Fundierung sowie Definitions- und Überprüfungsprobleme (Gonon 1996).

In Abgrenzung von spezifisch auf nur bestimmte Bereiche bezogene Einstellungen sind *Haltungen* als übergreifende und überdauernde Ziele des Unterrichts formuliert worden (Osborne et al. 2003; Schaefer 2007; 2009; Langlet & Schaefer 2008). Zu Haltungen gehören Charakterzüge wie „Selbstbeherrschung" und „Durchhaltevermögen" sowie solche, die ethische Grundsätze betreffen wie „Bereitschaft, Verantwortung zu übernehmen", „Verzichtbereitschaft", „Respekt vor dem Leben" (Schaefer 2009, 57). Haltungen sind als allgemeine Bildungsziele der Schule von allen Fächern und im Biologieunterricht besonders bei fächerübergreifenden Aufgaben anzustreben (▶ 16; 18).

26 Unterricht planen

Harald Gropengießer

> - Unterrichtsplanung ist ein mehrdimensionaler Entscheidungsprozess.
> - Lehrpläne und Bildungsstandards sollen die Unterrichtsplanung steuern.
> - Professionelle Unterrichtsplanung gibt Sicherheit und eröffnet alternative Vorgehensweisen.
> - Unterrichtsplanung bezieht sich auf Ziele, Voraussetzungen, Lernpotenziale und fachliche Grundlagen.
> - Der Unterrichtsentwurf wird als Verlaufsskizze prägnant und übersichtlich gestaltet.
> - Verlaufsformen gliedern den Unterricht nach inhaltlicher Folgerichtigkeit.
> - Reflexion und Evaluation verbessern den Unterricht.

26.1 Unterrichtsplanung ist ein mehrdimensionaler Entscheidungsprozess

Die Unterrichtsplanung gehört zu den wichtigsten und zeitaufwändigsten Aufgaben von Lehrenden. Dabei werden die Bedingungen des zu gestaltenden Unterrichts geklärt, Entscheidungen über Ziele, Inhalte und Methoden getroffen; dies immer in der Absicht, möglichst fruchtbare Lernprozesse zu fördern. Gute Unterrichtsplanung trägt so zur Verbesserung des Unterrichts bei. Sie ist weiterhin ein Mittel, Lehrenden – insbesondere Anfängern – Sicherheit für die Durchführung des Unterrichts zu geben. Unterrichtsplanung kann dabei zu einem besseren Verständnis des Unterrichtsprozesses führen.

Die Bezeichnung Unterrichts*planung* wird meist in demselben Sinne verwendet wie das Wort Unterrichts*vorbereitung* (vgl. Schulz 1981; Meyer 2012). Aber bei der Vorbereitung geht es zusätzlich zur gedanklichen Planung um das Bereitstellen von Medien, das Herrichten des Arbeitsraumes oder das Erkunden eines Exkursionsortes. Daneben spielt das Sich-Einstellen auf den Unterricht eine Rolle, und in einem weiten Verständnis kann man sogar das Bemühen um eine gute Atmosphäre in einer Lerngruppe als Bestandteil einer langfristigen Vorbereitung des künftigen Unterrichts betrachten. Im Folgenden wird bei rein gedanklicher Vorwegnahme des Unterrichts von Unterrichtsplanung, sonst von Unterrichtsvorbereitung gesprochen.

Unter dem Aspekt der Dauer lassen sich die lang-, mittel- und kurzfristige Unterrichtsplanung unterscheiden. Wolfgang Schulz (1981, 3 ff.) hat hierfür spezielle Termini vorgeschlagen:

- *Perspektivplanung:* Sie bezieht sich auf lange Zeiträume, vor allem Schuljahre oder Schulhalbjahre bzw. Semester.
- *Umrissplanung:* Sie betrifft einzelne Unterrichtseinheiten, also im Allgemeinen mehrere Unterrichtswochen.
- *Prozessplanung:* Sie betrifft die Planung einer Unterrichtsstunde mit Unterrichtsschritten, methodischen Entscheidungen und Zeitangaben.

Weiterhin ist die *Planung* als Prozess zu unterscheiden vom *Plan* als Produkt, genauso wie das Entwerfen vom Entwurf. Der Unterrichtsplan oder Unterrichtsentwurf ist schließlich mit dem tatsächlichen Unterricht zu vergleichen. Dies wird in der Reflexion oder *Nachbesinnung* geleistet. Die Nachbesinnung geht meist direkt in die Planung des weiteren Unterrichts über. Unterrichtsplanung geschieht am unteren Ende einer Hierarchie: Amtliche und schulische Lehrpläne bestimmen weitgehend die Planung für ein Schuljahr. Bei der mittel- und kurzfristigen Planung bleibt jedoch ein relativ weiter Entscheidungsspielraum für den Einzelnen.

26.2 Lehrpläne und Bildungsstandards sollen die Unterrichtsplanung steuern

Lehrpläne sind amtliche oder schulische Dokumente zur Regulierung des Unterrichts, in denen zumindest inhaltliche Vorgaben gemacht werden, und zwar für bestimmte Schularten, Schulstufen, Fächer oder Lernbereiche in bestimmten Jahrgangsstufen. Ist der Entscheidungsspielraum der Lehrenden groß, spricht man eher von „Richtlinien" oder „Rahmenrichtlinien". Bestehen dagegen die Vorgaben aus einem System von Lern- und Lehrelementen mit mehreren unterschiedlichen Teilen, wie Lernzielen, Lerninhalten, Angaben über Tätigkeiten von Lehrern und Schülern (Lehrverfahren, Arbeitsweisen, Unterrichtsorganisation) und Evaluationsverfahren (Tests), handelt es sich um ein *Curriculum* im Sinne der Diskussion um die Reform der Lehrpläne in den siebziger Jahren des vergangenen Jahrhunderts. „Ein Curriculum ist ein in allen seinen Teilen operationalisierter Lehrplan" (Kattmann 1971, 114; ▶ 6). Heute wird der Terminus jedoch auch für anders geartete Lehrpläne verwendet, wenn von „Kerncurriculum" oder „Schulcurriculum" oder von „curricularen Vorgaben" die Rede ist. Darüber hinaus sind die Bildungsstandards für die Sekundarstufe I leitend (KMK 2005; ▶ 8 bis 12).

Die Biologielehrpläne sind von Bundesland zu Bundesland unterschiedlich und nicht immer zwischen den Schularten abgestimmt. Davon zeugen die Dokumente der Lehrplan-Datenbank (KMK 2002). Lernende und Eltern, die das Bundesland wechseln, mag dies an Kleinstaaterei erinnern. Die Lehrpläne der Bundesländer sollten daher im Interesse der Freizügigkeit aufeinander abgestimmt werden. Dies gilt ebenso für die Bildungssysteme in Europa über die Staatsgrenzen hinweg (de Boer 2011). Einen Schritt in diese Richtung stellen die *Bildungsstandards* im Fach Biologie für den Mittleren Schulabschluss dar (KMK 2005), in denen allgemeine Ziele und zu erreichende Kompetenzen formuliert sind (▶ 8, ▶ 25). Die Länder haben sich verpflichtet, diese Bildungsstandards zu übernehmen und ihre Lehrpläne, Schulentwicklung und Lehrerausund Fortbildung daran auszurichten (KMK 2004). Die danach entwickelten landesspezifischen Lehrpläne werden in manchen Bundesländern durch schuleigene Lehrpläne konkretisiert.

Aufgrund der teilweise rasanten Entwicklungen in der Gesellschaft, den Biowissenschaften und der Biologiedidaktik sind von Zeit zu Zeit veränderte und erneuerte Lehrpläne notwendig. Dazu haben Verbände wie VDBiol (heute: VBIO) oder MNU mit Rahmenplänen oder Empfehlungen Anstöße gegeben und Richtung gewiesen (z. B. VDBiol 2000). Weiter geht die American Association for the Advancement of Science, die eine Art Werkzeugkasten für Lehrplanmacher entwickelt hat (Rutherford & Ahlgren 1990; Project 2061, 1993). Konkrete Empfehlungen gibt die Kommission des National Research Councils der USA an Lehrplanentwickler vom Kindergarten bis zur achten Klasse: Erstens sollen die Lernpotenziale der Schüler erkannt und genutzt, zweitens zentrale Ideen der Disziplin identifiziert und deren kumulativer Erwerb abgebildet und drittens soll ein modernes Bild der Naturwissenschaften präsentiert werden (Duschl, Schweingruber & Shouse 2007).

In Deutschland hat sich der Erstellungsprozess von Lehrplänen kaum gewandelt. Meist tagen kleine Kommissionen, anfänglich unter Geheimhaltungspflicht. Anhörungen finden in der Regel erst statt, wenn die wesentlichen Entscheidungen bereits getroffen sind. Biologiedidaktische Fachleute werden nicht regelmäßig und oft erst bei der Begutachtung beteiligt. Vorschläge für ein transparentes partizipatorisches Vorgehen der Lehrplanentwicklung hat eine Arbeitsgruppe der Sektion Biologiedidaktik gemacht (Löwe & Gropengießer 1982; vgl. Staeck 1996).

26.3 Professionelle Unterrichtsplanung gibt Sicherheit und eröffnet alternative Vorgehensweisen

Gelegentlich gelingen unvorbereitete Unterrichtsstunden gut; und manchmal hinterlässt ein gut vorbereiteter Unterricht Unzufriedenheit. Daraus zu schließen, Unterrichtsvorbereitung sei nicht notwendig, ist aber unprofessionell. Denn schulischer Unterricht ist prinzipiell zielorientiertes, absichtsvolles Handeln; es kann daher durch Planung optimiert und in seiner Wirkung verbessert werden. Unterrichtsplanung dient somit der Zielorientierung. Mehr oder weniger ungeplanter Unterricht hat als *Gelegenheitsunterricht* oder „Fünf-Minuten-Biologie" und in Vertretungsstunden durchaus seinen Platz (vgl. Stichmann 1992; Teutloff & Oehmig 1995; Meyer 1998).

Unterrichtsplanung gibt der Lehrperson Sicherheit in einem komplexen Geschehen. Für voraussehbare Situationen können Gestaltungsmöglichkeiten gedanklich nebeneinander gestellt und in Ruhe auf ihre Vor- und Nachteile hin bewertet werden. Die intensive Beschäftigung mit dem Planungsprozess führt zu einem vertieften professionellen Verständnis des Lehrens und Lernens, was sich u. a. im Erwerb und Gebrauch einer (fach-)didaktischen Fachsprache äußert. Schließlich dient vor allem der Unterrichtsentwurf der *Evaluation* des Unterrichts und des Lehrenden (vgl. Meyer 2012). Nur auf der Basis schriftlicher Planungsunterlagen lässt sich diskutieren, in welchem konzeptionellen Zusammenhang eine beobachtete Unterrichtsstunde steht und ob es dem Unterrichtenden gelungen ist, die Durchführung des Unterrichts in eine sinnvolle Beziehung zu seinen Intentionen zu bringen.

Eine oft übersehene Funktion von Unterrichtsplanungen ist die der *Dokumentation* für den eigenen Gebrauch.

Zwei *Gefahren* der Unterichtsplanung gilt es zu begegnen:
- Planung kann als einengend empfunden werden: Die Lehrperson meint, sich an den fixierten Plan halten zu müssen, und unterlässt spontane (Re-)Aktionen und notwendige Exkurse.
- Die Lehrkraft lässt die Schüler weder direkt an der Planung teilhaben noch berücksichtigt sie in ausreichendem Maße deren Lernpotenziale.

Beide Gefahren beruhen auf Missverständnissen von Aufgaben und Grenzen der Unterrichtsplanung. Eine professionelle Planung ist dadurch gekennzeichnet, dass sie nicht alle Lehrer-

und Schülerhandlungen festlegt, sondern Alternativen aufzeigt und so mehrere unterrichtliche Wege bzw. Umwege überhaupt erst offen hält. Indem der Unterrichtsplan einen Rahmen und wesentliche Linien des Unterrichts vorgibt, ermöglicht er den Lehrenden Freiheit innerhalb der gesetzten Grenzen. Im Grunde besteht die Kunst der Unterrichtsvorbereitung darin, durch Planung eine größtmögliche, zielbezogene Offenheit des Unterrichts zu ermöglichen. Tatsächlicher Unterrichtsverlauf und Unterrichtsplanung müssen somit keineswegs vollständig übereinstimmen; starke Abweichungen sollten aber zu einer sorgfältigen Nachbesinnung Anlass geben.

Zu einer guten Unterrichtsplanung gehört, dass die Lernenden nicht zu Objekten der Belehrung degradiert, sondern als denkende und handelnde Subjekte einbezogen werden. Die Forderung nach sorgfältiger Planung wird durch Schülerorientierung nicht ausgeschlossen, vielmehr enthält sie diese als eines ihrer Kernelemente.

26.4 Unterrichtsplanung bezieht sich auf Ziele, Voraussetzungen, Lernpotenziale und fachliche Grundlagen

Allein schon wegen der vielen zu beachtenden Fragen (Didaktisches System, ▶ Abb. 7-1, S. 41) und der wechselseitig voneinander abhängigen Entscheidungen (Fachdidaktisches Triplett, ▶ 4) gibt es keine Handlungsvorschrift, keinen Algorithmus, nach der oder dem alle Kundigen zum selben Ergebnis gelangen könnten. Aber es gibt eine Reihe von pragmatischen Vorschlägen zur *Unterrichtsvorbereitung* (vgl. Klafki 1964; Heimann, Otto & Schulz 1977; Meyer 2012; Weitzel & Schaal 2012).

Hier wird ein Schema zur Unterrichtsplanung vorgeschlagen (▶ Abb. 26-1), das, geleitet vom Modell der *Didaktischen Rekonstruktion* (Kattmann et al. 1997), die Planungsaufgaben strukturiert (▶ 4; 6). Sie werden jeweils soweit vorangebracht, wie es die Abhängigkeit von den anderen Planungsaufgaben erlaubt. Die Aufgaben werden also abwechselnd (weiter-)bearbeitet. Das Schema ist besonders geeignet, die Unterrichtsplanung für Biologiestunden in Ausbildungs- und Prüfungssituationen zu leiten und die schriftlichen Unterrichtsentwürfe zu gliedern.

Erste Überlegungen zum Unterrichtsthema werden unterstützt und bereichert durch das Zusammentragen von bereits entwickelten Unterrichtsvorschlägen aus einschlägigen Zeitschriften und Handbüchern (▶ 48). Die (vorläufigen) Überlegungen sollten sich an Kriterien der Inhaltsauswahl (▶ 6) und Methodenkonzepten orientieren (▶ Kasten, S. 232).

Für die *Zielfindung* (▶ 25) werden zunächst die entsprechenden Bildungsstandards und Kompetenzen (▶ 8) bzw. Lehrpläne (▶ 26.2) herangezogen. Sie können das Unterrichtsthema (formal) legitimieren, was aber eine eigene didaktische Begründung (▶ 5) nicht ersetzt. Lehrpläne lassen in jedem Fall Gestaltungsspielräume für die Lehrenden.

Schulische Voraussetzungen kommen mit den folgenden Fragen in den Blick: Stehen Fachräume und Doppelstunden für experimentelles Arbeiten zur Verfügung? Wie ist die Sammlung ausgestattet? Welche Naturobjekte können beschafft werden? Welche Geräte und Medien stehen zur Verfügung? Reicht die Ausstattung für die Klassengröße? Welche im weitesten Sinne biologischen Berufe sind in der Nähe der Schule vertreten? Welche biologischen Standorte sind lohnend und erreichbar?

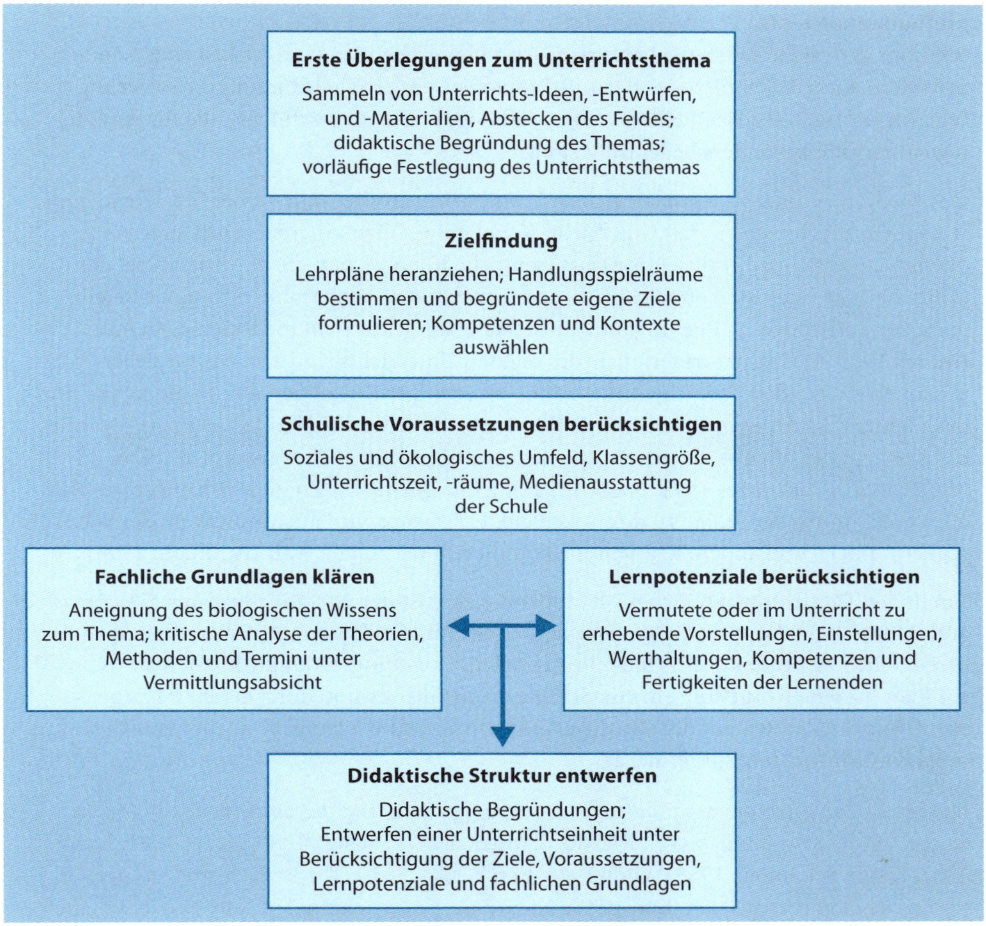

```
┌─────────────────────────────────────────────────────┐
│         Erste Überlegungen zum Unterrichtsthema     │
│   Sammeln von Unterrichts-Ideen, -Entwürfen,        │
│   und -Materialien, Abstecken des Feldes;           │
│   didaktische Begründung des Themas;                │
│   vorläufige Festlegung des Unterrichtsthemas       │
└─────────────────────────────────────────────────────┘
                          │
┌─────────────────────────────────────────────────────┐
│                    Zielfindung                      │
│   Lehrpläne heranziehen; Handlungsspielräume        │
│   bestimmen und begründete eigene Ziele             │
│   formulieren; Kompetenzen und Kontexte             │
│   auswählen                                         │
└─────────────────────────────────────────────────────┘
                          │
┌─────────────────────────────────────────────────────┐
│        Schulische Voraussetzungen berücksichtigen   │
│   Soziales und ökologisches Umfeld, Klassengröße,   │
│   Unterrichtszeit, -räume, Medienausstattung        │
│   der Schule                                        │
└─────────────────────────────────────────────────────┘
```

Fachliche Grundlagen klären	⇄	Lernpotenziale berücksichtigen
Aneignung des biologischen Wissens zum Thema; kritische Analyse der Theorien, Methoden und Termini unter Vermittlungsabsicht		Vermutete oder im Unterricht zu erhebende Vorstellungen, Einstellungen, Werthaltungen, Kompetenzen und Fertigkeiten der Lernenden

```
┌─────────────────────────────────────────────────────┐
│            Didaktische Struktur entwerfen           │
│   Didaktische Begründungen;                         │
│   Entwerfen einer Unterrichtseinheit unter          │
│   Berücksichtigung der Ziele, Voraussetzungen,      │
│   Lernpotenziale und fachlichen Grundlagen          │
└─────────────────────────────────────────────────────┘
```

Abbildung 26-1: Schema zur Unterrichtsplanung (vgl. Kattmann et al. 1997; Meyer 2012)

Die *Klärung der fachlichen Grundlagen* ist notwendig, weil die Inhalte des Biologieunterrichts nicht von den Biowissenschaften vorgegeben sind; sie müssen vielmehr in didaktischer Zielsetzung erst hergestellt werden (▶ 2; 4). Die wissenschaftliche Sichtweise ist dabei immer der Primärliteratur oder wissenschaftlichen Lehrbüchern zu entnehmen – es genügt nicht, allein Schulbücher heranzuziehen. Hilfreich sind didaktische Veröffentlichungen zu verschiedenen Unterrichtsthemen, die neben sogenannten Unterrichtsmodellen ausführliche Sachinformationen enthalten (vgl. Basisinformationen der Themenhefte von Unterrichtszeitschriften sowie im Handbuch Eschenhagen, Kattmann & Rodi 1989 ff.). Diese Publikationen ermöglichen nicht nur eine relativ einfache Information über den Unterrichtsgegenstand, sondern über die meist ausführlichen Literaturverzeichnisse einen vergleichsweise leichten Zugriff auf weiterführende Publikationen. In diesem Zusammenhang sind besonders solche fachwissenschaftlichen Zeit-

Methodenkonzepte
Methodenkonzepte sollen die Umsetzung von übergreifenden Unterrichtsprinzipien befördern wie z. B. Schülerorientierung. Problemorientierung, Handlungsorientierung (vgl. Meyer 1987, I, 208 ff). Hier werden Methodenkonzepte geschildert, die für den Biologieunterricht besonders bedeutsam sind.

Das Methodenkonzept des *offenen Unterrichts* hat die größte Nähe zu der Idealvorstellung von einem schülerzentrierten Unterricht. Vor allem im Primarbereich wird angestrebt, offenen Unterricht zu realisieren. Das wesentliche Kennzeichen dieses Ansatzes ist die „Offenheit für Interessen von Schülern und Lehrern, die sich besonders in einer Beteiligung der Lernenden an Planung und Umsetzung von Unterricht niederschlagen muss" (Marek 1980, 47). Strukturmerkmale des offenen Unterrichts sind z. B. ein spezieller Wochenplan, ein den Tagesrhythmus der Lernenden berücksichtigender Stundenplan und das Element der *Freiarbeit*. Auch im Biologieunterricht der höheren Schulstufen gewinnt das Konzept des offenen Unterrichts an Bedeutung (vgl. Hoebel-Mävers et al. 1976; Marek 1980; Clausnitzer 1992; Frank 1992; Ellenberger 1993). Zu diesem Konzept gehört auch die *Öffnung der Schule* zu ihrem Umfeld: Gearbeitet wird auch außerhalb der Schulmauern; Eltern und andere Erwachsene kommen in die Schule (vgl. Stichmann 1996).

Ein in der Zielrichtung ähnliches Methodenkonzept ist der *handlungsorientierte Unterricht* (vgl. Meyer 1987; Ruppert 2002). Es geht hier darum, den Unterricht weitaus häufiger als meist üblich zu produktivem Handeln zu nutzen. Handlungsprodukte können z. B. sein: ein Plan für eine Exkursion, ein von Schülern konzipiertes und durchgeführtes Experiment, Vogelnistkästen auf dem Schulgelände, ein Teich im Schulgarten, eine Wandzeitung, ein Brief an den Bürgermeister.

Die Methodenkonzepte des *problemlösenden Unterrichts* und des *entdeckenden Lernens* sind einander sehr ähnlich (vgl. Klewitz & Mitzkat 1977; Scholz 1980; Neber 1981; Lange 1982; Lange & Löhnert 1983; Wilde 1984; Berck 2001, 56 f.). Theoretisch sind sie aus der Lernpsychologie hergeleitet. Eine große Nähe zum Unterricht in den Naturwissenschaften ergibt sich vor allem aus den Übereinstimmungen zwischen allgemeinen Problemlösungsstrategien und dem naturwissenschaftlichen Experimentieren (▶ 32; vgl. Scholz 1980; Fries & Rosenberger 1981; Schmidkunz & Lindemann 1992). Dementsprechend spielen die beiden Methodenkonzepte besonders im Experimental- und Freilandunterricht eine erhebliche Rolle (vgl. Dietrich et al. 1979; Dylla 1980; Clausnitzer 1983; Eschenhagen 1983; Starosta 1990; Kurze 1992; Killermann, Hiering & Starosta 2005; Staeck 2009).

schriften zu nennen, die aktuelle Berichte aus der Forschung in allgemeinverständlicher Form bieten (z. B. Spektrum der Wissenschaft, Bild der Wissenschaft, Biologie in unserer Zeit, Naturwissenschaftliche Rundschau). Eine allgemeingültige Sachstruktur, die einem Artikel oder einem Lehrbuch zu entnehmen und nur zu analysieren wäre, gibt es aber nicht; vielmehr muss sie mit Blick auf die Lernenden und die Lernsituation erst aufgebaut werden. In der fachlichen Klärung (▶ 2) sind folgende Punkte zu beachten:

- *Elementarisierung:* Der Kerngedanke des biologischen Themas ist herauszuarbeiten.
- *Kritische Analyse:* Voraussehbar fehlleitende oder überflüssige Termini und Reste lebensweltlichen Denkens, welches sich in Wörtern und Ausdrücken zeigt, sind zu markieren.
- *Fachliche Rahmung:* Die fachlichen Voraussetzungen zum Verständnis eines biologischen Phänomens oder einer Theorie sind zu identifizieren.
- *Lebensweltliche Einbettung:* Alltägliche Situationen, in denen die Lernenden mit dem jeweiligen biologischen Phänomen in Berührung kommen können, sind zu beschreiben. Die Bedeutung für unser Selbst- und Weltverständnis ist zu bedenken (▶ 4.3).

Die so gewonnene Sachstruktur ist weder das Ergebnis einer Sachanalyse noch ein Abbild des wissenschaftlichen Gegenstandes, genauso wenig wie sie das Ergebnis einer didaktischen Reduktion ist. Vielmehr entsteht die Sachstruktur des Unterrichtsthemas im scharfen und kritischen Durchdenken des wissenschaftlichen Gegenstandes unter Vermittlungsabsicht. Das Thema wird also fachlich geklärt. Der mit Rücksicht auf die Lernenden entworfene Unterrichtsgegenstand lässt sich dann als *didaktisch rekonstruiert* kennzeichnen (Kattmann et al. 1997; Gropengießer 2001; ▶ 2; 3; 4). Die Sachstruktur lässt sich als Diagramm darstellen (Wüsten et al. 2010).

Die *Lernpotenziale* werden berücksichtigt, indem einerseits Vermutungen über die Lernausgangslage getroffen werden. Denn Lernen kann nur auf der Basis des schon Gelernten stattfinden. Lernen kann daher immer nur von den Vorstellungen, Einstellungen, Werthaltungen, Kompetenzen und Fertigkeiten der Lernenden ausgehen und sie dabei verändern. Zu vielen Themen liegen inzwischen empirische Befunde vor (▶ 23.4). Oft ist es ausgesprochen lernwirksam, Unterrichtsabschnitte für die Bewusstmachung und Offenlegung der Vorstellungen, Einstellungen und Werthaltungen vorzusehen und bei der Erarbeitung von den unterschiedlichen Perspektiven der Lernenden auszugehen. Andererseits gilt es, Vermutungen über den möglichen Lernzuwachs anzustellen. Was können die Lernenden in der zur Verfügung stehenden Zeit erreichen?

In der *Didaktischen Strukturierung* laufen alle einzelnen Planungsaufgaben zusammen. Insbesondere durch In-Beziehung-Setzen der Lernpotenziale mit den fachlich geklärten Aussagen und unter Berücksichtigung der Ziele und Voraussetzungen, wird der geplante Lernprozess strukturiert. Dieser Unterrichtsplan sollte auf *didaktischen Begründungen* ruhen, die – angelehnt an die *didaktische Analyse* (Klafki 1964) – Antworten auf die folgenden Fragen geben:
- die Frage nach der *Gegenwarts- und Zukunftsbedeutung* des Unterrichtsinhalts (Spielt der Inhalt bereits heute eine wesentliche Rolle? Ist er so bedeutsam, dass er eine größere Rolle im Leben der Lernenden spielen sollte?);
- die Frage nach der *Zugänglichkeit des Unterrichtsinhalts* (Ist der Gegenstand für alle Lernenden fassbar? Welche Rolle spielt er in ihren Vorstellungen? Welche Möglichkeiten gibt es, ihn für die Lernenden „fragwürdig" zu machen?);
- die Frage nach der *Exemplarität* der Unterrichtsinhalte (Warum wird gerade dieses Thema bzw. jener Einzelinhalt ausgewählt? Welches Phänomen, welcher allgemeine Sinn- oder Sachzusammenhang wird durch die unterrichtliche Behandlung erschlossen? Welche Bedeutung hat das Beispiel im wissenschaftlichen Zusammenhang?).

Der Unterrichtsplan kann nur fruchtbar werden, wenn die verfügbaren Vorstellungen und die erreichbaren Vorstellungsänderungen der Lernenden beachtet werden. Dafür sind im Rahmen

einer Zeitplanung geeignete Kontexte und Lernorte zu wählen. Es sind weiterhin Entscheidungen zur Unterrichtsmethodik (Meyer 2004, 74 f.; Spörhase & Ruppert 2010) notwendig über
- methodische Großformen: Lehrgang, Projekt- oder Fallstudie (▶ Kasten),
- Unterrichtsschritte, z. B. Einstieg, Erarbeitung und Ergebnissicherung,
- Handlungsmuster wie Problemstellung, Hypothesenbildung, Experimentieren, Exkursion, Vortrag, Lehrgespräch und Textarbeit,
- Sozialformen, z. B. Plenumsunterricht, Gruppenunterricht, Partnerarbeit und Einzelarbeit (▶ Kasten, S. 238),
- Kriterien, die festlegen, wann eine Unterrichtssequenz als gelungen gilt, also Vorüberlegungen zur Evaluation (▶ 26.7).

Methodische Großformen
Als methodische Großformen bestimmen Arbeits- und Sozialformen über längere Zeiträume hinweg den Unterricht. In der allgemeindidaktischen Literatur werden vor allem der Lehrgang oder Kurs, das Trainingsprogramm, der Workshop, das Projekt oder Vorhaben, die Exkursion und die Fallstudie genannt (vgl. Meyer 1987, I, 143 f.). Hier werden die für den Biologieunterricht besonders bedeutsamen Formen angesprochen. Exkursionen werden im Abschnitt zum außerschulischen Unterricht behandelt (▶ 46, ▶ 47).

Der *Kurs* oder Lehrgang ist durch seinen systematischen Charakter und durch planmäßige, stark von der Lehrperson gelenkte Lernprozesse gekennzeichnet. Der Unterricht schreitet zielorientiert von einem Inhalt zum nächsten voran; selbstorganisiertes Lernen der Lernenden findet relativ selten und meist nur während kurzer Phasen statt. Die Lebenswirklichkeit wird im Allgemeinen nur in ausgewählten, oft isolierten Ausschnitten und in zubereiteter Form einbezogen.

Ausgangspunkt für *Fallstudien* sind konkrete Entscheidungssituationen (vgl. Otto 1977). Das durch den alltagsnahen Fall aufgeworfene Problem wird von verschiedenen Seiten beleuchtet bzw. analysiert. Dabei werden die Bedingungen von Entscheidungen und deren Auswirkungen erfasst. Unterschiedliche Problemlösungen werden – meist in Gruppenarbeit – entwickelt und vergleichend diskutiert (Frey 1991). Im Biologieunterricht eignen sich besonders Fragen zur Umwelt, Gesundheit und Ethik für Fallstudien (▶ 16; 19; 21; z. B.: Die Gemeinde X baut eine Kläranlage; die Schule Y wird nikotinfrei; Erhalt der Schwangerschaft bei einer gehirntoten Frau?).

Das *Projekt* kann man als einen Gegenentwurf zum Kurs betrachten. Es enthält Vorstellungen über das Lehren und Lernen in einer reformierten Institution Schule. Nach Dagmar Hänsel (1997, 54 ff.) kann das Projekt aufgefasst werden als
- praktisches Problemlösen (vgl. Knoll 1992; 1993);
- ideale Methode des Lehrens und Lernens (vgl. Frey 2012);
- kindorientiertes Unterrichtsideal (vgl. Ramseger 1992);
- pädagogisches Experiment mit der Wirklichkeit (vgl. Dewey 1916).

Idealtypisch ist ein Projekt durch einen Katalog von Merkmalen gekennzeichnet: Bedürfnisbezogenheit, Situationsbezogenheit, gesellschaftliche Relevanz, Interdisziplinarität, kooperative Planung von Lehrenden und Lernenden, kollektive Realisierung, Produktorientiertheit (vgl. Otto 1977; Meyer 1987; Bastian & Gudjons 1988; 1990; Hedewig 1994; Zabel 1975; 1994; Hänsel 1997; Frey 2012). Der Terminus Projekt wird allerdings unterschiedlich verwendet. Verschiedene Varianten (Projektunterricht, Projektmethode, projektorientierter Unterricht) umfassen nicht alle genannten Merkmale.
Dagmar Hänsel (1988; 1997) stellt folgenden Handlungsfahrplan für die Durchführung eines Projekts auf:
– Eine realistische Sachlage auswählen, die für die Schüler ein echtes Problem darstellt.
– Einen gemeinsamen Plan zur Problemlösung entwickeln.
– Eine handlungsbezogene Auseinandersetzung mit dem Problem herstellen.
– Die gefundene Problemlösung an der Wirklichkeit überprüfen.

Neben den sehr hohen Ansprüchen, die ein Projekt inhaltlich wie auch methodisch an die Lehrenden stellt, erschweren institutionelle Rahmenbedingungen wie Stundenplan, mangelnde Koordination der Lehrpläne, nicht hinreichende Fortbildung und Kooperationsbereitschaft der Lehrenden die Umsetzung (vgl. Weigelt & Grabinski 1992). Lehrende, die Erfahrung mit Projekten haben, beurteilen diese Unterrichtsform jedoch in der Regel sehr positiv (vgl. Hedewig 1991; 1992; 1994).
Eine Vielzahl biologischer Themen eignet sich für Projekte (vgl. Schoof 1977; Frey 1982; Hänsel & Müller 1988; Eschenhagen 1990; Hedewig 1993; 1994; Bayrhuber et al. 1994; Zabel 1994; Jüdes & Frey 2012):
– *Ökologie und Umwelt* (▶ 21; 46; z. B. Wald, Wasser, Stadt, Verkehr, Energie, Landwirtschaft, Wohnen, Abfall, Natur- und Umweltschutz);
– *Gestaltung der Schule* und ihrer Umgebung (▶ 45; z. B. Gestaltung eines „grünen" Klassenzimmers, Anlage eines Schulgartens, eines Teiches, einer Wallhecke o. ä.);
– *Gesundheitsförderung* (▶ 19; z. B. Ernährung, Erholung, Stress, Freizeit, Arbeit, Sexualität, Sport, Suchtprävention).

26.5 Der Unterrichtsentwurf wird als Verlaufsskizze prägnant und übersichtlich gestaltet

Das fixierte Ergebnis der Unterrichtsplanung, das vor allem in Prüfungssituationen von Bedeutung ist, wird meist als „schriftliche Unterrichtsvorbereitung" bezeichnet. Der Einfachheit halber wird im Weiteren der Ausdruck „Unterrichtsentwurf" verwendet.
Ein Unterrichtsentwurf ist nützlich, weil er die Gedanken klärt, die Entscheidungen festhält und für die Nachbesinnung und für zukünftigen Unterricht dokumentiert. Während des Unterrichtens ist die Darstellung des Unterrichtsverlaufs zumindest eine Gedächtnisstütze und kann manchmal zu einem Rettungsanker werden.
Dass Unterrichtsentwürfe nicht nur als Grundlage von Diskussionen, sondern auch als Grundlage von oft folgenreichen Prüfungen und Beurteilungen verwendet werden, gehört zu den

Erfahrungen aller Lehrkräfte. Wenn die Unterrichtsplanung als wichtiges und unersetzbares Element der gesamten Lehrertätigkeit anerkannt wird, ist es nur folgerichtig, dass sich die Bewertung der Lehrfähigkeit auf diesen Bereich erstreckt. Unterrichtsbeobachtern und Ausbildern verschafft der Unterrichtsentwurf notwendige Informationen über die Qualität der Planung und ist Grundlage des gemeinsamen Auswertungsgesprächs. Weiterhin wird mit dem Unterrichtsentwurf eine formale Forderung in Ausbildungs- und Prüfungssituationen erfüllt. Er kann selbst Gegenstand der Benotung sein. Anfänger beschreiben die Planungsarbeit als Zeit fressend, weil eine Fülle von wechselseitig sich beeinflussenden Entscheidungen zu treffen sind. Mit wachsender Erfahrung gelingt es immer besser, diese interdependenten Entscheidungen gleichzeitig in den Blick zu nehmen (John 2006).

Gelungene Unterrichtsentwürfe bilden oft die Grundlage für Publikationen und kommen in dieser Form einem größeren Kreis von Lehrern zugute (vgl. Killermann 1980; Unterrichtsmodelle in biologiedidaktischen Zeitschriften). Sie können besonders Lehramtsstudierenden und Berufsanfängern als Hilfsmittel zur eigenen Unterrichtsvorbereitung dienen.

Für die Gliederung des Unterrichtsentwurfs gibt es viele verschiedene Vorschläge, aber keine Norm. Im Folgenden wird im Wesentlichen eine in der Praxis bewährte Gliederung in Langform aufgelistet (vgl. Youens 2005):

- *Formalia:* Name der Lehrperson, Schulort, Schule, Klasse bzw. Kurs, Fach, Tag, Stunde;
- *Thema* der Stunde bzw. Doppelstunde;
- Stellung der Stunde bzw. Doppelstunde im *Zusammenhang der Unterrichtseinheit;*
- eigene *professionelle Entwicklungsziele;*
- Auflistung der *Unterrichtsziele;*
- planungsrelevante *schulische Voraussetzungen;*
- *Lernpotenziale* zum Unterrichtsthema (vermutete Vorstellungen, Einstellungen, Werthaltungen, Kompetenzen und Fertigkeiten);
- *fachlich geklärte Grundlagen* des Themas (didaktisch rekonstruierte Sachstruktur);
- *didaktische Begründung* des Themas, Erläuterungen zu den Gründen für wichtige Entscheidungen zur *Unterrichtsmethodik;*
- Skizze des geplanten *Unterrichtsverlaufs* (Tabellenform) inhaltlich und zeitlich strukturiert mit ausformulierten Gelenkstellen: Einstiege, Überleitungen, Schlüsselfragen, wichtige Wörter;
- *Gefahreneinschätzung* wie Verletzungsgefahr, Giftigkeit, Allergiepotenzial und Maßnahmen;
- Überlegungen zu *Auswertung* und *Lernerfolgskontrollen;*
- eventuell *Hausaufgaben* formulieren;
- *Anhang:* Arbeitsblätter (mit Eintrag der Aufgabenlösungen), Informationsblätter, Entwurf des Tafelbildes (vgl. Bühs 1986), Vorlagen für Arbeitstransparente, Literaturliste, evtl. Sitzplan.

Während in den meisten Abschnitten des Entwurfs die Begründung von Entscheidungen im Mittelpunkt steht, geht es bei der Skizze des geplanten Unterrichtsverlaufs um die Ergebnisse dieser Planungsprozesse. Die *Verlaufsskizze* ist daher die wesentliche Orientierungshilfe für die Lehrperson während des Unterrichtens. An diesen Teil des Entwurfs sind daher vor allem zwei Forderungen zu stellen: Er soll prägnant und übersichtlich sein. Diesen Forderungen wird eine

Zeit	Handlungsmuster	Sozialformen	Medien
8:00	**Einstieg** (Unterrichtsschritte)		
	(geplantes Lehrerverhalten und erwartetes Schülerverhalten werden beschrieben) z. B.: Der Behälter mit den (zirpenden) Grillen wird unter einem Tuch präsentiert. „Was hört ihr?" Die Lernenden beschreiben die Laute so genau wie möglich.	Plenumsunterricht	
8:10	**Erarbeitung**		
	Grillen in kleine, durchsichtige Behälter umsetzen und an den Tischen betrachten lassen ...	Gruppenunterricht	Karten zur Gruppeneinteilung

Tabelle 26-1: Anlage der Verlaufsskizze als Tabelle

tabellenartige Darstellungsform gerecht. Die Ansichten darüber, welche Gesichtspunkte dabei zu berücksichtigen sind, gehen weit auseinander. Vielfach bewährt hat sich das als Tabellenkopf dargestellte Schema (▶ Tab. 26-1).

Die *Unterrichtsschritte* (z. B. Einstieg, Problemstellung) bilden die Zwischenüberschriften der Tabelle und gliedern sie in größere Abschnitte. Die erste Spalte enthält die geplante *Zeit*. Dies soll gewährleisten, dass die wichtigsten Ziele am Ende der Stunde erreicht sind. Selbst wenn es kaum einmal gelingt, den Zeitplan exakt einzuhalten, spricht dies nicht gegen eine Zeitplanung. Es ist allerdings sinnlos, die einzelnen Unterrichtsschritte auf die Minute genau zu terminieren. Der Zeitplan soll einerseits das Ausufern einzelner Unterrichtsphasen verhindern, andererseits für Lerngelegenheiten offen sein. Es genügt also, den zeitlichen Ablauf der Stunde nur mit runden Zahlen, etwa in Fünf- oder Zehn-Minuten-Schritten, anzugeben. Als günstig hat es sich erwiesen, in der Verlaufsskizze die Angabe der Uhrzeit in der betreffenden Unterrichtsstunde aufzuführen, da dies die Kontrolle der Zeiteinhaltung während des Unterrichts erleichtert.

Die zweite Spalte enthält die *Handlungsmuster*, von denen es insgesamt ca. 250 gibt (Meyer 2004). Für Biologie- oder Naturwissenschaftsunterricht spezifische Handlungsmuster sind vor allem fachgemäße Arbeitsweisen, wie Lehrer- und Schülerexperimente, Exkursion oder Untersuchung von Schlachttierorganen als besondere Erkundungsformen (▶ 29 bis 36). Dabei ist es oft nützlich, zentrale Anweisungen, Aufforderungen, Denkanstöße oder Fragen an den Gelenkstellen des Unterrichts als geplantes Lehrerverhalten wörtlich aufzuschreiben, ebenso das erwartete Schülerverhalten.

Bei aufkommender Unsicherheit im Unterrichtsgeschehen kann auf die Verlaufsskizze zurückgegriffen werden. Die Gefahr mangelnder Flexibilität lässt sich dadurch eingrenzen, dass man von vornherein jeweils unterschiedliche Reaktionen der Lernenden auf eine Lehrerhandlung ins Auge fasst.

In der dritten Spalte werden die *Sozialformen* notiert (▶ Kasten). Hier zeigt sich auf den ersten Blick, ob es gelungen ist, die Stunde genügend abwechslungsreich zu gestalten. Wenn beispielsweise in dieser Spalte immer wieder „Plenumsunterricht" stünde, könnte dies Anlass geben, z. B. über Einzel- oder Partnerarbeit nachzudenken. Selbstverständlich gibt es Unterrichtsstoffe, die nur eine begrenzte Variation der Sozialform erlauben; aber im Biologieunterricht sind solche Inhalte relativ selten.

Mit den Angaben zu den *Medien* in der vierten Spalte lässt sich jederzeit überprüfen, ob alle Unterrichtshilfen vorhanden und entsprechend der vorgesehenen Nutzung vorbereitet und geordnet sind.

Sozialformen

Die Sozialformen betreffen die Zusammenarbeit der Lernenden in Groß- bzw. Kleingruppen und damit die *soziale Differenzierung* als die bedeutsamste Form der Binnendifferenzierung des Unterrichts. Die Wahl der Sozialform betrifft vor allem das soziale Lernen (Spielregeln beim Lernen, Rücksicht auf andere etc.). Als Haupttypen sind zu unterscheiden:

Klassen- oder *Plenumsunterricht:* Es findet keine Differenzierung statt. Das Lernangebot ist für alle gleich, das Fortschreiten richtet sich danach, ob die Lehrperson den Eindruck hat, dass sie weitergehen kann. Beim Klassenunterricht stellt die Lehrperson den Schülern die Unterrichtsinhalte in der *darbietenden Form* vor (evtl. mediengestützt oder mit Demonstrationsversuchen) oder versucht, diese nach dem *fragend-entwickelnden Verfahren* oder der *aufgebenden Form* mit den Schülern gemeinsam zu erarbeiten. Hier passt der Terminus *Frontalunterricht,* wenn der Unterricht deutlich lehrerzentriert ist (vgl. Meyer 1987b, 180 ff; Meyer & Meyer 1997). Bei einigen Formen – vor allem beim Unterrichtsgespräch, beim freien Gespräch, bei der Diskussion, beim Streitgespräch – tritt die Lehrperson zurück und übernimmt nur die Moderation. Klassenunterricht ist auch dann gegeben, wenn Lernende einen Vortrag halten oder ein Rollenspiel für alle aufführen. In all diesen Fällen ist die Sitzordnung der angestrebten Interaktionsform anzupassen. Beispielsweise müssen sich für eine Diskussion im Plenum alle Beteiligten anschauen können; für die Gruppenarbeit müssen Gruppentische bereitgestellt werden. Bei der Unterrichtsplanung sind deshalb die Gegebenheiten des jeweiligen Unterrichtsraumes und die An- und Umordnung der Stühle und Tische zu beachten.

Gruppenarbeit: Der Klassenverband wird in mehrere Gruppen (meist zu je 3 bis 6 Schülern) aufgelöst, die jeweils für sich arbeiten. Man unterscheidet:
- *arbeitsgleiche* bzw. themengleiche oder homogene Gruppenarbeit: Alle Kleingruppen bearbeiten dasselbe Thema anhand der gleichen Arbeitsaufträge und Hilfsmittel;
- *arbeitsteilige* Gruppenarbeit: Die Schülergruppen erhalten jeweils unterschiedliche Aufgaben, wobei diese verschiedene Gegenstände oder denselben Gegenstand betreffen können. Es wird auch dann von arbeitsteiliger Gruppenarbeit gesprochen, wenn die Art der Aufgaben aller Gruppen gleich sind, sich aber auf unterschiedliche Teilthemen oder Objekte beziehen;

- *gemischt-arbeitsteilige* Gruppenarbeit: Mindestens zwei Kleingruppen bearbeiten dieselbe Aufgabe.
- Besondere Organisationsformen der Gruppenarbeit sind die *Wandergruppenarbeit* und die *Stationenarbeit*. Im Arbeitsraum sind Plätze eingerichtet, auf denen jeweils das Material zur Lösung einer Aufgabe bzw. zur selbstorganisierten Arbeit bereit steht (vgl. Graf 1997; Gropengießer & Beuren 2000). Arbeitsteilige Gruppenarbeit ist die anspruchsvollste Sozialform, wobei die Auswertung und Zusammenführung der Gruppenergebnisse im Plenum besondere Anforderungen stellt. (Zur Durchführung der Gruppenarbeit und zu besonders geeigneten Themen vgl. Etschenberg 2008, 233 ff.)

Partnerarbeit (auch Tandemarbeit): Jeweils zwei Lernende arbeiten zusammen. Im Vergleich zum Gruppenunterricht ist die Partnerarbeit eine einfach zu handhabende Sozialform. Da die meisten in der Schule verwendeten Arbeitstische zwei Schülern Platz bieten, lässt sich diese Form ohne zusätzlichen Organisationsaufwand verwirklichen und deshalb auch für sehr kurze Unterrichtsphasen einsetzen. Beim Experimentieren ist Partnerarbeit besonders angebracht, da sie die Arbeitsteilung begünstigt (z. B. ein Partner misst, der andere schreibt auf).

Allein-/Einzelarbeit: Jeder Schüler setzt sich allein mit einer Aufgabe auseinander. Alleinarbeit spielte früher in wenig gegliederten Schulen als Stillarbeit eine bedeutende Rolle, da die Lehrperson dadurch die Freiheit bekam, sich um andere Schülergruppen zu kümmern. Heute wird diese Sozialform für kurze Unterrichtsabschnitte (z. B. beim Ausfüllen von Arbeitsblättern), bei Tests und Klassenarbeiten und für die Hausaufgaben verwendet. In der *Freiarbeit* oder *Wochenplanarbeit* eingesetzt, bietet sie viele Möglichkeiten zu thematischer, methodischer und medialer Differenzierung, die zum Teil auch über den Unterricht im engeren Sinne hinausgehen kann (z. B. Beschaffung von Unterrichtsmaterial, Betreuung von Tieren und Pflanzen in der Schule, Beobachtungsaufgaben in freier Natur, Einzelreferate, Facharbeiten, Gestaltung von Arbeitsmappen).

Zahlreiche *Lernspiele* bzw. spielerische Übungen können im Biologieunterricht – in Form von Einzel- oder Gruppenarbeit – durchgeführt werden und den Unterricht auflockern (vgl. Eschenhagen, Kattmann & Rodi 1985, 337 ff.; Dulitz 1995; Wulff 2012).

26.6 Verlaufsformen gliedern den Unterricht nach inhaltlicher Folgerichtigkeit

Die Gestaltung des Unterrichts folgt einer mehr oder weniger expliziten Vorstellung über einen idealen oder konventionellen Verlauf, d. h. Unterrichtsschritte und Handlungsmuster werden in eine bestimmte Reihenfolge oder in einen Zusammenhang gebracht. Insgesamt gilt aber: Solche Gliederungsschemata und fachspezifischen Unterrichtsskripte sollten eher als Anregung, denn als Norm genommen werden. Ein Drehbuch für den „normalen" Biologieunterricht beschreiben Jürgen Langlet und Thomas Freimann (2003): Hausaufgabenkontrolle, Stoffwiederholung,

Themenstellung, Erarbeitung, Zusammenfassung bzw. Abbruch der Stunde. Anstelle solch stereotyper Ablaufmuster täte Phantasie und Abwechslung den Lehr-Lernprozessen im Biologieunterricht gut.

Für die notwendige Gliederung des Unterrichts in Unterrichtsschritte und Handlungsmuster wurden in normativer Absicht verschiedene Verlaufsformen, die Stufen- oder *Artikulationsschemata,* vorgeschlagen. (vgl. Meyer 1987a, 155 ff.; 1987b, 95 ff.). Besonders einflussreich war Johann Friedrich Herbart (1776 bis 1841) mit seiner Theorie der Formalstufen. Danach vollzieht sich der Erkenntnisprozess in vier Schritten: Klarheit, Assoziation, System, Methode. Aus neuerer Zeit ist besonders das Artikulationsschema von Heinrich Roth (1973) bekannt geworden: Motivation, Schwierigkeiten, Finden der Lösung, Tun und Ausführen, Behalten und Einüben, Bereitstellung, Übertragung, Integration des Gelernten.

Für den Biologieunterricht wurde ein fünfgliedriges Vorgehen vorgeschlagen (Killermann, Hiering & Starosta 2005, 225 ff.):
- Hinführung (zum Problem);
- Problemfindung und Hypothesenbildung;
- Erarbeitung (Problemlösung);
- Transfer;
- Sicherung des Lernerfolgs.

Große Bedeutung hat die Stufenfolge des Erkenntnisprozesses (Problemgewinnung, Problemlösung) in den Methodenkonzepten, z. B. des *problemlösenden Unterrichts.* Besondere Beachtung verdient der zu wählende Einstieg, und zwar sowohl in Hinblick auf die Motivation der Lernenden wie auch bezüglich der Konsequenzen für den nachfolgenden Unterrichtsverlauf (vgl. Berck 1992; Graf 1995). Ebenso wenig sollte in diesem Zusammenhang die Ergebnissicherung vernachlässigt werden (vgl. Heinzel 1995).

Ganz auf Vorstellungsänderungen ausgerichtet sind sogenannte *konstruktivistische Unterrichtsstrategien* (Häußler et al. 1998, 214 ff.). Danach gliedert sich der Unterricht in sechs Schritte:
- Vertrautmachen mit einem Phänomen (Orientierung);
- Äußerung (Hervorlocken) der Vorstellungen der Lernenden;
- Einführung der wissenschaftlichen Sichtweise(n): Konfrontation mit oder Anknüpfung an die geäußerten Vorstellungen;
- Deutung des Phänomens mit umgedeuteten (neuen) Vorstellungen;
- Bewertung und Anwendung der neu gewonnenen Vorstellungen;
- Reflexion des Gelernten durch Vergleich mit den ursprünglichen Vorstellungen.

26.7 Reflexion und Evaluation verbessern den Unterricht

Die *Selbst-Evaluation,* d. h. die Beobachtung, Analyse und Verbesserung des eigenen Unterrichts, gehört zu den wichtigen Aufgaben einer Lehrkraft. Sie wird allerdings nicht immer mit der notwendigen Intensität wahrgenommen. Gerade viele routinierte Lehrkräfte reflektieren die im Unterricht gewonnenen Erfahrungen nur sehr pauschal oder punktuell und verfehlen dadurch das Ziel, den eigenen Unterricht ständig weiterzuentwickeln. Unter den Ursachen für diesen Mangel wird von den Betroffenen die Zeitknappheit besonders häufig erwähnt. Tatsächlich kann keine Lehrkraft, die das volle Stundensoll zu erfüllen hat, jede einzelne Unterrichtsstunde sorgfältig nachbereiten. Aber es gibt mehrere sinnvolle Wege, durch Reflexion den Unterricht zu verbessern.

Zunächst kann der Unterrichtsentwurf und -verlauf kritisch auf *Merkmale guten Unterrichts* durchgesehen werden. Empirisch gut belegt sind die folgenden Ergebnisse der Unterrichtsforschung zu Maßnahmen mit hoher Effektivität (Häußler et al. 1998, 229; vgl. Hattie 2009; 2013). Die Maßnahmen betreffen allerdings nur eng begrenzte, einzelne Aspekte des Unterrichts. Sie werden in absteigender Wirksamkeit aufgezählt:

- *gute Leistungen verstärken* – aber nicht pauschal, sondern nur bestimmte Leistungen loben;
- *nach einer Frage genügend lange warten* – 10 Sekunden und mehr!
- *„Alle Schüler schaffen es"*, d. h., 90 % sollen bei regelmäßigen Tests 90 % der Aufgaben schaffen – sonst wird wiederholt und es werden individuelle Hilfen gegeben;
- *individuell zu den gelösten Hausaufgaben rückmelden;*
- *kooperatives Lernen in kleinen Gruppen,* die für den Lernerfolg der Gruppenmitglieder verantwortlich sind;
- *Schülerversuche und praktisches Arbeiten* – aber keine rein mechanischen Tätigkeiten („hands on – minds off").

Zehn Merkmale guten Unterrichts (nach Meyer 2004)
- *Klare Strukturierung des Unterrichts,* d. h. Prozess-, Ziel- und Inhaltsklarheit, Rollenklarheit, Absprache von Regeln, Ritualen und Freiräumen;
- *hoher Anteil echter Lernzeit* durch gutes Zeitmanagement, Pünktlichkeit und Auslagerung von Organisationskram, sowie Rhythmisierung des Tagesablaufs;
- *lernförderliches Klima* durch gegenseitigen Respekt, verlässlich eingehaltene Regeln, Verantwortungsübernahme, Gerechtigkeit und Fürsorge;
- *inhaltliche Klarheit* durch Verständlichkeit der Aufgabenstellung, Plausibilität des thematischen Gangs, Klarheit und Verbindlichkeit der Ergebnissicherung;
- *sinnstiftendes Kommunizieren* durch Planungsbeteiligung, Gesprächskultur, Sinnkonferenzen, Lerntagebücher und Schülerrückmeldungen;
- *Methodenvielfalt,* d. h. Reichtum an Inszenierungstechniken, Vielfalt der Handlungsmuster; Wechsel der Verlaufsformen und Ausbalancierung der methodischen Großformen;
- *individuelles Fördern* durch Freiräume, Geduld und Zeit; durch innere Differenzierung und Integration; durch individuelle Lernstandsanalysen und abgestimmte Förderpläne; besondere Förderung von Lernenden aus Risikogruppen;
- *intelligentes Üben* durch Bewusstmachen von Lernstrategien, passgenaue Lernaufgaben, gezielte Hilfestellungen und gute Rahmenbedingungen;
- *transparente Leistungserwartungen* durch ein an den Lehrplänen orientiertes, dem Leistungsvermögen der Lernenden entsprechendes Lernangebot und zügige förderorientierte Rückmeldungen zum Lernfortschritt;
- *vorbereitete Umgebung* durch gute Ordnung, funktionale Einrichtung und brauchbares Lernwerkzeug.

Aus der Sicht der Allgemeinen Didaktik hat Hilbert Meyer (2004) zehn Merkmale guten Unterrichts zusammengestellt, die sich auf empirische Belege stützen, vor allem aber eine umfassende normative Orientierung bieten (vgl. Brophy 2000). Sie müssen allerdings fachdidaktisch konkretisiert werden.

Aus den Forschungen zu Lernervorstellungen und Lernprozessen lassen sich für Biologiedidaktik spezifischere Regeln ableiten (vgl. Häußler et al. 1998, 235):
- *Die jeweils verfügbaren Vorstellungen ernst nehmen;* von den diversen vorunterrichtlichen Vorstellungen ausgehen und deren Veränderungen systematisch in die Planung einbeziehen; Lernen und Leisten klar trennen.
- *Die intensive Auseinandersetzung mit dem Lerngegenstand fördern;* Lernumgebungen gestalten, die die Lernenden an der Sache arbeiten lassen und sie zum Nachdenken über ihren Lernprozess anregen.
- *Leistungsmessung mit Diagnose und Lernberatung verknüpfen;*
- *Zeit für Vorstellungsänderungen geben;* das Lernen von wissenschaftlichen Vorstellungen, die den alltäglichen widersprechen, braucht Zeit und mehrere Gelegenheiten.

Für die Reflexion sollten neben den Merkmalen des Unterrichts dessen Ziele und Ergebnisse herangezogen werden. Dabei können die Ansprüche der Didaktischen Rekonstruktion an die Planung als Maßstäbe für die Reflexion des Unterrichts dienen (Kattmann 2004, ▶ 4).
Letztlich ist der Lernerfolg Maßstab einer Unterrichtsvorbereitung und des Unterrichts (Ergebnisorientierung). Er kann u. a. mit *Aufgaben* (▶ 27) oder allgemein durch *Evaluation der Schülerleistungen* (▶ 28) im Vergleich zu Unterrichtszielen festgestellt werden. Die Auswertung kann in den Unterricht einbezogen und gemeinsam mit den Lernenden durchgeführt werden (Meyer 2012). Dazu können z. B. die Ergebnisse der Unterrichtseinheit als Ausstellung oder als Broschüre veröffentlicht werden oder die Lernenden können eine Mappe (Portfolio) gestalten, wobei die Beurteilungskriterien vorher geklärt werden. Im Unterrichtsentwurf sind somit Vorüberlegungen zur Auswertung notwendig.
Verbesserungen der Unterrichtsplanung und -durchführung sind am ehesten von einer verstärkten Kooperation der Lehrpersonen untereinander zu erwarten. Gemeinsame Unterrichtsvorbereitung, Austausch von Unterrichtsentwürfen und Materialien, gegenseitiges Hospitieren mit anschließender Kritik oder Analysieren von videografierten Unterrichtsstunden führen nicht nur direkt zur Optimierung des Unterrichts, sondern schärfen den Blick der Beteiligten für seine Parameter und wirken sich dadurch auf die Unterrichtsvorbereitung aus. Ergebnisse einer solchen Zusammenarbeit sind aus überregionalen Projekten dokumentiert (vgl. Duit, Gropengießer & Stäudel 2004; SINUS-Transfer 2005).
Eine noch zu wenig genutzte Möglichkeit zur Evaluation des eigenen Unterrichts sind anonym bleibende Äußerungen der Lernenden über den Unterricht. Wolfgang Zöller (1978) stellt einen Fragebogen mit zwölf vorgegebenen Aussagen zum Lehrerverhalten vor, zu denen sich die Lernenden durch Ankreuzen auf einer Skala äußern können. Mit über 50 Fragen wesentlich umfangreicher, und nicht nur auf Lehrerverhalten beschränkt, ist der Schülerfragebogen „Wie hast du den Unterricht erlebt?" (SINUS-Transfer 2005).

27 Lernaufgaben entwickeln

Harald Gropengießer

- Lernaufgaben dienen der Aneignung, Sicherung und Anwendung von Wissen.
- Inhalte und Anforderungen einer Lernaufgabe sind für die Lernenden möglichst klar zu formulieren.
- Die Einbettung der Aufgaben in den Unterricht ist besonders zu beachten.

27.1 Lernaufgaben dienen der Aneignung, Sicherung und Anwendung von Wissen

Unter Aufgaben verstehen Peter Häußler und Gunter Lind (1998) „wohldefinierte Probleme, die (mindestens) eine Lösung haben und deren Bearbeitung in relativ kurzer Zeit möglich ist". Diese Begriffserklärung ist so weit gefasst, dass vielfältige Formen von Aufgaben darunter vereint werden können. Mit Hilfe von Kategoriensystemen (Fischer & Draxler 2001; Graf 2001) können Aufgaben charakterisiert und je nach Bedarf modifiziert werden. Um eine Aufgabe zu kennzeichnen, können mehrere Kriterien herangezogen werden (▶ Tab. 27-1).
Hinsichtlich ihrer didaktischen Funktion können zwei Formen von Aufgaben unterschieden werden:

– *Lernaufgaben* dienen der Aneignung, Sicherung und Anwendung von Wissen. Sie sind Mittel, um die Qualität des Lernens im Biologieunterricht weiter zu entwickeln (Mayer 2004).
– *Testaufgaben* eignen sich für die Leistungsmessung oder -beurteilung (▶ 28). Zwischen Lernaufgaben und Testaufgaben gibt es zahlreiche Übereinstimmungen. Auch mit Testaufgaben wird gelernt. Entscheidend für den Unterschied ist häufig nicht die Art der Aufgabenstellung, sondern der *Einsatz der Aufgabe im Unterricht*.

Als Reaktion auf die Ergebnisse Deutschlands bei internationalen Schulleistungsvergleichen (TIMSS, PISA), in denen Testaufgaben verwendet werden, fordern Fachdidaktiker einen vermehrten und verbesserten Einsatz von Lernaufgaben im Unterricht (Hammann 2006). Die Defizite beim Lösen von Testaufgaben werden darauf zurückgeführt, dass der Umgang mit Aufgaben im Unterricht nicht genügend gelernt wird. Die gewählte Form und Durchführung von Lernaufgaben hängt wesentlich davon ab, wie die Lehrenden das Lernen mit Aufgaben verstehen. Vor allem die Aufgabenstellungen und die Form ihrer Bearbeitung sollte verbessert werden (Reisse 2008). Besonders hervorgehoben werden dabei Lernaufgaben, mit denen neuer Stoff erarbeitet wird, und Aufgaben, die der Konsolidierung und Übung des erworbenen Wissens dienen. Empfohlen werden Aufgabentypen, die mehrere Vorgehensweisen und unterschiedliche Lösungsmöglichkeiten zulassen (BLK 1997, 32 f.).
Lernaufgaben sind schriftlich oder mündlich formulierte Lernangebote, die einen Informations- und einem Aufforderungsteil enthalten (▶ Kasten Beispielaufgabe). Im *Informationsteil* wird auf einen Kontext verwiesen oder ein Phänomen beschrieben. Im *Aufforderungsteil* wird

Kriterien	Merkmale (Beispiele)
Inhaltsbereich (Kontext und Curriculum)	biologisch, chemisch, physikalisch, naturwissenschaftlich, ethisch; zytologisch, genetisch, ökologisch; Lehrplanthema X
Lösungswege	experimentelle, grafische und rechnerische oder textliche Lösungswege
Lösungstätigkeit	Antwort(en) auswählen (multiple choice); zuordnen, umordnen, ergänzen, assoziieren, vergleichen, frei antworten, gestalten, deuten, beurteilen, kommunizieren, beobachten, experimentieren
Lösungshilfen	abgestuft; differenziert nach Kompetenz
Freiheitsgrad der Lösung	geschlossene oder offene Lösungswege bzw. Lösungen
Lösungskontrolle	eigene Überprüfung mit Musterlösungen oder Kategorienraster, fremdüberprüft durch Mitschüler oder Lehrende
zu erwartende *lebensweltliche* *Vorstellungen & Dispositionen*	Alltagskonzepte; soziale, motivationale, emotionale u. a. Bereitschaften
erforderliche *Vorkenntnisse* (Wissen, Fähigkeiten, Fertigkeiten)	biologische(s) Faktenwissen, Begriffe, Konzepte, Prinzipien und Theorien; Wissen über naturwissenschaftliches Denken und Arbeiten, Problemlösen; Fertigkeiten beim Beobachten, Experimentieren
erforderliche *Kompetenzen*	biologische Fragen erkennen; beim Beobachten, Beschreiben, Vergleichen, Erklären und Vorhersagen etc. von biologischen Erscheinungen biologisches Wissen anwenden; biologische Belege nutzen, um Entscheidungen zu treffen und darzustellen

Tabelle 27-1: Kriterien zur Kennzeichnung von Aufgaben

mindestens eine Anweisung gegeben oder eine Frage gestellt, die auf die Lösung zielt. Die Lernenden sollen durch eine Aufgabe zu eigenständiger Lernarbeit angeregt werden, die auch in Gruppen- oder Partnerarbeit stattfinden kann.

27.2 Inhalte und Anforderungen einer Lernaufgabe sind für die Lernenden möglichst klar zu formulieren

Aufgaben fordern die Lernenden; die Aufgabenentwicklung stellt hohe Anforderungen an die Lehrperson (▶ Kasten Beispielaufgabe). Lernaufgaben erreichen nur dann ihr Ziel, wenn Inhalt und Anforderungen der Aufgaben für die Lenenden verständlich sind (▶ Kasten Hinweise). Um mögliche Klippen in der Aufgabenstellung zu umgehen, sollte jede Aufgabe von der Lehrperson vor ihrem Einsatz selbst gelöst werden. Die eigene Lösung ist dann daraufhin zu prüfen, ob sie tatsächlich der Aufgabenformulierung entspricht.

27 Lernaufgaben entwickeln

Beispielaufgabe

Die vergessene Kartoffel

Sie entdecken in einer Kellerecke eine fortgerollte Kartoffel, die dort schon länger liegt. Die Kartoffel sieht merkwürdig aus, aber auch interessant: braune Knolle, weiße, verschieden lange Triebe, an der Basis verdickt und von warzigem Aussehen. Sie nehmen die Kartoffel mit in die Wohnung und legen sie auf die Fensterbank. Nach ein paar Tagen fällt Ihr Blick auf die Kartoffel: braune Knolle, grüne Triebe, die nicht oder kaum weiter gewachsen sind. Welche der nachstehenden Fragen sind aus Ihrer Sicht biologisch sinnvolle Fragen?

(1) Sind die Triebe der Kartoffel Wurzeln?
(2) Sind die Triebe der Kartoffel Stängel?
(3) Ist die Kartoffelknolle tot oder lebendig?
(4) Enthält die Kartoffel einen „Embryo" wie ein Samen?
(5) Welche Faktoren veranlassen die Kartoffel, Triebe auszubilden?
(6) Können im Keller Kartoffelpflanzen wachsen und neue Kartoffeln geerntet werden?
(7) Welchen energiereichen Stoff enthält die Kartoffelknolle, der ihr ermöglicht, Triebe zu bilden?

(KMK 2005, 42 ff., verändert)

Aufgaben für Lehrende:
a. Lösen Sie die das obige Aufgabenbeispiel schriftlich.
b. Verorten Sie das Aufgabenbeispiel nach den Kategorien der Tabelle 27-1.
c. Orden Sie den verwendeten Aufgabentyp zu (▶ Tabelle 27-3).
d. Formulieren Sie Fragen zur vergessenen Kartoffel, die keine biologischen sind.
e. Nehmen wir an, die Fragen des obigen Aufgabenbeispiels würden durch nichtbiologische Fragen ergänzt. Welche Kompetenz wäre dann für die Lösung erforderlich?

Lösungen

Zu a: Alle Aufgaben können als mehr oder weniger biologisch sinnvoll angesehen werden und sollten im Unterricht so erörtert werden, obwohl der in den Standards (KMK 2005, 44) vorgegebene Erwartungshorizont zu einem anderen Ergebnis kommt: „Sinnvoll sind die Fragen 1, 2, 4, 5 sowie 7 (…). Die dritte Frage erscheint wenig sinnvoll, weil die Kartoffelknolle durch die wachsenden Triebe eindeutig ein Kennzeichen des Lebendigen demonstriert. Die 6. Frage ist wenig sinnig, weil Pflanzen nur durch Photosynthese langfristig wachsen und neue Speicherorgane bilden können (…). Bekannte Knollenbildung durch Restlicht in Kellern ist als kurios zu werten, nicht als ernsthafte Ernte".
Zu b: botanisch, allgemeinbiologischer Inhaltsbereich; textlicher Lösungsweg; Antwortauswahl unter einem Kriterium, geschlossene Aufgabe, Wissen über Biologie; sinnvolle von nicht sinnvollen biologischen Fragen scheiden.
Zu c: Die Aufgabe ist den offenen Aufgaben (vorstrukturiert) und dem Aufgabentyp „Fragen bewerten" zuzuordnen.
Zu d: Wie viel Geld hat die vergessene Kartoffel gekostet?
Zu e: Biologische Fragen erkennen.

> **Hinweise zum Erstellen von Lernaufgaben**
>
> 1. Formulieren Sie die mit dem Bearbeiten und Lösen der Aufgabe zu erwerbenden Fähigkeiten, beispielsweise „biologische Fragen erkennen". Durch das Lösen der Aufgabe zeigen die Lernenden die jeweilige erforderliche *Kompetenz*.
> 2. Wählen Sie ein biologisches Phänomen aus oder eine Situation, die mit Biologie zu tun hat – dies ist der *Kontext*. Der Kontext sollte möglichst einen persönlichen Bezug für die Lernenden haben, so dass Anknüpfungspunkte für Vorstellungen und Interessen geboten werden.
> 3. Stellen Sie fest, welche biologischen oder fachübergreifenden *Dispositionen* und *Vorkenntnisse* zur Lösung der Aufgabe notwendig sind. Entwickeln Sie möglichst begründete Vermutungen, ob oder zu welchem Grad die Lernenden über die entsprechenden Voraussetzungen verfügen oder ob sie sich diese erschließen oder erarbeiten können.
> 4. Formulieren Sie den *Informationsteil knapp*, jedoch klar und verständlich. Manchmal genügt der Hinweis auf eine lebensweltliche Situation, häufig sind Beschreibungen, Bilder, Diagramme oder Tabellen notwendig.
> 5. Formulieren Sie eine oder mehrere *präzise Aufforderungen*, was zu tun ist, oder was erwartet wird. Nutzen Sie dazu Arbeitsanweisungen, die zu beobachtbaren Tätigkeiten oder Produkten führen, sog. *Operatoren* (▶ Tab. 27-2). Auch wenn die Operatoren präzise sind, schließt dies keineswegs offene Aufgabenstellungen aus.
> 6. Lösen Sie die Aufgabe selbst und vergleichen Sie, ob Ihre Lösung mit der Aufgabenstellung übereinstimmt, die gegebenenfalls zu ändern ist.
> 7. Geben Sie angemessene und möglicherweise gestufte *Lösungshilfen*, wie Richtung weisende Fragen oder Bearbeitungshinweise. Unterstützen Sie die Lösungstätigkeit durch *zeitsparende Vorgaben*, z. B. Leertabelle, Koordinatensystem oder Zeichnungsvorlage. Lösungshilfen und -vorgaben sollten die Lösungstätigkeiten unterstützen, aber nicht vorwegnehmen, die Lernenden sollen ihre Kompetenz nachweisen können.
> 8. Planen Sie die Kontrolle der Lösungen ein. Lernende können ihre eigene Lösung – oder die von Mitschülern – selbst prüfen. Dabei sind Musterlösungen und Lösungsraster hilfreich.

Es kann sinnvoll sein, den Lernenden eine Aufgabe von vornherein samt kommentierter *Musterlösung* vorzulegen. Dabei wird zwar diese Aufgabe nicht eigenständig gelöst, aber der Lösungsprozess kann an dem ausgewählten Beispiel nachvollzogen werden. Diese Aufgabenstellung erscheint vor allem für Anfänger sowie für schwierige und komplexe Aufgaben eine geeignete Form der Übung zu sein. Lernende erschließen sich die Beispielaufgaben dabei mit eigenständigen kognitiven Prozessen, die *Selbsterklärungen* genannt werden (Sandmann, Hosenfeld, Mackensen & Lind 2002). Die Lernenden erachten Beispielaufgaben mit Musterlösungen als sinnvoll für ihr Lernen. Allerdings zeigt sich, dass das Vorwissen einen starken Einfluss auf den Lernerfolg hat (Kroß & Lind 2001 a; b; Lind, Friege & Sandmann 2004; Mackensen-Friedrichs 2009).

Anscheinend hat die Art der Lösungstätigkeit, z. B. „Antworten wählen" oder „Kurzantworten formulieren", wenig Einfluss auf die Fähigkeit, eine Aufgabe zu lösen (Kroß & Lind 2000). Für

	Operator	Beschreibung der erwarteten Leistungen
deskriptiv (beschreibend)	Nennen/Angeben	Elemente, Sachverhalte, Begriffe, Daten ohne Erläuterungen aufzählen
	Beschreiben	Strukturen, Sachverhalte oder Zusammenhänge strukturiert und fachsprachlich richtig mit eigenen Worten wiedergeben
	Darstellen	Sachverhalte, Zusammenhänge, Methoden etc. strukturiert und ggf. fachsprachlich wiedergeben. Spezieller: fachgemäße Arbeitsweisen wie Skizzieren, Zeichnen und Protokollieren
	Zusammenfassen	das Wesentliche in konzentrierter Form herausstellen
	Vergleichen	kriteriengeleitet zwischen mindestens zwei Objekten oder Prozessen Gemeinsamkeiten, Ähnlichkeiten und Unterschiede ermitteln
explanativ (erklärend)	Schließen/Ableiten	auf der Grundlage wesentlicher Merkmale sachgerechte Schlüsse ziehen
	Hypothese entwickeln bzw. aufstellen	begründete Vermutung auf der Grundlage von Beobachtungen, Untersuchungen, Experimenten oder Aussagen formulieren
	Erläutern	einen Sachverhalt darstellen, in einen Zusammenhang einordnen sowie durch zusätzliche Informationen verständlich machen
	Begründen	für eine Handlung (z. B. methodisches Vorgehen) oder eine Vermutung nachvollziehbare (rationale) Gründe oder Motive und Handlungsziele angeben und erläutern
	Erklären	Sachverhalte auf Regeln und Gesetzmäßigkeiten bzw. kausale Beziehungen von Ursachen und Wirkungen zurückführen (In den Einheitlichen Prüfungsanforderungen in der Abiturprüfung Biologie (KMK 2004) sind *begründen* und *erklären* fast gleichbedeutend definiert. Dagegen sind Gründe (engl. reasons) und Ursachen (engl. causes) zu unterscheiden. Nur auf letztere bezieht sich naturwissenschaftliches Erklären, ▶ 13.3)
	Interpretieren/Deuten	fachspezifische Zusammenhänge in Hinblick auf eine gegebene Fragestellung begründet darstellen
evaluativ (bewertend)	(Über)Prüfen	Sachverhalte oder Aussagen an Fakten oder innerer Logik messen und eventuelle Widersprüche aufdecken
	Diskutieren/Erörtern	Argumente und Beispiele zu einer Aussage oder These einander gegenüberstellen und abwägen
	Beurteilen	zu einem Sachverhalt ein selbstständiges Urteil unter Verwendung von Fachwissen und Fachmethoden formulieren und begründen
	Bewerten	einen Gegenstand an erkennbaren Wertkategorien oder an bekannten Beurteilungskriterien messen
	Stellung nehmen	zu einem Gegenstand, der an sich nicht eindeutig ist, nach kritischer Prüfung und sorgfältiger Abwägung ein begründetes Urteil abgeben

Tabelle 27-2: Ausgewählte Operatoren zur Beschreibung von Tätigkeiten beim Aufgabenlösen (vgl. KMK 2004; Langlet & Freimann 2003)

Aufgaben aus dem Bereich der Humanbiologie erhielt Annegert Uihlein (2001) nur wenige unterschiedliche Leistungen beim „Zeichnen eines Begriffsnetzes" oder bei der „Formulierung von Sätzen". Allerdings gibt es beim Einsatz im Unterricht erhebliche Unterschiede – so muss das Aufgabenformat „Begriffsnetz" einführend geübt werden, verlangt aber in der Folge weniger Durchführungszeit als die „Formulierung von Sätzen" (Uihlein, Graf & Klee 2003).

Selbst Testaufgaben lassen sich zu Lernaufgaben besonderer Art umfunktionieren. Freigegebene PISA- oder TIMSS-Aufgaben können genutzt werden, um Unterrichtsziele zu verdeutlichen. Die Herangehensweise an solche Aufgaben kann geübt und reflektiert werden; so kann lernstrategisches Wissen gefestigt und aufgebaut werden (Stäudel 2006). Die Analyse bekannter Aufgaben kann Lehrkräften helfen, ihr Wissen und ihre Fähigkeiten zur Aufgabenentwicklung zu verbessern (Langlet & Kremer 2011). Dabei wird ein Analyseinstrument verwendet, welches das Institut zur Qualitätsentwicklung im Bildungswesen (IQB) bei der Entwicklung von Testaufgaben leitete, die 2012 in einem deutschen Ländervergleich eingesetzt wurden.

Anders als in den nationalen und internationalen Vergleichstests, müssen Aufgaben nicht allein mit Papier und Bleistift lösbar sein. Es können ebenso Beobachtungs-, Untersuchungs- (z.B. Mikroskopieren in einer Klausur, Lüthje 2003) oder Experimentieraufgaben gestellt werden.

Die Angabe von Operatoren präzisiert die Aufgabenstellung und lässt die Lernenden die Anforderungen einer Aufgabe erkennen, wenn sie mit der Bedeutung der Operatoren vertraut gemacht worden sind (▶ Tab. 27-2). Darüber hinaus muss die Lehrkraft bei der Auswahl der Operatoren darüber reflektieren, welche kognitven Prozesse bei der Aufgabenbearbeitung von den Lernenden zur Lösung der Aufgabe verlangt werden sollen.

27.3 Die Einbettung der Aufgaben in den Unterricht ist besonders zu beachten

Im Biologieunterricht zum Thema „Blut und Blutkreislauf" in 45 verschiedenen 9. Klassen wurden fast zwei Drittel der Zeit für die Bearbeitung und Auswertung von Aufgaben verwendet. Sollte dieser Befund einer Videostudie (Jatzwauck 2007) ebenso für andere Themen und Klassenstufen gelten, dann wird deutlich, wie wichtig es ist, dass Lehrkräfte fähig sind, geeignete Lernaufgaben zu entwickeln, die das Lernen befördern und nicht vorderhand auf abprüfbare Kenntnisse gerichtet sind..

Das Gutachten zur „Steigerung der Effizienz des mathematisch-naturwissenschaftlichen Unterrichts" (SINUS) nennt an erster Stelle den Arbeitsschwerpunkt „Weiterentwicklung der Aufgabenkultur". Mit *Aufgabenkultur* ist die Praxis der Aufgabenstellung und deren Rolle im Unterricht gemeint. Weiterentwicklung bezieht sich vor allem auf mehr Abwechslung bei der Aufgabenstellung, d.h. auf die gezielte Berücksichtigung verschiedener Aufgabentypen (▶ Tabelle 27-3). Die Aufgaben sollen unterschiedliche Lösungsmöglichkeiten zulassen, u.a. deshalb, weil Lernende mit unterschiedlichen Kompetenzniveaus verschiedene Lösungen finden können. Außerdem sollen vielfältige Übungsaufgaben das systematische Wiederholen auch länger zurückliegender Wissensbestände verbessern und zu einer gut vernetzten Wissensstruktur der Lernenden führen (BLK 1997, 32 f.).

Der sinnvolle Einsatz von Lernaufgaben kann vor allem hinsichtlich folgender Aspekte verbessert werden:
- *Qualität der Aufgaben:* Aufgaben sollen anregend und abwechslungsreich sein, möglichst verschiedene Lösungsmöglichkeiten bieten und gestufte Hilfen enthalten.
- *Systematik (Anordnung) der Aufgabenstellung:* Bei Aufgabenserien mit unterschiedlichen Anforderungsbereichen die leichten Aufgaben zuerst stellen und das Anspruchsniveau möglichst in kleinen Schritten steigern.
- *Einbettung in den Unterrichtsablauf:* Prinzipiell sind Aufgaben in jeder Phase des Unterrichts möglich, aber ihre didaktische Funktion soll der jeweiligen Unterrichtsphase entsprechen (Motivation, Erschließung eines Phänomens, Erlärung, Sicherung von Lernergebnissen).

In der Einstiegsphase einer Unterrichtseinheit werden Aufgaben eher die Funktion haben, das Thema auf bereits erarbeitetes Wissen zu beziehen, es in einen größeren Zusammenhang zu stellen oder das lebensweltliche Wissen bewusst zu machen. In der Erarbeitungsphase geben Aufgaben den Lernenden – und nicht zuletzt den Lehrenden – Hinweise zum richtigen Verständnis und Gebrauch des neuen Wissens. Diese Anknüpfungen an die Fähigkeiten und Vorkenntnisse der Lernenden sind wichtig im Sinne des bedeutungsvollen kumulativen Lernens (▶ 23.8). Gesteuert durch die Aufgaben können Lernende selbstständig Neues lernen. Dabei sind individuelle Lernwege mit unterschiedlichem Lerntempo möglich. Die Lehrperson kann dabei die Rolle eines Beraters einnehmen (Leisen 2006). Durch Variieren der Kontexte kann eine Übungsphase das Wissen der Lernenden beweglich machen. An länger zurückliegendes Wissen kann wiederholend angeknüpft werden. Schließlich können Aufgaben anspruchsvoll sein und den Transfer auf Anwendungen verlangen (vgl. Häußler & Lind 1998).

Aufgabentyp	Funktion im Unterricht
Geschlossene Aufgaben (Zuordnung, Ankreuzen, Lückentexte)	Wissen ermitteln (Einzelheiten, Termini), klassifizieren, festigen
Offene Aufgaben (eventuell vorstrukturiert)	Zusammenhänge herstellen, Wissen reorganisieren (gestalten), erörtern, anwenden, bewerten, Transfer
Kartenabfrage	Vorstellungen und Vorkenntnisse erheben (Gropengießer 1997 b)
Begriffsnetze	Zusammenhänge darstellen, Festigung (vgl. Graf 1989; Lumer, Picard & Hesse 1998)
Lernspiele (Bingo, Memory, Quiz)	Wissen reproduzieren, Übung, Festigung
Praktische Aufgaben (Beobachten, Experimentieren)	psychomotorische Fertigkeiten erlernen, üben, Hypothesen bilden, erörtern
Fragen bewerten	Zusammenhänge herstellen, bewerten, einordnen (vgl. Kattmann 1997)
Erzählungen analysieren	lebensweltliche Vorstellungen oder Zusammenhänge erörtern und bewerten (vgl. Probst 1997)

Tabelle 27-3: Aufgabentypen und Lernmöglichkeiten im Unterricht

Lernaufgaben können somit Lernende anregen, *Orientierung zu gewinnen,* d. h. Wissen mit eigenen (lebensweltlichen) Vorstellungen und Vorkenntnissen zu vergleichen, einzuordnen und Zusammenhänge herzustellen, *Wissen zu erarbeiten, Sicherheit zu erlangen,* d. h. das Üben und Wiederholen zu strukturieren; sie können helfen die Fähigkeit zu verbessern, *Probleme zu lösen.* Im Prinzip können für Lernaufgaben dieselben Aufgabentypen verwendet werden, die zur Leistungsmessung üblich sind (▶ 28). Die entsprechenden Aufgabensammlungen können ebenso für Lernaufgaben genutzt werden. Diese Übereinstimmung ist schon deshalb nötig, damit die Leistungsbeurteilung auf den vorhergehenden Unterricht abgestimmt ist. Die Funktionen der Lernaufgaben können durch unterschiedliche Aufgabentypen unterschiedlich gut erfüllt werden. (▶ Tab. 27-3)

Bei Lernaufgaben sind *Fehler* zu erwarten. Sie sollten nicht als Leistungsmangel oder unerwünschte Störung gewertet werden. Fehler bei Lernaufgaben sind Chancen für produktives Lernen: „Verständnisfehler sind Lerngelegenheiten, die genutzt oder verpasst werden können" (BLK 1997, 33). Daher sind lernförderliche Formen des Umgehens mit Fehlern zu entwickeln (Rach, Ufer & Heinze 2012). Lernen und Leistungsmessung müssen deutlich voneinander getrennt werden. Fehler in Lernsituationen müssen zugelassen und als solche erkennbar sein, ohne diejenigen zu beschämen, die sie gemacht haben. Vielmehr haben die Lernenden ein Recht darauf, aus Fehlern lernen zu können, indem sie die Gründe für Fehler erfahren oder selbst herausfinden. Oft verweisen Fehler auf lebensweltliche Vorstellungen, die im Widerspruch zu wissenschaftlichen Vorstellungen stehen. In der Kontrastierung kann die wissenschaftliche Vorstellung verdeutlicht werden. Vorgegebene Fehler, die sich auf typische Klippen oder lebensweltliche Vorstellungen beziehen, können in der Aufgabenstellung genutzt werden, denn es ist oft leichter, die Fehler anderer zu suchen, zu erkennen und zu korrigieren als die eigenen (Gropengießer 1997 a; Hammann 2003).

28 Schülerleistungen beurteilen

Ute Harms

- Voraussetzung für die Beurteilung von Schülerleistungen sind klare Bezugsnormen.
- Die Beurteilung des Leistungsstandes hat mehrere Funktionen.
- Beurteilungen im Lernprozess sollen orientieren und anleiten.
- Zur Beurteilung von Schülerleistungen gibt es eine Vielfalt von Formen.
- Leistungstests bilden die Grundlage der Notengebung.
- Das Abitur ist eine besondere Beurteilungsform.
- Beurteilungsergebnisse dienen der Lehrkraft zur Selbstevaluation.

28.1 Voraussetzung für die Beurteilung von Schülerleistungen sind klare Bezugsnormen

Das Beurteilen von Schülerleistungen ist eine zentrale Aufgabe der Lehrkraft. Gegenstand der Beurteilung kann entweder der Leistungsstand (▶ 28.2) oder der Lernprozess (▶ 28.3) der Lernenden sein. Beurteilen im unterrichtlichen Zusammenhang bedeutet, dass die Leistung von Lernenden durch den Vergleich mit einer zuvor festgelegten Bezugsnorm bewertet (evaluiert) wird (vgl. Rheinberg 2008). Im Unterricht kann dieser Vergleich gezogen werden mit:
- den Leistungen einer Bezugsgruppe (soziale Bezugsnorm);
- mit einem vorangegangenen Leistungsergebnis derselben Person (individuelle Bezugsnorm);
- mit einem fachlichen Standard – wie dem Erwartungshorizont der Lehrperson (kriterale oder sachliche Bezugsnorm).

Für das Erlernen des Experimentierens (▶ 10.3; 32), speziell für den Aspekt Planung eines Experiments, kann die Leistungsbeurteilung zum Beispiel je nach Bezugsnorm unterschiedlich ausfallen (▶ Kasten).
Die Beurteilung des Leistungsstandes erfolgt meist durch eine Note. Dies ist insbesondere der Fall bei der Beurteilung nach der sozialen und der kriteralen Bezugsnorm. Im ersten Fall wird die Leistung mit der mittleren Leistung aller Lernenden der Klasse in Beziehung gesetzt. Im zweiten Fall wird sie gemessen in Relation zu dem von der Lehrkraft festgelegten Erwartungshorizont. Andere Formen der Beurteilungen sind z. B. auf einzelne Lernende bezogene schriftliche Erläuterungen oder Bewertungsbögen, die die zu bestimmten Fähigkeiten erreichte Niveaustufe angeben. Bewertungsbögen finden im Zusammenhang mit der Kompetenzorientierung des Unterrichts (▶ 8) zunehmend Eingang in die Unterrichtspraxis. Sie legen vorwiegend die individuelle Bezugsnorm zugrunde und werden zur Beurteilung im Lernprozess eingesetzt.

> **Leistungsbeurteilung nach Bezugsnormen am Beispiel der Planung eines Experiments**
> (vgl. Wollenschläger, Möller & Harms 2012)
>
> Die *Planung eines Experiments* besteht im Kern aus fünf Schritten:
> - eine Variable identifizieren *(Schritt 1)*;
> - diese verändern und mit einer anderen Variable in Beziehung setzen *(Schritt 2)*;
> - Kontrollvariablen berücksichtigen *(Schritt 3)*;
> - die Stichprobe, die Messwiederholung und die Versuchsdauer beachten *(Schritt 4)*;
> - über die verwendeten Untersuchungsmethoden nachdenken und sie auf eventuelle Fehler hin überprüfen *(Schritt 5)*.
>
> | Bezugsnorm | Vergleich
Bei der Durchführung eines Experiments ... | Beurteilung
Die Leistung des Schülers ... |
> |---|---|---|
> | sozial | hat ein Schüler Schritt 4 berücksichtigt. Im Mittel haben seine Mitschüler nur den Schritt 2 vollzogen. | liegt deutlich über dem Klassendurchschnitt. |
> | individuell | hat ein Schüler bereits Schritt 3 beachtet. Bei vorherigen Experimenten hatte er nur die Schritte 1 und 2 vollzogen. | hat sich kontinuierlich weiter entwickelt. |
> | kriterial/sachlich | hat ein Schüler lediglich Schritt 1 der fünf festgelegten Schritte vollzogen. | ist vor dem Hintergrund der intensiven Behandlung des Experimentierens im Unterricht als nicht ausreichend zu bewerten. |

28.2 Die Beurteilung des Leistungsstandes hat mehrere Funktionen

Die Beurteilung von Schülerleistungen hat besonderes Gewicht, da sie sich stark auf den weiteren Bildungsgang und Lebensweg der Lernenden auswirken kann (vgl. Avenarius 2001, 98 ff.). Lehrkräfte sind zur Leistungsbewertung verpflichtet. Allerdings ist die vergleichende Leistungsmessung an Schulen im Sinne der Bewertung des Leistungsstandes der Lernenden eine *umstrittene Selbstverständlichkeit* (vgl. Weinert 2002). Sie wird unter Pädagogen und in der Bildungspolitik kontrovers diskutiert. In der didaktischen Literatur werden verschiedene Erwartungen formuliert, die an Schülerbeurteilungen geknüpft werden (vgl. Kattmann 1997). Grundsätzlich werden Schülerbeurteilungen mehrere Funktionen zugeschrieben, die ihren Einsatz in der Schule legitimieren (▶ Kasten).

Funktionen von Schülerbeurteilungen

Rückmeldefunktion für die Lernenden	Durch Lernerfolgskontrollen und Zeugnisse erfahren die Lernenden, wie ihre Leistungen eingeschätzt werden. Sie können daraus Konsequenzen für ihr eigenes zukünftiges Lernverhalten ableiten.
Hinführen zur Selbstevaluation	Kontinuierliche Rückmeldungen sollen die Lernenden zur Ausbildung eines realistischen Selbstbildes und eines belastungsfähigen Selbstbewusstseins führen. Voraussetzung hierfür ist, dass Leistungsbewertungen als „gerecht" erfahren werden (vgl. Meyer 1997, 172).
Anreizfunktion	Lernende werden in ihren Lernbemühungen bestätigt oder zu größeren Anstrengungen angeregt. Jede Bewertung sollte Elemente der Ermutigung enthalten.
Berichtsfunktion	Eltern erfahren etwas über die schulischen Leistungen ihres Kindes. Je nachvollziehbarer eine Leistungskontrolle durchgeführt wird, desto weniger Konflikte mit dem Elternhaus sind zu erwarten; je differenzierter der „Bericht" ausfällt, desto angemessener kann die Reaktion der Eltern dem Kind gegenüber sein.
Disziplinierungsfunktion	Beurteilungen können zum Maßregeln der Lernenden missbraucht werden.
Auslese- und Berechtigungsfunktion	Aufgrund von Beurteilungen durch Lehrkräfte werden Lernende bestimmten Schultypen, Klassen oder Kursen zugeordnet, Schulabsolventen in bestimmte Studiengänge oder Berufe gelenkt.

Der Aussagewert der Leistungsmessung kann dadurch gesteigert werden, dass unterschiedliche Evaluationsformen im Unterricht eingesetzt werden (▶ 28.4). So wird sichergestellt, dass Lernende nicht dadurch benachteiligt werden, dass sie mit einer bestimmten Evaluationsform nicht umgehen können (z.B. weil die vom Lehrer vorwiegend gewählte Evaluationsform eine hohe sprachliche Kompetenz voraussetzt).

Es ist zu überlegen, ob es im Biologieunterricht nicht möglich und sinnvoll ist, Verhaltensweisen der Lernenden in die Bewertung einzubeziehen, die nicht durch Tests abgefragt werden können, z. B. die Zuverlässigkeit bei Pflegearbeiten oder die Einsatzbereitschaft bei der Vorbereitung von Versuchen (vgl. Grupe 1977, 305; Wagener 1992, 196). Auch das Einbeziehen von „Schlüsselkompetenzen" oder „Schlüsselqualifikationen" in die Evaluation von Schülerleistungen und deren Gewichtung gegenüber einer „unabdingbaren Wissensbasis" sollte bedacht werden (Helmke 2003, 23 f.).

Bei Gruppenarbeiten sollten in der Regel die Leistungen aller Kleingruppenmitglieder einheitlich bewertet werden. Lernende können dadurch die wichtige Erfahrung machen, dass nicht nur die kognitive Einzelleistung zählt, sondern dass Leistung ebenso durch und in Teamarbeit erbracht werden muss. Hierdurch erhalten die Schüler gleichzeitig ein realistisches Bild des Arbeitens in den modernen Biowissenschaften. Auch dort werden neue Erkenntnisse fast ausschließlich in Gruppen erarbeitet. Bei dieser Art von Bewertungen muss die Lehrperson jedoch darauf achten, dass bei der Benotung über das Schuljahr hinweg keine Verzerrungen im Leistungsbild einzelner erfolgen (vgl. Winter et al. 1997).

Die Relativität jeder Leistungsbeurteilung sollte den Lernenden und den Lehrenden ebenso wie den Eltern bewusst sein. Leistung wird immer nur zum Zeitpunkt der Leistungskontrolle bewertet. Deren Ergebnis erlaubt keine Aussage über die Leistungsfähigkeit in dem betreffenden Schulfach für das gesamte Schuljahr oder darüber hinaus. Leistungskontrollen im Unterricht messen meist nur kognitives Verhalten. Aus ihren Ergebnissen sind keine Aussagen über sonstige Fähigkeiten oder gar über die Persönlichkeit eines Schülers ableitbar.

28.3 Beurteilungen im Lernprozess sollen orientieren und anleiten

Die Erhebung und Bewertung des Leistungsstandes der Lernenden zu einem bestimmten Zeitpunkt, z. B. durch Tests oder Klausuren, gibt ihnen selbst, der Lehrkraft und den Eltern Auskunft über Wissen und Fähigkeiten bezüglich eines Lerngegenstandes am Ende einer Lernphase. Derartige Leistungssituationen stellen herausgehobene Momente für die Lernenden dar; sie sind mit Anspannung und Druck verbunden. Den Hauptanteil des Unterrichts nehmen die Unterrichtsphasen ein, in denen Wissen und Fähigkeiten *gelernt* werden. Diese Lernphasen sollten für die Schüler klar ersichtlich von Leistungsituationen getrennt werden. Fehler während des Lernprozesses müssen als Lerngelegenheiten genutzt werden (▶ 27.3); sie sollten nicht sanktioniert werden, sondern als Ausgangspunkt für weiteres Lernen dienen. Beurteilungen der Lehrkraft im Lernprozess sollen den Lernenden ihren jeweiligen Lernstand bewusst machen und sie auf ihrem weiteren Lernweg konstruktiv begleiten. Entsprechende Rückmeldungen werden in der Literatur als *Feedback* bezeichnet (Hattie & Timperley 2007). Aus zahlreichen emprischen Untersuchungen geht hervor, dass Feedback einer der maßgeblichen Einflussfaktoren für erfolgreiche Lernprozesse ist (vgl. Kluger & DeNisi 1996; Hattie 2009; Hattie, Beywl & Zierer 2013).

Rückmeldung im Sinne von Feedback (▶ Kasten) wird definiert als eine Information, die einer Person in Bezug auf ihr eigenes Handeln während oder nach einem Lernprozess- oder Prozessschritt gegeben wird, um regulierend auf das Lernen einzuwirken (vgl. Narciss, 2006). Valerie J. Shute (2008) konnte zeigen, dass eine Rückmeldung auf den Lernprozess positiv wirkt, wenn

- die Lücke zwischen dem, was der Lernende zu einem bestimmten Zeitpunkt kann und dem, was er letztendlich lernen soll, verdeutlicht wird;
- sie die kognitive Belastung reduziert;
- sie aufgabenbezogen und detailliert formuliert wird;
- sie Informationen vor allem hinsichtlich der Frage enthält, wie die Aufgabenbearbeitung zukünftig verbessert werden kann.

Feedback zum Lernprozess „Planen eines Experiments" (vgl. Wollenschläger, Möller & Harms 2011)		
Bei der Planung deines Experiments hast du …		**Wenn du wieder experimentierst, solltest du darauf achten, dass du …**
… eine Variable identifiziert. (Schritt 1)	x	… eine Variable identifizierst. (Schritt 1)
… eine Variable verändert und mit einer anderen Variable in Beziehung gesetzt. (Schritt 2)	x	… nur eine Variable veränderst und mit einer anderen Variable in Beziehung setzt. (Schritt 2)
… Kontrollvariablen berücksichtigt. (Schritt 3)	x	… Kontrollvariablen berücksichtigst. (Schritt 3)
… die Stichprobe, Messwiederholung und Versuchsdauer berücksichtigt. (Schritt 4)		… die Stichprobe, Messwiederholung und Versuchsdauer berücksichtigst. (Schritt 4) x
… die verwendeten Untersuchungsmethoden, die Genauigkeit und Fehler berücksichtigt. (Schritt 5)		… die verwendeten Untersuchungsmethoden, die Genauigkeit und Fehler berücksichtigst. (Schritt 5)

Die x auf der linken Seite geben den Lernstand, die auf der rechten Seite den nächsten durchzuführenden Lernschritt an.

Grundsätzlich sollte die Lehrkraft im Unterricht mit ihrer Rückmeldung den Lernenden die folgenden drei Fragen (Hattie & Timperley 2007) beantworten, um ein erfolgreiches, an den Lernstand anschließendes Weiterlernen zu ermöglichen:
- Was ist das Lernziel? *(Where am I going?)*
- Wo steht der Lernende in Relation zu diesem Lernziel? *(How am I going?)*
- Wie kann das Lernziel zukünftig besser erreicht werden? *(Where to next?)*

28.4 Zur Beurteilung von Schülerleistungen gibt es eine Vielfalt von Formen

Das Spektrum der Methoden zur Beurteilung des Leistungsstandes bzw. des Lernprozesses ist vielfältig. Die Tabelle 28-1 zeigt eine mögliche Zuordnung der gebräuchlichsten Beurteilungsformen zu diesen beiden Bereichen. Die notwendigen Informationen zur Beurteilung werden entweder durch das Beobachten von Verhalten (mündliche Äußerungen und Verhalten i. e. S.) oder durch die Analyse schriftlicher Dokumente gewonnen.

Mündliche Prüfungen werden häufig zu Beginn einer Unterrichtsstunde oder zu Beginn eines neuen Lernabschnitts zur Wiederholung des vorangegangenen Unterrichtsstoffes eingesetzt. Sind Lernende dieses Vorgehen gewohnt und können sie sich darauf vorbereiten, so bietet dieser Unterrichtsbeginn eine sinnvolle Möglichkeit, ihr für die aktuelle Unterrichtsstunde relevantes Vorwissen zu reaktivieren. Sinnvoll ist dieses Vorgehen nur, wenn der Zusammenhang des abgefragten Wissens mit dem Inhalt der neuen Stunde für alle erkennbar und die Prüfungssituation auf wenige Minuten beschränkt wird. Andernfalls kann das Ritual der Prüfung zu Beginn der Stunde der Entwicklung eines auf den Lerngegenstand gerichteten Interesses und einem entspannten Lernklima zuwiderlaufen (vgl. Kattmann 1997, 4).

Bei der Beurteilung *mündlicher Mitarbeit* im Unterricht ist zwischen Quantität und Qualität der Beiträge zu unterscheiden. Sinnvoll ist es, für jede Unterrichtsstunde möglichst zeitnah nach deren Ende eine Kurznotiz zu jedem einzelnen Schüler festzuhalten. Dies kann zum Beispiel in Form eines einfachen Symbolsystems geschehen, das die Lehrkraft für sich festgelegt hat. Solche Aufzeichnungspraxis hilft dabei, die Lernenden ihren tatsächlichen Leistungen angemessen zu beurteilen.

Die Beurteilung von Schülerleistungen, die im Zusammenhang mit biologischen *Erkenntnismethoden* und *Arbeitsweisen* stehen, setzt voraus, dass die im Einzelnen durchzuführenden

	Leistungsstand bewertet aufgrund:	**Lernprozess** bewertet aufgrund:
mündliche Äußerungen und beobachtbares Verhalten i. e. S. bei	– Prüfung – Bestimmungsübungen – Mikroskopierübungen – Betrachtungsaufgaben – Beobachtungsaufgaben – Untersuchungsaufgaben – Experimentalaufgaben	– Beteiligung am Unterricht – Anwendung und Reflexion biologischer Arbeitsweisen – Freilandarbeit – Pflegen von Pflanzen und Tieren – Zusammenarbeit mit Mitschülern
schriftliche Äußerungen	Klassenarbeit, Klausur, Test mit – Aufgaben mit offener Antwort (Lückentext bis Aufsatz) – Zuordnungs-/Umordnungsaufgaben – Multiple-Choice-Aufgaben – Begriffsnetzen	– Heft und Mappe – Lerntagebuch – Portfolio – Facharbeit

Tabelle 28-1: Formen der Beurteilung von Schülerleistungen für die Bewertung des Leistungsstandes bzw. des Lernprozesses

Objektivität	Eine andere Lehrkraft kommt mit demselben Test zu gleichen Ergebnissen.
Reliabilität (Zuverlässigkeit)	Bei einer abermaligen Testanwendung kommt das gleiche Ergebnis heraus.
Validität (Gültigkeit)	Der Test erfasst genau das, was er messen soll.

Tabelle 28-2: Anforderungen an Lernerfolgskontrollen

Tätigkeiten bzw. Denkprozesse vorab eindeutig beschrieben und in ihren einzelnen Schritten festgelegt werden (z. B. ▶ 28.1, Kasten). Hierfür können in der biologiedidaktischen Literatur verfügbare Kompetenzmodelle herangezogen werden (▶ 8).

Klassenarbeiten, Klausuren und *schriftliche Tests* (im Folgenden zusammenfassend als Test bezeichnet) sind Lernerfolgskontrollen, die meist aus einer Reihe von Testaufgaben bestehen. Auch praktische Aufgaben können hierzu gehören. Testaufgaben sind grundsätzlich nicht von den sogenannten Lernaufgaben zu unterscheiden (▶ 27.3), werden aber mit einem anderen Ziel eingesetzt, nämlich der Erfassung und Bestimmung des Leistungsstandes. Sie sollten ebenfalls genaue Arbeitsanweisungen enthalten, die – außer bei Multiple-Choice-Aufgaben – mit Hilfe von Operatoren bezeichnet werden. Grundsätzlich sollten Aufgaben, die den Leistungsstand erfassen, möglichst drei grundlegenden Anforderungen genügen (▶ Tab. 28-2, vgl. Berck 2001). Bei der Entwicklung einer schriftlichen Lernerfolgskontrolle sollten diese nicht aus dem Blick geraten.

Insbesondere offene Aufgaben erfüllen diese Anforderungen häufig nicht vollständig. Dennoch haben auch sie ihre Berechtigung im Biologieunterricht. Insbesondere Unterrichtsinhalte, bei denen es nicht ausschließlich um biologisches Wissen und Verständnis geht, benötigen Aufgabenformate, die bis zum Verfassen eines Aufsatzes, der offensten Aufgabenform, reichen können. Dies ist zum Beispiel der Fall, wenn Aspekte von Bewertungskompetenz bei den Lernenden erfasst werden sollen (▶ 12). Hier ist oft zur Aufgabenbeantwortung das Verfassen einer Erörterung notwendig. Insgesamt ist darauf zu achten, dass mit der Bearbeitung biologischer Testaufgaben in Klassenarbeiten und Klausuren nicht vor allem Kompetenzen – beispielsweise Schreibkompetenz – abgefragt werden, die mit der Biologie an sich wenig zu tun haben. Darüber hinaus sollte ein Test weitere Merkmale besitzen (▶ Kasten).

Merkmale von Tests zur Beurteilung des Lernerfolgs
Der Test soll …
- eng auf die Ziele der erfassten Unterrichtseinheit bezogen sein;
- alle wesentlichen Lerninhalte der Unterrichtseinheit berücksichtigen;
- in Bezug auf Aufgabenformen vielseitig und abwechslungsreich sein;
- im Schwierigkeitsgrad der Lerngruppe angemessen sein;
- Aufgaben unterschiedlichen Schwierigkeitsgrades enthalten;
  (einzuschätzen durch Angabe der erreichbaren Punkte).

Sprachliche Einfachheit	– Verwendung einfacher Satzstrukturen – Vermeidung von Fremdwörtern, Substantivierungen, doppelten Verneinungen
Strukturierung	– Hervorheben zentraler Begriffe – Gliederung in Sinnabschnitte – funktionale Illustrationen – logische Reihenfolge der Informationen
Textverständlichkeit	– angemessene Informationsdichte – wortwörtliche Wiederholung zentraler Begriffe
Prägnanz	– Minimierung der Lesezeit durch kurze Texte – angemessene Passung zwischen Sprachaufwand und Informationsziel

Tabelle 28-3: Hinweise zur formalen Gestaltung von (Test-)Aufgaben

Die Forderung nach einer Mischung verschiedener Aufgabentypen in einem Test ergibt sich vor allem aus der Überlegung, dass jede Aufgabenart spezifische Fähigkeiten erfordert und daher unterschiedliche Lernende anspricht. Hinzu kommt die Erwägung, dass Abwechslung als solche die Lernenden motiviert.

Die exakte Formulierung und die Ausgestaltung einer einzelnen Aufgabe, die zur Erfassung des Leistungsstandes eingesetzt werden soll, erfordert die Beachtung verschiedener formaler Gesichtspunkte. Jede Aufgabe sollte sprachlich einfach, im Layout klar strukturiert, semantisch eindeutig und prägnant sein (▶ Tab. 28-3). Gleiches gilt für die Formulierung von Lernaufgaben (▶ 27.3).

Im Folgenden werden typische Formen von Schülerbeurteilungen, die insbesondere zur Erfassung des Leistungsstandes der Lernenden in schriftlicher Form eingesetzt werden (▶ Tab. 28-1), durch Beispiele illustriert (▶ Kasten).

Bei der Formulierung von Multiple-choice-Aufgaben muss vermieden werden, dass die vorgegebenen falschen Antwortmöglichkeiten (Distraktoren) von vornherein als nicht zutreffend identifiziert werden können. Ein entsprechendes Negativ-Beispiel findet sich bei Schröder (1974, 148). Plant die Lehrkraft einen Multiple-choice-Test nach dem ersten Einsatz in weiteren Lerngruppen zu verwenden, so sollte zuvor eine Distraktorenprüfung vorgenommen werden (▶ Kasten).

Frage: Von welchem Insekt wird die Schlafkrankheit übertragen?
Auswahl: a) Moskito b) Termite c) Tsetsefliege d) Känguru
Da das Känguru kein Insekt ist, kommt Antwort d gar nicht in Betracht. Ein solcher „Känguru-Distraktor" ist überflüssig und erhöht lediglich die Wahrscheinlichkeit, die Aufgabe durch Raten zu lösen.

Aufgabenbeispiele für schriftliche Tests

Kurzantwort-Aufgabe
Nenne die fünf Klassen der Wirbeltiere. (5 Punkte)

Ergänzungsaufgabe
Ergänze den folgenden Text. (1 Punkt)
Mit Iodkaliumiodid-Lösung kann man den Nährstoff _____ nachweisen.

Zuordnungsaufgabe
Ordne die folgenden Pflanzenarten den richtigen Familien zu!
Schreibe den richtigen Buchstaben neben die Ziffern. (4 Punkte)
(a) Krokus; (b) Leberblümchen; (c) Hornklee; (d) Löwenzahn; (e) Weiße Taubnessel; (f) Raps

Schmetterlingsblütler ....
Lippenblütler ....
Kreuzblütler ....
Hahnenfußgewächse ....

Umordnungsaufgabe
Ordne die folgenden Vorgänge der Eutrophierung eines Gewässers nach ihrer zeitlichen Abfolge. (5 Punkte)
a Mangel an Sauerstoff
b Verstärktes Wachstum von Algen
c Anreicherung des Wassers mit Mineralstoffen
d Sterben von Fischen und anderen Wassertieren
e Absterben von Algen
f Starke Vermehrung von Bakterien

Multiple-choice-Aufgabe (Mehrfach-Wahl-Aufgabe)
Welche schädlichen Auswirkungen hat Tabakteer auf den Körper? Kreuze die zutreffenden Aussagen an. (3 Punkte)
a Tabakteer verklebt die Flimmerhärchen in den Atemwegen.
b Tabakteer behindert den Sauerstofftransport durch das Hämoglobin.
c Tabakteer verengt die Blutgefäße.
d Tabakteer kann Krebs erzeugen.
e Tabakteer behindert den Gasaustausch in den Lungenbläschen.
f Tabakteer macht süchtig.

> **Beispiel und Regeln für die Distraktorenprüfung**
> - 30 Schüler haben den Multiple-choice-Test beantwortet.
> - Angegeben ist für jede Aufgabe die Zahl der jeweilgen Lösungen.
> - Die Häufigkeit der richtigen Antworten ist mit einem * gekennzeichnet.
>
> | Aufgabe Nr. | Lösung a | Lösung b | Lösung c | Lösung d |
> |---|---|---|---|---|
> | 1 | 2 | 1 | 25* | 2 |
> | 2 | 16* | 8 | 3 | 3 |
> | 3 | 0 | 5 | 7 | 18* |
> | 4 | 4 | 12* | 8 | 6 |
>
> - Neben der richtigen Lösung sollten auch die Distraktoren für die Schüler eine gewisse Attraktivität haben (nicht gegeben bei Aufgabe 1 in der Tabelle).
> - Kein Distraktor sollte mehr als 50 % der falschen Ankreuzungen auf sich vereinigen (nicht gegeben bei Aufgabe 2 wegen Antwort b).
> - Kein Distraktor sollte weniger als 10 % aller falschen Lösungen aufweisen (nicht gegeben bei Aufgabe 3: a ist offenbar ein „Känguru-Distraktor").

Jede Aufgabe eines Tests – unabhängig vom Aufgabentyp – sollte im Hinblick auf ihren *Schwierigkeitsgrad* geprüft werden. Als Maß für die Schwierigkeit gilt der „Schwierigkeitsindex", der angibt, wie viel Prozent der Lernenden die richtige Lösung gefunden haben (vgl. Schröder 1974, 160 f.).

> **Berechnung des Schwierigkeitsgrades**
>
> $$\text{Schwierigkeitsindex } S = \frac{\text{Anzahl der richtigen Lösungen } r \times 100}{\text{Anzahl der beteiligten Schüler } n}$$
>
> Für die in der obigen Tabelle aufgeführten Test-Aufgaben ergibt sich:
>
> Aufgabe 1:   S = 83,3   Aufgabe 3:   S = 60,0
>
> Aufgabe 2:   S = 53,3   Aufgabe 4:   S = 40,0

Ein hoher Schwierigkeitsindex entspricht einer leichten Aufgabe, ein niedriger zeigt eine schwierige Aufgabe an. Allgemein wird empfohlen, aus einem überprüften Test alle Aufgaben herauszunehmen, deren Schwierigkeitsindex höher als 80 oder niedriger als 20 ist. In dem gewählten Beispiel wäre also die Aufgabe 1 mit S > 80 zu leicht und sollte bei einem neuen Einsatz des Tests entfallen.

Neben den beschriebenen Aufgaben ist eine weitere Form der Lernerfolgskontrolle das *Begriffsnetz,* in der deutschsprachigen Literatur häufig mit seinem englischen Namen *Concept Map* bezeichnet. Concept Maps sind grafische Darstellungen, die Zusammenhänge abbilden. Sie bestehen aus eingerahmten Termini, die für Begriffe stehen, und aus beschrifteten Pfeilen, die sie in Beziehung setzen (vgl. Kattmann 1997, 12; Uihlein, Graf & Klee 2003).

Schulbuchverlage geben Aufgabensammlungen heraus, die zur Leistungserhebung im Biologieunterricht genutzt werden können (u. a. Oehler 1996; Birkner 1990; v. Falkenhausen, Döring & Otto 1990; v. Falkenhausen et al. 1992). Unterrichtszeitschriften veröffentlichen Vorschläge für Aufgaben, die auch zum Erfassen des Lernerfolgs genutzt werden können. Die Bildungsstandards für den Mittleren Schulabschluss im Fach Biologie (KMK 2005) ebenso wie die Einheitlichen Prüfungsanforderungen in der Abiturprüfung (EPAs) geben eine Vielzahl von Beispielen für materialgebundene Aufgaben, die zur Kompetenzbeurteilung verwendet werden können.

Zur Beurteilung des *Lernprozesses* aufgrund schriftlicher Dokumente (▶ Tab. 28-1) können Hefte und Mappen, Lerntagebücher, Portfolios und Facharbeiten herangezogen werden. Besonders jüngere Kinder geben sich häufig große Mühe mit der Gestaltung ihres Biologieheftes. Diese Anstrengungen sollten von der Lehrkraft gewürdigt werden. In allen Klassenstufen spiegeln Hefte und Mappen die Auseinandersetzung der Lernenden mit den Lerninhalten wider, weshalb sie von Zeit zu Zeit gesichtet werden sollten.

Das Anlegen eines *Portfolios* ermöglicht das Feststellen des Lernprozesses über einen längeren Zeitraum. Ein Portfolio ist eine Arbeitsmappe, in der selbst gewählte Problemstellungen im Rahmen vorgegebener Lernziele selbstständig zu Hause bearbeitet werden. Die Eigenverantwortlichkeit der Lernenden für ihren Lernerfolg wird durch diese Methode gestärkt. Die Bewertungskriterien wie fachliche Richtigkeit, Umfang und Niveau der selbstständigen Recherche, Originalität und Kreativität, Layout sollten den Lernenden vorher offengelegt werden (vgl. Duit & Häußler 1997; Häußler & Duit 1997, 24; Kattmann 1997, 13; Pheeney 1998; Garthwait 2003). Im Zusammenhang mit Portfolios ebenso wie mit anderen, in Hausarbeit anzufertigenden Dokumenten sollte die Lehrkraft genau prüfen, ob es sich jeweils tatsächlich um Eigenproduktionen handelt oder um nahezu unverändert übernommene Angebote aus dem Internet.

In einem *Lerntagebuch* dokumentieren die Lernenden ihren Lernprozess und ihr Lernverhalten. Darin werden fortlaufend nicht nur Lernfortschritte, sondern auch Erfahrungen mit dem Lernprozess an sich eingetragen, die in gewissen Zeitabständen vom Lehrenden begutachtet werden. Die hier vorgestellten Formen der Leistungserhebung beziehen sich auf Schülerbeurteilungen, die im Rahmen des laufenden Biologieunterrichts stattfinden. Sie sind vom Zweck ihres Einsatzes her zu unterscheiden von standardisierten Tests, wie sie in internationalen (TIMSS, PISA) oder nationalen (PISA-E) Vergleichsstudien eingesetzt werden. Im Jahr 2006 verabschiedete die KMK eine Gesamtstrategie zum Bildungsmonitoring. Eine ihrer Facetten ist die Überprüfung der in den Bildungsstandards für den Mittleren Schulabschluss Biologie, Chemie und Physik festgelegten Kompetenzen. Für diesen Zweck werden unter der Leitung des Instituts für Qualitätsentwicklung im Bildungswesen (IQB) an der Humboldt-Universität Berlin auch Testaufgaben für das Fach Biologie entwickelt (vgl. Kremer et al. 2012).

28.5 Leistungstests bilden die Grundlage der Notengebung

Für die Auswertung schriftlicher Tests zum Zwecke der Notengebung und des *Leistungsvergleichs* der Lernenden untereinander gibt es unterschiedliche Methoden. Analog zu standardisierten Tests kann man im Voraus festlegen, mit welcher Leistung (Punktanzahl bzw. Prozentzahlen bezogen auf die erreichbare Höchstpunktanzahl) welche Note erreicht wird. Beispiel für eine solche Festlegung: 100–95 %: sehr gut; 94–81 %: gut; 80–66 %: befriedigend; 65–51 %; ausreichend; 50–21 % mangelhaft; ab 20 %: ungenügend. Diese *normorientierte* Auswertung kann dazu führen, dass zu einem hohen Anteil gute oder schlechte Noten vergeben werden. Dann ist kritisch zu prüfen, ob der Test „zu leicht" oder „zu schwer" war und ob entsprechende Lerngelegenheiten bereitgestellt wurden und genutzt werden konnten.

Eine vielfach geübte Praxis sind *verteilungsorientierte* (gruppenbezogene) Auswertungen. Von der Annahme ausgehend, dass in der Lerngruppe „normal verteilt" gute und weniger gute Schüler und Schülerinnen vertreten sind, ermittelt man die durchschnittlich erreichte Punktanzahl und setzt die übrigen Noten gemäß der Gauß'schen Verteilungskurve fest. Die durchschnittlich erreichte Punktanzahl markiert eine Leistung zwischen befriedigend und ausreichend. Dieses Vorgehen schöpft die Notenskala aus. Allerdings soll eine Leistungskontrolle die Leistung feststellen und nicht gute und schlechte Schüler „produzieren". Biologieunterricht wird durchgeführt, weil die lehrplanmäßig vorgegebenen Leistungserwartungen von möglichst vielen Lernenden erreicht werden sollen. Wegen des intentionalen Charakters von Unterricht ist gerade keine Normalverteilung der Leistungen in der Lerngruppe zu erwarten. Viel eher könnte man argumentieren, dass ein Teil der Lernenden die Sache verstanden haben, die anderen aber nicht. Dann ist eher eine „Kamelhöckerkurve" zu erwarten, also wenige Lernende im mittleren Leistungsbereich liegend.

Nahezu unmöglich ist es, durch Tests Lernergebnisse in der *affektiven Dimension* zu evaluieren. Ein Ziel wie: „Die Schüler sollen trotz Ekel vor Spinnen mit ihnen artgerecht umgehen" könnte nur durch eine vom Unterricht unabhängige Verhaltenbeobachtung überprüft werden, die von den Lernenden nicht als Testsituation empfunden werden dürfte. Diese Schwierigkeit der Evaluation sollte jedoch auf keinen Fall dazu führen, bei der Planung von Unterricht auf die Reflexion und Festlegung affektiver Unterrichtsziele zu verzichten (▶ 25.2).

28.6 Das Abitur ist eine besondere Beurteilungsform

Eine besonders wichtige und folgenreiche Form der Beurteilung stellt die Abiturprüfung dar. Da die Sekundarstufe in den einzelnen Bundesländern sehr unterschiedlich gestaltet ist, sind die Vorgaben für die Abiturprüfungen recht verschieden (vgl. http://www.bildungsserver.de/). Orientierungsrahmen für Erstellung und Auswertung der schriftlichen Abiturprüfungen bieten jedoch schon seit 1975 die von der Kultusministerkonferenz vereinbarten „Einheitlichen Prüfungsanforderungen in der Abiturprüfung" (EPA Biologie; KMK 1975; 1983; 1989; 2004; ▶ Kästen). Diese Vereinbarung soll „sicherstellen, dass durch die Beschreibung der vom Schüler erwarteten Kenntnisse, Fähigkeiten und Fertigkeiten in einem Fach, durch Aussagen über Lernzielstufen, Lernzielkontrolle und Bewertungskriterien, Art und Anzahl der Prüfungsaufgaben und Ablauf der schriftlichen und mündlichen Prüfung künftig eine größtmögliche Einheitlichkeit bei der Abiturprüfung in der neugestalteten Oberstufe erreicht wird" (EPA 1975, 3). Die erste Fassung der EPA Biologie (1975) stieß auf Kritik, die vor allem den Versuch betraf, für die verschiedenen Fächer Inhalte festzulegen, und die damit verbundene Erwartung, auf diesem Wege zu einer Vergleichbarkeit der Prüfungsleistungen zu gelangen. In der zweiten Fassung der EPA Biologie (1983) sind wesentliche Aspekte der Kritik berücksichtigt worden.

Die Anforderungen an die Abiturprüfung sind für den gesamten Biologieunterricht der Sekundarstufe II leitend, d. h. der zum Abitur hinführende Unterricht und die entsprechenden Klausuren müssen die Schüler auf die Bewätigung dieser Anforderungen adequat vorbereiten. Mit der Einführung des Zentralabiturs in immer mehr Bundesländern wird versucht, das Abitur länderübergreifend zu standardisieren.

28.7 Beurteilungsergebnisse dienen der Lehrkraft zur Selbstevaluation

Die Beurteilungsergebnisse über die Schülerleistungen in den verschiedenen Lerngruppen sollten von der Lehrkraft zur Selbstevaluation und zur Evaluation ihres Biologieunterrichts verwendet werden. Leistungs- bzw. Lernerfolgskontrollen geben Lehrenden *Rückmeldungen* über die „Qualität ihres Unterrichts" und damit Ansatzpunkte für die Revision ihrer Planung und für eine Überprüfung der dem Unterricht zugrunde liegenden Vorannahmen über die Leistungsmöglichkeiten der Schüler. Eine gemeinsame Fehleranalyse mit der Lerngruppe sollte von der Lehrperson als Chance begriffen werden, zukünftige Lernangebote besser auf die Schüler abzustimmen (▶ Kasten, S. 265). Dabei geht es sowohl um eine realistische Einschätzung der fachlich relevanten Lernvoraussetzungen (vgl. Etschenberg 1984) als auch der Schülervorstellungen (vgl. Kattmann 1997). Ziel sollte es sein, Lehren und Lernen zu einem Erfolg für die Beteiligten werden zu lassen. Die internationalen Leistungsvergleichsstudien (u. a. TIMSS und PISA) haben zu diesem Punkt starke Impulse gesetzt (Helmke 2003, 31).

Inhalte der EPA (KMK 2004)
- eine Beschreibung der *Prüfungsgegenstände,* d. h. der nachzuweisenden Kompetenzen sowie der fachlichen Inhalte, an denen die Kompetenzen eingefordert werden sollen;

- *Kriterien,* mit deren Hilfe überprüft werden kann, ob eine Prüfungsaufgabe das anzustrebende Anspruchsniveau erreicht;

- Hinweise und *Aufgabenbeispiele* für die Gestaltung der schriftlichen und mündlichen Prüfung sowie zu alternativen Prüfungsformen.

Anforderungsbereiche der EPA (KMK 2004)

Der *Anforderungsbereich I* umfasst
- die Verfügbarkeit von Daten, Fakten, Regeln, Formeln, mathematischen Sätzen usw. aus einem abgegrenzten Gebiet im gelernten Zusammenhang;
- die Beschreibung und Verwendung gelernter und geübter Arbeitstechniken und Verfahrensweisen in einem begrenzten Gebiet und in einem sich wiederholenden Zusammenhang.

Im Fach Biologie gehören dazu (Auswahl):
- Reproduktion von Basiswissen (Kenntnisse von Fakten, Zusammenhängen und Methoden);
- Nutzung bekannter Modelle und Methoden an ähnlichen Beispielen;
- Entnahme von Information aus Fachtexten und Umsetzen der Information in einfache Schemata (Stammbaum, Flussdiagramm o. Ä.).

Der *Anforderungsbereich II* umfasst
- selbstständiges Auswählen, Anordnen, Verarbeiten und Darstellen bekannter Sachverhalte unter vorgegebenen Gesichtspunkten in einem durch Übung bekannten Zusammenhang;
- selbstständiges Übertragen des Gelernten auf vergleichbare neue Situationen, wobei es entweder um veränderte Fragestellungen oder um veränderte Sachzusammenhänge oder um abgewandelte Verfahrensweisen gehen kann.

Im Fach Biologie gehören dazu (Auswahl):
- Anwendung der Basiskonzepte in neuen Zusammenhängen;
- Übertragen und Anpassen von Modellvorstellungen;
- sachgerechtes Wiedergeben komplexer Zusammenhänge.

Der *Anforderungsbereich III* umfasst
- planmäßiges und kreatives Bearbeiten komplexerer Problemstellungen mit dem Ziel, selbstständig zu Lösungen, Deutungen, Wertungen und Folgerungen zu gelangen;
- bewusstes und selbstständiges Auswählen und Anpassen geeigneter gelernter Methoden und Verfahren in neuartigen Situationen.

Im Fach Biologie gehören dazu (Auswahl):
- Entwicklung eines eigenständig strukturierten Zugangs zu einem komplexen Phänomen;
- Entwicklung eines komplexen gedanklichen Modells bzw. eigenständige Erweiterung eines bestehenden Modells;
- Entwicklung fundierter Hypothesen auf der Basis verschiedener Fakten, Experimente, Materialien und Modelle.

Leitende Fragen zur Evaluation des Unterrichts durch die Lehrkraft
- Was kann ich besser machen?
- Habe ich genug mit euch geübt?
- War ich zu schnell?
- War ich verständlich?
- Habe ich euch verstanden?
- Welche Aufgaben haben euch am meisten beim Lernen geholfen?
- Sagt mal ehrlich, habt ihr die Aufgaben wirklich ernsthaft bearbeitet?

Arbeitsweisen im Biologieunterricht

29 Erkunden und Erkennen

Harald Gropengießer

> - Erkunden und Erkennen sind eng verknüpft, müssen aber gedanklich getrennt werden.
> - Erkenntnismethoden sind vom erkundenden und erkennenden Subjekt her zu beschreiben.
> - Das wissenschaftliche Vorgehen ist für den Unterricht didaktisch zu rekonstruieren.

29.1 Erkunden und Erkennen sind eng verknüpft, müssen aber gedanklich getrennt werden

„Die Maus sitzt ängstlich am Rand" – wer so protokolliert, scheidet die *Beobachtung* „sitzt am Rande" nicht klar von deren *Deutung* „ängstlich". Es sind oft – aber nicht nur – Anfänger, die so formulieren. Erkunden und Erkennen sind zwar innig miteinander verknüpft, müssen aber zunächst geschieden werden. Erst diese gedankliche Trennung macht das Wechselspiel von Empirie und Theorie im wissenschaftlichen Erkenntnisprozess möglich. Erkunden und Erkennen sind wie siamesische Zwillinge – untrennbar aber mit eigenem Charakter.

Das Wissen der Biologie wird in einem Wechselspiel von Empirie und Theorie gewonnen. Erfahrung und Anschauung sind das Ergebnis von Erkunden und Erkennen. Beides, Erkunden und Erkennen, hängt in einer Weise zusammen, die es unmöglich macht, sie getrennt voneinander zu betreiben, ohne den naturwissenschaftlichen Anspruch aufzugeben. Das wissenschaftliche Unternehmen steht auf zwei Beinen: verlässliche empirische Daten und kritische Vernunft. Dabei ist jedes Erkunden bereits theoriegeladen und jedes Erkennen erfahrungsbasiert.

Oft ist in diesem Zusammenhang von *der* wissenschaftlichen Methode die Rede. Aber es gibt *die* naturwissenschaftliche Methode genauso wenig, wie es *das* naturwissenschaftliche Vorgehen gibt. Vielmehr gibt es nur grundlegende Kennzeichen des naturwissenschaftlichen Vorgehens. Innerhalb der unterschiedlichen Problemstellungen und Teildisziplinen (▶ 15.2) sind verschiedene Wege gangbar. Die jeweiligen Vorgehensweisen werden z. T. während der Untersuchungen selbst gefunden. Dies kann als komplexer Prozess des Problemlösens betrachtet werden (Klahr 2002). Dabei sind bestimmte Aspekte der naturwissenschaftlichen Arbeitens erkennbar: beispielsweise eine naturwissenschaftliche Frage formulieren, den theoretischen Rahmen klären, Hypothesen aufstellen, einen Untersuchungsplan aufstellen, Daten erheben, aufbereiten und auswerten, Schlussfolgerungen ziehen, Befunde veröffentlichen (vgl. Mayer 2002). Die Ausdrücke „Vorgehen" und „Weg" legen es nahe, dies für Schritte zu halten, die immer in einer bestimmten Abfolge zu gehen seien. Aber ein schematisches Vorgehen wird dem Erkenntnisprozess nicht gerecht, denn die Fragestellung und Methode naturwissenschaftlichen Arbeitens sind nicht unabhängig voneinander, sondern müssen aufeinander abgestimmt werden.

Die Aufgabe des naturwissenschaftlichen Unterrichts besteht nicht darin, den Lernenden naturwissenschaftliche Aussagen als ein feststehendes Tatsachengebäude zu vermitteln. Die Lernenden sollen vielmehr einen Einblick gewinnen, wie naturwissenschaftliche Erkenntnisse gewonnen werden und auf welchen Voraussetzungen sie beruhen. Die Kenntnis und Anwendung naturwissenschaftlicher Methoden ist deshalb ein wichtiges Ziel im Biologieunterricht. Die Einsicht in die Voraussetzungen und Bedingungen sowie in den Weg der Erkenntnisgewinnung ermöglicht erst ein Urteilen über Geltung, Tragweite und Grenzen biologisch bestimmter Aussagen. Biologieunterricht sollte zu einem Verständnis dieses spezifisch biologischen bzw. naturwissenschaftlichen Modus der Welterschließung führen. Dabei sollen die Lernenden Einsicht in naturwissenschaftliches Arbeiten gewinnen. Beobachten, Untersuchen, Vergleichen oder Experimentieren sind somit einerseits Formen naturwissenschaftlicher Methoden, also wissenschaftstheoretisch zu betrachten (▶ 13). Andererseits werden sie zu didaktisch rekonstruierten Unterrichtsgegenständen, die als *fachgemäße Arbeitsweisen* von den Lernenden durchzuführen sowie von den Lehrenden fachdidaktisch zu beurteilen und einzusetzen sind. Weiterhin sind sie unterrichtsmethodische *Handlungsmuster* und als solche allgemeindidaktisch zu betrachten.

29.2 Erkenntnismethoden sind vom erkundenden und erkennenden Subjekt her zu beschreiben

Unterrichtsvorschläge zum naturwissenschaftlichen Arbeiten erwecken oft den Eindruck, der Weg der Erkenntnis verlaufe vom Erkunden zum Erkennen, d. h., aus Daten lasse sich Allgemeingültiges erschließen (vgl. Uhlig et al. 1962; Grupe 1977, 231; Klautke 1990; 1997). Diese Vorstellung lässt sich als induktivistisch kennzeichnen (▶ 13.2). Dem gegenüber muss betont werden, dass wissenschaftliches Untersuchen, Beobachten oder Experimentieren schon von Anfang an immer durch Fragestellungen, Hypothesen und Theorien (Anschauungen) über den Gegenstand geleitet wird und auf vorhergehenden Erkenntnissen aufbaut.
Die Tätigkeit der Forschenden und Lernenden, d. h. ihr Erkunden, wird oft als Reaktion auf die Reize des zu erkennenden Objektes verstanden (vgl. Grupe 1977, 230). Entsprechend werden die Erkundungsformen auch nach den Eigenschaften der Objekte benannt (▶ Abb. 29-1): Unbewegte Objekte können danach betrachtet, ihr Bau untersucht werden; bewegte Objekte (Naturvorgänge) dagegen können beobachtet, ihre Funktionen experimentell analysiert werden. Gegen diese Terminologie ist einzuwenden, dass die Wirklichkeit jeweils von dem erkennenden Subjekt konstruiert und nicht allein von den Objekten oder den empirischen Daten determiniert ist. Erkunden ist immer eine Handlung des Forschenden (vgl. Janich & Weingarten 1999, 33 ff.). Dementsprechend sind die Erkenntnismethoden vom Subjekt des Erkennens her zu begreifen und zu beschreiben. Damit werden statt der vier genannten Erkundungsformen (Betrachten, Untersuchen, Beobachten und Experimentieren) nur noch zwei Methoden des Erkundens und Erkennens (Erkenntnismethoden) unterschieden: das *Beobachten* (▶ 30) und das *Experimentieren* (▶ 32). Betrachten wird also im Beobachten aufgehoben und das *Untersuchen* wird als ein Beobachten mit Eingriffen in den Bau verstanden (▶ 30.1). Als weitere – auf dem Beobachten beruhende – Erkenntnismethode wird das *Vergleichen* (▶ 33) behandelt.

Abbildung 29-1: Erkundungsformen (nach Uhlig et al. 1962, 175; verändert)

Die Forschenden als Konstrukteure des Wissens anzusehen, diese konstruktivistische Erkenntnistheorie entspricht der hypothetisch-deduktiven Wissenschaftstheorie. Danach sollte das unterrichtliche Vorgehen bei der Lösung eines biologischen Problems mit der Hypothesenbildung beginnen und den Lernenden jeweils ihre gedanklichen (theoretischen) Vorannahmen beim Beobachten, Vergleichen und Experimentieren bewusst machen (▶ Tab. 29-1). Beobachten, Vergleichen und Experimentieren lassen sich über die hypothetisch-deduktive Erkenntnislogik parallelisieren (▶ Tab. 29-2).

Problemstellung	1.	Problemfindung, Formulieren von Hypothesen
Planung	2.	Ableiten von empirisch überprüfbaren Folgerungen aus den Hypothesen (Prognosen)
	3.	Ausarbeiten eines Plans zur Durchführung einer Beobachtung oder eines Experiments
Durchführung	4	Bereitstellen von Materialien
	5.	Aufbau der Anordnung zum Beobachten bzw. Experimentieren
	6.	Durchführung der Beobachtung bzw. des Experiments
	7.	Protokollieren der Ergebnisse der Beobachtung bzw. des Experiments
Auswertung	8.	Deutung der Ergebnisse
	9.	Vergleichen der Deutung der Ergebnisse mit den Prognosen und Bestätigung oder Widerlegung der Hypothesen

Tabelle 29-1: Schritte der hypothetisch-deduktiven Methode im Unterricht (nach Dietrich et al. 1979, 118 f.; verändert)

Prozess-variablen	Erkenntnismethoden		
	Beobachten	Vergleichen	Experimentieren
Fragestellung	Welche Zusammenhänge bestehen zwischen biologischen Systemen, ihren Merkmalen und Strukturen sowie ihren raum-zeitlichen Mustern?	Welche Gemeinsamkeiten und Unterschiede weisen verschiedene Biosysteme auf?	Welche Ursache liegt einem biologischen Phänomen zugrunde?
Hypothese	Merkmal X besitzt die Funktion Y. System A und B weisen die räumliche Beziehung A → B auf.	Mit theoriegeleitet gewählten Kriterien zeigt sich eine Gleichheit oder Verschiedenheit der Systeme A und B.	Die unabhängige Variable (UV) hat einen Einfluss auf die abhängige Variable (AV).
Untersuchungsdesign	– Auswahl beobachtungsrelevanter Aspekte – Festlegung der zu beobachtenden Merkmale – Berücksichtigung der Ausprägungen – Identifizierung und Kontrolle von Störgrößen	– Auswahl von mindestens zwei Systemen – Wahl eines übergeordneten Vergleichskriteriums oder mehrerer Kriterien – Berücksichtigung mehrerer Ausprägungen eines kriteriengeleitet ausgewählten Merkmals – kriteriensteter Vergleich der Systeme – Innergruppen- und Zwischengruppenvergleich	– Identifizierung der Messgröße (abhängige Variable), der Einflussgröße (unabhängige Variable) und der Störgrößen (Kontrollvariable) – systematische Variation der Einflussgröße und Messen der Messgröße – Konstanthaltung der Kontrollvariablen
Datenauswertung	**Auswertung:** Merkmale, Strukturen und ggf. ihre raum-zeitlichen Veränderungen werden hinsichtlich systematischer Zusammenhänge analysiert **Ergebnis:** Beschreibung der Merkmale und Ausprägungen von Systemen **Erklärung** durch: – Struktur-Funktions-Beziehungen – zeitliche Abfolgen – räumliche Beziehungen – kausale Beziehungen	**Auswertung:** Analyse von Unterschieden und Gemeinsamkeiten sowie mögliche hierarchische Anordnung der verglichenen Systeme **Ergebnis:** Ordnung von Systemen und Merkmalen aufgrund des übergeordneten Vergleichskriteriums **Erklärung** durch: phylogenetisch, genetisch, ökologisch oder physiologisch bedingte Ähnlichkeiten oder Unterschiede	**Auswertung:** Feststellen kausaler Zusammenhänge (Ursache-Wirkungs-Zusammenhänge) **Ergebnis:** Regeln, Gesetze (abzuleiten aus der Wirkung der unabhängigen Variable auf die abhängige Variable) **Erklärung** durch: physiologische, ökologische oder genetische kausale Beziehungen

Tabelle 29-2: Die hypothetisch-deduktive Erkenntnislogik bezogen auf die Methoden naturwissenschaftlicher Erkenntnisgewinnung (nach Wellnitz & Mayer 2012, verändert)

29.3 Das wissenschaftliche Vorgehen ist für den Unterricht didaktisch zu rekonstruieren

Im Biologieunterricht kann wissenschaftliches Vorgehen meist nicht vollständig nachvollzogen oder nachgeahmt werden. Dies wäre zu langwierig und dem Vermögen der meisten Lernenden nicht angemessen. Untersuchungen zeigen, dass die Grundsätze wissenschaftlichen Vorgehens und die Logik der Schlussfolgerungen von den Lernenden nur schwer gelernt werden (vgl. Kattmann & Jungwirth 1988; Jungwirth & Dreifus 1990). Aber es können einzelne Aspekte naturwissenschaftlichen Arbeitens hervorgehoben werden, wie Vermuten, Beobachten und Messen, Vergleichen und Ordnen, Modellieren und Mathematisieren oder Recherchieren und Kommunizieren. Die im naturwissenschaftliches Vorgehen häufig verwendete Black-box-Methode kann mit geeigneten Analog-Modellen bewusst gemacht und reflektiert werden (vgl. Freese 2005; Frank 2005). Wie ein Naturwissenschaftler arbeitet sollte mit leicht überschaubaren Fragestellungen deutlich werden, an denen das Experimentieren demonstriert und geübt wird (Palm 1979 b; Mayer 2002; Duit, Gropengießer & Stäudel 2004; Gropengießer & Hauk 2005). Auf die Wechselbeziehungen zwischen wissenschaftlichen Erkenntnismethoden und den Sozialformen ist zu achten. Es ist zu vermuten, dass eine wissenschaftlich kritische Einstellung nur in einem Unterricht wächst, in dem die Lernenden auch selbstständig arbeiten können.

30 Beobachten

Harald Gropengießer

- Beobachten ist kriteriengeleitetes Wahrnehmen.
- Die Fähigkeit zum Beobachten kann systematisch gefördert werden.

30.1 Beobachten ist kriteriengeleitetes Wahrnehmen

„Mein Experiment besteht darin, daß ich Sie auffordere, zu *beobachten,* hier und jetzt. Ich hoffe, Sie machen alle mit und beobachten alle! Ich fürchte aber, mindestens einige von Ihnen werden nicht beobachten, sondern ein starkes Bedürfnis verspüren, zu fragen: ‚*Was* soll ich denn beobachten?' Wenn Sie so reagieren, dann war mein Experiment erfolgreich. Denn ich möchte veranschaulichen, daß wir, wenn wir beobachten wollen, eine bestimmte Frage im Auge haben müssen, die wir vielleicht durch Beobachtung entscheiden können" (Popper 1984, 271).
Weder genügt es, Lernende aufzufordern „beobachte ganz genau", noch „beobachte diese Maus." Hingegen kann „beobachte die Ortsbewegung der Maus" ein sinnvoller Beobachtungsauftrag sein. Damit wird gleichzeitig festgelegt, was nicht beobachtet wird, z. B. das Nahrungsverhalten. Zudem werden Unterscheidungen verlangt, ob und wo sich die Maus bewegt, beispielsweise am Rand oder in der Mitte. Beim Beobachten haben wir es also mit Beobachtern, Kriterien und Objekten oder Ereignissen zu tun. Als Ergebnisse der Beobachtung erhält man Daten zu Eigenschaften oder Prozessen.
Beobachten ist eine menschliche Handlung, bei der ein Kriterium darüber entscheidet, worauf Beobachter ihre Aufmerksamkeit richten und damit ebenfalls, was überhaupt mit den Sinnen wahrgenommen wird, d. h., welche Daten erhoben werden. Mit einem solchen Kriterium ist die Erkenntnismethode des Beobachtens von allem Anfang an durch Hypothesen und Theorien geleitet, also auf vorhergehende Erkenntnisse bezogen (▶ 15.5). Damit wird dem Mythos begegnet, Wissenschaft begänne mit Beobachtungen (Hodson 2003, 141).
Beobachtet wird oft mit den Augen. Je nach Kriterium kann das Objekt auch anders beobachtet werden, z. B. durch Hören, Fühlen, Schmecken oder Riechen. Vieles muss erst den Sinnen zugänglich gemacht werden. Zum Sichtbarmachen gibt es verschiedene Verfahren: Öffnen und Aufdecken, An- und Beleuchten, Durchleuchten, Trennen und Filtern, Anfärben, Wachsen lassen und Vermehren, Vergrößern (▶ 31), Zeitdehnung und Zeitraffung (Etschenberg & Kremer 2000). Beobachtungen können also direkt erfolgen oder indirekt (Wellnitz & Mayer 2012) unter Verwendung von Instrumenten. Dies ist deshalb nützlich und notwendig, weil die Möglichkeiten unserer Sinnessysteme begrenzt sind. Durch Instrumente wie Lichtmikroskop oder Fernrohr kann die Leistungsfähigkeit unserer Sinne *quantitativ* erweitert werden. Andere Hilfsmittel wie Elektronenmikroskop oder Röntgengerät erweitern die Beobachtungsmöglichkeiten in Bereiche, für die wir keine Sensoren haben, also *qualitativ*.
Beobachtungen lassen sich oft quantifizieren. So zählen wir fünf Finger an der Hand eines Menschen oder vier Kronblätter bei der Mohnblüte. Solche einfachen Zähloperationen setzen

Objekte oder Ereignisse voraus, die unterscheidbar sind. Beim Zählen wird sogar deren Nichtidentität zugelassen. Zwar kann man drei Äpfel und zwei Birnen nicht zu fünf Äpfeln addieren, aber sehr wohl zu fünf Stücken Obst oder zu fünf Früchten. Mit dem Zählen ordnet man also einem Kollektiv von Dingen eine Zahl zu.

Messen kann ebenfalls als Zählen betrachtet werden: Man zählt dabei jeweils die Anzahl der Basiseinheiten. Gemessen wird nach einer Messvorschrift mit Messwerkzeugen, z. B. Meterstab, Waage, Stoppuhr, Thermometer oder Belichtungsmesser, die das Zählen durch Ablesen von Marken oder Zeigerstellungen auf Skalen erleichtern oder sogar durch angezeigte Ziffern ersetzen. Die abgelesenen Beträge geben an, welches Vielfache der Basiseinheit gleich der zu messenden Größe des Dinges oder Ereignisses ist. Die *Basiseinheiten* sind normativ gesetzt; ihr Einheitenzeichen ist festgelegt, wie Meter (m), Kilogramm (kg), Sekunde (s), Kelvin (K) oder Candela (cd). Jede Basiseinheit steht für eine bestimmte (Mess-)Größe, z. B. Länge, Masse, Zeit, Temperatur oder Lichtstärke. Messoperationen sind anfällig für Irrtümer. Nur durch Sorgfalt, Wiederholungen und kritische Überlegungen kann die mögliche Genauigkeit erreicht werden. Bei Messergebnissen sollten immer die (Mess-)Größe, der Betrag und das Einheitenzeichen angegeben werden. Das gilt ebenso bei der Darstellung in Diagrammen (▶ 40).

Jede Beobachtung wird durch ein Verfahren erreicht, welches zu standardisieren und zu dokumentieren ist (Bortz & Döring 2006, 262). Beim Umgang mit Daten sollten die einzelnen Schritte von der Erhebung bis zur Auswertung sorgfältig beachtet werden. Es ist der Weg von der Beobachtung zur Deutung.

Schritte der Datengewinnung
- *Erheben* der Daten, also das eigentliche Beobachten;
- *Aufzeichnen* der Daten, also die Dokumentation der Beobachtung (z. B. Beschreibung, Zeichnung, abgelesene Messwerte, Fotos);
- *Aufbereitung* der Daten, z. B. das Anfertigen von Tabellen und Diagrammen;
- *Auswerten* der Daten, also deren Interpretation und das Ziehen von Schlussfolgerungen.

Nach der Intensität und Dauer kann man folgende Beobachtungsarten unterscheiden:
- *Kurzzeitbeobachtungen* werden in einer Unterrichtsstunde abgeschlossen (z. B. Kriechbewegung einer Schnecke auf einer Glasplatte).
- *Langzeitbeobachtungen* bedürfen großer Geduld und wiederholter Anregungen von Seiten der Lehrperson (z. B. Sprosswachstum keimender Bohnen).

Geschieht das Beobachten mit Hilfsmitteln, erforscht man zielgerichtet innere Zusammenhänge durch Eingreifen in die Objekte oder ist das Beobachtungsprogramm umfangreicher, wird oft der Terminus *Untersuchen* verwendet (Grupe 1977; Dietrich et al. 1979; ▶ 29.2). Wichtige Formen des Untersuchens sind z. B. das Sezieren und Präparieren oder Nachweisuntersuchungen, sowie ökologische Untersuchungen biotischer und abiotischer Faktoren in Ökosystemen.

Ein theoriegeleitetes Kriterium unterscheidet eine Beobachtung von einer *Entdeckung*, denn dabei fällt jemandem etwas auf, was vorher nicht bedacht wurde. Eine Entdeckung kann nachfolgende Beobachtungen durch neues Fragen anregen („Wem nichts auffällt, dem fällt auch nichts ein"). So fällt bei einer Exkursion eine Meise auf, die einen Nistkasten anfliegt. Dies gibt Anlass zu der Frage, wie oft die Jungen gefüttert werden. Mit Hilfe einer Uhr wird die Häufigkeit des Nistkastenbesuches erfasst. Solche Gelegenheitsbeobachtungen sind unterrichtlich meist nicht eingeplant.

Nachdem durch Beobachten eines Lebewesens dessen morphologische Strukturen erkannt sind, geht es beim Sezieren und Präparieren (▶ 39) um sachgerechte Eingriffe in die Struktur. Mit Hilfsmitteln, wie Pinzette, Messer, Schere, Präpariernadel, Mikrotom, werden die Objekte auseinander genommen, beobachtet wird oft mit Lupe oder Mikroskop. Dadurch sind Einsichten über den inneren Bau der Pflanzen oder Tiere möglich. Das Untersuchen von Lebewesen wird zunächst an Pflanzen geübt. Die Zergliederung von Blüten ist einfach und benötigt keinen großen technischen Aufwand. Wie beim Beobachten ohne Hilfsmittel werden die Lernenden beim Untersuchen durch gezielte Aufgabenstellungen angeleitet. Mit fortschreitender Übung werden sie immer mehr an der Problemlösung beteiligt (Weber 1976; Entrich 1996).

Schon das Zergliedern einer Pflanze wird von empfindsamen Kindern als brutaler Eingriff empfunden. Beim Sezieren von Tieren, z. B. Zergliedern von toten Insekten oder Untersuchen des inneren Baus von Schlachttieren, sind die emotionalen Schranken bei den Lernenden noch stärker (Bögeholz & Rüter 2004; ▶ 31.6).

Beim Untersuchen sind die Sicherheitsbestimmungen zu beachten. Besonders zu berücksichtigen ist die Hygiene im Umgang mit den Pflanzen und Tieren, sowie deren allergenes Potenzial (GUV 2003; 2006).

30.2 Die Fähigkeit zum Beobachten kann systematisch gefördert werden

Entgegen der lebensweltlichen Vorstellung, dass Beobachten nicht viel mehr sei als bloßes Hinsehen, will Beobachten gelernt sein (Kohlhauf, Rutke & Neuhaus 2011). Nur wenige junge Schüler beginnen mit einer Hypothese oder lassen sich davon leiten, wenn sie beobachten. Einerseits beschreiben viele Lernende Gelegenheits-Beobachtungen (Entdeckungen) und einige versuchen, daraus Schlüsse zu ziehen (Tytler & Peterson 2004). Wenn wir andererseits Beobachtungen mit einer voreingenommenen Überzeugung oder einer bestimmten Absicht durchführen, dann besteht die Gefahr, dass wir sehen, was wir glauben. Wegen der Verzerrungsgefahr werden deshalb in Studien Blindversuche durchgeführt, bei denen die Handelnden die Zielstellung nicht kennen sowie Reaktionen anderer Beteiligter nicht erfahren. Besteht ein Widerspruch zwischen theoretischen Annahmen und Beobachtungen, dann kann dies zur Verzerrung der Beobachtungen führen (Nissani & Hoefler-Nissani 1992). Damit wird ein weiterer Wissenschafts-Mythos widerlegt, nach dem die Beobachtung direkt und verlässlich zu sicherem Wissen führt (Hodson 2003, 141).

Die Förderung der Beobachtungskompetenz kann auf einzelne Aspekte zielen und sie isoliert üben. Damit wird insgesamt ein schrittweises Vorgehen vorgeschlagen, welches die Schwierigkeiten isoliert. Ein Sinnzusammenhang wird aber erst mit einer naturwissenschaftlichen Frage hergestellt. Und für eine Antwort darauf benötigt man sowohl die Hände wie auch die Sinnesorgane und nicht zuletzt den Kopf (AAAS 1993).

> **Vier Schritte zum Beobachten** (vgl. Sturm 1974, 342)
> - *Erkennen von Merkmalen* eines Objektes: Dazu werden die Fragestellung und entsprechende Gesichtspunkte (Kriterien) für das Erfassen von Merkmalen mündlich oder schriftlich als Arbeitsaufgaben genannt. Ein Beispiel liefert die Beobachtung einer Weinbergschnecke auf einer Glasplatte: „Wie bewegt sich die Schnecke fort? Achte auf die Spuren auf der Glasplatte."
> - *Kriterien für die Auswahl bestimmter Merkmale finden*: Zwar bestimmt die Fragestellung die Kriterien der Beobachtung, aber man kann auch neue Gesichtspunkte kreativ finden und dazu eine mögliche Fragestellung formulieren. Oft wenden wir aber bei der Beobachtung eines Gegenstandes die Aufmerksamkeit nur auf bestimmte Teile und Vorgänge (vgl. Rodi 1968, 128).
> - *Dokumentieren der erfassten Merkmale*: Hier sind die Fähigkeiten zum Zählen, Messen, Zeichnen, Formulieren und Protokollieren zu erlernen und zu üben.
> - *Eine naturwissenschaftliche Frage bearbeiten*: Dies ist der schwierigste Schritt, da der Untersuchungsplan komplexer ist. Beispielsweise könnte das Studium verwandter Vertreter zur Frage führen, wie homologe Merkmale innerhalb einer Verwandtschaftsgruppe abgewandelt sind.

Beim Beobachten setzen sich die Lernenden aktiv mit Gegenständen oder Ereignissen auseinander. Sie lernen zu unterscheiden und eignen sich Formenkenntnisse an, vor allem dann, wenn sie dazu Nachschlagewerke und Bestimmungsbücher benutzen.

Im Unterricht sollte die präzise Formulierung der Ergebnisse von Beobachtungen geübt werden. Dabei sollte deutlich werden, dass Beobachtungsergebnisse unterschiedlich formuliert werden können. Viele der von den Lernenden angebotenen Formulierungen enthalten bereits Deutungen. Im Unterricht sollten *Beobachtungen* und *Deutungen* stets streng unterschieden werden. Das Ringen um mehr oder weniger treffende Formulierungen für Beobachtungen ist ein wichtiger Teil des naturwissenschaftlichen Arbeitens. Bereits auf den unteren Klassenstufen der Sekundarstufe sollte man bei Textanalysen auf den Unterschied zwischen mitgeteilten Beobachtungen oder Versuchsergebnissen und deren Deutung achten (▶ 41.7).

Viele Beobachtungen lassen sich nicht im Klassenzimmer durchführen, da Tiere sich dort anders verhalten als in der freien Natur. Solche Beobachtungsaufgaben lassen sich besser als Hausarbeit durchführen, z. B.: „Beobachte die Füße von Säugetieren: a) In wie viele Zehen gliedert sich der Fuß? b) Welcher Teil des Fußes berührt bei der Fortbewegung den Boden? c) Zu welchen weiteren Tätigkeiten wird der Fuß verwendet?" Die Notizen der Lernenden werden im Klassenunterricht ausgewertet und die Ergebnisse in Form von Sätzen, Tabellen oder Skizzen festgehalten.

Bei *Kurzzeitbeobachtungen* könnte die Unterrichtsstunde folgendermaßen ablaufen (vgl. Staeck 1972, 129):
- Fragestellung erarbeiten,
- Hypothesen aufstellen,
- Arbeitsanleitungen austeilen, Zeitbegrenzung angeben (noch besser sind gemeinsam mit den Lernenden entwickelte Arbeitsanleitungen, die aber länger dauern),

- Hilfsmittel erklären,
- Hilfsmittel und Beobachtungsobjekte verteilen,
- Beobachtung des Gegenstandes in Partner- oder Gruppenarbeit und Festhalten der Ergebnisse,
- Sammeln der Ergebnisse der einzelnen Gruppen und Festhalten in einem Tafelanschrieb.

Einfache *Langzeitbeobachtungen* richten sich auf das Eintreten und die zeitliche Aufeinanderfolge von Ereignissen im Jahreslauf, wie Laubentfaltung; Blühen und Fruchten von Bäumen auf dem Schulhof oder zu Hause; Aufblühzeit von Frühblühern; Eintreffen oder Wegzug von Singvögeln; Beobachtungen einer Wiese im Jahreslauf. Dazu bekommen die Lernenden ein Arbeitsblatt mit Beobachtungsaufgaben, das immer wieder an die Aufgabe erinnert. Die Zusammenfassung im Unterricht ist bei einheitlicher Darstellung wesentlich leichter. Derartige Beobachtungen bedürfen kaum der Anleitung und nehmen nur wenig Zeit in Anspruch. Sie sind jedoch geeignet, die Aufmerksamkeit der Lernenden für lange Zeit auf bestimmte Erscheinungen zu lenken und diese systematisch erfassen zu lassen.

Schwieriger sind Langzeitbeobachtungen, bei denen ein Vorgang kontinuierlich zu verfolgen und aufzuzeichnen ist. Beispiele sind: Keimvorgänge bei Pflanzen (Bohne, Kresse, Mais), Entwicklungsvorgänge bei Fröschen oder Insekten. Die Beobachtungen können von einzelnen Lernenden zu Hause gemacht werden. Bei noch ungeübten Lernenden oder bei empfindlichen Lebewesen empfiehlt es sich aber, die Beobachtungen angeleitet im Unterrichtsraum durchzuführen. Die Lernenden erhalten zu Beginn oder am Ende der Stunde Zeit, an ihrer Aufgabe zu arbeiten. Die Lehrperson hat dadurch die Möglichkeit, die Lernenden individuell anzuleiten. Vor der Beobachtung wird eine Tabelle entwickelt, in die die Ergebnisse eingetragen werden. Auch Skizzen sind erwünscht.

Viele Beobachtungen können an lebenden Pflanzen und Tieren und an den Lernenden selbst durchgeführt werden, aber tote Objekte sind ebenfalls geeignet, wie Stopfpräparate, Einschlusspräparate, Ganzpräparate, Skelette und Skelettteile, Nester, Gewölle, getrocknete Pflanzenteile, Fraßspuren an Ästen und Rinden, Gallen. Dabei ist immer für einen hygienischen und sicheren Umgang zu sorgen (▶ 38.1).

31 Mikroskopieren

Harald Gropengießer

> - Mit Lupe und Mikroskop kann man die Welt des winzig Kleinen schauen.
> - Mikroskopieren erfordert kognitive Fähigkeiten und feinmotorische Fertigkeiten.
> - Die Einführung des Mikroskopierens muss geplant werden.
> - Für den Einsatz von Lupe und Mikroskop ist Praxiswissen zu nutzen.

31.1 Mit Lupe und Mikroskop kann man die Welt des winzig Kleinen schauen

Beim Untersuchen mit der *Lupe* benutzt man eine Sammellinse, die eine zwei- bis fünfzehnfache Vergrößerung ermöglicht. Wenn man sie dicht vor das Auge hält, kann man einen Gegenstand sehr nahe an das Auge bringen und sieht ihn trotzdem noch scharf (Nahsichtgerät).

Unter *Mikroskopieren* versteht man das Beobachten mit dem Mikroskop. Kleine Gegenstände werden dadurch so vergrößert, dass man sie sehen kann. Beim Lichtmikroskop werden die Objekte mit Lichtstrahlen beleuchtet (Auflicht) oder durchleuchtet (Durchlicht). Durch Linsensysteme werden die Lichtstrahlen so gebündelt, dass sie den betrachteten Gegenstand auf der Netzhaut des Auges bis 1000-fach vergrößert abbilden. Beim Elektronenmikroskop werden die Lichtstrahlen durch Elektronenstrahlen ersetzt. Es vergrößert bis zu tausendmal stärker. Die Bilder entstehen auf Mattscheiben oder Photoplatten. Wegen der hohen Kosten und der schwierigen Präpariertechnik werden Elektronenmikroskope in der Schule selten eingesetzt. Es können aber entsprechende Bilder im Unterricht ausgewertet werden (Graf, Gropengießer & Rensing 1978; Wanner 1985).

Durch Lupe, Lichtmikroskop und Elektronenmikroskop wird das Auflösungsvermögen des Auges verbessert: Ein normalsichtiger Mensch kann aus 25 cm Entfernung zwei Punkte gerade noch getrennt sehen, wenn sie ungefähr 0,1 mm auseinander liegen. Mit Hilfe der Lupe sind noch zwei Punkte unterscheidbar, wenn sie 0,01 mm voneinander entfernt sind, beim Lichtmikroskop 0,0002 mm und beim Elektronenmikroskop genügen 0,0000003 mm.

Mit dem Mikroskop kann man in Durchsicht nur bei dünnen Schichten Einzelheiten erkennen. Will man die innere Struktur von Lebewesen genauer untersuchen, so müssen sie, sofern sie nicht durchsichtig sind, zunächst durch Schneiden oder Zerzupfen präpariert werden. Viele Objekte werden als Frischpräparate zur Untersuchung vorbereitet, z. B. Blattquerschnitte, Blutausstriche. Bei manchen Lebewesen kann man Einzelheiten nur erkennen, wenn man sie vorher fixiert, mit dem Mikrotom schneidet, sie färbt und eingebettet hat: Dauerpräparate.

Mit Hilfe des Mikroskops können Experimente durchgeführt werden. So kann man Veränderungen der Objekte hervorrufen und diese beobachten, z. B. Plasmolyse oder Reaktionen von Einzellern auf Reize.

Durch die Lichtmikroskopie wurde im 17. Jahrhundert eine völlig neue biologische Dimension der Organismen entdeckt, die durch die Elektronenmikroskopie seit 1930 erweitert wurde. Viele Lebewesen sind so klein, dass sie überhaupt nur mit Hilfe der Mikroskopie entdeckt und erforscht werden können. Auch über Bau und Funktion der großen Organismen erhielt man mit Hilfe der Mikroskopie völlig neue Erkenntnisse. Die Mikroskopie ist eine der wichtigsten biologischen Forschungsmethoden. Sie ermöglicht im Biologieunterricht ein problemorientiertes, forschendes Lernen (vgl. Kurze, Müller & Schneider 1977). Bestimmte Erkenntnisse können nur mit Hilfe des Mikroskops erfahrbar gemacht bzw. vermittelt werden. Dies gilt z. B. für die Kernaussagen der Zelltheorie „Organismen bestehen aus Zellen" und „Zellen entstehen aus Zellen", die den Grund für das Verständnis von Fortpflanzung und Entwicklung der Organismen sowie für den Bau und die Funktion von Geweben und Organen legten (vgl. Kästle 1970; Groß 2002; Gropengießer & Zabel 2012).

31.2 Mikroskopieren erfordert kognitive Fähigkeiten und feinmotorische Fertigkeiten

Beim Mikroskopieren in Einzel- oder Partnerarbeit werden kognitive, affektive und psychomotorische Lernmöglichkeiten eröffnet (vgl. Günzler 1978): An mehreren Objekten bestätigen die Lernenden, dass Lebewesen aus Zellen bestehen. In einem zweiten Schritt lernen sie die wichtigsten Bestandteile der Zellen kennen. Das Abstraktions- und Vorstellungsvermögen der Lernenden wird gefördert. Sie müssen das zweidimensionale mikroskopische Bild in die dreidimensionale Vorstellung des Realobjekts übersetzen. Dazu sind räumliche Modelle als Vorstellungshilfen nötig (vgl. Kästle 1974; Bonatz 1980; Knoll 1987; Jungbauer 1990). Der Umgang mit dem Objekt und dem empfindlichen Gerät fördert die Feinmotorik und die Aufmerksamkeit für Details. Bei der Beschreibung des Gesehenen wird die Ausdrucksfähigkeit geübt. Die Fähigkeit zur exakten Beobachtung wird durch das Zeichnen des Gesehenen unterstützt (vgl. Gropengießer 1987). Vor allem jüngere Lernende mikroskopieren am besten in Partnerarbeit. Sie helfen sich gegenseitig beim Herstellen der Präparate und Einstellen des Mikroskops. Die gewonnenen Erkenntnisse werden mitgeteilt und ausgetauscht. Die Erfahrung einer völlig neuen Dimension ist für die Lernenden ansprechend und anregend. Die Entdeckerfreude kann sich von der Lehrperson auf die Lernenden, aber auch von den Schülern auf die Mitschüler übertragen. Viele mikroskopische Präparate (z. B. Diatomeen) sind von großer Schönheit und sprechen die Betrachter auch emotional an (vgl. Knoll 1987).

31.3 Die Einführung des Mikroskopierens muss überlegt geplant werden

Die Auffassungen der Biologiedidaktiker vom richtigen Zeitpunkt der Einführung in das Mikroskopieren gehen weit auseinander. Folgende Bedenken bestehen gegenüber der Einführung des Mikroskopierens im 5./6. Jahrgang (vgl. Kruse 1976; Schulte 1978):

- Die Schüler des 5. Schuljahres werden durch die Arbeitstechnik überfordert. Sie sind nicht fähig, mit Skalpell, Rasiermesser und Mikroskop umzugehen.
- Sind Kinder des 5. Schuljahres kognitiv überhaupt in der Lage, aus der Untersuchung der einzelnen Präparate ein räumliches Bild der mikroskopischen Wirklichkeit zu gestalten?
- Sollten die Schüler nicht zuerst in die Arbeit mit der Lupe eingeführt werden?

Viele Autoren sprechen sich dagegen für den Beginn des Mikroskopierens im 5./6. Schuljahr aus (vgl. Kästle 1970; 1974; Blum 1976; Werner 1976; Starke 1978; Poser 1982; Bay & Rodi 1983; AAAS 2009). Sie nennen dafür folgende Begründungen:
- Die Arbeit mit der Lupe wird bereits im Sachunterricht der Grundschule geübt. Im Biologieunterricht der Orientierungsstufe soll das Mikroskopieren als eine der wichtigsten Arbeitsmethoden an dem grundlegenden Sachverhalt, dass Lebewesen aus Zellen bestehen, erarbeitet werden.
- Fähigkeiten und Fertigkeiten der Schüler zum Mikroskopieren sind nicht nur nach ihrer Altersstufe, sondern auch mit Blick auf ihre Interessen und ihre Übung zu beurteilen.
- Der Zeitaufwand wird durch die interessierte Mitarbeit der Lernenden mehr als wettgemacht.
- Die Gefahr von Beschädigungen ist bei heutigen Mikroskopen – vor allem bei Verwendung gefederter Objektive und entsprechender Information der Klasse – nicht größer als bei anderen in der Schule verwendeten Geräten.

Als Kompromiss wird vorgeschlagen, das Thema Zelle im 5. Schuljahr nur unter Benutzung der Lupe und ergänzt durch die Mikroprojektion einzuführen (vgl. Thiessen 1978). Eine andere Lösung wäre, erst in der 6. bis 8. Klassenstufe mit dem Mikroskopieren zu beginnen (vgl. Knoll 1987). Für die Einführung in das Mikroskopieren sollten etwa 6 bis 12 Stunden veranschlagt werden (vgl. Kästle 1970; Reeh & Kaiser 1974; Werner 1976; Drutjons & Klischies 1987). Beobachtungen bei der Einführung des Zellbegriffs in der Klassenstufe 5 haben gezeigt, dass die Schüler durchaus in der Lage sind, die Mikroskope zu bedienen und zu fruchtbaren Ergebnissen zu kommen. Schwierigkeiten gibt es vor allem bei der Deutung des Gesehenen. Dazu sind digitale Mikroskopkameras, mikroskopische Bilder und Modelle als Hilfen sinnvoll.

31.4 Für den Einsatz von Lupe und Mikroskop ist Praxiswissen zu nutzen

Lupen oder Fadenzähler sind keine teuren Geräte und sollten bereits für die Primarstufe in einem Klassensatz vorhanden sein (vgl. Hofmeister, Ellmers & Adam-Vitt 1987). Als besonders praktisch für den Unterricht erweisen sich die Fadenzähler, die früher zum Zählen der Fäden bei Stoffgeweben benutzt wurden. Sie werden auf das zu untersuchende Objekt gestellt. Man geht mit den Augen so nahe an die Linse heran, bis man das Objekt deutlich und scharf erkennen kann. Auf höheren Klassenstufen kann die Lupe als Messinstrument eingesetzt werden (vgl. Lahaune 1986).
Mikroskope sind komplizierte, teure Untersuchungsgeräte, die nicht immer im Klassensatz zur Verfügung stehen. Billige Geräte haben ein schlechtes Auflösungsvermögen. Man sollte daher

für die Arbeit der Schüler einfache und robuste Markenmikroskope beschaffen (vgl. Kaufmann 1990). Bei der Beschaffung von Mikroskopen für Schulen sollte Folgendes beachtet werden:
- stabiles Stativ,
- robustes Triebwerk,
- eingebaute Beleuchtung oder Ansteckleuchte,
- Irisblende,
- zweilinsiger Kondensor mit verstellbarer Kondensorhöhe,
- Objektiv-Vergrößerung (in Revolver eingebaut), z. B. 3-, 10-, 40-fach (numerische Apertur 0,08; 0,25; 0,65),
- Okular 10-fach (Gesamt-Vergrößerung daher 30-, 100-, 400-fach),
- bei scharfer Einstellung möglichst großer Abstand zwischen Objektiv und Objekt, stark vergrößernde Objektive mit Federung, gut justierte Objektive,
- leicht beschaffbare Ersatzteile.

Für das methodische Vorgehen beim Mikroskopieren werden folgende Vorschläge gemacht:
- Kennenlernen und Beschreiben des Mikroskops durch Hantieren (Beleuchtungs- und Objektiveinstellung), Erarbeitung einer beschrifteten Abbildung (Krüger & Mayer 2006), Beschriftungen ablösbar aufkleben, Mikroskopführerschein, d. h. Nachweis der Fähigkeit, mit einem Mikroskop arbeiten zu können;
- Untersuchung eines einfachen Gegenstandes in Auf- und Durchlicht (Haar, Insektenbein, Feder; Schneeweiß 1999; Bossert & Bossert 2000) mit schwächster Vergrößerung (größter Objekt-Objektiv-Abstand, größtes Gesichtsfeld, größte Tiefenschärfe), langsame Steigerung der Vergrößerung (Eschenhagen 1987; Riemeier 2004) und Schwierigkeit (Mathias 2004);
- Erkennen und Abstellen typischer und häufiger Fehler beim Mikroskopieren durch gezielte Übungen und Hilfen bei der Fehlersuche (vgl. Gropengießer 1997);
- Untersuchung pflanzlicher Gewebe mit und ohne Deckglas, Zeichnung eines Gewebes (vgl. Eschenhagen, Kattmann & Rodi 1989, 157);
- Studium, evtl. Zeichnung einfacher Strukturen pflanzlicher Zellen (vgl. Poenicke 1979);
- Erarbeitung der Zelle als räumliches Gebilde mit Hilfe eines räumlichen Zellmodells (vgl. Kästle 1974): Im Mikroskop sieht man in Durchsicht nur einen „optischen Schnitt";
- Untersuchung tierlicher und menschlicher Zellen;
- Vergleich der pflanzlichen mit der tierlichen Zelle.

Aspekte zur *Gesundheit* und *Sicherheit* sind beim Mikroskopieren von vornherein zu beachten. Dies beginnt mit dem Aufstellen des Mikroskops so, dass eine unverkrampfte Körperhaltung beim Mikroskopieren möglich ist. Weiterhin sollten beim Mikroskopieren beide Augen geöffnet bleiben. Dabei sollte die Leuchtdichte so eingestellt werden, dass sie für beide Augen gleich groß ist. Direktes Sonnenlicht am Arbeitsplatz stört. Wird mit entspanntem Ziliarmuskel, d. h. mit Fernakkomodation, mikroskopiert, ermüdet man nicht so rasch (vgl. Gropengießer 1987). Auf Verletzungs- und Infektionsgefahren durch Präparierwerkzeuge, Objektträger und Deckgläser ist hinzuweisen. Schnitttechniken sind zu üben.
Zur Präparation von Pflanzen und Tieren werden vorteilhaft Stereo- oder *Präpariermikroskope* (Binokulare) verwendet. Sie haben schwache Vergrößerungen (10- bis 30-fach), die Arbeit er-

folgt bei Auflicht. Durch zwei Objektive und zwei Okulare erhält man einen räumlichen Eindruck. Ein Präpariermikroskop sollte für Demonstrationszwecke an jeder Schule zur Verfügung stehen. Objektträger, Deckgläser, Pinzetten, evtl. Präpariernadeln, Spatel und Rasierklingen, bei denen eine Schneide mit Pflaster beklebt ist, sollten in ausreichender Anzahl vorhanden sein.

Im Übungsraum sind breite Schülerarbeitstische sowie Strom- und Wasseranschluss für die einzelnen Arbeitsgruppen vorzusehen (▶ 44). Beim Einführen in das Mikroskopieren sollte die *Lerngruppe* nicht mehr als 20 bis 25 Schüler umfassen (vgl. Kästle 1970). Eventuell wird die Klasse dafür geteilt oder es wird für die Zeit der praktischen Arbeit ein zweiter Betreuer gefunden. Wenn Lernende schon Erfahrung mit dem Mikroskopieren besitzen, können sie sich in Partnerarbeit helfen. Zwei Lernenden steht dann ein Mikroskop zur Verfügung. Für die praktische Arbeit mit dem Mikroskop eignen sich besonders Blockstunden, da für die Vorbereitungs- und Aufräumungsarbeiten viel Zeit benötigt wird.

Sind in der Schule nur wenige Mikroskope vorhanden oder ist die Zeit knapp, so können Bildschirmmikroprojektion oder Bilder das Mikroskopieren der Lernenden ergänzen, aber nicht ersetzen (vgl. Lüthje 1994). Dabei sollte man nicht versäumen, auf die Dimension der entstehenden Projektionsbilder hinzuweisen. Die Demonstration ist allerdings im Vergleich zur Eigentätigkeit der Schüler und der Begegnung mit dem Originalobjekten (Lebewesen) häufig nur ein schwacher Ersatz (vgl. Killermann & Rieger 1996).

> **Tipps zur Deutung mikroskopischer Beobachtungen** (vgl. Nott & Wellington 1997)
> Lernende einer 7. Klasse mikroskopieren Moosblättchen sowie die Zwiebelhaut und fertigen dabei Zeichnungen an. Beim Rundgang zeigt sich, dass die Bilder von einer Pflanzenzelle im Lehrbuch ganz anders aussehen als die Zeichnungen der Lernenden.
> Zur Klärung der Situation können folgende Aufgaben gestellt werden:
> 1. Sind weitere Strukturen zu entdecken?
> 2. Seht euch nacheinander verschiedene Zellen an, indem ihr mit Hilfe des Feintriebs verschiedene Ebenen scharf stellt und versucht, das Gemeinsame zu finden.
> 3. Musterzeichnungen werden bereitgehalten und einzelnen Lernenden gezeigt.
> 4. Abbildungen werden im Schulbuch oder als Folie gezeigt.
> 5. Vergleiche mit dem mikroskopischen Bild werden angeregt.
> 6. Nachdem die Mikroskope abgeräumt sind, wird mit den Lernenden über das Vorgehen von Wissenschaftlern gesprochen: Die beobachten nicht voraussetzungslos, sondern geleitet durch Hypothesen, Theorien und Vorstellungen anderer Wissenschaftler. Auch Wissenschaftler müssen zunächst lernen, eine gemeinsame Deutung der Beobachtungen zu finden.

Die Objekte für die Einführung in die Zellenlehre müssen leicht beschaffbar sein, die Zellen und ihre Inhalte müssen groß sein, die Präparate müssen leicht herstellbar sein (vgl. Schulte 1975). Zur Hervorhebung der Zellkerne sollte mit Iod-Kaliumiodid-Lösung oder mit Eosin-Lösung angefärbt werden.

Für die *Zellen- und Gewebelehre* eignen sich folgende Objekte (vgl. Hilfrich 1976; Scharl 1983; Eschenhagen, Kattmann & Rodi 1989):
– Oberhaut der Zwiebelschuppe, Moosblättchen (Mnium), Wasserpestblättchen, Zellen von Tomate und Orange, Stärkekörner der Kartoffelknolle,
– Fettgewebe (vgl. Thiessen 1978) und Lebergewebe (vgl. Dietle 1971) vom Schwein,
– Mundschleimhaut des Menschen,
– einzellige tierliche Lebewesen (Heuaufguss),
– einzellige und fädige Pflanzen (Algen),
– Stängelquerschnitt durch den Kriechspross des Hahnenfußes,
– Blattflächenschnitt und Blattquerschnitt der Nieswurz oder Schwertlilie,
– Wurzelquerschnitt der Schwertlilie.

Für Untersuchungen zur *Physiologie* und *Genetik,* vor allem in der Sekundarstufe II, sind folgende Objekte zu empfehlen:
– Epidermiszellen mit roter Vakuole, z. B. *Zebrina pendula, Tradescantia spathacea* (syn. *Rhoeo discolor)* oder Rote Küchenzwiebel (Plasmolyse, Ionenfallenprinzip),
– Paramecien, Euglena (Reizerscheinungen),
– Paramecien, Amöben (Stoffwechsel),
– weiße Blutzellen der Miesmuschel (Phagozytose: Schneeweiß 1998),
– Zellen der Wurzelspitze der Küchenzwiebel (Mitose),
– Zellen der Mundschleimhaut des Menschen (Sexchromatin).

32 Experimentieren

Harald Gropengießer

> - Mit Experimenten werden Hypothesen über Ursachen planmäßig getestet.
> - Experimente haben im Unterricht verschiedene Bedeutungen und Funktionen.
> - Experimentieren kennzeichnet einen Modus biologischer Welterschließung.
> - Lernende verstehen Experimente als Ausprobieren.
> - Regeln guter Experimentierpraxis erleichtern die Unterrichtsplanung.
> - Die Sicherheit und Gesundheit der Lernenden dürfen nicht gefährdet werden.

32.1 Mit Experimenten werden Hypothesen über Ursachen planmäßig getestet

„Eine Schülerin vermutet, dass Pflanzen zum gesunden Wachstum Mineralstoffe aus dem Boden brauchen. Sie stellt eine Pflanze in die Sonne [...]." So beginnt eine freigegebene Beispielaufgabe aus der internationalen Vergleichsstudie TIMSS (Baumert 1998, 54). Der Aufforderungs- und Unterstützungsteil der Aufgabe ist der Abbildung 32-1 zu entnehmen. Als richtige Lösung wird D angegeben.

Hier geht es offensichtlich um naturwissenschaftliches Denken, bei dem eine Vermutung empirisch überprüft werden soll: Mineralstoffe sind notwendig für das Wachstum der Pflanzen. Diese Vermutung kann experimentell geprüft werden und ist damit eine naturwissenschaftliche Hypothese. Dazu müssen klare Unterscheidungen getroffen werden: Wachstum wird als Wirkung, deren Größe zu messen ist, oder als *abhängige Zielvariable* begriffen. Mineralstoffe werden als eine *Ursache* oder *unabhängige Testvariable* (genauer: zu testende Variable) angesehen. Alle übrigen notwendigen Bedingungen wie Sonnenlicht, Sand und Wasser werden nicht variiert und werden deshalb als Kontrollvariablen (genauer: zu kontrollierende Variablen) bezeichnet. Diese Kontrolle geschieht, indem die möglichen Einflussgrößen oder Faktoren (Störgrößen), welche die Messgröße neben der zu testenden Variable verändern könnten, entweder für alle Experimentdurchläufe gleich gehalten, minimiert werden oder ihr Einfluss ausgeschaltet wird. Somit wird die Wirkung der Testvariable isoliert. Dafür sind die Experimente nach einem Untersuchungsplan durchzuführen, der ein *Kontrollexperiment* enthält (▶ Tab. 10-2). Notwendig sind also Experimentreihen, in denen nur die Testvariable variiert, alle Kontrollvariablen hingegen konstant gehalten werden. Genau darin besteht die Aufgabe (▶ Abb. 32-1), die allerdings sehr anspruchsvoll ist. Dies zeigt sich schon daran, dass weniger als die Hälfte der Schüler des Jahrgangs 7 und 8 sich für das als richtig gewertete Kontrollexperiment entschieden hat. Aber selbst dieser als richtig gewertete Untersuchungsplan genügt den wissenschaftlichen Ansprüchen an ein aussagekräftiges Experiment (entgegen dem vereinfachenden Vorgehen in der Aufgabe) nicht. Denn ein Experiment mit nur einer Pflanze ist kein auswertbares Experiment. Schlussfolgerungen aus Einzelbefunden sind ein logischer Fehler (vgl. Kattmann & Jungwirth 1988). Erst eine ausreichende Anzahl von Wiederholungen minimiert die grundsätzliche

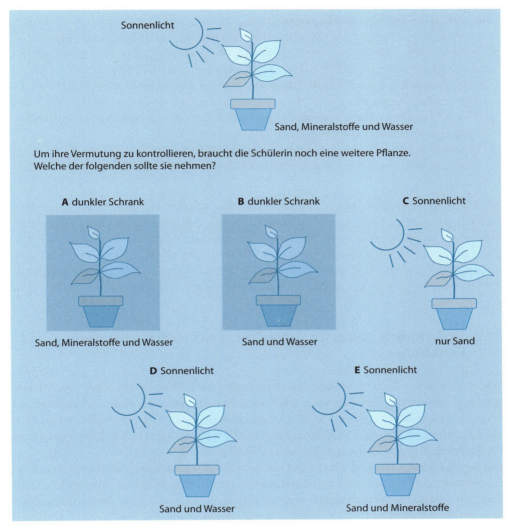

Abbildung 32-1: Eine Schülerin experimentiert mit Pflanzen; Aufforderungs- und Unterstützungsteil einer TIMSS-Aufgabe (nach Baumert 1998, 54, verändert)

Unsicherheit von Einzelbefunden. Ein Experiment muss wiederholt (repliziert) werden und es muss wiederholbar sein. (In gewisser Weise war somit die Aufgabe selbst für die Fachleute, die diese Aufgabe entworfen haben, zu schwer!) Zum Experimentieren als Teil des naturwissenschaftlichen Denkens und Arbeitens gehört es, dass Vermutungen durch die Bezugnahme auf Theorien begründet werden. Daraufhin kann eine Frage gestellt werden, die diese Hypothese überprüft. Durch Begründung und empirische Überprüfbarkeit wird aus einer Vermutung eine naturwissenschaftliche Hypothese.

> **Elemente eines vollständigen Experiments**
> - eine empirisch überprüfbare Hypothese (Pflanzen benötigen zum Wachstum Mineralstoffe) und eine exakt formulierte Fragestellung (Wachsen Pflanzen ohne Mineralstoffe?),
> - ein Untersuchungsplan mit Variablenkontrolle, Kontrollansatz und Replikation,
> - Festlegung und Angabe der zu beobachtenden bzw. zu messenden Daten (Wachstum der Pflanzen pro Tag in mm),
> - Formulierung einer Vorhersage oder Prognose (Pflanzen der Ansätze ohne Mineralstoffe werden das Wachstum einstellen),
> - Dokumentation, Aufbereitung und Auswertung der Daten,
> - Deutung der Versuchsergebnisse mit Bezug auf Prognose und Hypothese.

Alle Elemente eines Experiments müssen logisch aufeinander abgestimmt sein (vgl. Lehrer, Schauble & Petrosino 2001). Bei der Deutung werden die durch Beobachten der Messgröße erhobenen Daten des Testansatzes und des Kontrollansatzes verglichen. Der Vergleich mit der Prognose sichert zugleich den logischen Bezug und die Folgerung, ob die zugrunde liegende Hypothese bestätigt oder widerlegt wird. Das Formulieren einer Prognose ist daher von ausschlaggebender Bedeutung für die zutreffende Auswertung eines Experiment (Kizil & Kattmann 2013).

32.2 Experimente haben im Unterricht verschiedene Bedeutungen und Funktionen

Wissenschaftshistoriker beschreiben, wie die experimentelle Methode entstanden ist; Wissenschaftstheoretiker erörtern die innere Logik dieses so erfolgreichen Weges, Erklärungen auf empirische Grundlagen zu stellen, Wissenschaftssoziologen spüren den tatsächlichen Praktiken beim Experimentieren nach; Fachdidaktiker schließlich beschäftigen sich mit der Vermittlung der experimentellen Methode an Lernende (vgl. Rieß et al. 2012).

Der fachdidaktische Blick richtet sich auf die Verwendung des Wortes Experiment. Das Wort *Experiment* wird in unterrichtlichen Zusammenhängen meist weit gefasst. Man spricht selbst dann von „Experimentieranleitung", wenn es sich eigentlich nur um die Beobachtung unter hergestellten Umständen handelt, z. B. Nachweisreaktionen von Nährstoffen oder Aufziehen von Kaulquappen im Aquarium. Die fachgemäßen Arbeitsweisen Beobachten, Untersuchen und Experimentieren werden zum unterrichtsmethodischen Handlungsmuster *experimentelles Arbeiten* oder *Schulversuche* zusammengefasst. Aus der Sicht einer Lehrperson werden in allen Fällen biologische Objekte, Materialien und Geräte benötigt. In diesem Sinne wird das Experiment häufig als eine „gezielte Frage an die Natur" verstanden (vgl. Puthz 1988). Mit der „gezielten Frage" wird aber kein spezifisches Abgrenzungskriterium benannt, vielmehr kennzeichnet dies das Beobachten, Untersuchen und Experimentieren gleichermaßen (▶ 29; 30). Aus wissenschaftstheoretischer Perspektive handelt es sich dabei nur manchmal um experimentelle, immer aber um empirische Vorgehensweisen. Empirie umfasst als Oberbegriff alle Methoden, die Erfahrungswissen erzeugen. Es ist also immer zu klären, ob das Wort Experiment in wissenschaftstheoretischer oder unterrichtsmethodischer Bedeutung gebraucht wird.

Aus der Gegenüberstellung von Forschung und Vermittlung entspringen die Unterscheidungen von *Forschungsexperiment* und *Lern-* bzw. *Lehrexperiment*. Anders als beim Forschungsexperiment ist beim Lehrexperiment das Ergebnis bereits vor Beginn des Experiments bekannt. „Schulversuche können also nur bestätigenden Charakter haben" (Mostler, Krumwiede & Meyer 1979, 217). Fachdidaktisch hat es aber Sinn, zwischen Experimenten zu unterscheiden, die allein einen den Lernenden bereits bekannten Sachverhalt bestätigen, und solchen, die auf der Grundlage selbstständiger, oft mühsamer Hypothesenbildung durch die Lernenden geplant werden. Experimente lassen sich daher nach ihrer Funktion im Erkenntnisprozess der Lernenden als bestätigend oder als klärend kennzeichnen (vgl. Linsner 2009, 65). Das *bestätigende Experiment* soll Erfahrungen vertiefen. Das *klärende Experiment* enthält möglichst alle Aspekte naturwissenschaftlichen Arbeitens. (Es wird auch als entdeckendes Experiment bezeichnet, jedoch ist dieser Terminus missverständlich, da mit jedem Experiment „Entdeckungen" gemacht werden können, ▶ 32.4.) Mit dem klärenden Experiment können besonders gut Grundsätze des naturwissenschaftlichen Arbeitens und Einsichten in die naturwissenschafliche Erkenntnisgewinnung vermittelt werden (▶ 32.3), wenngleich die Lernenden oft nicht alle Schritte selbstständig durchführen können. Häufig brauchen sie Hilfen bei der Planung des Experiments, insbesondere für die Auswahl und Handhabung des Experimentiermaterials.

Werden zu Beginn einer Unterrichtsstunde 1 cm dicke Apfelscheiben oberflächlich mit Zucker bestreut, andere hingegen nicht, um dann die Oberfläche nach einer Viertelstunde hinsichtlich der Feuchtigkeit zu beobachten, so lässt sich dies als ein *einführendes Experiment* kennzeichnen. Dies nimmt Bezug auf die Stellung des Experiments im Unterrichtsprozess. Das *einführende Experiment* dient dem Einstieg in ein neues Themengebiet, hier der Osmose. Die Lernenden sollen bestimmte Phänomene erfahren und zum Nachdenken angeregt werden. Allerdings sollten der Theoriebezug und die Hypothesenbildung nachgeliefert werden. Experimente als Einstieg sind eher die Ausnahme. Üblicherweise dient das Experiment der Erarbeitung, seltener der Ergebnissicherung. Das Einführungsexperiment kann den ersten Schritt eines klärenden Experiments darstellen, also dieselbe Funktion wie eine problemhaltige Lernerfrage, Zeitungsnotiz oder Beobachtung haben, die zur Hypothesenbildung und zu den folgenden Schritten anregt.

Nach der durchführenden Person werden *Schülerexperiment* und *Lehrerexperiment* geschieden. Einfache Experimente können einzelne Lernende, Tandems oder Kleingruppen durchführen, z. B. Experimente zur Änderung der Pulsfrequenz bei unterschiedlichen Tätigkeiten oder zum Verbrauch von Sauerstoff bei der Atmung. Schwierige Experimente bedürfen der Übung oder sie werden von der Lehrperson durchgeführt. Wird ein Experiment anderen Personen vorgeführt, spricht man von einem *Demonstrationsexperiment*. Nach dem Zeitaufwand unterteilt man Schulexperimente in *Kurzzeitexperimente*, die im Verlauf einer Stunde oder Doppelstunde abgeschlossen werden können, und *Langzeitexperimente*. Biologieunterricht ist durch einen hohen Anteil an Langzeitexperimenten gekennzeichnet.

Im Hinblick auf den Exaktheitsgrad sind das qualitative und quantitative Experiment zu unterscheiden. Bei *qualitativen Experimenten* geht es allein um die Entscheidung der Frage, ob ein Faktor für eine Erscheinung eine Rolle spielt oder nicht (z. B. Ist Licht für die Photosynthese notwendig?). Die Antwort besteht in einem klaren Ja oder Nein. Bei *quantitativen Experimenten* wird stärker differenziert: Mehrere Einzelergebnisse werden in Zahl und Maß ausgedrückt und miteinander in Beziehung gesetzt (z. B. Welche Abhängigkeit besteht zwischen Sauerstoffproduktion und Lichtintensität bei der Photosynthese grüner Pflanzen?). Quantitative Experimente stellen oft hohe Anforderungen an das Experimentiermaterial, die Exaktheit des Arbeitens und das Verständnis der Beteiligten. Wird ein Experiment nicht am Original, sondern an einem Modell (▶ 36) vorgenommen, spricht man von einem *Modellexperiment,* z. B. Pfeffer'sche Zelle oder Simulation der Selektion.

Gedankenexperimente spielen im Rahmen eines klärenden Experiments eine wichtige Rolle: Auf die Schritte der Problemstellung und der Hypothesenbildung folgt die Versuchsplanung, also die gedankliche Vorwegnahme des eigentlichen Versuchs. Man kann ebenfalls von einem Gedankenexperiment sprechen, wenn im Unterricht ein Experiment nicht durchgeführt, sondern nur (durch einen Bericht der Lehrkraft oder mit Hilfe eines Informationsblattes) theoretisch dargestellt und ausgewertet wird. Im Biologieunterricht der gymnasialen Oberstufe spielt diese Form eine bedeutende Rolle (vgl. von Falkenhausen 1976, 127). Manche Gedankenexperimente sollen gar nicht ausgeführt werden, z. B. Extremalbetrachtungen. Im Ethikunterricht sollen konstruierte Situationen in der Diskussion helfen, geeignete Argumente und Grundsätze zu finden.

32.3 Experimentieren kennzeichnet einen Modus biologischer Welterschließung

Das Experiment gilt als *die* charakteristische Forschungsmethode der Naturwissenschaften. Aber die Biologie ist keine rein experimentelle Wissenschaft; empirische Belege beruhen in weiten Teilen auf Beobachtung ohne experimentelles Vorgehen (▶ 29). Außerdem ist die Biologie in einigen Bereichen vorwiegend eine deskriptive und historische Disziplin. Ihre experimentellen Anteile sind im Laufe ihrer Geschichte jedoch immer stärker in den Vordergrund getreten und dominieren zurzeit eindeutig. Die wichtigsten Erkenntnisse der letzten Jahrzehnte sind auf experimentellem Wege gewonnen oder bestätigt worden. Dieser naturwissenschaftliche Modus der Welterschließung (▶ 5.2) wird im Experimentieren besonders deutlich.

Im englischsprachigen Bereich spricht man von *nature of science* (▶ 10.1), was im Deutschen treffender mit *Kultur der Naturwissenschaften* bezeichnet wird. Es ist Aufgabe des Biologieunterrichts, dass Experimentieren von den Lernenden als charakteristischer Teil der Kultur der Naturwissenschaften verstanden wird. Dazu müssen sie die Experimente selbst planen, durchführen und auswerten; denn man lernt „Experimentieren nur durch Experimentieren und nicht durch Anweisungen" oder „durch Zuschauen" (Kerschensteiner 1959, 126). Vor allem das klärende Experiment verlangt anhaltende gedankliche Auseinandersetzung und handelnden Umgang mit den Versuchsobjekten.

Die Wirklichkeit des Experimentierens im Biologieunterricht fällt oft deutlich hinter dem hohen Anspruch zurück. Forschungsfragen werden nicht ausdrücklich formuliert oder von der Lehrperson vorgegeben. Über die Geräte, die zu sammelnden Daten, ja selbst über deren Darstellungsweise entscheidet allein die Lehrperson. Wiederholungen der Experimente werden meist durch paralleles Arbeiten verschiedener Gruppen ersetzt. Das ist zweckmäßig, aber die dadurch möglichen Fehlerquellen müssten reflektiert werden. Das als richtig gewertete Ergebnis ist bekannt, davon abweichende Ergebnisse werden häufig vernachlässigt. Dieses Experimentieren nach Rezept könnte durch weniger, aber dafür intensiveres Experimentieren an geeigneten

Gegenständen dem biologischen Modus der Welterschließung näher kommen. Aber es sollte beachtet werden, dass Schulexperimente weitere Funktionen erfüllen – sie stiften Erfahrungen mit Phänomenen, die im Alltag nicht zugänglich sind (AAAS 1993).

Wie oft Experimente im Biologieunterricht eingesetzt werden und wie sie eingebettet werden, ist nur ansatzweise empirisch erfasst. In nur vier von 45 untersuchten Biologiestunden zum Thema „Blut und Blutkreislauf" wurden Experimente durchgeführt. Fragenformulierung und Hypothesengenerierung konnten in zwei Unterrichtsstunden beobachtet werden, die Planung von Experimenten und Untersuchungen wurden nicht beobachtet (Jatzwauk 2007, 133). Dies deutet eher auf Abarbeitung der Experimente als auf eine gedankliche Durchdringung hin.

Eine wesentliche und immer wieder diskutierte Frage ist, ob sich die naturwissenschaftlichen Unterrichtsfächer gegenseitig in der Vermittlung der experimentellen Arbeitsweise vertreten können, d. h., wie weit die Einsichten, Fähigkeiten, Fertigkeiten und Einstellungen, die beim Experimentieren in einem Bereich gewonnen werden, auf andere Bereiche übertragbar sind. Ein guter Chemie- und Physikunterricht kann sich zwar sehr günstig für den Biologieunterricht auswirken, weil er den Lernenden eine allgemeine Wertschätzung des experimentellen Vorgehens, einen Einblick in den formalen Ablauf eines Experiments sowie gewisse grundlegende Denkverfahren und Handfertigkeiten vermittelt; er wird aber nie das Experimentieren im biologischen Bereich ersetzen können. Das gilt besonders für solche Experimente, die nur im Biologieunterricht vorkommen, also vor allem Experimente mit lebenden Organismen, und typische Langzeitexperimente, z. B. zur Entwicklung von Lebewesen unter unterschiedlichen Bedingungen (vgl. Berkholz 1973). Im Physik- und Chemieunterricht ist das Experimentieren viel selbstverständlicher als im Biologieunterricht. Der Sinn eines Experiments wird daher meist nicht besonders reflektiert. Entsprechend wird das Ziel, durch Experimentieren „Methoden wissenschaftlichen Denkens kennenzulernen", von Biologielehrkräften deutlich höher bewertet als von den Lehrenden der Fächer Chemie und Physik (Welzel et al. 1998).

32.4 Lernende verstehen Experimente als Ausprobieren

Wenn Einstein behauptet, alle Wissenschaft sei nur eine Verfeinerung alltäglichen Denkens, dann scheint diese Verfeinerung mit Blick auf das Experimentieren recht grundlegend zu sein. Als Susan Carey et al. (1989) in 7. Klassen Brotteig und ein Brot vorlegen und fragen ließ, was den Teig aufgehen lässt, führte dies zu einer Liste mit Zutaten und zu einem Versuch, bei dem alle Zutaten in einen verkorkten Glaskolben gegeben wurden. Bald darauf bildeten sich Blasen und der Korken flog weg, was zu der tastenden Antwort führte, es seien die Gasblasen, die den Teig aufgehen lassen. Diese Antwort erklärt immerhin Eigenschaften des gebackenen Brotes. Allerdings ist die weitergehende Frage, warum Hefe, Mehl, Zucker, Salz und warmes Wasser Gas produzieren, nicht gelöst. Sind alle Zutaten notwendig? Die ersten Versuche der Lernenden sind unsystematisch. Sie protokollieren nicht, welche Zutaten sie verwenden und sie messen nicht; sie versuchen vielmehr, das Blubber-Phänomen zu erzeugen. Ihr vorunterrichtliches Verständnis vom Experimentieren lässt sie Dinge ausprobieren und schauen, ob es funktioniert.

Wird Experimentieren so aufgefasst, dass ein bestimmtes Phänomen erzeugt oder ein bestimmter Zweck optimal erfüllt werden soll, dann entspricht dies eher der Vorgehensweise von Ingenieuren: Das Experimentieren ist auf den Effekt gerichtet. Für Naturwissenschaftler hingegen zielt Experimentieren auf das Identifizieren ursächlicher Variablen, also auf die Erklärung eines Phänomens. Kurz: Ingenieure zielen auf ein gewünschtes Ergebnis, Naturwissenschaftler auf Erkenntnis und Verstehen (Duschl, Schweingruber & Shouse 2007, 132 f.; Hammann & Mayer 2012). Der Ingenieurmodus sollte im Unterricht jedoch nicht abgewertet oder strikt vermieden werden. Die Absicht, einen Effekt zu erzeugen, kann vielmehr genutzt werden, um nach dessen Ursachen zu fragen. Die Lernenden können dann über den Effekt zur Erkenntnis gelangen (vgl. Kizil & Kattmann 2013).

Eine Charakterisierung der Experimentierenden betrifft zwei unterschiedliche Erkundungsstrategien. Beide starten zunächst mit Hypothesen, die experimentell untersucht werden. Wenn die Ergebnisse diesen Hypothesen widersprechen, stellen die sogenannten *Theoretiker* eine neue Hypothese auf und prüfen sie experimentell. Die sogenannten *Experimentatoren* dagegen erkunden mit Experimenten und stellen anhand der gewonnenen Daten eine Hypothese auf (Klahr & Dunbar 1988; Hammann 2007). Selbst unter Naturwissenschaftlern ist es üblich, Theoretiker und Experimentatoren zu unterscheiden. Im Unterricht ist jedoch bei mindestens ein oder zwei Experimenten zusammenzubringen, was zusammengehört: Denken, Handeln und Nachdenken über das Wechselspiel von Theorie und Empirie.

Das Verständnis des Experimentierens kann schon in der 6. Klasse gezielt gefördert werden. Werden Variablenkontrolle und der Kontrollansatz beim Experimentieren in nur vier Schulstunden gedanklich durchgespielt und praktisch durchgeführt, so steigert dies das methodische Wissen und das Verständnis der Lernenden bereits erheblich (Ehmer 2008).

32.5 Regeln guter Experimentierpraxis erleichtern die Unterrichtsplanung

In der unterrichtlichen Praxis der Durchführung von Experimenten in der Schule haben sich die folgenden Regeln bewährt:

- *Je einfacher das Experiment, desto besser!* Wenn mehrere Experimentieranordnungen das gewünschte Resultat in der notwendigen Klarheit erbringen, so ist die weniger aufwändige Anordnung zu wählen. Bei gleichwertigen Möglichkeiten wählen die Lernenden aus.
- Der *Aufbau* des Experiments soll *gut überschaubar* sein. Gerade bei Demonstrationsexperimenten sollen die Apparaturen möglichst groß sein; ihre Bedeutung im Ganzen des Versuchs muss erkennbar sein (sorgfältige Beschriftung, Skizze des Experimentaufbaus, Ablauf aus Schülersicht von links nach rechts); bei Demonstrationsexperimenten ist auf Beleuchtung, Hintergrund und Sichtbarkeit zu achten (evtl. Sitzordnung ändern).
- *Kontrollexperimente* sind in einem Untersuchungsplan zur Deutung der Ergebnisse notwendig (▶ 32.1).
- Bei Experimenten mit Lebewesen, die unterschiedlich reagieren können, sind mehrere *parallele Messreihen* mit verschiedenen Individuen durchzuführen.
- Der Ablauf des Experiments soll *kritisch reflektiert* werden. Den Lernenden sollen die Komponenten des Experimentierens bewusst werden; besonders die Fragestellung, Hypothesen, mögliche Varianten des Experiments, Formen der Darstellung und die Kommunikation der

Ergebnisse. Führt ein Experiment zu verschiedenen Ergebnissen, so werden die Fehlerquellen diskutiert und möglichst ergründet: Welche Gegenstände, Methoden, Bedingungen und Durchführungen waren anders als vorausgesetzt oder beabsichtigt? Wenn möglich, wird das Experiment mit verbesserten Methoden wiederholt.
- *Protokollführung*: Der Experimentablauf soll dokumentiert werden. Damit haben die Lernenden nach dem Unterricht die Möglichkeit, das durchgeführte Experiment gedanklich nachzuvollziehen (vgl. Wagener 1982; 1992; ▶ 35.1).
- Experimente eignen sich für *innere Differenzierung*. Sofern es sich von der Sache her anbietet, können Kleingruppen mit unterschiedlichen Experimentieraufgaben betraut werden (arbeitsteiliges oder gemischt-arbeitsteiliges Verfahren; ▶ Kasten Sozialformen, S. 238 f.).

Besonders für *Langzeitexperimente* gelten folgende Hinweise:
- Langzeitexperimente sollten so aufgestellt werden, dass die Lernenden sie häufig betrachten können. Gut geeignet ist der Klassenraum. Im Fachraum werden jeweils in den Biologiestunden Daten zu den Experimenten erhoben.
- Die Beobachtungen sind laufend für alle Schüler nachvollziehbar und sichtbar zu protokollieren. Dies kann beispielsweise eine Gruppe besonders interessierter Schüler übernehmen.
- Während des Experimentablaufs werden die Ergebnisse regelmäßig besprochen. Die jeweiligen Veränderungen werden beobachtet. Jeder Lernende sollte die Daten möglichst selbst erheben.

Soll mit einem Experiment naturwissenschaftliches Denken und Arbeiten deutlich werden, dann kann eine Prüfliste mit Fragen (▶ Tab. 32-1) bei der Beurteilung helfen. Man beachte dabei besonders, ob die Kennzeichen eines vollständigen Experiments erfüllt sind (▶ 32.1).

Kriterien	Fragen
Planbarkeit	– Können Lernende mögliche Einflussgrößen voraussehen? – Sind Störgrößen voraussehbar? – Können die Schüler Daten voraussagen?
Erfahrbarkeit	– Ist das Untersuchungsobjekt/der Veränderungsprozess direkt beobachtbar? – Ist die Variation der Einflussgröße erkennbar? – Motivieren die Objekte und/oder die Durchführung des Experiments?
Genauigkeit	– Ist eine quantitative oder qualitative Auswertung angemessen? – Wie genau sind die Ergebnisse? – Sind Fehlerquellen gering bzw. erkennbar?
Lernzuwachs	– Welche inhaltlichen Ziele (Verständnis biologischer Konzepte) werden erreicht? – Welche formalen Ziele (Einsicht in biologisches Arbeiten) werden erreicht? – Welche sozialen Ziele (Teamarbeit) werden erreicht?

Tabelle 32-1: Fragen zur Planung und Beurteilung von Experimenten (vgl. Mayer 2002)

32.6 Die Sicherheit und Gesundheit der Lernenden dürfen nicht gefährdet werden

Es gelten *allgemeine Vorsichtsmaßnahmen*, die bei allen praktischen Arbeiten (also beim Beobachten, Untersuchen, Mikroskopieren und Experimentieren) einzuhalten sind. Hierzu sind die Erlasse der Bundesländer bindend (vgl. GUV 2003; 2006; DGUV 2008; 2010):

- Lernende dürfen Fachräume nur in begründeten Ausnahmefällen allein betreten. Sie sind über Lage und Bedienung der Not-Aus-Schalter für Strom und den zentralen Haupthahn für Gas zu informieren. Löscheinrichtungen wie Feuerlöscher, Löschdecke und Löschsand sind in ihren Funktionen zu erklären.
- Das Verhalten im Katastrophenfall ist zu üben (Fluchtwege).
- Auf mögliche Gefahren ist hinzuweisen.
- Wichtig ist ein Mindestmaß an Disziplin.
- Notwendige Schutzmaßnahmen wie Brille und Einmalhandschuhe sind zu erläutern, bei Nichtbeachtung anzumahnen.
- Grundlegende hygienische Anforderungen sind einzuhalten, z. B. nicht essen, trinken oder schminken. Arbeitsflächen und Geräte sind zu säubern, evtl. mit handelsüblichen Mitteln zu desinfizieren. Das abschließende Händewaschen mit Seife ist obligatorisch.
- Mögliche allergische Reaktionen Einzelner sind zu erfragen und zu beachten.

Experimente an *Lernenden* dürfen nur durchgeführt werden, wenn eine physische und psychische Schädigung auszuschließen ist und Hygieneregeln beachtet werden. Die Lernenden müssen mit ihrer Rolle einverstanden sein (Bretschneider 1994). Blutentnahme bei Menschen ist verboten. Geräte für EKGs und EEGs müssen der Medizingeräteverordnung entsprechen. Experimente mit berührungsgefährlichen Spannungen und ionisierenden Strahlungen sind verboten. Licht, Schall und Wärme dürfen nur in ungefährlichen Intensitäten eingesetzt werden. Eine Überreizung der Sinnesorgane ist zu vermeiden. Mundstücke müssen hygienisch einwandfrei sein: Verbrauchsmaterial oder sterilisierbare Glasstücke verwenden.

Beobachtungen und Experimente mit *Tieren* sind grundsätzlich erlaubt, unterliegen aber besonderer Sorgfaltspflicht (vgl. GUV 2003):

- Es sind nur solche Tiere heranzuziehen, die nicht aufgrund geltender Natur- und Artenschutzbestimmungen besonders geschützt sind (vgl. Krischke 1987; BfN 2013). Zur Entnahme von geschützten Organismen aus der Natur ist die Genehmigung der zuständigen Naturschutzbehörde nötig und sie sind an der Entnahmestelle wieder auszusetzen.
- Im Biologieunterricht durchgeführte Beobachtungen und Experimente mit Tieren sind keine „Tierversuche" im Sinne des Tierschutzgesetzes. Die Haltungsbedingungen und die Experimente müssen so sein, dass den Tieren keine Schmerzen, Schäden oder Leiden zugefügt werden (vgl. Pommerening 1977; Rupprecht 1979; Schaaf 1986; Krischke 1987; Puthz 1988; Heimerich 1998; GUV 2003). Das gilt auch für die Behandlung der Tiere nach Beendigung des Experiments.
- Giftige Tiere oder Tiere, die Krankheiten übertragen, dürfen in der Schule weder gehalten noch eingesetzt werden, d. h., Säugetiere aus dem Freiland dürfen nicht eingesetzt werden, sie sollten stets aus behördlich kontrollierten Zuchten (Zoohandel) bezogen werden; und es

sollten nur solche Vögel gehalten werden, denen amtstierärztlich bescheinigt wurde, dass sie frei von Ornithose (Psittakose) sind.
- Hygienische Grundregeln sind zu beachten: Körperteile, die mit den Tieren in Berührung gekommen sind, werden gründlich gewaschen.
- Es ist zu bedenken, ob die im Experiment eingesetzten Tiere bei den Lernenden Ekel- oder Angstgefühle hervorrufen können (▶ 34.1; vgl. Schanz 1972; Berkholz 1973; Bögeholz & Rüter 2004). Es hat keinen Sinn, Lernende dazu zu zwingen, Experimente mit Tieren durchzuführen, wenn sie diese nicht mögen (z. B. Regenwürmer, Nacktschnecken, Spinnen). Es kann aber nützlich sein, Lernende mit solchen Tieren freiwillig experimentieren zu lassen und dabei das Ziel zu verfolgen, ihnen Möglichkeiten anzubieten, mit Ekel- oder Angstgefühlen umzugehen (Gropengießer & Gropengießer 1985; Killermann 2005, 154 f.).

Vor der Arbeit mit (Teilen von) giftigen *Pflanzen* sind die Lernenden über mögliche Gefährdungen wie Vergiftungen oder allergische Reaktionen zu informieren. Das heißt: Bei Arbeiten mit Pflanzen wie Christrose *(Helleborus niger)*, Maiglöckchen *(Convallaria majalis)*, Herbstzeitlose *(Colchicum autumnale)* oder Aronstab *(Arum maculatum)* ist vor Beginn auf die Gefahr hinzuweisen und ein sachgemäßes Verhalten einzufordern. Listen mit (sehr) stark giftigen Pflanzen finden sich in den Richtlinien zur Sicherheit im naturwissenschaftlichen Unterricht (GUV 2003); Hinweise finden sich auch in vielen Bestimmungsbüchern.

Beim Umgang mit *Mikroorganismen* sind durch besondere Vorsicht und sorgfältiges Arbeiten Infektionen auszuschließen. Eine für mikrobiologische Experimente angemessene Ausstattung ist Voraussetzung (vgl. Bayrhuber & Lucius 1992; 1993; 1996). Man sollte bevorzugt mit Mikroorganismen aus der Nahrungsmittelproduktion arbeiten. Alle Kulturgefäße sind mit Namen bzw. Herkunft, dem Nährmedium und dem Datum zu kennzeichnen. Die Arbeitsflächen sollen flüssigkeitsdichte und desinfizierbare Oberflächen haben. Alle Arbeitsgeräte, die mit Mikroorganismen in Berührung gekommen sind, müssen sterilisiert werden. Vor den Pausen werden die Hände gründlich mit Seife gewaschen, mit handelsüblichen und geprüften Desinfektionsmitteln desinfiziert und mit Einmalhandtüchern abgetrocknet (GUV 2003). Solche Maßnahmen sollten aber nicht abschrecken, sondern vielmehr Anlass sein, die Arbeit mit Mikroorganismen aus biologischer Sicht zu begründen (Graf & Graf 1991). Nicht mehr benötigte Kulturen sind sachgerecht zu entsorgen: Die verschlossenen Kulturgefäße werden in speziellen Beuteln gesammelt und bei 1 bar Überdruck, entsprechend 121 °C, mindestens 20 Minuten autoklaviert. Wenn allein schon wegen der Herkunft von Mikroorganismen, z. B. aus Fäkalien, Abwässern, Kadavern oder dem Intimbereich, mit Krankheitserregern zu rechnen ist, sind sie für den Unterricht ungeeignet. Mikroorganismen von Fingerabdrücken, Klinken von (Toiletten-)Türen, aus Luft, Wasser und Boden sind vor der Inkubation auf Nährböden mit Parafilm oder Klebeband zu versiegeln und geschlossen zu halten. Offenes Mikroskopieren oder Überimpfen ist wegen der möglichen Anreicherung pathogener Keime zu unterlassen. Ein Heuaufguss sollte nur mit höchstens handwarmem Wasser als Sukzessionsexperiment angesetzt werden. Die Lehrperson entnimmt jeweils einen Tropfen, der von den Lernenden mikroskopiert wird.

Als Reinkulturen dürfen nur definierte, nicht humanpathogene Mikroorganismen eingesetzt werden. Solche Stämme sind von der DSM (Deutsche Sammlung von Mikroorganismen und Zellkulturen) zu beziehen (vgl. Lucius 1992).

33 Vergleichen

Marcus Hammann

- Für das Vergleichen braucht man Kriterien.
- Vergleichen dient der Begriffsbildung, dem Ordnen und Bestimmen.
- Vergleichen fördert das genaue Beobachten.
- Vergleichen kann in zahlreichen Kontexten geübt werden.

33.1 Für das Vergleichen braucht man Kriterien

Schwebfliegen sind völlig harmlose Insekten. Aufgrund ihres gelb-schwarz gestreiften Hinterleibes ähneln sie allerdings Wespen und werden häufig mit ihnen verwechselt. Ein genauerer Vergleich zeigt allerdings Unterschiede. Beispielsweise ist der Flug der Schwebfliegen oft schwirrend und ruhig an einer Stelle schwebend, während der Flug der Wespen eher unruhig ist. Wespen haben lange Fühler, die sie ständigig bewegen, während die Fühler der Schwebfliegen kurz sind und nicht bewegt werden. Das Beispiel zeigt wesentliche Merkmale des Vergleichens. Es ist eine

> **Elemente des Vergleichens** (nach Eichberg 1972, 17)
> Der *Anstoß* zum Vergleichen ist häufig eine Fragestellung, ein Auftrag oder eine Hypothese. In vielen Fällen genügt bereits die Feststellung eines auffälligen Kontrastes zwischen zwei Gegenständen als Auslöser.
>
> Die *Kriterien* des Vergleichs ergeben sich aus den Eigenschaften oder Merkmalen, nach denen verglichen wird (z. B. Form, Größe, Farbe, stoffliche Beschaffenheit, Merkmalskombinate). Das Ergebnis eines Vergleichs wird stärker durch die Auswahl der Vergleichskriterien bestimmt als durch die Objekte als solche. Die Vergleichskriterien können bereits zu Beginn des Vergleichens vorliegen oder erst im Laufe des Verfahrens entwickelt bzw. ausgeschärft werden.
>
> Die *Objekte* sind die konkreten Träger der Merkmale, aus denen die Vergleichskriterien abstrahiert werden. Häufig stellt eines der Objekte den Ausgangspunkt des Vergleichens dar, weil es bereits vorher bekannt ist. Das hinzutretende zweite Objekt gibt dann den Anstoß zum Herausstellen von Unterschieden und Ähnlichkeiten.
>
> Im *Ergebnis* des Vergleichens liegt die Antwort auf die auslösende Frage vor, die durch das Herausarbeiten von Kriterien präzisiert worden ist. Das Vergleichsergebnis ist meist mehr als eine bloße Zusammenfassung der durch den Vergleich gelieferten Fakten. Es enthält häufig eine Wertung und Deutung, eine Unterscheidung von Wesentlichem und Unwesentlichem.

Handlung, bei der ein Beobachter unter Verwendung von Kriterien zwei oder mehr Objekte oder Ereignisse beobachtet, jeweils ihre Eigenschaften erfasst und dann überprüft, ob eine Äquivalenzrelation vorliegt: Sind die Eigenschaften gleich (z. B. Länge, Farbe, Anzahl, Muster, Ernährung) oder sind sie ungleich? Mit der Prüfung möglicher Äquivalenzrelationen geht der Vergleich über die Beobachtung hinaus, kommt aber ohne sie nicht aus, ähnlich wie das Experiment nicht ohne die Beobachtung auskommt. Gemeinsamkeiten von Beobachtung und Vergleich liegen in dem Anstoß, den Kriterien und der Erklärung des Ergebnisses, denn häufig sind Beobachtung und Vergleich nicht beschreibender, sondern erklärender Natur und dienen dem Testen von Hypothesen. Dies ist beispielsweise beim Außengruppenvergleich der Fall (Hammann & Scheffel 2005). Man vergleicht dabei homologe Merkmale bei Vertretern der Außengruppe und der Innengruppe, um zu entscheiden, ob sie ursprünglich oder abgeleitet sind.

Die Zweckgerichtetheit von Vergleichen wird beispielsweise in der Ökologie deutlich, wenn die Angepasstheit von Organismen an die Umwelt verglichen und erklärt werden soll. Winterschläfer und Winterruher lassen sich z. B. anhand des Kriteriums der Energiereserven vergleichen, die innerhalb bzw. außerhalb des Körpers angelegt werden, oder aber anhand des Kriteriums der Stoffwechselintensität während des Winterschlafs und der Winterruhe.

33.2 Vergleichen dient der Begriffsbildung, dem Ordnen und Bestimmen

Bei der Bildung der Begriffe „Steinfrüchte" und „Apfelfrüchte" erhalten die Schülerinnen und Schüler als Anschauungsmaterial Kirschen, Pflaumen und Aprikosen für den Begriff „Steinfrüchte" und Äpfel, Birnen und Vogelbeeren für den Begriff „Apfelfrüchte". Der Vergleich über die Gruppengrenzen hinaus (Steinfrüchte – Apfelfrüchte) rückt die allgemeinen Eigenschaften stärker in den Blick, nämlich die Zugehörigkeit beider Fruchttypen zu den Saftfrüchten. Anschließend werden die unterscheidenden Merkmale ermittelt und die Lernenden erkennen, dass Steinfrüchte einen Stein und Apfelfrüchte ein Kerngehäuse besitzen. Um Begriffe auszuschärfen, tut man also gut daran, zwei Vergleiche zu ziehen: innerhalb der Gruppe (mehrere Steinfrüchte untereinander) und zusätzlich zwischen den unterschiedlichen Gruppen (Steinfrüchte und Apfelfrüchte) (vgl. Šula 1968, 25; Dietrich et al. 1979, 140 ff.).

Im Biologieunterricht sind Vergleiche bedeutsam für die Bildung elementarer Begriffe. Wichtig ist dabei die *Auswahl* der Vergleichsobjekte. Der Vergleich innerhalb einer Gruppe von Objekten leistet etwas anderes als der zwischen verschiedenen Gruppen. Man unterscheidet daher zweckmäßig den *Innergruppen-Vergleich* und den *Zwischengruppen-Vergleich,* denn anhand des Innergruppen-Vergleichs allein lassen sich allgemeine und unterscheidende Merkmale nicht trennen. Auf die missverständlichen Termini „innerartlicher" und „zwischenartlicher" Vergleich sollte man verzichten (Šula 1968; Memmert 1975, 32 ff.).

Eine entsprechende Rolle spielen die beiden Vergleichstypen bei der Begriffsbildung auf höheren Ebenen (z. B. fleischige Schließfrüchte – trockene Schließfrüchte; Schließfrüchte – Streufrüchte). Durch einen *Wechsel der Vergleichsebene,* d. h. durch Einbeziehen weiterer Objektgruppen, kann ein und derselbe Gegenstand als typischer Vertreter verschiedener Gruppen erkannt werden, z. B. die Kirsche als Steinfrucht im Gegenüber zu Apfelfrüchten und als fleischige Schließfrucht im Gegenüber zu trockenen Schließfrüchten (vgl. Müller & Kloss 1990).

Vergleichen kann zu einer bestimmten Form des *Ordnens* führen. Alle Objekte, die eine Gleichheit bestimmter Eigenschaften zeigen, können zu Klassen oder Kategorien zusammengefasst werden (z. B. Pflanzenfresser – Fleischfresser – Allesfresser). Ein solches Ordnungssystem, welches sich auf ein übergeordnetes Vergleichskriterium (z. B. Ernährung) bezieht, lässt sich als *kriterienstet* kennzeichnen. In anderen, *kriterienunsteten* Ordnungssystemen wird das Kriterium gewechselt (z. B. Meeresbewohner – Plattfische – Haie – Fleischfresser). Weniger als 10 % der Gymnasialschüler in der 6. Klasse können sicher kriterienstet ordnen, sie können es aber lernen (Hammann 2002, 77; Hammann & Scheffel 2004). Das Ordnen nach Kriterien birgt noch andere Schwierigkeiten: Objekte lassen sich in zwei oder mehrere Kategorien einsortieren, wenn die gewählten Kategorien nicht trennscharf sind. Beim Ordnen können auch Objekte als Rest (Anderes) übrig bleiben, die nicht sinnvoll zugeordnet werden können. Für das Ordnen steht nur eine überschaubare Anzahl grundlegender Möglichkeiten zur Verfügung. Ordnen lässt sich relativ einfach, wenn logische Entscheidungen getroffen werden, z. B. Ordnen nach Kontinuum (klein bis groß; leicht bis schwer), nach Alphabet, nach Zeit (z. B. Ereignisdauer; Jahrgang) oder nach dem Ort (z. B. Verortung auf einer Karte). Beim Ordnen nach biologischen Kategorien ist oft spezielles Wissen erforderlich, z. B. Wissen über Kriterien des Lebens und der Verwandtschaft. Schüler der 4. bis 8. Klasse ordnen von sich aus vorwiegend kriterienunstet und nicht-taxonomisch. Ihre Hauptkriterien sind Lebensraum und Fortbewegung. Dahinter steht ein „elementares Ordnen" nach Wasser (Wassertiere, Schwimmen), Luft (fliegende Tiere, Flugtiere, Lufttiere), Boden (Kriechen, Krabbeln, Kriechtiere), Land (Landtiere, laufende Tiere, Vierfüßer, Haustiere, Wildtiere) (Kattmann & Schmitt 1996). Eine wichtige Aufgabe des Biologieunterrichts besteht daher darin, Wege vom Ordnen in Ähnlichkeitsgruppen zum Ordnen in stammesgeschichtliche Gruppen aufzuzeigen (Kattmann 2007).

Konsequentes, kriteriengeleitetes Vergleichen führt zur Erkenntnis der abgestuften Ähnlichkeit zwischen den Organismen und zum hierarchischen Klassifizieren (vgl. Piaget & Inhelder 1973; Laufens & Detmer 1980).

33.3 Vergleichen fördert das genaue Beobachten

In der Wissenschaft Biologie, mit der verwirrenden Mannigfaltigkeit auf den verschiedenen Ebenen des Lebendigen, spielt das Vergleichen eine grundlegende Rolle. Darauf weisen schon die Bezeichnungen einiger Teildisziplinen hin (z. B. Vergleichende Morphologie, Vergleichende Entwicklungsgeschichte). Die konsequente Anwendung des vergleichenden Verfahrens ermöglicht das Ordnen der Vielfalt und führt andererseits zur Grunderkenntnis, dass alle Organismen in wesentlichen Eigenschaften übereinstimmen (Grundphänomene des Lebendigen).

Zwischen Beobachten und Vergleichen besteht im Unterricht eine Wechselwirkung: Wird die Beobachtungsfähigkeit der Lernenden entwickelt, so wächst gleichzeitig ihre Fähigkeit, sinnvolle Vergleiche vorzunehmen (vgl. Eichberg 1972, 102 ff.); durch das Vergleichen werden die Lernenden zudem zu genauem Beobachten angeregt (vgl. Rüther & Stephan-Brameyer 1984). Helmut Sturm (1967; 1974, 343) sieht im Vergleich das beste Mittel, um das selbstständige Finden von Gesichtspunkten für das Beobachten einzuleiten. Die Gegenüberstellung von ähnlichen Gegenständen, die sich in einigen Merkmalen deutlich voneinander unterscheiden, lenkt den

Blick der Lernenden häufig ohne jede weitere Anleitung auf die wichtigen Vergleichskategorien. Auf diese Weise fördert die vergleichende Betrachtungsweise die Selbsttätigkeit und damit die Selbstständigkeit (vgl. Weber 1965, 70). Josef Šula (1968, 37) hält sogar das Verfahren, im Unterricht Begriffe allein mit Hilfe des Betrachtens einzelner Gegenstände – ohne Vergleich – zu bilden, für einen schwerwiegenden Fehler der Lehrperson; als Ausnahme lässt er nur den Fall gelten, dass alle Lernenden die zu beschreibenden und zu benennenden Merkmale eines Gegenstandes aus ihrer früheren Erfahrung sicher kennen, so dass diese Merkmale am neuen Gegenstand einfach wiedererkannt werden können (vgl. Dietrich et al. 1979, 140 ff.).

33.4 Vergleichen kann in zahlreichen Kontexten geübt werden

Mehrere Arbeitsweisen der Biologie und ihres Unterrichts, vor allem Untersuchen und Experimentieren, haben enge Beziehungen zum Vergleichen: Gewebe und Organe lassen sich nur durch vergleichendes Untersuchen voneinander abgrenzen und zu Organsystemen zusammenfassen; jeder qualitative Versuch baut auf dem Vergleich mit einem Kontrollversuch auf; jedes quantitative Experiment enthält den Vergleich der gewonnenen Resultate. Für den Anfangsunterricht wird häufig der Vergleich zwischen nahe verwandten *Pflanzen- und Tierarten* empfohlen, z. B. zwischen verschiedenen Arten von Schmetterlingsblütlern, Hund und Wolf, Kaninchen und Hase (vgl. Klahm 1982). Beliebt sind Vergleiche verschiedener Blütentypen bei Samenpflanzen, von Gebiss-, Schnabel- und Fußtypen. Dabei werden in erster Linie spezifische Anpassungsmerkmale deutlich (statische Aspekte). Das Einbeziehen von Vergleichsobjekten aus weiteren Verwandtschaftskreisen zeigt taxonomische Gruppen oder Lebensformtypen auf, z. B. Molch vs. Eidechse (Lurch – Kriechtier), Fuchs vs. Reh (Fleischfresser – Pflanzenfresser). Die lebensweltlichen Vorstellungen zum Ordnen nach Lebensräumen können unterrichtlich z. B. zur Klassifikation der Wirbeltiere genutzt werden (vgl. Baumann et al. 1996).

Bei geschickter Auswahl der Objekte kann den Lernenden allmählich klar werden, dass Ähnlichkeiten zwischen verschiedenen Arten unterschiedliche Erklärungsmuster erfordern (vgl. z. B. Klein 1970). Viele Ähnlichkeiten beruhen auf verwandtschaftlichen Beziehungen – die einander ähnlichen Organe, Funktionen, Verhaltensweisen werden als homolog bezeichnet. Andere Ähnlichkeiten lassen sich nur als Angepasstheit an die jeweiligen Umweltbedingungen deuten – in diesem Falle spricht man von analogen oder konvergenten Strukturen und Funktionen. Ein Vergleich zwischen zwei Arten oder Gruppen kann zu den Phänomenen der Homologie oder Analogie führen. So lassen sich zum Beispiel zwischen Hai und Delphin große Ähnlichkeiten feststellen (in Bezug auf Körpergestalt, Fortbewegungsweise usw.), nähere Verwandtschaftsbeziehungen der beiden Arten sind aber eindeutig auszuschließen. Der Vergleich führt zu dem Ergebnis, dass es sich um Fische bzw. Säugetiere handelt, die beide demselben Lebensformtyp (schnell schwimmende, räuberisch lebende Meerestiere) zugeordnet werden können (vgl. Eschenhagen, Kattmann & Rodi 1992; Hedewig, Kattmann & Rodi 1998). Der gezielte Vergleich systematischer Gruppen (Innengruppen-Außengruppen-Vergleich) dient zur Stammbaumrekonstruktion durch die Lernenden (vgl. Hammann & Scheffel 2005).

Spezielle Formen des Vergleichs verschiedener Lebewesen stellen die von Sturm (1967) genannten Vergleiche zwischen Stammform und Zuchtformen von Kulturpflanzen und Haustieren und zwischen Gliedern stammesgeschichtlicher Ahnenreihen bzw. Stufenreihen dar (vgl. Sieger 1979, 54).

Vergleiche von *Entwicklungsstadien* einer Art sind vor allem dann aufschlussreich, wenn das Ausgangsstadium einer Entwicklung zwar in sich bereits strukturiert ist, die Eigenart seiner Teile aber nur schwer erkennen lässt. Das wohl beste Beispiel ist die Entwicklung einer epigäisch (oberirdisch) keimenden zweikeimblättrigen Pflanze (etwa der Gartenbohne): Untersucht man allein die Samen, sind die fleischigen Samenhälften nur schwer als Keimblätter anzusprechen; lässt man die Samen keimen, so wird ihre Blattnatur offensichtlich. Ein ähnlich geeignetes Beispiel sind sich entfaltende Knospen (vgl. Sturm 1967, 20). Während hierbei die allmähliche Entfaltung bzw. schrittweise Entwicklung beobachtet wird, betont der Vergleich der Entwicklungsstadien von Tieren mit Metamorphose (z. B. Schmetterlinge, Frösche) stärker die radikalen Veränderungen von einem Schritt zum nächsten. In jedem Falle regen solche Vergleiche zur Auseinandersetzung mit dem für die Ontogenese charakteristischen Phänomen an: Veränderung unter Beibehaltung der Individualität.

Vergleiche zwischen *verschiedenen Arten* von Lebewesen betreffen nicht nur morphologisch-anatomische Elemente und damit verknüpfte Funktionen; sie können sich auf Abläufe direkt richten, vor allem auf Fortpflanzungs- und Entwicklungsvorgänge und Verhaltensweisen. Unter diesen dynamischen Aspekten lassen sich verschiedene Lebewesen vergleichen, beschreiben und nach verschiedenen Systemen ordnen. Der Vergleich von Insekten zeigt die Typen der allmählichen und vollständigen Verwandlung, von ausgewählten Pflanzen die Formen ungeschlechtlicher und geschlechtlicher Fortpflanzung. Durch den Vergleich des Verhaltens des Menschen mit dem von Tieren gelingt es besonders gut, den Begriff *Eigenart* herauszuarbeiten, der die spezifischen Eigenschaften einer Organismenart bezeichnet (Kattmann 1980, 134 f.). Schließlich können verschiedene Arten im Hinblick auf das System ihrer Umweltbeziehungen (ihre ökologische Nische) verglichen werden, z. B. Entenvögel, Spechtarten, Wasserwanzen.

Bei *ökologischen Systemen* setzt bereits die Ausgliederung von Elementen das Vergleichen voraus, z. B. bei einem Ökosystem wie See oder Wald. Besonders wichtig ist dabei der Vegetationsvergleich, der es bereits auf den ersten Blick gestattet, eine gewisse Strukturierung vorzunehmen. Bei näherem Hinsehen kommen Vergleiche zwischen der Fauna verschiedener Lebensräume und Vergleiche zwischen den abiotischen Faktorenkomplexen hinzu (Feuchtigkeit, Bodenbeschaffenheit u. a.). Im Ökologieunterricht werden Vergleiche häufig begrenzt auf die Wirkung bestimmter Faktoren auf die Zusammensetzung und das Gedeihen der Biozönose (z. B. Vergleich eines Rotbuchenwaldes auf Muschelkalk mit einem auf Buntsandstein). Auch hier lässt sich das Zeitelement berücksichtigen, etwa durch den Vergleich verschieden alter Baumbestände im Hinblick auf den Faktor Licht. Sehr lohnend sind Vergleiche zwischen naturnahen und stark vom Menschen beeinflussten ökologischen Systemen (▶ 46.2 bis 46.4).

Lebewesen oder deren Teile werden häufig mit *Artefakten* (z. B. Werkzeugen, technischen Einrichtungen und Apparaten) verglichen. Sehr beliebt sind die Vergleiche Mitochondrien – Kraftwerke, Auge – Fotoapparat, Herz – Pumpe. Für solche Vergleiche gilt: Man sollte den Geltungsbereich jeweils deutlich eingrenzen. Viele der früher häufig benutzten Vergleiche zwischen Lebewesen und technischen Gebilden mit ganz anderen absoluten Größen (z. B. Roggenhalm – Eiffelturm) beruhen auf physikalisch falschen Voraussetzungen und sollten deshalb vermieden werden (vgl. Sturm 1967; Gropengießer 1993).

34 Unterrichten mit Lebewesen

Christoph Randler

- Lebewesen fördern die Lernmotivation und ermöglichen Primärerfahrungen.
- Das Pflegen von Lebewesen fördert eine fürsorgliche Haltung und die Verantwortungsübernahme.

34.1 Lebewesen fördern die Lernmotivation und ermöglichen Primärerfahrungen

Die Bedeutung von Lebewesen für den Unterricht wird seit 300 Jahren (seit *Johann Amos Comenius*) betont. Dabei handelt es sich eher um normative Setzungen als um empirisch belegte Aussagen. In einem Fach, das sich Biologie nennt, gehören Lebewesen selbstverständlich zum Unterricht. Als wichtigste Funktionen werden – vor allem in der frühen Sekundarstufe I– die *Motivierung* der Lernenden für biologische Fragestellungen, das Entwickeln einer *positiven Einstellung* gegenüber Lebewesen sowie das Gewinnen von biologischen *Grunderfahrungen* genannt (vgl. Staeck 1980, 40; Wenske 1981; Gehlhaar 1991; Bretschneider 1994), weiterhin der Umgang mit Angst und Ekel (Gropengießer & Gropengießer 1985; Randler et al. 2012). Eine besondere Rolle spielt die *Pflege von Pflanzen und Tieren* durch die Lernenden. Lebewesen können darüber hinaus als Medien betrachtet werden. Sie können allerdings kaum didaktisch aufbereitet werden (▶ Kasten).

Lebewesen als Unterrichtsmedien

Lebewesen sind charakterisiert durch das komplexe, zum Teil schwer fassbare Erscheinungsbild, das vielfältige Eindrücke ermöglicht (hohe *Informationsdichte*).

Die *Fülle der Spontaneindrücke* und das in der Regel hohe Maß an emotionaler Zuwendung (z. B. bei Meerschweinchen) oder Abwendung (z. B. Angst und Ekel bei Spinnen) können die sachliche Beobachtung erschweren.

Lebende Organismen sind besonders komplex, da sie *mehrere Sinne* beanspruchen. So werden z. B. beim Beobachten eines Meerschweinchens der Gesichts-, der Tast-, der Gehör- und evtl. der Geruchssinn angesprochen.

Wenn vorwiegend *affektive Unterrichtsziele* angestrebt werden, ist Unterrichten mit Lebewesen dem Unterrichten mit anderen Medien vorzuziehen,.

Das *Wissen* wird gefördert, wenn das Beobachten und Experimentieren der Lernenden mit Lebewesen erkenntnisgeleitet und nicht nur emotional begründet ist.

Aus folgenden Gründen ziehen viele Lernende *Tiere* den Pflanzen vor (vgl. Ruppolt 1967): Die Tiere bewegen sich; das Beobachten der Verhaltensweisen ist interessant; sie reagieren; man kann mit Tieren Kontakt aufnehmen (affektive Bindung); manche Tiere erscheinen den Schülern als „Persönlichkeiten"; höhere Tiere sind dem Menschen ähnlich; möglicherweise ist die phylogenetische Distanz (je näher mit dem Menschen verwandt, desto beliebter) ein Einflussfaktor (Bjerke et al. 1998). Viele Tiere zeigen jedoch im Klassenzimmer häufig nicht die charakteristischen Verhaltensweisen. Dann ist ein didaktisch gut aufbereiteter Film dem lebenden Objekt vorzuziehen. Es sind auch *Angst* und *Ekelgefühle* zu beachten (vgl. Schanz 1972; Gropengießer & Gropengießer 1985; Gebhard 2001; Bögeholz & Rüter 2004).

Neben Tieren und Pflanzen wird der Mensch als Lebewesen für Beobachtungen und Experimente einbezogen. Diese Möglichkeit wird allerdings in vielen Fällen zu wenig genutzt.

Häufigkeit des Einsatzes von lebenden Organismen
Zum Einsatz von lebenden Organismen im Biologieunterricht liegen einige Untersuchungsergebnisse vor. Wolfgang Stichmann (1970, 140) stellte fest, dass im Biologieunterricht die Arbeit mit Tafel und Kreide, Lehrbuch und Bild, Dia und Film sowie bestenfalls mit Stopf- und Spirituspräparaten gegenüber der Beschäftigung mit lebenden Organismen vorherrscht. Durch eine Untersuchung an 231 Schulen konnte Dumpert (1976) diese negativen Aussagen über den Einsatz von lebenden Pflanzen und Tieren im Unterricht relativieren. An gut der Hälfte aller Schulen werden lebende Organismen gehalten. Am häufigsten findet man Blütenpflanzen, dann folgen andere Pflanzen und Fische. Seine Stichprobe war für die damaligen bundesdeutschen (allgemeinbildenden) Schulen repräsentativ.

Axel Meffert (1980, 11) gibt an, dass bei 33 % kleinerer Schulen (weniger als 400 Schüler) und bei 58 % größerer Schulen Tiere gehalten werden. Bei größeren Schulen ist der Prozentsatz wahrscheinlich deshalb höher, weil die Arbeitsbelastung der einzelnen Lehrkraft beim Betreuen der Tiere sinkt. Etwa 35 % der allgemeinbildenden Schulen und 75 % der Grundschulen pflegen Pflanzen. Der relativ hohe Prozentsatz von Grundschulen lässt sich aus den Inhalten des biologisch orientierten Sachunterrichts ableiten. Die Pflege von Pflanzen hat in der Primarstufe einen hohen Stellenwert.

An 75 von 156 untersuchten Realschulen Nordrhein-Westfalens werden Tiere gehalten oder gepflegt. In 60 der 75 Realschulen wird die Pflege und Haltung der Tiere hauptsächlich von den Schülern übernommen. Die Motive für die Tierhaltung lassen sich folgenden Gruppen zuordnen: unterrichtliche Nutzung, Bereicherung des Schullebens, außerunterrichtliche erzieherische Aspekte sowie Tradition, Zucht oder Futter (Grümme 2007).

Effektivität des Einsatzes
In einigen Untersuchungen bewirkten Lebewesen einen größeren Lernzuwachs (vgl. Düker & Tausch 1957; Leicht & Hochmuth 1979; Killermann 1980; Petsche 1985); bei anderen ergab sich entweder kein Unterschied (vgl. Werner 1973; Leicht 1984) oder andere Medien rangierten vor dem „realen Gegenstand" (vgl. Staeck 1980; ▶ 38.4). Eberhard Hummel & Christoph Randler (2012) analysierten die Studien zu lebenden Tieren im Unterricht seit 1957. Dabei zeigte sich, dass Unterricht mit lebenden Tieren Kontrollgruppen ohne Unterricht überlegen waren. Dies gilt aber nicht generell für den kognitiven Lernerfolg, wenn Alternativen wie Tonband, Film,

Computerpräsentation untersucht wurden. In einzelnen Studien (Hummel & Randler 2010, 2012; Wilde et al. 2012) wurde allerdings gezeigt, dass emotional-affektive Variablen (Interesse, Motivation) bei lebenden Tieren höher waren. Dies trifft jedoch nicht auf alle Tierarten und Studien zu. Die voneinander abweichenden Untersuchungsergebnisse weisen insgesamt darauf hin, dass der Einsatz von Lebewesen keine hinreichende Bedingung für den kognitiven Erfolg des Unterrichts ist. Vielmehr verlangen die vielen und vielfältigen Informationen dabei methodische Sorgfalt.

Durchführung
Bei *Exkursionen* und sonstiger Freilandarbeit können die Lebewesen in ihrer Umwelt beobachtet und besonders ökologische Fragestellungen erörtert werden.
Im *Klassenraum* können dagegen vor allem morphologische und verhaltensbiologische und physiologische Fragen mit entsprechenden Hilfsmitteln und durch Experimente geklärt werden – meist wesentlich besser als im Freien (vgl. Baer 1983; Ogilvie & Stinson 1995). Beobachtungen im Klassenraum sind leichter zu protokollieren und ihre Ergebnisse besser zusammenzufassen. Am intensivsten kommen die Schüler mit den lebenden Pflanzen und Tieren in Kontakt, wenn sie sie über einen längeren Zeitraum betreuen (▶ 34.2).
Zur *Auswahl von Tieren* für den Einsatz unter Schulbedingungen liegt eine Vielzahl von Erfahrungsberichten vor – einschließlich methodischer Hinweise zur Unterrichtsgestaltung (▶ Tabelle 34-1). In der Schule sollten keine Arten gehalten werden, deren Vermehrung unter Gefangenschaftsbedingungen noch nicht im großen Maßstab gelungen ist (vgl. Pauksch 1987). Wichtigste Bedingung ist, dass eine Pflege der Lebewesen unter Schulbedingungen möglich ist (vgl. Bay & Brenner 1984; Winkel 1987); neben einheimischen Arten (Gesetze beachten, s. u.) sind dies Tiere, die seit Jahren regelmäßig nachgezüchtet werden und die im vielfältigen Angebot des Fachhandels vorhanden sind, wie Zwergkrallenfrosch (aquatisch), Axolotl, Spanischer Rippenmolch, Kornnatter, Leopardgecko und Schmuck-Wasserschildkröten (kleine Arten), exotische Zierfische, Insekten und Kleinsäuger.

Themen zu Pflanzen

Geschlechtliche und ungeschlechtliche Fortpflanzung bei Samenpflanzen: z. B. Heranziehen rasch keimender und wachsender Pflanzen aus Samen; Vermehrung durch Knollen, Zwiebeln, Ausläufer, Ableger, Stecklinge;

Umweltansprüche von Pflanzen: z. B. Feuchtigkeit, Mineralsalze, Wärme, Licht;

Physiologische Leistungen von Pflanzen: z. B. Wassertransport in Gefäßen, Transpiration, Photosynthese, Phototropismus, Geotropismus;

Erscheinungen der Vererbung: z. B. Konstanz, Variabilität, Mutanten (vgl. Winkel 1975);

Metamorphosen der Grundorgane: z. B. Sprossachse als Windespross oder Ranke oder Dorn, Wurzel als Knolle oder Luftwurzel.

Beim *Einsatz von Tieren* im Unterricht sind die Bestimmungen des Tierschutzgesetzes hinsichtlich einer artgerechten Haltung zu beachten, außerdem das Bundesnaturschutzgesetz und die Bundesartenschutzverordnung (vgl. Pommerening 1977; Klingenberg 2009). Tiere müssen im Unterricht sachgemäß und artgerecht behandelt werden. Für Demonstrationszwecke (z. B. Erdkröte, Kaulquappen) erteilt entweder die Untere Naturschutzbehörde oder das Regierungspräsidium nach Anfrage durch die Lehrkraft oft eine zeitlich befristete Ausnahmegenehmigung. Ebenso ist zu beachten, dass bestimmte Tiere bei einzelnen Schülern Angst, Abwehr und Ekel hervorrufen können (vgl. Gropengießer & Gropengießer 1985). Gleichzeitig soll der Umgang mit diesen Tieren erlernt werden (Killermann 1996; Randler, Hummel & Prokop 2012).

Arten	Themen (Anmerkungen)	Literatur
Säugetiere*		
Frettchen, Iltis	Nahrung, Verhalten	Dierkes 2010
Meerschweinchen	Nagezähne, Fortpflanzung	Betz & Erber 1975; Konya 2010
Goldhamster	Nestflüchter, Verhalten	Erber & Schweitzer 1978; Krieg 1980
Zwerghamster	Verhalten, Angepasstheit an Trockengebiete, Fortpflanzung, Nesthocker	Krischke 1987; Schlitter & Berck 1987; Klerner & Klautke 1995
Hausmaus (Weiße Maus, Farbmaus)	Verhalten, vor allem Lernen, Fortpflanzung, Nesthocker, Vererbung (unangenehmer Geruch!)	Winkel 1970 b; Ellenberger 1978; Schwarberg & Palm 1978; Falk 1985; Hummel 2010
Rennmaus	Verhalten, Angepasstheit an Trockengebiete, Lernen	Mau 1978; Schröpfer 1978; 1979; 1982; Krischke 1984; David 1992; Staeck 1998; Weiershausen 2000; Kambach & Grundschöttel 2010
Zwergmaus	Verhalten, Fortpflanzung	Reise 1999, Wilde, Bilik & Tutschek 2003; Klingenberg 2007 a; Wilde, Meyer & Klingenberg 2010
Degu	Sozialverhalten, Lernen, Fortpflanzung	Mende & Stiebig 1999
Pferde	Verhalten, Kommunikation	Alfs & Alfs 2010
Vögel*		
Kanarienvogel, Wellensittich Zebrafink	meist nur als Schauobjekte verwendet Verhalten: Gesang, Sozialverhalten, Nistkasten, Nistkörbchen	Eversmeier & Koschnik 1982
Haushuhn	Verhalten	Wolf & Stichmann 1996
Gänse	Verhalten	Randler 2010
Reptilien*		
Strumpfbandnatter, Kornnatter	Fortbewegung, Ernährung, Trockenlufttiere, Nahrungsaufnahme, Entwicklung	Weber 1991; Witte 1991; Hallmen 1997 b; Bunke 2004; Ostersehlt, Baltruschat & Glade 2010

Tabelle 34-1: Für den Unterricht empfohlene Tiere *(Teil 1)*
* Naturschutzbestimmungen beachten, ** Sonderbestimmungen beachten (▶ 32.6)

Arten	Themen (Anmerkungen)	Literatur
Reptilien*		
Schmuckschildkröten	Einstellungen	Schmidt, Blohmenkamp & Kaminski 1999
Geckos	Verhalten, Fortbewegung, Ernährung	Spieler & Skiba 1999
Jemen-Chamäleon	Angepasstheit, Verhalten (Farbwechsel)	Kupfer 2004
Amphibien*		
Grasfrosch, Erdkröte, Molche	Verhalten, Laich, Kaulquappen, Übergang zum Landleben Angepasstheit an das Wasserleben, Feuchtlufttiere	Dombrowsky 1977; Hemmer 1978; Klahm 1983; Bay 1993a
Krallenfrosch	Verhalten, Aufzucht der Larven, Sinnesphysiologie, Verhalten	Raether 1978; 1979; Menzdorf 1984
Axolotl	Neotonie, Fortpflanzung, Verhalten	Gonschorek & Zucchi 1984; Bauerle 1997; Kohlhauf et al. 2010
Fische		
Silberkarausche (Goldfisch)	Fortbewegung, Atembewegungen, Nahrungsaufnahme, physiologische Experimente, Körperbau	Dombrowsky 1977; Mohn 1978; Philipsen 1986; Zupanc 1990
Stichling	Fortpflanzungsverhalten, Nestbau, Balz, Brutpflege	Dombrowsky 1977; Hedwig 1999
Guppy	Sexualdimorphie, Verhalten, Entwicklung	Berck & Theiss-Seuberling 1977
Paradiesfisch	Territorialverhalten, Balz	Pfisterer 1979; 1981
Kampffisch	Territorialverhalten, Aggression, Attrappenversuch	Bergmann 1984
Zebrabuntbarsch, Regenbogencichlide, Schneckenbuntbarsche	Verhalten, Brutpflege, Territorialverhalten	Erber 1971; Plösch 1989; 1990; Kalas 2002; Ziemek 2006
Insekten		
Riesenschabe	Verhalten, allmähliche Verwandlung	Illies 1974; Wyniger 1974; Teschner 1979
Zweifleckgrille, Heimchen	Verhalten, Lautäußerungen der Männchen, allmähliche Verwandlung	Eschenhagen 1971; Mau 1979; Bay 1993b
Stabheuschrecke, Gespenstschrecke	Fortbewegung, Verhalten, allmähliche Verwandlung	Bäßler 1965; Frings 1977; 1978; Löser 1991; Gehlhaar & Klepel 1997
Gottesanbeterinnen	Verhalten, Tarnen	Heßler 2003
Ameisen	Leben in „Staaten", u. a. soziales Füttern, Kampfverhalten	Kirchner & Buschinger 1971; Hagemann 1979; Knoth 1983; Tiemann & Hagemann 1993; Irrgang 2005

Tabelle 34-1: Für den Unterricht empfohlene Tiere *(Teil 2)*
* Naturschutzbestimmungen beachten (▶ 32.6)

Arten	Themen (Anmerkungen)	Literatur
Insekten		
Bienen, Hummeln, Wespen	Verhalten, „Staaten", Entwicklung, Ökologie, Thermoregulation, Formenkunde	Glüsenkamp 1992; Sandrock 1992; Frings 1994; Pohl 1994; Hallmen 1996 a, b; 1998; Otteni 2003
Kartoffelkäfer Mehlkäfer, Schwarzkäfer, Kongo-Rosenkäfer	vollständige Verwandlung, Ökologie	Eschenhagen 1971; Illies 1974; Knoll 1974; Eschenhagen 1989; Löser 1991 Heuser 2000; Keller 2000; Löwenberg 2000
Kohlweißling, andere Tagfalter*, Nachtpfauenauge, Schwammspinner	vollständige Verwandlung	Dylla 1967; Illies 1974; Hoehl 1985; Lammert & Lammert 1985; Bay 1993; Brauner 1995; Barnekow 1999
Taufliege, Stubenfliege	Genetik, vollständige Verwandlung	Kuhn & Probst 1980; Entrich 1990
Gelbrandkäfer*	Schwimmen, Atmen, Tauchverhalten Larven: Atmung, Beutefang	Löwe 1976; Clausnitzer 1982; Sandrock 1989
Libellen*	Larven: Atmung, Beutefang, Freilandbeobachtungen	Dombrowsky 1977; Martens & Rehfeldt 1989; Sandrock 1989
Eintagsfliegen Köcherfliegen Stechmücken	Larven: Atmung mit Tracheenkiemen Larven: Köcherbau, Köcherformen Larven: Atmung, Entwicklung, Übergang zum Luftleben	Sandrock 1989; Werner 1998 Sandrock 1989 Walter & Wortmann 1990
Spinnentiere		
Spinnen	Verhalten, Netzbau	Kattmann 1989; Löser 1991; Hertlein 1994; Zucchi & Balkenhol 1994
Krebstiere		
Wasserflöhe (Daphnien) Salzkrebschen	Orientierung, Nahrungsaufnahme, Nahrungsketten, Fortpflanzung	Hollwedel 1972; Müller 1977; Hasenkamp 1978; Eschenhagen & Bay 1993
Landasseln	Orientierung, Ernährung, ökologische Präferenzen	Clausnitzer 1981; Skaumal et al. 1997; Biedermann 1998; Hawkey 2001; Preuß et al. 2008
Flusskrebse	Entwicklung, Fortpflanzung, Ökologie	Dahms & Schminke 1987
Süßwassergarnelen	Morphologie, Verhalten	Ziemek 2005
Vielfüßer	Ernährung, Abwehrverhalten	Hoebel-Mävers 1970; Löser 1991
Ringelwürmer		
Regenwürmer	Fortbewegung, Ernährung, Verhalten, Ökologie	Botsch & Brester 1970; Klahm & Meyer 1987; Skaumal 1997; Schrader & Larink 1998; Klingenberg 2007 b

Tabelle 34-1: Für den Unterricht empfohlene Tiere *(Teil 3)*
* Naturschutzbestimmungen beachten (▶ 32.6)

Arten	Themen (Anmerkungen)	Literatur
Ringelwürmer		
Tubifex	Attrappenversuche, Ethologie	Jobusch 1983
Blutegel	Bewegung, Physiologie	Groß 1993; Groß, Röpke, Roth & Graf 2009
Mollusken		
Weinbergschnecke, Bänderschnecken	Sinnesleistungen, Fortbewegung, Nahrungsaufnahme; Dispersion	Knoblauch 1973; Werner 1978; Gill & Howell 1985; Kattmann 1989; Probst 1995; Randler 2005
Achatschnecke	Bau, Nahrungsaufnahme, Wachstum, Fortbewegung, Sinne	Grothe 1987; Asshoff & Hilwerling 2009; Homann & Grotjohann 2010b
Tellerschnecke	Sinnesleistungen, Fortbewegung, Nahrungsaufnahme	Skaumal 2000
Muscheln	Anatomie, Muskelkraft, Fortbewegung	Witte 1974; Gaberding & Thies 1980; Brandstädter 2010
Plattwürmer	Sinnesleistungen, Orientierung	Hellmann & Wingenbach 1977
Nesseltiere		
Süßwasserpolypen	Beutefang, Fortpflanzung	Brauner 1987; Eschenhagen 1993
Einzeller	Organellen, Fortbewegung, Ernährung, Orientierung, Fortpflanzung	Sieger 1973; Dietle 1975; Hilfrich 1976; Müller 1977; Schulte 1978; Hillen 1979; Vater-Dobberstein & Hilfrich 1982; Hedewig 1984

Tabelle 34-1: Für den Unterricht empfohlene Tiere *(Teil 4)*

Art	Unterrichtsfragen	Literatur
Brutblatt (Bryophyllum)	vegetative Vermehrung (Blatt-Brutpflanzen), Sukkulenz	Fränz 1983
Fleißiges Lieschen	Stecklingsvermehrung, Wassertransport, Transpiration	Strotkoetter 1969; Dietle 1970; Noack 1985
Ampelpflanze (Tradescantia)	Stecklingsvermehrung, Plasmaströmung in Staubfadenhaaren	Strotkoetter 1969; Fränz 1981; 1983
Minze, Zimt, Gewürznelke	etherische Öle	Högermann 2010
Buschbohne, Feuerbohne Erbse	epigäische bzw. hypogäische Keimung, Wachstum, Blühen, Selbstbestäubung, Fruchtbildung, Quellung	Weber 1973 Baer 1983
Weißklee	Bewegung	Nieder 2010
Gartenkresse	Keimung, Versuche zu verschiedenen Tropismen	Schwarz 1979
Schwarzäugige Susanne	Keimung, Wachstum, Bewegung	Lehnert 2003
Färberwaid, -wau (Reseda)	Färben	Dietrich 2002
Mimose	Seismonastie	Winkel 1977
Venusfliegenfalle Sonnentau	zum Insektenfang umgewandelte Blätter, Haptonastie, Karnivorie	Homann & Grotjohann 2010a
Kakteen, Wolfsmilcharten	Angepasstheit an Trockenheit, Sukkulenz Konvergenz	Fränz 1981; 1983
Grünlilie	Vegetative Vermehrung (Tochterpflanzen an Ästen des Blütenstandes)	Fränz 1981; 1983
Wasserpest	Photosyntheseversuche	Baer 1983
Weizen	Wurzelhaarbildung, Keimfähigkeit	Baer 1983
Rosen	Genetik, Metamorphose	Pfisterer 1995 b; 1997
Parkgehölze	Ökologie, Genetik	Pfisterer 1995 a
C-Farn (Ceratopteris richardii)	Chemotaxis, Genetik, Entwicklung	Siemens & Meyfarth 2001
Pilze	Entwicklung, Ernährung, Ökologie	Reiß 1987; Oehmig 1993; Probst 1993; Müller & Gerhardt-Dircksen 1997

Tabelle 34-2: Für den Unterricht empfohlene Pflanzen und Pilze

Bei der *Auswahl von Pflanzen* sollte man solche Arten bevorzugen, an denen man im Laufe der Zeit deutliche Veränderungen beobachten kann oder die deutlich charakteristische Erscheinungen zeigen (▶ Tab. 34.2, S. 306; vgl. Verfürth 1987, 119; Oehmig 2003).

Beim *Einsatz von Pflanzen* im Biologieunterricht sind die *Sicherheitsbestimmungen* (z. B. keine Giftpflanzen) und die *Naturschutzbestimmungen* (z. B. keine wild wachsenden Orchideen oder andere geschützte Arten) zu beachten (▶ 32.6). Mit diesen Einschränkungen lassen sich an mehreren Arten lebender und leicht beschaffbarer Pflanzen die anatomisch-morphologischen wie auch die physiologischen und ökologischen Besonderheiten anschaulich demonstrieren und erarbeiten (▶ Tab. 34-2).

Viele der für den Unterricht benötigten Pflanzen können im Schulgelände angepflanzt werden (vgl. Bay & Brenner 1984; Winkel 1990; Winkel & Fränz 1990; ▶ 45).

Eine Auswahl weiterer Pflanzenarten sollte im Fachraum gepflegt werden und somit ständig zur Verfügung stehen. Außer Pflanzen eignen sich manche Pilze zur Kultivierung (vgl. Reiß 1987).

Die *Beschaffung der Tiere und Pflanzen* erfolgt vorrangig über zoologische Fachgeschäfte, Blumengeschäfte und Gartencenter. Schüler bringen gern ihr Heimtier für Demonstrationen mit oder geben selbst gezogene Jungtiere (z. B. Kleinsäuger, Fische) für die Pflege in der Schule ab. Ebenso interessiert sind Schüler, ihre nachgezogenen Pflanzen der Schule für den Unterricht und die Raumgestaltung zur Verfügung zu stellen.

Mikroorganismen werden im Biologieunterricht beispielsweise bei Untersuchungen von Heuaufgüssen eingesetzt. Beim mikrobiologischen Arbeiten ist besonders auf Hygiene und Sicherheitsvorschriften zu achten. Für die Arbeit mit Bakterien sind eine entsprechende Ausstattung und die Beschaffung von für den Unterricht geeigneten Reinkulturen angebracht (▶ 32.6; vgl. Bayrhuber & Lucius 1992, Band 3).

34.2 Das Pflegen von Lebewesen fördert eine fürsorgliche Haltung und die Verantwortungsübernahme

Bei der Pflanzen- und Tierpflege geht es um eine längerfristige Beschäftigung mit lebenden Organismen. Dabei handelt es sich um Individuen in ihrer Ganzheit und nur ausnahmsweise um Teile (z. B. Baum- oder Strauchzweige, vegetative Vermehrung, Gewebekulturen). Statt „Pflege" wird häufig die Bezeichnung „Haltung" gebraucht. Durch die Verwendung des Wortes „Pflege" wird betont, dass es sich in der Schule nicht nur um das Bereithalten oder Bereitstellen von Untersuchungsmaterial handeln sollte, sondern um eine aktive Zuwendung, die von einer positiven Einstellung zu Pflanzen und Tieren bestimmt wird (vgl. Winkel 1978; 1987).

Das Pflegen von Pflanzen und Tieren ist eine biologische Arbeitsweise, die häufig in das *Vermehren* von Lebewesen übergeht. Deutlich gegen das Pflegen abgrenzbar ist das *Züchten*, d. h. das auf eine Veränderung der Pflanzen und Tiere gerichtete Vermehren. In der Schule spielt eine solche züchterische Vermehrung vorwiegend im Bereich der Vererbungslehre eine Rolle. Werden an einer Schule Tiere an einer separaten Örtlichkeit (Freigehege, Tierraum) gehalten, bezeichnet man diese Einrichtung als *Schulzoo* (vgl. Steinecke 1951; Krüger & Millat 1962; Verfürth 1987; 1986; zu Erfahrungen mit Schulzoos vgl. Peukert et al. 1987).

Eine Grundaufgabe des Biologieunterrichts besteht darin, den Lernenden ein unmittelbares, tätiges Umgehen mit Pflanzen und Tieren zu ermöglichen. Da viele Lebewesen in der freien Natur nur zu bestimmten Zeiten und an bestimmten Orten zu finden sind, ist die langfristige Planung sehr schwierig. Deshalb bietet sich das Pflegen von Lebewesen als Ideallösung an (vgl. Bunk & Tausch 1980).

> **Bedeutung von Pflegemaßnahmen**
> Lehrkräfte und Lernende verpflichten sich zu *intensiver Zuwendung* gegenüber den Lebewesen.
>
> Den Lernenden sollen die Umweltansprüche der verschiedenen Tiere und Pflanzen deutlich werden. Die Pflege von Pflanzen und Tieren ist eine günstige Gelegenheit, durch *direkte Erfahrung* (originale Begegnung) Einblick in die Lebensgewohnheiten von Organismen zu gewinnen.
>
> Die Pflanzen- und Tierpflege bietet viele Möglichkeiten, Fragen der Beziehung zwischen verschiedenen Lebewesen und unbelebter Umwelt zu behandeln. Sie fördert damit das *Verständnis ökologischer Zusammenhänge*.
>
> Bei der Pflege von Tieren und Pflanzen können die Lernenden zudem *Beobachtungen* anstellen, die beispielsweise Struktur-Funktions-Beziehungen verdeutlichen, Fortpflanzungs- und Entwicklungsvorgänge aufzeigen und wesentliche verhaltensbiologische Einsichten vermitteln.

Die Pflanzen- und Tierpflege soll auch die *Umwelt der Lernenden* mit Lebendigem anzureichern. Eine Schule, deren Gelände mit verschiedenartigen Bäumen, Sträuchern und Stauden bepflanzt ist und in der ständig Pflanzen und Tiere gepflegt werden, kann selbst in einer biologisch wenig anregenden Umgebung den Schülern wichtige Erfahrungen vermitteln, die im außerschulischen Bereich nicht oder nur in eingeschränktem Ausmaß gewonnen werden können (▶ 46). Tiere und Pflanzen, die für die Behandlung im Unterricht bereitgehalten werden, erfordern spezifische *Pflegemaßnahmen*. Pädagogisch bedeutsam ist die Frage, ob die Lernenden durch das Pflegen von Tieren und Pflanzen allmählich eine *fürsorgliche Haltung* gegenüber allem Lebendigen, also auch dem Mitmenschen, gewinnen. Zu dieser Frage gibt es keine empirisch abgesicherten Aussagen. Kinder üben bei der selbstständigen Betreuung von Tieren und Pflanzen verantwortliches Handeln (vgl. Hemmer 1977; Bretschneider 1994). Der möglicherweise unreflektierte Wunsch, Zwergmäuse zu halten, nimmt bei Fünftklässlern etwas ab, wenn sie diese in der Schule über mehrere Wochen halten. Dagegen nimmt der Haltungswunsch zu, wenn Lernende während des Unterrichts nur einmal kurzzeitig oder nur durch Medien Kontakt mit Zwergmäusen hatten (Wilde & Bätz 2009).
Soziales Verhalten wird durch das Pflegen gefördert, wenn beispielsweise eine Schülergruppe die Verantwortung für ein Vivarium übernommen hat. Gesunde Pflanzen und gut gepflegte Vivarien bieten einen ästhetischen Anblick und fördern die *Interessen* der Lernenden an biologischen Sachverhalten (vgl. Gehlhaar, Klepel & Fankhänel 1998). Durch die in der Schule gewonnenen

Erfahrungen und Erkenntnisse sollen die Schüler in die Lage versetzt werden, Pflanzen und Tiere zu Hause sachgemäß zu pflegen (vgl. Stephan 1970, 529). Allerdings sterben viele Tiere unter den Händen von Kindern, weil zwar Interesse vorhanden ist, aber das Wissen um deren Umweltansprüche und die Ausdauer für eine lang anhaltende Pflege fehlen. Positive Erfahrungen aus der Schulzeit können dazu beitragen, dass später im Erwachsenenalter Tier- oder Pflanzenpflege als Hobby betrieben wird.

Durchführung
Das Pflegen von Pflanzen und Tieren in der Schule ist eine besonders komplexe und verantwortungsvolle Aufgabe, die im Vergleich zu anderen Arbeitsformen des Biologieunterrichts an viele Voraussetzungen gebunden ist (vgl. Probst 1999). Dies ist neben anderen Gründen mit dafür verantwortlich, dass keineswegs an allen Schulen Pflanzen und Tiere gepflegt werden (▶ 34.1).

Checkliste für das Pflegen
Gesetzliche Regelungen beachtet?
Wichtige gesetzliche Regelungen müssen beachtet werden, vor allem Naturschutz-, Tierschutz- und Pflanzenschutzbestimmungen sowie Erlasse zur Tierhaltung in der Schule (vgl. Clausnitzer 1982; Gospodar 1983; Pauksch 1987; Winkel 1987; Wagener 1992; GUV 2003, 2005; Klingenberg 2009).

Artgemäße Unterbringung garantiert?
Für das Pflegen sind geeignete Behälter für eine artgemäße Unterbringung der Lebewesen nötig. Sie sollten sich wohl fühlen und das sonstige Geschehen in der Schule nicht negativ beeinflussen (z. B. durch Geräusche und Gerüche).
Die Pflanzenpflege erfordert Anzuchtschalen, Blumentöpfe oder -kästen, Zimmergewächshäuser, Freiflächen im Schulgelände und insbesondere Schulgärten. Für die Tierpflege benötigt man die verschiedensten Vivarien wie Käfige, Aquarien, Terrarien, Aquaterrarien sowie Insektarien (Spezialtypen: Bienenkästen, Formicarien für Ameisen).

Finanzielle Mittel vorhanden?
Für die Pflege von Pflanzen und Tieren sind ständig finanzielle Mittel erforderlich. So müssen zunächst Behälter, Tiere und Pflanzen gekauft werden. Auch für Blumenerde, Dünger, Einstreu, Futter und manchmal für einen Tierarztbesuch sind Gelder erforderlich.

Betreuung in den Ferien sichergestellt?
Während der Ferienzeiten und über die Wochenenden muss eine angemessene Betreuung durch Schüler, Hausmeister oder Lehrperson sichergestellt sein.

Verbleib von Tieren geklärt?
Es muss geklärt werden, was mit den Tieren geschehen soll, die nach einer gewissen Zeit der Pflege in der Schule nicht weiter gehalten werden können (vor allem in der Schule geborene Jungtiere, aber auch Alttiere).

Für die *Auswahl* der Pflanzen und Tiere gilt, dass Lebewesen, die in der Schule gepflegt werden, biologisch vielseitig interessant sein sollen, sich leicht und billig in größerer Anzahl halten lassen sollen, nicht zu hohe Ansprüche an die Pflegefähigkeit und -zeit des Betreuers stellen dürfen, wenig Platz und keine Spezialräume erfordern sollen sowie den Schulbetrieb nicht durch laute Geräusche oder unangenehme Gerüche stören dürfen (vgl. Winkel 1970a, 26).

> **Hinweise zur Pflege von Tieren**
> Man sollte mit einfachen Arten in der Tierpflege beginnen (sogenannte Anfängerarten); dazu zählen beispielsweise Mehlkäfer und Stabschrecken, Guppys und Schwertträger sowie Labormäuse und Meerschweinchen.
>
> Relativ einfach ist die Haltung der Tiere in Käfigen für Kleinsäuger, Aquarien für Fische, Amphibien und Wirbellose Tiere, Insektarien zur Haltung von Grillen, Käfern, Stab- oder Gespenstschrecken.
>
> Käfige für Kleinsäuger werden in Fachgeschäften in verschiedener Größe und Ausstattung angeboten. Grundsätzlich sollte man die Käfige etwas größer wählen als für die betreffende Tierart empfohlen, damit die Individuen ihr arteigenes Verhaltensrepertoire möglichst uneingeschränkt zeigen können. Der Standort der Käfige ist zu bedenken. Bei der Ausstattung des Käfigs mit Spiel-, Kletter- und Bewegungsgeräten und bei der Reinigung sollte man lieber zu viel als zu wenig Aufwand treiben.
>
> Heute wird für jede Kleinsäugerart ein Standardfutter als Körnermischung aus verschiedenen Samen, Früchten und Pellets angeboten. Es ist jedoch notwendig, Abwechslung vor allem durch Zufüttern von frischem, vitaminreichem Gemüse und Obst zu bieten. Über die jeweilige „Idealkost" kann man sich in der Literatur (z.B. „GU Tierratgeber") informieren.
>
> Bei der Einrichtung von Aquarien (vgl. Dombrowsky 1977; Hähndel 1979; Kühn 1981; Siemon 1982a; b; Aßmann, Bollmann & Gärtner 1987; Brucker, Flindt & Kunsch 1995) sollte man an das Interesse von Lernenden als angehende Aquarianer anknüpfen (vgl. Hauschild 1997). Zwar ist es erstrebenswert, ein Kaltwasseraquarium für einheimische Fischarten so zu gestalten, dass sich ein gewisses Gleichgewicht zwischen den Wasserpflanzen als Sauerstoffspendern und den Tieren als Sauerstoffverbrauchern einstellt, aber diese Absicht ist nicht leicht zu verwirklichen. Sehr empfehlenswert ist deshalb eine Filteranlage, weil sie das Wasser reinigt und belüftet. Auch empfiehlt sich eine Kunstlichteinrichtung mit einer Zeitschaltuhr und Futterautomaten, die es gestatten, ein Aquarium einige Tage lang sich selbst zu überlassen.
>
> Im Schulgelände können unter bestimmten Bedingungen pflegeleichte Nutztiere wie Hauskaninchen und Haushühner gehalten werden (vgl. Wolf & Stichmann 1996).

Die Auswahl der Lebewesen ist von den verfolgten Zielen abhängig (zum Lernen und Einsatz im Unterricht, ▶ 34.1). Bestimmte Tiere aus der freien Natur (z. B. Insekten, Spinnen, Asseln, Schnecken, Regenwürmer) sollten in der Regel nur eine kurze Zeit im Biologiefachraum gepflegt werden. Da viele Tierarten unter Naturschutz stehen, sind die *Naturschutzbestimmungen* zu beachten. Tiere, die in der Schule gepflegt werden, sollten schonend und möglichst vielseitig im Unterricht eingesetzt werden können (vgl. Winkel 1987).

In vielen Fällen wird es nicht möglich sein, ein Vivarium mit der ganzen Klasse gemeinsam einzurichten und zu pflegen. Günstig ist es, wenn die Lehrperson gemeinsam mit einigen interessierten Lernenden demonstriert, welche Einrichtungsgegenstände und Arbeitsschritte zur sachgemäßen Einrichtung und sorgsamen Pflege notwendig sind.

Die laufende Betreuung von Vivarien sollte von regelmäßig wechselnden Schülergruppen vorgenommen werden, die einander nach einem vorher festgelegten *Pflegeplan* ablösen (vgl. Hallmen 1997a). Beim Aufstellen des Pflegeplanes sind mehrere, gelegentlich widerstreitende Forderungen zu berücksichtigen. Zum einen muss eine gute Betreuung der Tiere sichergestellt sein; zum zweiten sollten viele Schüler an der Tierpflege beteiligt werden; zum dritten sollte dafür gesorgt werden, dass die Schüler sich mit ihrer Aufgabe identifizieren und einen gewissen Erfolg ihrer Bemühungen erkennen können. Folgende Lösung wird den verschiedenen Forderungen am ehesten gerecht:

– Die Klasse wird in *Pflegegruppen* eingeteilt; jede Gruppe umfasst drei bis vier möglichst unterschiedlich interessierte und erfahrene Lernende. Jede Gruppe ist im Laufe des Schuljahres einmal, und zwar drei bis fünf Wochen lang, für die Pflege eines Vivariums verantwortlich.
– Jede Gruppe führt während ihrer Pflegeperiode ein *Protokoll* über Veränderungen an dem betreffenden Vivarium bzw. an den Tieren. Wenn die Vivarien nicht sowieso in das Unterrichtsgeschehen einbezogen werden, berichtet jede Gruppe mindestens einmal über besondere Ereignisse (z. B. Geburten, Todesfälle, Krankheiten).

Die *Beschriftung von Vivarien* sollte neben einer Artbeschreibung die systematische Zugehörigkeit, wichtige Merkmale, Verbreitung, Lebensraumansprüche und Lebensweise enthalten. Daneben können Angaben zur Haltung und Pflege gemacht werden (Temperatur, Standort, Reinigung …).

35 Protokollieren, Zeichnen und Mathematisieren

Carolin Retzlaff-Fürst

- Protokollieren ist eine Erfassungs- und Dokumentationstechnik.
- Zeichnen fördert Erkenntnisprozesse, dient der Dokumentation und der Kommunikation.
- Mathematisieren im Biologieunterricht heißt Formalisieren, Quantifizieren und mathematisch Modellieren.

35.1 Protokollieren ist eine Erfassungs- und Dokumentationstechnik

Bedeutung
Das Protokollieren spielt in vielen Bereichen eine Rolle. Dementsprechend werden verschiedene Arten von Protokollen unterschieden:
- Das Sitzungsprotokoll oder Verlaufsprotokoll gibt Redebeiträge wörtlich wieder.
- Das Ergebnisprotokoll gibt in möglichst kompakter Form die Ergebnisse einer Sitzung wieder, stellt aber nicht dar, wie diese Ergebnisse entstanden sind.
- Die Mischform Stundenprotokoll hält den Verlauf einer Unterrichtsstunde in der zeitlichen Struktur nach didaktischen Kriterien fest.
- Das Versuchsprotokoll stellt den Weg und die Ergebnisse dar, die zu einer Erkenntnis geführt haben (Cerwinka & Schranz 2002; Ludwig et al. 2007).

In den Naturwissenschaften spielt das Versuchsprotokoll eine bedeutende Rolle. Beim Protokollieren wird der Sachverhalt durchdacht und strukturiert, was im Biologieunterricht in mehrfacher Hinsicht von Bedeutung ist. Mit dem Protokollieren wird eine *Arbeitstechnik* gelernt, die in den Naturwissenschaften als unentbehrliches Mittel bei der Erkenntnisgewinnung und -sicherung gilt. Die Lernenden werden durch das Protokollieren veranlasst, Aufgaben- und Problemstellungen zu erfassen oder zu entwickeln, das Vorgehen bei Beobachtungen, Untersuchungen und Experimenten exakt zu planen, gewissenhaft durchzuführen und unter Verwendung der Fachsprache sowie grafischer Darstellungen korrekt zu lösen. Die Ergebnisse werden hinterfragt, mit Literaturangaben verglichen und eventuell zur Entwicklung weiterführender Fragestellungen herangezogen. Dies trägt dazu bei, dass die Lernenden sich der einzelnen Denk- und Arbeitsschritte bewusst werden (vgl. Wagener 1992, 122 f.). Das Protokollieren kann dadurch das Verstehen der Prinzipien des Experimentierens und das naturwissenschaftliche Argumentieren fördern. Auf entsprechende Defizite in den Naturwissenschaftsleistungen bei deutschen Schülern haben die Dritte Internationale Mathematik- und Naturwissenschaftsstudie (TIMSS, vgl. Baumert et al. 1997, 86) und die PISA-Studien (vgl. PISA-Konsortium 2001; 2004) aufmerksam gemacht. Protokolle sind auch *Gedächtnishilfen,* was besonders bei Langzeituntersuchungen wichtig ist, weil nur auf diese Weise die Erinnerung an sämtliche Phasen des Gesamtablaufs gesichert werden kann.

Als Gedächtnishilfen sind Protokolle ebenfalls für die Evaluation von Unterricht bedeutsam, da durch sie – angefertigt durch die Lehrperson oder durch Lernende – frühere Unterrichtssituationen rekonstruiert und auf Schwächen und Stärken hin überprüft werden können (vgl. Meyer 1987, 172 f.).

Durchführung
Es sollte bereits während der Grundschulzeit gelernt werden, wie Beobachtungen, kleine Experimente und einfache Langzeitversuche in kurzen Texten, Zeichnungen oder Tabellen dargestellt werden können. Spätestens ab der fünften Jahrgangsstufe sollte für das Versuchsprotokoll ein einfaches Schema zugrunde gelegt werden (z. B.: Unsere Frage, Unsere Vermutungen, Der Versuch, Die Ergebnisse, Die Antwort auf die Frage). Im darauf aufbauenden Biologieunterricht können anspruchsvollere Protokollschemata verwendet werden. Ein Versuchsprotokoll muss deutlich gegliedert werden (▶ Kasten). Es soll Ziel, Weg und Ergebnisse der naturwissenschaftlichen Erkenntnisgewinnung dokumentieren und eventuell diskutieren.

Beispiel für ein Versuchsprotokoll (vgl. Ludwig et al. 2007; Spörhase & Ruppert 2010)

Versuchsprotokoll	Kommentierung
Thema: Moose als Wasserspeicher Name: Klasse: Datum:	
1. Fragestellung Moose haben Rhizoide und keine Wurzeln wie andere Pflanzen. Wie können sie dann Wasser aufnehmen und speichern?	*Wie lautet die Fragestellung des Versuchs?* – *den Zweck des Versuchs in Form einer Forschungsfrage formulieren;* – *den wesentlichen Vorgang wiedergeben.*
2. Vermutungen Die Rhizoide dienen der Verankerung im Boden; es müssen also andere Organe zur Wasseraufnahme und Speicherung genutzt werden, vermutlich die Moosblättchen.	*Welche Vorhersagen über die zu untersuchende Fragestellung können getroffen werden?* – *möglichst mehrere begründete Vermutungen formulieren* – *sachlich begründen*
3. Versuchsaufbau a) Geräte und Materialien: kleine Reagenzgläser, trockene Moospflanzen, Wasser, Waage (Genauigkeit 0,01 g) b) Sicherheitsmaßnahmen: keine c) Versuchsskizze	*Welche Materialien werden benötigt?* – *eine Liste von Material zusammenstellen;* – *eine Skizze von dem Aufbau anfertigen, die Zeichnung beschriften;* – *eventuell notwendige Sicherheitsmaßnahmen bedenken.*

(Vor dem Versuch)

		Was wird gemacht?
Vor dem Versuch	**4. Versuchsdurchführung** Von drei trockenen Moospflänzchen werden die unteren Blättchen entfernt. Moos 1 wird mit den oberen Blättchen ins Wasser gehängt, Moos 2 mit dem Rhizoid, Moos 3 ist die Kontrolle. Zeit: 3 min	– *die Vorgehensweise für die Durchführung des Versuchs in einer sinnvollen Reihenfolge in unpersönlicher Form darstellen, 1. …, 2. … usw.*
Während des Versuchs	**5. Versuchsbeobachtung** 	Moos Nr.	1	2	3
---	---	---	---
Masse am Beginn	0,038 g	0,051 g	0,049 g
Masse am Ende	0,605 g	0,081 g	0,049 g
Beobachtung	Blätter werden grün und dicker	keine Veränderung der Pflanze	keine Veränderung der Pflanze		*Was ist zu beobachten?* – *beim Beobachten werden alle Sinne eingesetzt: Was sieht man? Was riecht man? Was fühlt man? Was hört man?* – *Achtung: Geschmackstests sind im Unterricht verboten!* – *Eventuell Beobachtungstabelle zur Erfassung der Daten anlegen.*
Nach dem Versuch	**6. Versuchsauswertung** Die Ergebnisse sind sehr unterschiedlich. Bei Moos 1 ist eine sehr deutliche, bei Moos 2 eine geringe, bei Moos 3 ist keine Veränderung der Masse zu beobachten. Die Massenzunahme bei Moos 2 liegt wahrscheinlich daran, dass nicht alle Blättchen entfernt wurden. Die Vermutung konnte bestätigt werden; Moose nehmen Wasser mit den Blättchen auf.	*Wie können die Beobachtungen ausgewertet werden?* – *Schlüsse aus den Beobachtungen ziehen und diskutieren;* – *Modelle zur Erklärung der Beobachtungen suchen;* – *das Versuchsergebnis interpretieren.*
	7. Diskussion der Ergebnisse und weiterführende Fragestellungen Es müssten noch mehrere Versuchsreihen durchgeführt und die Moospflänzchen genauer präpariert werden. Wie ist das Moosblättchen gebaut, sodass es Wasser aufnehmen kann? Kann es auch Wasser in Form von Wasserdampf aufnehmen?	*Können weiterführende Fragestellungen formuliert werden?*

Bei ökologischen Untersuchungen werden häufig *Feldprotokolle* geführt, in die zahlreiche Freilandbedingungen aufzunehmen sind. Ein Feldprotokoll zur chemisch-physikalischen Beurteilung eines Fließgewässers sollte folgende Gliederungspunkte aufweisen (vgl. Barndt, Bohn & Köhler 1990, 49 f.): Beobachter, Datum, Uhrzeit, Name des Gewässers, Untersuchungsstelle, Wetterverhältnisse (Bewölkung, Niederschläge, Wind), wasserbauliche Gegebenheiten (Wehre, Uferbefestigung u. a.), biologische Gewässergüte, Algenblüte, Wasserpflanzen, Uferpflanzen, Wassereigenschaften (Fließgeschwindigkeit in m/min bzw. cm/s, Trübung, Geruch, Schaumbildung, Eisensulfid unter den Steinen oder im Sediment, Wassertemperatur in °C, pH-Wert, Ammonium in mg/l, Nitrit in mg/l, Nitrat in mg/l, Orthophosphat in mg/l.

Die Lehrperson sollte beim Einsatz naturwissenschaftlicher Erkenntnismethoden Situationen schaffen, in denen die Lernenden solche Schemata anwenden können. Am Anfang empfiehlt es sich, kurze Beobachtungs- oder Experimentierphasen vorzusehen und dabei die Gliederungspunkte für das Protokoll vorzugeben (vgl. Mitsch 1971; Wagener 1992; 122 f.). Anhand der erstellten Protokolle werden positive Ansätze betont und Verbesserungsmöglichkeiten herausgestellt.

Bei *Langzeituntersuchungen* sollte schon vor dem Beginn gemeinsam über eine angemessene Form des Protokollierens beraten werden. Beispielsweise kann ein großformatiges Protokollblatt im Klassenraum angebracht werden, in das die Beobachtungen – für die Lernenden deutlich sichtbar – eingetragen werden. Wichtiger als ein Schema stur abzuarbeiten, ist die Einsicht in den Zweck des Protokollaufbaus. Sind die Lernenden mit dem Protokollieren vertraut, können sie das Protokollschema selbstständig zweckgerichtet abwandeln.

Der vielfältige Einsatz von Protokollen über Beobachtungen, Untersuchungen und Experimente für bedeutungsvolles Lernen sollte im Unterricht ein Teil der *Aufgabenkultur* nach PISA 2000 sein. Bedeutungsvolles Lernen braucht Anwendung des Gelernten (vgl. Kattmann 2003, 127; ▶ 23.8). Beispielsweise können solche Aufgaben für den Unterricht entwickelt werden, in denen Protokolle als Lesetexte auftreten (Folie, Arbeitsblatt). Die Schüler erhalten die Aufgabe, aus den dargestellten Ergebnissen die Frage- bzw. Problemstellung für eine Beobachtung oder ein Experiment zu finden oder umgekehrt (vgl. Amthor 2002, 12).

Das Protokollieren des Verlaufs einer ganzen *Unterrichtsstunde* durch die Lernenden ist ein anspruchsvolles Verfahren der Ergebnissicherung und sollte zuerst mit der ganzen Klasse geübt werden. Als Vorübung kann das systematische Aufstellen und Fixieren von Konzepten oder Merksätzen dienen (vgl. Heinzel 1995). Die Erstellung der Protokolle ist formal und inhaltlich zu betreuen. Dazu zählen: Verlesen der Protokolle und Besprechen wesentlicher Punkte und offener Fragen, Erläutern der in den Protokollen enthaltenen Unschärfen bzw. Fehler, Geben von Hilfestellungen für eine anspruchsvolle sprachliche und formale Gestaltung, Sichern der Vervielfältigung der Protokolle (vgl. Meyer 1987, 172 f.).

Nach solchen gemeinsamen Übungen kann die Protokollführung für ausgewählte Unterrichtsabschnitte einzelnen Schülern oder Kleingruppen turnusmäßig übertragen werden. Die Bedeutung des Protokollierens für Schüler und Lehrpersonen sollte dadurch betont werden, dass die „verabschiedeten" Protokolle in eine Mappe abgeheftet werden, die im Verlauf des folgenden Unterrichts immer wieder herangezogen wird.

35.2 Zeichnen fördert Erkenntnisprozesse, dient der Dokumentation und der Kommunikation

Beim Zeichnen handelt es sich um das Darstellen von Objekten oder Zusammenhängen mit Linien und Strichen. Im Biologieunterricht steht beim Zeichnen die künstlerische Qualität in der Regel nicht im Vordergrund. Zeichnungen übernehmen im Verlauf der Wissenschaftsgeschichte eine vermittelnde Rolle zwischen den Naturwissenschaften und dem jeweiligen kulturellen Kontext, in dem sie entstehen. Beispielsweise
- als Vermittler zwischen praktischen und theoretischem Wissen,
- bei der Organisation von Wissen,
- bei der Zusammenführung von Wissen aus verschiedenen Wissensdisziplinen,
- bei der prägnanten Darstellung komplexer Informationen und
- bei der verständlichen Darstellung von Informationen.

Zeichnen ermöglicht sowohl einen rationalen als auch einen emotionalen Zugang zur Konstruktion von Wissen. Im Kontext des Biologieunterrichts können Zeichnungen als Mittel zur Erkenntnis genutzt werden und Anschauungen, Ideen sowie individuelle Konstruktionen von Wirklichkeit wiedergeben (Grünewald 2000; Lefèvre, Renn & Schöpflin 2003; Hien & Rümpler 2008). Eine Zusammenfassung der Bedeutung des Zeichnens für das Lernen der Biologie geben Sharon Ainsworth et al. (2011).

Formen
Nach zunehmenden Abstraktionsgrad ist die Detailzeichnung von der „Skizze", dem „Schema" und dem „Symbol" zu unterscheiden (vgl. Spandl 1974, 105; Baer & Grönke 1981). „Zeichnungskürzel" entstehen als intuitive Abstraktionen aus Skizzen (Steiner 2006; ▶ Abb. 35-1):
- Die *Skizze* gibt als Entwurf das Erscheinungsbild des originalen Objekts mehr oder weniger vereinfacht wieder, beschränkt sich auf das Wesentliche, ist „erscheinungsaffin", wie die Skizzen von Leonardo da Vinci.
- Das *Schema* präsentiert anschaulich ein vereinfachtes Muster von einem Objekt oder Zusammenhang, es umfasst wesentliche Merkmale und ist „merkmalsaffin".
- Das *Symbol* ist ein Bild- oder Schriftzeichen mit verabredeter oder unmittelbar einsehbarer Bedeutung. Es wird zur verkürzten Darstellung eines Begriffs, Objekts oder Sachverhalts verwendet (z. B. Symbole für männlich und weiblich; Baum, Staude, einjährig, mehrjährig) und gilt als „inaffin", weil hierbei von der Erscheinungsform und den Merkmalen natürlicher Objekte ganz abgesehen wird und bestimmte Zeichen an deren Stelle treten. Das Symbol wird häufig in Diagrammen und bei der Mathematisierung verwendet.
- Das *Kürzel* ist eine rational bildhafte Abstraktion, es setzt die Kenntnis des Codes bei Sender und Empfänger voraus und ist ebenfalls „inaffin", wie Strichzeichnungen von Tieren, die sehr stark abstrahiert sind (vgl. Steiner 2006).

Nach dem Inhalt werden „funktionale" Zeichnungen von „mikroskopischen", „illustrativen" und „struktiven" Zeichnungen unterschieden:
- Die *funktionale* Zeichnung stellt mit zusätzlichen Linien und Pfeilen die Funktionsweise dar, z. B. Blutkreislauf, Beuger und Strecker am Arm.

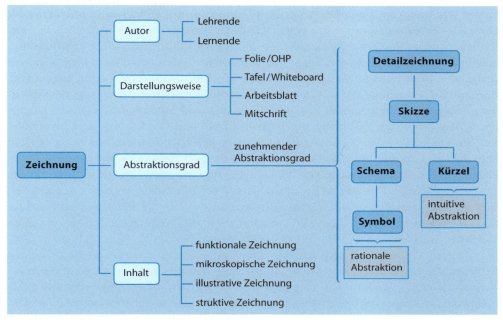

Abbildung 35-1: Aspekte von Zeichnungen

- Die *mikroskopische* Zeichnung stellt mikroskopierte Objekte detailgetreu dar und wird von der mikroskopischen Skizze unterschieden.
- Die *illustrative* Zeichnung dient der Veranschaulichung eines Sachverhalts, z. B. verschiedene Arten von Blüten.
- Die *struktive* Zeichnung dient der Veranschaulichung einheitlicher Strukturen und Systeme, z. B. Grundbauplan der Samenpflanzen.

Bedeutung
In Zeiten der technischen Herstellbarkeit und ständigen Verfügbarkeit einer Vielzahl perfekter Bilder stellt sich die Frage nach der Sinnhaftigkeit und aktuellen Bedeutung des Zeichnens im Biologieunterricht. Die praktische und analytische Zeichenarbeit ist eine Kulturtechnik, die allgemeinen Bildungszielen dient. Das Zeichnen kann Lernenden helfen, sich mit Bildern kritisch auseinanderzusetzen und Interpretationsspielräume aufzudecken. Die Lernenden können Erkenntnisse gewinnen und Fachkompetenz (inhaltliche Dimension) entwickeln. Daneben ist das Zeichnen für die Entwicklung von Kompetenzen in den Bereichen Kommunikation und Bewertung von Bedeutung.

Martin Verführt (1987, 77) kennzeichnet die biologische Sachzeichnung als Erkenntnismethode, die über die verschiedenen Stufen zunehmend abstrakter Darstellungsformen zu modellhaften und theoretischen Denkweisen führt. Zeichnen dient vor allem dazu, Informationen über biologische Objekte klar und knapp darzustellen: Eigenschaften, Merkmale sowie Zusammenhänge, und dies von der molekularen Ebene bis zur Ebene der ökologischen Vielfalt. Eine Skizze an der Wandtafel bzw. auf einem Arbeitsblatt lässt, wenn sie gut durchdacht ist, oftmals auf einen Blick erkennen, wozu es sonst vieler erklärender Worte bedarf. Die Lernenden erkennen Strukturen der beobachteten Objekte, das Wesentliche eines Phänomens, einer Experimentieranordnung oder eines Zusammenhangs. Das Zeichnen bietet damit auch jenen Lernenden eine geeignete Ausdrucksmöglichkeit, die Schwierigkeiten haben, sich sprachlich zu äußern (vgl. Borsum 1987; Grünewald 2000). Während der Entstehung bzw. Vervollständigung einer Zeichnung haben Lernende genügend Zeit zum Beobachten und Mitdenken. Rückfragen können durch Abänderung der Zeichnung, durch Zusatzskizzen oder durch Farbgebung bestimmter Einzelteile geklärt werden. Farben schaffen Übersicht, helfen zu unterscheiden, zu ordnen und ähnliche Dinge zu sortieren. Das Gefühl und der ästhetische Eindruck sind zwar nicht ausgeklammert, sind aber nachrangig (vgl. Winkel 1995, 260). Dies den Lernenden zu vermitteln, ist ein längerfristiger Prozess und bedarf der Geduld der Lehrenden. Anfangs lassen sich beispielsweise Zeichnungen finden, in denen die Lernenden sich in die Beobachtung „etwas hineinwünschen", d. h. Empfindungen und Vorstellungen in die Zeichnung einbringen, die deren sachlichen Wert mindern (vgl. Horn 1988, 168).

Zeichnungen, die nach und nach mit einer Lerngruppe erarbeitet werden, ermöglichen den Lernenden Einblicke in das Vorgehen beim Anwenden fachgemäßer Arbeitsweisen. Durch das *Beobachten* und *Vergleichen* werden beispielsweise das Erfassen von Formen, Formmerkmalen und Lagebeziehungen von biologischen Objekten und die geistige Verarbeitung gefördert. Das Zeichnen eines Weinblattes (Formenkenntnis) gelingt dann, wenn durch genaues Beobachten erkannt wird, wie die Ausbuchtungen sich nach den fünf Blattadern richten. Beim Zeichnen wird dann die Form des Blattes „aufgebaut", indem die Richtung der Blattadern beachtet, ihre richtige Länge gefunden und dann die Außengrenze des Blattes verwirklicht wird (vgl. Reindl 1997, 3). Beim *Experimentieren* können Experimentieranordnungen und Beobachtungsergebnisse zeichnerisch dargestellt werden. Vielen Schülern fällt es schwer, das Beobachtungsergebnis von der Interpretation zu trennen. Wird das Beobachtete zeichnerisch durch Skizzen, Schemata oder Symbole dargestellt, gelingt die Trennung leichter. Beim *Mikroskopieren* gehört die mikroskopische Skizze oder Zeichnung zum Prozess der Erkenntnisgewinnung. Zu den bildlichen *Modellen* gehören Symbole (z. B. Zeichen für Nährstoffe) und Diagramme (▶ 40). Diagramme haben im Gegensatz zu allen anderen bildlichen Darstellungen keine offensichtliche Ähnlichkeit mit den dargestellten Sachverhalten. Dennoch sind die (logischen) Relationen zwischen den Merkmalen innerhalb des Diagramms und innerhalb des abgebildeten Sachverhalts gleich (Schnotz 2001). Lernende sollen den Zusammenhang zwischen gegebenen oder selbst erhobenen Daten visualisieren. Das selbstständige Konstruieren von Diagrammen kann lernförderlich sein (Stern et al. 2003).

Zeichnen durch die Lehrperson ist auch für Unterrichtseinstiege und die Lernmotivation bedeutsam. Zeichnungen eignen sich zur Pointierung von Problemen. Spricht die Zeichnung die Lernenden an, so werden sie das Problem leichter erkennen und nach Lösungswegen suchen (vgl. Winnenburg 1993, 6).

Zeichnen ist im Biologieunterricht ebenso als ein Mittel der *Evaluation* bedeutsam. An Zeichnungen können Lehrende erkennen, inwieweit die Lernenden Sachverhalte und Zusammenhänge wirklich verarbeitet haben und ein angemessenes Verständnis erreicht wurde (vgl. Beispiele bei White & Gunstone 1993, 98 ff.). Bei der Beurteilung von Zeichenleistungen sind die

Allgemeine Hinweise für Schülerzeichnungen	Die mikroskopische Zeichnung	Die Lehrerzeichnung (Becker 2008)
eher zu groß als zu klein	Richtwert: handgroß auf weißem Papier	Zeichenfläche ausnutzen
– auf dem Blatt nur mit Bleistift ausführen, um ein Korrigieren zu ermöglichen – an der Tafel mit Kreide in verschiedenen Farben arbeiten		
stets mit einer Überschrift oder Unterschrift versehen		stets mit einer Überschrift versehen
soll Größenangaben enthalten, aus denen die Originalgröße der gezeichneten Objekte zu ersehen ist		– Zeichnung gliedern, – bedeutsame Punkte hervorheben
Beschriftungen: – Fachwörter können auf Hinweisstriche geschrieben werden, sodass ein Schriftblock entsteht. – Hinweisstriche sollten gerade sein, möglichst horizontal verlaufen, sich nicht überschneiden und keine Pfeilspitze aufweisen. (Pfeile werden in Diagrammen allein zur Kennzeichnung von Strömen und Relationen verwendet; ▶ Tab. 40-2, S. 366.) – Bei umfangreicher Beschriftung notfalls nur Zahlen oder Buchstaben einsetzen und diese in einer Legende erläutern.		
Farbe: – sparsam verwenden – symbolische Bedeutungen beachten	keine Farben: – Kennzeichnung von Flächen und Strukturen mit Punktierungen – Bleistifte verschiedener Härtegrade – auf geschlossene Linienführung bei Zellen achten	Farbe: – begründet einsetzen – symbolische Bedeutungen beachten
Weitere Hinweise: – auf Exaktheit achten	Angaben zur Zeichnung: – Artname in Deutsch und Latein – Objekt, Schnittrichtung – Art der Präparation oder Färbung – Vergrößerung – Name des Zeichnenden – Datum	Weitere Hinweise: – zentrale Begriffe anschreiben – Perspektive deutlich machen – auf Exaktheit achten – zum Weiterzeichnen auffordern – über die Zeichnung und Erklärung sprechen lassen

Tabelle 35-1: Hinweise für Schüler- und Lehrerzeichnungen

manuellen Fertigkeiten der einzelnen Schüler zu berücksichtigen. Maßgeblich ist die sachliche Richtigkeit der Zeichnung und nicht der ästhetische Eindruck.
In der biologiedidaktischen Forschung wird das Zeichnen als ein Mittel zur *Erhebung von Schülervorstellungen* eingesetzt (vgl. White & Gunstone 1993; Holthusen 2002; 2004).

Durchführung
Die Hinweise für Schülerzeichnungen und Lehrerzeichnungen (▶ Tab. 35-1) gelten vorwiegend für zeichnerische Darstellungen, lassen sich aber größtenteils auf grafische Darstellungen übertragen. Die mikroskopische Zeichnung stellt einen Sonderfall des Zeichnens dar. Sie ist eine

wichtige Form der wissenschaftlichen Dokumentation, zwingt zum intensiven Betrachten und fördert so das Verständnis des mikroskopischen Bildes (▶ 31.2).

Besondere Sorgfalt sollte auf das *mikroskopische Zeichnen* verwendet werden (vgl. Siedentop 1972, 77 f.; Poenicke 1979; Gropengießer 1987). Das mikroskopische Zeichnen fördert intensives Beobachten und das Verständnis des biologischen Objekts. Wichtige Strukturen können hervorgehoben und unwesentliche nur angedeutet werden. Allerdings sind mikroskopische Zeichnungen oft sehr zeitaufwändig herzustellen. Lernende neigen dazu, subjektive Darstellungen zu entwickeln oder Strukturen „erwartungsgemäß" darzustellen. Es empfiehlt sich mit der einfachen Darstellungsmöglichkeit Skizze zu beginnen und schrittweise bis zu einer Zeichnung mit allen Konturen vorzugehen (Lichtscheidl 2011):

- Die *Skizze* ist die einfachste Form der Darstellung; sie dient der Erläuterung typischer Merkmale.
- Die *Übersichtszeichnung* (Schema) stellt Gewebestrukturen in ihren Umrissen dar und berücksichtigt Proportionen und Lagebeziehungen. Unterschiedliche Strukturen werden mit verschiedenen Schraffuren dargestellt.
- Die *halbschematische Zeichnung* entspricht einer Schemazeichnung, bei der Einzelzeiten in typischer und allgemeiner Form, aber nicht zellgetreu dargestellt werden.
- Die *Zeichnung mit einfachen Konturen* ist zellgetreu; Zellwände werden meist als einfache Striche dargestellt, dickere Zellwände können mit dickeren Strichen hervorgehoben werden, Zellinhalte sind nicht zwingend einzuzeichnen.
- Die *Zeichnung mit allen Konturen* ist detailliert und zellgetreu.

In den Lehrplänen aller Bundesländer finden sich verbindliche Inhalte zum mikroskopischen Zeichnen. Mikroskopische Zeichnungen können nach folgenden gewichteten Kriterien bewertet werden (Sächsisches Staatsinstitut für Bildung und Schulentwicklung 1999):

1. *Form und Gesamteindruck* (10 %): Blatteinteilung, Sauberkeit, weißes Zeichenpapier, Bleistiftzeichnung;
2. *Linienführung* (20 %): klare Linien, keine Strichellinien, Bleistifte mit verschiedenen Härtegraden variieren die Strichdicke, nicht schraffiert, nicht ausgemalt;
3. *Angaben* zur Zeichnung (20 %): deutscher und lateinischer Artname des Objektes, systematische Zuordnung, Objekt mit Schnittrichtung, Art der Präparation oder Färbung, Vergrößerung, Name des Zeichnenden, Datum, Beschriftung, ordentliche Druckschrift;
4. *Wissenschaftlichkeit* der Zeichnung (50 %): Proportionen entsprechen dem mikroskopischen Bild, beobachtete biologische Strukturen, sinnvoller Ausschnitt des Bildes.

Lehrerzeichnungen

Biologisches Zeichnen muss geübt werden. Es sollte angestrebt werden, dass bereits in der Grundschule Techniken wie Zeichnen und Malen zum Themenbereich Umwelt und Natur eingeführt und eingeübt werden (vgl. Faust-Siehl et al. 1996, 95 f.). Man kann so vorgehen, dass zunächst alle Lernenden ein Objekt beobachten und Skizzen anfertigen. In einem zweiten Schritt werden diese Skizzen gemeinsam verglichen und beurteilt. Anhand gelungener Zeichnungen erfolgt eine ausführliche Besprechung. Nach einigen Übungen kann dann zum direkten freien Zeichnen nach dem Objekt übergegangen werden.

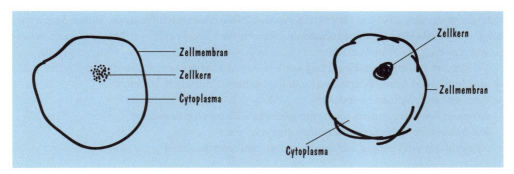

Abbildung 35-2: Beispiele für gute (links) und schlechte (rechts) mikroskopische Zeichnung einer Zelle aus der menschlichen Mundschleimhaut (vgl. Reiss 2005)

Weitere Möglichkeiten des Zeichnens im Biologieunterricht sind das *Abzeichnen*, das *Übertragen* und das *Durchzeichnen* (Pausen). Das Abzeichnen nach Vorlagen kann für Übungen im Zeichnen bedeutsam sein, ebenso bei der Freilandarbeit, z. B. das Abzeichnen von geschützten Arten (Pflanze, Raupe), die dem Freiland nicht entnommen werden dürfen. Das Übertragen als eine Technik des genauen Kopierens und Veränderns der Größe mit Hilfe eines einfachen Netzrasters (vgl. Deacon 1992, 7) kann z. B. bei ökologischen und vegetationskundlichen Arbeiten bedeutsam sein. Das Durchzeichnen kann beim Erfassen von Oberflächenstrukturen verschiedener Naturobjekte sinnvoll sein, z. B. Rindenstrukturen verschiedener Baumarten. Allerdings sollten diese Formen des Zeichnens sowie das farbige Ausmalen einer vorgegebenen Skizze grundsätzlich nur zeitsparend eingesetzt werden.

Für das *Zeichnen der Lehrenden* gelten viele der oben genannten Regeln sinngemäß (vgl. Wohlfahrt 1974; Lisse 1974; Bauer 1976; 1981; Bühs 1986; 2013). Für das Erstellen von Tafelzeichnungen bzw. Tafelbildern hat Wolfram Winnenburg (1993, 6 ff.) auf wahrnehmungspsychologische Grundsätze („Gesetze des Sehens") hingewiesen, deren Beachtung Lernprozesse fördert:

- *Figur-Kontrast-Unterschied*: Die Konturen einer Figur sollen betont werden, sodass diese sich deutlich vom Untergrund abheben. Bei Farbgebungen ist auf den Kontrast zum Tafeluntergrund zu achten.
- *Nähe*: Zusammengehörende Dinge sollten in der Tafelzeichnung nebeneinander angeordnet werden.
- *Gleichartigkeit oder Ähnlichkeit*: In der Tafelzeichnung sollten gleiche oder ähnliche Dinge hinsichtlich ihrer Eigenschaften wie Größe, Farbe, Strukturierung übereinstimmen oder ähnlich symbolisiert werden.
- *Einfachheit*: Je einfacher eine Zeichnung angelegt ist, desto wirksamer ist sie.
- *Symmetrie*: In Zeichnungen sollten Symmetrien herausgearbeitet werden, da sie sich besonders gut einprägen (Wille 1988; Hahn 1995; Sitte 1997), z. B. bilaterale Symmetrie-Spiegelung; rotative Symmetrie-Drehung; translative Symmetrie-Verschiebung.
- *Dynamik*: Im europäischen Kulturkreis ist die Leserichtung von links nach rechts und von oben nach unten. Dies ist beim Anfertigen, beim Beschriften sowie bei der Interpretation der Zeichnungen und des Tafelbildes zu beachten.

Zeichnungen spielen bei der Gestaltung von *Tafelbildern* eine wichtige Rolle. Durch die Gestaltung von Tafelbildern werden Inhalte, Strukturen und Ergebnisse von Lernprozessen veranschaulicht. Ein gutes Tafelbild sollte:
- auf sauberem Untergrund mit einer gut leserlichen Schrift geschrieben werden,
- eine hervorgehobene, beispielsweise unterstrichene Überschrift haben,
- eine ordnende Struktur aufweisen,
- aus einer Kombination von Text und grafischen Elementen bestehen,
- mit bekannten Symbolen und Abkürzungen arbeiten,
- als Lernhilfe unabhängig von der Stunde dienen (Matthes 2004).

35.3 Mathematisieren im Biologieunterricht heißt Formalisieren, Quantifizieren und mathematisch Modellieren

Unter Mathematisieren wird allgemein die Beschreibung eines Phänomens aus Natur, Technik oder Wirtschaft mit Hilfe von mathematischen Systemen verstanden (Eck et al. 2011). Mathematisieren besteht im Biologieunterricht darin, biologische Aussagen in mathematische Sprache zu übersetzen (▶ Kasten).

Formen der Mathematisierung
Formalisierung der Aussagen: Mathematische Formalisierung beruht auf einem eindeutigen Symbolsystem. Dazu gehören die entsprechenden Darstellungen mit Symbolen in Diagrammen (▶ 40).
Quantifizierung der Aussagen: Darstellung quantitativ erfassbarer Gesetzmäßigkeiten in Zahlen und Größensystemen, Anwendung von Rechenverfahren.
Mathematische Modellierung: Übersetzung eines umgangs- oder fachsprachlich formulierten Denkmodells in ein mathematisches Modell. Das Modell kann mit den auf mathematischer Ebene erhaltenen Ergebnissen auf die Problemsituation rückbezogen werden. Mathematische Modellierung spielt insbesondere bei Computersimulationen eine große Rolle.

Mathematisierung sollte auf diejenigen biologischen Bereiche beschränkt bleiben, in denen sie das Verständnis der Sachverhalte erleichtert, ohne den Blick auf andere Sichtweisen und Darstellungsmöglichkeiten zu verbauen (vgl. Bantje 1979; Weninger 1981; Meyer 1988; Reck 1997). Eine mathematische Behandlung bietet sich bei den folgenden biologischen *Themen* an:
- *Größenvorstellungen* sollten anschaulich gemacht und die Zuordnung u. a. beim Mikroskopieren geübt werden (vgl. Morrison & Morrison 1988; Vornholz 1999; Tille 2000).
- Der verständige Umgang mit *Größenverhältnissen* wie Blattstellungen, Mischungsverhältnissen (Kochrezepte, Lösungen), Springleistungen (Verhältnis der Sprungweite zu Körperlänge), Lauf-, Schwimm- und Flugleistungen (z. B. 20 m in 3 s) lässt sich im Unterricht als Anbahnung funktionalen Denkens verstehen und nutzen. Verhältnisse werden sowohl all-

- täglich als auch mathematisch in zwei Funktionen gebraucht: als Proportionalitätskonstanten und als gestalterische Beschreibungsmittel (Führer 2004, 46 f.).
- Zum Thema Schichtung des Waldökosystems kann die *Höhenbestimmung* von Bäumen mit Hilfe der Strahlensätze durchgeführt werden (Lattenpeilung, vgl. Zender 1997, 49; Beuthan 1996, 105; selbst gebauter Quadrant, vgl. Denke 2004, 11 f; gleichschenklig-rechtwinkliges Messdreieck, vgl. Vollath 2004, 13 ff.).
- Bereits auf der Sekundarstufe I kann das Prinzip der *Oberflächenvergrößerung* mit einfachen mathematischen Methoden (z. B. Zerschneiden eines Würfels, Berechnung der Oberflächen) veranschaulicht werden (vgl. Siedentop 1972; Tille 1996; 1997). Die mathematische Bestätigung ist hier angebracht, weil es sich bei der Oberflächenvermehrung um ein bei den Organismen vielfach vorzufindendes Prinzip handelt (Dünndarm, Lunge, Kiemen, Niere, Leber, Kapillarnetze, Blätter, Chloroplasten).
- Schon auf der Sekundarstufe I sollte (ohne mathematische Ableitung) ein Verständnis für *Normalverteilung* und Interpretation der Gauß'schen Glockenkurve erreicht werden, um die Variabilität quantitativ erfassbarer Merkmale in Populationen beschreiben zu können (▶ 40.6, Kasten). Auf der Sekundarstufe II können weitere biometrische Methoden angewandt werden (vgl. Stengel 1975; Strick 1983; Meyer 1988).
- In der Sekundarstufe I und II sind die Zahlenverhältnisse der *Kombinatorik* bei der Anwendung der Mendel'schen Regeln von Bedeutung (vgl. Heiligmann 1978). In der Sekundarstufe II ist besonders eine mathematische Ableitung und Anwendung der Hardy-Weinberg-Formel sinnvoll (vgl. Schrooten 1978; Weninger 1981). Nach der Ableitung kann das Hardy-Weinberg-Dreieck als Nomogramm eingeführt und zur weiteren Interpretation genutzt werden (vgl. Knievel 1983). Mit diesen Kenntnissen sind der Heterozygotenvorteil und Fragen zur populationsgenetischen Wirksamkeit von eugenischen Programmen angemessen zu behandeln (vgl. Kattmann 1991). Für komplexe Simulationen ist bei diesen Themen der Computer einzusetzen.
- Bei *ökologischen Themen* können weitere Sachverhalte mit den Mitteln der Mathematik erarbeitet werden, z. B. Wasseraufnahmefähigkeit des Bodens und Versiegelung, Begradigung von Flüssen und deren Auswirkungen, Waldschadensstatistik, Ozonalarm, Kohlenstoffdioxid-Gehalt der Atmosphäre (vgl. Klimmek 1996; Winter 1996; Böhm 1996; Volk 2004), Vermessung eines Sees als Grundlage für die Erstellung einer Karte und eines See-Modells (vgl. Heidenreich 2004).
- Bei der Behandlung von infektiösen Krankheiten bei Menschen und Tieren kann Mathematisieren in Form der *Modellierung von Epidemien* (z. B. Grippe, BSE) zum Verständnis der Dynamik des epidemischen Verlaufs beitragen (vgl. Reck 2000; Nowak & Kühleitner 2003).
- In der *Verhaltenslehre* können spieltheoretische Modelle zum Verständnis von Verhaltensstrategien beitragen (vgl. Maier 1994).
- Prozesse und Ergebnisse der *Musterbildung bei Organismen* können einfach mathematisch modelliert werden (vgl. Reck & Spindler 1998). Auch wenn die mathematischen Grundlagen nur teilweise zu vermitteln sind, können die Konzepte der Fraktale und des kreativen Chaos zu einem Verständnis beitragen (vgl. Schlichting 1992; 1994; Reck & Miltenberger 1996; Reck 1997; Komorek, Duit & Schnegelberger 1998).

Zum angemessenen Verständnis von *Wachstumsprozessen* sollten in der Sekundarstufe II die zugrunde liegenden mathematischen Funktionen besonders behandelt werden (vgl. Harbeck 1976; Winter 1994). Dies gilt sowohl für das Wachstum von Organismen und die dort zu beobachtende Allometrie wie auch für Bevölkerungswachstum und Populationsdynamik (vgl. Opitz 1996; Knauer 1997; Reck & Franck 1997 a; b; Reck & Wielandt 1997, Eck et al. 2011; ▶ Kasten).

Mathematische Modellierung der Populationsentwicklung (vgl. Eck et al. 2011, S. 3)

Ein Schäfer hat 200 Schafe und möchte seine Herde durch natürliche Vermehrung ohne den Zukauf von Tieren auf 500 Tiere vergrößern. Nach einem Jahr umfasst die Herde 230 Tiere. Wie lange dauert es, bis der Schäfer sein Ziel erreicht hat?

Bei der Modellierung sollte bedacht werden, dass
- die Zunahme der Population von der Größe des Population abhängt und
- eine doppelt so große Population auch doppelt so viele Nachkommen haben sollte.

Gegeben sind:
- die Anfangszahl $x(t_0) = 200$ Tiere zu einem Anfangszeitpunkt t_0,
- die Zeit $\Delta t = 1$ Jahr,
- *ein* Wachstumsfaktor von $r = \frac{230}{200} = 1{,}15$ pro Tier und Zeit Δt.

Setzt man $t_n = t_0 + n\Delta t$ und bezeichnet man mit $x(t)$ die Anzahl der Schafe zum Zeitpunkt t, so kann man über den bekannten Wachstumsfaktor die Rekursionsformel

$$x_{(tn+1)} = r\, x_{(tn)}$$

herleiten. Aus der Rekursionsformel erhält man

$$x(t_n) = r^n x(t_0).$$

Die Aufgabe lässt sich nun formulieren als: Finde ein *n*, sodass $x(t_n) = 500$.

Die Lösung ist

$$n \ln(r) = \ln\left(\frac{x(t_n)}{x(t_0)}\right), \quad \text{oder} \quad n = \frac{\ln\left(\frac{500}{200}\right)}{\ln(1{,}15)} \approx 6{,}6.$$

Der Bauer muss also 6,6 Jahre warten. Vernachlässigt wurden in diesem einfachen Modell:
- die natürliche Sterberate,
- das Nahrungsangebot und
- der Anteil weiblicher und männlicher Schafe.

36 Unterrichten mit Modellen

Annette Upmeier zu Belzen

- Modelle haben große Bedeutung in der Biologie und im Biologieunterricht.
- Bei der Modellierung wird ausgehend von einem Original ein Modell hergestellt.
- Erkenntnisse aus der Anwendung eines Modells werden auf das Original übertragen.
- Modelle werden als Medien und als Mittel zur Erkenntnisgewinnung genutzt.
- Modelle lassen sich nach verschiedenen Gesichtspunkten klassifizieren.
- Der Umgang mit Modellen wird schrittweise erlernt.

36.1 Modelle haben große Bedeutung in der Biologie und im Biologieunterricht

Biologen befassen sich mit Phänomenen des Lebens. Dabei untersuchen sie Organismen, deren Teilsysteme sowie die übergreifenden Biosysteme (▶ 15.3). Sowohl die Biosysteme wie auch ihre Elemente und die Beziehungen zwischen den Elementen werden als Realobjekt oder *Original* bezeichnet.

Neben dem direkten Umgang mit solchen Originalen arbeiten Biologen mit Modellen. Dabei sind Aspekte des Originals die Grundlage für die Herstellung eines Modells. Das Modell einer Blüte basiert auf Informationen über die Blütenbestandteile und deren Anordnung. Modelle von Räuber-Beute-Beziehungen beruhen auf dynamischen Eigenschaften von Systembeziehungen. In beiden Beispielen repräsentieren Modelle ihnen zugrundeliegende Originale. Modelle bilden somit originale (materielle und gedankliche) Realität ab (Nachtigall 1978; Stachowiak 1980; Meyer 1990).

Als Repräsentanten von Originalen werden Modelle für unterschiedliche Zwecke angewendet. Im Biologieunterricht dienen Modelle primär als Lern- und Lehrmittel. Der Lernprozess wird durch die Beschreibung der Blütenstruktur oder durch die Erklärung von dynamischen Räuber-Beute-Beziehungen unter Verwendung des jeweiligen Modells unterstützt. Bei dieser Nutzung von Modellen steht oft der Erwerb von Fachwissen im Vordergrund.

In der Wissenschaft werden Modelle ebenfalls zur Vermittlung von wissenschaftlichen Erkenntnissen eingesetzt. Im Rahmen des Forschungsprozesses dienen sie jedoch im Wesentlichen zur Klärung noch offener Fragen über das Original (Simon 1980; Mahr 2009). So ermöglichen sie die Ableitung von Hypothesen über Systembeziehungen und deren Testung unter systematisch variierten und kontrollierten Bedingungen.

Das Einbeziehen dieser Forschungsperspektive in den Biologieunterricht ermöglicht über fachliches Lernen hinaus auch den Erwerb von Kompetenzen im Bereich der Erkenntnisgewinnung mit Modellen (▶ 10) und damit den Aufbau von Wissenschaftsverständnis.

36.2 Bei der Modellierung wird ausgehend von einem Original ein Modell hergestellt

Als Grundlage aller Modelle können die *Denkmodelle* angesehen werden, die wir aus denkökonomischen Gründen entwickeln: „So behilft sich das menschliche Bewusstsein damit, Teilbereiche der Wirklichkeit durch Denkmodelle abzubilden, um wenigstens in Teilbereichen erfolgreich denken zu können" (Steinbuch 1977, 10).

Der Ausgangspunkt einer Modellierung in der Biologie ist häufig ein gegenständliches Original (z. B. Blüte) bzw. die Vorstellung von diesem Original (z. B. die Vorstellung von dem Aufbau der Biomembran). Originale bzw. die Vorstellungen davon haben unendlich viele Eigenschaften. Das Denkmodell enthält nur diejenigen Eigenschaften, die ein Modellierer für einen bestimmten Zweck als *wesentlich* erachtet (▶ Abb. 36-1). Welche Eigenschaften als wesentlich betrachtet werden, entscheiden die Annahmen (Theorien, Hypothesen), nach denen der Modellierer die originale Wirklichkeit deutet und nach denen er das Denkmodell bildet. Das Denkmodell entsteht also durch theoriebezogene Auswahl bestimmter Merkmale des Originals (Simon 1980; Mahr 2009). Der Endpunkt der Modellierung ist das nach dem Denkmodell konstruierte (für den Biologieunterricht oft gegenständliche) Modell mit wiederum unendlich vielen Eigenschaften (▶ Abb. 36-1).

Beispiel: Die Anzahl der Kron- und Kelchblätter in der realen Blüte führt über ein Denkmodell (z. B. gedanklich modellierte Struktur der Blüte) zu einem oder mehreren anwendbaren Blütenmodellen (z. B. gegenständliches Strukturmodell der Blüte oder aufgeschriebene Blütenformel). Begrifflich ist somit zwischen dem *Original,* dem *Denkmodell* und dem eigentlichen *Modell* zu unterscheiden (vgl. Mahr 2008, der den hier als Modell bezeichneten Gegenstand „Modellobjekt" nennt).

Das Original kann gegenständlich (z. B. Blüte) wie nicht gegenständlich (z. B. Systembeziehungen) sein, zugänglich (z. B. Blüte) wie nicht direkt zugänglich (z. B. Systembeziehungen) oder nur mit technischen Hilfsmitteln zugänglich sein (z. B. Biomembran). Das Original kann also gegenständlich sein oder nur als Gegenstand gedacht werden. Solche gedanklichen (begrifflichen) Vorstellungen von Originalen werden hier nicht als Denkmodelle bezeichnet, denn sie können sowohl wesentliche wie unwesentliche Eigenschaften des Originals enthalten, während ein *Denkmodell* (wie oben ausgeführt) nur wesentliche Eigenschaften des Originals abbildet.

Modelle können sowohl gegenständlich (z. B. Strukturmodell der Blüte) wie nicht gegenständlich (z. B. Blütenformel) sein. Originale und Modelle können sich z. B. hinsichtlich des Materials, der Dimension (Verkleinerung, Vergrößerung) und der Abstraktion (Anzahl wesentlicher Eigenschaften) unterscheiden.

Schließlich wird das Modell angewendet, um damit neue Erkenntnisse über den Ausgangspunkt der Modellierung, das Original, zu generieren. Diese Erkenntnisse beziehen sich auf die Eigenschaften, die bei der Herstellung des Modells in den Fokus genommen wurden. Dabei kann sich das Modell weiterentwickeln, während das zugrunde liegende Denkmodell unverändert bleibt. Durch wissenschaftliche Erkenntnisse kann jedoch das Denkmodell ebenfalls weiterentwickelt werden.

Bei einem Vergleich von Original und Modellen wird überprüft, inwieweit die abzubildenden Eigenschaften des Originals den abgebildeten Eigenschaften der Modelle entsprechen. Diese

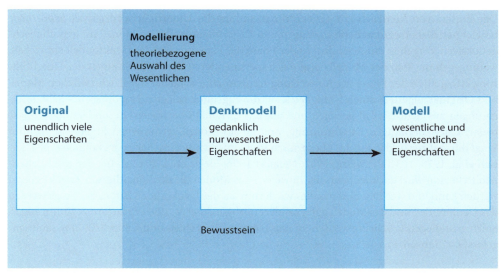

Abbildung 36-1: Die Modellierung eines Originals führt über ein Denkmodell zu einem Modell (nach Kattmann 2006, verändert)

Fokussierung auf ausgewählte Eigenschaften bringt gleichzeitig mit sich, dass andere Eigenschaften nicht abgebildet werden (Verkürzung) und dass unwesentliche Eigenschaften (Beiwerk oder Überschuss) hinzukommen (Stachowiak 1980). Durch die Thematisierung von Verkürzungen und Überschüssen werden die *Modellgrenzen* deutlich (vgl. Eschenhagen 1981).

36.3 Erkenntnisse aus der Anwendung eines Modells werden auf das Original übertragen

Im Rahmen der Modellierung können zu einem Original mehrere alternative Modelle entstehen, die im Rahmen einer Anwendung genutzt und dabei überprüft werden können. Die Ergebnisse dieser Überprüfung können neben Erkenntnissen über das Original zur Weiterentwicklung der Modelle beitragen.
Dies geschah beispielsweise bei der Aufklärung der Struktur der Biomembran. Sukzessive wurden dabei verschiedene Denkmodelle mit dem Zweck der Aufklärung der Struktur in Modelle überführt und daran überprüft. Verschiedene Denkmodelle unterschiedlicher Forschergruppen konkurrierten dabei zeitgleich miteinander. Der Prozess führte zu der noch heute gültigen Annahme des dynamisch strukturierten Mosaikmodells. Ein anderes Beispiel ist die Rekonstruktion von Haut und Haaren des Neandertalers. Als Konsequenz aus solchen Untersuchungen mit Modellen kann die Vorstellung über das Original weiterentwickelt werden (Beispiel bei Dietrich et al. 1979, 123 ff.). In diesem Prozess werden mithilfe von Modellen Hypothesen über das Original getestet, diese bestätigt oder falsifiziert und die Modelle daraufhin gegebenenfalls geändert. Der Prozess kann zur vorläufigen Bestätigung eines Denkmodells führen.

Der Einsatz von Modellen zur Erkenntnisgewinnung im Unterricht wird als *Modellmethode* bezeichnet. Dabei werden Beobachtungen und Experimente mit dem Modell im hypothetisch-deduktiven Vorgehen durchgeführt. In der Phase der Planung wird das Denkmodell entwickelt, wohingegen der Bau des Modells und das Experimentieren damit im Rahmen der Durchführung erfolgen. In der Phase der Auswertung werden schließlich der Vergleich zwischen Modell und Original angestellt sowie – mit Blick auf die zugrunde gelegten Hypothesen – Schlussfolgerungen aus dem Modell gezogen und auf das Original übertragen. Besonders diese Phase bedarf einer sorgfältigen Durchführung, um die am Modell gewonnenen Ergebnisse in ihrer Tragfähigkeit zur Erklärung des überprüften Problems richtig einschätzen zu können (vgl. Dietrich et al. 1979, 123 ff.; Pawelzig 1981; Neupert 1996; Fleige et al. 2012a). Bei der abschließenden Reflexion wird darüber geurteilt, inwiefern das Modell für den intendierten Zweck genutzt werden kann und welchen Einfluss dies wiederum auf das Denkmodell hat. In der Folge werden das Denkmodell und das Modell ggf. geändert (Grosslight et al. 1991; Crawford & Cullin 2005). Solch grundlegende Schritte werden im *model of modelling* (Justi und Gilbert 2002) zusammengefasst (▶ Tab. 36-1).

Das Modellieren und die zweckgebundene Anwendung von Modellen sind historisch gesehen schon lange grundlegend für die Biologie. Ein prägnantes Beispiel ist die Modellierung der Struktur der DNA durch James Watson und Francis Crick im Jahr 1953. Dieses Beispiel verdeutlicht, dass Modelle nicht Endpunkte eines Modellierungsprozesses sind, sondern sich durch weitere Anwendung für die Überprüfung von Hypothesen in spezifische Prozessmodelle weiterentwickeln können. Das Modell von 1973 war letztlich nur ein vorläufiger Bestandteil einer langen Entwicklungskette (Giere, Bickle & Mauldin 2006). Für den naturwissenschaftlichen Unterricht sind authentische Beispiele der Wissenschaftsgeschichte eine geeignete Möglichkeit, um fachliche und wissenschaftsmethodische Inhalte zu verknüpfen (Kim & Irving 2010).

Schritte der Modellbildung	Beispiel DNA
Formuliere den Zweck des Modells.	Aufklärung der DNA-Struktur
Entwickle zum Zweck passende Denkmodelle und wähle ein Denkmodell aus.	Doppelhelix
Stelle ein Modell her, mit dem du dein Denkmodell testen kannst.	Doppelhelix aus Draht und Pappe
Plane einen empirischen Test und führe ihn durch.	Optimierung des Modells mithilfe von Vorarbeiten zu Bindungslängen und Bindungswinkeln
Vergleiche die Daten mit dem Original und bewerte die Grenzen des Modells.	Vergleich mit den Röntgenstrukturbildern
→ Ändere dein Modell. → Baue ein alternatives Modell. → Ändere dein Denkmodell. → Verwirf dein Denkmodell. → Nimm dein Denkmodell an.	→ Modell oft optimiert → Struktur der Doppelhelix angenommen

Tabelle 36-1: *Model of modelling* mit dem Beispiel DNA (nach Justi & Gilbert 2002, verändert)

Zum Umgang mit Modellen gehört die *Modellkritik*. Sie ist besonders wichtig, um die wesentlichen (theoriebezogenen) Eigenschaften von Modellen zu erfassen und die Entsprechung von Modell und Original genau zu erkennen. Vor dem Einsatz von Modellen und der Durchführung von Modellversuchen sind daher Original und Modell gegenüberzustellen. Dabei sollte deutlich werden, dass mit einem Modell die Wirklichkeit nicht einfach nachgebildet, sondern im Sinne der Hypothese über das Original konstruiert wird. Da besonders Funktionsmodelle oft die anatomischen oder morphologischen Details der Originale nicht wiedergeben, ist es bei ihnen besonders wichtig, die Teile des gegenständlichen Modells mit den entsprechenden Teilen des Originals genau zu parallelisieren und so die Entsprechungen zwischen Modell und Original präzise zu bestimmen (vgl. Eschenhagen 1981, 19 f.; Meyer 1990, 8 f.; Neupert 1996).

Im Lernprozess sollten grundsätzlich die *Begrenztheit* der Aussagekraft der verwendeten Modelle und der mit ihnen durchgeführten Experimente diskutiert werden. Dabei sind die von der Theorie gesetzten Beschränkungen (Abstraktionen und Vereinfachungen) besonders zu beachten. Als Modell wird im besten Fall ein theoriegerechtes Abbild des Originals konstruiert, das der Wirklichkeit immer nur in der Weise entsprechen kann, wie es die zugrundeliegende Theorie tut. Der Zweck, für den das Modell konstruiert wird oder hergestellt worden ist, begrenzt dessen Geltungsbereich.

36.4 Modelle werden als Medien und als Mittel zur Erkenntnisgewinnung genutzt

Die Nutzung von Modellen als Medien im Biologieunterricht ist häufig eine angemessene Lösung, wenn Originale nicht zugänglich sind (vgl. Schulte 1978).

Oft wird die Güte des Modells am Grad der Übereinstimmung mit dem Original bemessen. Ein gutes Modell ist jedoch keine Kopie, sondern eine theoriegeleitete, auf wesentliche Eigenschaften fokussierte (einfache) Abbildung des Originals. Man kann daher gerade in den Unzulänglichkeiten eines Modells bzw. bei der Reflexion der Leistungen und Grenzen des Modells das besondere Potenzial bei ihrem Einsatz sehen (Gropengießer 1981). Dabei wird der durch den Zweck begrenzte Geltungsbereich des Modells als Lerngelegenheit aufgefasst und produktiv genutzt, indem beispielsweise Ansätze zur Optimierung eines Modells erarbeitet werden.

Heute spielt im Biologieunterricht neben der Funktion von Modellen als Medium zur Vermittlung von Fachwissen (vgl. Leibold & Klautke 1999) ihre Funktion im Prozess der Erkenntnisgewinnung eine bedeutende Rolle (KMK 2008, KMK 2005; Upmeier zu Belzen & Krüger 2010; Fleige et al. 2012 a; ▶ 10).

Drei Perspektiven sind für das Verständnis von Modellen bedeutsam (Mahr 2008):

1. Modelle sind *Träger von Wissen und Ideen* (vgl. Stachowiak 1973). Dabei muss die Auffassung eines Gegenstands als Modell nicht immer gleich sein; sie kann über die Zeit variieren. Diese Möglichkeit macht es notwendig, zwischen dem eigentlichen Modell und dem zugrunde liegenden Denkmodell deutlich zu unterscheiden.

2. Die *Herstellungsperspektive* beschreibt die Beziehung zwischen dem Denkmodell und dem Original (Modell von etwas). Die Herstellung ist an einen konkreten Zweck gebunden, weshalb das Modell spezifische Teile der realen Welt repräsentiert (Giere 2004).

3. Schließlich werden Modelle unter der *Anwendungsperspektive* genutzt (Modell für etwas). In der Anwendungsperspektive wird das Denkmodell zweckbestimmt wieder vom Modell abgelöst. Dies geschieht entweder bei der Vermittlung von Erkenntnissen mit dem Modell oder dadurch, dass die mit dem Modell zu testenden Hypothesen entweder widerlegt oder bestätigt werden.

Ein Unterricht, in dem Schülerinnen und Schüler beim Umgang mit Modellen angeregt werden, den Prozess der Modellierung sowie die Herstellungs- und die Anwendungsperspektive explizit zu reflektieren, trägt zur Entwicklung eines elaborierten Fachwissens sowie zur Entwicklung eines angemessenen Wissenschaftsverständnisses bei (vgl. Giere, Bickle & Mauldin 2006).

Dass die Perspektive der Erkenntnisgewinnung mit Modellen Bestandteil eines zeitgemäßen Biologieunterrichts sein sollte, zeigt die Diskussion über die Ziele naturwissenschaftlicher Bildung seit den 1990er Jahren, die sowohl den Prozess der Erkenntnisgewinnung als auch dessen Reflexion explizit in den Blick nimmt (▶ 10, 13 und 14). Derek Hodson (1992) strukturiert *Science Education* entsprechend in *learning science* (Konzepte, Modelle, Theorien), *learning about science* (Verständnis der Philosophie, Geschichte und Methodologie) und in *doing science* (Tätigkeiten zum Erwerb naturwissenschaftlichen Wissens).

Modelle tragen zur naturwissenschaftlichen Bildung bei, indem in Auseinandersetzung mit ihnen Fachwissen erworben werden kann (*learning scientific models,* Henze u. a. 2007; Modellwissen, Meisert 2008), die Modellierung als Methode erlernt werden kann (*act of modeling,* Henze et al. 2007; Modellarbeit, Meisert 2008) sowie ein Teilbereich des Wissenschaftsverständnisses entwickelt werden kann (*nature of models,* Henze et al. 2007; Modellverständnis, Meisert 2008). Mit Blick auf Modelle als Mittel zur Erkenntnisgewinnung fokussieren Annette Upmeier zu Belzen und Dirk Krüger (2010) in ihrem Ansatz auf abstrakte Kenntnisse über Modelle und den konkreten Prozess der Modellanwendung. Auf dieser Grundlage definieren sie Modellkompetenz in Anlehnung an den Kompetenzbegriff von Weinert (2001) wie folgt: „Modellkompetenz umfasst die Fähigkeiten, mit Modellen zweckbezogen Erkenntnisse gewinnen zu können und über Modelle mit Bezug auf ihren Zweck urteilen zu können, die Fähigkeiten, über den Prozess der Erkenntnisgewinnung durch Modelle und Modellierungen in der Biologie zu reflektieren sowie die Bereitschaft, diese Fähigkeiten in problemhaltigen Situationen anzuwenden."

Viele Untersuchungen belegen allerdings, dass eine so verstandene Kompetenz im Umgang mit Modellen bei Lernenden und auch bei Lehrenden nur selten ausgebildet ist (Artelt et al. 2001; Crawford & Cullin 2004; Prenzel et al. 2004). Nach internationalen Vergleichsstudien verfügen nur 3,4 % der deutschen Schülerinnen und Schüler über die Wissensbasis für ein Denken in und Arbeiten mit Modellen (Artelt et al. 2001; Prenzel et al. 2004). Der deskriptive Aspekt von Modellen (Anschauungsfunktion in der medialen Perspektive) steht beim schulischen Lehren und Lernen im Vordergrund. Die Rolle von Modellen im wissenschaftlichen Erkenntnisprozess als Denk- und Forschungswerkzeug wird dann nicht hinreichend erkannt. Dies konnten Grosslight et al. (1991) für Schülerinnen und Schüler, Crawford und Cullin (2004) für angehende Lehrkräfte und van Driel und Verloop (1999) für Lehrkräfte zeigen.

36.5 Modelle lassen sich nach verschiedenen Gesichtspunkten klassifizieren

Folgt man den oben beschriebenen Perspektiven, wird deutlich, dass es unzählige Objekte gibt, die als biologische Modelle betrachtet werden können. In Anbetracht dieser Fülle ist eine von Kriterien geleitete Systematisierung in Modelltypen, insbesondere für die zielbezogene Unterrichtsplanung, sinnvoll und hilfreich. Für eine entsprechende Strukturierung gibt es zahlreiche Vorschläge (Gilbert & Osborne 1980; Harrison & Treagust 2000; Boulter & Buckley 2000; Meisert 2008). Beispielsweise richtet die Mechanik eines Spaltöffnungsmodells den Blick auf die Funktion, weshalb es sich den Funktionsmodellen zuordnen lässt. Ein Torso hingegen wird den Strukturmodellen zugerechnet. Kriterium für die Systematisierung ist in beiden Fällen die Frage, welcher Aspekt mit dem Modell abgebildet wird. Aus Ansätzen zur Klassifizierung, die für die Unterrichtsplanung relevant sind, lassen sich Kombinationsmöglichkeiten für den Modelleinsatz ableiten (▶ Tab. 36-2).

Grundlegend bei der Klassifizierung ist die Unterscheidung zwischen virtuellen und materiellen Modellen. Zu den *virtuellen Modellen* zählen rein mathematische Abbildungen und die damit verbundenen Vorstellungen, z. B. die symbolische Darstellung der Fotosynthese und das Modell der erbkonstanten Bevölkerung (vgl. Weninger 1981, 185 ff.). Zu den virtuellen Modellen gehören vor allem Computersimulationen (▶ 43). Zu den materiellen Modellen zählen dreidimensionale, d. h. *körperliche* und zweidimensionale, bildliche Modelle (ikonische und symbolische Darstellungen). Zu den *bildlichen* Modellen gehören Diagramme und Symbolsysteme, die Strukturen oder Funktionen abbilden (z. B. chemische Formeln und Zeichen für Nährstoffe und deren Bausteine).

Nach dem Abbildungsaspekt wird zwischen Struktur- und Funktionsmodellen unterschieden. *Strukturmodelle* zeichnen sich dadurch aus, dass mit ihnen Baumerkmale möglichst originalgetreu wiedergegeben werden. Es sind meist Modelle der Morphologie und Anatomie (vgl. Staeck 1980, 43; Erber & Klee 1988), die häufig zerlegbar sind. Sie eignen sich zur Darstellung von sonst nicht analysierbaren Organen und Organismen (z. B. menschlicher Torso) oder für die Beobachtung von Strukturen, die ohne Zusatzgeräte nicht zugänglich wären (z. B. Doppelhelix der DNA).

Kriterium zur Systematisierung	Modelltypen		
Herstellung der Modelle	virtuelle Modelle		materielle Modelle – zweidimensional (bildlich) – dreidimensional (physisch)
Aspekt der Abbildung	Strukturmodelle	Funktionsmodelle	Struktur-/Funktionsmodelle
Art des Konstruktionsprozesses	Analogmodelle	Homologmodelle	Konstruktmodelle
Art der Anwendung	Lehr-/Lern-Modelle		Forschungsmodelle

Tab. 36-2: Einteilung der Modelltypen nach verschiedenen Kriterien

Funktionsmodelle bilden den Verlauf von Prozessen ab. Sie ermöglichen damit die Analyse von Funktionen und Mechanismen. Die anatomischen Verhältnisse werden in der Regel nur ungenau erfasst (z. B. Donder'sches Modell der Atmung; Blutkreislauf, vgl. Gude 1988; Innenohrfunktion, vgl. Ronneberger 1990; Augenmodelle, vgl. Erber & Klee 1986). Modelle der DNA ermöglichen die Darstellung der Replikation, die Pfeffer'sche Zelle ist ein Modell für die osmotischen Vorgänge in der Zelle (vgl. Gropengießer 1981; Bartsch, Rüther & Toonen 1990). Funktionsmodelle der Wirbelsäule erlauben Angaben über die Beweglichkeit und quantitative Aussagen zur Statik der menschlichen Wirbelsäule (vgl. Schneider 1981; Hedewig 1990).

Daneben gibt es Modelle, die Struktur und Funktion in gleicher Weise abbilden. Zu diesen Struktur-/Funktionsmodellen gehören beispielsweise die Simulationen von ökologischen, populationsbiologischen und evolutionären Systemen (z. B. Mimikry-Modell, vgl. Gropengießer & Laudenbach 1987). Mit einem Blackboxmodell oder mit einem Puzzle kann das wissenschaftliche Vorgehen abgebildet und reflektiert werden (Frank 2005; Freese 2005).

Diejenigen Modelle, die einem Original nachgebildet sind, heißen *Homologmodelle*. Sie geben das Original selten in den Dimensionen, häufig aber in den Proportionen und damit in der Gestalt wieder. Dies trifft vor allem auf Strukturmodelle zu. Bei *Analogmodellen* wird das Modell nicht eigens hergestellt, sondern das Original wird mit einem Gegenstand der vorgegebenen Realität in Beziehung gesetzt: Ein Gegenstand wird dem Original als Modell zugeordnet, wobei Funktionsanalogien betrachtet werden. Die Eigenschaften des Originals werden durch das zugeordnete Modell nur in einer bestimmten Anzahl von Eigenschaften widergespiegelt. Diese Eigenschaften lassen sich bei Original und Modell einander zuordnen (analogisieren), ohne dass eine Übereinstimmung (z. B. in der Gestalt) zwischen beiden vorhanden sein muss (z. B. Vergleich des Stempels der Salbeiblüte mit einem Schlagbaum; der Zelle mit einem Unternehmen; der Enzymkinetik mit der Schalterabfertigung, vgl. Köhler 1985; eines Lebewesens mit einer Kerzenflamme, vgl. Kattmann 1971; 1980; 1990; Schaefer 1977). Zu den Analogmodellen gehören auch Vergleiche zwischen biologischen und technischen Systemen (vgl. Gropengießer 1993).

Konstruktmodelle (Kattmann 2006) schließlich bilden kein Original ab, d. h., der Prozess der Modellierung beginnt mit einem Denkmodell (▶ Abb. 36-1, S. 327). Sie beruhen somit vorwiegend oder ausschließlich auf (theoriegeleiteten) Rekonstruktionen und Konstruktionen (z. B. ein rekonstruierter Schädel eines Fossils, die Abbildung eines Bauplans). Zu solchen Konstruktmodellen gehören phantasievolle Modellorganismen, mit denen Evolution abgebildet werden soll, z. B. die Caminalcules (Sokal 1966), die Schrägen Hangnager (Kattmann & Gad 2007), Geschöpfe der Zukunft (Dixon, Wallis & Beginnen 1999; vgl. Krüger 2006) oder Lebewesen und Prozesse in Science-Fiction-Texten (vgl. Teutloff 2006).

Nach der Funktion im Erkenntnisprozess kann zwischen *Forschungsmodellen* sowie *Lern-* und *Lehrmodellen* unterschieden werden. Forschungsmodelle können zu Lern-/Lehr-Modellen werden, wenn sie im Lernprozess eingesetzt werden.

36.6 Der Umgang mit Modellen wird schrittweise erlernt

Es gibt eine Reihe von Teilbereichen, die den Umgang mit Modellen strukturieren und für den Einsatz von Modellen im Biologieunterricht Orientierung bieten können (Grosslight et al. 1991; Crawford & Cullin 2005; vgl. Upmeier zu Belzen & Krüger 2010; Fleige et al. 2012 a; Meisert 2009).

Über diese Teilbereiche kann man mit Lernenden ins Gespräch kommen, indem man ihnen entsprechende Reflexionsfragen stellt. Dies führt zur expliziten Thematisierung des Umgangs mit Modellen in der Biologie und im Biologieunterricht.

Sofern eine Ermittlung der Schülervorstellungen über Modelle mit Blick auf eine sich anschließende spezifische Förderung der Teilbereiche gewünscht wird, bietet die Instruktion, die sowohl abstrakt, aber auch bezogen auf ein bestimmtes Modell eingesetzt werden kann, eine konkrete Möglichkeit (▶ Tab. 36-3).

Die Vorstellungen zu den Teilbereichen werden ausgehend von einer einfachen und engen Vorstellung hin zu einer weiter gefassten und elaborierten in Qualitäten bzw. Niveaus gegliedert (vgl. Grosslight et al. 1991; Chittleborough & Treagust 2007; Upmeier zu Belzen & Krüger 2010). Eine weniger elaborierte Modellkompetenz drückt sich darin aus, das Modell ausschließlich als *Modell von etwas* zu erkennen. Der Blick ist dann reproduzierend vom Original auf das Modell gerichtet. Es geht darum, wie gut das Original durch das Modell vertreten wird. Es wird erkannt, dass das Modell als Modell von etwas eine Stellvertreterfunktion besitzt. Eine elaborierte Modellkompetenz zeigt sich darin, die in den Modellen steckenden theoretischen Annahmen ebenfalls erkennen und nutzen zu können, um weitere Hypothesen über das Original aufzustellen, sie zu testen und damit zu überprüfen. Unter der Perspektive *Modell für etwas* geht der Blick

Teilbereiche	Reflexionsfrage	Instruktion
Modellbegriff	Was ist ein Modell?	Erkläre, was du unter einem Modell verstehst.
Eigenschaften von Modellen	Wie ähnlich muss das Modell dem Original sein?	Beschreibe, worin sich Modell und Original ähneln/unterscheiden.
Alternative Modelle	Inwiefern kann es für ein Original mehr als ein Modell geben?	Begründe, warum es zu einem Original verschiedene Modelle gibt.
Zweck von Modellen	Welchen Zweck hat das Modell?	Beschreibe, welchen Zweck dieses Modell hat.
Testen von Modellen	Wie kann man ein Modell testen?	Erkläre, ob man das Modell für Zweck X einsetzen kann.
Ändern von Modellen	Unter welchen Bedingungen muss ein Modell geändert werden?	Begründe, was dazu führen könnte, dass das Modell verändert werden muss.

Tabelle 36-3: Theoretische Teilbereiche zu Modellen, Reflexionsfragen (vgl. Grosslight et al. 1991) sowie konkrete Instruktionen (vgl. Fleige et al. 2012 a) als Grundlage zur individuellen Förderung spezifischer Aspekte im Kontext Modelle

vom Modell zum Original zurück. Als Konsequenz werden unter Umständen die Vorstellung über das Original und schließlich das Denkmodell neu konstruiert. Das Ziel von Unterricht wäre es, Kompetenzen bei den Lernenden zu entwickeln, die neben der medialen Perspektive einer wissenschaftlich-forschenden Perspektive entsprechen.

Förderkonzepte
Die Lernenden sollen die Arbeit mit Modellen als ein Mittel erkennen, mit dem sie sich die komplexe Realität geistig verfügbar machen können (Giere, Bickle & Mauldin 2006).
Beispiele zum Einsatz von Modellen zur Erkenntnisgewinnung zeigen, dass bereits Schülerinnen und Schüler der Mittelstufe elaboriert mit Modellen umgehen können (Meisert 2009; Schwarz et al. 2009; Fleige et al. 2012 a; b).
Zu der Fragestellung „Welche Form hat Euglena?" stellen Fleige (2012a) eine Förderkonzeption bereit. Im Einstieg wird als Original ein Einzeller (Euglena) mit dem Mikroskop oder als Foto betrachtet. Unter der Fragestellung: „Welche Form hat Euglena?" erstellen die Lernenden mit Knete Modelle von Euglena. Diese Modelle werden von allen Seiten betrachtet und Schnitte durch die Modelle angefertigt. Daraus werden Hypothesen zur Gestalt von Euglena gesammelt und dokumentiert. Die Hypothesen werden am Original durch erneutes Mikroskopieren oder die Betrachtung weiterer Fotos überprüft. Das Ergebnis führt unter Rückbezug zu den Hypothesen zu ihrer Bestätigung bzw. Falsifikation. Dabei wird die vorläufige Gültigkeit der Modelle deutlich, ggf. die Notwendigkeit einer Änderung festgestellt. In der Reflexion wird das wissenschaftliche Arbeiten mit Modellen expliziert (vgl. Anleitungen zum Selbstbau von begreifbaren Modellen, Schmidt & Byers 1995; Beispiele beweglicher Flachmodelle, Memmert 2009; Arbeitsmaterialien zum Umgang mit Modellen, Högermann & Kricke 2012; Schlüter & Kremer 2013; Unterrichtsreihen zur Entwicklung von Modellkompetenz, Fleige et al. 2012b).
Wann im Unterricht Modelle und wann Originale eingesetzt werden, hängt von den Lernzielen, den Lernenden, der Lehrkraft und den Rahmenbedingungen ab und muss jeweils didaktisch sorgfältig abgewogen werden.
Der Einsatz von Originalen unterstützt in besonderer Weise einen emotionalen Zugang zur Biologie. Modellversuche werden durchgeführt, wenn das Original nicht verfügbar oder für bestimmte Untersuchungen ungeeignet ist, z. B. wenn Variablen nur in einem Modellexperiment, nicht aber in einem Experiment mit dem Original isoliert werden können (vgl. z. B. zur Erregungsleitung, Ducci & Oetken 1999; Osmose, Gropengießer 1981).
Beim Einsatz von Modellen zur Gewinnung von Erkenntnissen erarbeiten sich Schülerinnen und Schüler ein Verständnis über die Naturwissenschaft Biologie, in der zunehmend lebende Modellorganismen zum Einsatz kommen wie Maus, Drosophila oder Zebrafisch. Sie ermöglichen die Überprüfung des Denkmodells, wodurch der Fokus auf den relevanten Aspekt des Organismus gelenkt wird.

37 Sammeln und Ausstellen

Steffen Schaal

- Sammeln und Ausstellen von Naturobjekten fördern das Vergleichen, Ordnen und Bestimmen.
- Die Gestaltung einer Ausstellung fördert die Fähigkeiten zur Kommunikation und zum selbstständigen Arbeiten.
- Sammeln und Ausstellen sollen zielgerichtet und kriteriengeleitet erfolgen.

37.1 Sammeln und Ausstellen von Naturobjekten fördern das Vergleichen, Ordnen und Bestimmen

Das Zusammentragen von Gegenständen wird lebensweltlich als *Sammeln* bezeichnet. In Wissenschaft und Unterricht geht es um das systematische Suchen, Beschaffen und Aufbewahren einer abgrenzbaren Gruppe von Objekten oder Informationen. Wichtig sind Auswählen und Ordnen des Sammelgutes nach bestimmten Kriterien. Geordnete und kommentierte Sammlungen, die anderen Menschen zugänglich gemacht werden, heißen Ausstellungen.

Dieser Abschnitt ist dem Sammeln und Ausstellen durch Lernende gewidmet. Die Biologiesammlung dient in der Schule vor allem Lehrzwecken (▶ 44).

Das Sammeln ist eine grundlegende Arbeitsweise, welche wissenschafts- und naturhistorisch eine wichtige Rolle in Erkenntnisprozessen der Biologie spielt (Flannery 2009; Martin 2011). Durch das Suchen von Naturobjekten, das genaue Beobachten, Vergleichen, Bestimmen und Ordnen werden Wege der biologischen Erkundungsformen und Erkenntnismethoden eingeübt (▶ 29). Sammeln ermöglicht ein Einleben in den Formenschatz der Natur, erweitert die Artenkenntnis und bahnt ein Verständnis für Ordnungsprinzipien und systematische Zusammenhänge an. Die Lernenden gewinnen zu den von ihnen gesammelten Objekten ein persönliches Verhältnis, da jedes einzelne Stück etwas Besonderes darstellt und ihre Funde oft mit Erlebnissen verknüpft sind. Diese positive Person-Gegenstands-Beziehung ist eine Voraussetzung für die Entwicklung eines persönlichen Interesses an Biologie (▶ 23.7; vgl. Vogt 2007). Über die Förderung biologischer Arbeitsweisen hinaus werden allgemeine Persönlichkeitseigenschaften gestärkt wie Aufmerksamkeit, Ordnungssinn, Ausdauer, Gewissenhaftigkeit, Sachlichkeit, Urteilsfähigkeit sowie Hingabe an eine Aufgabe. Sammeln kann somit als kulturaneignende Aktivität verstanden werden (Kremling 2010). Im Normalfall legen Lernende eine Sammlung für sich selbst an; oft stellen sie besonders schöne Sammlungsstücke in ihrem eigenen Zimmer aus. Lernende können aber ebenso zum Aufbau einer Arbeitssammlung angeregt werden oder bei der Vorbereitung einer Ausstellung mitwirken.

Der wesentliche Wert des *Ausstellens* im schulischen Kontext liegt in der aktiven und konstruktiven Mitwirkung der Lernenden an der Gestaltung einer Ausstellung. Lernende wenden implizit die oben genannten biologischen Arbeitsweisen an und vertiefen die Auseinandersetzung mit dem Sammelgut. Auf diese Erfahrungen kann im weiteren Unterrichtsverlauf zurückgegriffen und explizit darauf aufgebaut werden, wenn kriteriengeleitetes Vergleichen und systematisches Ordnen in komplexeren Kontexten angewandt werden soll. Durch den regelmäßigen Umgang mit den Ausstellungsobjekten kann ein Wissenszuwachs und die Festigung des Gelernten erreicht werden (vgl. Sturm 1972; Grupe 1977, 280; Forster 1978).

37.2 Die Gestaltung einer Ausstellung fördert die Fähigkeiten zur Kommunikation und zum selbstständigen Arbeiten.

Neben den beim Sammeln bereits geübten Arbeitsweisen wird gelernt, Ausstellungen zu planen und zu gestalten. Hierbei wird der Kompetenzbereich Kommunikation in einem lebensweltlichen und anwendungsbezogenen Kontext gefördert. Die Lernenden entscheiden sich bei der Ausstellungsplanung für die Kernideen des Inhalts und eine Zielsetzung, die mit der Ausstellung verfolgt werden sollen. Dabei wird eine Ausstellung so gestaltet, dass die Betrachter das Anliegen verstehen. Auf diese Weise fließen in gleichem Maße Überlegungen zu den Adressaten der Ausstellung (*wer* wird die Ausstellung besuchen, *welche* Alltagsvorstellungen und Vorerfahrungen bringen die Besucher mit, …) in den Planungs- und Entscheidungsprozess ein wie inhaltliche (*was* ist am Inhalt besonders interessant oder relevant, *welche* übergeordneten Konzepte und Prinzipien der Biologie lassen sich verdeutlichen, …) oder darstellungsbezogene Überlegungen (*wie* können zentrale Ideen des Inhalts möglichst prägnant dargestellt werden, *welche* Repräsentations- oder Visualisierungsformen sind möglichst einfach nachzuvollziehen, *wie* können abstrakte Daten anschaulich gemacht werden, *wie* fasse ich komplexe Informationen möglichst einfach zusammen, …).

Bei der Gestaltung einer Ausstellung erleben die Lernenden den eigenen Kompetenzzuwachs; sie arbeiten gemeinsam und mit gewisser Eigenständigkeit an einer Sache. Damit sind grundlegende psychologische Bedürfnisse berücksichtigt (Autonomie- und Kompetenzerleben, soziale Eingebundenheit); die Voraussetzungen für die Entstehung intrinsischer Motivation sind somit gegeben (▶ 23.7; vgl. Deci & Ryan 1993).

Bei der Gestaltung einer Ausstellung werden ästhetische Aspekte berücksichtigt (vgl. Schomaker 2005). Durch die intensive Auseinandersetzung mit dem Sammelgut können beispielsweise ästhetische Urteile zu Tieren verändert werden, die im Alltag mit Angst und Ekel verbunden sind (Retzlaff-Fürst 2001; 2007). Ausstellungen können im Freiland gestaltet werden, um die Fauna und Flora der unmittelbaren (Schul-)Umgebung ins Bewusstsein der Betrachter zu rücken (vgl. Benkowitz 2009).

Im Laufe des Planungs- und Gestaltungsprozesses verändert sich die Lehrerrolle weg vom Wissensvermittler hin zum Lernbegleiter. Lehrende und Lernende verfolgen ein gemeinsames Ziel und arbeiten intensiver zusammen als in regulären Unterrichtssituationen. Durch die Zusammenarbeit kann eine positive Lehrer-Schüler-Beziehung angebahnt werden; das persönliche Kennenlernen wird in besonderer Weise gefördert.

> **Aufgaben einer Ausstellung**
> Eine von Lernenden gestaltete Ausstellung kann
> - die *Motivation* fördern, indem sie das Interesse der Lernenden an den Unterrichtsinhalten weckt;
> - der *Unterrichtsvorbereitung* dienen, indem sie bestimmte Probleme aufwirft;
> - der *Wiederholung* und *Vertiefung* dienen, indem die im Unterricht verwendeten Gegenstände für ein längeres und intensiveres Betrachten für einige Zeit zur Verfügung gestellt werden. Verschiedene Anschauungsmittel zu demselben Thema bieten unterschiedliche, im Idealfall mehrperspektivische Zugänge zum Inhalt. Dies kann den *Aufbau von vernetztem Wissen* fördern;
> - das *selbstbestimmte Lernen* ermöglichen. Lernende können sich beispielsweise die Lernobjekte in gewissem Rahmen selbst auswählen, sie folgen eigenen Lernwegen und sie können sich zum Beobachten der Objekte die für sie individuell notwendige Zeit lassen. Unterstützt wird dies durch entsprechende Arbeitsaufträge und Lernaufgaben (z. B. Arbeitsheft, Langzeitbeobachtungen, …);
> - der *Evaluation* eines Lerninhalts oder einer Unterrichtsphase dienen, besonders eines Projekts;
> - den Unterricht ergänzen, indem zusätzliche Objekte gezeigt und dadurch *Transferleistungen* gefördert werden.

Differenzierte empirische Untersuchungen über Wirksamkeit von eigenständig erstellten Ausstellungen bei Lernenden liegen nicht vor. Zur Wirksamkeit von *Ausstellungsbesuchen* und zur Gestaltung von erfolgreichen Lernumgebungen jedoch gibt es eine Vielzahl empirischer Befunde (z. B. Groß 2006; Krombass & Harms 2006; Wilde & Urhahne 2008; Damerau, Bätz & Wilde 2009; Härting, Pütz & Wilde 2010; Scheersoi, Groß & Kattmann 2012; Recke 2012).
Trotz der dargestellten Vorzüge werden biologische Ausstellungen in der Praxis von Lernenden nur selten erstellt und durchgeführt. Zur Begründung wird oft angegeben, die zusätzliche Arbeit würde sich nicht lohnen, und zwar besonders dann nicht, wenn ein Museum, ein Zoo oder ein Botanischer Garten in der Nähe sind. Bei dieser Begründung werden die besonderen Funktionen und der spezifische Wert selbst gestalteter Ausstellungen unterschätzt.

37.3 Sammeln und Ausstellen sollen zielgerichtet und kriteriengeleitet erfolgen

Praxis des Sammelns
Die Neugier und die Freude der Lernenden am Sammeln sollte für die Entwicklung von Interesse und für Lernprozesse im Biologieunterricht genutzt werden. Das wird nur dann gelingen, wenn die Lehrenden den Lernenden zu erkennen geben, dass sie deren Sammeltätigkeit schätzen. Sammeln und Ausstellen müssen allerdings nicht immer an gegenständliche Objekte gebunden sein. Digitale Technologien ermöglichen beispielsweise das „Sammeln" von Naturobjekten in Form digitaler Fotografien, die zu einer „virtuellen Ausstellung" zusammengefasst

und entsprechend aufbereitet werden können (vgl. Matt & Schaal 2011; Schaal, Spannagel & Vogel 2011).

> **Hinweise zum Sammeln**
> Die *Wahl der Sammelobjekte* knüpft an die Interessen der Lernenden sowie an deren Lebenswelt an und richtet sich nach den didaktischen Absichten der Lehrkraft. Letztere sollten insbesondere dann deutlich kommuniziert werden, wenn gezielt auf eine bestimmte Ausstellungsform hin gesammelt wird.
> Wesentlich für den Erfolg der Sammeltätigkeit ist die Berücksichtigung der *Naturräume* und *Jahreszeiten*.
> Für eine Dauersammlung sollten nur *leicht zu bearbeitende Objekte* gesammelt werden. Pflanzen und Pflanzenteile sind frisch in eine Pflanzenpresse einzulegen und nach dem Trocknen sorgfältig aufzubewahren. Schädel und Skelettteile werden von Fleischresten, Vogelnester und Gewölle vor der Einordnung in die Sammlung von Milben und Insekten befreit. Bei der Präparation, Konservierung und Desinfektion von zoologischen Objekten sind die *Sicherheitsbestimmungen* einzuhalten (▶ 32.6; 39.1).
> Bei allen Sammlungsobjekten sind genaue und möglichst *vollständige Angaben* wichtig, wie der Name des Objektes, eventuell die Zugehörigkeit zu einer taxonomischen Gruppe (Familie, Ordnung) oder zu einer Lebensgemeinschaft, Funddatum und Fundort. Zudem können Verweise zu Besonderheiten der Präparate, deren Anwendungsmöglichkeiten im Alltag oder andere interessante Aspekte dazu dienen, die Aufmerksamkeit der Betrachter einzufangen und zu binden.
> Die Lernenden sollten auf keinen Fall zum Töten von Tieren angeregt werden (z B. keine lebenden Schnecken, sondern nur leere Schneckenhäuser sammeln). Geschützte Pflanzen und Tiere dürfen nicht gesammelt werden. *Naturschutzbestimmungen* sind unbedingt zu beachten (▶ 34.2).
> Wollen Lernende eine *private Sammlung* anlegen, sollte man sie dazu anhalten, nicht wahllos zu sammeln, sondern sich auf ein Gebiet (z. B. Schneckenhäuser oder Muschelschalen oder Zapfen oder Früchte) zu spezialisieren.

Einige biologische Themen sind für Sammlungen besonders geeignet:
- *Morphologische und systematische Sammlungen:* Blütenpflanzen, Blattformen und Algen in Herbarien, Zweige und Knospen, Samen und Früchte, Zapfen, Borkenstücke, Holzschliffe, Pilze (Exsikkate), Moose, Flechten; Schädel von Schlachttieren, Schneckengehäuse, Muschelschalen.
- *Ökologische Sammlungen:* Pflanzen mit Insekten- oder Windbestäubung, Frühblüher, Schutt-, Wiesen- und Waldpflanzen; Ackerwildkräuter, Wasser-, Feuchtland- und Trockenlandpflanzen; Objekte mit Fraßspuren von Nagetieren oder Insekten; Gewölle; Bioindikatoren.
- *geologisch-paläontologisch-bodenkundliche Sammlungen:* Fossilien, Gesteinsarten, Bodentypen.
- *aktuell-thematische Sammlungen:* Zeitungsberichte, Abbildungen, Fotos, Fallstudien; statistische Angaben zu aktuellen Themen.

Gestaltung von Ausstellungen

Beim Ausstellen wird in der Planungsphase das Thema erarbeitet und es werden Überlegungen angestellt, mit welcher Zielstellung, für welchen Personenkreis, an welchem Ausstellungsort, für welchen Zeitraum und mit welchen Mitteln die Ausstellung vorbereitet werden soll. Insbesondere die Alltagsvorstellungen, das Vorwissen und das Alter der Zielgruppe sollten in der Planung einer Ausstellung berücksichtigt werden.

Als oberster Grundsatz für eine Ausstellung gilt: *Beschränkung statt Fülle*. Das Thema der Ausstellung muss durch eine große und prägnante Überschrift deutlich sichtbar sein. Die Objekte sind sorgfältig zu beschriften. Es empfiehlt sich, ein Objekt als Blickfang aufzustellen, das durch Farbe, Form, Größe oder Beliebtheit die Aufmerksamkeit auf sich zieht. Auch die vergleichende Gegenüberstellung von Objekten kann einen solchen Anziehungspunkt bilden. Es sollte eine klare *Gliederung* der Ausstellung erkennbar sein. Unterschiedliche Schriftfarben oder Hintergrundfarben können Hinweise für zusammengehörige Teile geben. Von Lernenden erstellte Zeichnungen und Informationstexte können die Aussagen der Exponate verdeutlichen (vgl. Meyer 1994).

Beispiele für Ausstellungsthemen

Pflanzen und Pilze als Lebend- oder Herbarmaterial: systematische (z. B. Pflanzenfamilien) oder ökologische Aspekte (z. B. Standortbedingungen, Zeigerarten) oder ästhetische Aspekte (z. B. Formen und Farben bei Pflanzen und Tieren);

Tiermonographien, Tiergruppen: Maulwurf, Lurche und Amphibienwanderung, Spechte, Insekten;

Angepasstheit bei Tieren und Pflanzen: Land-, Flug- und Wassertiere, Xerophyten, carnivore Pflanzen;

Lebensgemeinschaften bzw. Ökosysteme: Wiese, Acker, Wald, Hecke, Gewässer;

Vivarien: Kleinsäuger, Fische, Amphibien, Reptilien, Insekten, Krebse;

Artenschutz: Nistkastenaktion, Flora und Fauna auf dem Schulgelände, Winterfütterung, geschützte Pflanzen und Tiere, Untersuchung eines Ökosystems;

Umweltbildung: regenerative Energien, ökologischer Fußabdruck, energetischer Rucksack, nachhaltige Landwirtschaft;

Menschenkunde: Sehvorgang, Atmung, Verdauung, gesunde Ernährung, Heilkräuter;

Gesundheitserziehung: Gefährdung durch Rauchen, Alkohol, Drogen, Herzinfarkt, AIDS.

Die *Dauer* einer Ausstellung hängt vor allem vom Ziel und von der Wahl der Objekte ab. So sollte beispielsweise eine Wechselausstellung den Schülern Gelegenheit geben, die Objekte mehrmals in Ruhe anzuschauen. Dazu ist eine Dauer von etwa vier bis sechs Wochen angebracht. Wenn die Ausstellung länger dauert, haben sich die Lernenden daran gewöhnt, und das Interesse lässt nach.

Somit lassen sich nach den Zielen und nach der Dauer die folgenden Formen von Ausstellungen unterscheiden:

– *Kurzzeitausstellungen:* kleinere, zeitlich begrenzte, oft regelmäßig wechselnde Ausstellungen zu einem meist eng begrenzten Thema, z. B. Kennübungen für Pflanzen auf einem Pflan-

zentisch (Formenkenntnis), Indikatoren für Umweltverschmutzung und Klimawandel (z. B. Ausbreitung der Stechpalme nach Norden und Osten), Flechtenbewuchs, Fotos, Grafiken (Umweltbildung), Pilzexkursionen (Formenkenntnis);
- *Langzeitausstellungen:* kleinere und längere Zeit bestehende Ausstellungen zur Pflege und zum Beobachten von Tieren, z. B. Aquarium mit einheimischen Fischarten, Insektarium mit Stabschrecken, Terrarium mit Leopardgecko;
- *Sonderausstellungen:* kleinere Ausstellungen zur Bearbeitung sowie zu den Ergebnissen bestimmter Themen in Arbeitsgemeinschaften und Projekten, z. B. Schutz einheimischer Lurche, Anlegen eines Waldlehrpfades, Pilzexkursionen;
- *große Ausstellungen:* Ausstellungen in mehreren Räumen mit verschiedenen Themen zur Information der Öffentlichkeit über die biologische Arbeit an der Schule, z. B. „Unsere Schule – eine umweltgerechte Schule", „Trinkwasser – der Weg vom Gewässer zum Haushalt ins Klärwerk in den Vorfluter".

Der Ort der Ausstellung richtet sich nach dem Kreis der Adressaten. Ist die Ausstellung nur für eine kleinere Gruppe gedacht, so wird sie im Klassenzimmer aufgebaut. Soll sie für die ganze Schule bedeutsam werden, so wird man sie vor dem Fachraum aufbauen. Noch besser ist eine zentrale Aufstellung in der Eingangshalle. Auch in Kleinbehältern können beispielsweise Ausstellungsstücke attraktiv gestaltet werden (vgl. Nottbohm 1996).
Für die Unterbringung der Exponate gibt es verschiedene Möglichkeiten. Vitrinen sind meist für eine Betrachtung der Exponate von mehreren Seiten gedacht. Dazu eignen sich besonders manche Präparate und räumliche Modelle. Das Anbringen von größeren Texten ist dort nicht so günstig. Schaukästen mit Glasschiebetüren sind für die Betrachtung von einer Seite zugänglich. Die Kombination eines Tisches mit einer Korkstecktafel bietet vielfältige Möglichkeiten der Ausstellung von botanischen und zoologischen Objekten. Von Vorteil ist, dass die gezeigten Gegenstände von verschiedenen Seiten betrachtet und sehr verschiedene Unterrichtsmittel verwendet werden können. Lebende Objekte lassen sich leicht versorgen. Nachteilig ist, dass diese Objekte vor dem Anfassen nicht geschützt sind. Deshalb ist es ratsam, bei empfindlichen Gegenständen ein Hinweisschild anzubringen oder einen geschlossenen Extrabehälter zu verwenden (vgl. Sturm 1972; Gleisl 1978).
Um eine Ausstellung abwechslungsreich und interessant zu gestalten empfiehlt sich eine sinnvolle Kombination verschiedener Objekte und Darbietungsformen. Als Ausstellungsgegenstände eignen sich neben Originalen andere Medien (▶ Tab. 37-1). Wenn die Ausstellungsbedingungen es zulassen, haben lebende vor toten Organismen und tote Lebewesen vor Nachbildungen den Vorzug. Modelle sind wegen ihrer räumlichen Struktur besser geeignet als Skizzen. Besonders attraktiv sind Funktionsmodelle, vor allem, wenn sie in Funktion gezeigt werden können (vgl. Schulz zur Wiesch 1972). Mobile Endgeräte wie Smartphones oder Tablet-PCs können reale Objekte um weitere Informationen wie Bild-, Ton-, Filmdokumente sowie um interaktive Simulationen ergänzen. Diese Zusatzmaterialien können im Internet zur Verfügung gestellt und beispielsweise über einen QR-Code (ähnlich einem Barcode auf Lebensmittelverpackungen) in der Ausstellung vor Ort angeboten werden (vgl. Arita-Kikutani & Sakamoto 2007).

Medien	Beispiele und Anmerkungen
Lebende Pflanzen	Topfpflanzen, Schnittpflanzen; übersichtlich beschriften, bei längerer Ausstellungsdauer regelmäßig auswechseln
Lebende Tiere	Fische, Lurche, Kleinsäuger, Insekten; bei sachgemäßer Unterbringung und sorgfältiger Pflege hoher Ausstellungswert
Experimente	Keimversuche, Wasserleitung und Transpiration bei Pflanzen, Fotosynthese; Beschriftung und evtl. Protokolle erforderlich

Präparate
  Trockenpräparate
  Flüssigkeitspräparate
  Kunstharzeinschlüsse
	Herbarbögen, Skelette, Insekten; sicher unter Glas oder in Vitrinen, Glaskästen unterbringen;
	Entwicklungsstadien innerer Organe; bruchsicher in Vitrinen unterbringen, gegen Entwendung sichern

Modelle
  statische Modelle
  dynamische Modelle
	Morphologie: Blütenmodelle, DNA-Modelle
	Funktionen: Kiemenmodelle, Atmungsmodelle

Bilder	Fotos, digitale Bilderrahmen mit Bildern, Filmen oder Animationen, Kunstwerke, Diagramme, Tabellen, Farben; bei Texten Schriftgröße, Lesbarkeit und Länge beachten

Tabelle 37-1: Die Eignung verschiedener Objekte und Medien für Ausstellungen (nach Forster 1978, verändert)

Medien im Biologieunterricht

38 Vielfalt und Funktion von Unterrichtsmedien

Ulrich Kattmann

> - Unterrichtsmedien sind Hilfsmittel beim Lernen und Lehren.
> - Primärerfahrung und medial vermittelte Sekundärerfahrungen bilden ein Kontinuum.
> - Medien enthalten vorweggenommene Methodenentscheidungen.
> - Medien wirken vielfältig.

38.1 Unterrichtsmedien sind Hilfsmittel beim Lernen und Lehren

In einer 5. Klasse herrscht große Unruhe: Ein Schüler durfte seine Meerschweinchen in den Biologieunterricht mitbringen, und jetzt möchte sie fast jeder einmal anfassen und streicheln. In der Parallelklasse hat die Lehrkraft ein Arbeitsblatt zum Meerschweinchen verteilt, das mit einem Text über Lebensgewohnheiten und Ansprüche der Meerschweinchen informiert; die Lernenden arbeiten still und konzentriert, aber das zur Auflockerung auf dem Arbeitsblatt befindliche Bild eines Meerschweinchens beachten sie kaum. Wieder eine andere Klasse bekommt ein Arbeitsblatt mit einem Säulendiagramm über den Nahrungsbedarf von Meerschweinchen. Manchen Lernenden bereitet es Schwierigkeiten, das Säulendiagramm zu deuten.

Die im Unterricht eingesetzten Mittel zum Lernen, wie die lebenden Organismen, Naturbilder, Texte und Grafiken, werden als *Medien* bezeichnet. Sie sind nicht nur schmückendes Beiwerk und Ergänzung, sondern wichtige Elemente des Unterrichts. Sie sprechen die kognitive, emotionale und pragmatische Dimension von Unterrichtszielen unterschiedlich an und haben dementsprechend verschiedene Funktionen im Unterricht. Aus der Vielfalt der Unterrichtsmedien sind diejenigen auszuwählen und einzusetzen, die zu den angestrebten Unterrichtszielen passen. Dabei muss beachtet werden, dass sich der Medieneinsatz nicht gegenüber anderen Methodenentscheidungen verselbstständigt (▶ 38.3). Hilbert Meyer (1993, 36 f.) stellt heraus: „Der Begriff Medium ist eine Theoriefalle. Was im Unterricht als Zweck und Mittel zu betrachten ist, ist eine Frage der Perspektive. ... Medien sind keine ‚Selbst-Lehrsysteme', die den Lehrer ersetzen, sondern Lehr- und Lernhilfen, die mit möglichst viel methodischer Phantasie verlebendigt werden müssen."

Im Bereich der Mediendidaktik wird der Terminus „Medium" in unterschiedlichem Umfang verwendet, der z. T. die beteiligten *Personen* einschließt (vgl. Hedewig 1993). In der Biologiedidaktik werden Lehrende und Lernende meist nicht als Medien, sondern als Akteure und Gestalter des Unterrichts betrachtet (▶ 23, 24).

Häufig werden Medien durch diejenigen Sinne charakterisiert, die sie ansprechen. Neben dem visuellen Sinn (Gesichtssinn) und dem auditiven Sinn (Gehörsinn) spielen im Biologieunterricht der haptische (taktile Sinn, Tastsinn) und der olfaktorische Sinn (Geruchssinn) sowie der Geschmackssinn eine Rolle. Einige Medien sprechen, wie die audiovisuellen Medien (AV-Medien, u. a. Tonfilm, Fernsehen), mehrere Sinne an (häufig noch „Mehrkanal"-Systeme genannt).

Für den *Einsatz im Unterricht* wurden verschiedene Konzeptionen formuliert (vgl. Staeck 1980):
Enrichment-Konzept: Die Medien dienen zur Bereicherung oder Illustration eines Unterrichts, der didaktisch nur wenig auf sie zugeschnitten ist.
Kontext-Konzept: Die Medien werden gezielt als Medienverbundsystem, mit entsprechenden Begleitmaterialien für die Lehrkräfte und Arbeitsblättern für die Schüler, zur Planung und Durchführung des Unterrichts entwickelt.
Direct-Teaching: Die Medien werden im Zusammenhang mit Begleitmaterialien selbstlehrend, d. h. für das Eigenstudium, konzipiert. Die Lehrperson wird entbehrlich (z. B. Fernstudien-, Funkkollegmaterialien, Lehrprogramme).
Nach der *Funktion im Lernprozess* kann man zwei Gruppen von Medien unterscheiden (vgl. Memmert 1975; Knoll 1981):
- Medien, die den Lernenden neue bzw. differenzierte Erfahrungen vermitteln, sind *Erfahrungshilfen* (z. B. lebende Organismen, Naturfilme, Geräte zur Beobachtung).
- Medien, die den Schülern zur Bildung und Festigung einer neuen oder erweiterten Erkenntnis bzw. Theorie verhelfen, sind *Erkenntnishilfen* (z. B. Modelle, Diagramme, vergleichende Darstellungen). Sie schaffen durch Abstraktion einen emotionalen Abstand zum originalen Objekt bzw. zum aktuellen Problem (distanzierende Funktion); sie isolieren bestimmte Ausschnitte bzw. Aspekte der Wirklichkeit (isolierende Funktion).

In den Fachdidaktiken wird die Funktion der mit den Medien verbundenen verschiedenen Repräsentationsformen diskutiert. (Von diesen medialen Repräsentationen sind mentale Repräsentationen, d. h. Vorstellungen, zu unterscheiden.). Auf der Grundlage der Theorie des erfahrungsbasierten Verstehens (vgl. Gropengießer 2007) können drei mediale *Repräsentationsformen* unterschieden werden:
- Medien, die für die Lernenden *Erfahrungen stiften* (Originalobjekte oder nahe am Naturgegenstand stehende Medien, wie Filme und Bilder),
- Medien, die bei den Lernenden *Vorstellungen anregen* (z. B. Diagramme),
- Medien, die lernförderliche *mentale Schemata bewusst machen und aktivieren* (Niebert, Riemeier & Gropengießer 2013).

Im letzteren Fall werden mentale Schemata, über die die Lernenden (unbewusst) verfügen, durch körperliche Modelle gegenständlich repräsentiert und damit ins Bewusstsein gehoben, aktiviert und im buchstäblichen Sinn handhabbar gemacht. So wird das mentale Schema „Teilen" durch das manipulierende Teilen von Schokoladenriegeln bewusst gemacht sowie für das Lernen der Zellteilung als Teilen *und* Wachsen (Zellverdoppelung) genutzt (Riemeier 2005; vgl. Modelle zum Behälterschema zur Erklärung des Treibhauseffekts, Niebert 2010).
Die drei Repräsentationsformen bilden theoretisch gewichtete Ausschnitte aus der Spannungsreihe vom Original zum Abbild (▶ Abb. 38-1).
Durch die *Kompetenzorientierung* des Unterrichts bekommen Medien neben der Funktion in der Unterrichtsplanung eine weitere Dimension: Der Umgang der Lernenden mit Medien ist eine wichtige Komponente im Kompetenzbereich Kommunikation (▶ 11). Diejenigen Kriterien, die für das Lehren mit Medien gelten (u. a. zu deren Auswahl und Einsatz), werden auf den Umgang der Lernenden mit Medien angewendet.

38.2 Primärerfahrung und medial vermittelte Sekundärerfahrungen bilden ein Kontinuum

Von *Primärerfahrung* spricht man, wenn Lernende unmittelbar mit den Gegenständen in Kontakt treten. Das geschieht direkt über die Sinnesorgane oder indirekt über solche Geräte, die die Leistung der Sinnesorgane erweitern (z. B. Lupe, Mikroskop, Mikroprojektion, Fernglas, Stethoskop).

Bei der *Sekundärerfahrung* wird die Information oder Anschauung nicht durch den Naturgegenstand selbst (Lebewesen, ▶ 34), sondern stellvertretend durch Medien vermittelt, z. B. durch Nachbildungen, Bilder, Modelle, Schemata, Texte oder Symbole. Sekundärerfahrung ist eine durch das eingesetzte Medium „gefilterte" Erfahrung.

Primär- und Sekundärerfahrungen sind jedoch nicht scharf zu trennen, sondern bilden ein Kontinuum. Medien lassen sich in diesem Kontinuum von den Originalen zu den Abbildern ordnen, wodurch zugleich eine Reihe vom Konkreten zum Abstrakten gegeben ist (▶ Abbildung 38-1).

Zu dieser Reihe lassen sich die *Geräte* zuordnen, mit deren Hilfe Anschauung oder Informationen vermittelt werden: Beobachtungsgeräte und Experimentiergeräte unterstützen die Gewinnung von Primärerfahrungen. Vorführgeräte (Hardware, z. B. Diaprojektor, Filmprojektor, Tonkassetten und Videorecorder, Computer) vermitteln Sekundärerfahrung über verschiedene Informationsträger (Software, z. B. CD, Film, Dia).

Der Gebrauch der Termini Bild und Abbild spiegelt ebenfalls das Verhältnis von Primär- und Sekundärerfahrungen. *Bild* wird allgemein zur Bezeichnung von zweidimensionalen Darstellungen verwendet: *Naturbilder* sind zweidimensionale Momentaufnahmen eines Ausschnittes der Wirklichkeit. Sie lassen die Individualität des Objekts noch erkennen (Fotos, naturgetreue Zeichnungen, ▶ 39). Auch auditive Medien können dazu gezählt werden (Hörbilder). *Schemata* sind gegenüber Naturbildern vereinfachte Bilder, gegebenenfalls in Form von grafischen Zeichen, die von individuellen, nebensächlichen Merkmalen abstrahieren und nur typische Züge des Objekts darstellen (vgl. Memmert 1975, 63). In diesem Sinne werden sie als „realistische Bilder" bezeichnet (Schnotz 2001).

Der Terminus *Abbild* wird in diesem Buch im mathematischen Sinn verwendet: Abbilder repräsentieren einen definierten Satz von Eigenschaften eines Originals. („logische Bilder" nach Schnotz 2001). *Modelle* sind einfache Abbilder von Originalen; *Diagramme* sind grafische Darstellungen, die mathematische oder logische Größen enthalten. Sie sind insofern ebenfalls einfache Abbilder und haben daher Modellcharakter (▶ 36, 40).

Sprache besteht als Unterrichtsmedium in gesprochenen oder geschriebenen Texten. Texte haben meist Bild- und gelegentlich Abbild- und Modellcharakter (▶ 41). *Symbole* sind Zeichen, die für Gegenstände oder Sachverhalte stehen, ohne deren Merkmalen bildlich zu entsprechen; sie sind nicht merkmalsaffin (▶ 35, 39, 40). Symbole können Buchstaben (z. B. chemisches Symbol H für Wasserstoff), Zahlen, andere mathematische Zeichen (u. a. +, –, Pfeile), Buchstaben-Zahl-Zeichen-Kombinationen (mathematische Formeln, chemische Formeln, Reaktionssymbole) oder Wörter sein.

In *komplexen Medien* werden Naturbilder, Texte und Schemata kombiniert verwendet. So können auf Arbeitstransparenten, in Filmen und Lernspielen z. B. Naturgegenstände und Diagram-

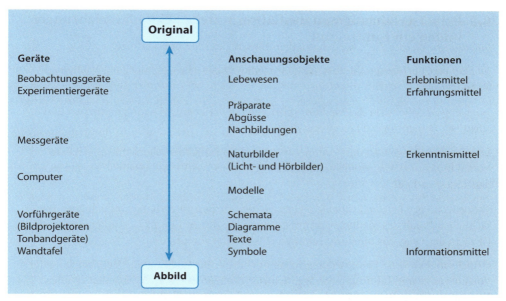

Abbildung 38-1: Medien des Biologieunterrichts, geordnet nach der Stellung zwischen Original und Abbild, vom Konkreten zum Abstrakten

me sowie Texte verwendet werden. Typische komplexe Medien sind *Schulbücher* und *Computerprogramme* (Multimedia, ▶ 42; 43).

38.3 Medien enthalten vorweggenommene Methodenentscheidungen

Bei der Auswahl eines Mediums für den Unterricht sollte beachtet werden, dass bei der Herstellung eines Mediums bereits bestimmte Vorentscheidungen getroffen wurden. Mit der didaktischen Aufbereitung eines Mediums werden gegenüber der Realität Veränderungen vorgenommen und dadurch Vorleistungen für die Erkenntnisgewinnung erbracht. Anscheinend Unwesentliches wird abgetrennt, anscheinend Wichtiges in der bestmöglichen Perspektive dargestellt. Was in der Natur oft nicht gleichzeitig vorkommt (z. B. Blüten und Früchte, Sommer- und Winterpelz), wird im Medium gleichzeitig oder im nächsten Augenblick gezeigt. Dabei kann ein irreales Bild entstehen; denn dem Lernenden wird ein Idealbild vor Augen gestellt, das so in der Natur nicht zu beobachten ist. „Unterrichtsmedien sind ‚tiefgefrorene' Ziel-, Inhalts- und Methodenentscheidungen. Sie müssen im Unterricht durch das methodische Handeln von Lehrern und Schülern wieder ‚aufgetaut' werden" (Meyer 1993). Die Auswahl von Medien sollte daher sorgfältig nach fachdidaktischen Kriterien erfolgen (▶ Kasten, vgl. Werner 1973; Staeck 1980).

> **Kriterien zur Auswahl von Unterrichtsmedien**
>
> *Intentionen:* Welche Ziele werden mit dem Einsatz des Mediums verfolgt?
>
> *Inhalte:* Welche Themen können mit dem Medium oder den verschiedenen Medien erarbeitet werden?
>
> *Wirksamkeit:* Wie wirkt das Medium vermutlich in der kognitiven, pragmatischen und affektiven Dimension im Lernprozess?
>
> *Lernvoraussetzungen:* Ist das Medium im Abstraktionsgrad der Altersstufe angemessen? Haben die Lernenden ein entsprechendes Vorwissen? Welche Alltagsvorstellungen werden angesprochen?
>
> *Voraussetzungen bei den Lehrenden:* Hat sich die Lehrperson vorher gründlich über den sachlichen Inhalt des Mediums informiert und über dessen Einsatz Gedanken gemacht? Ist sie in der Lage, das Medium technisch einwandfrei vorzuführen?
>
> *Örtliche und zeitliche Voraussetzungen:* Gibt es bei der Beschaffung und Bereitstellung der Vorführgeräte und Informationsträger Schwierigkeiten? Falls z. B. AV-Medien von den Kreisbildstellen geholt werden: Ist eine Vorbestellung sinnvoll, da infolge der auf die Jahreszeiten abgestimmten Lehrpläne an vielen Schulen dasselbe Thema zur gleichen Zeit behandelt wird? Lohnt sich der Zeit- und Kraftaufwand für die Suche, Beschaffung, Vorführung und Rückgabe der Medien im Verhältnis zum Nutzen im Lehr- und Lernprozess?
>
> *Unterrichtsverfahren und -organisation:* Wie ist der Einsatz des Mediums vor- und nachzubereiten? In welcher Sozialform wirkt das Medium wahrscheinlich am effektivsten?

38.4 Medien wirken vielfältig

Ob ein Medium als geeignet und effektiv zu beurteilen ist, hängt einerseits von seinen spezifischen Eigenschaften und andererseits von den Zielen ab, die im Unterricht angestrebt werden. Nach der Stellung im Unterricht können vier Anwendungsbereiche von Medien herausgestellt werden: 1. Motivierung, 2. Informationsvermittlung, 3. Erkenntnis- und Problemerschließung, 4. Steuerung der handelnden Auseinandersetzung mit dem Unterrichtsgegenstand.
Zur Motivierung werden am besten Naturobjekte oder kurze Filmszenen verwendet. Für die Informationsvermittlung eignen sich vor allem AV-Medien und Texte. Zur Erkenntnis- und Problemerschließung sind Modelle, Schemata, Diagramme und Tabellen besonders bedeutsam. Zur Steuerung der handelnden Auseinandersetzung mit dem Unterrichtsgegenstand können besonders Abfolgediagramme und Arbeitsanleitungen eingesetzt werden.
Wegen der spezifischen Eigenschaften und Funktionen lässt sich die *Effektivität* von Medien kaum sinnvoll vergleichen. Vergleichsuntersuchungen unterschiedlicher Medien sind wenig geeignet, allgemeingültige Aussagen über den Einsatz von Medien im Biologieunterricht zu machen. Die Ergebnisse solcher Untersuchungen differieren zudem erheblich. Besonders unter-

schiedlich ist der Effekt des Einsatzes von lebenden Organismen gegenüber verschiedenen anderen Medien. Diese Untersuchungen sind vorwiegend auf Lernerfolge in der kognitiven Dimension ausgerichtet (vgl. Staeck 1980; ▶ 34). Die *pragmatische* und die *affektive Dimension* sind aber – vor allem bei der Begegnung mit den Naturgegenständen – besonders bedeutsam. Nicht unterschätzt werden sollte die ästhetische Funktion von Medien (vgl. Retzlaff-Fürst & Horn 2000; 2002). Die Effektivität unterschiedlicher Medien sollte also nicht allein an Ergebnissen kognitiver Leistungstests gemessen werden.

Insofern ist interessant, dass das Mikroskopieren dem Videofilm auch in der affektiven Wirkung überlegen ist. Rund 79 % der Schüler bevorzugen bei freier Wahl das Mikroskopieren. Als Wahlmotive werden Selbstständigkeit und lebende Objekte angegeben (Killermann & Rieger 1996; vgl. Baur 1985 zur Einstellungsänderung gegenüber Kröten durch Realobjekt, Schulbuch und Dia).

Während manche Autoren der originalen Begegnung mit dem Naturobjekt die entscheidende Bedeutung für den Unterricht beimessen und den anderen Medien nur eine Ersatzfunktion zuschreiben, sind die meisten der Auffassung, dass bei manchen Fragestellungen andere Medien die angestrebten Zugänge und Erkenntnismöglichkeiten erst erschließen können (vgl. Memmert 1975; Werner 1973; Bay & Rodi 1978). Von der Kombination verschiedener Medien und den damit verbundenen verschiedenen Perspektiven verspricht man sich bessere Lernergebnisse. Zuweilen gelten dabei die von August E. Lüben 1832 aufgestellten unterrichtsmethodischen Prinzipien auch heute noch als Leitfaden für die Unterrichtsplanung. Das heißt, zuerst das originale Naturobjekt, dann das abstrakte Medium – vom Nahen zum Fernen, vom Leichten zum Schweren. Den spezifischen Funktionen unterschiedlicher Medien werden diese Prinzipien aber nicht immer gerecht und erscheinen daher im Einzelfall als zu schematisch. Wird z. B. eine Regelmäßigkeit verallgemeinert (z. B. RGT-Regel zur Temperaturabhängigkeit von physiologischen Prozessen), so ist dazu ein Diagramm geeignet, aber kaum die Beobachtung des Originalobjekts. Letzteres kommt (gegebenenfalls erneut) ins Spiel, wenn die abgeleitete Regel anschließend überprüft werden soll.

Die Effektivität der Kombination von Medien, insbesondere die Form der *Bild-Text-Verschränkung,* wird besonders im Zusammenhang mit ihrem computerunterstütztem Einsatz untersucht (Multimedia, ▶ 43). Es bleibt zu prüfen, welche Kompetenzen gefördert werden und welche Lerneffekte sich erzielen lassen, wenn man die Kombination der Medien an den drei *Repräsentationsformen* orientiert (▶ 38.1).

39 Präparate, Bilder und Arbeitsblätter

Susanne Meyfarth

> - Als Präparate, Abgüsse und Nachbildungen sind biologische Objekte jederzeit verfügbar.
> - Stehbilder fördern genaues Hinsehen, Nachdenken und Verbalisieren.
> - Arbeitsblätter, Arbeitshefte und Portfolios dokumentieren Lernprozesse und -ergebnisse.
> - Hörbilder vermitteln im Biologieunterricht vor allem Tierstimmen.
> - Der Einsatz von Filmen sollte zu einem kritischen Umgang mit diesen Medien anleiten.

39.1 Als Präparate, Abgüsse und Nachbildungen sind biologische Objekte jederzeit verfügbar

Präparate

Präparate sind Organismen(teile) oder andere Naturobjekte, die durch verschiedene Techniken vor- und zubereitet werden – zum Anschauen oder zur späteren Verwendung im Unterricht. Die Präparationstechniken sind vielfältig (vgl. Entrich 1996).

Dauerpräparate lassen sich auf verschiedene Weise herstellen: *Trockenpräparate* sind wegen des Chitinpanzers von Insekten und anderen Arthropoden recht einfach anzufertigen; tote Bienen sollten zum Präparieren gesammelt werden. Knochen (auch Schädel-Präparate), Zähne, Federn, Fellproben, Panzer und Hornteile sind nach dem Säubern und Trocknen haltbar und robust; sie können daher leicht aufbewahrt und eingesetzt werden. Aus Gewöllen von Greifvögeln und Eulen lassen sich bisweilen gut erhaltene Skelette der Beutetiere isolieren und anschaulich in einem Schaukasten darstellen (vgl. Nottbohm 2001). Verschiedene Objekte (z. B. Früchte) können in Gießharz eingebettet und als *Einschlusspräparate* oder Bioplastiken präsentiert werden.

Pflanzen können meist leicht frisch beschafft werden; daher werden nur selten Dauerpräparate für den Unterricht nötig sein. Empfehlenswert ist es dennoch, eine Sammlung von getrockneten Pflanzenteilen (Holzstücke mit Rinde, Zapfen, Früchte und Samen) anzulegen. Das Laminieren von gepressten Pflanzen oder Teilen von Pflanzen ist eine gute Methode, um lange Haltbarkeit zu gewährleisten (vgl. Dasbeck 2002). Von Pilzfruchtkörpern können mit einer einfachen Methode gefriergetrocknete Dauerpräparate angefertigt werden (vgl. Steffens & Storrer 1995; Krüger, Forêt & Meyfarth 2005).

Mikroskopische Dauerpräparate sind fixierte Organismen oder Organismenteile, sie sind, falls nötig, sehr dünn geschnitten, dann meist gefärbt und zwischen Objektträger und Deckglas in Kunstharz eingebettet (▶ 31).

Das Präparieren und der Einsatz von Präparaten im Biologieunterricht sind keineswegs unumstritten. Beides stößt bei Lernenden zuweilen auf Abneigung oder Ekel. Das Präparieren von Tieren sollte daher nicht nur technisch, sondern auch psychologisch vorbereitet werden

(Gropengießer & Gropengießer 1985). Niemand sollte zum Sezieren oder Präparieren gezwungen werden; eine sinnvolle Alternative bieten ggf. das virtuelle Sezieren am Computer, die Protokollführung oder das Arbeiten mit thematisch passenden Texten. Wirbeltiere dürfen grundsätzlich nicht, andere Tiere sollten nicht für Unterrichtszwecke getötet werden. In vielen Fällen ist zu überlegen, ob die angestrebten Einsichten in die Anatomie der Lebewesen nicht besser anhand von anatomischen Modellen oder Abbildungen vermittelt werden sollten (▶ 36). *Sicherheits- und Hygienevorschriften* sind beim Herstellen von Präparaten ebenso einzuhalten wie die Bestimmungen von *Naturschutz- und Tierschutzgesetzen* (▶ 32.6). Wegen der Gefahr des Milben- oder Mottenbefalls sind Stopfpräparate in der Regel mit Giften (Pestiziden) behandelt. Sie dürfen daher nur im geschlossenen Schaukasten im Unterricht eingesetzt oder nur mit Handschuhen berührt werden. Gewölle müssen wegen Infektionsgefahr (z. B. Tollwut) autoklaviert werden. Mögliche allergische Reaktionen sind zu beachten.

Um die fachspezifische Arbeitsweise des Präparierens einzuüben, kann man auf Organe von Schlachttieren zurückgreifen. Schweineaugen oder -lungen, Schweine- oder Hühnerherzen, auch Fische, können frisch im Unterricht verwendet werden. Schweinegehirne lassen sich hingegen besser handhaben, wenn sie in 4 %iger Formalinlösung fixiert und gründlich gewässert wurden (Sicherheitshinweise beachten, vgl. Lindner-Effland et al. 1998).

Abgüsse und Nachbildungen

Abgüsse sind vor allem von Fossilien käuflich erhältlich; sie können ebenfalls im Unterricht hergestellt werden (vgl. Nottbohm 1998; Lammert & Graf 2008; Hamdorf & Graf 2008). Gipsabgüsse von Pilzfruchtkörpern z. B., die koloriert werden (vgl. Nogli-Izadpanah 1993) oder Knetgummi-Abdrücke von Baumrinden, die mit Gips ausgegossen werden, können Schülerinnen und Schüler leicht selbst anfertigen. Von der Epidermis verschiedener Laubblätter lassen sich mit Hilfe von dünn aufgetragenem Hartkleber, der nach dem vollständigen Trocknen vorsichtig mit einer Pinzette abgezogen wird, Abdrücke herstellen. So können die Oberflächenstrukturen (Haare, Zellgrenzen, Schließzellen) leicht mikroskopiert werden, ohne dass Dünnschnittpräparate erstellt werden müssen.

Nachbildungen sind dreidimensionale naturgetreue Abbildungen von Naturobjekten (z. B. Kunststoffnachbildungen von Schädeln oder ganzen Skeletten, inneren Organen, Pflanzen und Tieren sowie von Fossilien). Sie werden häufig als *Modelle* bezeichnet. Da ihnen aber die Orientierung an einer Theorie und einem der Theorie entsprechenden Denkmodell fehlt, sind sie als körperliche Naturbilder anzusehen.

Von Pflanzen und Pflanzenteilen, auch von räumlich ausgedehnten Objekten wie Pilzen, Muscheln, kleinen Säugerschädeln, ja sogar lebenden Tieren lassen sich erstaunlich scharfe naturgetreue *Scans* erzeugen. Dabei können Teile vergrößert und verkleinert, Beschriftungen eingefügt, Wachstumsprozesse verfolgt und Details wie Behaarungen, Stängelmuster und Gallen herausgestellt werden (vgl. Probst 1999; Weiershausen & Graf 2002).

39.2 Stehbilder fördern genaues Hinsehen, Nachdenken und Verbalisieren

Traditionell hatten Bilder überwiegend die Funktionen der Visualisierung, Dokumentation und Dekoration; andere didaktische Potenziale von Bildern wurden kaum berücksichtigt. Dabei bieten Bilder vielfältige Lernimpulse und Kommunikationsanlässe, die vom einfachen Benennen und Beschreiben bis hin zum Konstruieren von Bedeutung reichen können (vgl. Lieber 2010, 57 ff.).

Beim Verstehen eines Bildes – wie eines Textes oder eines Diagramms – konstruiert der Betrachter ein mentales Modell des dargestellten Sachverhalts. Bilder werden im Vergleich zu Texten gut behalten. Dies wird auf die Vorzüge einer doppelten gegenüber einer einfachen Codierung zurückgeführt (verbal und imaginal, vgl. Schnotz 2002).

Die ästhetische Wirkung von Bildern für das Lernen sollte beachtet werden; sie kann förderlich, aber auch hinderlich sein (vgl. Retzlaff-Fürst & Horn 2000). Komplexe Bildtypen, die einen überwindbaren Lernwiderstand hervorrufen, führen zu einer intensiveren und bewussteren Verarbeitung als der einfache Bildtypus, bei dem die Leser die Information schnell erfassen und nur oberflächlich verarbeiten (vgl. Schneider & Walter 1992, 327). Lernende meinen oft, Bildern könnte mit einem Blick genügend Information entnommen werden. Um einer oberflächlichen Verarbeitung entgegenzuwirken, können bestimmte Komponenten in den Vordergrund gestellt, durch Einrahmungen, durch Vergrößerung (sog. Lupentechnik) oder durch direktive Zeichen, z. B. Pfeile, in den Mittelpunkt der Aufmerksamkeit gerückt werden (vgl. Schnotz 2002).

Naturwissenschaftliche Bilder bilden oft nicht Phänomene ab, sondern veranschaulichen theoretische Erklärungsmodelle. Sie sind also Visualisierungen von Modellvorstellungen (▶ 36).

Im Biologieunterricht sind die folgenden Typen von Stehbildern von Bedeutung:
- *naturgetreue Bilder:* Naturbilder (Naturfoto, bildhafte Zeichnung);
- *Schemata* (vereinfachte Umrisszeichnung, Blütengrundriss, Bauplanzeichnung, Fotogramm);
- *Diagramme* (Grafiken mit mathematischen Funktionen, ▶ 40);
- *geografische Karten* (z. B. von Verbreitungsgebieten);
- *künstlerische Illustrationen* (z. B. Karikaturen);
- *Stehbildkombinate* (z. B. Collagen, Plakate).

Die genannten Bildtypen können in mehreren folgender Gruppen von Stehbild-Medien vertreten sein.

Bilder in Büchern und Bildmappen

Schulbücher sind meist mit vielen bunten Abbildungen ausgestattet, die die Arbeit im Unterricht und das Nacharbeiten zu Hause erleichtern. Zu bestimmten Unterrichtsthemen gestaltete Bilderhefte (vgl. Beilagen zu Zeitschriften) sind geeignet, die Lernenden emotional anzusprechen. Man wird sie daher besonders bei Themen einsetzen, bei denen die affektive Dimension im Vordergrund steht (vgl. Kattmann 1978; Gruen & Kattmann 1983). Soll sich die Aufmerksamkeit der ganzen Lerngruppe auf ein Bild konzentrieren, so können z. B. mit Hilfe einer Dokumenten- oder Flexkamera Abbildungen aus Büchern oder kleinere Naturobjekte projiziert werden.

Wandkarten

Wandkarten oder biologische Lehrtafeln sind in fast jeder Schulbiologiesammlung vorhanden; sie werden jedoch kaum noch eingesetzt. Ihr Vorteil: Wandkarten brauchen zur Darbietung keinen technisch-organisatorischen Aufwand. Sie können längere Zeit im Klassenraum hängen, sodass man wiederholt darauf zurückgreifen kann. Magnetische Wandkarten ermöglichen es, z. B. das Beschriften von Schemazeichnungen wiederholt zu üben. Viele von Verlagen angebotene Wandkarten sind allerdings mit Details überladen. Sie sind nicht mit allen Teilen in jeder Altersstufe einsetzbar, Teilausschnitte sind oft für eine genauere Betrachtung in der Klasse zu klein, Abbildungsmaßstäbe häufig nicht angegeben (vgl. Staeck 1980, 47 ff.). Da man Einzelteile kaum abdecken kann, ist ein entwickelndes Unterrichtsverfahren schwer möglich.

Dia und Diaprojektor

Dias ersetzen Naturobjekte, die gar nicht oder nicht in dem für die Behandlung notwendigen Entwicklungszustand verfügbar sind. Durch Nahaufnahmen und Mikrofotografie zeigen sich dem Betrachter morphologische und anatomische Einzelheiten, die normalerweise dem Auge verborgen bleiben. Rasterelektronische Aufnahmen werden häufig nachträglich koloriert, um Einzelheiten hervorzuheben oder die Bilder für Laien attraktiv zu machen.

Der Diaprojektor kann zur Projektion von Naturobjekten eingesetzt werden. Bei einer Küvetten-Projektion bringt man statt des Dias eine Küvette in den Strahlengang des Projektors. Das Bild steht allerdings auf dem Kopf. So kann man z. B. Kleinlebewesen des Wassers zeigen. Füllt man eine Küvette mit Roh-Chlorophylllösung, so ermöglicht ein in den Strahlengang gebrachtes Gitternetz oder Prisma die Demonstration der Absorption von rotem und blauem Licht bei der Photosynthese.

Multimediale Präsentationen mit dem Computer haben den Einsatz von Dias im Unterricht weitgehend abgelöst. Sie haben den Vorteil der Animation und der Kombination mit Lauf- und Hörbildern. Computergestützte Präsentationen verführen allerdings häufig zur Überfrachtung mit Eindrücken und Informationen (▶ 43).

Die Projektion ermöglicht eine Konzentration der ganzen Lerngruppe auf den Unterrichtsgegenstand. Dabei sollten die Lernenden genügend Zeit für die Betrachtung haben. Erst soll das Bild, dann sollen die Lernenden und zum Schluss soll die Lehrperson sprechen. Nicht nur die Lehrpersonen, auch die Lernenden können durch selbst hergestellte Naturfotografien den Biologieunterricht beleben. Durch gezielte Arbeitsaufträge (z. B. Dokumentation von Langzeitbeobachtungen bei der Entwicklung von Lebewesen oder der Entwicklung einer Wald-Lebensgemeinschaft im Jahreslauf) wird das entdeckende Herangehen an die Naturobjekte gefördert. Mehr als das Endprodukt sollte dabei der Prozess des Lernens im Vordergrund stehen.

Arbeitstransparente und Arbeitsprojektor

Die Verwendung von Arbeitstransparenten (Folien) eröffnet vielfältige methodische Möglichkeiten für den Biologieunterricht. *Arbeitsprojektion* bedeutet, dass die Folien nicht unverändert projiziert werden, sondern dass durch Zeichnen, Beschriften oder Übereinanderlegen damit gearbeitet werden kann. Man kann sie zu Hause teilweise vorbereiten und im Unterricht ergänzen (lassen). Für die vorbereiteten Teile verwendet man am besten Permanent-Folienstifte, für die Ergänzung im Unterricht wasserlösliche Stifte.

Die meisten käuflichen Arbeitstransparente enthalten schematische Zeichnungen. Es gibt aber auch Diatransparente, die Naturobjekte als Fotografien abbilden. Bei kombinierten Systemen werden Naturfoto und Schema vergleichend projiziert.

> **Varianten der Arbeitsprojektion**
> *Schichtmodelle:* Zwischen Folien (Glasplatten) werden Abstandshalter von einigen Zentimetern gelegt. So kann man z. B. die verschiedenen optischen Ebenen beim Aufbau der Zelle zeigen, die durch Herauf- oder Herunterdrehen der Projektionsoptik jeweils scharf eingestellt werden können (vgl. Staeck 1998).
>
> *Transparente farbige Teile* (Folienschnipsel) werden eingesetzt, um Zuordnungen flexibel vorzunehmen und schwer zu verstehende Prozesse zu veranschaulichen (z. B. Nahrungsketten und Nahrungsnetze; Antigen-Antikörperreaktionen; Replikation der DNA; Chromosomen im Zellzyklus). Allerdings verschieben die einzelnen Teile sich leicht.
>
> *Schattenrissprojektion:* An die Tafel projizierte Naturobjekte können im Umriss nachgezeichnet werden (vgl. Rüther 1980). Auch lebende Organismen geben, wenn sie undurchsichtig sind, Schattenrisse: Bewegungsanalysen lassen sich bei Insekten, Asseln und Würmern durchführen. Allerdings muss darauf geachtet werden, dass die ausgestrahlte Wärme die Tiere nicht schädigt, die oft sehr lichtscheu sind und daher der Projektion ausweichen.
>
> *Demonstration einfacher Versuche* in der Petrischale: z. B. Versuche zur Hämolyse, Diffusion und Photosynthese (vgl. Brucker 1975); Modellversuche zur Verdauung (vgl. Hedewig 1981, 34 ff.).

Schultafel

Schultafeln dienen vor allem dazu, den Unterrichtsablauf in Stichworten und Skizzen festzuhalten. Es sind Wandtafeln und mobile Tafeln, Klapp- und Schiebetafeln. Dunkle, mit heller Kreide zu beschriftende Tafeln sind in der Schule immer noch üblich. Abgelöst werden sie durch weiße, mit speziellen Faserschreibern zu beschriftende Tafeln, wie sie in der betrieblichen Bildung und der Erwachsenenbildung üblich sind.

Die methodischen Funktionen des Tafelbildes sind vielfältig:
- Information über Verlauf, Ziele und Schwerpunkte des Unterrichts;
- Sammeln von Schülerbeiträgen;
- Darstellen von Versuchsanordnungen;
- Darstellen von Sachverhalten in Skizzen, Schemata, Übersichten, Tabellen etc.;
- Fokussieren der Wahrnehmung;
- Herausarbeiten von Zusammenhängen;
- Zusammenfassen von Arbeitsergebnissen;
- Kontrollieren von Arbeitsergebnissen;
- Vorbild für die Heftgestaltung und den Hefteintrag;
- Gedächtnisstütze, Notizen;
- Glossar.

Die Qualität der Tafelarbeit wird wesentlich durch die Exaktheit und Sauberkeit des *Tafelbilds* bestimmt. Farben im Tafelbild dienen gelegentlich der Darstellung realer Gegenstandsfarben, häufiger jedoch als Symbole für Sachverhalte. Dabei sollte die Farbsymbolik gezielt gewählt und eingesetzt werden, z. B. sollte für homologe Strukturen immer dieselbe Farbe verwendet werden. Beim Zeichnen an der Tafel sollte darauf geachtet werden, dass die Zeichnung links angefertigt wird und die Beschriftungslinien nach rechts zeigen. So wird vermieden, dass die Lernenden in die Zeichnung hineinschreiben (zur Konzeption von Tafelbildern vgl. z. B. Jungbauer, Gerundt & Hertlein 2005; Jungbauer & Hertlein 1996; 1998).

Aufbausätze
Aufbausätze sind zusammensetzbare Bilder, mit denen man an einer Tafel Strukturen, Funktionen und vor allem Prozesse darstellen kann. Die Erarbeitung kann von den Lernenden vorgenommen werden. Üblich sind vor allem Magnet-Aufbausätze. Die Beschriftung der Teilbilder auf der Tafel ist jederzeit möglich (▶ Abb. 39-1).

Interaktive Weißwandtafeln
Eine interaktive Weißwandtafel ähnelt dem berührungsempfindlichen Bildschirm (touch screen) eines Computers. Sie ermöglicht eine dynamische Unterrichtsgestaltung mit zu Hause vorbereiteten Präsentationen und multimedialen Elementen wie Texten, Bildern, Filmen. Sie ersetzt zunehmend Dia, Arbeitstransparent und Wandtafel. Im Unterricht erarbeitete Informationen und Tafelbilder können gespeichert werden und stehen dadurch für viele verschiedene Aufgaben zur Verfügung: Lesen und überarbeiten, drucken, per E-Mail versenden oder als Grafik bearbeiten.

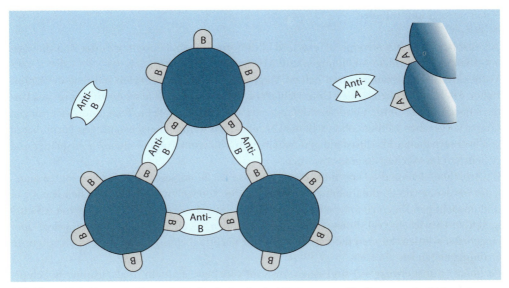

Abbildung 39-1: Magnetaufbausatz zur Agglutination bei Blutgruppen. Für Gruppenarbeit können verkleinerte Pappelemente verwendet werden.

Die Nachbereitung des Unterrichts zu Hause wird den Schülerinnen und Schülern sowie der Lehrperson erleichtert. Schülerarbeiten und Gruppenarbeitsergebnisse können direkt präsentiert werden. Als interaktiv werden die Tafeln bezeichnet, weil die Schülerinnen und Schüler mit Hilfe entsprechender Eingabegeräte oder durch Vernetzung mit Notebooks aktiv an der Entwicklung von Tafelbildern beteiligt werden können (vgl. Aufenanger & Bauer 2010). Dies ist insbesondere deshalb wichtig, weil leicht die Gefahr besteht, dass die interaktiven Whiteboards zur Unterstützung eines zwar visuell ansprechenden und vielseitigen, aber doch sehr frontal ausgerichteten Unterrichts eingesetzt werden.

39.3 Arbeitsblätter, Arbeitshefte und Portfolios dokumentieren Lernprozesse und -ergebnisse

Arbeitsblätter werden von der Lehrperson eigens für den Unterricht entwickelt bzw. aus Vorlagen modifiziert. Von Verlagen gibt es ein großes Angebot für Kopiervorlagen, z. T. auf CD; auch in Lehrerhandbüchern, in biologiedidaktischen Zeitschriften und natürlich im Internet sind sie meist zahlreich vorhanden.

Das Arbeitsblatt bietet vielfältige Einsatzmöglichkeiten:
– Beobachtungs- und Versuchsanleitungen bereitstellen;
– strukturierte Aufgaben bearbeiten;
– aus Tabellen Diagramme erstellen;
– Abbildungen beschriften;
– Texte, Zeitungsartikel etc. durcharbeiten und anschließend diskutieren;
– Lernerfolge kontrollieren.

Arbeitsblätter kombinieren meist Text- und Bildinformationen, Lückentexte oder Zuordnungsaufgaben, unbeschriftete Abbildungen und Arbeitsaufträge.
Vorbereitete Arbeitsblätter sparen Zeit im Vergleich zum Arbeiten im Heft während des Unterrichts. Allerdings lenken sie den Unterricht stark, vor allem, wenn sie schon zu Beginn des Unterrichts ausgeteilt werden und sehr differenziert angelegt sind. Wenn Texte und Zeichnungen immer vorgegeben werden, üben sich die Lernenden zu wenig im eigenständigen Formulieren von Sachverhalten und selbstständigen Arbeiten. Aus diesem Grunde sollten Arbeitsblätter und Arbeitsheft im Wechsel eingesetzt werden.
Im *Arbeitsheft* halten die Lernenden die Ergebnisse der Biologiestunden fest. Sie sollten angeleitet werden, exakt zu dokumentieren, selbstständig Notizen zu machen, zwischen wichtigen und unwichtigen Daten zu unterscheiden und eigene Standards für die Bewertung von Arbeitsheften zu entwickeln (vgl. Bolay 1998). Arbeitsmappen, in die die Blätter lose eingelegt oder eingeheftet werden, können die Lernenden leicht nachträglich ergänzen, aber nicht so gut in Ordnung halten wie ein Heft.
Portfolios (Künstlermappen) sind eine „Auswahl von Beweismitteln" (vgl. Brunner & Schmidinger 2001), die zeigen, dass die Lernenden bestimmte Lernziele erreicht haben oder an welcher Stelle sie auf dem Weg zu diesen Zielen sind. Somit erhält die Lehrperson Rückmeldung

über den Lernfortschritt und darüber, ob biologische Konzepte erfasst worden sind (vgl. Valdez 2001). Portfolios enthalten z. B.
- in eigenen Worten wiedergegebene Lerninhalte;
- schriftliche Ausarbeitungen;
- Versuchs- und Beobachtungsprotokolle;
- kommentierte Sammlungen von Materialien;
- Dokumentation der über einen längeren Zeitraum selbstständig übernommenen Aufgaben;
- Fotos von Tätigkeiten oder Produkten;
- Daten, Graphen, Diagramme, Skizzen;
- Mind Maps oder Concept Maps;
- Zeitungs- und Zeitschriftenartikel zum bearbeiteten Thema;
- Rezensionen von Büchern und Fernsehsendungen;
- Interviews mit Experten;
- Ergebnisse von Internet-Recherchen;
- Reflexionen über die eigene Arbeit;
- Testergebnisse.

Bei offenen Lernformen und differenziertem Unterricht können Portfolios Grundlage der Leistungsbeurteilung sein (vgl. Duit & Häußler 1997; Kattmann 1997, 13; Pheeney 1998; Garthwait & Verrill 2003). Noch weitergehende Möglichkeiten bietet das e-Portfolio: Es gestattet mit Hilfe von Computer und Präsentationsprogrammen den Austausch von Daten und Arbeitsergebnissen, die Präsentation der Arbeit vor der Lerngruppe oder Eltern, das Einfügen von Filmsequenzen und durch das Erstellen von Hyperlinks die Verknüpfung von altbekannten und neu erworbenen Kenntnissen und damit kumulatives Lernen (vgl. Garthwait & Verrill 2003).

39.4 Hörbilder vermitteln im Biologieunterricht vor allem Tierstimmen

Hinsichtlich der kognitiven Prozesse scheinen sich das Lesen eines visuell dargebotenen Textes und das Hören eines auditiv dargebotenen Textes zunächst nicht voneinander zu unterscheiden. Allerdings kann der Leser in einem schriftlichen Text, der durch einen stabilen Zeichenträger (z. B. ein Printmedium) dargeboten wird, bei Bedarf zurückgehen, um Nicht-Verstandenes erneut zu verarbeiten. Bei einem auditiv dargebotenen Text, bei dem der Zeichenträger (akustische Schallwellen) flüchtiger Natur ist, kann eine bei der Präsentation versäumte kognitive Verarbeitung nur schwierig nachgeholt werden. Daher ist eine kontinuierliche Aufmerksamkeit erforderlich (vgl. Schnotz 2002). Das Aufnehmen wichtiger Mitteilungen wird besonders beim Hören erleichtert, wenn mitgeteilt wird, worauf besonders zu achten ist oder eine Frage gestellt wird, die durch das Hören des Textes beantwortet werden soll. Auf diese Weise wird das Gehörte von den Lernenden gefiltert, sodass Wesentliches vom Unwesentlichen getrennt wird.

Das Angebot an auditiven Medien für den Biologieunterricht ist gering, da die meisten akustischen Informationen bei den Laufbildern mitgeliefert werden. Von Bedeutung für den Unterricht sind meist nur Aufnahmen von Vogelstimmen, Amphibien und Insekten.

> **Typen von Hörbildern**
>
> Aufnahmen von *Naturgeräuschen*, häufig mit Kommentar (z. B. Stimmen von Amphibien oder Vögeln). Lernende können Vogelstimmen oder andere Naturgeräusche sowie Geräuschcollagen selbst aufnehmen.
>
> Bei *Dokumentationen* (Features) handelt es sich meist um Interviews und Gespräche mit Fachleuten oder Betroffenen, z. B. HIV-infizierten Personen (vgl. Staeck 2002).
>
> *Hörspiele* enthalten eine Spielhandlung. Sie konzentrieren die Aufmerksamkeit auf das gesprochene Wort und wirken motivierend, indem sie das Vorstellungsvermögen anregen (vgl. Skiba, Spieler & Kivilip 2000). Sie können z.B. zur Darstellung biologiegeschichtlicher Ereignisse eingesetzt werden. Hörspielszenen können von der Lehrkraft selbst als Einstieg zur Motivation oder zusammen mit den Lernenden zur Ergebnissicherung hergestellt werden (vgl. Werner 1997; Miehe 1998).

39.5 Der Einsatz von Filmen sollte zu einem kritischen Umgang mit diesen Medien anleiten

Im Vergleich zum Stehbild kommt bei Laufbildern (Film, Video oder Fernsehen) die Dimension der Zeit hinzu. Filme im Biologieunterricht dienen daher besonders der Darstellung von Bewegungs- und Entwicklungsvorgängen. An die naturgetreue Darstellung (Wirklichkeitsgehalt) von Naturfilmen müssen höchste Anforderungen gestellt werden, weil der Film in seiner inhaltlichen Verdichtung oft mit stark suggestiver Kraft auf den Lernenden einzuwirken vermag (vgl. Müller 1981; Teutloff 1994). Es ist eine wichtige Aufgabe des Biologieunterrichts, die Lernenden zu einem kritischen Filmverständnis zu führen (vgl. Etschenberg 1994).
Die Aufgabe der meisten biologischen Filme liegt zwischen Dokumentieren, Lehren und Unterhalten. Die Einteilung in Filmtypen gilt daher nicht streng.

> **Filmtypen**
>
> Der *Dokumentationsfilm* (z. B. Tierbeobachtung durch Verhaltensforscher) hält Vorgänge, z. B. Verhaltensabläufe in der Natur fest. Der Dokumentationsfilm ist oft recht langatmig und daher für den Schulunterricht nicht immer brauchbar.
>
> Der *Unterrichtsfilm* ist in seiner inhaltlichen und didaktischen Bearbeitung auf den Unterricht zugeschnitten – oft sogar für eine bestimmte Altersstufe.
>
> Der *Unterhaltungsfilm* ist lang, spricht in oft sehr kurzen Szenen vielerlei Themen an und hat eine meist auffällige Begleitmusik. Der reine Unterhaltungsfilm wird im Unterricht selten verwendet.

Der Einsatz von Filmen im Unterricht erfordert eine sorgfältige Vorbereitung. Die Lehrperson sollte sich den Film vorher anschauen und prüfen, ob sie ihn ganz oder in Teilen, mit oder ohne

Ton vorführen will. Dabei sollte sie emotionale Aspekte beachten. Die meisten Menschen sprechen auf die Begleitmusik und die Farbe emotional stark an. Durch Filmdarstellungen können Sympathien ebenso wie Ekelgefühle verstärkt werden (vgl. Rolletschek 2001). Eine Untersuchung zum Thema AIDS zeigte, dass durch einen Dokumentarfilm das Behalten von Fakten, durch einen Spielfilm die Einstellung gegenüber HIV-Infizierten verbessert wurde (vgl. Killermann 1996).

Mit einer Digitalkamera können Filme heute leicht selbst hergestellt werden. Neben Tierbeobachtungen bietet sich dies z. B. für Interviews, Experimente, Dokumentationen von Gruppenarbeit oder außerschulischem Arbeiten an. Die digitale Überarbeitung (Schneiden, Überblendung, Titelgestaltung, Einfügen von Texten etc.) ist mit ein wenig Übung leicht durchführbar.

Fernsehsendungen

Biologisch orientierte Sendungen der allgemeinen Programme, insbesondere Tiersendungen, werden vor allem von Kindern und Jugendlichen in der Freizeit recht gern angeschaut (vgl. Lukesch 1996; Theunert & Eggert 2001). Sie verfügen durch regelmäßiges Anschauen dieser Sendungen über eine Fülle von Kenntnissen, die im Unterricht genutzt werden können. Eine Gefahr des Fernsehkonsums ohne Möglichkeit der Aussprache besteht allerdings darin, dass die in vielen Fernsehfilmen enthaltenen Anthropomorphismen nicht erkannt werden. Im Gegensatz zu den Unterrichtsfilmen bieten die Fernsehsendungen neben einer Fülle von Naturdokumentationen aktuelle Themen mit Diskussionen und Interviews von Fachleuten an.

Eine Sonderstellung nimmt das Schulfernsehen ein:

- Schulfernsehen wird z. T. während der Unterrichtszeit (oft in Wiederholungen) gesendet. Alle Sendungen des Schulfernsehens dürfen nach § 47 UrhG für Schulen aufgezeichnet und – bis zum Ende des auf die Ausstrahlung folgenden Schuljahres – im Unterricht eingesetzt werden.
- Die Schulfernsehsendungen der Bundesländer orientieren sich in Themenauswahl und Aufbereitung an den Lernenden und am Lehrplan. Die Sendereihen bestehen meist aus 5 bis 6 Einzelsendungen von 20 bis 30 Minuten Dauer.
- Häufig gibt es begleitendes Informationsmaterial oder das Sendungsmanuskript zum Herunterladen. Einen Überblick über das in den Bundesländern verfügbare Angebot bietet der Deutsche Bildungsserver *http://www.bildungsserver.de/* .

40 Diagramme

Ulrich Kattmann

> - Diagramme sind bildliche Modelle.
> - Diagramme quantifizieren und strukturieren.
> - Verschiedene Diagrammtypen stellen denselben Sachverhalt unterschiedlich dar.
> - Eindeutige Symbole machen Diagramme lesbar.
> - Spezielle biologische Inhalte erfordern besondere Diagramme.
> - Der Umgang mit Diagrammen will gelernt sein.

40.1 Diagramme sind bildliche Modelle

Der Modellcharakter von Diagrammen ergibt sich daraus, dass sie *mathematische Abbildungen* darstellen.

Unter Diagrammen werden demgemäß nur diejenigen bildlichen (zweidimensionalen) Darstellungen verstanden, in denen mathematische und logische Größen bzw. Operationen (Relationen, Mengen, Anzahlen und Ausmaße) abgebildet werden. Vereinfachende Skizzen (Schemata), wie Blütengrundrisse oder Körperumrisse von Lebewesen, werden nicht berücksichtigt. Im gleichen Sinne können logische Bilder von realistischen unterschieden werden (Schnotz 2001; vgl. Lachmayer 2008).

Die in den Diagrammen enthaltene Mathematisierung der Sachverhalte dient dazu, Ausmaße und Zusammenhänge herauszustellen und dabei Beobachtungen und Versuchsergebnisse sinnvoll zu ordnen. Die Darstellung soll dabei helfen, Gleichartiges leichter zu erkennen und Verschiedenartiges leichter zu unterscheiden. Durch die Darstellung werden Beobachtungen und Versuchsergebnisse nicht nur veranschaulicht, sondern auch interpretiert (zum Beispiel durch das Konstruieren einer Kurve aufgrund von Messergebnissen). In der ordnenden, verdeutlichenden und interpretierenden Funktion liegt die wesentliche didaktische Aufgabe von Diagrammen. Ihr Einsatz entspricht dem anderer Modelle: Sie müssen wie diese theoriebezogen konstruiert bzw. ausgewählt und interpretiert werden (▶ 36).

40.2 Diagramme quantifizieren und strukturieren

Mit verschiedenen *Diagrammtypen* werden die Sachverhalte unterschiedlich dargestellt (▶ Abbildungen 40-1 bis 40-4, S. 363 f.). Entsprechend dem Erfassen von Quantitäten und Strukturen werden in der Literatur den Diagrammen für quantitative solche für qualitative Zusammenhänge gegenübergestellt (Schnotz 2001, im Englischen werden entsprechende Termini benutzt: „graph" bzw. „diagram"). Um die beiden hauptsächlichen Funktionen der Diagrammtypen zu betonen, wird hier zwischen *quantifizierenden* und *strukturierenden* Diagrammen unterschieden

Diagrammtypen	Erfasste Kategorien	Beispiele
Achsendiagramme	Anzahlen, Ausmaße	
Punktdiagramm *Säulendiagramm* bei steter, d.h. regelhafter oder gesetzmäßiger Verteilung: *Kurven-* oder *Liniendiagramm*		Abb. 40-1 Abb. 40-2 Abb. 40-3
Sterndiagramm (Mehr-Achsen-Diagramm)		Abb. 40-4 b
Kreisdiagramm	Anteile an einer Gesamtheit	
Tortendiagramm (Kreissektoren-Diagramm)		Abb. 40-4 a
Baumdiagramm (Dendrogramm)	Klassen, Ähnlichkeitsgruppen	
Pfeildiagramme	Relationen	Abb. 40-5
Blockdiagramme	Systeme und Prozesse	
Abfolgediagramm Die Pfeile stellen Relationen dar, in Blöcken stehen Prozesse.	Prozesse	Abb. 40-13 Abb. 40-12 b
Flussdiagramme Die Pfeile stellen Ströme oder Flüsse und deren Richtungen dar, in Blöcken stehen Speicher oder Apparate.	Systeme, Prozesse	Abb. 40-6 Abb. 40-7
Spezielle biologische Diagramme		
Familiendiagramm (Familienstammbaum)	Generationenfolge	Abb. 40-8
Erbgangsdiagramm (Kreuzungsdiagramm)	Kreuzung, Erbgang	Abb. 40-9
Stammbaum (Phylogramm): Angeordnet auf einer Zeitachse, stellen Linien Stammeslinien dar; einfachster Fall: Gabeldiagramm	Verwandtschaftsgruppen Abstammung, letzter gemeinsamer Vorfahr	Abb. 40-10
Reiz-Reaktions-Diagramm	Black-Box zum Verhalten Reflexe Handlungsketten	Abb. 40-12c Abb. 40-11
Trapez-Abfolgediagramm	Regelung	Abb. 40-13
Regelkreis-Pfeildiagramm		Abb. 40-14
Regelkreis-Blockdiagramme		Abb. 40-6

Tabelle 40-1: Diagrammtypen

(▶ Tabelle 40-1). Die beiden Funktionen sind jedoch nicht streng zu trennen, auch quantifizierende Diagramme strukturieren die dargestellten Sachverhalte in geringerem oder größerem Ausmaß. Strukturierende Diagramme können durch Differenzierung der Symbole außerdem quantifizieren (z.B. durch die Wahl entsprechend großer Symbole wie die Breite von Pfeilen).

Zeile links außen: Quantifizierend / Strukturierend

Achsen- und Kreisdiagramme
Achsen und Kreisdiagramme dienen hauptsächlich dazu, Quantitäten zu erfassen. *Achsendiagramme* dienen dem Erfassen von *Messwerten*. Dabei ist der Unterschied zwischen diskreter bzw. steter Verteilung der Werte zu beachten:
- Aus der Eintragung von Messwerten in ein Achsenkreuz ergibt sich in jedem Fall zunächst ein *Punktdiagramm*.
- Werden die Messungen in der Auswertung im Sinne eines gesetzmäßig ablaufenden Prozesses oder einer regelhaften Verteilung gedeutet (stete Verteilung), so wird durch Konstruktion einer Kurve anhand der Messwerte das Punktdiagramm in ein *Kurvendiagramm* überführt. Das Kurvenbild bildet dann meist eine mathematische Funktion ab (z. B. Proportionalität durch eine Gerade, Normalverteilung durch die Gauß'sche Glockenkurve). Die eingezeichnete Kurve zwischen oder entlang der Messpunkte basiert auf Interpolationen und gilt – aufgrund theoretischer Annahmen – als wahrscheinliches Ergebnis (z. B. eine Wachstumskurve oder eine Regressionsgerade). Die mit der Kurve gegebene Interpretation ist besonders zu beachten: Das Eintragen der ermittelten Messwerte und das Zeichnen des Kurvenbildes sollten daher stets klar unterschieden werden (▶ Abb. 40-1 bis 40-3).
- Ist eine Deutung der Messwerte als Kurve nicht möglich (diskrete Verteilung), bleibt die Darstellung als Punktdiagramm angemessen. Da eine Kurvenlinie einen kontinuierlichen Prozess nur vortäuschen kann, ist das Zeichnen von Verbindungslinien zwischen den Messwerten in diesem Fall zu vermeiden. (Solche Linien verleiten zur Fehlinterpretation, auch wenn die Messergebnisse dadurch leichter erkennbar werden.)

Für die Darstellung und die Interpretation von Messwerten sind *Säulendiagramme* immer dann besser geeignet als ein Kurvendiagramm, wenn die Werte nicht kontinuierlich erhoben wurden. An Stelle von Säulen können auch senkrechte oder waagerechte Striche verwendet werden (Streckendiagramm). Bei kontinuierlicher Skala werden die Säulen eng aneinandergerückt (Histogramm).
Eine besondere Form eines waagerecht angelegten Säulendiagramms ist das *Altersklassendiagramm* einer Bevölkerung (sogenannte Alterspyramide). Der Nullpunkt liegt bei dieser Darstellung in der Mitte, die Säulen sind nach links und rechts für die Geschlechter getrennt gezeichnet. Dieser Diagrammtyp eignet sich immer dann, wenn Werte zweier verschiedener Gruppen einander gegenübergestellt werden sollen, (z. B. beim Vergleich von Geschlechtsgruppen, von Daten aus verschiedenen Jahren, Jahreszeiten oder Regionen).
Zur Darstellung von Anteilen an einer Gesamtheit eignen sich besonders *Tortendiagramme*. Will man Anteile mehrerer Gesamtheiten vergleichen, so ist das Eintragen der Werte in ein *Sterndiagramm* günstig (▶ Abb. 40-4).

Baum-, Pfeil- und Blockdiagramme
Baum-, Pfeil- und Blockdiagramme dienen vor allem zur Strukturierung.
Klassifizieren nennt man das Einordnen einer Anzahl von Gegenständen in *Ähnlichkeits-Klassen*. Der Prozess und das Ergebnis der Aufgliederung einer Gesamtmenge kann in einem Baum binärer Entscheidungsschritte, einem Baumdiagramm dargestellt werden, wie es den meisten Bestimmungstabellen zugrunde liegt. An Baumdiagrammen sind also die Entscheidungsschritte

40 Diagramme

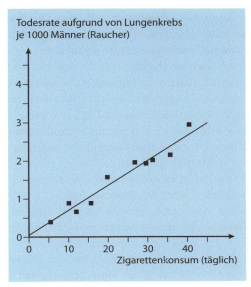

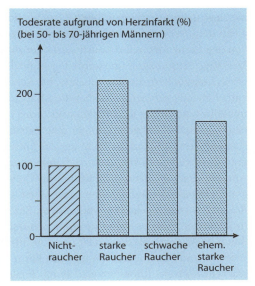

Abbildung 40-1: Punktdiagramm und Kurvendiagramm. Abhängigkeit der Todesrate (1/1000 x a) aufgrund von Lungenkrebs durch Zigarettenkonsum. Als Kurve ist die Regressionsgerade gezeichnet.

Abbildung 40-2: Säulendiagramm. Todesraten aufgrund von Herzinfarkt bei Männern. Die Nichtraucher sind gleich 100 % gesetzt.

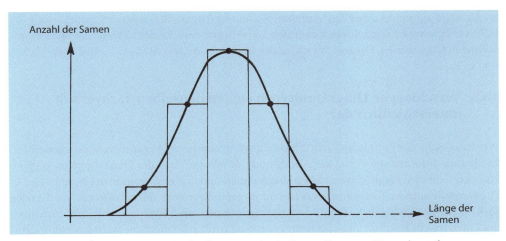

Abbildung 40-3: Überführen eines Säulendiagramms in ein Kurvendiagramm (Normalverteilung von Samenlängen).

abzulesen, die zu einer gewählten Klassifikation in Ähnlichkeitsgruppen führen. Sie sollten vor allem dann verwendet werden, wenn die einzelnen Entscheidungsschritte mit dem Diagramm von den Lernenden selbst konstruiert oder zumindest nachvollzogen werden können.

Derartige Baumdiagramme werden in Ähnlichkeitsanalysen sehr häufig benutzt. Sie werden sogar in Lehrbüchern als Stammbäume bezeichnet, was jedoch nicht richtig ist. Baumdiagramme enthalten lediglich Angaben über die Ähnlichkeit zwischen Gruppen (Ähnlichkeitscluster), die mit Hilfe bestimmter Klassifikationskriterien ermittelt wurde (vgl. Kattmann 2007, 19). Stammbäume enthalten hingegen immer eine Zeitachse (▶ Abb. 40-10). Um sie von Stammbäumen abzugrenzen, legt man die Richtung der Entscheidungsschritte (Aufspaltungen) von Baumdiagrammen am besten von oben nach unten oder von rechts nach links fest.

Alternativen zum Baumdiagramm, um Ähnlichkeitsgruppen zu ordnen sind das *Mengendiagramm* (Kreise, Venndiagramm) oder eine *Kasten-Tabelle* (Carrol-Diagramm).

Relationen sind regelmäßig vorhandene Beziehungen zwischen Gegenständen oder Größen. In konkreten Systemen sind sie empirisch feststellbar. Solche Beziehungsgefüge werden häufig durch *Pfeildiagramme* dargestellt (▶ Abb. 40-5).

Prozesse und Systeme werden meist in Form von *Blockdiagrammen* erfasst. Darin sind Blöcke (Kästchen, Ovale, Rhomben etc.) durch Pfeile verbunden. Hinter dieser Form verbergen sich aber zwei verschiedene Darstellungsweisen.

Im *Abfolgediagramm* haben die Pfeile die Bedeutung der Relation „darauf folgt ..." (▶ Abbildung 40-13 b; Abb. 40-12 b). Differenzierte Abfolgeprogramme sind *Verhaltensprogramme* (mit End- und Entscheidungsgliedern). Sie spielen in der Ethologie zur Beschreibung von Handlungsketten eine Rolle. Für Abfolgediagramme werden oft die missverständlichen Namen Fließdiagramm und Flussdiagramm verwendet. Diese Namen sind zu vermeiden, da mit den Pfeilen im Abfolgediagramm keine Flüsse, sondern *Relationen* dargestellt werden.

In *Flussdiagrammen* symbolisieren die Pfeile keine Relationen, sondern Flüsse; die Blöcke symbolisieren Organismen, Organe, Speicher oder Apparate (▶ Abb. 40-6, 40-7, 40-11, 40-12 c).

40.3 Verschiedene Diagrammtypen stellen denselben Sachverhalt unterschiedlich dar

Werden gleiche oder ähnliche Sachverhalte durch *verschiedene Diagrammtypen* dargestellt, so werden die Informationen und die Anschauung durch die Wahl des Diagrammtyps geprägt. Dies zeigt z.B. der Vergleich von Kurvendiagrammen und Säulendiagrammen (▶ Abb. 40-2). Die Darstellungen in Tortendiagrammen und im Sterndiagramm demonstrieren, wie derselbe Sachverhalt unterschiedlich strukturiert wahrgenommen wird. Während mit den Tortendiagrammen jeweils ein Nahrungsspektrum gut erfasst wird, erleichtert das Sterndiagramm demgegenüber den Vergleich der beiden Nahrungsspektren. Die Diagramme haben hier neben der quantifizierenden erhebliche strukturierende Funktion (▶ Abb. 40-4 a; b).

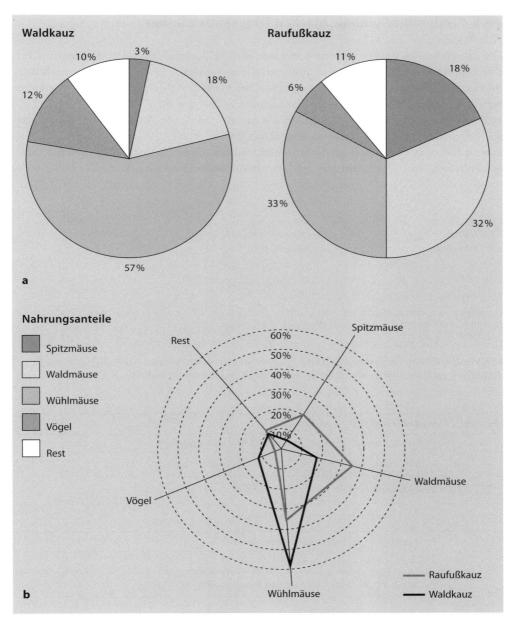

Abbildung 40-4: Nahrungsanteile beim Waldkauz und Raufußkauz; a) Tortendiagramme; b) Sterndiagramm

40.4 Eindeutige Symbole machen Diagramme lesbar

Diagramme sollten stets so angelegt sein, dass sie ohne Rückgriff auf einen erläuternden Text direkt gelesen werden können. Dazu müssen die verwendeten Symbole (z. B. Pfeile, Kästen, Buchstaben, Wörter) eindeutig festgelegt sein. Dies gilt insbesondere für *Pfeile*, da ihnen viele verschiedene Bedeutungen zugewiesen werden können (▶ Tab. 40-2).
In Pfeildiagrammen symbolisieren die Pfeile *Relationen*. Es ist sorgfältig darauf zu achten, dass die Pfeile innerhalb eines Diagramms immer nur ein und dieselbe Relation abbilden.
In einer Nahrungskette und einem Nahrungsnetz wird durch die Pfeile stets die Relation „... werden gefressen von ..." symbolisiert. Im Diagramm zur Rangordnung steht jeder Pfeil für die

Abbildung 40-5: Pfeildiagramm: Pfeile sind Symbole für Relationen. Beispiel: ökologische Nische des Wasserläufers. Jeder Pfeil bedeutet die Relation: „Diese Organismenart benötigt ..."

Pfeiltyp	Bedeutung
	Pfeile symbolisieren Relationen in Pfeil- und Abfolgediagrammen
→	einzelne Relation (z. B. „... darauf folgt", „... wird gefressen von")
⇄	wechselseitige Relation (nicht notwendig gleichzeitig wirkend)
↔	stets gleichzeitig (synchron) wirkende Relation
	Pfeile symbolisieren Flüsse in Flussdiagrammen
→	Informationsstrom (z. B. Reiz, Sollwert)
⇨	Materiestrom (Massestrom, z. B. Wasser, Mineralstoffe)
⬛▶	Energiestrom (z. B. Wärme, Licht)
⬜▶	kombinierter Energie- und Massestrom (z. B. Nahrung)
⇄	entgegengesetzte Ströme (stets zwei Pfeile zeichnen; nicht einen Pfeil mit Doppelspitze: Ströme können nicht gleichzeitig in zwei Richtungen fließen!)

Tabelle 40-2: Bedeutung von Pfeilen

40 Diagramme

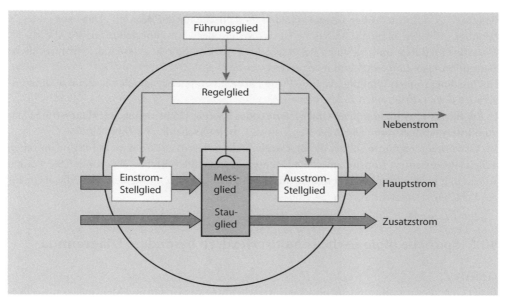

Abbildung 40-6: Flussdiagramm: Regelkreissystem (nach Kattmann 1980 b)

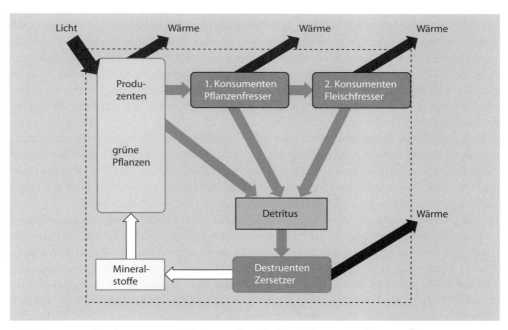

Abbildung 40-7: Flussdiagramm: Modell des Stoffkreislaufs und des Energieflusses in Ökosystemen (nach Eschenhagen, Kattmann & Rodi 1991, 73)

Relation „… dominiert über …", zur ökologischen Nische für die Relation „Das Lebewesen … benötigt …" (Eine ökologische Nische ist das System der Umweltbeziehungen ▶ Abb. 40-5). Derartige Pfeildiagramme können bei geschickter Wortwahl direkt gelesen, d. h. in sprachliche Formulierungen umgesetzt und interpretiert werden.
In Flussdiagrammen symbolisieren die Pfeile *Flüsse*. Es empfiehlt sich, diese weiter zu differenzieren (▶ Tab. 40-2).
In Regelkreis-Flussdiagrammen sind Materie- oder Energieströme (geregelter Hauptstrom) klar vom Informationsstrom (regelnder Nebenstrom) zu unterscheiden (▶ Abb. 40-6).
Im Ökosystemdiagramm sollten die Blöcke ebenfalls differenziert werden: Bei organismischen Teilen (Produzenten, Konsumenten, Reduzenten) werden die Kästchen abgerundet. Sie werden so von den nicht-lebenden Teilen (Detritus, Nährstoffvorräte etc.) unterschieden, die als (eckige) Kästchen dargestellt werden (▶ Abb. 40-7, S. 367).

40.5 Spezielle biologische Inhalte erfordern besondere Diagramme

Genetik
In der Genetik sind aufgrund der nötigen Unterscheidung von Genen und Merkmalen sowie Prozessen der Vererbung besondere Diagrammtypen üblich, die von der Symbolik der sonst verwendeten Diagrammtypen abweichen.
Besonders in der Humangenetik werden *Familiendiagramme* (sogenannte Stammbäume) verwendet. Darin werden weibliche Personen durch Kreise, männliche durch Kästchen symbolisiert; Personen unbekannten Geschlechts werden durch einen Rhombus, Merkmalsträger durch ausgefüllte Personensymbole gekennzeichnet. Abstammungsverhältnisse werden durch Striche angegeben: Eltern werden durch waagerechte, Eltern und Kinder durch senkrechte Striche verbunden. Geschwister werden durch waagerechte Striche verknüpft, die sich senkrecht verzweigen. Alle anderen Verwandtschaftsbeziehungen ergeben sich aus der Stellung des Personensymbols im Diagramm. Familiendiagramme mit Angabe der Merkmalsträger erlauben Schlüsse auf den Erbgang eines Merkmals (▶ Abb. 40-8).
In Kreuzungs- oder *Erbgangsdiagrammen* wird die Verteilung der Allele bei der Fortpflanzung und damit das statistische Auftreten von Merkmalen im Erbgang dargestellt Dazu werden die Allele in Körperzellen und Keimzellen symbolisiert. Im mendelschen Standardfall ist die Elterngeneration für die betrachteten Merkmale reinerbig. Die statistische Häufigkeit der Merkmale in der 2. Tochtergeneration ergibt sich aus den Anteilen im *Kombinationsquadrat*.
Für die Unterscheidung von Merkmalen und Genen ist die Form der in Erbgangsdiagrammen und Familiendiagrammen verwendeten *Gensymbole* besonders wichtig. Die übliche Form von Groß- und Kleinbuchstaben hat mehrere Nachteile: Sie ist ungeeignet für Fälle, in denen mehr als zwei Allele vorkommen (z. B. AB0-Blutgruppen); die Groß- und Kleinschreibung suggeriert, dass die Allele dominant bzw. rezessiv seien, während diese Eigenschaften streng genommen nur auf die Merkmale bezogen werden dürfen. Diese Nachteile werden vermieden, wenn man einem Vorschlag von Rolf Tille (1991) folgt und zur Symbolisierung jeweils zwei Buchstaben verwendet: einen Großbuchstaben, der den Genort symbolisiert (z. B. „F" als Symbol den Genort für das Merkmal „Farbe") und jeweils einen Indexbuchstaben für das Allel, das die jeweilige

40 Diagramme

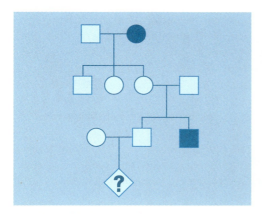

Abbildung 40-8: Familiendiagramm

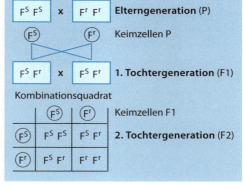

Abbildung 40-9: Erbgangsdiagramm (nach Tille 1991)

Merkmalsausprägung bewirkt (z. B. „S" für „schwarz" als dominantes Merkmal; „r" für rot als rezessives Merkmal, ▶ Abb. 40-9).
Mit zweigeteilten Gensymbolen wird vermieden, für Gene und Merkmale dieselben Symbole zu verwenden und damit dem Missverständnis vorgebeugt, die Gene seien verkleinerte Eigenschaftsträger (vgl. Frerichs 1999; Hedewig, Kattmann & Rodi 1999; Gluhodedow 2012).

Evolution

Die Linien eines *Stammbaums* symbolisieren genetisch gegeneinander isolierte Stammeslinien. Stammbäume enthalten stets eine *Zeitachse*. Sie sind theoretisch (hypothetisch) begründete Modelle über den Verlauf der Stammesgeschichte.
Die Zeitachse verläuft in der üblichen Darstellung von unten nach oben. Alle heute lebenden Organismen stehen entsprechend oben auf gleicher Höhe im Stammbaum. Sie dürfen nicht an Gabelungen in den Stammbaum eingezeichnet werden, da dies suggerieren würde, dass heute lebende Organismen voneinander abstammen. Die Anordnung auf gleicher Höhe demonstriert außerdem, dass alle rezenten Lebewesen gleich hoch entwickelt sind.
Stammbäume sind anhand von Vergleichen hypothetisch zu konstruieren (vgl. Hammann 2005). Der einfachste Fall eines Stammbaums stellt das *Gabeldiagramm* dar. Damit lassen sich (auch alternative) Hypothesen zum letzten gemeinsamen Vorfahren stammesgeschichtlich verwandter Lebewesen thematisieren, wie z. B. ob der letzte gemeinsame Vorfahr von Mensch und Schimpanse schimpansenähnlich oder menschenähnlich war (▶ Abb. 40-10; zur Anwendung des Gabeldiagramms vgl. Kattmann, Janßen-Bartels & Müller 2005 a; b).

Verhalten

Das *Reiz-Reaktionsdiagramm* ist ein Flussdiagramm, in dem der Organismus (gezeichnet als Block) als „Black Box" angesehen wird. Die Pfeile symbolisieren ausschließlich Informationsströme. Die eingehenden Reize (Input) und die erfolgenden Reaktionen (Output) werden entsprechend als (einfache) Pfeile gezeichnet. Dabei ist es günstig, die Pfeile für Reize und die für

Medien im Biologieunterricht

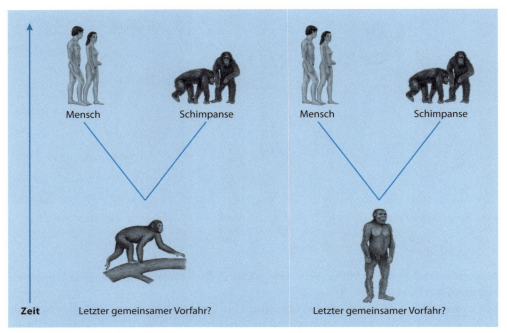

Abbildung 40-10: Gabeldiagramme zur Abstammung von Mensch und Schimpanse (nach Kattmann & Groß 2007, 22; aus: Unterricht Biologie, Nr. 329 © 2007 Friedrich Verlag GmbH, Seelze, verändert)

Reaktionen zu unterscheiden. Dies kann dadurch geschehen, dass der Reaktionspfeil gepunktet wird (vgl. Meyer 1979). Außerdem wird meist das empfangende Sinnesorgan als Halbkreis oder als nach innen gerichtetes Dreieck symbolisiert (▶ Abb. 40-11).

Durch das Hintereinanderschalten mehrerer Reiz-Reaktionsdiagramme können Handlungsketten dargestellt werden, auch solche, die – wie bei der Stichlingsbalz – zwischen mehreren Individuen ablaufen. Ein solches Diagramm zeigt das Ineinandergreifen von Reaktionen und Auslösern deutlicher als (das üblicherweise verwendete) Abfolgediagramm. (▶ Abb. 40-12c; zur Anwendung des Diagramms auf das Verhalten von Maulbrütern vgl. Kattmann & Klein 1989; auf Bestäubung der Fliegen-Ragwurz, vgl. Bay & Rodi 1991, 24).

Regelung

Unter Regelung wird ein Verhalten verstanden, bei dem ein System sich selbst so steuert, dass nach einer Einwirkung der vorherige Zustand (Normalzustand) mindestens einer Größe annä-

Abbildung 40-11: Reiz-Reaktionsdiagramm für Verhalten (nach Kattmann, Palm & Rüther 1982, 133)

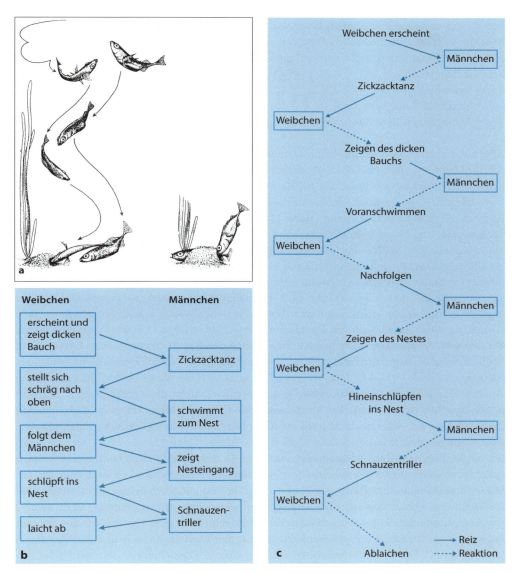

Abbildung 40-12: Abfolgediagramm und Flussdiagramm am Beispiel der Stichlingsbalz. (Tatsächlich ist das Balzverhalten des Stichlings nicht so eindeutig fixiert, wie es die isolierte Handlungskette nahelegt.) a) Bildlich-realistisches Diagramm (nach Tinbergen). b) Abfolgediagramm. Jeder Pfeil bedeutet die Relation „darauf folgt ...". c) Flussdiagramm (nach Kattmann, Palm & Rüther 1983)

hernd oder vollständig wiederhergestellt wird (vgl. Hassenstein 1977). Kybernetisch definiert bedeutet Regelung die Selbststeuerung mit negativer Rückwirkung (Regelkreis, vgl. Schaefer 1972 b). Im Biologieunterricht werden hauptsächlich drei Bereiche von Regelungen beschrieben: die Regulation
- des Verhaltens;
- des Stoff- und Energiewechsels;
- der ökologischen Beziehungen und des Populationswachstums.

Allgemein anwendbare Beschreibungsformen für Regelungsprozesse sind die anschaulichen *Abfolgediagramme nach Hardin* (1966, ▶ Abb. 40-13). Damit werden Prozesse beschrieben, bei denen nach einer Abweichung der Regelgröße vom Normalzustand dieser wiederhergestellt wird. Die einzelnen Prozesse sind durch die Relation „darauf folgt …" verbunden, hier in der Regel durch eine Kausalbeziehung. Dabei können die Einzelprozesse unterschiedlich sein, je nachdem, ob vom Normalzustand nach oben oder unten abgewichen wird. Daraus ergeben sich zwei Prozessfolgen, je eine für die beiden sogenannten Störungsfälle. Dieses Diagramm kann auf alle möglichen Typen und Bereiche von Regelungsprozessen angewendet und dabei sinnvoll differenziert oder erweitert werden. Im Bereich des Verhaltens lassen sich damit zum Beispiel eine einfache Kompensationsreaktion (z. B. Pupillenregelkreis) oder das komplexe Verhalten einer Eidechse bei der Wärmeregulation beschreiben. Schließlich lassen sich mit demselben Grunddiagramm Regelungen von Populationen und ökologischen Gefügen veranschaulichen. Bei der Anwendung des Diagramms auf die Wärmeregulation des menschlichen Körpers wird deutlich, wie das Diagramm für komplizierte Fälle differenziert werden kann (vgl. Eschenhagen, Kattmann & Rodi 1995, 140 ff., 165). Das Diagramm setzt allerdings voraus, dass auch dann von einem sogenannten Normalzustand gesprochen wird, wenn die Regelgröße, wie häufig in physiologischen und ökologischen Prozessen, periodisch um einen Mittelwert schwankt. Mit der Festlegung auf einen Normalzustand wird im Diagramm also von derartigen periodischen Abweichungen abstrahiert.

Im Vergleich zu den Abfolgediagrammen nach Hardin haben die *Pfeildiagramme nach Schaefer* (1972 a; vgl. Bayrhuber & Schaefer 1980) stärker abstrahierenden Charakter. Die Pfeile symbolisieren jeweils Kausalbeziehungen zwischen Größen und entsprechen damit der allgemeinsten Definition von Steuerung. Im Pfeildiagramm werden positive (fördernde) und negative (hemmende) Kausalrelationen unterschieden. Demnach gibt es drei Typen von Kausalkreisen zwischen zwei Größen, den Aufschaukelungskreis, den Konkurrenzkreis und den Regelkreis (▶ Abb. 40-14). Der hohe Abstraktionsgrad, der mit dieser Darstellung erreicht wird, zeigt sich besonders deutlich darin, dass auf diese Weise strukturell unterschiedliche Typen von Regelungssystemen gleichartig dargestellt werden (z. B. kybernetische Apparate und ökologische Durchflusssysteme). Dieses hohe Abstraktionsniveau kann Lernende und Lehrende dazu verführen, die Pfeildiagramme allzu schematisch ohne Rücksicht auf die tatsächlich nachweisbaren Kausalgefüge anzuwenden. Dies gilt ganz besonders im ökologischen Bereich, da hier leicht Kausalbeziehungen postuliert werden, die zwar plausibel erscheinen, aber einer genaueren Prüfung nicht standhalten und außerdem die Systemdynamik nicht hinreichend abbilden (vgl. Palm 1978; Dulitz 1990; Kattmann 1990; Bay & Rodi 1991, 33 ff.). Aus diesem Grunde ist fragwürdig, ob mit den umfangreichen Pfeildiagrammen angemessene Einsichten in ökologische

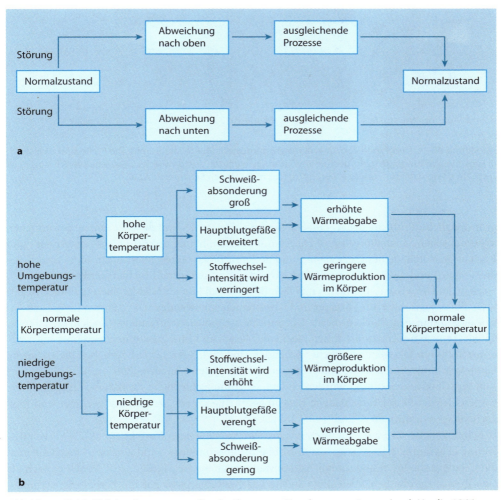

Abbildung 40-13: Abfolgediagramm zur Beschreibung von Regelungsvorgängen (nach Hardin 1966; verändert); a) allgemeines Diagramm; b) Diagramm der Wärmeregulation im Körper des Menschen (nach Kattmann & Rüther 1990)

und soziale Zusammenhänge bzw. vernetztes Denken erreicht werden (vgl. Kattmann 2004, 13). Aufgrund der großen Abstraktheit der Pfeildiagramme und der schwierigen Überlegungen, die für eine angemessene Verwendung von Pfeildiagrammen nach Schaefer im Unterricht nötig sind, wird empfohlen, sie frühestens in der 8. Klassenstufe einzusetzen.

Auch mit der Verwendung von Flussdiagrammen zur Regelkreisdarstellung wird angestrebt, Regelungsphänomene möglichst allgemeingültig zu beschreiben (vgl. Schaefer 1972 a; b; 1978; Bayrhuber 1974; Högermann 1989; Bell 2004). Bei diesem Bemühen stellt sich sehr bald das

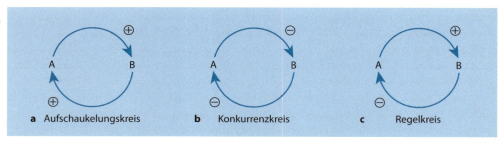

Abbildung 40-14: Drei Typen von Kausalkreisen, dargestellt im Pfeildiagramm. Die Pfeile sind zu lesen: ⊕ (positive Wirkung): „je mehr desto mehr", und: „je weniger, desto weniger"; ⊖ (negative Wirkung): „je mehr desto weniger", und: „je weniger, desto mehr" (nach Schaefer 1972 a).

grundsätzliche Problem der Verallgemeinerung. Die an technischen Systemen gewonnenen kybernetischen Vorstellungen und Diagramme werden häufig unkritisch auf Steuerungs- und Regulationsvorgänge bei Organismen und anderen Biosystemen übertragen, ohne dass dabei die Grenzen und die Angemessenheit der Übertragung genügend beachtet werden.

So ist in der fachwissenschaftlichen und fachdidaktischen Literatur der Versuch zu finden, Regelkreis-Flussdiagramme auf Vorgänge in Ökosystemen anzuwenden. Die Autoren übersehen dabei, dass die in den Blöcken dieser Diagramme symbolisierten Bauteile (Speicher, Apparate, Glieder) sowie Informationsbahnen (also von Masse- und Energieströmen getrennte Informationsströme) in Ökosystemen nicht vorhanden sind (vgl. Schaefer & Bayrhuber 1973). Solche Flussdiagramme sind also nicht angemessen auf Ökosysteme anzuwenden.

Von verschiedenen Autoren wurden zudem sehr unterschiedliche *Regelkreis-Flussdiagramme* vorgeschlagen, die für verschiedene Regelungssysteme unterschiedlich gut geeignet sind (vgl. Eschenhagen, Kattmann & Rodi 1985, 261 ff.).

In Schulbüchern wird am häufigsten das *Regelkreisschema nach Hassenstein* (1977) verwendet. Dieses Diagramm erfasst zwar die Informationsübertragungs- und Reaktionsmechanismen differenziert, die im System möglichst konstant gehaltene Regelgröße wird jedoch einfach als eine Zustandsgröße behandelt. Eine solche Beschreibung passt gut für Verhaltensreaktionen (Gleichgewichtsregulation, Pupillenregelkreis, Orientierungsreaktionen; vgl. z. B. Probst 1973), weniger gut jedoch für stoffwechselphysiologische Regelungsprozesse. Bei letzteren erfolgt die Regelung nämlich dynamisch über Zu- und Abströme.

Regelkreis-Diagramme sollten den Lernenden nicht ein statisches, sondern ein dynamisches Bild der Vorgänge im Organismus vermitteln. Für die Regelung des Stoff- und Energiewechsels sollte daher prinzipiell von den Verhältnissen bei *Durchflusssystemen* ausgegangen werden (vgl. Kattmann 1980b; 1990). In einem Durchflusssystem kann sich zwischen den Größen ein Fließgleichgewicht – ohne Hilfsapparate – allein durch Wechselwirkungen einstellen. Diese Wechselwirkungen können im Organismus analog zu technischen Systemen durch Rückkopplungsmechanismen (mit Hilfe von Apparaten) *ergänzt* werden (homöostatische Regelung). Das Ergebnis einer solchen Kombination von Fließgleichgewicht aufgrund der Regelung im Durchflusssystem und Gleichgewicht aufgrund homöostatischer Regelung wird als „*homöostatisch gesichertes Fließgleichgewicht*" bezeichnet (Kattmann 1980a; 1990).

Dem entspricht das für dieses Regelungssystem entwickelte Flussdiagramm (▶ Abb. 40-6, S. 367) Die Terminologie in diesem Diagramm ist im Wesentlichen dem Diagramm von Schaefer (1972a) entnommen, die Anordnung der Ströme und Glieder jedoch als Durchflusssystem gestaltet. Auf diese Weise veranschaulicht das Diagramm des homöostatisch gesicherten Fließgleichgewichts, dass in Biosystemen die Einströme und Ausströme als solche keine Störungen sind, sondern dass sie im Gegenteil zur Herstellung des organismischen Fließgleichgewichts (durchgehender Hauptstrom) unbedingt notwendig sind (vgl. die Anwendungen des Diagramms bei Hedewig 1990, 22; Eschenhagen, Kattmann & Rodi 1995, 165 ff.). In den von technischen Regelungssystemen abgeleiteten Regelkreisdiagrammen werden dagegen Einflüsse auf die Regelgröße als sogenannte Störgrößen betrachtet.

40.6 Der Umgang mit Diagrammen will gelernt sein

Die Art der Verwendung von Diagrammen hat wesentlichen Einfluss darauf, in welchem Verständnis und mit welcher Interpretation wissenschaftliche Daten vermittelt werden (vgl. Nieder 2000; Roth 2003). Sie können Schlussfolgerungen erleichtern und Erklärungen verdeutlichen. Psychologische Untersuchungen zeigen, dass Lernende Schwierigkeiten haben, Diagrammen die bedeutsamen Informationen zu entnehmen. Zuweilen werden nur Oberflächenmerkmale beachtet. Die Verknüpfung von Text und Bild gelingt oft nur schwer. Zum fachlichen Verstehen von Diagrammen und für das angemessene Konstruieren von Diagrammen scheint vor allem die Vertrautheit mit der Darstellungsform ausschlaggebend zu sein (vgl. Lachmayer 2008; Lachmayer, Nerdel & Prechtl 2007). Für den Lerneffekt von Fluss-Diagrammen spielt das Vorwissen der Lernenden eine erhebliche Rolle (Hildebrandt & Bayrhuber 2001; 2003).

> **Anlage von Diagrammen**
>
> *Auswahl des Diagrammtyps:* Die Art der grafischen Darstellung sollte stets sorgfältig bedacht werden. So kann verhindert werden, dass ungewollt – allein durch den ausgewählten Diagrammtyp – Unterschiede oder Gemeinsamkeiten vorgetäuscht werden, die in der Sache gar nicht vorhanden sind.
>
> *Stete Verwendung der Symbole:* Alle Symbole sollen im selben Diagramm dieselbe Bedeutung haben.
>
> *Beschriftung und Legende:* Größen und Dimensionen sind exakt anzugeben (z. B. in der Beschriftung eines Achsenkreuzes). In der Legende ist die Bedeutung der verwendeten Symbole anzugeben.
>
> *Überschrift:* Jedes Diagramm erhält eine prägnante, zutreffende Überschrift, die den Diagrammtyp und den Inhalt des Dargestellten angeben sollte.

Wenn die Lehrperson Diagramme konsequent konstruiert und verwendet, kann deren Bedeutung von den Lernenden leichter erkannt werden, und sie können die Grundsätze für Diagramme dann gezielt in eigenen Arbeiten anwenden (z. B. bei Protokollen und Aufgaben, ▶ Kasten).

Diagramme sollten für ein nachhaltiges Lernen von den Lernenden nach eigenen Vorstellungen konzipiert und gemeinsam analysiert und interpretiert werden. Das Interpretieren von Diagrammen wird wohl am besten gelernt, indem sie von den Lernenden selbst anfertigt werden. Dabei sollen sie rechtfertigen können, welchen Diagrammtyp sie zur Darstellung auswählen (vgl. Astolfi, Coulibaly & Host 1977; Leicht 1981; Stern, Aprea & Ebner 2003; Bell 2004).

Nach den Richtlinien der KMK für den mittleren Schulabschluss ist der Umgang mit Diagrammen eine wichtige Komponente des *Kompetenzbereichs Kommunikation* (▶ 11). Anhand der beiden quantifizierenden Diagrammtypen Kurvendiagramm und Säulendiagramm wurde ein Modell zur Entwicklung von „Diagrammkompetenz" erstellt (Lachmayer 2008). Darin werden die Komponenten Informationsentnahme, Konstruktion und Integration unterschieden. Unter Integration wird dabei das Aufeinanderbeziehen von Informationen aus dem Diagramm und dem zugehörigen Text verstanden (zur Bild-Textverschränkung, ▶ 42). Ein wichtiges Ergebnis der Untersuchung ist, dass Informationsentnahme und Konstruktion selbstständige Komponenten im Umgang mit Diagrammen darstellen, aber einen mittelstarken Zusammenhang zeigen, sodass bestätigt wird, dass das selbstständige Konstruieren das fachlich angemessene Verstehen von Diagrammen fördern kann (und umgekehrt).

Die Interpretation von Diagrammen sollte unabhängig von der Konstruktion besonders geübt werden. Ein wichtiges Beispiel dafür ist die Interpretation von sich überschneidenden *Normalverteilungskurven* (Kattmann 2009, ▶ Kasten). Die Kurven werden spontan und dem Augenschein nach beurteilt und dann falsch interpretiert. Sie lassen nämlich keine Rückschlüsse auf individuelle Merkmale der Gruppenmitglieder zu. Die Einsicht in diese Tatsache ist im Unterricht für das Erreichen von sozialen und pädagogischen Zielen zu nutzen (vgl. Etschenberg, Erber & Kattmann 1993; Kattmann 2009).

Interpretation gegen den Augenschein
Normalverteilungskurven veranschaulichen die Verteilung von Merkmalen zwischen zwei Gruppen (z. B. Geschlechter, „Rassen"). Der Kurvenverlauf täuscht größere Unterschiede zwischen den Gruppen vor, als tatsächlich erhoben wurden: Aufgrund der Gestaltwahrnehmung wird nur die Fläche, die von beiden Kurven gemeinsam eingeschlossen wird, als Überschneidungsbereich angesehen (scheinbarer Überschneidungsbereich). In Wahrheit ist der gesamte Bereich, in dem für die Gruppen gleiche Messwerte auftreten, als Überschneidungsbereich (Schnittmenge) zu definieren (tatsächlicher Überschneidungsbereich). So befinden sich im gewählten Beispiel auch die Mittelwerte der beiden Gruppen im Überschneidungsbereich (▶ Abb.). Wegen der Varianz der Merkmale und der großen Überschneidungsbereiche lassen daher sich aus den Mittelwerten für die dargestellten Gruppen keine Aussagen über die Eigenschaften und das Verhalten der Individuen erschließen.

Die in der Abbildung dargestellten Indices werden anhand von psychologischen Tests (M-F-Index nach Terman und Miles) mit Angaben zu Wortassoziationen, Wissensinformationen, emotionalen und moralischen Reaktionen auf im Test beschriebene Situationen erhoben. Die Reaktionen werden nach überkommenen Einschätzungen als männlich oder weiblich bewertet. Als feminin bewertete Antworten erhalten negative, als maskulin bewertete positive Punkte (!). Nicht nur die Messmethode dieses Tests ist fragwürdig, sondern unabhängig davon auch die Interpretation der so erhaltenen Verteilungskurven.

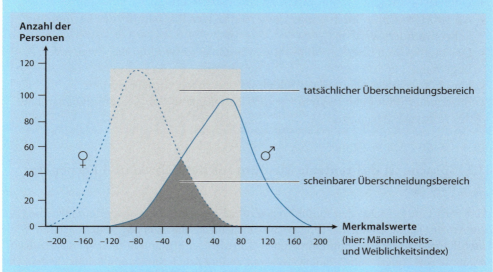

Abbildung: Interpretation von überschneidenden Normalverteilungskurven am Beispiel der Verteilung von „Weiblichkeits-" und „Männlichkeitsindices" auf Männer und Frauen (Kurven gestrichelt bzw. durchgezogen; Kurven nach Schwidetzky 1971)

41 Sprache

Ute Harms & Ulrich Kattmann

> - Sprache ist das zentrale Medium für das Lehren und Lernen der Biologie.
> - (Fach-)Sprache hat vielfältige Funktionen.
> - Begriffe und Wörter sind zu unterscheiden.
> - Unterrichtssprache ist didaktisch zu rekonstruieren.
> - Anthropomorphe Vorstellungen und Metaphern können für das Lernen und Lehren genutzt werden.
> - Der methodisch überlegte Einsatz von Sprache unterstützt das Lernen von Begriffen.
> - Durch Textanalyse kann das Biologieverständnis gefördert werden.
> - Bilingualer Biologieunterricht vermittelt Biologie in der Wissenschaftssprache der Naturwissenschaften.

41.1 Sprache ist das zentrale Medium für das Lehren und Lernen der Biologie

„Lest euch bitte zunächst den Einführungstext zur aktiven und passiven Immunisierung auf dem Arbeitsblatt durch und interpretiert anschließend das darunter abgebildete Diagramm zur Entwicklung der Antikörperkonzentrationen. Schreibt euer Ergebnis in einem kurzen Text auf." So könnte eine Aufgabe einer Biologielehrkraft an ihre Schülerinnen und Schüler lauten. Der vielfältige Einsatz von *Sprache* ist in diesem Beispiel für den Unterrichtsgang zentral: Die gesprochene Sprache der Lehrkraft vermittelt den Lernenden die Aufgabenstellung. Der Einführungstext stellt in verbaler Form das notwendige Wissen zur Bearbeitung der Aufgabe bereit und muss von den Lernenden zunächst rezipiert werden. Nach der Interpretation des Diagramms soll das Ergebnis – das Ausgesagte – in die *eigene* Sprache übertragen werden. *Texte* – als sprachliches Medium – werden hier also zuerst als Interpretationsgegenstand, im zweiten Schritt als Konstruktionsgegenstand eingesetzt. Empirische Forschung zeigt, dass für die Entwicklung eines biologischen Verständnisses gerade letztere, konstruktive Prozesse besonders förderlich sind (Ainsworth 2006).

Sprache ist im Unterricht das nach wie vor am meisten verwendete Medium. Daneben werden weitere Repräsentationsformen im Biologieunterricht verwendet wie Diagramme oder Tabellen, die in bildlicher oder symbolischer Form Wissen kommunizieren (▶ 11, 40).

41.2 (Fach-)Sprache hat vielfältige Funktionen

Sprache besitzt vielfältige Funktionen: Die spezifische Sprache, die ein Wissenschaftler verwendet, grenzt ihn gegenüber Laien und Wissenschaftler anderer Fächer ab *(Abgrenzung)*. Sprache kann als Waffe gegen den Gesprächspartner verwendet werden; insbesondere Fachsprache taugt besonders gut zum Imponieren *(Einschüchterung)*. Sprachen dienen der Kommunikation zwischen Menschen. Als Verständigungsmittel liefert Sprache die nötigen Hinweise, um das Gemeinte zu verstehen *(Verständigung)*. Im Unterricht sollte die Verständigungsfunktion bei der Verwendung gesprochener und geschriebener Sprache im Vordergrund stehen. Diese Aufgabe ist angesichts der anderen genannten Funktionen keineswegs selbstverständlich. Verständigung kann besser gelingen, wenn die dem Lernen abträglichen Funktionen von Sprache nicht übersehen, sondern bewusst vermieden werden. Dies erfordert einen reflektierten und umsichtigen Umgang mit Sprache seitens der Lehrkraft.

Jede wissenschaftliche Disziplin zeichnet sich durch eine ihr spezifische *Wissenschafts-* oder *Fachsprache* aus. Dies ist die Sprache, mit der in der jeweiligen Wissenschaft gesprochen und geschrieben wird. Für Laien ist sie häufig unverständlich und fremd. Lernende empfinden dies kaum anders. Fachsprache beruht auf Übereinkünften (Konventionen) der Wissenschaftlergemeinschaft des jeweiligen Fachgebiets, der sogenannten *Scientific Community*. Sie unterscheidet sich damit in wesentlichen Punkten von der *Alltagssprache* (Schaefer 1980, 101). Allerdings umfasst Fachsprache immer auch alltagssprachliche Anteile. Umgekehrt gehen Worte der Fachsprache in die Alltagssprache ein, meist aber mit einer vom Fachlichen abweichenden Bedeutung (vgl. Rincke 2010).

Die herausragende Aufgabe der Fachsprachen besteht in der *Objektivierung*. Das Ausgesagte soll möglichst unabhängig vom Sprecher *intersubjektiv* nachvollziehbar und überprüfbar gelten. Durch ihre Definition gewinnen fachsprachliche Begriffe *Eindeutigkeit*; damit werden sie für den wissenschaftlichen Gebrauch verfügbar gemacht. In der Alltags- oder Umgangssprache sind die verwendeten Wörter und Sätze hingegen oft mehrdeutig. Ein weiteres Merkmal von Fachsprache ist ihre *Situations-* und *Kontextunabhängigkeit*. Fachwörter sollen auch in unterschiedlichen Zusammenhängen zuverlässig ein und denselben Begriff bezeichnen; Fachwörter und Fachaussagen sollen so normiert und formalisiert werden, dass sie für alle möglichen Situationen und Kontexte verwendbar sind, auf die sie überhaupt zutreffen. Die extremste Form der Objektivierung ist die Überführung der (verbalen) Fachaussage in die Repräsentationsform der mathematischen Symbolsysteme (Mathematisierung, ▶ 35.3).

Trotz der aufgeführten Eigenschaften sind Fachsprachen nicht unabhängig von der *Alltagssprache*, sondern setzen sie voraus. Sie wurzeln in ihr, indem immer wieder Wörter aus ihr entnommen und im Sinne der Fachaussagen umgedeutet werden. Fachsprachen weichen dabei von den durch die Alltagssprache geprägten Vorstellungen ab, engen sie ein oder gehen über sie hinaus. Alltagssprache und Fachsprache haben gemeinsam, dass sie zur Verständigung dienen sollen. Damit ist die Fachsprache, trotz der angestrebten, von Personen unabhängigen Objektivität, immer an das Verstehen der Adressaten gebunden. Wie die Alltagssprache wird die Fachsprache „daraufhin beurteilt, ob der Schreiber oder Sprecher den Adressaten seine Ergebnisse und Erfahrungen deutlich verständlich machen kann und ob diese dann mit den eigenen Erfahrungen und Ergebnissen der Leser oder Hörer übereinstimmen bzw. sich vereinbaren lassen" (Hilfrich 1979, 154; vgl. Spanhel 1980). Fachsprachen sind also gruppenspezifische Umgangssprachen der Wissenschaftler. Sie sind Soziolekte der jeweiligen Wissenschaftlergemeinschaft.

41.3 Begriffe und Wörter sind zu unterscheiden

Beim Begriffslernen ist klar zwischen drei Bereichen zu unterscheiden: den sprachlichen Ausdrücken *(Zeichen)*, den gedanklichen Konstrukten *(Vorstellungen)* und den bezeichneten Teilen der Wirklichkeit *(Referenten)* (▶ Tab. 41-1). Zwischen der Verwendung von Sprache, der Begriffsbildung und dem Erfassen der Wirklichkeit besteht ein enger Zusammenhang; die Unterscheidung der Bereiche ist jedoch wesentlich für die Interpretation von Erkenntnisprozessen und die Analyse von Texten. *Begriffe* gehören zum gedanklichen Bereich. Begrifflich heißt demnach nichts anderes als „gedanklich". Begriffe werden sprachlich durch *Termini* (Wörter, Symbole) bezeichnet; ihre Bedeutung wird durch Definitionen oder Umschreibungen vermittelt. In der Biologie werden Individuen ebenso wie als systematische Gruppen von Lebewesen erkannte Einheiten (Taxa) durch *(Eigen-)Namen* bezeichnet (Artnamen, etc.). Namen und Termini können als *Fachwörter* zusammengefasst werden.

41.4 Die Unterrichtssprache ist didaktisch zu rekonstruieren

Unterricht ist kein Abbild von Wissenschaft. Sprache im Biologieunterricht ist daher nicht das reduzierte Abbild der biologischen Fachsprache. Als Soziolekt der Wissenschaftler kann die Fachsprache nicht direkt in den Unterricht übernommen werden. Bei der Vermittlung wissenschaftlicher Aussagen an die Öffentlichkeit (Popularisierung) und im Unterricht ist es daher unerlässlich, die jeweilige Fachsprache mit einer den Adressaten adäquaten Alltagssprache zu verbinden. Im letzteren Fall entsteht so die *Unterrichtssprache*. Sie hat die Funktion, zwischen dem Soziolekt der Wissenschaftler und der allgemeinen Umgangssprache zu vermitteln. Alltagssprache ist dabei durch Elemente der Fachsprache zu ergänzen, Fachsprache teilweise in Alltagssprache zu übersetzen. Alltagssprachliche Elemente der Fachsprache sind besonders auf die mit ihnen vermittelten Vorstellungen zu hinterfragen (vgl. Hilfrich 1979; Knoll 1979; Kattmann 1992a; b; 2001). Fachsprache ist im Unterricht als Mittel der Verständigung und Anschauung zu nutzen. Die in den Texten verwendete Sprache ist wie die andere Elemente des Lernens und Lehrens von Biologie *didaktisch zu rekonstruieren* (▶ 4, 26.4). Die Bildung einer angemessenen Unterrichtssprache ist daher eine eigenständige fachdidaktische Aufgabe (vgl. Schaefer & Loch 1980; Lepel & Kattmann 1991; Merzyn 1998; Nitz, Nerdel & Prechtl 2012).

Zeichen	Vorstellung	Referent
Aussagengefüge	Theorie	Wirklichkeitsbereich
Satz, Aussage	Konzept	Sachverhalt
Terminus	Begriff	Klasse von Dingen oder Ereignissen
Eigenname	Individualbegriff	Individuum

Tabelle 41-1: Sprachlicher, gedanklicher und referentieller Bereich: Zuordnung von Termini auf verschiedenen Komplexitätsebenen (nach Gropengießer 2007, 30, verändert)

Beziehungen zur Alltagssprache

Strittig ist die Verwendung umgangssprachlicher Termini gegenüber den Fachwörtern. In vielen Fällen ist es günstiger, gleich das (meist fremdsprachliche) Fachwort zu lernen (vgl. Berck 2005). Blattgrünkörner ist ein kindertümelnder Terminus, der nur scheinbar leichter zu lernen ist als das Fachwort Chloroplast. Englische Kinder lernen z. B. in ihrer Muttersprache für Flusspferd ohne Schwierigkeiten Hippopotamus. Die Wahl der Termini sollte jedoch nicht schematisch, sondern nach Kriterien erfolgen, mit denen die Sachgemäßheit und die Funktion beim Lernen berücksichtigt werden (vgl. Kattmann 1993). Termini, mit deren Hilfe eindeutige Vorstellungen entwickelt werden, können Hilfen zum Lernen sein und sind keine Lernhindernisse. Dies belegen u. a. Untersuchungen zur logischen Verknüpfung von Begriffen und zu Begriffsnetzen (vgl. Brehme, Domhardt & Lepel 1984; Graf 1989 a; b; 1995; Müller & Kloss 1990; Oehmig 1990; Bretschneider 1992; Brezmann 1992; Lepel 1996 a; b).

Fachbegriffe oder gar nur deren Termini sollten nicht isoliert betrachtet werden. Die schematische Übernahme oder Festlegung von Termini führt im Unterricht zu *Verbalismus*, bei dem den Wörtern die Begriffe fehlen (▶ 41.3). Wörter sind für sich genommen keine Bedeutungsträger. Termini werden erst dann für die Lernenden bedeutsam, wenn der sprachliche und begriffliche Kontext über bloße Definitionen hinaus hergestellt und die mit der Fachsprache verknüpften Vorstellungen erkannt werden. Deshalb gilt: Erst den Begriff, dann das Fachwort einführen (s. unten). Biologieunterricht sollte auch sprachlich an die Erfahrungen und Vorstellungen der Lernenden anknüpfen. Fachsprache kann beim Lernen sinnvoll nur insoweit verwendet werden, als es gelingt, die Begriffe und Sachverhalte auf das Vorwissen zu beziehen und auf dem Hintergrund der gemachten Erfahrungen zu verstehen. Auf diese Weise wird vermieden, dass Fachwörter unverstanden nachgesprochen werden, weil sie nicht mit Anschauung verbunden werden.

Dem Aufdecken von Zusammenhängen zwischen Alltagserfahrungen und Fachsprache dienen u. a. Untersuchungen zum Verhältnis des logischen Kerns zum assoziativen Umfeld eines Begriffs (vgl. Schaefer 1980; 1983 a; b; 1992). Es zeigt sich, dass affektive Faktoren die Vorstellungen zu einem Fachbegriff stark beeinflussen können.

Lernförderliche und lernhinderliche Fachwörter

Termini und Namen, die in der Fachsprache verwendet werden, können *Lernhindernisse* sein. Das gilt z. B. für den Terminus „ökologische Nische", dessen wörtliche Bedeutung regelmäßig zu der unangemessenen Vorstellung bei den Lernenden führt, die ökologische Nische sei ein Raum. Dieser Fachterminus betrifft aber die Ansprüche einer Organismenart an ihre Umwelt, Die ökologische Nische ist niemals ein Raum, sondern das System der Umweltbeziehungen, darunter Raum*ansprüche* und Raum*nutzung*. Es muss daher versucht werden, den Begriff lernförderlich zu umschreiben, nämlich als das „Gefüge der Umweltbeziehungen einer Art" oder kurz die „Art-Umwelt".

Die Aufgabe der Fachsprache, Sachverhalte und Begriffe durch Aussagen und Termini möglichst genau zu bezeichnen, wird im Unterricht somit oft dadurch erschwert, dass die Fachwörter mit unpassenden Vorstellungen verbunden sind, nicht eindeutig verwendet werden oder das Gemeinte nur ungenau erfassen. Es ist also nicht verwunderlich, dass hieraus Unklarheiten und *Lernschwierigkeiten* resultieren (vgl. Pfundt 1981). Die Beziehungen zwischen der verwendeten

Sprache und dem Lernen von Begriffen sind genau zu untersuchen. Hier führt die Frage weiter, welche Anschauungen die Fachwörter selbst vermitteln (vgl. Riemeier et al. 2010).

Die Fachsprache enthält aus der Umgangssprache übernommene *euphemistische Umschreibungen* (z. B. „Artenschwund" statt Ausrottung von Arten) und vom Nützlichkeitsstandpunkt geprägte Wendungen (z. B. „Unkräuter" statt Wildkräuter), die den gemeinten Erscheinungen nicht gerecht werden (vgl. Friedmann 1981; Gigon 1983; Trommer 1990; Chew & Laubichler 2003).

Im Sinne der Eindeutigkeit werden Fachwörter in einer gegenüber dem Alltagsgebrauch des Wortes eingeengten Bedeutung verwendet. Der stets mitschwingende alltägliche Sinn kann die fachliche Bedeutungszuweisung behindern. So können die Lernende die Unterscheidung von Reiz und Erregung in der Sinnesphysiologie schon deshalb schwer nachvollziehen, weil mit der Bezeichnung Reiz unmittelbar die Alltagsvorstellungen von Schönheit und damit von Erregung verknüpft sind. Ein weiteres Beispiel geben die Vorstellungen zu Wachstum und Zellteilung, die besser „Zellverdopplung" heißen sollte (Riemeier 2005a; b). Sind die Namen oder Termini ungünstig gewählt, so muss gegen die Alltagsbedeutung gelernt werden. So werden mit den Namen Kriechtiere und Weichtiere jeweils alle kriechenden bzw. weichen Tiere assoziiert und den anders definierten biologischen Taxa zugeordnet. Beim Verwenden des lateinischen Namens Reptilien werden diese falschen Zuordnungen nicht gemacht (Kattmann & Schmidt 1996; vgl. Kattmann 2001).

Fachwörter passen – auch aus historischen Gründen – manchmal schlecht zu dem bezeichneten Begriff. Am Beispiel der Zellenlehre lässt sich gut zeigen, wie aufgrund der verwendeten Terminologie widersprüchliche Vorstellungen von den Schülern gebildet werden können. Beispielsweise suggeriert der Terminus „Doppelmembran" bei Chloroplasten und Mitochondrien, dass die beiden Membranen gleich seien. Tatsächlich handelt es sich um zwei Membranen, mit unterschiedlichen Eigenschaften und Funktionen sowie unterschiedlicher Herkunft (vgl. Kattmann 1993). Beim Terminus Nährstoff zeigen sich die fachliche Mehrdeutigkeit und die unkorrekte oder missverständliche Verwendung bei Tieren und Pflanzen (vgl. Hedewig 2003). Wie ein Begriff benannt wird, hängt vielfach von den in einer Wissenschaft herrschenden *Konzepten* ab. Ein Beispiel für ein etabliertes Konzept ist das der Anpassung bzw. Angepasstheit der Organismen an ihre Umwelt (Weitzel & Gropengießer 2009; zur Unterscheidung vgl. Schrooten 1981a). Unangemessene und überholte wissenschaftliche Konzepte stehen hinter Bezeichnungen wie Fehlanpassungen und Voranpassung oder Präadaptation (vgl. Kattmann 1992b; Baalmann et al. 2004). Ebenso sind genetische Termini wie Erbkrankheit durch obsolete Vorstellungen von Vererbung – und gegebenenfalls genetizistischem Denken – geprägt und sollten durch angemessene genetische Termini ersetzt werden, z. B. genetisch bedingte Krankheit statt „Erbkrankheit" (vgl. Kattmann, Frerichs & Gluhodedow 2005).

Erst der Begriff, dann das Wort

Das Finden und Benutzen angemessener Termini ist wesentlicher Teil einer fachgemäßen Begriffsbildung, bei der die für den Unterricht geeigneten Fachwörter sorgfältig anhand von Kriterien auszuwählen sind (Kriterienkatalog bei Kattmann 1993). „Aus Gründen der Ökonomisierung und Effektivierung des Unterrichts sollten von vornherein [Termini und] Namen verwendet werden, die den Schülern die Sache möglichst unmittelbar geben und damit Umschreibungen überflüssig machen" (Weninger 1970, 407). Die beste Möglichkeit besteht darin, zusammen mit den Lernenden geeignete Fachwörter zu finden und die angemessenste Bezeichnung auszuhandeln.

In vielen Fällen wird man aber nicht darum herumkommen, ungünstig geprägte, jedoch gebräuchliche Fachwörter in den Unterricht einzuführen, und zwar auch dann, wenn sie missverständlich oder irreführend sind (vgl. oben zur ökologischen Nische). Es sollte jedoch der begriffliche (gedankliche) Inhalt zuerst gefestigt werden, bevor ein Fachwort eingeführt wird: „Ist die sachliche, begriffliche und terminologische Klärung pädagogisch richtig durchgeführt worden und wird den Schülern erst dann das übliche (in diesem Fall ungeschickt gewählte) Fachwort mitgeteilt, können ernsthafte Schwierigkeiten vergleichsweise leicht vermieden werden" (Weninger 1970, 407). Die Abfolge zwischen dem Lernen eines Begriffs und der Einführung eines zutreffenden sprachlichen Kennzeichnung, also eines Fachworts (Terminus), sollte besonders überlegt und beachtet werden. Als Regel gilt: Erst der *Begriff*, dann das lernförderliche *Wort*, danach *Orientierung* durch Hinweise auf andere Fachwörter.

Lehrende und Lernende sollen auf diese Weise fähig werden, kritisch mit der Fachsprache umzugehen. Den Lernenden soll dabei deutlich werden, dass sowohl die Sprache wie die Sachverhalte häufig einer starren Festlegung und überschneidungsfreien, exkludierenden Begriffsbildung entgegenstehen (vgl. Schmidt 1992). Widersprüchliche Konzepte und unterschiedliche Betrachtungsweisen können durch das Kennenlernen verschiedener wissenschaftsgeschichtlicher Konzepte bewusst gemacht werden (▶ 15.5; vgl. Kattmann 1993).

Kritischer Umgang mit Fachwörtern

Sprachliche Sorgfalt, genaues und klares Formulieren können die Urteilsbildung und das schlussfolgernde Denken fördern. Die Lernenden sollen u. a. erfahren, dass es in der Biologie Übereinkünfte darüber gibt, welches Wort jeweils zur Benennung eines Begriffes oder eines Individuums benutzt wird. Sie sollen lernen, Fachwörter in ihrer Bedeutung zu erkennen und sie zutreffend zu verwenden.

Vielfach wird beklagt, dass der Biologieunterricht mit Begriffen *überladen* und die Verwendung der entsprechenden Fachtermini zudem uneinheitlich sei. Es wird daher vorgeschlagen, zentrale Termini insbesondere aufgrund von Häufigkeitsanalysen auszuwählen und überflüssige Termini nicht mehr zu verwenden (Berck & Graf 1992; Schäfer & Berck 1995; Berck 2005). Neben der Häufigkeit der Verwendung sollten jedoch Kriterien zur Auswahl der Termini verwendet werden, die sich besonders auf lernförderliche und lernhinderliche Aspekte beziehen (Kattmann 1993).

41.5 Anthropomorphe Vorstellungen und Metaphern können für das Lernen und Lehren genutzt werden

„Das Immunsystem ist das *Abwehrsystem* unseres Körpers. Immunzellen *bekämpfen* eindringende Krankheitserreger." Kaum eine Darstellung kommt bei der Wirkung des Immunsystems ohne die anthropomorphe Kampfmetapher aus. Anthropomorphe Vorstellungen und Redeweisen sind ein Grundelement des Denkens und Sprechens. Sie sind daher in der Fachsprache ebenso enthalten. In allen Lebensaltern, besonders aber bei jungen Lernenden, ist an diejenigen anthropomorphen Sichtweisen anzuknüpfen, bei denen die Umwelt beseelt und vermenschlicht wird. Beim fachlichen Lernen sind diese Vorstellungen zu respektieren, um emotionale Beziehungen nicht zu beschädigen bzw. zu fördern (vgl. Gebhard 1990; 1994; 2005; Etschenberg 1994; Kattmann 2005). Beim Biologie Lernen sind aber dennoch einige Differenzierungen zu beachten. Die jeweils angesprochene anthropomorphe Anschauung kann dem Lernen förderlich, sie kann aber ebenfalls missleitend sein. Biologiefachliche Aussagen sollten mit besonderer Sorgfalt formuliert werden, wenn die Gefahr besteht, dass menschliches Erleben und menschliche Handlungsweisen unreflektiert auf das Naturgeschehen übertragen werden (vgl. Dylla & Schaefer 1978, 67 ff.; Friedmann 1981).

Finale Ausdrucksweisen sind häufig nicht eindeutig und verführen leicht dazu, zweckgerichtete Faktoren und planvolles Handeln anzunehmen. „Jeder Satz, der sich auf Lebewesen bezieht und die Wörter ‚weil', ‚damit' oder ‚um zu' enthält, sollte kritisch geprüft werden" (Eschenhagen 1976, 6). Geprüft werden muss, ob die Aussagen eine biologische Ursache angeben (kausale Erklärung), die biologische Bedeutung eines Sachverhalts beschreiben (funktionale Beschreibung) oder ob sie die Annahme zwecktätiger und zielgerichteter Faktoren (teleologische Erklärung) nahelegen (▶ 13.3). Finale Ausdrucksweisen können meist leicht in Folgeaussagen umformuliert werden („sodass" anstelle von „damit").

Die *Personifizierung* von biologischen Strukturen oder Prozessen kann gedanklich irreführen. Hierzu gehören Wendungen wie „Die Natur als Erfinder" oder Mutation und Selektion als „Konstrukteure des Artenwandels" (Konrad Lorenz; vgl. Eschenhagen 1976, 6). In der Humanbiologie ist darauf zu achten, dass nicht einzelne Körperteile personifiziert werden. Die Personifizierung kann schon allein darin bestehen, dass Organe grammatikalisch als Subjekte auftreten und somit als Handelnde erscheinen: Nicht „das Auge sieht", sondern: der Mensch „sieht mit den Augen"; nicht „das Gehirn handelt", sondern die Person.

Außerdem machen Fachwörter gegenüber ihrer anschaulichen Verwendung in der Alltagssprache notwendigerweise einen *Bedeutungswandel* durch. Fachsprache enthält daher zahlreiche Metaphern, die in ihrer Bedeutung über das fachlich Gemeinte hinausgehen und zu unangemessenen Vorstellungen verleiten können. Ein Beispiel sind die Assoziationen, die lebensweltlich mit dem Terminus Kartoffelstärke (wegen des Wortteils Stärke) verbunden sind und zu nicht vorhergesehenen Lernhindernissen führen (vgl. Langlet 1999). Weitere Beispiele sind die Metaphern vom „Kampf ums Dasein" und von „der Vererbung". Die auftretenden *begrifflichen Fehldeutungen* belegen die „Macht der Namen": Metaphern können durch das Mitschwingen ihrer umgangssprachlichen Bedeutung auf das Gelernte einen stärkeren Einfluss haben als das mit dem Fachbegriff Gemeinte.

Mit anthropomorphen Vorstellungen werden unanschauliche Objekte und Prozesse veranschaulicht. Sie sind daher ein mentales *Mittel zum Lernen*. Anthropomorph gestaltete Texte können das Lernen eindrücklich fördern und sind zur Reflexion über die fachlichen Vorstellungen geeignet (vgl. Nissen & Probst 1997; Cypionka & Cypionka 2004). Anthropomorphe Metaphern sind also nicht zu vermeiden, sondern durch geschickte Auswahl zu nutzen. Reflektiert gewählte Metaphern können zu Werkzeugen werden, mit denen das Lernen von Biologie eingeleitet, verstetigt und verbessert werden kann (vgl. Ritchie & Cook 1994; Tobin & Tippins 1996; Ohlhoff 2002; Kattmann 2005). Die Auswahl zutreffender, lernförderlicher Metaphern ist ebenso bedeutend wie die Reflexion missleitender Eigennamen und Termini (vgl. Kattmann 1992 b; 1993; 2001).

Dabei sollte ständig bewusst sein, dass jede anthropomorph-metaphorische Redeweise zwei Seiten hat: Metaphern beleuchten stets nur einen Aspekt eines Sachverhalts oder Begriffs und verdunkeln andere Aspekte. Sie können daher nicht nur Anschauung vermitteln, sondern auch Missverständnisse provozieren. Es ist eine *Metaposition* anzustreben, bei der die vermenschlichende Sprache und die verwendete Metapher in ihren Grenzen und Stärken reflektiert werden. Ziel ist es, dass anthropomorphe Vergleiche und Metaphern im Sinne eines „als ob" begriffen, als Anschauungsmittel und Lernhilfe verwendet und nicht als buchstäbliche Beschreibungen verstanden werden. Dies ist zu erreichen, wenn Metaphern „zu Ende gedacht werden" (Langlet 2004, 56). Hiermit ist gemeint, dass
- Metaphern auf die ursprüngliche Bedeutung zurückgeführt werden,
- aus ihrem Verwendungskontext gelöst werden,
- in anderer Weise verdeutlicht oder verfremdet werden, indem sie dargestellt, gezeichnet oder gespielt werden.

41.6 Der methodisch überlegte Einsatz von Sprache unterstützt das Lernen von Begriffen

Im Biologieunterricht sind adressatenspezifische Sprachformen zu entwickeln und zu üben. Gesprochene Texte sollte die Lehrperson dadurch kontrollieren, dass sie wesentliche *Fragen* sowie kurze *Lehrervorträge* und die zu erarbeitenden *Merksätze* vor dem Unterricht schriftlich formuliert. Dadurch kann sie ihre sachliche Richtigkeit prüfen und ihre Verständlichkeit abschätzen. Im *Unterrichtsgespräch* ist die Bedeutung der verwendeten Fachwörter genügend klar auszuhandeln. Die Lernenden korrigieren und helfen sich gegenseitig; gegebenenfalls fragt die Lehrperson nach. Dabei sollte auf die Ausdrucksweise der Lernenden eingegangen werden. Man wird zwar auf sachgemäße Formulierungen achten, aber vermeiden, dass lediglich diejenigen Wörter aus den Lernenden herausgefragt werden, die die Lehrperson im Sinn hat. Soweit es sachlich vertretbar ist, sollte man eine nicht so elegante, aber sachgemäße Formulierung der Lernenden übernehmen. Wenn das Miteinandersprechen durch emotionale Befangenheit eingeschränkt ist, kann Gruppenarbeit das freie Reden fördern, besonders, wenn gesprächsauslösende Medien verwendet werden (z. B. Bilder, Situationskarten; vgl. Seger 1990; Fahle & Oertel 1994).

Die *sprachliche Ausdrucksfähigkeit* der Lernenden kann durch das Formulieren von Merksätzen, das Zusammenfassen der Ergebnisse einer Stunde und das Protokollieren (▶ 35.1), vor allem aber durch kurze (5 bis 10 Minuten dauernde) *Schülervorträge* geübt werden. Der Vortragstext sollte nicht auswendig gelernt, sondern anhand von Stichwörtern vorgetragen werden. Den Lernenden sollten Hilfen gegeben werden, die an das freie Sprechen und genaue Formulieren heranführen. Dazu gehören das übersichtliche Notieren der Stichwörter, die Gliederung der Aussagen und das Hervorheben des Wesentlichen. Das eigene Formulieren kann dadurch gefördert werden, dass man die Schritte der Textanalyse entsprechend anwendet (▶ 41.7).

Das *Definieren von Begriffen* dient im Biologieunterricht dem Klassifizieren und Vernetzen durch Begriffsbeziehungen (vgl. Müller & Kloss 1990; Heinzel 1990; Berck & Graf 1992, 79 f.;

Brezmann 1992; Berck 2001, 82 ff.). Um Verbalismus zu vermeiden, sollten die Lernenden die vorgeschlagenen Schritte zum Definieren von Begriffen mitgestalten können.
Schritte des Lernens von Begriffen lassen sich wie folgt beschreiben (Ussowa & Plötz 1985):
- *Ermitteln der wesentlichen Merkmale* des Begriffs durch Beobachtung oder Experiment, Vergleiche mit Texten, Grafiken, Bildern etc. (u. a. im Lehrbuch);
- *Definieren* des Begriffs, womit die wesentlichen Merkmale erfasst werden;
- Übungen zur *Unterscheidung von wesentlichen und unwesentlichen Merkmalen* des Begriffs. Die Angabe von unwesentlichen Merkmalen wird durch die Lehrperson variiert.
- *Abgrenzung* des Begriffs gegenüber früher gelernten Begriffen. Wesentliche ähnliche bzw. abweichende Merkmale werden verglichen. Allgemeines und Besonderes werden unterschieden.
- *Ermitteln der Beziehungen* zwischen den neuen und früher gelernten Begriffen (Teil-Ganzes, Oberbegriff-Unterbegriff-Relationen).
- *Anwendung* des neuen Begriffs beim Lösen von Aufgaben, wobei der Begriff weiter veranschaulicht und eingeprägt wird.
- *Klassifizieren* und Systematisieren der gelernten Begriffe (z. B. durch Begriffsnetze, concept maps).

Verfahren, die in der Begriffsforschung zur Überprüfung des Begriffslernens angewendet werden, eignen sich im Unterricht zur Aneignung und Festigung, wenn sie von den Lernenden selbst durchgeführt werden. So bilden die Lernenden nach der Mapping-Methode aus vorgegebenen Termini und Relationen „Begriffsnetze" (sogenannte Maps, vgl. Graf 1989 a; b; Kattmann 1997, 12; Lumer, Picard & Hesse 1998; Großschedl, Langeheine & Harms 2011). Assoziationstests können zur Motivation, Definitions-Tests zum logisch korrekten Formulieren und Multiple-Choice-Tests zum tiefer gehenden, differenzierenden Verständnis der Begriffe beitragen, wenn die jeweiligen Lösungen eingehend besprochen werden (Schaefer 1992).

41.7 Durch Textanalyse kann das Biologieverständnis gefördert werden

Texte spielen in den Naturwissenschaften eine wichtige Rolle. Sie werden insbesondere verwendet für die Dokumentation der wissenschaftlichen Arbeiten (Protokolle, ▶ 35.1), für deren Publikation und Diskussion (wissenschaftliche Originaltexte) und für die Vermittlung wissenschaftlicher Erkenntnisse an die Öffentlichkeit (Lehrbuchtexte, populärwissenschaftliche Texte). Der Umgang mit Texten erfordert von den Lernenden Lese-, Schreib- und Sprachkompetenz. Dies sollte bei der Auswahl von biologischen Sachtexten und Aufgaben für den Unterricht immer berücksichtigt werden (Philipp 2012). Insbesondere hinsichtlich der Verwendung der Fachsprache ist eine sorgfältige, altersangemessene Auswahl der Texte wichtig.
Wissenschaftliche Originaltexte und fachlich korrekte populärwissenschaftliche Texte können vor allem dazu dienen, einen Einblick in dasjenige wissenschaftliche Arbeiten zu geben, das durch eigenes Beobachten und Experimentieren nur schwer zugänglich ist (z. B. Arbeiten mit kompliziertem apparativen Aufwand, Feldbeobachtungen, Ausgrabungen, Forschungsreisen). Texte zur Geschichte der Biologie vermitteln darüber hinaus Erkenntniswege der Biologie (▶ 15.5).

Nicht vergessen werden sollte die motivierende Wirkung von anschaulich schildernden literarischen Texten oder von problemhaltigen aktuellen Texten.

Die Biologie bietet eine Vielfalt von Themen (z. B. Fallbeispiele zu genetisch bedingten Krankheiten, Einsatz von Versuchstieren in der biologischen Forschung), zu denen emotional anspre-

---

Schritte der Textanalyse (nach Dulitz & Kattmann 1990, verändert)

Klären der im Text verwendeten *unbekannten Wörter*, insbesondere der Fachwörter. Da in Textanalysen ungeübte Lernende nur bemüht sind, den allgemeinen Sinn eines Textes zu erfassen, ist ein Nachfragen der Lernenden und notfalls der Lehrkraft nach den für das genaue Verständnis wichtigen Begriffen nötig.

Nachvollziehen des *Gedankenganges* des Textes. Durch diesen Schritt wird gesichert, dass alle Lernenden die Hauptaussagen des Textes vor der Weiterarbeit erfasst haben:
- Schreiben einer kurzen *Zusammenfassung* durch die Schüler;
- *Gliedern* eines längeren Textes in Abschnitte;
- *Finden von Überschriften* für die einzelnen Abschnitte des Textes;
- *Formulieren der wichtigsten Schritte* und *Folgerungen* des Textes in eigenen Worten.

Unterscheidung von *Beobachtung und Deutung*. Für eine kritische Einstellung und ein eigenständiges Beurteilen eines Textes ist es wichtig, zwischen den nachprüfbaren Beobachtungen und Versuchsergebnissen einerseits sowie den Deutungen und Urteilen eines Autors andererseits zu unterscheiden. Diese Aufgabe stellt sich besonders bei populärwissenschaftlichen Texten. In Einzelarbeit werden diejenigen Teile eines Textes unterstrichen, die Deutungen enthalten. Da es Grenzfälle gibt, werden kontroverse Meinungen über die Anteile von Beobachtung und Deutung diskutiert.

Nennen und Erörtern der *Vorannahmen* (epistemische Position, Sichtweise) des Autors. Anhand der formulierten oder der versteckt im Text enthaltenen Hypothesen wird der theoretische, geschichtliche oder weltanschauliche Zusammenhang hergestellt, in dem ein Text steht. Es wird geprüft, ob die *Folgerungen* des Textes schlüssig sind, ob und wie die Vorannahmen die Fragestellung und die Ergebnisse beeinflussen und ob (interne) Widersprüche feststellbar sind (aber nicht, ob man anderer Meinung ist!).

Vergleich des Textes mit *gegenteiligen Auffassungen*. Die Aussagen eines Textes können mit dem Vorwissen der Schüler oder aber mit einem parallel bearbeiteten Text in Widerspruch stehen. In beiden Fällen ist wichtig, die Texte zunächst in ihrer eigenen Argumentation zu verstehen, bevor sie anhand abweichender Anschauungen beurteilt werden. Die Lernenden können auf diese Weise Teile von wissenschaftlichen Kontroversen in der Diskussion nachvollziehen.

Texteinordnung. Texte unterschiedlicher literarischer Form bzw. mit unterschiedlichen Argumentationsebenen werden anhand ihrer Merkmale charakterisiert und in eine Kategorie eingeordnet (z. B. naturwissenschaftlicher Sachtext – Propagandatext – religiöser Lehrtext; aktuelle Meldung, historische Quelle).

chende Texte im Unterricht verwendet werden können. Ein solcher Einsatz von Texten kann beispielsweise der Motivation der Lernenden dienen, sich mit dem entsprechenden Thema auseinanderzusetzen. Zum präzisen Verständnis eines Textes ist jedoch eine methodisch kontrollierte Textanalyse notwendig (▶ Kasten). Die Schritte der Textanalyse können die Lernenden bei genügender Einübung selbstständig durchführen und variieren. Falls ein Originaltext schwierige Termini enthält, mit denen im Unterricht nicht weitergearbeitet wird, empfiehlt es sich, diese bereits im vervielfältigten Text durch eine Fußnote oder durch eine in eckige Klammern gesetzte Erläuterung zu erklären. Eine interessante Variante der Textarbeit schildert Elke Rottländer (1992) in Form des Gruppenpuzzles.

Bei Texten, die die persönliche Sichtweise des Autors oder gegensätzliche Gesichtspunkte behandeln, sollte die Textanalyse zum Ausgangspunkt fachlich fundierten Argumentierens gemacht werden (▶ 11.4). Die Aufgabe der Lehrperson ist es dann, sich bei der Leitung des Gesprächs zurückzuhalten und dafür zu sorgen, dass der Text selbst zum Sprechen kommt. Dies geschieht durch Nachfragen, Verstärken von Aussagen der Lernenden und Vermeiden von Kommentaren oder Beurteilungen einzelner Äußerungen oder Textaussagen.

Die Textanalyse im Biologieunterricht kann einer Vielzahl von Zielen dienen. Die Unterscheidung von Beobachtung und Deutung lässt sich besonders gut an Texten zum *Verhalten der Tiere* einüben, wie sie häufig in populärwissenschaftlichen Schriften zu finden sind. Hier sind vor allem anthropomorphisierende Interpretationen tierlichen Verhaltens zu beachten. Als Quellen für diesen Zweck sind zum Beispiel geeignet Texte aus *Brehms* Tierleben (vgl. Friedmann 1981), aber auch *Erlebnis- und Forschungsberichte,* beispielsweise von Anthropologen über Entdeckungen zur Abstammung des Menschen (z. B. Robert Broom, zitiert bei Kattmann & Pinn 1984). Daneben können Texte aus dem Alltag analysiert werden, die einen Bezug zur Biologie haben, um eine Hilfe zum Verstehen und kritischen Umgang zu geben (z. B. Texte von Werbeanzeigen, Beipackzettel zu Medikamenten, Zeitungsmeldungen, Artikel in Zeitschriften und Lexika, vgl. Beyer 1995; Hesse & Lumer 2000; Dreesmann, Ballod & Weidemann 2005).

Mit geeigneten *historischen Quellentexten* sollen die Lernenden den Gang der Forschung und Forschungsdiskussionen nachvollziehen können (▶ 15.5; vgl. Scharf 1983; Kattmann & Pinn 1984; Rimmele 1984; Pflumm et al. 1984; DIFF 1985 ff.; 1990; Quitzow 1986; 1990; Wood 1997). Die Methode der Textanalyse eignet sich bei älteren Lernenden (Sekundarstufe II) besonders zur Klärung von Methodenproblemen in der Wissenschaft (vgl. Beyer, Kattmann & Meffert 1980; Schrooten 1981 b; v. Falkenhausen 1989).

Texte sind außerdem zur Auseinandersetzung mit *philosophischen, weltanschaulichen* und *ethischen* Fragen unerlässlich, um Positionen und Fälle zu verdeutlichen (vgl. Süßmann & Rapp 1981; Birnbacher & Hörster 1982; Birnbacher & Wolf 1988; Bade 1989; Dulitz & Kattmann 1990; Erhard et al. 1992). Hier ist es besonders nützlich, Texte unterschiedlicher Kategorien nacheinander zu behandeln, dann zu vergleichen und einzuordnen (vgl. Böhne-Grandt & Weigelt 1990). Die genannten Probleme werden auch in literarischen Texten angesprochen, wobei Texte aus Science-Fiction-Romanen zugleich als hypothetische Modelle der Wirkungen von Wissenschaft betrachtet werden können (vgl. Teutloff 2006). Anthropomorph gestaltete Texte können zur Evaluation des fachlich Gelernten dienen (Nissen & Probst 1997).

Es lohnt ebenfalls, Texte aus *Unterrichtsmedien* untersuchen zu lassen, um den Schülern den Umgang damit zu erleichtern oder sie kritisch gegenüber diesen Medien einzustellen. So ist es empfehlenswert, bestimmte Passagen des Schulbuches analysieren zu lassen (vgl. Marquardt & Unterbruner 1981). Ebenso kann der Kommentartext zu einem Unterrichtsfilm vervielfältigt und die Aufgabe gestellt werden, das im Kommentar Ausgesagte mit dem im Film Gezeigten zu vergleichen.

41.8 Bilingualer Biologieunterricht vermittelt Biologie in der Wissenschaftssprache der Naturwissenschaften

Bilingualer Unterricht ist Fachunterricht, der zum Teil in einer Fremdsprache (häufig in Englisch) durchgeführt wird. Fremdsprachige und deutschsprachige Phasen wechseln einander ab. Englisch im Biologieunterricht ist aus pädagogischen und fachlichen Gründen bedeutsam:
- Englisch ist die Wissenschaftssprache der Naturwissenschaften. Englisch im Biologieunterricht erweitert daher das Fachverständnis durch Einsicht in die Bedeutung von Fachwörtern und durch die Analyse von originalen Fachtexten.
- Biologieunterricht auf Englisch erfasst Sachverhalte sprachlich neu, d. h. aus der Sicht des Englischen (interkultureller Aspekt).
- Für Lernende mit hoher kommunikativer Kompetenz im Englischen wird der bilinguale Biologieunterricht (auch bei bisher geringen Biologieinteresse) attraktiv gemacht.
- Der Unterricht nutzt und fördert die Sprachkompetenz besonders derjenigen Lernenden, deren Muttersprache nicht Deutsch ist.
- Englisch wird durch Reisen ins Ausland und internationalem Austausch und das Internet zunehmend zur allgemeinen Verkehrssprache, die als Basiskompetenz für berufliche Qualifikation und private Tätigkeiten unverzichtbar wird.

Die Didaktik des bilingualen Unterrichts stellt spezifische Anforderungen an die Lehrkraft und an die Lernenden (vgl. Hemmelgarn & Ewig 2003; Richter 2004; Dahnken 2005; Leykum, Heinze & Gropengießer 2012). Generell gelten für die fachdidaktische Gestaltung des bilingualen Biologieunterrichts dieselben Regeln wie für den deutschsprachigen Unterricht. Als Hilfen liegen einige ausgearbeitete Unterrichtseinheiten vor (vgl. Knust & Müller-Schrobsdorff 2001; Richter 2004; 2011; Laupenmühlen 2012).

42 Schulbücher

Harald Gropengießer

> - Schulbücher sind vielfältig verwendbare Medien im Biologieunterricht.
> - Erforscht werden hauptsächlich die Schulbücher selbst, kaum ihre Wirkung.

42.1 Schulbücher sind vielfältig verwendbare Medien im Biologieunterricht

Als Schulbuch kann jeder gedruckte und gebundene Text bezeichnet werden, der in der Schule als Lehr- und Lernmittel eingesetzt werden kann. Im Biologieunterricht haben wir es weniger mit Lesebüchern als vielmehr mit Lehr-, Lern- und Arbeitsbüchern und manchmal mit Materialsammlungen zu tun. Schulbücher sind jeweils an den Anforderungen bestimmter Schulstufen, oft bestimmter Schultypen, orientiert. Gegenüber anderen Büchern zeichnen sich Schulbücher durch eine Reihe spezieller Gestaltungsmerkmale aus, z. B. durch einen hohen Anteil an Abbildungen, Arbeitsanleitungen, Aufgabenstellungen und manchmal durch Lehrerbegleittexte. Die Bedeutung des Biologie-Schulbuchs dürfte allein aufgrund seiner Verfügbarkeit größer sein als die jedes anderen im Biologieunterricht eingesetzten Mediums.

Als einziges Medium wird es in der Regel einem staatlichen Genehmigungsverfahren unterzogen (für Bücher der Sekundarstufe II gibt es meist keine Zulassungsverfahren). Dabei prüfen die vom zuständigen Ministerium bestellten Einzelgutachter oder Kommissionen das Schulbuch. Werner Wiater (2003, 13) betont, dass „das Schulbuch ... ein indirektes Mittel der staatlichen Beeinflussung des Schulwesens [ist]. Durch das Zulassungsverfahren ist seine politische Funktion unverkennbar". Es soll sichergestellt werden, dass schulisches Lernen mit den Bildungs- und Erziehungszielen konform geht, die Inhalte mit den geltenden Richtlinien oder Lehrplänen übereinstimmen, dass die Schulbücher altersgemäß sind und dem Stand der fachwissenschaftlichen Forschung entsprechen. Schulbücher sind somit „zum Leben erweckte Lehrpläne" (Marquardt & Unterbruner 1981, 10).

Ein Biologie-Schulbuch kann von Lernenden und Lehrkräften in vielfältiger Weise genutzt werden (▶ Kasten; vgl. Weber 1992; Wiater 2003; Aufdermauer & Hesse 2006 a; b; Gropengießer 2010; Heitzmann & Niggli 2010). Ob die Bedeutung von Schulbüchern durch die rasante Entwicklung der neuen Medien zukünftig in Frage gestellt ist, wird unterschiedlich diskutiert. So geben einerseits Länder und Kommunen immer weniger Geld für Schulbücher aus (Vollstädt 2002). Andererseits räumen Experten in der Delphi-Studie „Lernen mit neuen Medien" dem Schulbuch zukünftig eine wichtige Rolle ein (Befragungszeitraum: 1999 bis 2001). Weniger als 5 % der Befragten gehen davon aus, dass die Bedeutung des Mediums Schulbuch zukünftig „stark" abnehmen wird. Von pädagogischer Seite wird ein „Medienmix" von neuen und traditionellen Medien gefordert (Vollstädt 2002; vgl. Olechowski & Spiel 1995; Bamberger et al. 1998; Wiater 2003).

Funktionen des Schulbuchs

Für Lernende

- Lernbuch: Das Buch kann zu einer gedanklichen und sprachlichen Aneignung von Biologie anregen. Damit können Fakten, Konzepte und Theorien gelernt werden.
- Arbeitsgrundlage: Fachliches Wissen und Methoden der Erkenntnisgewinnung können mit Aufgaben gezielt erarbeitet werden.
- Selbstständig Lernen: Unabhängig von der Lehrperson kann eigenverantwortlich (weiter)gelernt werden.
- Kommunikationsanlass: Durch gemeinsames Erarbeiten von Inhalten können Lernende über einen Text oder eine Abbildung ins Fachgespräch kommen.
- Wiederholen: Das Buch bietet die Möglichkeit, Inhalte zu wiederholen.
- Vertiefen: Ein im Unterricht nur oberflächlich behandeltes Thema kann mit dem Buch vertieft und neu (kritisch) durchdacht werden.
- Orientieren: Die Darstellung im Buch markiert das Anspruchsniveau hinsichtlich Umfang, Tiefe und Qualität des Wissens.
- Vernetzen: Ein Buch, welches durch Konzepte strukturiert ist und verweist, bietet die Voraussetzungen zum Aufbau von vernetzten Wissensstrukturen.
- Nachbereiten: Inhalte können zu Hause zusammen mit Aufzeichnungen im Heft nachbereitet und gesichert werden.
- Vorbereiten: Klausuren und mündliche Prüfungen sowie Kurzvorträge und Präsentationen können mit dem Buch vorbereitet werden.
- Nachholen: Versäumter Unterricht kann inhaltlich nachgearbeitet werden.

Für Lehrkräfte

- Lehrbuch: Verlangt wird fachlich verlässliches, geordnetes und strukturiertes Wissen. Aber alle Schulbücher enthalten Fehler – sie sind deshalb in kritischer Haltung zu lesen.
- Materialquelle: Für den Unterricht werden Texte, Bilder, Grafiken und Diagramme bereitgestellt.
- Vorbereitung: Das Buch kann Informationen zu einer ersten inhaltlichen Vorbereitung auf den Unterricht liefern.
- Inhaltsauswahl: Mit dem Buch können Phänomene angesprochen und Beispiele veranschaulicht werden.
- Methodischer Baustein: Das Lehrbuch kann in vielfältiger Weise in das methodische Konzept des Unterrichts eingebaut werden und Möglichkeiten zum Methodenwechsel anbieten.
- Sichern: Das angestrebte und zu lernende fachliche und fachdidaktische Wissen kann mit Lehrer-Begleitbüchern erweitert und gesichert werden.
- Entlastung: Die Lehrperson wird beim Vortragen und Darbieten entlastet. Ihr Redeanteil am Unterricht kann geringer ausfallen.
- Intensivieren: Das Buch dient als Grundlage und Ausgangspunkt für Aufgaben, die zur intensiven inhaltlichen Auseinandersetzung führen sollen. Sinnvoll sind Aneignungsverfahren wie Begriffs- und Konzeptkartierungen.
- Differenzierung: Texte und Abbildungen können die individualisierte und differenzierte Kompetenzentwicklung in heterogenen Lerngruppen unterstützen.

42.2 Erforscht werden hauptsächlich Schulbücher selbst, kaum ihre Wirkung

„Heavy books light on learning" – schwere Bücher, fürs Lernen zu leicht befunden: Mit diesem harten Urteil über die in den USA verfügbaren naturwissenschaftlichen Schul-Lehrwerke ging die American Association for the Advancement of Science (AAAS), die größte wissenschaftliche Organisation der Welt, an die Öffentlichkeit. Das Urteil gründet in einer breit angelegten Schulbuchforschung im Rahmen des Project 2061 (Roseman et al. 1999; Kulm, Roseman & Treistman 1999; Stern & Roseman 2004). Darin werden die Lehrwerke, d. h. die Schulbücher zusammen mit ihren Arbeitsheften und Lehrerbüchern, einer Inhaltsanalyse unterzogen. Es wird nicht nur untersucht, ob die Themen lehrplankonform sind, vielmehr wird geprüft, ob die spezifischen und wesentlichen Ideen des Themas deutlich werden und ob sie altersgerecht dargeboten werden. Darüber hinaus wird eine didaktische Analyse der Lehrwerke durchgeführt, die sich auf die Ergebnisse der Lehr-/Lern-Forschung stützt (▶ Kasten).

Deutlich ist bei diesem Forschungsprojekt die Orientierung an den Produkten, den Lehrwerken zu erkennen. Es werden Kriterien aufgestellt, an denen das Schulbuch gemessen und beurteilt wird. Diesem Typus einer produktorientierten Schulbuchforschung (Weinbrenner 1995) lassen sich die meisten Untersuchungen zuordnen (z. B. Beier 1971; Pfeiffer 1971; Klautke 1974; Koch, 1977; Hillen 1978; Chambliss & Calfee 1989; Loidl 1980; Unterbruner 1984; Rauch & Wurster 1997).

Bei der Beurteilung von (Biologie-)Schulbüchern ist das Kriterium der *Sachrichtigkeit* allgemein anerkannt. Verbreitet ist die Ansicht, dass Sachfehler in Biologie-Schulbüchern der Sekundarstufe I kaum vorkommen (vgl. Beier 1971, 22; Loidl 1980, 696). Diese Behauptung hält aber einer Überprüfung nicht stand (Barrass 1984; Storey 1989; 1990; 1991; 1992; Odom 1993; Abimbola & Baba 1996; Rees 2007). Roland Hedewig und Ina Wenning (2002) haben in einer Analyse von 14 eingeführten Schulbüchern der Sekundarstufe I und II, die von insgesamt fünf Verlagen aus den Erscheinungsjahren 1991 bis 2000 stammen, zahlreiche Fehler nachgewiesen. Anhand von konkreten Beispielen vor allem aus Humanbiologie und Ökologie kritisieren sie die Wiedergabe eines veralteten Forschungsstandes, unkritische Verwendung und falsche Gleichsetzung von Termini, unzulässige Verallgemeinerungen, unzutreffende bildhafte Vergleiche und das Fehlen wesentlicher Details in Abbildungen und Erklärungen.

Vielfach werden Biologie-Schulbücher als normative, nicht kritisch zu beurteilende Medien betrachtet, die lediglich zur Unterstützung und Entlastung schulischer Lehr- und Lernprozesse zu nutzen sind (Stein 2003, 235; vgl. Loidl 1980). Sie sind aber in Hinblick auf ihren *ideologischen Gehalt* zu beurteilen. Erika Hasenhüttl (1997) entdeckte in einer Analyse von Kapiteln zur Sexualerziehung in Biologie-Lehrbüchern anti-emanzipatorische Werthaltungen (z. B. hinsichtlich Rollenverteilung und Darstellung der Sexualität). Selbst das Bild der Wissenschaft wird ideologisch verzerrt dargestellt (Knain 2001): Individuelle Wissenschaftler entdecken durch Experimente die Wahrheit. Wissenschaftliche Erkenntnisse – so legen es die Darstellungen in den norwegischen Naturwissenschafts-Schulbüchern nahe – entspringen aus Methoden des Erkundens und nicht aus der Argumentation und Debatte in einer Wissenschaftlergemeinschaft. Gerhard Gamm (1989) stellt hinsichtlich des vermittelten Naturbildes ideologische Hintergründe fest. Ideologiekritik an Schulbüchern kann Elemente eines „heimlichen Lehrplans" (Zinnecker

Kriterien zur Evaluation von Lehrwerken (Roseman et al. 1999, verändert)
1. Angaben zu Sinn und Bedeutung
   - Sinn der Einheit darlegen
   - Sinn der Lektion/Stunde darlegen
   - Rechtfertigung der Lernsequenz
2. Schülervorstellungen berücksichtigen
   - notwendiges Vorwissen und vorausgesetzte Fertigkeiten angeben
   - Lehrkräfte auf Lernervorstellungen aufmerksam machen
   - Lehrkräfte beim Erheben von Lernervorstellungen unterstützen
   - auf verbreitete Schülervorstellungen eingehen
3. Lernenden relevante Phänomene anbieten
   - eine Reihe verschiedener Phänomene anbieten
   - lebendige und anregende Phänomene anbieten
4. Wissenschaftliche Ideen entwickeln und anwenden
   - Aufbau einer erfahrungsgestützten Argumentationsstruktur
   - Fachwörter sinnvoll einführen
   - Schlüsselkonzepte verständlich und fachlich richtig einführen
   - Verbindungen zwischen Konzepten aufzeigen
   - die Anwendung des Wissens zeigen
   - Anwendungen üben, Übungsaufgaben anbieten
5. Das Denken über Phänomene, Erfahrungen und Wissen fördern
   - Lernende darin bestärken, ihre Ideen zu erklären
   - Lernende in ihrer Interpretation und Argumentation anleiten
   - Lernende beim Nachdenken über ihren Lernprozess bestärken
6. Fortschritte bewerten und beurteilen
   - inhaltliche Übereinstimmung der Kontrollaufgaben mit dem Lehrplan
   - Verständnis (und nicht Gedächtnis) prüfen
   - durch Wissensermittlung vermitteln
7. Verbesserung der Lernumgebung
   - Unterstützung der Lehrkräfte durch fachlich geklärtes Wissen
   - Bestärken der Neugier und Fragehaltung
   - Unterstützung aller Lernenden durch unterschiedliche Anforderungen

1976) zutage fördern, d. h. unbeabsichtigte oder nicht offen gelegte mögliche Wirkungen aufdecken. Lehrkräfte sollten sich nicht scheuen, ideologiekritische Schulbuch-Analysen gemeinsam mit ihren Schülern durchzuführen (Marquardt & Unterbruner 1981; Stein 2003).

Texte in Biologie-Schulbüchern enthalten im Vergleich zu anderen Fächern deutlich mehr Fachwörter (Berck 1986; Graf 1989 a; b; Kelterborn 1994; Groves 1995). Analysen von Richard Bamberger et al. (1998) zeigen, dass in Biologie-Schulbüchern im Gegensatz zu Schulbüchern aus Physik oder Chemie allzu informationsdichte, beschreibende Texte dominieren. Mit Blick auf Biologie-Schulbücher der USA wird beklagt, dass dem Vokabular der Biologie ein viel zu großes Gewicht beigemessen wird und höhere kognitive Leistungen wie Analyse, Synthese und Bewertung kaum gefragt sind (McInerney 1986). Zudem gehen die großen Ideen der Biologie (▶ 6.6) in einem Meer von Einzelheiten unter. Nach Untersuchungen von Dittmar Graf (1989 b, 219) steht die Anzahl biologischer Fachwörter „in einem krassen Missverhältnis zu der Fähigkeit der Schüler zum Begriffslernen". Daraus zieht er den Schluss, dass die Anzahl der Fachausdrücke stark reduziert werden müsse. Ferner regt er an, dass ein biologischer „Grundwortschatz" für Lehrpläne und Schulbücher erarbeitet werden sollte, dessen Beherrschung für eine biologische Grundbildung notwendig ist (Graf 1989a, 239). Bernd Oehmig (1990) fordert aufgrund eigener Erhebungen ebenfalls eine Verringerung der Anzahl an Fachwörtern. Er stellt aber fest, dass für die Lerneffektivität eines Textes weniger die Anzahl der Termini als die Gliederung und Gestaltung des Textes, die Qualität der erläuternden Beispiele, die Einfachheit und Eindeutigkeit der Definitionen, die Betonung der wichtigsten Begriffe („Zielbegriffe") sowie deren Vernetzung im Buchtext und im Unterrichtsgespräch entscheidend sind.

Das Text-Verständlichkeitskonzept von Inghard Langer, Friedemann Schulz von Thun und Reinhard Tausch (2002) ist hilfreich für die Textbeurteilung. Es enthält vier Merkmalsdimensionen der Verständlichkeit:
- Einfachheit (nicht Schwierigkeit des Inhaltes, sondern Art der Darstellung, d.h. sprachliche Formulierung, Wortwahl, Satzbau),
- Gliederung/Ordnung (innere Ordnung und äußere Gliederung des Textes),
- Kürze/Prägnanz (Länge des Textes in Verhältnis zum Informationsziel),
- anregende Zusätze (Zutaten zur Förderung von Interesse, Anteilnahme, Lust am Lesen).

Die tatsächliche Text-Verständlichkeit von Biologie-Schulbüchern wurde mit Fragen getestet, die Schüler nach dem Lesen zu beantworten hatten (Koch 1977a; 1977b). Damit vertreten diese Untersuchungen den relativ selten vorkommenden Typ einer wirkungsorientierten Schulbuchforschung (Weinbrenner 1995).

Mit verschiedenen Schülergruppen untersuchten Kordula Schneider und Ulla Walter (1992) die Bedeutung der Bild-Text-Verschränkung für den Lernerfolg. Am effektivsten erwies sich eine Bild-Text-Gestaltung mit komplementären Inhalten und Strukturierungshinweisen: Bild wie Text sind (nichtredundante) Informationsträger; der Text enthält Hinweise auf die ergänzenden Bildinformationen, wodurch der Leser strukturiert durch Bild und Text geführt wird. Die Analyse von Schulbüchern und Lernmaterialien zeigt hingegen, dass Bilder häufig redundante Inhalte des Textes enthalten, schmückendes oder motivierendes Beiwerk zum Text sind und manchmal in keiner Beziehung zum Text stehen. Die Funktionen von Bildern wurden früher vorwiegend im Sinne eines Beitrages zur Textverständlichkeit, der Motivation und einer Verbesserung der Behaltensleistung gesehen. Kognitionspsychologische Ansätze betonen dagegen die Bedeutung von Bildern in Lernprozessen beim Aufbauen mentaler Modelle. Der gelungenen Integration von Bild und Text kommt dabei wesentliche Bedeutung zu (Weidenmann 1994).

43 Computer

Georg Pfligersdorffer

- Programme machen Computer zu medialen Alleskönnern.
- Lernen mit Computern ist umso effektiver, je aktiver die Lernenden eingebunden werden.
- Die konkreten Darbietungsformen beeinflussen das Lernen mit Multimedia.
- Computer erweitern das Spektrum an Lerngelegenheiten im Biologieunterricht.
- Das Internet dient als nützliche Quelle für den Biologieunterricht.
- Die Nutzung des Computers im Biologieunterricht stößt auf Vorbehalte und Kritik.

43.1 Programme machen Computer zu medialen Alleskönnern

Digitale Technologien haben mit den verschiedensten *Programmtypen* die Landschaft der Unterrichtsmedien verändert. Ob Bild, Film oder Video, Text – gesprochen oder geschrieben, Grafiken oder Animationen, Musik oder Tonwiedergaben, alle diese medialen Kodierungen können durch die Technik repräsentiert werden. Das *Internet* steht als das umfangreichste und vielfältigste Informations- und Kommunikationsmedium zur Verfügung. Die digitalen Unterrichtsmedien übertreffen damit alle traditionellen Formen der Informationsvermittlung und eröffnen in der Darstellung und für das Lernen neue Perspektiven. Hoffnung auf Innovation einerseits und Sorge über eine Technisierung des Biologieunterrichts andererseits begleiten die Entwicklung.

Zur Einteilung von Software gibt es verschiedene Vorschläge. Hier wird eine pragmatische Verbindung verschiedener Kategorisierungsansätze anhand der Funktionen der Programmtypen im Biologieunterricht vorgenommen (▶ Tab. 43-1).

Wirksamkeit digitaler Unterrichtsmedien
Viele neue Medien entfalten ihr Potenzial besonders in einer situierten und konstruktivistischen Lernumgebung.
Das Motto für den modernen mediengestützten Biologieunterricht muss daher lauten: weniger Instruktion (durch den Lehrenden), dafür mehr Konstruktion (durch die Lernenden)!

Funktion	Eigenschaften	Bedeutung	Hinweise
Information	multimedial und hypermedial strukturiert, on- bzw. offline verfügbar	Bereitstellung aktueller, naturwissenschaftlicher Informationen, interaktive Visualisierung von biologischen Prozessen, mediale Präsentation von Natur in Bild und Ton	Seriosität der Informationsquellen? Orientierungs- und Navigationsprobleme: lost in hyperspace
Lernen Drill & Practice	einfache Übungssoftware (Rechnen, Vokabeln)	individuelles Lernen, sofortige Rückmeldung, Lösungen	
Edutainment-Infotainment	unterhaltsame Lehr- und Lernangebote mit Spielelementen	Lernen mit Spaß und Erlebnissen verbinden, hohe Motivationskraft	Erlebnisse bleiben virtuell
Tutorien, intelligente Tutorien	aufwändig gestaltete Instruktionsprogramme	Anwendungsbeispiele, lerndiagnostische Instrumente, verstärkt problemorientierte Vorgehensweisen	komplexe Zusammenhänge werden lernpsychologisch gestaltet
Simulationen Experimentieren	reale Systeme werden durch mathematische Modelle abgebildet und interaktiv beeinflusst	virtuelle Durchführung von (nur aufwändig realisierbaren und gefährlichen) Experimenten	Werden die Grenzen von Modellen erkannt?
Systemsimulationen, Modellbildung, Planspiele	Veranschaulichung und Erfahrbarmachung von komplexen dynamischen Systemen	Populationskurven und systemische Entwicklungen im Zeitraffer; Erleben von: Was wäre wenn?	ernste und spielerische Lernerfahrungen, nachhaltige Entwicklungen
Training	Simulation psychomotorischer Fertigkeiten	mikrobiologische Techniken, Tiersektion, Pflanzenbestimmung	Grenzen virtueller Manipulation
Kommunikation und Vernetzung	weltweiter Austausch von Informationen, grenzenlose Kommunikation	Umweltdaten, ökologische Parameter und Naturbeobachtungen können ausgetauscht werden; der Datenvergleich hilft, die Situation vor Ort besser zu verstehen	Anregung zur Naturbeobachtung, Kommunikation, internationale Projekte
Messwerte-Erfassung	Datenerfassung in großen Mengen oder über große Zeiträume	Einsatz erfolgt im Zusammenhang mit Realexperimenten	Aufwand an Technik und Betreuung
Werkzeuge	Datenbanken, Text- und Bildbearbeitung, Grafikgestaltung, Autorenprogramme	Lernende können selbst multimediale Informations-Programme entwickeln	hoher Kreativitätsfaktor, z.T. zeitaufwändig

Tabelle 43-1: Für den Biologieunterricht relevante Programmtypen

43.2 Lernen mit Computern ist umso effektiver, je aktiver die Lernenden eingebunden werden

Schülerinnen und Schüler lernen besser mit Unterstützung der digitalen Medien. So lautet zumindest ein allgemeines Credo. Tatsächlich aber ist im Wesentlichen der instruktionale Rahmen für die Wirkung dieser Medien entscheidend.
Ein wichtiger positiver Effekt des Computereinsatzes liegt allein schon darin, dass innovative, problemorientierte und konstruktivistische Settings häufiger realisiert werden (Weidenman 2001, 453 f.). Ein weiterer Vorteil ist, dass, wie im Folgenden ausgeführt, komplexe Prozesse als Animationen oder Simulationen besonders anschaulich visualisiert werden können.
Hinsichtlich des Lehrens und Lernens mit Computermedien kann man im Wesentlichen drei theoretische Konzepte unterscheiden: Die *kognitivistische Theorie* geht davon aus, dass Wissensinhalte von den Lehrenden auf die Lernenden übertragen werden können, während die *konstruktivistische Theorie* die Position vertritt, dass jedes Wissen durch die Lernenden aufs Neue konstruiert und in ihrem subjektiven Verständnis verankert werden muss (Tulodziecki & Herzig 2002; Reinmann-Rothmeier & Mandl 2001; Meschenmoser 2002; Urhahne et al. 2000). Dazwischen vermitteln die pragmatischen und integrierenden Konzepte des Multimedia-Lernens (Mayer 2001), des gemäßigten Konstruktivismus (▶ 14.3) sowie des problembasierten Lernens (Zumbach 2003).
Multimedia-Lernprogramme folgen zumeist einer kognitivistischen Sicht von Lehren und Lernen. Wo die Vermittlung von Inhalten im Vordergrund steht, hat dieses Konzept seine Stärken („Primat der Instruktion", Reinmann-Rothmeier & Mandl 2001, 606). Inhalte werden klar strukturiert, in einer Schritt-für-Schritt-Abfolge den Lernenden näher gebracht sowie multimedial präsentiert. Im Idealfall werden die Verarbeitungsstrategien der Lernenden berücksichtigt. Das Programm stellt den Lernenden dann strukturierende Lernhilfen zur Verfügung, z.B. „advance organizers" (Ausubel et al. 1980, 209 ff.), und gestaltet die Instruktion mit Wort und Bild im Sinne der „dualen Codierung" (Mayer 2001; Tulodziecki & Herzig 2002). Der Theorie des Multimedia-Lernens nach Richard E. Mayer (2001) folgend werden Fragen, Impulse oder Aufgaben geboten, die eine aktive Verarbeitung der Inhalte durch den Lernenden fördern.
Viele Untersuchungen (und zwar weltweit) weisen in die Richtung, dass Schülerinnen und Schüler bei diesen Formen der *computer assistend instruction* (CAI) mit den Möglichkeiten von Interaktivität, Lernkontrolle, Feedback und Flexibilität höhere Lerneffekte erzielen als in Unterrichtsformen ohne CAI (vgl. Soyibo & Hudson 2000; Yusuf & Afolabi 2010).
In modernen, „intelligenten" *tutoriellen Programmen* sucht man vermehrt problemorientierte und konstruktivistische Vorgehensweisen umzusetzen (vgl. Mandl, Gruber & Renkl 1994; 2002; Arzberger & Brehm 1994). Auch *Simulationen, Autorenprogramme* und *Kommunikationswerkzeuge* folgen meist dem Konzept des gemäßigten Konstruktivismus (Reinmann-Rothmeier & Mandl 2001; Gräsel 2000; Dubs 1995; Gerstenmaier & Mandl 1995). Ihre prinzipielle Problemorientierung unterstreicht das Bild der Wissenskonstruktion gegenüber der Vorstellung von Wissensvermittlung (vgl. Weidenmann 2001, 453; ▶ 14.2)
Dieses Vorgehen entspricht damit in weiten Teilen dem, was im Biologieunterricht als *entdeckendes Lernen* bezeichnet wird. Moderne Ansätze des Lernens mit dem Computer sind durchweg diesem Konzept verpflichtet. Beispielsweise ist auch das Programm *LifeLab* (Bibliographisches

Institut 2004), ein virtuelles naturwissenschaftliches Labor, darauf ausgerichtet, dass die Lernenden die Rolle des Forschers einnehmen. Mit ihren Fragen oder Problemstellungen befinden sie sich in einer authentischen Experimentalsituation (Zumbach et al. 2006).

Metaanalytische Untersuchungen stellen tendenziell positive Effekte des Lernens mit dem Computer fest, besonders bei jüngeren Lernenden (Übersichten bei Frey 1989; Kulik & Kulik 1991; Niegemann 1995; Hasebrook 1995; Urhahne et al. 2000; 161; Hattie 2009).

Andere empirische Überblicksarbeiten zeigen dagegen ein eher widersprüchliches und nur schwer zu generalisierendes Bild. Andrew Dillon und Ralph Gabbard (1998) kommen in ihrer Metastudie von insgesamt 30 empirischen Arbeiten zum Lernen mit Hyperstrukturen zu dem Ergebnis, dass mit den meisten Hypermedia-Programmen das Verständnis der Lernenden nicht gefördert werde. Die mehrfach belegten geringen Effekte dürften oftmals auf methodische Unzulänglichkeiten zurückzuführen sein, da in anderen Untersuchungen durchaus positive Effekte eines hypertextstrukturierten Lernmediums im Vergleich zu einem weniger vernetzt (bzw. linear) aufgebauten Medium nachzuweisen sind (Urhahne & Schanze 2003).

In mehreren Untersuchungen zeigte sich, „dass die individualisierte Form des Lernens am Computer und die freie Einteilung der Lernzeiten und des Arbeitstempos im Gegensatz zum starren Frontalunterricht eine erhebliche Reduktion der Lernzeit ergibt (20 % bis 70 %)" (Hasebrook 1995). Ein wesentliches Kriterium effektiven Arbeitens mit Hypertexten liegt in den metakognitiven Kompetenzen des Lernenden. Wurden unter Versuchsbedingungen genau zu diesem Aspekt Hilfestellungen durch das Programm selbst oder durch Tutoren gegeben, konnte ein deutlich höherer Lernerfolg erzielt werden als in den Vergleichsgruppen (Azedvedo et al. 2002, zit. n. Zumbach 2010, 109 f.).

43.3 Die konkreten Darbietungsformen beeinflussen das Lernen mit Multimedia

Mit Multimedia wird Natur in Bild und Ton umfassend dargestellt. *Informations- und Lernprogramme* bieten mit ihrer Verschränkung von visueller und auditiver Darbietung eine innovative Veranschaulichung naturwissenschaftlicher Phänomene und Prozesse. Ihre zumeist hypermediale Strukturierung führt dazu, dass Inhalte nicht wie in einem Buch linear gereiht, sondern vernetzt angeordnet sind. Über Mausklicks kann der Lernende ausgehend von Informationsknoten verknüpfte Erläuterungen sowie weiterführende Inhalte aufrufen, sich Texte und Medien assoziativ erschließen und seinen Lernvorgang damit interessens- bzw. bedürfnisorientiert gestalten (Weidenmann 2001, 456 f.).

Bild, Text und Ton

Wie mit der gleichzeitigen Darbietung von Bild, Text und Ton gelernt wird und welche Schwierigkeiten dabei auftreten können, erklärt die Theorie des *Multimedia Learning* nach Richard E. Mayer (2006; ▶ Abb. 43-1). Diesem Modell liegt die Annahme einer dualen Verarbeitung der Informationen über den auditiven und visuellen Sinneskanal zu Grunde.

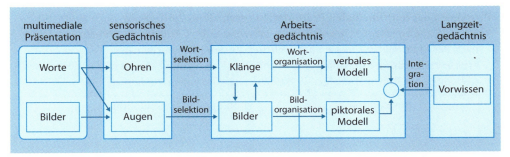

Abbildung 43-1: Multimediales Lernen (Mayer 2006; 2005 a, nach Zumbach 2010, 81, verändert)

Geschriebene Texte und Bilder werden über den visuellen Sinn aufgenommen, gesprochene Texte und Töne über den auditiven Sinn. Da unser Aufnahmesystem nur eine beschränkte Menge an Informationen innerhalb einer Zeiteinheit verarbeiten kann („limited capacity"), müssen die Inputs gefiltert werden. Die selektierten Informationen werden schließlich in einem Arbeitsspeicher weiterverarbeitet. Hier werden sie vom Lerner in kohärente mentale Repräsentationen umgebaut.

In einem letzten entscheidenden Verarbeitungsschritt, der vom Lernenden aktiv geleistet werden muss („active processing"), werden diese verbalen und piktoralen Modelle miteinander und auch mit dem Vorwissen in Beziehung gebracht und so in den Langzeitspeicher integriert. Auf der Grundlage dieser Theorie und empirischer Überprüfungen wurden folgende Prinzipien zur Gestaltung multimedialer Informationen formuliert (▶ Kasten).

Der tatsächliche Lernerfolg steht dabei noch wesentlich mit Aspekten der „cognitive load"-Theorie und dem „split attention"-Effekt in Verbindung (Sweller 1999; 2005, zit. nach Zumbach 2010, 72 ff.; Eckhardt & Harms 2012). Ausgehend von einem deutlich begrenzten Arbeitsgedächtnis beschreibt der „split attention"-Effekt die kognitive Belastung, die entsteht, wenn der Lernende neben der inhaltlichen Bearbeitung die Bild-, Ton- und Textinformationen in Beziehung setzen muss. Hinsichtlich dieser kognitiven Belastung unterscheidet die „cognitive load"-Theorie im Wesentlichen zwei Faktoren: den „intrinsic" versus den „extraneous cognitive load" (vgl. Unterbruner 2007, 156; Zumbach 2010, 72 ff.).

Wie verteilen Lernende in einem Multimediaprogramm ihre Aufmerksamkeit auf Texte und Bilder? Dies haben Roland Brünken und Detlev Leutner (2001) unter schulischen Bedingungen überprüft. Die Gruppe, die Informationen audiovisuell erhielt, lernte signifikant besser als jene mit ausschließlich visueller Informationsdarbietung. Dieses Ergebnis stellt sich jedoch differenzierter dar, wenn die Lernenden mit einem Bildverständnistest speziell auf den Lernerfolg durch bildlich dargebotene Informationen hin überprüft wurden. Dabei erreichten die Probanden unabhängig von den Vermittlungsformen vergleichbare Punktwerte. Bildhafte Informationsvermittlung erfordert für die Leistungsfeststellung entsprechende bildliche Elemente (vgl. Brünken et al. 2000).

Prinzipien der multimedialen Präsentation (nach Mayer 2001; 2006)
- *Nachbarschaftsprinzip:* Sich aufeinander beziehende Text-Bild-Informationen sollten nach der Multimedia-Theorie im räumlichen Zusammenhang angeboten werden. „Integrierte Präsentation": Im Unterschied zur linken Darstellung befindet sich in der rechten Abbildung der Informationstext direkt neben dem gezeigten Phänomen.

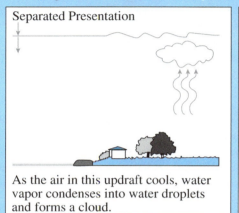 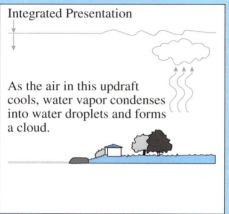

- *Modalitätsprinzip:* Der Lernvorgang ist effektiver, wenn Bildinformationen (insbesondere Animationen) von gesprochenen Erläuterungen begleitet werden (vgl. Blömeke 2003, 62).
- *Prinzip der zeitlichen Nähe:* Es ist wichtig darauf zu achten, dass Informationen wie Animationen und verbale Erläuterung in einem klaren zeitlichen Kontext stehen.
- *Kohärenzprinzip:* „Weniger ist mehr". Man lernt besser, wenn die Texte knapp sind und kein zusätzliches überflüssiges Material enthalten ist.
- *Redundanzprinzip:* Wird verbal dargebotene Information zusätzlich als Text auf dem Bildschirm abgebildet, führt dies meist zur Überlastung beim Wahrnehmen.

Informationsfülle

Zentrales und immer wiederkehrendes Problem ist die Orientierung in Hypermedien bzw. die Desorientierung im Lernmedium: „lost in hyperspace". Die Lernenden verlieren in dieser vielfältigen Lernumgebung ihr Ziel aus den Augen, verirren sich auf ihrem Lernpfad von Link zu Link oder verstricken sich in Detailinformationen (Schraw & Lehman 2001). Untersuchungen zeigen, dass streng hierarchische Texte schneller erschlossen werden als Hypertexte. Mit Hypertexten wird daher z. T. signifikant weniger gelernt als mit schriftlichen, linear aufgebauten Materialien (vgl. Niegemann 1995, 91 ff.; Klimsa 1995, 13; Glowalla & Häfele 1995; Kreft & Neuhaus 2004). Lernende mit geringen metakognitiven Fähigkeiten und Vorwissen haben größte Schwierigkeiten, das Medium effektiv zu nutzen (Dillon & Gabbard 1998; vgl. Weidenmann 2001, 457 f.; Blömeke 2003, 69). Generell werden die Schwierigkeiten schwächerer Lernender damit erklärt, dass sie sehr viel Energie in die Orientierung und Strukturierung der Inhalte investieren müssen, während Lernende mit Vorkenntnissen auf eine Vorstrukturierung zurückgreifen und die Informationen des Hypermediums selektiv nützen können. Jörg Zumbach (2009) konnte nachweisen, dass Lernende, die sich aktiv um eine Visualisierung der inhaltlichen Struktur bemühten, etwa durch Concept Maps oder erörternde Gliederungen, signifikant bessere Lernleistungen erzielten.

Generell können vorgegebene Navigationshilfen und grafische Übersichten die Lerngruppe unterstützen (Möller & Müller-Kalthoff 2000). Wenn darüber hinaus noch konkrete Lernwege vorgegeben werden, ist die Akzeptanz bei den Lernenden deutlich höher als bei Programmen mit völlig freier Navigation (Krüger 2002). Andere Ergebnisse zeigen allerdings, dass als Hilfe gedachte Mikroaufgaben den Lernerfolg nicht verbessern, strukturierte Vorgaben für Protokollnotizen möglicherweise schon (Kramer, Prechtl & Bayrhuber 2005).

Sigrid Blömeke kommt anhand mehrerer empirischer Untersuchungen und Metaanalysen (2003, 70 ff.) zu dem Schluss, dass selbst bei sorgfältiger Gestaltung von multimedialen Lernprogrammen die instruktionale Unterstützung durch die Lehrkraft letztlich unverzichtbar sei. Erst durch sie können Hilfestellungen „genau zu dem Zeitpunkt gegeben werden, an dem sie benötigt werden, anstatt vorab als Leitfaden oder im Nachhinein als Rückmeldung" (Blömeke 2003, 71).

Animationen
Für die Veranschaulichung und Abbildung von dynamischen Prozessen sind Animationen unverzichtbare Elemente. Durch die animierte Darstellung von Abläufen werden unangemessene Vorstellungen vermieden, dynamische Konzepte von den Lernenden schneller begriffen und das Kurzzeitgedächtnis für andere Lernaufgaben frei. Während es insgesamt eine Reihe von Untersuchungen zur generellen Bedeutung der Animationen in Lehr-Lern-Prozessen gibt, findet man eher wenige mit biologischen Inhalten (O'Day 2008). Darin allerdings lassen sich signifikante Lerneffekte zugunsten von Animationen belegen. Von O'Day wurde der Langzeiteffekt untersucht (2007; 2008): Drei Wochen nach dem Unterricht zeigte die Gruppe, die mit Animationen gearbeitet hatte, eine deutlich geringere Vergessenskurve als jene, die mit Grafiken gearbeitet hatte.

Es konnte gezeigt werden, dass bei dynamischen Themen wie der DNA-Replikation, der Transkription und der Translation die Versuchsgruppe im Wissenstest signifikant besser abschnitt als die Kontrollgruppe. Ergänzend wurde in diesem Unterricht ein Arbeitsleitfaden eingeführt (▶ Kasten). Die Lernenden hatten während der Bearbeitung des Programms die Aufgabe, immer wieder Lückentexte auszufüllen, Prozesse mit eigenen Worten zu beschreiben, relevante Elementen grafisch zu kennzeichnen etc. (Rotbain, Marbach-Ad & Stavy 2008; vgl. z. B. DNA Learning Center).

Osmotische Vorgänge sind erfahrungsgemäß schwer zu verstehen. Nach entsprechenden Computeranimationen wiesen die Lernenden deutlich weniger Fehlvorstellungen auf (vgl. z. B. McKinley & O'Loughlin 2006). Zu sehr vereinfachte Darstellungen können jedoch ihrerseits widersinnige Vorstellungen verursachen (Sanger, Brecheisen & Hynek 2001).

> **So wird aus einer Web-Animation eine Lernsoftware**
> Erstellen Sie einen maßgeschneiderten Bearbeitungsleitfaden:
> - fokussierende Fragen zeigen, was wichtig ist,
> - Lückentexte verweisen auf wichtige Begriffe,
> - gezielte Fragen müssen mit eigenen Worten beantwortet werden,
> - „eingefrorene" Grafiken (screenshots) aus den Animationen machen Elemente bearbeitbar.
>
> In einer Schlussrunde vergleichen die Lernenden untereinander oder jeder für sich ihre Bearbeitungen mit den Antworten der Lehrperson.

Simulationen

Computersimulationen sind dynamische modellhafte Nachbildungen realer Gegebenheiten. Sie schaffen virtuelle Wirklichkeiten – „Erlebnisräume" – und sind damit Quellen neuer Lernerfahrungen (vgl. Hiering 1995; Pfligersdorffer 1999). Das hohe Maß an Interaktivität erlaubt es den Lernenden, Eingriffe in das simulierte System vorzunehmen, Parameter zu verändern und in der Folge Auswirkungen ihres Handelns zu analysieren (Strzebkowski 1997). Bezüglich des Erkenntnisgewinns sind die Grundsätze des Arbeitens mit Modellen (▶ 36) anzuwenden. Es ist deutlich zu machen, dass die an Simulationen gewonnenen Ergebnisse zunächst einmal nur für dieses Computermodell Gültigkeit haben (vgl. Bossel 1994, 27; Reck 1997, 3 f.).

Simulationsprogramme mit ihren schnellen und unmittelbaren Rückmeldungen auf Eingriffe der Lernenden eignen sich für problemorientiertes Vorgehen mit entdeckendem Lernen, mit Hypothesenbildung sowie für den Erwerb von deklarativem (was) und prozeduralem (wie) Wissen (vgl. Wedekind 1979; Mandl 1997). Diese interaktiven Eingriffsmöglichkeiten machen Kausalzusammenhänge schneller erkennbar und erhöhen Motivation, Neugier und Interesse (vgl. Urhahne et al. 2000, 165 f.; Azevedo & Bernhard, 1995). Studierende erzielen dabei unter problemorientierten Bedingungen bessere Lernergebnisse als jene, bei denen Simulationen nur zur Veranschaulichung eingesetzt wurden (Windschitl & Andre 1998; vgl. Unterbruner & Unterbruner 2005).

Auch Zacharias Zacharia (2003, 796 f.) zeichnet in seiner Literaturauswertung ein positives Bild von interaktiven Simulationen. Er stellt einen erfolgreichen Einsatz dieses Mediums in den Fächern Physik, Chemie und Biologie fest, und zwar hinsichtlich des Begriffslernens sowie der Entwicklung von günstigen Einstellungen zu Wissenschaften allgemein.

Anders hingegen Ton de Jong und Wouter R. van Joolingen (1998, 181): Sie kommen in ihren Studien zusammenfassend zu dem Schluss, dass es keine klaren und eindeutigen Befunde zu Gunsten der Simulationen gibt. Ein Grund dafür dürfte die fehlende metakognitive Fähigkeit der Lernenden sein, die oft nach Versuch und Irrtum vorgehen, ohne dass brauchbare Hypothesen oder begründete Strategien aufgestellt würden (Blömeke 2003, 71; vgl. Urhahne et al. 2000, 166).

43.4 Computer erweitern das Spektrum an Lerngelegenheiten im Biologieunterricht

Simulation von Experimenten

Bestimmte Erfahrungen und Untersuchungen zu biologischen Sachverhalten und Prozessen sind unterrichtlich nur mittels Simulationen möglich, wie Experimente zur Populations-Dynamik, zu Regelkreisläufen, an Herz-Kreislauf-Systemen ebenso wie Bakterienzüchtungen oder viele molekularbiologische Untersuchungen (vgl. Hiering 1990; 1991; 1997; Hilty & Seidler 1991; Pradel 1992; Nüchel 1993, Arnold 2000 d; Nüchel 2002; Gilbert et al. 2005).

In virtuellen mikro- oder molekularbiologischen Labors (z. B. „lifelab") gibt es keine Einschränkungen hinsichtlich gefährlicher Organismen oder der Hygiene (vgl. Hiering 1997; Zumbach et al. 2006; 2009); im simulierten Körperkreislauf können die Wirkung von Adrenalin und Noradrenalin analysiert werden. Mendel'sche Erbgänge können durch virtuelle Züchtungen im Computer nachvollzogen werden (vgl. Mendel 1985; Pondorf 1997; Arnold 2000 b; c; Nüchel 2002). Die Eutrophierung eines Sees lässt sich mit der Computersimulation „See" (Hiering 2007) erarbeiten. Als Unterstützung gibt es explizite Beobachtungsaufgaben (Nolte 2009). Interessant sind frei verfügbare Online-Simulationen wie jene zu mikroevolutionären Prozessen auf der Grundlage des Hardy-Weinberg-Modells. Dieses Programm lässt die Lernenden sehr anschaulich die Auswirkung der verschiedenen Parameter wie Fruchtbarkeit, Vermehrungsrate, Sterberate und Allelhäufigkeit auf Populationsdynamik sowie Verteilung der Genotypen (homo- und heterozygot) erfahren (Jones & Laughlin 2010). Weitere Simulationen finden sich auf den Seiten der Virtual Ecology.

Ein besonderes Thema stellen sogenannte Welt- und Systemsimulationen dar. Ziel dieser Simulationen ist das Erfassen von Zusammenhängen und vernetztes Denken. Sie verstehen sich als „… Denkschulung für den Umgang mit komplexen Systemen, die die Steuerungs- und Selbstregulationsvorgänge in einem Lebensraum erfahren lässt" (Vester 1990, 10). Hypothesengeleitet können die Lernenden untersuchen, wie einzelne Faktoren zueinander in Beziehung stehen, das Gesamtsystem beeinflussen und unter welchen Bedingungen am ehesten nachhaltige Entwicklungen erreicht werden (vgl. Bossel 1985; Bossel & Meadows et al. 1993; Nowak & Bossel 1994). Lernende erfahren dabei die Vernetzung der Faktoren, die Dynamik der Beziehungen, exponentielle und zeitverzögerte Entwicklungen und strukturelle Komplexität (vgl. Simon & Wedekind 1980; Pfligersdorffer 1999; Pfligersdorffer & Seibt 1997).

Ein etwas anderer Gesichtspunkt dieser Systemsimulationen ist es zu zeigen, wie Menschen unter komplexen Umweltsituationen handeln und zu welchen Fehlern sie neigen (vgl. Dörner 1989; 1996; Ernst & Spada 1993; Meadows et al. 1995). „Computersimulationen bieten wohl erstmals die Möglichkeit, den Umgang mit solchen Realitäten in einer Weise zu üben, die der Erfahrungsbildung in der ‚echten' Realität recht nahe kommt" (Dörner 1996, 510; vgl. Kriz 2000). Die Lernenden erkennen kritische Systemeigenschaften besser und gehen angemessener mit deren Komplexität um (Maierhofer 2001; Maierhofer & Pfligersdorffer 2001).

Unsere verbalen Ausdrucksmöglichkeiten sind begrenzt, wenn wir vernetzte Systeme beschreiben, Wechselwirkungen, Nebenwirkung, multikausale Zusammenhänge und Spätfolgen thematisieren wollen. Eine geeignete Fachsprache für die Externalisierung internaler Modellvorstellungen können Concept Maps, Struktur- und Wirkdiagramme sein. Concept Maps lassen sich schnell und intuitiv mit Papier und Bleistift erstellen oder am Computer mit freien *E-Draw-* oder *CmapTools*.

Modellsimulationen können mit dem freien *Co-Lab* (Collaborative Laboratories for Europe) entwickelt werden. Beispielhaft wurde das Co-Lab im Projekt „Treibhauseffekt" mit Schülern des 11.–13. Jahrgangs durchgeführt. Aufgrund der Komplexität der Software empfiehlt sich eine Kooperation mit Physik, Chemie oder Mathematik (Bell & Schanze 2005; Schanze et al. 2005). Ohne Programmierarbeiten kommt einfache Modellbildungssoftware aus, mit der komplexe Systeme intuitiv abzubilden und in ihrer Dynamik zu erfahren sind (z. B. Heraklit III).

Lernspiele zum systemischen Zusammenwirken

Computergestützte *Plan- und Rollenspiele* ermöglichen emotionale und authentische Lernerfahrungen. Eines der bekanntesten Planspiele ist „Ecopolicy" (vormals „Ökolopoly"; Vester 1990; 1997). Mit diesem Klassiker unter den systemischen Spielen lässt sich vernetztes Denken erleben (vgl. Kriz 2000).

Ein mehrfach ausgezeichnetes Lernspiel ist das von Dennis Meadows et al. (1995) entwickelte „fish banks". Die Spieler führen dabei Fischereibetriebe und versuchen, ihren individuellen Gewinn zu maximieren, ohne die Gesamtressource zu schädigen. Tatsächlich gelingt es den Akteuren fast nie, beide Ziele zu vereinen. Die ökologisch-sozialen Dilemmata werden im Verlauf des Spiels deutlich und in der anschließenden Auswertung in alltäglichen realen Situationen wiedererkannt (Pfligersdorffer 2002; vgl. Herget & Bögeholz 2005).

Einen Zugang zu systemischem Denken und systembezogenem Handeln bietet die Onlinesimulation „Horst Försters Waldspiel". Die Lernenden bewirtschaften einen Wald nachhaltig, unter Berücksichtigung ökologischer Faktoren wie Grundwasserqualität und Biodiversität (Stollenwerk 2008).

Virtuelles Sezieren

Viele Lehrpersonen halten das Sezieren von Tieren im Rahmen des Biologieunterrichts für einen essentiellen Erkenntnisgewinn (Predavec 2001). Dem stehen jedoch ethische, moralische und hygienische Gründe entgegen. Nicht unwesentlich sind auch Ekelgefühle und emotionale Blockaden, die eine lernende Auseinandersetzung erschweren. Virtuelle Froschpräparationen ermöglichen anatomische Studien, ohne dass dabei auch nur ein einziger Frosch getötet werden muss (Lawrence Berkeley National Laboratory 1994–1996; vgl. Fabian 2004; froguts).

Josef P. Akpan (2001) beschäftigte sich in einer ausführlichen Literaturarbeit mit den Möglichkeiten einer virtuellen simulativen Sektion. So berichtet er über eine empirische Erhebung, in der Medizinstudenten mit 3D-Bildern signifikant besser abschnitten als mit der realen Präparation (Prentice et al. 1977, nach Akpan 2001). Eine andere Untersuchung (McCollum 1988, nach Akpan 2001) mit 300 Sekundarschülerinnen und -schülern konnte hinsichtlich kognitiver Effekte keine Vorteile der realen Sektion gegenüber der „lecture method" feststellen.

Computer erfassen Messwerte

Biologische Experimente können sich durch sehr langsame Veränderungen (Wachstumsprozesse), durch blitzschnelle Zustandsänderungen (Aktionspotenziale) oder durch eine enorme Datenflut auszeichnen. In all diesen Fällen ist eine Verarbeitung der Messwerte durch Computer zweckmäßig. Relativ einfach lassen sich die Laufzeit eines Aktionspotenzials ermitteln, die Reaktionszeiten unter dem Einfluss von psychoaktiven Stoffen (Emsbach 1988) oder Muskelaktivitäten (EKG) ableiten und erfassen (Linder-Effland 1997). Eindrücklich sind Versuche zur Ableitung und Veränderung des Hautwiderstandes. Entspannung (z. B. bei ruhiger Musik) oder Stress (durch Erinnerung an eine schwere Prüfung) werden unmittelbar augenscheinlich (Weiglhofer 1997).

Emotionen werden messbar: Wenn bei Stress die Hände feucht werden

Zwei Elektroden auf je einer Fingerkuppe messen in Mikrosiemens (μS) die Leitfähigkeit der Haut:

trocken:	geringe Leitfähigkeit	= hoher Hautwiderstand (Entspannung)
schweißfeucht:	hohe Leitfähigkeit	= niedriger Hautwiderstand (Stress)

Kreative Nutzung neuer Medientechnik

In der Biologie interessieren uns die realen Naturobjekte. Zur Artenkenntnis werden oftmals Pflanzen gepresst und Herbarbilder angefertigt sowie auf Exkursionen interessante Naturobjekte wie Federn und Pflanzengallen gesammelt. Die Aufbewahrung und Verfügbarkeit ist dabei immer wieder das Problem. Probst (1999 a; b) schlägt vor, Naturobjekte zu scannen und so virtuelle Sammlungen herzustellen.

Spielend lernen! Wer wollte das nicht? Mit Präsentationsprogrammen lassen sich Lernspiele erstellen. Zur Artenkenntnis wurde ein Quiz im Stile einer Fernsehshow gestaltet. Von vier Vorschlägen muss die richtige Antwort angeklickt werden (Bastian & Mennerich 2008). Andere freie Programme sind beispielsweise jene von Bergkemper (2004) oder „Hot Potatoes".

Ob Avatar oder Kung Fu Panda, diese 3D-Kino-Filme üben eine große Faszination aus. Dreidimensionale Darstellungen lassen sich aber auch mit mikroskopischen Bildern relativ einfach erzielen. Die Präparate werden dazu unter dem Mikroskop auf dem Objekttisch minimal gekippt und einmal leicht von links und dann von rechts fotografiert (Mathias & Lehnert 2004).

Unterstützung von Exkursionen und Freilandaktivitäten

Es hört sich wie ein Widerspruch an: Digitale Medien können reale Naturbegegnungen unterstützen (vgl. Pfligersdorffer et al. 2009). Mit Kurzvideos, Audiodateien oder Powerpoints (auf Handy oder Personal Digital Assistant (PDA)) werden die entsprechenden Aufgaben gestellt. Für Verhaltensbeobachtungen können damit ganz gezielt visualisierte Hinweise gegeben werden. Die Lernenden werden dadurch ermuntert und befähigt, Phänomene der Natur selbstständig zu beobachten und zu bearbeiten (Ehrenecker & Pfligersdorffer 2009; Pfligersdorffer et al. 2009).

Ein ähnlicher Ansatz zur Förderung entdeckenden und selbstgesteuerten Lernens in der Natur wurde mit Hilfe von Hyperaudio realisiert. Die Lernenden erhielten anlässlich einer „Gartenrally mit allen Sinnen" ein mobiles Audiogerät (PDA oder Handy) mit Informationstexten zu beobachtbaren Pflanzen bzw. gärtnerischen Themen. Die Texte konnten bei den jeweiligen Freilandstationen abgerufen werden (Haider, Reisenhofer & Zumbach 2010).

> **Exkursion als Ökocaching**
> Unter Ökocaching versteht man eine GPS-basierte Schnitzeljagd (öko = Ökologie; cache = geheimes Lager). Innerhalb eines Landschaftsraumes werden Punkte mit ihren GPS-Koordinaten bestimmt und dort wird jeweils ein Behälter versteckt. Darin befinden sich entweder von der Lehrkraft oder im Rahmen eines Projektes von den Schülern entwickelte Beobachtungs- und Untersuchungsaufgaben sowie verschiedene Materialien. Die erfolgreiche Bearbeitung aller Punkte liefert schließlich die Koordinaten für den „finalen Schatz" (vgl. Hofmann et al. 2011).

Wesentliches Element von Freilandarbeiten ist die Bestimmung von Pflanzen und Tieren. Mit der Verfügbarkeit neuer Handys, von Apps oder einem Internetzugang kann man sich das Mitschleppen kiloschwerer Bestimmungsliteratur ersparen. Mit dem Laubbaum-Bestimmungsschlüssel lassen sich online die meisten Bäume bestimmen. Dichotome Schlüssel führen über Abbildungen Schritt für Schritt zur richtigen Pflanze (Feketitsch 2004; Risch et al. 2006; z. B. Eikes Nadelbäume). Bestimmungs-Apps mit innovativen Schlüsseln für Bäume und Muscheln sind noch komfortabler zu bedienen (iKosmos).

In der Multimedia CD „Abenteuer Wald" erkunden die Lernenden in einer „Balance zwischen Instruktion und Anregung zu konstruktivistischer Aktivität" den späteren Exkursionsraum (Unterbruner 2001, 87). Hier geht es darum, die Motivationskraft der digitalen Medien mit den Erlebnismöglichkeiten der realen Naturbegegnung zu verschränken. Den Lernenden werden Untersuchungsaufgaben gestellt, die in der Natur bearbeitet zu bearbeiten sind. Die Lernenden informieren sich vor einer geplanten Exkursion über die zu erwartenden Pflanzen und Tiere (Unterbruner 2004).

Im Projekt „Satellitenbilder im Biologieunterricht" (Lude & Bosler 1999) werden Computerarbeit, Internetrecherche und konkrete Freilandarbeit miteinander verbunden: Anhand von Satellitenbildern werden ökologische und umweltrelevante Fragestellungen ausgewertet. Um zu Auswertungen zu gelangen, werden Referenzgebiete im lokalen Umfeld der Schule kartiert und ihre farblichen Darstellungen im Satellitenbild analysiert. Von diesen Referenzgebieten ausgehend, können mit elektronischer Datenverarbeitung sogar Rückschlüsse auf weltweite Situationen gezogen werden (Bosler & Lude 1998; Lude 1999).

Auch an außerschulischen Lernorten wie Museen wird vermehrt Computersoftware zur Vermittlung biologischer Inhalte eingesetzt (z. B. Urhahne et al. 2004; Urhahne & Harms 2006; Lude et al. 2013). Untersuchungen zeigen Vor- und Nachteile dieser Form der digitalen Unterstützung des Lernens hinsichtlich kognitiver und affektiver Aspekte (Krombaß, Urhahne & Harms 2007; Krombaß & Harms 2006; 2008).

43.5 Das Internet dient als nützliche Quelle für den Biologieunterricht

Nutzung des World Wide Web

Mit diversen Suchmaschinen lassen sich zu fast allen Unterrichtsthemen Informationen im Internet finden. Dies gelingt effektiv mit wissenschaftlichen Suchmaschinen. Beispielsweise bietet *Google Scholar* viele Möglichkeiten einer gezielten Suche. Bei der vorwiegenden Suche nach Bildern und Animationen empfiehlt sich z. B. *altavista* (Glade 2006).

Interessant sind die zoologischen Informationen vieler Tierparks. Die Beschreibung vieler Arten findet zum Teil eine Ergänzung durch sogenannte Webcams, die tatsächlich eine reale und konkrete Beobachtung in Echtzeit ermöglichen (Fileccia 2003). Will man die Beobachtung nicht dem Zufall oder der anfälligen Internetverbindung überlassen, so greift man auf *YouTube*-Filme o. Ä. zurück (die sich z. T. abspeichern lassen).

Für die unterrichtliche Einbindung dieser Informationen ist es wichtig, konkrete Arbeitsaufträge vorzubereiten. Undifferenzierte Suchaufträge (Wühlaufträge) für die Lernenden sind wenig zweckmäßig und zu vermeiden (Rausch 2000a). Ein prinzipieller Weg, um mit der Informationsfülle des Internets konstruktiv umzugehen, ist der Einsatz von *WebQuests* (Dodge 1997).

> **WebQuests**
> Für einen webbasierten problemorientierten Unterricht entwickelte B. Dodge 1997 WebQuests. Ausgehend von anschaulichen Problemen recherchieren die Lernenden im Netz nach Informationen zur Bearbeitung der Fragestellungen. WebQuests erläutern den Prozess der möglichen Bearbeitung, nennen Infoquellen aus dem Netz und machen die Beurteilungskriterien der Lehrkraft transparent. Im Netz findet man inzwischen eine ganze Reihe fertig entwickelter WebQuests (z. B. webquest-forum).

Das Internet steht mit seinen Abermillionen Seiten als eine der Informationsquellen zur Verfügung. Die Lehrperson führt als Informationsmanager in die jeweilige Thematik ein, formuliert die Problemstellungen und gibt die nötigen Hilfen zur Problembewältigung. Alle anderen Arbeiten werden gemeinsam von den Lernenden in Abstimmung miteinander erledigt. Sie besorgen sich die Informationen und versuchen das Problem zu lösen. Danach stellen sie ihre Ergebnisse zusammen und präsentieren sie. In einem letzten abschließenden Prozess wird das Lernverhalten reflektiert (▶ Abb. 43-2; Mai & Meeh 2002; Staiger 2001; Wagner 2007).

E-Lernen und virtuelle Klassenräume

In einem Zeitschriftenbeitrag „Virtuelle Klassenräume" beschreibt ein Lehrer, wie es ihm gelungen ist, für die Bearbeitung biologischer Themen zu begeistern. Eine einfach zu bedienende Lernplattform (lo-net) war die Basis für die netzbasierte Kooperation. Die Lernenden konnten sich in Chatrooms unterhalten und in Foren Inhalte zusammentragen und diskutieren. Ziel dieser Zusammenarbeit war die Erstellung einer eigenen Webseite zum gewählten Thema. Eine Befragung erbrachte eine hohe Motivation und Begeisterung der Lernenden. Logdaten zeigten das zeitliche Engagement, das bei vielen Teilnehmenden deutlich über die Unterrichtszeit hin-

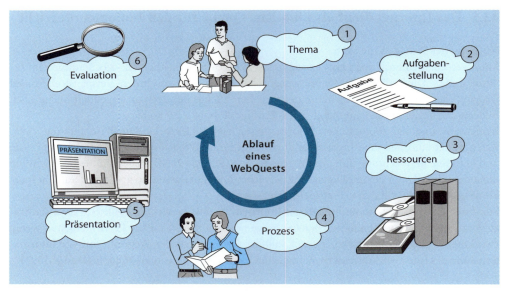

Abbildung 43-2: Schrittfolge eines WebQuests

ausging. Als Problem wurde allerdings „copy & paste" erkannt. Das wirklich selbstständige Formulieren von Texten muss vermehrt gefördert und gefordert werden (Vehlow 2004).

Gute e-learning-Angebote zeichnen sich dadurch aus, dass Lernende die Programme weitestgehend selbstgesteuert bearbeiten können. Lernwege und Lernzeiten werden dabei von den Schüler/-innen selbst gewählt und Feedback-Funktionen zeigen, inwieweit die Inhalte gelernt und verstanden wurden. Werden solche Programme im Rahmen des Unterrichts eingesetzt, ändert sich die Rolle der Lehrperson vom Informationsvermittler zum Moderator und Coach der Lernprozesse (Collins 2006; Volman 2005). In diesem Zusammenhang ist das kostenlose online-Programm des Gymnasiallehrers H.-D. Mallig (1997–2010, http://www.mallig.eduvinet.de/) hervorzuheben. Vom Layout kann es vielleicht mit kommerziellen „Hochglanz-"Programmen nicht ganz mithalten, sehr wohl aber hinsichtlich der inhaltlichen und methodisch-didaktischen Konzeption. Informationseinheiten wechseln sich ab mit Lernzielkontrollen wie Verständnisfragen und Lückentexten, mit Arbeitsblättern und Anleitungen bis hin zur Durchführung einfacher Realexperimente (wie Präparation von Mitosestadien; Rausch 2000a).

Wie eine Unterrichtssequenz mit der Integration der verschiedensten Methoden („blended learning") aussehen könnte, ist zum Thema „Sind Wölfe wirklich Bestien?" vorgestellt worden (Rausch 2000b). Ausgehend vom Haushund und Verhaltensbeobachtungen werden Aufgaben im Netz bearbeitet und anschließend die aktuelle Frage der Wiedereinbürgerung von Wölfen diskutiert (Rausch 2000a; b).

> **Blended Learning**
> Darunter versteht man einen Methodenmix zur Optimierung der Lernprozesse. Von allem soll das Beste zusammengeführt werden (Zumbach 2010).
> Ein multimediales Informationsprogramm bietet die inhaltlichen Grundlagen, problemorientierte Aufgaben motivieren die Lernenden zur Bearbeitung. Exkursionen und Experimente stellen die Verbindung zur Realität her. Die Sozialformen sind vielfältig. Sie reichen von der Teamarbeit bis zu Gruppenarbeiten oder frontalunterrichtlichen Instruktionsphasen.

Ganz im Sinne des blended learnings und eines problemorientierten Ansatzes wurde der online-Ökologiekurs „natureLe@rn" entwickelt (Unterbruner & Pfligersdorffer 2007 a). Für die unterrichtliche Bearbeitung in der gymnasialen Oberstufe stehen online acht Kurse zur Ökologie des Auwaldes zur Verfügung. Ausgehend von authentischen Problemstellungen recherchieren die Schülerinnen und Schüler in bereitgestellten Informationen und diskutieren in Foren ihre Ergebnisse. Abgerundet werden die Lernerfahrungen durch Exkursionen, Experimente und ein Rollenspiel (Unterbruner & Pfligersdorffer 2007 b; Unterbruner et al. 2008).

43.6 Die Nutzung des Computers im Biologieunterricht stößt auf Vorbehalte und Kritik

Die Verwendung des Computers wird durchaus kontrovers diskutiert. Die Kritikpunkte reichen von der Reduktion der Erfahrungsräume über die Einführung eines mechanistischen Weltbildes bis hin zu einem weitgehend tolerierten Diebstahl geistigen Eigentums (Raubkopien; vgl. Hentig & Setzer, nach Seibt 1995; Twenhöven 2004). Einwände betreffen vor allem die Naturferne, die Technik- und Wirtschaftsgläubigkeit (vgl. Köhler 1985; Kähler & Tischer 1988) und die Befürchtung einer unangemessenen „Mathematisierung des Biologieunterrichts" (Gerhard Schaefer, nach Bosler et al. 1979).
Befürworter sehen in diesem Medium die Chance für den Einzug einer neuen Lehr- und Lernkultur: „Biologie inter@ktiv" (vgl. Arnold 2000 a; Weidenmann 2001, 452 f.; Schulz-Zander 2003) und im Hinblick auf den Biologieunterricht die Möglichkeit für völlig neue Lernerfahrungen.
„Die digitale Revolution macht weiterhin einen Bogen um den Unterricht an deutschen Schulen. Zwar verfügen 89,5 Prozent der Schulen bereits über Computer, allerdings steht in nur 7,5 % der Fälle tatsächlich jedem Schüler im Klassenzimmer ein PC, Notebook oder Netbook zur Verfügung" (Initiative D21). Privat wird der Computer als selbstverständliches und effektives Informations-, Kommunikations- und Arbeitsmedium geschätzt und eingesetzt. 96 % der Jugendlichen haben zu Hause einen Computer zur Verfügung und 92 % einen häuslichen Internetanschluss (Senkbeil & Wittwer 2007, 282 f.). Im regulären Unterricht wird diese Technik dagegen nur zum Teil verwendet, wie eine Befragung von Lehrpersonen in Niedersachsen und Nordrhein-Westfalen (n = 1221, Pietzner 2009) zeigt (▶ Tab. 43-2).

Schultyp	regelmäßige Nutzung im Unterricht
Gymnasium	57,7 %
Gesamtschule	36,2 %
Realschule	31,0 %
Hauptschule	23,0 %
durchschnittlich	ca. 40 %

Unterrichtsfach	durchschnittliche Nutzungshäufigkeit
Biologie	37,1 %
Physik	48,0 %
Chemie	35,1 %

Tabelle 43-2: Nutzung des Computers im Unterricht (nach Pietzner 2009)

Lernende entwerfen ein anderes Bild vom Einsatz des Computers im Unterricht als Lehrpersonen. Insgesamt setzen den Computer 31 % der Schüler (56 % OECD-Durchschnitt; 73 % Österreich) regelmäßig und mehrmals die Woche im Unterricht ein (Senkbeil & Wittwer 2007, 279). In der Pisa-Studie 2006 gaben sogar nur 19 % der 15-jährigen Lernenden an, einen regelmäßigen Computereinsatz im gymnasialen Unterricht erfahren zu haben. 66 % der österreichischen 15- bis 16-Jährigen geben in der Studie an, im laufenden Schuljahr im Rahmen des Biologie- und Umweltkundeunterrichts kein einziges Mal das Internet verwendet zu haben. Für Physik und Chemie liegt die Zahl sogar bei 73 % (Schreiner 2009, 373). In Deutschland haben 74 % den Computer in der Schule bisher selten bis nie genutzt, im Biologieunterricht sogar 96 % (Krüger 2003).

Lernorte für den Biologieunterricht

44 Fachräume und Sammlung

Carolin Retzlaff-Fürst

> - Naturwissenschaftliche Fachräume müssen den Anforderungen des Biologieunterrichts entsprechen.
> - Zeitgemäßer Biologieunterricht erfordert spezielle Raumausstattung.
> - Die Biologiesammlung ist Voraussetzung für zeitgemäßen Biologieunterricht.
> - Die Unterhaltung der Biologiesammlung ist aufwändig.
> - Die Biologische Sammlung kann Ausstellungscharakter haben.

44.1 Naturwissenschaftliche Fachräume müssen den Anforderungen des Biologieunterrichts entsprechen

Naturwissenschaftliche Fachräume lösen bei Neubau oder Renovierung von Schulgebäuden die vorhandenen *Biologiefachräume* weitgehend ab – vor allem wegen der stärkeren Vernetzung der naturwissenschaftlichen Fächer und der damit verbundenen Stärkung der Handlungsorientierung und des Anwendungsbezuges. Damit verändert sich die Unterrichtspraxis wie auch die Gestaltung der Fachunterrichtsräume.

In der Architekturpsychologie gibt es eine umfangreiche Diskussion über die Wirkung von Räumen als „dritter Erzieher". Bereits reformpädagogische Ansätze wie die von Maria Montessori weisen auf die Einheit von Raum und Erziehung hin. Naturwissenschaftliche Fachräume sind in einem modernen Schulareal nicht nur als Lernraum, sondern als gestalteter Erfahrungsraum mehrstufiger, differenzierter Entwicklungsprozesse der Kinder, Jugendlichen sowie der Lehrpersonen und Eltern zu entwickeln (Maurer-Dietrich 2007; Sprecher-Mathieu 2010).

Moderner handlungsorientierter Biologieunterricht sollte in einem naturwissenschaftlichen Fachraum stattfinden, der entsprechend konzipiert ist. Auf formaler Ebene soll die Einrichtung und Gestaltung des Raumes sicher und funktional, aber dennoch großzügig und bequem sein, sowie die Arbeit mit der ganzen Klasse und mit kleinen Gruppen ermöglichen. Auf inhaltlicher Ebene ist der naturwissenschaftliche Fachraum ein Ort, der zum Lernen anregt, lebende Organismen, Materialien und Geräte leicht zugänglich macht und experimentelles Arbeiten ermöglicht.

Aufgrund der spezifischen Arbeitsweisen des Faches Biologie sind bei der Ausstattung der naturwissenschaftlichen Fachräume folgende besondere Anforderungen zu berücksichtigen:

– Langzeitbeobachtungen von Pflanzen und Tieren sind in einem Raum, in dem häufig mit Chemikalien gearbeitet wird, nicht ratsam.
– Im Fach Biologie wird – im Vergleich zu Physik und Chemie – weniger experimentiert, dafür mehr beobachtet und untersucht. Es muss möglich sein, Langzeitversuche aufzubauen und stehen zu lassen. Hierfür sind geeignete Stellflächen an den Fensterseiten erforderlich.
– Für das Fach Biologie sind bewegliche Tische und fest montierte Energiesäulen oder besser der moderne Medienlift (flexibler Versorgungskanal unter der Decke für Daten, Strom, Gas

und Wasser) erforderlich, damit Gespräche geführt und eine Gruppierung um Naturobjekte möglich sind. Fest montierte Schülertische sind hierfür hinderlich.

Insgesamt lassen sich folgende Raumtypen unterscheiden (vgl. LEU 2009):
– *Fachunterrichtsräume:* Lehrsaal (Hörsaal, Demonstrationsraum, Vortragsraum), Lehr-/Übungsraum, Praktikumsraum, Multifunktions-/Universalraum;
– *Hilfsräume:* Vorbereitungsraum, Sammlungsraum (oft in einem Raum vereinigt), technischer Arbeitsbereich, Aufbewahrungs- und Sammlungsflächen.

Die vorzusehenden Unterrichtsräume sind für die Schultypen und -größen in den Schulbaurichtlinien der Länder festgelegt (ZNBW 2008).

44.2 Zeitgemäßer Biologieunterricht erfordert spezielle Raumausstattung

Die Fensterfront der Biologieräume sollte zum Schutz vor zu starker Besonnung von Pflanzen und Vivarien sowie Dauerversuchen nicht nach Süden, sondern besser nach Osten zeigen. Die Größe der Räume wird durch die Funktion (Lehrsaal, Lehr-/Übungsraum, Praktikumsraum, Multifunktions-/Universalraum) und durch die Richtlinien für die Klassenbildung bestimmt. Für die Jahrgangsstufen 5 bis 10 sind Räume mit maximal 40 Plätzen einzurichten. Richtzahlen für die Klassenbildung der einzelnen Bundesländer schwanken zwischen 28 und 33 Schülern je Klasse (KMK 2007/2008). Die Kultusminister der Bundesländer haben Richtlinien zur Sicherung der Fachräume, Einrichtungen und Geräte sowie zur Aufbewahrung der Geräte erlassen.
Der *Lehrsaal* hat einen Lehrer-Experimentiertisch, große Tafel- und Projektionsflächen und ansteigendes, fest eingebautes Gestühl. Damit die Entfernung der Schüler zum Experimentiertisch möglichst gering ist, sind die Tischflächen zwischen dem Gestühl sehr schmal.
Vorteile: Der Saal kann auch für eine große Anzahl von Schülern verhältnismäßig klein sein; er ist für den Demonstrationsunterricht optimal ausgestattet. Nachteile: Arbeiten mit dem Naturobjekt, Schülerexperimente und kooperatives Lernen sind nicht möglich.
Der *Lehr-/Übungsraum* enthält große flexible Tafeln, eine interaktive Weißwandtafel, Pinnwände und ein Klemmschienensystem zum Aufhängen von Karten und Plakaten, einen Demonstrations-Experimentiertisch, Schränke für die Schüler-Arbeitsgeräte und fest eingebaute Energiesäulen bzw. einen Medienlift.
Für die Integration der interaktiven Weißwandtafel in den Unterricht sind folgende Voraussetzungen zu erfüllen:
– Datenzugang an jedem Arbeitsplatz;
– tragbare Computer;
– Schulsoftware;
– die interaktive Weißwandtafel ist in den Lehrerarbeitsplatz integriert;
– Kamera und Mikroskop als integrierte Aufnahmegeräte;
– gemeinsame Dateiverwaltung im Netzwerk oder auf Plattformen (vgl. Gutenberg 2010).

Da im Biologieunterricht nicht nur in Partnerarbeit experimentiert, sondern auch in Gruppenarbeit beobachtet wird, sollten die Tische beweglich sein (vgl. Leicht 1971; Palm 1979, 9).

Vorteile: Alle für den Biologieunterricht wichtigen Unterrichtsformen können im Lehr-/Übungsraum durchgeführt werden. Die beweglichen Tische können mit geringem Aufwand während des Unterrichts umgestellt werden, so dass Demonstrationsunterricht, Gruppenarbeit oder Schülerdiskussion möglich sind. Getrennte Lehr- und Übungsräume wären eine Alternative, erfordern aber Absprachen, da sie oft gleichzeitig belegt sind.

Nachteile: Der Abstand der Schüler zum Experimentiertisch ist größer als im Lehrsaal, sofern sie an ihren Plätzen bleiben. Die Demonstrationsobjekte und Demonstrationsexperimente müssen auf dem Experimentiertisch erhöht aufgebaut werden, wenn der Saal nicht in Stufen ansteigt.

Ein *Lehr-/Übungsraum,* der mit einem Vorbereitungsraum kombiniert ist, hat beispielsweise an Vorder- und Seitenwänden an einem Schienensystem mehrteilige flexible Tafeln, die interaktive Weißwandtafel, Pinnwände für Schreib- und Projektionsflächen sowie Klemmschienen. Für Versuche mit giftigen und ätzenden Gasen ist ein Abzug (fest eingebaut oder in Form eines mobilen Panorama-Abzuges) vorhanden. Zum Reinigen der Geräte bei Schülergruppenarbeit ist ein Waschtrog mit Tropfbrett und Ablauf installiert. An der Stirnseite des Raumes sollen ein Lautsprecher und an der Decke ein Datenprojektor installiert werden. Möglich ist der Einsatz eines mobilen Datenprojektors mit tragbarem Computer. Der Experimentiertisch muss genügend Abstand zur Tafel und aus Sicherheitsgründen zu den ersten Schülertischen haben. Am Experimentiertisch befinden sich eine zentrale Stromabschaltung und der Gashaupthahn für die Energiesäulen der Schüler. Die Regelung der Beleuchtung und Verdunkelung kann vom Experimentiertisch aus erfolgen. Fahrbare Tische ermöglichen einen raschen Wechsel der Aufbauten in den Pausen. Die Energiesäulen sind so hoch wie die Schülertische. Werden jedoch vier Tische sternförmig an die Energiesäulen gestellt, so müssen diese die Tische überragen, damit die Strom-, Wasser- und Gasanschlüsse zugänglich bleiben. Sehr geeignet ist eine Versorgung von oben. Die Schülertische sollten sich je nach Unterrichtsform unterschiedlich anordnen lassen. Ein durchgehendes Fensterbrett ermöglicht die Aufstellung von Pflanzen und Vivarien sowie die Durchführung von Langzeitversuchen. An der Rückwand sind in dem mittleren Schrank auf ausschwenkbaren Unterlagen die Projektionsgeräte untergebracht. Steckdosen und Schalter zur Regelung der Beleuchtung und Verdunkelung sind dort eingebaut. An den übrigen Wandflächen sind halbhohe Schränke für die Schüler-Arbeitsgeräte und Literatur. Der Wandgang muss als Fluchtweg zu den beiden Türen mindestens 1 m breit sein. Zur Bedienung der Schülergruppen muss dort ein Tisch durchgefahren werden können.

Der *Vorbereitungsraum* ist häufig in einen Sammlungsraum integriert. Er sollte folgende Einrichtungsgegenstände enthalten:
– Sitz- und Schreibgelegenheit mit Internetzugang,
– Regale für Literatur,
– Experimentiertisch mit Ablauf und Tropfbrett zur Vor- und Nachbereitung von Versuchen und Pflanzenausstellungen,
– Geschirrspüler,
– Stellflächen für fahrbare Tische.

Als weitere Hilfsräume und Sonderräume empfiehlt es sich, einen getrennten *Tierhaltungsraum* einzurichten, der für die betreuenden Schüler zugänglich ist. Aus hygienischen Gründen dürfen Tiere (mit Ausnahme von Aquarientieren) nicht im Klassenraum gehalten werden (vgl. Hedewig 1993, 53). Den Biologielehrkräften sollte eine Werkstatt zur Herstellung von Versuchseinrichtungen, Käfigen für die Tierhaltung etc. zugänglich sein. An großen Schulen können noch ein *Gruppenarbeitsraum* für den naturwissenschaftlichen Bereich mit Büchern für die Schüler und eine *Lehrerstation* mit naturwissenschaftlichen Fachbüchern eingerichtet werden.

Manchmal muss der Biologieunterricht im *Klassenzimmer* stattfinden. Dann sollte der Raum verdunkelt werden können und mindestens ein Waschbecken enthalten. Experimentiergeräte werden auf einem fahrbaren Tisch, einem Tablett oder in einem Gerätekoffer transportiert. Als Wärmequellen dienen elektrische Kochplatten oder tragbare Kartuschen-Gasbrenner. Auch die meisten Objekte der Biologiesammlung lassen sich in das Klassenzimmer transportieren. Auf einen eigenen Vorbereitungs- und Sammlungsraum zur Biologie kann allerdings auf keinen Fall verzichtet werden. Biologieunterricht im Klassenzimmer ist nur als Notbehelf zu betrachten. Bereits bei nicht ausreichend ausgestatteten Fachräumen verarmt in der Regel das experimentelle Arbeiten im Biologieunterricht (Weigelt & Grabinski 1992, 3).

44.3 Die Biologiesammlung ist Voraussetzung für zeitgemäßen Biologieunterricht

Die *Biologiesammlung* ist heute eine unverzichtbare Einrichtung und Voraussetzung für die Durchführung eines zeitgemäßen Biologieunterrichts in der Schule. Sie umfasst vielfältige Arten von Medien, die für die Gestaltung von Lehr-/Lernprozessen mannigfach einsetzbar sind. In der Biologie werden wissenschaftliche Sammlungen und Lehrsammlungen unterschieden. Lehrsammlungen haben ihren Ursprung in den Kuriositäten- und Naturalienkabinetten des 16. Jahrhunderts. In den Francke'schen Stiftungen zu Halle ist beispielsweise das von August Hermann Francke angelegte „Kunst- und Naturalienkabinett" aus dem 18. Jahrhundert zu bewundern. Heute liefern die Sammlungen und Datenbanken wertvolle Grundlagen für die Forschung an Organismen (Klaus 2006; WR 2011).

Bei der schulischen Biologiesammlung handelt es sich um eine Sammlung verschiedenster Medien, die entsprechend der Ziele, Inhalte und methodischen Vorgehensweisen des Biologieunterrichts an einer Schule benötigt werden: Naturobjekte, speziell für den Unterricht hergestellte und vom Fachhandel angebotene Geräte und Anschauungsmaterialien, Bücher, Zeitschriften, selbst erstellte Portfolios (vgl. Winter 2003, 81; Häcker 2011), multimediale Lernspiele (vgl. Unterbruner & Unterbruner 2002) sowie lebende Pflanzen und Tiere, die im Schulgebäude gehalten werden (▶ 34). Sie sind vorwiegend in einem biologischen Sammlungsraum oder im Lehr- Übungsraum untergebracht. Die Biologiesammlung ist nicht statisch. Sie sollte vielmehr den Notwendigkeiten folgen, die sich aus der Weiterentwicklung des Biologieunterrichts (inhaltlich und methodisch) ergeben.

Die Nutzung der Biologiesammlung fördert die naturwissenschaftliche und biologische Kompetenzentwicklung der Lernenden. Die in den Curricula beschriebenen Ziele, Inhalte und methodischen Vorgehensweisen setzen eine Biologiesammlung voraus. Sie ist daher für einen modernen Biologieunterricht unabdingbar.

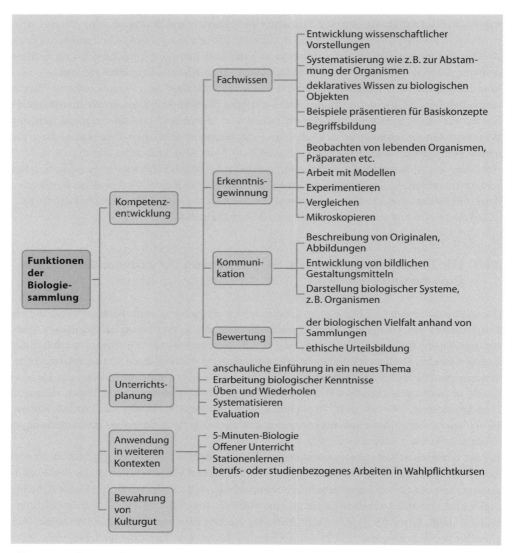

Abb. 44-1: Funktionen der Biologiesammlung

Mit dem Einsatz von Sammlungen können jedoch nicht alle Kompetenzen und Ziele des Biologieunterrichts erreicht werden. Bei phänologischen Beobachtungen wie auch beim Erfassen der biologischen Vielfalt, ökologischen Aspekten und angewandter Biologie ist das Lernen im Biologieunterricht auf direkte Naturbegegnungen angewiesen (vgl. Kreiselmaier 2002).

44.4 Die Unterhaltung der Biologiesammlung ist aufwändig

Die Neueinrichtung der Biologiesammlung ist sehr kostenaufwändig. Zur Erhaltung und Ergänzung der Sammlung ist ein jährlicher Aufwand erforderlich, z. B. für die Anschaffung neuer Medien und von Ersatzteilen, ebenso für Wartung von Geräten, Neubeschaffung von Chemikalien und Glasgeräten sowie Futterkosten für gehaltene Tiere (vgl. Wagener 1992, 168). Meist ist eine der Biologielehrkräfte für die Verwaltung, die Pflege und den Ausbau der Sammlung verantwortlich (Sammlungsleitung). Die Sammlungsobjekte (▶ Kasten S. 419) lassen sich auf verschiedene Weise erwerben:

- Die meisten Sammlungsgegenstände werden *gekauft*. Angeboten werden sie in Katalogen der Lehrmittelfirmen, Lehrmittelausstellungen wie Didacta und Interschul und Besprechungen in einschlägigen Zeitschriften. Man sollte prüfen, ob sie aktuellen wissenschaftlichen Erkenntnissen entsprechen, fachdidaktisch relevant, haltbar und einfach aufzubewahren bzw. zu pflegen sind.
- Eine Reihe von Objekten lässt sich durch *Sammeltätigkeit* der Lehrpersonen und der Schüler beschaffen. Schüler bringen häufig Objekte mit, die ihnen biologisch interessant bzw. fragwürdig erscheinen (vgl. Billich 1992). Viele dieser Objekte lassen sich in die Biologiesammlung eingliedern, indem sie beispielsweise herbarisiert (z. B. Algen; vgl. Kämmerer & Lindner-Effland 1997, 20 f.), präpariert (vgl. Entrich 1996), gehältert (z. B. Seesterne, vgl. Jäger & Twenhöven 1993, 35 ff.; Miesmuschel, vgl. Brandstädter 2010) oder einfach eingegliedert und zugeordnet werden (z. B. Sammelgut des Strandes, vgl. Schmidtke 1990). Für die Behandlung aktueller oder regionaler Themen ist das Sammeln und Katalogisieren von Bildern, von Zeitungs- und Zeitschriftenaufsätzen nützlich.
- Zur *kostenlosen Beschaffung* von Sammlungsobjekten verhelfen manchmal Verbindungen zu bestimmten Personen und Institutionen, z. B. Arzt, Landwirt, Förster, Fischer; Schlachthof, Botanischer und Zoologischer Garten, Naturkundemuseum, Krankenkassen sowie Sponsoren (z. B. Bank, Versicherungsgruppe).
- Eine Reihe von Sammlungsgegenständen kann von Lehrkräften und Lernenden *hergestellt* werden, z. B. Folien, Wandbilder, Fotos, einfache Struktur- und Funktionsmodelle, Experimentiergeräte, „Natur-Tagebuch" (vgl. Baer & Grönke 1981, 304; Knoll 1981; Meier 1993, 28 ff; Brucker, Flindt & Kunsch 1995; Berck 2001, 99).
- Viele *Gegenstände des täglichen Lebens* können anstelle teurer Laborgeräte bei einfachen Versuchen benutzt werden (z. B. Joghurtbecher, Gläser, Dosen, Küchengeräte, vgl. Palm 1979; Van Cleave 1993; 2003; Lucius 2000, 9).

Wie Sammlungsobjekte aufbewahrt werden, hat Auswirkungen auf die Zugriffsmöglichkeit im Unterricht, auf den zu betreibenden Pflegeaufwand sowie auf die langfristige Erhaltung und Bewahrung oft wertvoller Sammlungsbestände. Dabei sind die Richtlinien zur Sicherheit im Biologieunterricht zu beachten (vgl. GUV 2003; 2006; 2010). Die Sammlung sollte so strukturiert sein, wie es die tägliche Arbeit erfordert:

- *Kleinmaterialien und Arbeitsgeräte*: in verschließbaren Schränken im Fachraum, z. B. Lupen, Präparierbestecke, Glasgeräte wie Petrischalen und Bechergläser; Mikroskope; DVD-Spieler, Monitore, Videokamera, Datenprojektor, Dokumenten- und Schwanenhals-Kamera;

- *Naturobjekte:* als Klassensätze bzw. als Arbeitssätze für Kleingruppen im Sammlungsraum, z. B. Fellproben, Gewölle, Schädel und Knochen von Kleinsäugern, Schneckenhäuser. Empfehlenswert ist eine Aufbewahrung auf festen Regal- oder Schrankböden;
- *Präparate:* z. B. Kunstharzeinschlüsse und Flüssigkeitspräparate in getrennten Schränken im Sammlungsraum, vor Sonnenlicht geschützt;
- *Rollkarten:* aufgehängt im Sammlungsraum;
- Modelle: vorzugsweise in Vitrinen im Fachraum oder im Sammlungsraum;
- *DVD/Software:* in speziellen ausziehbaren Medientrögen in Schränken im Fachraum oder im Sammlungsraum.

Unabhängig von der Größe der biologischen Sammlung sollte in jeder Schule ein einfaches Sammlungsmanagement eingeführt werden, um die Sammlung dauerhaft zu erhalten und effektiv für den Unterricht zu nutzen. Jedes Sammlungsobjekt sollte inventarisiert und katalogisiert werden.
- *Inventarisierung:* Eintragung der relevanten Daten in das Inventarbuch/Inventarverzeichnis der Schule (Benennung des Objekts, evtl. Herstellerinformationen, Datum der Anschaffung und ggf. Wartung);
- *Katalogisierung:* ausführliche fachliche Beschreibung und systematische Zuordnung.

Die Aufbewahrungsorte der Sammlungsobjekte sollten aus der Beschriftung des Mobiliars hervorgehen und zugleich aus der *Sammlungskartei* zu ermitteln sein. Die Entwicklung eines schulinternen Katalogisierungssystems kann in Form einer leicht zugänglichen papiergebundenen Sammlungskartei oder computergestützt erfolgen (vgl. Terstegge 1988). Die Vorteile der elektronischen Archivierung liegen in der Recherchiermöglichkeit nach Wörtern sowie der räumlichen Unabhängigkeit (Krämer 2001). Probleme können sich ergeben, wenn neuere Varianten des Archivierungsprogramms mit früheren nicht kompatibel sind.

Die *Pflege* der Sammlungsobjekte wird durch ihre sachgemäße Unterbringung erheblich vereinfacht. Dicht schließende Schränke bewahren die Sammlungsobjekte vor Staub und Schädlingen, passende Behältnisse verringern Bruchschäden bei Glasmaterialien und Geräten, Abdunkelung bewahrt die Präparate vor Ausbleichung. Dennoch sind Pflegemaßnahmen erforderlich, vor allem:
- regelmäßige Wartung der Großgeräte; Reinigung der Präparate;
- bestimmte Sammlungsobjekte sollten jährlich gründlich auf Schädlingsbefall untersucht und desinfiziert werden: Herbarien, Stopfpräparate, Insektensammlungen, Federn, Nester. Vorbeugend sollten Mottenschutzpapiere in die Sammlungsschränke bzw. Behältnisse eingebracht werden. Durch Schenkung erhaltene Präparate sollten immer einer „Quarantäne" unterzogen werden, d. h. unter Abschluss gehalten und vorbeugend mit Schädlingsbekämpfungsmitteln behandelt werden;
- Kontrolle der Klassensätze – Naturobjekte, Kleinmaterialien, Arbeitsgeräte – auf Vollständigkeit und Funktionalität.

Ausstattung einer Biologiesammlung
Folgende Gegenstandsgruppen sollten berücksichtigt werden (vgl. auch Demel 1978; Palm 1979; LEU 1982; Wagener 1992, 168 ff; GUV 2003; 2006; 2010):

- *Grundgeräte für experimentelles Arbeiten,* z. B. Brenner mit Zubehör, Heizplatten, Kühlschrank, Wärmeschränke, Zentrifugen, Wasserstrahlpumpen, Stromversorgungsgerät, Handwerkszeug;

- *Messgeräte,* z. B. Waagen, Maßbänder, digitales Thermo- und Hygrometer, elektronisches pH-Meter, Windgeschwindigkeitsmesser;

- *Stativmaterial, Hebebühne, Universalklemmen;*

- *Geräte für das Arbeiten mit Lupe und Mikroskop,* z. B. Lehrermikroskope, Schülermikroskope, Lupen, Mikrotom;

- *Glasgeräte und Laborkleinmaterial,* z. B. Bechergläser, Erlenmeyerkolben, Messzylinder, Reagenzgläser, Standzylinder, Glasstäbe und -rohre, Deckgläser, Objektträger, Blockschälchen, Petrischalen, Pipetten, Mörser mit Pistill, Thermosflaschen, Porzellanschalen, Trichter, Marmeladengläser mit Deckel, Glasrohrschneider, Gummistopfenbohrer, Tiegelzangen, Holzzangen, Gummischläuche, Stangen, Draht-Keramik-Gitter, Reagenzglasständer, Kunststofflöffel, Kunststoffflaschen, Scheren, Pinzetten, Nadeln;

- *Spezialgeräte für Physiologie und Ökologie,* z. B. Umweltmesskoffer mit diversem Zubehör;

- *Geräte für das Sammeln, Präparieren und Pflegen von Tieren,* z. B. Kescher, Präparierbestecke, Aquarien und Terrarien mit Zubehör;

- *Chemikalien* für Schüler- und Demonstrationsexperimente;

- *Ganzpräparate und Teilpräparate,* einschließlich Skelette, z. B. Stoffpräparate, Einschlusspräparate, Anschauungskästen;

- *Mikropräparate,* z. B. zur Allgemeinen Biologie, Zytologie, Botanik, Zoologie, Ökologie, Mikroorganismen;

- *Modelle* zu allen Themengebieten der Biologie;

- *Projektions-, Ton- und Fernsehgeräte* sowie Zubehör, z. B. Tageslichtprojektoren, Kopierfolien, Textmarker, Dokumentenkamera, Monitor, CD/DVD-Spieler;

- *Materialien, Geräte und Einrichtungen zur Arbeitssicherheit, Unfallverhütung, Entsorgung,* z. B. Sicherheitsschränke, Schürzen, Schutzhandschuhe, Schutzbrillen, Gasabzug, Etiketten für Entsorgungsbehälter;

- *Computer* mit Zubehör, *CD/DVD;*

- *Wandbilder, Poster.*

44.5 Die Biologische Sammlung kann Ausstellungscharakter haben

Der Ausstellungscharakter einer Biologiesammlung sollte gefördert werden. Dazu können in staubdichten Glasschränken gut erhaltene und aussagekräftige Objekte aufbewahrt werden. Alle Objekte müssen beschriftet werden. Die Beschriftung kann entweder am Objekt selbst angebracht oder dem Objekt in Form einer Karte oder eines „Reiters" aus festem Karton beigegeben werden. Die wichtigsten Elemente der Beschriftung (z. B. Karteinummer, Artname, Geschlechtsangabe) sollten an einer normalerweise nicht sichtbaren Stelle des Objekts angebracht werden. Wenn das Objekt im Unterricht ohne Beschriftung eingesetzt werden soll, wird sie zugeklebt oder verbleibt im Schrank.

Im Rahmen des Projektunterrichts oder im Zusammenhang mit offenen Unterrichtsformen können die Sammlungsobjekte von Lernenden und Lehrenden zur Gestaltung thematischer Schaukästen oder Vitrinen genutzt werden.

Bei der Gestaltung sollten folgenden Kriterien geprüft werden:
- Steht die Vitrine optimal – dort, wo sie gut gesehen werden kann und wo sie trotzdem den Durchgang nicht stört?
- Dient die Vitrine Anschauungszwecken oder soll mit den Gegenständen handelnd, z. B. im Rahmen einer Stationenarbeit, umgegangen werden?
- Werden formale Kriterien eingehalten: wenig Text, Schriftgröße > 16 pt, deutliche Kennzeichnung der biologischen Objekte?
- Gibt es eine bestimmte Zielgruppe/Jahrgangsstufe?
- Ist die mit den Sammlungsstücken angesprochene inhaltliche Dimension für die Lernenden erkennbar?
- Ist deutlich geregelt, wer für die Gestaltung verantwortlich ist?
- Ist ein zeitlicher Rahmen für die Ausstellung vorgesehen, z. B. ein Schulhalbjahr?

45 Schulgelände und Schulgarten

Carolin Retzlaff-Fürst

- Schulgelände und Schulgarten sind wichtige Lernorte für Biologieunterricht.
- Ein lernförderlich gestaltetes Schulgelände ermöglicht vielseitigen Biologieunterricht.
- Ein Schulgarten hat vielseitige didaktische Funktionen.
- Die spezielle Anlage eines Schulgartens bedingt seine Einsatzmöglichkeiten.
- Ein Schulgarten erfordert großen Aufwand.

45.1 Schulgelände und Schulgarten sind wichtige Lernorte für Biologieunterricht

Das *Schulgelände* umfasst den gesamten Bereich der Schule mit Schulgebäude, Sporthalle, Sportplatz, Pausenhof und den dazwischen liegenden Flächen. Es erfüllt im Schulleben wichtige Funktionen. Es werden Naturräume, Handlungsräume, Sinnesräume, Ruhe- und Kommunikationsräume sowie Spiel- und Bewegungsräume unterschieden, die teilweise außerschulische Lernorte ersetzen können (▶ 46; 47). Ein entsprechend gestaltetes Schulgelände trägt zur Profilbildung einer Schule bei und sollte unter Beteiligung der Nutzer und Beachtung ihrer Nutzungsinteressen geplant und gepflegt werden. Naturräume auf dem Schulgelände bieten Zugang zu lebenden Organismen und können im Biologieunterricht genutzt werden (▶ 45.2).

Schulgärten sind begrenzte, innerhalb des Schulgeländes befindliche Bereiche, die intensiv bearbeitet werden. Die angelegten Beete werden regelmäßig von Lernenden und Lehrenden gepflegt. In wenigen Fällen befinden sich Schulgärten in der Nähe der Schulen auf eigenem Gelände. Von einigen Autoren (Winkel 1997, 22; Birkenbeil 1999) wird unter Schulgarten das gesamte naturnah gestaltete Schulgelände verstanden. Schulgärten erfüllen zahlreiche didaktische und pädagogische Funktionen (Österreicher 2011). Mit der Arbeit im Schulgarten werden kognitive, affektive und psychomotorische Ziele verbunden. Entsprechend können Lernende wichtige fachliche und überfachliche Kompetenzen erwerben. Schulgärten haben eine lange Tradition und gewinnen zunehmend an Bedeutung (▶ 45.3).

45.2 Ein lernförderlich gestaltetes Schulgelände ermöglicht vielseitigen Biologieunterricht

Die Außenanlagen bestanden lange Zeit nur aus einem großen, geteerten, eventuell mit Bäumen umstandenen Schulhof. Sie waren häufig mit ausländischen Bäumen und Sträuchern bepflanzt; die Grünflächen wurden von einem Zierrasen mit meist nur wenigen Grasarten eingenommen. In den vergangenen Jahren wurden viele Schulhöfe entsiegelt, naturnah umgestaltet und in kleinere Flächen strukturiert (NUA 2004; Grün 2005). Damit eröffnen sich Lernenden und

Modernes Schulgelände	Konventionelles Schulgelände
– ganztägig genutzter Spiel- und Aufenthaltsraum	– Aufenthaltsraum in den Pausen
– Raum für ganzheitliches Lernen	– Durchgang auf dem Weg zum Schulgelände
– Raum zum Ausgleich motorischer und gesundheitlicher Defizite	– Parkplatz
– Raum für Integration und Gewaltprävention	
– öffentliche Freifläche eines Stadtteils	
– Lebensraum für Pflanzen und Tiere	

Tabelle 45-1: Funktionen eines modernen und eines konventionellen Schulgeländes (nach Grün 2005)

Lehrenden vielfältige Handlungsmöglichkeiten für Anschauung und praktisches Lernen direkt in der Natur. Ein räumliches Gesamtkonzept bei der Gestaltung des Schulgeländes ermöglicht es, den Anforderungen an eine moderne Schule gerecht zu werden (Grün 2005).

Ein Schulneubau sollte immer mit der Gestaltung der Außenanlagen verbunden sein. Dabei ist es günstig, wenn die gesamte Schulgemeinde und vor allem die Biologielehrenden frühzeitig in die Planung eingebunden sind. Bereits vorhandene Schulhöfe können nach modernen Konzep-

---

Gestaltungselemente und Nutzung des Schulgeländes (nach Grün 2005; Köhler 2005, verändert)

Naturräume: Hecke aus heimischen Sträuchern, Teich mit Steg, Trockenmauer, Obstbäume, artenreiche Wiese, Ruderalflächen am Rand des Schulgeländes
Nutzung: unmittelbare Erfahrungen mit Pflanzen und Tieren im Lebensraum, Beobachtungen, Untersuchungen, Experimentierfläche, kein Aufenthaltsraum für die Pausen

Handlungsräume: Flächen, auf denen Schüler selbstständig tätig werden können
Nutzung: z. B. Hochbeete, Kunstprojekte, unmittelbare Erfahrungen, Beobachtungen, Untersuchungen

Sinnesräume: Duft- und Tastgarten, Barfußweg, Klangelemente im Baum, Kräutergarten, Flächen mit verschiedenen Materialien
Nutzung: primäre unmittelbare Sinneserfahrung, Experimentierraum

Ruhe- und Kommunikationsräume: Bänke, Stammabschnitte, Natursteine, Mauern, Atrium, Grünes Klassenzimmer, Pergola
Nutzung: Sitzgelegenheiten, Versammlungsort, Aufenthaltsbereich

Spiel- und Bewegungsräume: Rutsche, Seillandschaft, Tunnel, Ballspielflächen, bespielbare Bepflanzung, Balancierstämme
Nutzung: Spielbereich, Bewegungsschulung

tionen umgestaltet werden, indem versiegelte Flächen aufgebrochen und Naturräume gestaltet werden (vgl. Rauch 1981; Teutloff 1983; LEU 1995; Grün 2003; NUA 2004; Köhler 2005). Hierfür ist ein 10-stufiges Modell der Nutzerbeteiligung bei Planung, Bau und Pflege vorgeschlagen worden (Pappler & Witt 2001). Um die verschiedenen Wünsche und Bedürfnisse der Lernenden, aber auch der anderen Beteiligten, zu ermitteln und um späteren Konflikten vorzubeugen, werden die Überlegungen zur Schulgeländegestaltung auf Räume für Ruhe und Erholung, Spiel, Kreativität und Natur bezogen. Für jüngere Lernende sollen zusätzlich Räume für sinnliche Erfahrungen, kurz *Sinnesräume,* eingeplant werden. Die einzelnen Bereiche sollten in Naturräume, Handlungsräume, Sinnesräume, Ruhe- und Kommunikationsräume sowie Spiel- und Bewegungsräume gegliedert sein (▶ Kasten; Grün 2005).

Vielfältige Anregungen für die Planungsphase liefert beispielsweise die Beratungsmappe „Naturnahes Schulgelände" (NUA 2004).

Für den Biologieunterricht vorrangig nutzbare Bereiche des Schulgeländes sind Naturräume, Sinnesräume und Handlungsräume.

Naturräume sind Bereiche mit möglichst *einheimischen, ungiftigen* Bäumen und Sträuchern, Hecken, naturnahen Wiesen und Kleinbiotopen. Folgende Bäume und Sträucher (vgl. Altmann 1995) können empfohlen werden:

- *Waldbäume:* Spitz-Ahorn (Acer platanoides), Berg-Ahorn (Acer pseudoplatanus), Feld-Ahorn (Acer campestre), Schwarz-Erle (Alnus glutinosa), Grau-Erle (Alnus incana), Hänge-Birke (Betula pendula), Hainbuche (Carpinus betulus), Gewöhnliche Esche (Fraxinus excelsior), Winter-Linde (Tilia cordata), Sommer-Linde (Tilia platyphyllos),
- *Sträucher:* Wildrosen, Weißdorn (Crataegus laevigata und C. monogyna), Sanddorn (Hippophae rhamnoides), Purpur-Weide (Salix purpurea),
- *Obstbäume:* Apfel (Malus spec.), Kirsche (Prunus spec.).

An den verschiedenen Arten lassen sich unterschiedliche Themen der Biologie anschaulich vermitteln. Am Apfel lassen sich beispielsweise Aspekte der Züchtung und Nutzung zeigen, wenn fünf bis sechs Sorten und Wildformen sowie die Wuchsformen der verschiedenen Veredelungsunterlagen gepflanzt werden. Die Lernenden können neben biologischem Wissen wichtige Arbeiten der Baumpflege kennen lernen sowie nützliche und schädliche Insekten studieren (vgl. Becker 1979). An der Kirschblüte lässt sich gut die Entwicklung von der Blüte zur Frucht nachvollziehen.

Für die Beurteilung von Wachstumsraten, Blüh- und Fruchtzeiten spielen Klimafaktoren eine wichtige Rolle. Daher ist die Errichtung und Nutzung einer *Wetterstation* für den Biologieunterricht sinnvoll (vgl. Krüger & Millat 1962; Dorst 1979).

Sinnesräume und *Handlungsräume* können im Biologieunterricht beispielsweise genutzt werden, um die Entwicklung von Pflanzen im Kräuterbeet und im Hochbeet zu beobachten oder temporäre Biotope anzulegen (vgl. Kloen & Zacharias 1984; Kleber & Kleber 1994; Winkel 1997). Sand- und Kiesflächen bilden Pionierstandorte. Steinhaufen, Totholzstapel und Lehmwände fördern den Artenreichtum auf dem Schulgelände. Ein Feuchtgebiet mit einem einige Quadratmeter großen und an der tiefsten Stelle mindestens 1 m tiefen Teich (vgl. Wildermuth 1978; Winkel 1979; Zimmerli 1980) sorgt dafür, dass ein sonst in Schulnähe meist nicht vorhandener Feuchtbiotop für den Biologieunterricht verfügbar ist. Es können *Lehrpfade* eingerichtet werden, die Lehrpersonen und Lernenden Anregungen für den Unterricht geben (vgl. Rodi 1986; Gerhardt-Dircksen 1991).

Über die Frage, ob man lebende *Tiere* in Käfigen auf dem Schulgelände halten soll, gehen die Ansichten auseinander (*Schulzoo,* vgl. Steinecke 1951; Krüger & Millat 1962; Verfürth 1986). Reizvoll und wichtig ist die Aufstellung eines Honigbienenstandes. Biologische Schädlingsbekämpfung wird durch Schaffen von Lebensgrundlagen für Nützlinge praktiziert (z. B. Bauen von Nistkästen für Vögel und Nisthilfen für solitäre Hautflügler; vgl. Eschenhagen, Kattmann & Rodi 1991, 7; Winkel 1997; Köhler & Koop 1999). Besondere Beobachtungskästen bieten Einblicke in die Fortpflanzungsbiologie der Tiere (Lehnert 2002; Burger 2004).

Die Anlage von Naturräumen, Sinnesräumen und Handlungsräumen an Projekttagen ist für alle Beteiligten eine reizvolle Tätigkeit im Sinne praktischer Umweltbildung. Nur wenn das selbst gestaltete Außengelände regelmäßig in den Schulalltag einbezogen wird, können langfristige Erfolge erzielt werden. Für die *Integration in den Schulalltag* sind die folgenden Hinweise nützlich:

– *Stundenplan:* Die Arbeit auf dem Schulgelände sollten im Stundenplan fest verankert sein. Dazu können schuljahresübergreifende Fächer genutzt werden. Am besten geeignet sind Doppelstunden im Randbereich. Viele Themengebiete des Biologieunterrichts wie die Beobachtung der Artenvielfalt von Samenpflanzen, Experimente zu Keimungsbedingungen oder ökologische Untersuchungen können unmittelbar in den Biologieunterricht einbezogen werden. Der Wahlpflichtunterricht eröffnet gute Möglichkeiten für die Arbeit im Schulgelände.
– *Kontinuität:* Eine kontinuierliche Nutzung des Außengeländes sollte durch Einbindung verschiedener Fächer erfolgen. Beispielsweise bieten sich Plätze für Zeichnen oder Musizieren im Freien an.
– *Gruppengröße:* Eine ideale Arbeitsgröße bei Gruppen sind 10–15 Schüler, was aber oft nicht realisierbar ist. Umso wichtiger sind die Kontinuität der Arbeit im Freien und gut vorbereitete Arbeitsaufträge.
– *Arbeitsraum:* Wenn möglich, sollte ein mit Gartenbüchern, Bestimmungsbüchern und Lehrbüchern ausgestatteter Raum mit direktem Zugang zum Außengelände angelegt werden. Hier kann die Arbeit vorbesprochen und nachbereitet werden.
– *Wettbewerbe:* Die Teilnahme an Wettbewerben führt bei Schülern zu einer hohen Motivation und kann so zusätzliche Impulse für Tätigkeiten auf dem Schulgelände geben. Auf regionaler und Bundesebene gibt es eine Vielzahl von Wettbewerben im Bereich Umweltbildung (NUA 2004).

45.3 Ein Schulgarten hat vielseitige didaktische Funktionen

Die Anlage und die Benutzung des Schulgartens im engeren Sinn haben sich im Laufe der Geschichte gewandelt (vgl. Winkel 1997; Pehofer 2001). Er geht in seiner Tradition auf die Klostergärten (z. B. St. Gallen um 800) zurück. Schulgärten gibt es in Deutschland seit etwa 300 Jahren. August Hermann Francke legte 1695 in Halle einen Schulgarten als Anschauungsmittel an. Kenntnisse über Nutzpflanzen zu vermitteln war eine der wichtigsten Aufgaben von Schulgärten im 18. und 19. Jahrhundert. Nach dem 2. Weltkrieg nahm die Bedeutung der Schulgärten für die weitgehend kognitiv ausgerichteten Bildungsziele bis Ende der 1970er Jahre ab – Schulgärten waren in dieser Zeit eher schmückendes Beiwerk und erfüllten nur in geringem Maße unterrichtliche und erzieherische Funktionen. Mit Beginn der 1980er Jahre kam es mit dem Ziel der Umweltbildung und des Naturerlebens zu einer neuen Blüte naturnaher Schulgärten. Heute wird der Schulgarten als ein „didaktisch aufbereiteter" Lernort gesehen, der nachhaltiges, fächerübergreifendes Lernen anregen, die Entwicklung vielfältiger Kompetenzen fördern und einen wertvollen Beitrag zur Umweltbildung leisten kann – bei Kindern, Jugendlichen und sogar Erwachsenen (Birkenbeil 1999; aid 2005; Blair 2009; Giest 2010). Die Entwicklung von Schulgärten wird von der Bundes-Arbeits-Gemeinschaft Schulgarten (BAGS) unterstützt.

Es wird häufig empfohlen, einen Gartens naturnah zu gestalten bzw. als *Naturgarten* anzulegen (vgl. Schwarz 1980; 1981; 1983 a; b; Kloehn & Zacharias 1984; Neuhaus & Winkel 1987; Nogli-Izadpanah & Probst 1991; Schilke & Zacharias 1992; Klawitter 1992; Kleber & Kleber 1994; Winkel 1995; 1997; Birkenbeil 1999; NUA 2004). Dort sollten einheimische Bäume und Sträucher gepflanzt werden. An die Stelle des Zierrasens treten bunte und artenreiche Blumenwiesen. Wo es das Gelände erlaubt, werden Teiche angelegt und verschiedene „Biotope" geschaffen. Zwischen Naturgarten und konventionellem Garten gibt es charakteristische Unterschiede (▶ Tab. 45-2).

In einigen Städten gab es bereits im vorletzten Jahrhundert von den Stadtgärtnereien betreute Zentralschulgärten, aus denen sich zum Teil *Schulbiologiezentren* (z. B. in Hamburg, Hannover, Leipzig) entwickelt haben.

In der DDR war der Schulgarten im Rahmen der polytechnischen Erziehung bedeutsam (vgl. Böhme et al. 1987; Ministerrat der DDR 1988; Wittkowske o. J.). Fast jede Schule hatte einen Schulgarten. In den Klassenstufen 1 bis 4 gab es das Fach *Schulgartenunterricht* mit entsprechenden Lehrbüchern. Der Schulgarten war in erster Linie ein Nutzgarten; das fachgerechte Gärtnern mit dem Ziel einer guten Ernte stand im Vordergrund. Seit der Wiedervereinigung Deutschlands gab es tiefgreifende organisatorische und didaktische Veränderungen (vgl. Teutloff 1991; Schwier 1993). Der Schulgartenunterricht blieb in Sachsen-Anhalt und in Thüringen als Schulfach oder Aspekt des Sachunterrichts in der Primarstufe erhalten. Einen Studiengang „Schulgartenunterricht" gibt es an den Universitäten Halle-Wittenberg und Erfurt (Schlüter 2001).

Naturgarten	Konventioneller Garten
vorwiegend Lenkung	stärkere Gestaltung
Eingriffe nicht massiv	massive Eingriffe
Beobachten, Überlegen, Pflegen	Pflege nach Pflegeplan
Einsatz von wenig Fremdenergie	Einsatz von viel Fremdenergie
kein Einsatz von Gift	regelmäßiger und teils massiver Einsatz von Gift
keine Verwendung von Mineraldünger	Verwendung von Mineraldünger

Tabelle 45-2: Unterschiede zwischen Naturgarten und konventionellem Garten (nach Salzmann 1980)

Schulgärten erfüllen verschiedene Funktionen: Sie sind *Lernorte* (Schweitzer 1988), Lieferanten von Lerninhalten mit hoher Erschließungskraft (Giest 2009) und Kompetenzentwicklungsräume (Jäckel 2010). Der Schulgarten als Lernort dient primär der Naturbegegnung, dem Gewinnen von Naturerfahrung und der Naturgestaltung. Daraus leitet sich seine große Bedeutung für die Umweltbildung ab. Der Schulgarten als Lieferant von Lerninhalten „ist eine Miniatur der Wirklichkeit (z. B. für ein ökologisches System, einen Lebensraum, eine agrarische Produktionsstätte, die Gestaltung des Verhältnisses zwischen Mensch und Natur allgemein, den Umgang mit Komplexität und Unbestimmtheit). Eine solche Miniatur besteht in einem Ausschnitt der Realität, weist das Merkmal der Ganzheit, des Systems auf und zeigt hochkomprimiert eine Vielzahl von Zusammenhängen der Realität. Zugleich ist sie überschaubar und konkret. Der Schulgarten repräsentiert als Bildungsinhalt eine Vielzahl sinnlich konkreter Sachverhalte (durch praktisches Handeln in ihm Erlebbares, Erfahrbares), an denen Abstraktes erkannt bzw. gedanklich erschlossen werden kann" (Giest 2009, 109). Im Schulgarten werden Schüler auf der Grundlage von naturwissenschaftlichem Wissen angeregt, Kompetenzen im praktischen Handeln zu erwerben: Beispielsweise müssen in einem Nutzpflanzenbeet Kulturpflanzen von Wildkräutern unterschieden oder Arten entsprechend den Wachstumsbedingungen ausgewählt werden (Jäckel 2010).

In einem Übersichtsartikel zu US-amerikanischen Untersuchungen zum Thema „School Gardening" (Blair 2009) werden folgende Funktionen des Schulgartens herausgestellt: Schulgartenarbeit führt zu einem erweiterten Verständnis der Komplexität von Ökosystemen und wirkt sich auf die Umwelteinstellung bis ins Erwachsenenalter aus. Das Lernen im Freien führt zu einem erweiterten Verständnis des Verhältnisses von Natur und Kultur; selbstständiger Gemüseanbau hat Auswirkungen auf die Einstellung der Lernenden zur industriellen Lebensmittelherstellung. Mit der Schulgartenarbeit kann die Entwicklung wichtiger überfachlicher und fachlicher Kompetenzen gefördert werden, darunter Verantwortungsübernahme, Kooperationsfähigkeit beim Pflegen von Nutz- und Zierpflanzen und das Handeln im Sinne nachhaltiger Entwicklung.

45.4 Die spezielle Anlage des Schulgartens bedingt seine Einsatzmöglichkeiten

Drei Schulgartentypen können unterschieden werden: der *Biotopgarten,* der *Arbeitsschulgarten* und der ökologische Schulgarten (Birkenbeil 1999).

Der *Biotopgarten* besteht aus einem Ensemble von Kleinbiotopen auf dem Schulgelände oder in Schulnähe. Die Biotope sind natürlichen Lebensräumen nachgestaltet. Sie können temporär als Handlungsräume oder langfristig als Naturräume angelegt werden. Ziele: Erhöhung der Artenvielfalt im Schulgelände und damit verbunden Artenschutz und Naturschutz, Einüben von ökologisch sinnvollem Handeln; naturwissenschaftliche Erkenntnisgewinnung ist durch Beobachten, Untersuchen, Vergleichen, Experimentieren, Protokollieren und Zeichnen möglich.

Der *Arbeitsschulgarten* ist durch den naturnahen Anbau von Nutz- und Zierpflanzen gekennzeichnet. Schüler betreuen und beobachten die Entwicklung von Pflanzen, Bodenorganismen, Insekten und weiteren typischen Tierarten. Sie üben pflegerische Tätigkeiten. Ziele: Entwicklung von Ausdauer und motorischen Fähigkeiten durch pflegerisches Arbeiten über einen längeren Zeitraum hinweg, Artenkenntnis, sinnvolle Nutzung der Natur, Gesundheitserziehung, Ernährungserziehung; naturwissenschaftliche Erkenntnisgewinnung ist durch Beobachten, Untersuchen, Vergleichen, Experimentieren, Protokollieren und Zeichnen möglich (McAleese 2007).

Der *ökologische Schulgarten* ist eine Mischform von Nutzgarten und Arbeitsschulgarten. Einzelne Biotope sind in ein Gelände mit Nutzbeeten integriert.

45.5 Ein Schulgarten erfordert großen Aufwand

Über die Anlage und Pflege von Schulgärten informiert umfassende fachdidaktische und fachliche Literatur (z. B. Winkel 1989; Birkenbeil 1997; aid 2005; 2010). Sie gibt u. a. an, welche Voraussetzungen geklärt werden sollten, bevor ein Schulgarten eingerichtet wird.

> **Fragen vor Einrichtung eines Schulgartens**
> *Akzeptanz:* Einstellung der Schulaufsicht, des Schulträgers, der Schulleitung, des Kollegiums, des Fachkollegiums, des Hausmeisters und der Raumpflegerinnen
>
> *Organisatorische Grundbedingungen:* Wird die Arbeit im Schulgarten in den Klassen-Biologieunterricht integriert oder wird eine Arbeitsgemeinschaft gegründet? Gibt es eine verantwortliche Leitung durch erfahrene Lehrkräfte und wie steht es um deren Fortbildungsmöglichkeiten? Gibt es eine Betreuung während der Ferien?
>
> *Finanzielle Voraussetzungen:* Gibt es Finanzierungszusagen über die Zeit der Schulgartengründung hinaus?
>
> *Problem des Vandalismus:* Besteht die Gewähr, dass die Anlage nicht mutwillig zerstört wird; dass Beschriftungstafeln für Beete und Einzelpflanzen erhalten bleiben?
>
> *Ziele der Schulgartenarbeit:* Wird der Schwerpunkt auf einen Lehr-, einen Arbeits- oder einen Liefergarten gelegt? Soll der Arbeitsgarten von einer bestimmten Altersstufe (Primarstufe, Sekundarstufe I oder II) betreut werden? Welches Verhältnis zwischen praktischer Arbeit und unterrichtlichem Ertrag wird angestrebt?
>
> *Inhaltliche Schwerpunkte:* Liegt die Hauptbedeutung des Schulgartens auf der Systematik, der Ökologie, der angewandten Biologie?
>
> *Möglichkeiten der Unterbringung der Gartengeräte:* Ist sie in einem Schuppen oder einem Abstellraum des Schulhauses möglich?
>
> *Eignung des Standorts:* Eignet sich der Boden für die Anlage eines Schulgartens?

Die Einrichtung und Pflege eines Schulgartens erfordern viel Engagement, persönlichen Einsatz und Zeit. Der große Bildungswert und die mit der Schulgartenarbeit verbundene Freude stehen Schwierigkeiten verschiedenen Ausmaßes gegenüber (▶ Abb. 45-1, Müller & Müller 2003).

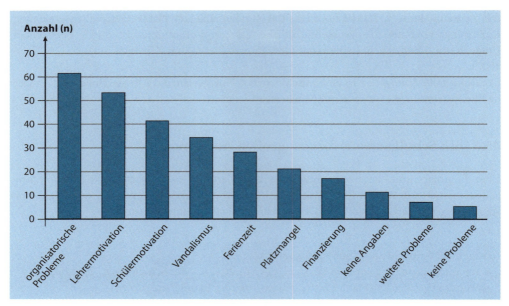

Abb. 45-1: Probleme der Schulgartenarbeit am Beispiel einer Umfrage an 241 weiterführenden Schulen in NRW; Mehrfachnennungen waren möglich (Müller & Müller 2003, 34).

Am besten gelingt Schulgartenarbeit, wenn sich möglichst viele Kollegen engagieren und die Schulgartenarbeit Teil des Schulprofils ist.

2002 wurde die Bundesarbeitsgemeinschaft Schulgarten (BAGS) gegründet (www.bag-schulgarten.de). Diese Einrichtung fördert die Schulgartenarbeit durch den Aufbau eines bundesweiten Netzwerks Schulgarten, durch Informations- und Erfahrungsaustausch und durch Öffentlichkeitsarbeit. In mehreren Bundesländern und auf regionaler Ebene haben sich Arbeitskreise gegründet, in denen sich Lehrer gegenseitig unterstützen und weiterbilden. Weiterhin wird die Schulgartenarbeit durch regelmäßige Wettbewerbe, durch Gartenfachberater und Bildungseinrichtungen (Naturschutzzentren, Schulbiologiezentren, Hochschulen) gefördert.

46 Freiland, Umweltzentren und Schülerlabore

Jürgen Mayer

- Außerschulische Lernorte sind Lernumgebungen außerhalb der Schule.
- Außerschulischer Unterricht fördert lebensnahe Lernerfahrungen und offene Sozialformen.
- Das Aufsuchen außerschulischer Lernorte sollte Bestandteil des Unterrichts sein.
- Natur und Umwelt, Angewandte Biologie und fachgemäße Arbeitsweisen sind bevorzugte Themen des außerschulischen Unterrichts.
- Die Lernwirksamkeit außerschulischen Unterrichts hängt von seiner didaktischen Gestaltung ab.

46.1 Außerschulische Lernorte sind Lernumgebungen außerhalb der Schule

Die Vielfalt außerschulischer Lernorte für den Biologieunterricht ist groß. Genutzt werden *Lebensräume* (Wald, Wiese, Gewässer), z. T. als didaktisch gestaltete Naturlehrgebiete (z. B. Lehrpfad, Freilandlabor) oder mit integrierten *Einrichtungen* (Naturschutz-, Umweltzentrum), Produktions- und Dienstleistungsbetriebe als Beispiele angewandter Biologie (Bauernhof, Forst-

Lernorte	Beispiele	Information
Naturlehrgebiete	– Schutzgebiete – Naturerfahrungsräume – Lehrpfad, Schulwald – Freilandlabor	www.europarc-deutschland.de www.waldpaedagogik.de
Umweltzentren	– Schulbiologie-, Naturschutzzentrum – Umweltzentrum, Umweltstation – Umweltmobil	www.umweltbildung.de www.banu-akademien.de
Naturheime und Bauernhöfe	– Schulland-, Jugendwaldheim – Schulbauernhof – Jugendfarm	www.schullandheim.de www.lernenaufdembauernhof.de www.bdja.org
Schülerlabore/ Science Center	– Schülerlabore – Science Center – Kinderuniversitäten – Wissenschaftstage/Sommeruni	www.lernort-labor.de www.ecsite.eu
Biologische Sammlungen	– Botanischer Garten/Grüne Schule – Zoo/Zooschule/Tierpark – Naturkundemuseum	www.biologie.uni-ulm.de/argp/ www.zoos.de www.museumsnetz.de

Tabelle 46-1: Außerschulische Lernorte für den Biologieunterricht

amt, Molkerei, Kläranlage), Schülerlabore und Science Center sowie biologische Sammlungen (z. B. Botanischer Garten, Tierpark, Zoo, Museum; ▶ Tab. 46-1; ▶ 47).

Für außerschulischen Unterricht gibt es keine allgemein anerkannte Terminologie. So werden u. a. die Bezeichnungen Exkursion (Unterrichtsgang, Lerngang, Lehrwanderung), Freilandunterricht und außerschulischer Unterricht gleichbedeutend verwendet. Der traditionelle Terminus Exkursion ist für Besichtigungen von außerschulischen Lernorten in Gebäuden (z. B. Schülerlabore und Umweltzentren) nicht gebräuchlich. International sind die Termini „learning outside of school" (Braund & Reiss 2004; 2006; Renni 2007), „out-of-classroom-activities" (Turner 2005), „fieldwork/field trips" sowie „informal science learning" (Hoftstein & Rosenfeld 1996; Bell et al. 2009) gebräuchlich. Die unterschiedlichen Formen des Unterrichtens außerhalb der Schule werden in diesem Beitrag als außerschulischer Unterricht zusammengefasst.

Freiland
Im Freiland kann prinzipiell jeder Biotop als Lernort genutzt werden: Wald, Wiese, Gewässer, Park oder Stadtbereiche. Areale, die von der Schule aus leicht erreichbar sind, haben den Vorteil, dass wegen der kurzen Wege eine tägliche Beobachtung möglich ist und die didaktische Gestaltung des Lernortes (Gestaltung spezifischer Biotope, Stege, Gerätehütten u. Ä.) sowie die Überwachung des Gebietes einfach sind. Die Nähe zum Schulgelände kann die Arbeit aber auch beeinträchtigen, indem Tierbeobachtungen durch ständige Störungen erschwert werden.
Schutzgebiete sind ausgewiesene Areale, die dem Schutz von Natur und Landschaft dienen. Je nach Schutzstatus unterscheidet man – in abnehmender Schutzintensität – Naturschutzgebiete, Nationalparks, Biosphärenreservate, Landschaftsschutzgebiete, Naturparks und Naturdenkmäler. Vielfach sind zur Erfüllung der Forschungs- und Bildungsaufgaben *biologische Stationen* eingerichtet, die der Erhebung von biologischen Daten, der Durchführung der Pflegemaßnahmen und der Erfolgskontrolle in den Schutzgebieten sowie meist der Öffentlichkeitsarbeit dienen. Außenstellen von Universitäten in ökologisch besonders interessanten Landschaften tragen oft den Namen Biologische Station.
Naturlehrpfade sind Wege, an denen durch Hinweise auf besonders bemerkenswerte Naturerscheinungen aufmerksam gemacht wird (vgl. Ebers 1996; Ebers, Laux & Kochanek 1997). Naturlehrpfade beziehen sich auf unterschiedliche Inhalte: botanische Lehrpfade (z. B. Baumlehrpfad), zoologische Lehrpfade (z. B. Vogellehrpfad), geologische und Boden-Lehrpfade, Biotop-Lehrpfade (z. B. Waldlehrpfad), Lehrpfade zur Angewandten Biologie (z. B. Weinlehrpfad, Waldschadenspfad) sowie erweiterte (kombinierte) Naturlehrpfade (mit geschichtlichen, heimatkundlichen oder technikgeschichtlichen Objekten). Lehrpfade unterscheiden sich in ihrer konkreten Ausgestaltung erheblich voneinander. Manche verwenden ausschließlich Informationstafeln bzw. Nummerierungen und eine erläuternde Begleitbroschüre. Sinnespfade bieten Übungen zur sinnlichen Wahrnehmung und Bewegung in der Natur. Interaktive Pfade setzen den Schwerpunkt auf angeleitete Eigenaktivitäten der Besucher, wie Lernen durch Aufgaben, Beobachtungen und Untersuchungen (vgl. Ebers, Laux & Kochanek 1997). Notwendige Utensilien für die Benutzung des Lehrpfads werden meist am Ausgangspunkt angeboten, z. B. einer Jugendherberge oder einem Naturschutzzentrum. Schulklassen können auf den Lehrpfaden geführt werden oder in Gruppen an gestellten Aufgaben arbeiten. Besonders bedeutsam sind

Lehrpfade für die Lernenden, wenn sie an Projekttagen gemeinsam mit Lehrkräften erstellt (vgl. Wessel 1992) oder auf dem Schulgelände eingerichtet werden.

Als *Freilandlabore* bezeichnet man weitgehend ursprünglich belassene, z. T. nach didaktischen Grundsätzen gestaltete Lebensräume, die für Freilandarbeiten mit Lernenden genutzt werden. Sie sollen auf engem Raum unterschiedliche Biotope mit einer artenreichen Pflanzen- und Tierwelt enthalten und mit Einrichtungen versehen sein, die das Arbeiten der Lernenden erleichtern (vgl. Heinrich 1996). Freilandlabore werden meist in Zusammenarbeit mit Hochschulen, Schulen, Naturschutzbehörden oder privaten Naturschutzverbänden angelegt. Voraussetzung ist, dass ein weitgehend naturbelassenes Gelände in Schulnähe vorhanden ist, das in Pacht genommen oder aufgekauft werden kann. Eine Arbeitshütte mit einem abschließbaren Raum für die Aufbewahrung von Geräten (z. B. Messgeräte, Mikroskope, Ferngläser) und Bestimmungsliteratur ist hilfreich. Im Übrigen sollte das Areal möglichst in seinem ursprünglichen Zustand erhalten bleiben.

Das spezifische Potenzial von Naturlehrgebieten als außerschulische Lernorte liegt in ihren Möglichkeiten zur unmittelbaren Naturerfahrung sowie zum freilandbiologischen Arbeiten, insbesondere im Zusammenhang mit den Zielen der Umweltbildung wie die Förderung von naturbezogenem Interesse und Motivation, von umweltbezogenen Einstellungen sowie von der Bereitschaft für ein umweltbewusstes Verhalten (▶ 21).

Umweltzentren

Umweltbildungseinrichtungen sind Institutionen, die sich außerhalb der allgemein bildenden Schule und der beruflichen Bildung mit Umweltbildung befassen (Giesel, de Haan et al. 2001; Giesel, de Haan & Rode 2002; Grimm 2003). Dazu gehören Umweltakademien, Naturschutzzentren, Vogelschutzwarten, Naturparkzentren und Nationalparkhäuser, Freiland- bzw. Freilichtmuseen, Biologische Stationen, Ökologiezentren und Schulbiologiezentren. Das spezifische Anliegen vieler Umweltzentren ist es, unmittelbares Naturerleben zu vermitteln, Umweltuntersuchungen durchzuführen und projektorientiertes, aktives Lernen zu fördern. Darüber hinaus werden die Ausleihe von Geräten, die Organisation von Projekten (z. B. Tag der Artenvielfalt), ein Freiwilliges Ökologisches Jahr oder (Lehrer)Fortbildungen angeboten.

Naturheime und Bauernhöfe

Schullandheime und Jugendwaldheime eröffnen die Möglichkeit eines mehrtägigen Besuchs mit einer Schulklasse. Der Aufenthalt in einem *Schullandheim* kann an Lebensräume heranführen, wie Gebirge, See, Moor, die den Lernenden aufgrund eines längeren Anreiseweges sonst nur schwer zugänglich sind. Im *Jugendwaldheim* können die Lernenden unter Anleitung eines Försters praktische Waldarbeiten durchführen, z. B. Anziehen und Setzen von Jungbäumen oder Wildfütterung. Auf einem *Schulbauernhof* nehmen die Lernenden an der Arbeit des Landwirtes teil und können sich mit den Beziehungen zwischen Landwirtschaft, Ernährung, Gesundheit und Umwelt auseinandersetzen (vgl. Landesinstitut für Schule und Weiterbildung 1992; Woydich, Tempel & Marks 1996). Sogenannte Jugendbauernhöfe und *Jugendfarmen* bieten meist in der Nähe von Großstädten die Möglichkeit – eingebunden in die offene Kinder- und Jugendarbeit – an Projekten zur Tierpflege, Gartenarbeit und anderen landwirtschaftlichen Arbeiten teilzunehmen (Probst 2008).

Während bei Jugendfarmen und Schulbauernhöfen die authentische Begegnung mit Nutztieren und ihrer Pflege im Vordergrund steht, bieten Schullandheime und Jugendwaldheime durch mehrtägige Klassenaufenthalte besondere Möglichkeiten für Unterricht. Dadurch kann Lernen in hohem Maße mit den sozialen Zielen des Zusammenlebens verbunden werden und Unterrichtsthemen können in projektartigem Unterricht erarbeitet werden, ggf. fächerübergreifend.

Schülerlabore

Schülerlabore sind „außerschulische Einrichtungen, in denen sich Schülerinnen und Schüler durch eigenes Experimentieren im Rahmen schulischer Veranstaltungen mit modernen Naturwissenschaften, Ingenieurwissenschaften, Mathematik und Informationstechnologie auseinandersetzen können. Dazu zählen Angebote in Universitäten, Fachhochschulen, Forschungseinrichtungen, Museen, Science Centern, Technologie- und Gründerzentren und der Industrie, die in geeigneten Laboren Begegnungen mit diesen Feldern ermöglichen. Die Experimentiertage finden regelmäßig, täglich oder wöchentlich statt" (Dähnhardt, Haupt & Pawek 2009, 8).

Schülerlabore erfuhren in den Jahren 2001 bis 2009 einen Gründungsboom. Im Verband *Lernort Labor* waren 2013 insgesamt 314 außerschulische Lernorte registriert, davon ca. 100 mit biologischen Lernangeboten (www.lernort-labor.de). Inhaltliche Schwerpunkte sind die Molekularbiologie und Gentechnik (vgl. Maxton-Küchenmeister 2003). Die Schülerlabore bieten unterschiedliche Veranstaltungen an, wie Schüler-Experimentiertage, Sommeruniversitäten, Betreuung von Facharbeiten und langfristige Kooperationsprojekte mit Schulen. Neben den Angeboten für Schüler bieten die Labore auch Kurse für Lehrkräfte, Lehramtsreferendare sowie -studierende an (Dähnhardt, Haupt & Pawek 2009).

Als zentrale Aufgaben der *Schülerlabore* können folgende Ziele und Prinzipien herausgestellt werden (vgl. Dähnhardt, Haupt & Pawek 2009):

– Förderung des Interesses von Kindern und Jugendlichen für Naturwissenschaften und Technik;
– Vermittlung eines zeitgemäßen Bildes dieser Fächer und ihrer Bedeutung für unsere Gesellschaft und deren Entwicklung;
– Ermöglichen von Einblicken in Tätigkeits- und Berufsbilder im naturwissenschaftlichen und technischen Bereich;
– unmittelbare Erfahrungen in Forschungsprozessen mittels Experimenten, projektartigen Arbeitsformen sowie selbsttätigkeitsorientierten Lernformen;
– aktive Auseinandersetzung mit möglichst lebensweltbezogenen, authentischen Problemen aus Forschung und Entwicklung;
– kooperative Arbeitsformen;
– authentischer Laborkontext durch (semi)professionelle Laborausstattung sowie Einbeziehung von Experten.

Science Center

Science Center nehmen hinsichtlich ihrer didaktischen Konzeption eine Mittelstellung zwischen Museum und Schülerlabor ein. Sie enthalten in der Regel Ausstellungsteile (ähnlich einem Museum), z. T. interaktive Exponate unter Einbeziehung neuer Medien sowie oftmals Experimentierstationen (Schliessmann 2006; Schlichting 2009). Ihr Ziel ist vor allem, Erfahrungen mit wissenschaftlichen Phänomenen zu ermöglichen und den Besuchern ein positives Erlebnis zu verschaffen. Mitmachen, Erleben und Staunen stehen dabei im Mittelpunkt der pädagogischen Konzepte. Pädagogische Grundlage der Konzeption sind die Förderung von Neugier und intrinsischer Motivation, die Nutzung multipler Lernformen, spielerische Erkundung und selbst bestimmtes Lernen (Rennie & McClafferty 1996). Weltweit existierten im Jahr 2013 etwa 1200 Science Center. Die aus den USA stammende Konzeption ist in Deutschland noch nicht weit verbreitet.

46.2 Außerschulischer Unterricht fördert lebensnahe Lernerfahrungen und offene Sozialformen

Der außerschulische Unterricht ist ausgesprochen vielgestaltig. Den Lernenden stehen Objekte, Phänomene und Institutionen zur Verfügung, die über die Möglichkeiten des Unterrichts im Klassenraum hinausgehen, ihn ergänzen und erweitern. Außerschulischer Unterricht ist nicht an die räumliche und in der Regel auch nicht an die zeitliche Reglementierung des Unterrichts im Klassenraum gebunden. Er eröffnet daher u. a. bei Tagesexkursionen und Studienfahrten umfassende und längerfristige, sonst unzugängliche Erfahrungen. In der Grundschuldidaktik werden außerschulische Lernorte besonders geschätzt (Hellberg-Rode 2004; Keck & Feige 2005; Feige 2006; Salzmann 2007; Dühlmeier 2008; Jürgen 2008).

Darüber hinaus sprechen spezifische Aspekte des *Lernens* für die Nutzung außerschulischer Lernorte (▶ Kasten). Ein wesentlicher Aspekt des außerschulischen Unterrichts ist die Begegnung der Lernenden mit Lebewesen und biologischen Phänomenen. Dabei bieten sich Chancen zu Eindrücken, gelegentlich sogar zu Erlebnissen, die im übrigen Unterricht, in dem die Objekte lernzielgerecht ausgewählt, präpariert und meist isoliert dargeboten werden, selten gegeben sind. Damit kann der Vielfalt der menschlichen „Naturverständnisse" und „Naturbeziehungen" (neben wissenschaftlichen auch ästhetische, instrumentelle und naturschützende Aspekte) Rechnung getragen werden (vgl. Kattmann 1993; Mayer 1994; 1996). Die vielseitigen Eindrücke hinterlassen dabei Spuren im Fühlen, Denken und Handeln und können über die reine Vermittlung fachlicher Kenntnisse hinaus ein lebendiges Bewusstsein für den Wert der Natur hervorrufen. Dies ist ein wesentlicher Einflussfaktor für umweltgerechtes Verhalten (▶ 21.8).

Die relativ offene Sozialform des außerschulischen Unterrichts bietet besondere Chancen des Kennenlernens und der Zusammenarbeit, so dass der Unterricht zu einem Gemeinschaftserlebnis werden kann, das die Basis für eine fruchtbare Weiterarbeit im Klassenzimmer darstellt. Die häufig in Zoos und Museen eingesetzten Methoden des Trails und der Rallye können das Vorgehen bereichern (▶ 47.4). Zudem kann außerschulischer Unterricht sinnvoll in Wandertage und Schulfahrten integriert werden (Brämer 1996; Nottbohm 1993). Besichtigungen von Betrieben und der Besuch von Institutionen zeichnen sich dadurch aus, dass die Lehrpersonen vorübergehend von Experten ersetzt werden. Sie werden selbst zu Lernenden und rücken diesen damit näher als im übrigen Unterricht.

Kennzeichen außerschulischen Lernens

Originale Begegnung: Bestimmte biologische Phänomene sind nur vor Ort über alle Sinne angemessen zu vermitteln (z. B. Lebensweisen von Tieren und Pflanzen, jahreszeitliche Erscheinungen, Hemerobie-Stufen, Bioindikation).

Authentische Kontexte werden vor Ort aufgesucht und können anschaulich und praktisch erlebt werden (z. B. Einblick in biologische Berufsfelder an Forschungsinstituten, in der Forst- und Landwirtschaft).

Unmittelbare Naturerfahrungen erfüllen motivationale und umweltbezogene Ziele von Unterricht und Bildung.

Biologische Arbeitsweisen: Einige Feldmethoden sind unabdingbar an die Arbeit im Freiland geknüpft (z. B. Freilandbeobachtungen von Tieren, Untersuchungen von Böden, Gewässern und Lebensgemeinschaften, pflanzensoziologische Aufnahmen, Einrichten und Pflegen von Lehrpfaden, Schulteichen).

Handlungsorientierung und *selbstständiges, praktisches Arbeiten:* Sie können stärker gefördert werden als im Regelunterricht. Die Eigentätigkeit der Lernenden spielt besonders in Science Centern oder Schülerlaboren eine große Rolle.

Projektartige Arbeitsvorhaben sind häufig leichter durchzuführen als im Klassenraum. Dies gilt besonders für Untersuchungen komplexer Sachverhalte (z. B. im Rahmen von Biotop-, Gewässeruntersuchungen, Biotopgestaltungen, Erkundungen von Landschaften wie Meer oder Alpen). Die Exkursionen selbst können projektartig angelegt werden, so dass das selbstorganisierte Lernen der Teilnehmer gefördert wird. Arbeitsteilige Gruppenarbeit bietet den Lernenden dabei Möglichkeiten zur individuellen Schwerpunktsetzung.

Soziales Lernen: Außerschulisches Lernen stellt im sozialen Bereich wertvolle Handlungs- und Erprobungsfelder bereit (z. B. durch Auflösung des Klassenverbandes, längere Aufenthalte in Landheimen, auf Klassenfahrten, ungeplante Lernsituationen). Durch die intensiven Kontakte des Zusammenlebens können sich die Beteiligten von einer ganz anderen Seite kennen lernen als im Klassenunterricht. Die ungezwungene Arbeitsatmosphäre vermindert Kommunikationsbarrieren.

46.3 Das Aufsuchen außerschulischer Lernorte sollte Bestandteil des Unterrichts sein

Planung

Der Vorbereitungsaufwand zum Besuch außerschulischer Lernorte ist pro Zeiteinheit höher als beim üblichen Klassenraumunterricht. Eine Reihe zusätzlicher Unsicherheitsfaktoren ist zu bedenken, angefangen bei den Witterungsverhältnissen bis hin zur Frage der Aufsicht.
Bei der Planung außerschulischen Unterrichts ist die langfristige von der kurzfristigen Vorbereitung zu unterscheiden.

Die *langfristige Vorbereitung* besteht darin, dass sich die Lehrperson einen Überblick über die Möglichkeiten verschafft, die die Umgebung ihres Schulortes für den Biologieunterricht bietet. Insbesondere ist zu klären, welche besonderen Möglichkeiten der Lernort zum Erreichen der festgelegten Unterrichtsziele bietet. Häufig wird man in einer *privaten Vorexkursion* den Lernort erkunden müssen. Sollen in die Durchführung des Unterrichts weitere Personen (Experten) ein-

---

Checkliste zur Vorbereitung

Welche *Unterrichtsziele* werden angestrebt? Stehen kognitive, affektive oder sozialkommunikative Ziele im Vordergrund? (▶ 25)

Welcher *Lernort* eignet sich am besten zum Erreichen der angestrebten Ziele? Passt das Angebot eines spezifischen Lernorts zu den angestrebten Zielen?

Wie können nötige *Informationen über den Lernort* erlangt werden? Welche Hilfsmittel – Karten, Prospekte, Abbildungen, Internet – können das Kennenlernen erleichtern?

Welche *Dauer* soll der außerschulische Unterricht haben?

Wie *groß* darf die Lerngruppe sein?

Wie hoch sind die *Kosten*? Welche (preisgünstigen) Verpflegungsmöglichkeiten gibt es vor Ort?

Wie ist die *Anreise* zum Lernort zu gestalten (Bus, Bahn, Fahrrad etc.)?

Welche Begrenzungen gibt es in Bezug auf *Naturschutz*?

Welche *Arbeitsmittel* und *Räume* stellt die Einrichtung zur Verfügung?

Wird Unterricht (z. B. Führungen) durch *Experten* angeboten, der den Vorkenntnissen der Lernenden entspricht?

Welche *Jahreszeit/Tageszeit* ist am geeignetsten für ein bestimmtes Thema? Welche Termine/Ausweichtermine sind möglich?

Welche *Ausrüstung* (Kleidung, Schuhwerk) erfordern der Lernort und Arbeitsweisen?

Welche *Themen* und Schwerpunkte bieten sich an? Welche Teilthemen können für Gruppenarbeit formuliert werden?

Welche *Lernvoraussetzungen* erfordert der Lernort? (▶ 23) Ist das Angebot altersgemäß?

Welche *Lernaufgaben* (▶ 27) und *Medien* müssen vorbereitet werden? Stehen PCs und Internetzugang zur Verfügung (▶ 43)?

Mit welchen *Arbeitsweisen* während des außerschulischen Unterrichts können die angestrebten Unterrichtsziele am besten erreicht werden (z. B. Einbeziehung von Experten; Gruppenarbeit/Einzelarbeit; Präsentationen, Lernrallye)?

Welche *Arbeitsmittel* sind notwendig (Notizheft, Arbeitsblätter; Sammelgefäße, Fanggeräte; Lupen, Ferngläser; Werkzeuge, z. B. Spaten, Baumschere; Messgeräte; Bestimmungsbücher)?

Strukturierung: Wie soll der Besuch am Lernort räumlich und zeitlich strukturiert werden? Lassen sich bestimmte Arbeitsschritte, Treffpunkte und -zeiten festlegen?

Wie sollen die *Schülerleistungen* evaluiert werden? (▶ 28)

Wie soll die *Vor- und Nachbereitung* des Besuchs mit den Schülern im Klassenraum erfolgen (z. B. Protokolle der Arbeitsgruppen, Präsentationen, Hausaufgaben)?

bezogen werden, so muss man mit ihnen genaue Absprachen über die verfügbare Zeit, Schwerpunkte der zu vermittelnden Inhalte und der verwendeten Methoden treffen. Weiterhin sollten die Lernenden über die thematische Einbindung, den Lernort, organisatorische Maßnahmen und die geplanten Arbeitsformen unterrichtet werden. Manche Formen außerschulischen Unterrichts erfordern die spezielle Vorbereitung einzelner Lernender oder Lernergruppen, z. B. im Hinblick auf die vorgesehene Demonstration bestimmter Objekte (▶ Kasten).

Die langfristige Vorbereitung kann die *kurzfristige Vorbereitung* erleichtern, sie aber nicht ersetzen. Jeder einzelne Schritt außerschulischen Unterrichts erfordert eine ganz spezielle Vorbereitung, insbesondere die didaktisch begründete Dauer der Arbeitsabschnitte, die gleichzeitig aber flexibel auf die aktuellen (zuweilen nicht vorhersehbaren) Bedingungen vor Ort abgestellt werden muss (▶ Kasten).

Durchführung am Lernort
Außerschulische Lernorte bieten aufgrund ihrer weniger formalen zeitlichen und räumlichen Struktur spezifische Möglichkeiten des Lernens. Sie können jedoch in methodischer Hinsicht eine besondere Herausforderung darstellen. Insofern muss die Durchführung des Unterrichts am Lernort entsprechend sorgfältig geplant werden (▶ Kasten). Insbesondere kommt es darauf an, dass das spezifische Potenzial des Lernortes (z. B. Naturerfahrungen, Experten, authentisches Experimentieren) optimal genutzt wird und mögliche Lernhindernisse (z.B. Ablenkungen, Überforderung, geringe Strukturierung) minimiert werden. Auf jeden Fall sollten die vorhandenen Möglichkeiten zur selbstständigen Schülerarbeit genutzt werden.

Die *Gliederung* (Artikulation) des außerschulischen Unterrichts sollte für die Lernenden aus dem Exkursionsverlauf deutlich werden. Gruppen-, Partner- oder Einzelarbeit sollten motivierend und klar strukturiert sein bzw. von den Lernenden selbst vorbereitet werden. In jedem Fall sollten die Lernenden über die zeitliche Begrenzung der Arbeit sowie zentrale Treffpunkte informiert sein.

Die *Arbeitsaufträge* müssen verständlich formuliert sein und den Lernenden einleuchten. Sie sollten bei sorgfältiger und zügiger Arbeitsweise zu einem deutlichen Erfolg führen können. In der Freilandarbeit ist darauf zu achten, dass möglichst wenige Lebewesen geschädigt werden. Das heißt: Pflanzen oder Pflanzenteile, die bearbeitet werden, brauchen nicht heraus- bzw. abgerissen zu werden. Kleintiere kann man zwar in vielen Fällen für einige Minuten (höchstens Stunden) zur Demonstration und Bestimmung in Gläsern halten. Danach jedoch werden sie am Fundort wieder ausgesetzt. Bei der Freilandarbeit sind die Natur- und Tierschutzbestimmungen, in Schülerlaboren die Sicherheitsbestimmungen sowie in Gebäuden (Museen, Umweltzentren) die jeweiligen Hausordnungen zu beachten.

Ein erstes *Zusammentragen von Ergebnissen* während des außerschulischen Unterrichts sollte einerseits der Abrundung und Sicherung der gewonnenen Einsichten dienen, andererseits den Ausblick auf den folgenden Unterricht eröffnen. Beobachtungs- und Untersuchungsergebnisse sind daher zu protokollieren. Fragen, die nicht gleich beantwortet werden können oder sollen, sind zu notieren, sodass sie später Berücksichtigung finden. Es ist zu entscheiden, welche Fundobjekte mit in die Schule genommen werden sollen.

Auswertung im Klassenraum

Mit der Rückkehr in die Schule ist der außerschulische Unterricht in der Regel noch nicht beendet. Ausgeteilte Arbeitsmittel und Bücher müssen eingesammelt und die ggf. mitgebrachten Pflanzen und Tiere versorgt werden.

Die eigentliche Auswertung wird vor allem darin bestehen, die Ergebnisse auf die Lösung der gestellten Untersuchungsfragen zu beziehen und zu reflektieren sowie noch offene Fragen zu sammeln. Eine Hauptaufgabe ist es, die Ergebnisse in den Ablauf des Unterrichts einzufügen und damit in größere Zusammenhänge zu stellen. Daher sollten die verschiedenen Beobachtungen während einer Exkursion zueinander bzw. zu bereits vorhandenen Kenntnissen in Beziehung gesetzt sowie für den folgenden Unterricht nutzbar gemacht werden. Die Auswertung kann vielfältige Aktivitäten umfassen:

– Beobachten und Untersuchen der mitgebrachten Objekte, das Herbarisieren von Pflanzen,
– das Vorführen von Videos oder Bildern der Exkursion in einer digitalen Präsentation,
– das Umsetzung der Ergebnisse in Karten, Tabellen, Diagrammen u. Ä.,
– das Erarbeiten eines Exkursionsberichts,
– das Präsentieren von Versuchsdurchführung und -ergebnissen,
– das Gestalten einer Ausstellung,
– die Planung der weiteren Arbeit.

46.4 Natur und Umwelt, Angewandte Biologie und fachgemäße Arbeitsweisen sind bevorzugte Themen des außerschulischen Unterrichts

Eine Befragung von 554 Biologielehrkräften zur Nutzung außerschulischer Lernorte wurde von Christoph Pohl (2008) durchgeführt. Von den Befragten wurden insgesamt 76 außerschulische Lernorte genannt; am häufigsten werden demnach Wald, Gewässer, Zoo, Naturkundemuseum und landwirtschaftliche Betriebe als außerschulische Lernorte genutzt. Meist werden ein bis zwei außerschulische Lerngelegenheiten im Zeitraum von zwei Jahren in den Unterricht einbezogen. Dabei nimmt die Häufigkeit der Besuche mit steigender Jahrgangsstufe innerhalb der Sek. I sowie zur Sek. II ab. Außerschulischer Unterricht wird während des regulären Unterrichts, an Wandertagen, während einer Projektwoche oder während Klassen- und Kursfahrten mit etwa gleicher Häufigkeit durchgeführt.

Außerschulischer Unterricht findet traditionell insbesondere im Rahmen der Umwelterziehung im weitesten Sinne statt. Aufgabe von *formenkundlichen Exkursionen* ins Freiland ist es beispielsweise, Lebewesen möglichst gut kennen zu lernen, sie von anderen Arten zu unterscheiden und sie bestimmten Organismengruppen zuzuordnen. Während im Klassenraum häufig nur abgepflückte Pflanzenteile und präparierte Tiere demonstriert werden können, kann man die Lebewesen draußen im natürlichen Zustand beobachten. Im Freiland können so – im Sinne einer zeitgemäßen Formenkunde – die Namen und die morphologischen Merkmale der Organismen mit ihren charakteristischen Verhaltensweisen und Lebensräumen verknüpft werden (vgl. Mayer & Horn 1993; Mayer 1994).

Im Kontext der *Umwelterziehung* dienen Exkursionen vor allem der Erkundung von menschlichen Einflüssen auf die Umwelt. Vor allem vegetationskundliche Untersuchungen (z. B. Transekte) lassen konkrete Rückschlüsse auf die herrschenden Umweltbedingungen zu. Bei diesen Exkursionen wird es darum gehen, die Lernenden für Probleme des Landschafts- und Naturschutzes zu sensibilisieren und einen verantwortlichen Umgang mit der Natur und Umwelt zu fördern.

Schließlich sind solche Themen außerschulischen Unterrichts zu nennen, die der Besichtigung biologisch interessanter Betriebe oder Institutionen zu Aspekten der *Angewandten Biologie* und des *Berufsbezugs* dienen, z. B. Gärtnerei, Bauernhof, Hühnerfarm, Pflanzgarten im Forstbetrieb, Fischereibetrieb, Imkerei, Champignonzucht, Molkerei, Mühle, Zuckerfabrik, Bierbrauerei, Kläranlage, Wasserwerk, Müllkompostierungsanlage; Gewerbeaufsichtsamt, Pflanzenschutzamt, Hygiene-Institut.

Der Veranschaulichung und Durchführung *naturwissenschaftlicher Arbeitsweisen* dient vor allem der außerschulische Unterricht in Schülerlaboren (Schülerlabore, Science Center). Im Zentrum stehen dabei meist zeit- und geräteaufwändige Experimente (z. B. gentechnische Schulversuche), Untersuchungen an lebenden Organismen, die in der Schule nicht verfügbar sind, sowie der Einblick in die Arbeitswelt von Wissenschaftlern.

46.5 Die Lernwirksamkeit außerschulischen Unterrichts hängt von seiner didaktischen Gestaltung ab

Lernen an außerschulischen Lernorten ist meist mit einem erhöhten Organisations- und Zeitaufwand sowie teils mit Kosten verbunden. Daher stellen sich die Fragen, inwieweit der Aufwand durch einen höheren oder qualitativ anderen Lernertrag gerechtfertigt ist sowie durch welche Lernunterstützung und Methodik bzw. durch welche Art der Vor- und Nachbereitung das Lernen am außerschulischen Lernort möglichst effektiv gestaltet werden kann. Diese Fragen sind anhand der spezifischen Ziele und Angebote des jeweiligen Lernortes zu beantworten.

Die Nutzung von Biotopen und ggf. spezifischer Einrichtungen (z. B. Lehrpfade) ist u. a. mit der Intention der unmittelbaren Naturerfahrung, der Vermittlung von Formenkenntnissen sowie der Förderung von Umweltbewusstsein (▶ 21.7) verbunden. Diese Intentionen stehen auch im Fokus entsprechender empirischer Untersuchungen. Der Frage, inwieweit sich Freilandunterricht in einem höheren Lernerfolg niederschlägt, wurde in verschiedenen Studien nachgegangen (Bittner 2005; Bogner 1997, 2011; Groß 2007; Forschungsübersichten bei Bell et al. 2009; Dillon et al. 2006):

- Generell zeigen Exkursionen und Freilandaktivitäten positive Effekte auf Wissenserwerb und motivationale Faktoren (z. B. Interesse, Einstellungen, Werthaltungen). Die Wirksamkeit von länger andauernden Lernaktivitäten ist in der Regel höher als bei Kurzzeitaktivitäten. Allerdings lassen sich bei Letzteren ebenfalls Lerneffekte erzielen (Bogner 1998).
- Naturbezogene Lernerfahrungen im Freiland werden von den Lernenden als motivierend und Interesse fördernd wahrgenommen. Dies kann sich positiv auf den Lerngegenstand „Natur und Umwelt" auswirken. So sind mit dem Besuch eines außerschulischen Lernortes oftmals positive Effekte auf Umwelteinstellungen und die Bereitschaft zu umweltbewusstem

Handeln verbunden (▶ 21.8). Eine Wirkungsevaluation der Umweltbildung des Nationalparks Harz zeigte in allgemeiner Hinsicht allerdings weder kurz- noch mittelfristige Effekte auf das Natur- und Umweltschutzinteresse der Teilnehmenden (Bittner 2003).
- Manche Untersuchungen erbrachten Hinweise darauf, dass in Biologie weniger leistungsfähige Schüler durch Exkursionen mehr gefördert werden können als durch Klassenunterricht.
- Die inhaltliche Wirkung entspricht nicht immer den Intentionen, die die Gestalter mit ihrem Lernort verbinden (vgl. Groß & Gropengießer 2005; Groß 2007).

Die Konzeption vieler Schülerlabore basiert auf der zentralen Annahme, dass das Durchführen von Experimenten automatisch das Interesse der Lernenden an den Naturwissenschaften fördere und das entsprechende Verständnis verbessere. Die erwarteten Effekte und die Gestaltung der Schülerlabore wurden in den vergangenen Jahren in mehreren Dissertationen untersucht (z. B. Engeln 2004; Brandt 2005; Scharfenberg 2005; Glowinski 2007; Guderian 2007; Pawek 2009; Zehren 2009). Dabei stehen die Evaluation der intendierten Ziele (Wissenserwerb, Interessenförderung, Stärkung des fachlichen Selbstkonzepts) und deren Zusammenhang mit der Ausgestaltung der Lernumgebung (Authentizität, Offenheit, Lernunterstützung) im Fokus des Interesses (Überblick bei Guderian & Priemer 2008).

Angesichts der steigenden Anzahl an Schülerlaboren liegen mittlerweile zahlreiche empirische Studien vor (Engeln 2004; Brandt 2005; Scharfenberg 2005; Glowinski 2007; Guderian 2007; Pawek 2009; Zehren 2009). Zentrale Befunde sind:
- Die Ausprägung affektiver Merkmale (Selbstkonzept, Interesse, Motivation) steigt unmittelbar nach dem Besuch eines Schülerlabors an (Brandt 2005; Guderian 2007; Brandt et al. 2008).
- Mittelfristig sinkt das Schülerinteresse nach einem Besuch des Schülerlabors wieder ab (Engeln 2004; Scharfenberg 2005; Guderian 2007; Glowinski 2007; Glowinski & Bayrhuber 2011).
- Die Einbindung des Laborbesuchs in den Unterricht wirkt positiv auf das aktuelle Interesse der Lernenden (Guderian 2007; Glowinski 2007; Glowinski & Bayrhuber 2011).
- Das Experimentieren allein wirkt sich nicht unmittelbar positiv auf den Wissenserwerb aus. Vielmehr spielen die experimentellen Vorerfahrungen sowie das Vorwissen (vgl. Scharfenberg 2005) eine entscheidende Rolle.
- Erhebliche Defizite zeigen sich im Verständnis des wissenschaftlich-experimentellen Vorgehens (vgl. Ziemek, Mayer & Keiner 2004).
- Wesentliche Ansatzpunkte zur Verbesserung der Lernwirksamkeit dürften vor allem in einer intensiveren Vor- und Nachbereitung des Laborbesuchs von Seiten der Schule (vgl. Engeln 2004), der Einbeziehung von Schülervorstellungen in den Laborunterricht (Franke & Bogner 2011), in der Vermeidung von zu hoher kognitiver Belastung der Lernenden (Scharfenberg & Bogner 2011) sowie der Stärkung des offenen, selbstständigen Experimentierens liegen (vgl. Mayer & Ziemek 2006; Scharfenberg 2005).

Zur *Gestaltung* von außerschulischem Unterricht lassen sich aus den empirischen Erkenntnissen folgende Hinweise ableiten:
- Außerschulischer Unterricht sollte eine bedeutungsvolle *Erfahrung* vermitteln, die im Klassenraum nicht möglich wäre.

- Lernende profitieren am meisten vom außerschulischen Unterricht, wenn die Interaktionen und Lernprozesse durch eine mittlere *Neuartigkeit* gekennzeichnet sind. Es gibt Anzeichen dafür, dass ein zu hoher Neuartigkeitsgrad den intendierten Lernprozess eher behindert. Wiederholte Besuche eines Geländes oder einer Einrichtung erzielen hohe Lernerfolge in allen Altersgruppen, insbesondere aber bei jüngeren Schülern.
- Der Lernerfolg kann wesentlich gesteigert werden, wenn die Lernenden schon *Vorinformationen* über den Exkursionsort erhalten haben. Sie sollten gut vorbereitet und mit den Zielen der Exkursion vertraut sein. Selbstverständlich sollte die Lehrperson selbst ebenfalls mit dem Gebiet oder der Institution vertraut sein.
- Die *Abstimmung mit dem Unterricht im Klassenraum* sollte möglichst eng sein. Im Klassenraum sollte in die Grundkenntnisse eingeführt werden. Im außerschulischen Lernort sollten diese durch sinnliches Erleben, Erkundungen und Untersuchungen vertieft und erweitert werden. Eine Festigungsphase im Klassenraum sollte sich anschließen.

47 Botanischer Garten, Zoo und Naturkundemuseum

Ute Harms

- Botanischer Garten, Zoo und Naturkundemuseum haben wissenschaftliche und pädagogische Aufgaben.
- Botanische Gärten sollen die Wahrnehmung der Pflanzenwelt fördern.
- Zoos machen die Vielfalt der Tierwelt erlebbar.
- Naturkundemuseen bieten eine Vielfalt an Lerngelegenheiten.

47.1 Botanischer Garten, Zoo und Naturkundemuseum haben wissenschaftliche und pädagogische Aufgaben

Botanische Gärten, Zoos und Museen haben im Spektrum außerschulischer Lernorte eine besondere Stellung (▶ Tab. 46-1, S. 429). Sie sind wissenschaftliche Einrichtungen mit Bildungsauftrag und betreiben eigene Forschungen. Ihrem Bildungsauftrag kommen sie nach, indem sie ihre biologischen Objekte der Öffentlichkeit präsentieren. Die Nutzung für den schulischen Biologieunterricht wird dadurch vorangetrieben, dass teilweise hauptamtliche Lehrkräfte als Garten-, Zoo- oder Museumspädagogen Bildungskonzeptionen für die jeweilige Einrichtung entwickeln. Dazu gehört die Schulung von Multiplikatoren, z. B. der freien Mitarbeiter des Führungsdienstes oder interessierter Lehrkräfte. Teilweise sind spezielle Unterrichtsräume eingerichtet, in denen die Veranstaltungen durchgeführt werden (Gartenschulen, Zooschulen, Museumsschulen).

Für den Besuch dieser Lernorte werden meist unterschiedliche Formate von den Institutionen angeboten (▶ Kasten). Für den Lerneffekt des Besuchs seitens der Lernenden ist die Einbindung dieser außerschulischen Aktivität in den Unterrichtsablauf besonders wichtig (vgl. Wilde & Bätz 2006). Sie sollte auf jeden Fall einen „Mehrwert" für die Schüler bieten und Lerngelegenheiten ermöglichen, die in der Schule nicht realisierbar sind (vgl. Weiser 2001).

47.2 Botanische Gärten sollen die Wahrnehmung der Pflanzenwelt fördern

Ein Botanischer Garten ist eine nach wissenschaftlichen Gesichtspunkten (z. B. nach Taxa, Vorkommen oder Ökosystemen) geordnete Anpflanzung krautiger Pflanzen, Bäume und Sträucher. Ergänzt wird sie häufig durch ein Alpinum, einen Steingarten mit meist (hoch)alpiner Flora, und/oder durch Tropenhäuser. Diese Gewächshäuser dienen der Ausstellung exotischer Pflanzen und sind der Öffentlichkeit meist zugänglich. Eine besondere Form des Botanischen Gartens ist das Arboretum, das sich auf Bäume und Sträucher beschränkt. Botanische Gärten sind verwaltungsmäßig meist wissenschaftlichen Einrichtungen (Universitäten, außeruniversitären Forschungsinstituten) angegliedert. Forschungsarbeiten, die hier durchgeführt werden, beziehen

Unterrichtliche Nutzungsformate Botanischer Gärten, Zoos und Naturkundemuseen
Führung: Die Führung einer Lerngruppe zu einem bestimmten Thema ist eine bewährte Form der Informationsvermittlung. Die präsentierten Objekte stehen dabei im Mittelpunkt. Führungen von Mitarbeitern der Einrichtungen finden aus didaktischen Gründen meist in kleinen Gruppen mit nicht mehr als 15 Personen statt und besitzen den Charakter eines Gesprächs mit vielen Interaktionsmöglichkeiten. Die meisten Einrichtungen bieten Führungen für verschiedene Altersstufen an (Breimhorst 2001; Weiser 2001; Mallock 2002).

Trail, Rallye: Hier steht den Lernenden ein thematisches Arbeitsheft zur Verfügung, in das Informationen, Fragen, Aufgaben, Zeichnungen, Spiele eingearbeitet sind. Viele Einrichtungen bieten solche Arbeitsmaterialien zu verschiedenen Themen an. Mit Hilfe von Markierungen finden die Lernenden ihren Weg. Diese Form ist gut geeignet, sich am Lernort zu orientieren und ihn mit seinen vielfältigen Angeboten kennen zu lernen. Sie wird besonders von Jüngeren (Orientierungsstufe, Sekundarstufe I) geschätzt. Man sollte sich erkundigen, ob sich die Lernenden ohne Begleitung Erwachsener frei bewegen dürfen.

Themengebundener Unterricht, Stationenarbeit: Wichtig für dieses Vorgehen ist speziell zum Thema erstelltes Arbeitsmaterial (vgl. Dürr & Rodi 1981; Erber & Göttert 1981; Janßen 1982; Krombaß & Harms 2008). Da vor den einzelnen Exponaten für eine große Lerngruppe meist kein Platz ist, arbeiten die Lernenden arbeitsteilig für etwa 60 bis 90 Minuten selbstständig an ihren Aufgaben. Zur Überprüfung ihrer Arbeit können sie Lösungsblätter erhalten oder die Ergebnisse in einzelnen Gruppen oder im Plenum besprechen. Man sollte Arbeitsblätter bevorzugen, die objektbezogene Erfahrungen und praktische Aneignungsweisen (eigenes Erforschen) unterstützen, damit den Lernenden das Papier nicht wichtiger als das Objekt wird. Viele Einrichtungen bieten entsprechende Arbeitsmaterialien an.

Arbeitsunterricht, Projektarbeit: Lernende erfahren bei dieser Form durch eigene Tätigkeit, wie in den Einrichtungen gearbeitet wird. Beispiele sind Präparier- oder Bestimmungskurse im Museum oder Stecklingsvermehrung im Botanischen Garten. Dafür sind in der Regel Arbeitsräume, zusätzliches Material, Bücher usw. vorhanden (zur Projektarbeit im Zoo vgl. Beyer 2003 a; b).

sich u. a. auf Themen der Pflanzensystematik, Pflanzengeografie, Vegetationsgeschichte oder Ökologie. Darüber hinaus wird zu anwendungsbezogenen Themen gearbeitet, wie zur Kultivierung potenzieller Zimmerpflanzen, zu Heilpflanzen und zum Artenschutz. Die Erhaltung alter Kultursorten und gefährdeter Arten durch Einrichtung von Schutzsammlungen, z. T. auch von Samenbanken, hat angesichts des weltweiten Artenverlusts zunehmende Bedeutung. In den 94 deutschen botanischen Gärten sind etwa 50.000 unterschiedliche Pflanzenarten in Kultur (Rauer 2000; vgl. Hurka, Neuffer & Friesen 2005).
Botanische Gärten stehen der Öffentlichkeit zur Verfügung und sind insbesondere in Städten beliebte Erholungsräume (vgl. Winkel 1990, 10; Schmidt 1996; Rauer 2000; Fischbeck-Eysholdt

2001). Darüber hinaus werden sie für den Unterricht als außerschulische Lernorte für botanische Themen genutzt. Biologiedidaktische Studien zeigen, dass Lernende nur ein geringes Interesse an Pflanzen in den Biologieunterricht mitbringen (vgl. Gehlhaar, Klepel & Fankhänel 1999; Urhahne et al. 2004). Pflanzen werden – insbesondere in hoch technisierten Ländern – nur noch am Rande wahrgenommen. James H. Wandersee und Elisabeth E. Schussler (2001) führen diese *Plant Blindness* auf wahrnehmungspsychologische Ursachen zurück. Es wird angenommen, dass durch die Nutzung eines Botanischen Gartens als außerschulischem Lernort das Interesse der Lernenden an Pflanzen positiv beeinflusst wird und – hierüber vermittelt – ein Lerneffekt erreicht werden kann. Grund dafür ist insbesondere die originale Begegnung mit Pflanzen und die dadurch veränderte Wahrnehmung Pflanzen gegenüber. Bisher gibt es für diese Annahme jedoch keine empirischen Belege.

Die inhaltlichen Schwerpunkte für die Nutzung eines Botanischen Gartens im Biologieunterricht lassen sich der Systematik und Morphologie, der Ökologie (z. B. Bestäubungsökologie, extreme Angepasstheiten, Biodiversität), Biogeografie, Genetik und Stammesgeschichte zuordnen. Arbeitsvorschläge gibt es zu Themen wie Ökosystem Regenwald, Zimmerpflanzen, Nutzpflanzen und Wildformen, Heil- und Giftpflanzen (vgl. Fränz 1982; Winkel 1982; 1990; Verfürth 1987; Franz-Balsen & Leder 1993; Lehnert & Wöhrmann 1998; AG Pädagogik im Verband Botanischer Gärten 2004). Neben dem Wissenserwerb können Arbeitstechniken geübt sowie die Sinneswahrnehmungen geschult werden (Gülz 1993). Das Empfinden für die Schönheit der Natur und das Staunen über die Artenvielfalt fördern die Naturverbundenheit (vgl. z. B. Fränz 1982; 1985; Winkel 1982; Große 1987). Eine Übersicht über Botanische Gärten in Deutschland findet sich in Schmidt (1996), im Informationssystem Botanischer Gärten (2004) sowie unter www.verband-botanischer-gaerten.de/pages/karte.html.

47.3 Zoos machen die Vielfalt der Tierwelt erlebbar

Zoos sind Einrichtungen, in denen einheimische und fremdländische Tiere in Gehegen, die vielfach als naturähnliche Biotopausschnitte gestaltet sind, gehalten und den Besuchern vorgestellt werden. Der Übergang der Bezeichnungen *Tier- und Wildpark* ist fließend. In Wildparks jedoch werden meist nur einheimische Tierarten gehalten. Zoos, Tier- und Wildparks haben die Aufgabe, das Bedürfnis vieler Menschen nach Erholung zu erfüllen, zu informieren, dem Artenschutz zu dienen und Forschungsmöglichkeiten für verschiedene Wissenschaften zu bieten (vgl. Dylla 1965; Winkel 1977; Beyer 1988; 1989; 1992; Flasskamp 1996; Weiser 2001). Manche Tiergärten bieten einen Streichelzoo an, in dem Kinder frei herumlaufende Tiere streicheln und manchmal füttern dürfen.

Zahlreiche Zoos unterhalten Zooschulen, deren pädagogische Programme direkt von Lehrkräften genutzt werden können. Auch ausgearbeitete Arbeitsmaterialien für Schüler stehen zur Verfügung (▶ Tab. 47-1; vgl. Rath 1978; Kirchshofer 1981; 1982; Verfürth 1986; Haßfurther 1986; Hertrampf & Laßke 1986; Nittinger, Krull & Rüdiger 1992; Pies-Schulz-Hofen 1992; Weiser 2001). Die unmittelbare Begegnung mit Tieren im Zoo ermöglicht einen affektiven Zugang zu den Unterrichtsthemen und soll u. a. dazu beitragen, dass die Lernenden schützende Einstellungen gegenüber Tieren und gegenüber der Natur entwickeln. Es wird angenommen, dass

443

Thema	Unterrichtsvorschläge
Körperbau, Lebensweise und Umwelt einzelner Arten	Kirchshofer 1977; Rath 1977; Witte 1992; Johannsen 2001; Weiser 2001; Bogusch, Bogusch & Weiser 2001; Brauner 2001
Ethologie, Verhaltensbeobachtungen, Soziobiologie	Lethmate 1977; Rath 1977; Kirchshofer 1983; Schneider 1984; Heilen 1987; Seger & Witte 1991; Beyer 2003 a; b; Hartmann 2003 a; b; Hofmann 2003; Klaus 2003; Oberwemmer 2003
Evolutionshinweise, natürliche Verwandtschaft, Biodiversität	Leder & Kämper 1992; Poehler 1992; Mair 1994
moderne artgerechte Zootierhaltung	Beyer 1998; Titzmann 1998; Storrer & Wüst 2003
Artenschutz durch Erhaltungszucht und Auswilderung	Beyer 1988; Flasskamp 1996; Maas 1998; Bogusch, Bogusch & Weiser 2001; Obermayr 2003

Tabelle 47-1: Themen mit Unterrichtsvorschlägen für den Zoobesuch mit Schulklassen

Erfahrungen im Zoo Lernende für die Verantwortung des Menschen den Tieren gegenüber sensibilisieren. Die Nutzung des Zoos bietet sich darüber hinaus besonders an für das Einüben der biologischen Arbeitsweise Beobachten – z.B. im Kontext Verhaltensbiologie (vgl. Dylla 1965; Kuhn 1975; Winkel 1977; Rath 1978; Kirchshofer 1981; 1982; Verfürth 1986; 1987; Seger 1990; 1996; Beyer 1992; Gerhardt-Dircksen 1992; Nittinger et al. 1992; Hartmann 2003 a; b). Eine Übersicht aller Zoos in Deutschland findet sich unter www.zoo-infos.de/set.html?karte.php.

47.4 Naturkundemuseen bieten eine Vielfalt an Lerngelegenheiten

Museen haben im Wesentlichen die folgenden Aufgaben: Sammeln und Bewahren, Forschen und Dokumentieren, Erschließen und Vermitteln. In modernen Naturkundemuseen werden Objekte ausgestellt, die eine Beziehung zur belebten Welt haben (Präparate, Nachbildungen, Modelle) oder von früher lebenden Organismen zeugen (Fossilien). Selten werden lebende Tiere und Pflanzen gehalten.
Naturkundemuseen bieten in der Regel eine ständige Ausstellung und daneben wechselnde Ausstellungen zu biologischen Themen an. Die ständige Ausstellung hängt meist eng mit dem Forschungsschwerpunkt der Einrichtung zusammen. Da Naturkundemuseen oft Sammlungen von Organismen erstellen, liegt der Schwerpunkt der ständigen Präsentation meist auf der Systematik und der Verwandtschaft der Lebewesen. Wechselnde Ausstellungen beziehen sich heute häufig auf anwendungsbezogene Themen, wie Fragen der Medizin oder des Umweltschutzes. Die Stellung des Menschen in der Natur wird zum Leitgesichtspunkt erhoben wie bei Ausstellungen zu den Themen *Mensch und Natur* oder *Landschaft und Mensch* (vgl. Dürr 1992).
Die Vielfalt der eingesetzten Medien ist in Naturkundemuseen groß. Es werden vielfach Texte, Bilder, Grafiken sowie Modelle, audiovisuelle Medien und Computerprogramme kombiniert (vgl. Krombaß & Harms 2006). Außerdem werden zunehmend Hands-On-Stationen integriert. Dies sind Exponate, die zum Anfassen und zu Aktivitäten ermutigen und anregen (vgl. Witte 1986; Schmitt-Scheersoi 2003). In vielen Fällen dienen sie der eigenständigen Beantwortung einer Frage oder der Lösung eines Problems. Antwort bzw. Lösung können dann z.B. durch

Knopfdruck erfragt werden. Ausstellungen werden so zu einem vielfältig nutzbaren Erlebnis- und Lernort (Gries 1996).

Die Präsentationsformen moderner Museen sollten ebenso wie von Museumspädagogen erarbeitete Lernangebote inhaltlich und methodisch so gestaltet sein, dass möglichst verschiedene Sinne angesprochen werden (vgl. Rodi 1975; Winkel 1978; Feustel 1981; Hesse 1994; Gries 1996; Mallock 2002). So wird neben dem kognitiven ebenso ein affektiver Zugang zu den Lerninhalten eröffnet, der das Biologieinteresse fördern kann (vgl. Schmitt-Scheersoi, Vogt & Naumann 2003; Schmitt-Scheersoi & Vogt 2005; Scheersoi 2006). Gerade für diesen affektiven Zugang bietet sich das Naturkundemuseum mit seinen vielfältigen Präsentationsformen biologischer Phänomene an.

Die Arbeit mit Schulklassen in einem Naturkundemuseum sollte immer durch Aufgaben geleitet sein. Empirische biologiedidaktische Studien haben gezeigt, dass halboffene Aufgaben in diesem Zusammenhang den höchsten Lerneffekt aufweisen. Eine zu große Offenheit der Aufgabenstellungen scheint die Lernenden zu überfordern (Wilde, Urhahne & Klautke 2003; Wilde & Urhahne 2008; Krombaß & Harms 2008).

Science Center integrieren Elemente klassischer Museen und Anteile von Erlebnisparks und ermöglichen insbesondere interaktive Erfahrungen. Interaktive Zugänge zum Thema Biodiversität bietet zum Beispiel das Informationssystem TREBIS im Dornbirner Museum „inatura" (Krombaß & Harms 2006).

Neben Museen bieten Vereine, Verbände oder andere außerschulische Institutionen (z. B. Greenpeace, BUND, Gesundheitsamt, Pro Familia) in unregelmäßigen Abständen lokale Ausstellungen zu biologischen Themen an. Sie sind oft für den Biologieunterricht nutzbar, da Aktuelles oder regional Bedeutsames thematisiert wird, wie Fragen des Umwelt- oder des Artenschutzes. Je nach pädagogisch-didaktischer Ambition des Anbieters werden manchmal spezielle Materialien für Lernende bereitgehalten. Meistens jedoch müssen die Lehrkräfte nach einem Vorab-Besuch ihre Impulse und Aufgabenstellungen für die Lernenden selbst planen und den Ausstellungsbesuch selbst gestalten.

Über *Sonderausstellungen* und einzelne Exponate zu Themen der Umwelt, Gesundheit und Genetik liegen biologiedidaktische Evaluations- und Wirkungsstudien vor (vgl. Scher 1998; Krüger 2000; Groß 2004; Groß & Gropengießer 2005). Ein neuer, origineller Ansatz der Vermittlung biologischen Wissens außerhalb von Bildungseinrichtungen stellt die Präsentation biologischen Wissens an Orten dar, die eigentlich einem anderen Zweck als dem der Wissensvermittlung dienen (Scheersoi, Groß & Kattmann 2012).

Quellen

48 Biologiedidaktische Quellen

Harald Gropengießer

- Fachdidaktische Quellen sind ein wesentliches Hilfsmittel für eine gründliche Unterrichtsplanung.
- Wissenschaftliches Arbeiten ist auf Quellen angewiesen.

48.1 Fachdidaktische Quellen sind ein wesentliches Hilfsmittel für eine gründliche Unterrichtsplanung

Wer Unterricht zu einem bestimmten Thema plant, greift gern auf Anregungen und Vorarbeiten anderer Lehrkräfte zurück. Schließlich werden die meisten Themen nicht zum ersten Mal unterrichtet. Selbst bei langer unterrichtspraktischer Erfahrung sind neue Ideen stets willkommen. An Biologie-Lehrende richten sich Zeitschriften, Bücher und Buchreihen für die Gestaltung von Unterricht. In Zeitschriften, die sich an Lehrkräfte verschiedener Schulstufen und Schularten wenden, werden vor allem neuartige Unterrichtssequenzen, die teilweise auf fachdidaktischen Konzeptionen beruhen und im Unterricht erprobt sind, veröffentlicht (▶ Tab. 48-1).

Neben Zeitschriften eignen sich *Handbücher* und *Sammelwerke* für die Planung von Unterricht:
- Eschenhagen, D., Kattmann, U. & Rodi, D. (Hrsg.). (1989–1999). *Handbuch des Biologieunterrichts Sekundarbereich I*. 8 Bände. Köln: Aulis.
- Freytag, K., Hampl, U., Staudenmaier, H.-J. & Wisniewski, H. (Hrsg.). (2001 ff.). *Z.E.U.S. Materialien Biologie*. 8 Bände. Köln: Aulis.
- Jaenicke, J. (Hrsg.). (1983 ff.). *Materialien zum Kursunterricht Biologie. Sekundarstufe II*. 10 Bände. Köln: Aulis.

Biologieunterricht	Unterricht in Naturwissenschaften
Praxis der Naturwissenschaften – Biologie in der Schule	Der mathematische und naturwissenschaftliche Unterricht
Unterricht Biologie	Sache – Wort – Zahl
The American Biology Teacher	Journal of College Science Teaching
	School Science and Mathematics
	School Science Review
	Science and Children
	Science Scope
	The Science Teacher

Tabelle 48-1: Zeitschriften-Quellen für Unterrichtsplanung und -gestaltung (Auswahl; die Reihenfolge ist innerhalb der deutschen und danach der englischen Titel alphabetisch.)

- Jäkel, L. (1995–2000). *Fertig ausgearbeitete Unterrichtsbausteine für das Fach Biologie*. Kissing: WEKA.
- Kähler, H. (Hrsg.). (1994 ff.). *Unterrichtspraxis Biologie. Sekundarbereich I*. 21 Bände. Köln: Aulis.
- RAAbits Biologie (1994 ff.). *Grundwerk für die Sekundarstufe I/II*. Stuttgart: Raabe
- Unterrichts-Materialien Biologie. *Grundwerk* (Sekundarstufe II). Freising: Stark.

Zu Biologie-Schulbüchern gibt es meist umfangreiche *Lehrerbegleitbücher* (▶ 42). Weiterhin kann die Suche im *Internet* erfolgreich sein, beispielsweise:
- Biologieunterricht info,
- biologieunterricht.org,
- FIS Fachportal-Paedagogik.de,
- IPN Leibniz Institut für die Pädagogik der Naturwissenschaften und Mathematik, Abteilung Didaktik der Biologie,
- learn line NRW,
- The Biology Corner,
- BioEd Online,
- Resources for Teaching Biology.

Schließlich finden sich in wissenschaftlichen Zeitschriften und Handbüchern der Fachdidaktik empirisch erprobte Unterrichtskonzepte und -beispiele (▶ 48.2).

48.2 Wissenschaftliches Arbeiten ist auf Quellen angewiesen

Ein Zwerg, der auf den Schultern eines Riesen steht, kann weiter sehen als der Riese selbst. Sogar auf den Schultern ganz normaler Wissenschaftler lässt sich das eigene Forschungsfeld besser überblicken. Und so sind Sichtung, Durcharbeitung, Einordnung und Klärung des Forschungsstandes zum gewählten Thema ein Muss. Für die Gutachter und Herausgeber einer Zeitschrift ist die mangelnde Berücksichtigung des Forschungsstandes einer der häufigsten Gründe, ein Manuskript nicht zur Publikation anzunehmen. Quellen sind für wissenschaftliches Arbeiten und für die Publikationen der Ergebnisse unentbehrlich. Das Wissen der Biologiedidaktik lässt sich aus vielen unterschiedlichen Quellen schöpfen:
- wissenschaftliche Zeitschriften (nationale und internationale),
- wissenschaftliche (Buch-)Reihen,
- Hochschullehrbücher,
- internationale Handbücher.

Am Anfang einer Recherche stellt sich allerdings die Frage, wie einschlägige und möglichst alle relevanten Artikel zu finden sind. Spezielle *Bibliografien* erleichterten in der Vergangenheit die Literaturrecherche. Große Verdienste hat sich hier Reinders Duit mit seiner bis 2009 gepflegten Bibliography – STCSE Students' and Teachers' Conceptions and Science Education erworben, die online frei verfügbar ist. Ausgehend von den so gefundenen Forschungsartikeln (research papers) oder besser noch von Überblicksartikeln (reviews) lassen sich die bis zu diesem Zeitpunkt relevanten Papiere im Literaturverzeichnis der Überblicksartikel identifizieren. Heute stehen *Internet-Suchmaschinen* für die Literaturrecherche wissenschaftlicher Dokumente zur Verfügung. Die bekannteste ist Google Scholar. Daneben lohnt es sich, *Fachdatenbanken* zu nutzen, wie FIS Fachportal-Paedagogik.de oder SearchERIC Educational Information Resource Center.

Einige *Zeitschriften* konzentrieren sich ausschließlich oder hauptsächlich auf wissenschaftliche Artikel zur Biologiedidaktik. Andere schließen die Didaktik weiterer naturwissenschaftlicher Fächer ein, manchmal zusätzlich die Didaktik der Mathematik und die der Technik (▶ Tabelle 48-2).

Wissenschaftliche *Buchreihen* umfassen jeweils eine Serie von Bänden, die fachdidaktische Dissertationen oder Forschungsbeiträge von fachdidaktischen Tagungen enthalten (Auswahl):
– Beiträge zur Didaktischen Rekonstruktion. Schriftenreihe zur fachdidaktischen Lehr-Lernforschung. Oldenburg: Didaktisches Zentrum.
– Didaktik in Forschung und Praxis. Hamburg: Verlag Dr. Kovac.
– Erkenntnisweg Biologiedidaktik. Beiträge der Frühjahrsschulen der Fachsektion Didaktik der Biologie im VBIO.
– Europäische Hochschulschriften. Reihe XI. Frankfurt a. M.: Peter Lang.
– Fachdidaktische Forschungen. Münster: Waxmann Verlag.
– IPN-Buchreihe. Leibniz Institut für die Pädagogik der Naturwissenschaften und Mathematik.
– Lehr- und Lernforschung in der Biologiedidaktik. Innsbruck: Studienverlag.

Lehrbücher der Biologiedidaktik für die Hochschule und die Lehrerbildung sind als Sekundärquellen zu nutzen, um einen Überblick über den Forschungsstand zu bekommen.

Biologiedidaktik	Didaktik der Naturwissenschaften
IDB Münster. Berichte des Institutes für Didaktik der Biologie	Zeitschrift für Didaktik der Naturwissenschaften
Bioscene – Journal of College Biology Teaching	International Journal of Science Education
Cell Biology Education	Journal of Elementary Science Education
Environmental Education Research	Journal of Research in Science Education
International Electronic Journal of Health Education	Journal of Research in Science Teaching
International Journal of Biology Education	Journal of Science Teacher Education
Journal of Biological Education	Research in Science Education
	Research in Science & Technological Education
	Science Education
	Science & Education

Tabelle 48-2: Zeitschriften-Quellen für Biologiedidaktik (Auswahl)

Neben der hier vorliegenden Fachdidaktik Biologie gibt es mehrere deutschsprachige Lehrbücher zur Biologiedidaktik, die sich vor allem in der Forschungsorientierung unterscheiden:
- Berck, K.-H. & Graf, D. (2010). *Biologiedidaktik. Grundlagen und Methoden.* Wiebelsheim: Quelle & Meyer Verlag.
- Graf, E. (Hrsg.). (2012). *Biologiedidaktik für Studium und Unterrichtspraxis.* Donauwörth: Auer Verlag.
- Gropengießer, H., Kattmann, U. & Krüger, D. (2012). *Biologiedidaktik in Übersichten.* Köln: Aulis.
- Killermann, W., Hiering, P. & Starosta, B. (2011). *Biologieunterricht heute.* Donauwörth: Auer Verlag.
- Krüger, D. (Hrsg.). (2012). *Biologie erfolgreich unterrichten.* Köln: Aulis.
- Labudde, P. (2010). *Fachdidaktik Naturwissenschaften. 1.– 9. Schuljahr.* Bern. Haupt.
- Spörhase-Eichmann, U. & Ruppert, W. (Hrsg.). (2010). *Biologie-Methodik. Handbuch für die Sekundarstufe I und II.* Berlin: Cornelsen Verlag Scriptor.
- Spörhase-Eichmann, U. & Ruppert, W. (Hrsg.). (2012). *Biologie-Didaktik. Praxishandbuch für die Sekundarstufe I und II.* Berlin: Cornelsen Verlag Scriptor.
- Staeck, L. (2010). *Zeitgemäßer Biologieunterricht.* Baltmannsweiler: Schneider Verlag.
- Weitzel, H. & Schaal, S. (Hrsg.). (2012). *Biologie unterrichten: planen, durchführen, reflektieren.* Berlin: Cornelsen Verlag Scriptor.

International werden zur Orientierung auf den Gebieten fachdidaktischer Forschung *Handbücher* genutzt:
- Abell, S. & Lederman, N. (Eds.). (2010). *Handbook of Research on Science Education.* New York: Routledge.
- Fraser, B. & Tobin, K. (Eds.). (2003). *International Handbook of Science Education.* Part 1 & 2. Dordrecht: Kluwer.
- Jorde, D. & Dillon, J. (Eds.). (2012). *Science Education Research and Practice in Europe.* Rotterdam: Sense Publishers.
- Treagust, D. & Tsui, C.-Y. (Eds.). (2013). *Multiple Representations in Biological Education.* Dordrecht: Springer.
- Vosniadou, S. (Ed.). (2008). *International Handbook of Research on Conceptual Change.* New York: Routledge.

49 Literaturverzeichnis

Den ausführlichen Nachweis der Literatur finden Sie im Internet unter:
www.aulis.de/files/A302868-Literaturliste.pdf
Sie können das Literaturverzeichnis dort als PDF-Datei zu Ihrem Gebrauch herunterladen.
Die Literaturquellen sind für jedes Kapitel des Buchs gesondert aufgelistet. Über die Suchfunktion können Sie jeden Titel durch Eingabe des Autors oder eines im Titel enthaltenen Worts finden.
Das Literaturverzeichnis wird regelmäßig aktualisiert. Die nach Drucklegung des Buchs eingefügten Titel werden mit einem Stern* gekennzeichnet.

50 Stichwortverzeichnis

Abbild 346
Abfolgediagramm 364, 371, 372 f.
Abgüsse 351
Abitur 262 f.
Abschreckungsmethode 150
Achsendiagramm 362
affektive Dimension 222, 262
Aggression 194
AIDS 165
Aktualitätsprinzip 86, 87
Alleinarbeit 239
Allgemeine Biologie 32
Alltagsphantasien 200
Alltagssprache 379, 381
Alltagsvorstellungen
 – Blutkreislauf 12–15
 – Experimentieren 289 f.
 – Erkenntnisgewinnung 59 f.
 – Lehrer 217 ff.
 – Schüler 12–15, 199–204
 – Tiere ordnen 17, 23, 296
 – Umweltwissen 182
 – Zukunft 184 f.
Altersklassendiagramm 362
Alterspyramide 362
Analyse
 – didaktische 233
 – ethische 121 f.
 – System- 109
Animationen 401 f.
Anthropomorphismen 201, 383 ff.
Arbeitsblätter 356
Arbeitsheft 356
Arbeitsschulbewegung 132
Arbeitstransparente 353 f.
Arbeitsweisen 268 ff.
Argumentieren 66–69
arteigenes Verhalten 135, 138, 140
Artenkenntnis 25, 181, 437
Artikulationsschema 240
Ästhetik 349, 352
Aufbausätze 355
Aufgaben 243–250
Aufgabenkultur 248
Aufgabentypen 249, 259
Aufschaukelungskreis 374
außerschulische Lernorte 429–433, 441–445
außerschulischer Unterricht 123 f., 405 f., 433, 440
Ausstellen 335 ff., 339, 341

Ausstellung 339–341, 420
Autopoiese 99

Basiskonzepte 34 f., 51–53
Bauernhof 431 f.
Baumdiagramm 362
Bedeutung 63, 99 f., 102
Bedeutungswandel 384
Begriff 98, 380, 382 f., 386
Begriffsbildung 295
Beobachtung 83 f., 273–277, 296 f.
Beobachtungskompetenz 275 f., 296 f.
Bereitschaften 49, 213
Berufsbild 213
Berufswissenschaft 44 f.
beschreibend-morphologische Betrachtungsweise 128
Beschreibung 90, 91 f.
Betrachten 269, 270
Betrachtungsebenen 93 f., 108, 109
Beurteilen 72
Bevölkerungspyramide 362
Bewerten 71–77, 72
Bewertungskompetenz 71, 74–77
Bilder 352
Bildmappen 352
Bild-Text-Verschränkung 394, 399 f.
Bildungsstandards 48, 49 f., 51, 57 f., 67 f., 223 f.
Bildungswert 24–28
Bildungsziele 223 f.
bilingualer Biologieunterricht 389
Bioethik 75, 116–118
Biologie 85 f., 105–109
 – und Gesellschaft 27 f., 71, 74, 141, 191
Biologiedidaktik 39, 41–45
biologiedidaktische Forschung 16–19, 41–43, 45
 – Aufgaben 246 f.
 – außerschulischer Unterricht 438 f.
 – Bewertung 76 f.
 – Computer 398, 399, 400 f., 402, 403, 409 f.
 – Interesse 205 f., 209 f.
 – Lebewesen im Unterricht 300 f.
 – Lehren 104, 217 f.
 – Medien 348 f.
 – Modelle 330
 – Naturkundemuseen 444 f.
 – Schulbücher 392 f.
 – Umweltbildung 173, 177, 181 f., 184 ff., 189
 – Vergleichen 296

453

- Vorstellungen zum Erkenntnisprozess 59 f.
- Vorstellungen zum Experimentieren 289 f.

Biologiefachräume 412–415
Biologielehrer 212–218
Biologiesammlung 415–420
Biologieschulbücher 390–394
Biologismus 136
Bioplanet 108, 109
Blockdiagramm 364
Blutkreislauf (Unterricht) 3–15
Botanischer Garten 429, 441 ff.
Brehm, Alfred 127

Chaos 92
cognitive load 399, 400 f.
Comenius 40, 125
Computer 395–410
conceptual change 102 f., 202
conceptual reconstruction 202 ff.
Curriculum 32, 228

Darstellungsformen 64 f.
Darwin, Charles 112, 130
Datengewinnung 274
DDR 32, 140, 425
Deduktion 84
Definieren 385 f.
Dendrogramm 362
Denkmodell 326, 327 f., 332
design based research 43
Deutung, 83, 276, 282, 376 f., 384
developmental research 43
Diagramme 360–377
Diagrammkompetenz 375
Diagrammtypen 360 f.
Diapositive 353
Didaktik 40
Didaktik der Biologie 39, 41–45
didaktische Analyse 233
didaktische Reduktion 21 f.
Didaktische Rekonstruktion 16–23, 231, 233
didaktische Strukturierung 16, 17–20, 233
Differenzierung 238 f., 241, 249
Dilemma 117
Distraktorenprüfung 260

Ebenen biologischer Organisation 93 f., 108, 109
Einbettung 23
Einheitliche Prüfungsanforderungen (EPA) 52 f., 262 f., 264
Einstellungen 218, 222
Einstieg 237, 240
Einzelarbeit 239

Ekel 178, 293
e-learning 407 ff.
Elementarisierung 22
Elternarbeit 166
emotionale Dimension 222, 262
Emotionen 103, 141, 163, 178, 184 ff., 222, 262, 293
Entdecken 274
entdeckendes Lernen 60 f.
Entscheidungsprozesse (Ethik) 119, 121–123
Entwicklungsforschung 43
Erbgangsdiagramm 368 f.
erfahrungsbasiertes Verstehen 199
Ergebnissicherung 240, 241
Erkenntnis 98 f.
Erkenntnisgewinnung 56–61, 288 f., 329 f.
Erkenntnismethoden 269–272
Erkenntnistheorie 99
Erklärung 89–92
Erklärungsprinzip 37
Erkunden 268 f., 270
Erleben 141, 176, 185 f., 293
Erschließungsfelder 34
Ethik 73, 75, 114 f., 118
ethische Analyse 121 f.
Eugenik 134, 139
euphemistische Umschreibung 382
Evaluation
- Lehrer 240 ff.
- Schulbücher 393 f.
- Schüler 251–265
- Unterricht 242

Evolution 35, 36, 37 f., 52, 86, 106 f., 109, 130, 140, 369
Evolutionstheorie 86, 106, 109
exemplarisches Prinzip 30 f.
Existenzbiologie 32, 174
Exkursion 405 f.
Experiment 286 ff.
experimentelles Arbeiten 286
Experimentieren 284 ff., 288 ff., 403 f.

Fachdidaktik Biologie 39, 41–45
fachdidaktische Forschung 16–19, 41–43, 45
- Aufgaben 246 f.
- außerschulischer Unterricht 438 f.
- Bewertung 76 f.
- Computer 398, 399, 400 f., 402, 403, 409 f.
- Interesse 205 f., 209 f.
- Lebewesen im Unterricht 300 f.
- Lehren 104, 217 f.
- Medien 348 f.
- Modelle 330
- Naturkundemuseen 444 f.
- Schulbücher 392 f.

- Umweltbildung 173, 177, 181 f., 184 ff., 189
- Vergleichen 296
- Vorstellungen zum Erkenntnisprozess 59 f.
- Vorstellungen zum Experimentieren 289 f.

Fach Naturwissenschaft 145–147
fachdidaktisches Wissen 214 f.
fächerübergreifende Aufgaben 144 f.
fachgemäße Arbeitsweisen 268 ff.
fachliche Klärung 8–11, 16, 17, 20
fachliche Rahmung 22 f.
Fachräume 412–415
Fachsprache 378 f., 381 ff.
Fachwissen 51–55, 224
Fachwörter 9, 10, 11, 163, 381 ff., 393 f.
Fähigkeiten 49, 222
Fallstudie 123, 234
Familiendiagramm 368 f.
Familienstammbaum 368 f.
Feedback 254 f.
Fehler 250
Fehlvorstellung 12–15, 200
Fernsehsendungen 359
Fernursache 91
Fertigkeiten 49, 222
Feyerabend, Paul 86, 87
Filme 358 f.
finale Ausdrucksweise 384
Fließgleichgewicht 92
Flussdiagramm 364, 367, 368, 369, 370, 371
Formenkunde 26, 181, 437
forschend entwickelnder Unterricht 60
forschendes Lernen 60 f.
Forschung, fachdidaktische 41–43, 45
- Aufgaben 246 f.
- außerschulischer Unterricht 438 f.
- Bewertung 76 f.
- Computer 398, 399, 400 f., 402, 403, 409 f.
- Interesse 205 f., 209 f.
- Lebewesen im Unterricht 300 f.
- Lehren 104, 217 f.
- Medien 348 f.
- Modelle 330
- Naturkundemuseen 444 f.
- Schulbücher 392 f.
- Umweltbildung 173, 177, 181 f., 184 ff., 189
- Vergleichen 296
- Vorstellungen zum Erkenntnisprozess 59 f.
- Vorstellungen zum Experimentieren 289 f.

Forschungsexperiment 287
Fraktale 92
Freiarbeit 239
Freilandarbeit 405 f., 429, 430 f.
Freilandlabor 429, 431

Friedenserziehung 194
Frontalunterricht 238
funktionale Beschreibung 90, 91
funktionell-morphologische Betrachtungsweise 129 f.

Gabeldiagramm 369, 370
ganzheitliche Betrachtungsweise 135, 140, 145
ganzheitlich-kritischer Biologieunterricht 32
Ganzheitskonzept (Gesundheit) 15
Garten
- Botanischer 429, 441 ff.
- Schulgarten 424–428

Gartenarbeit 427 f.
Gartentypen 424 ff.
Gedankenexperiment 288
Gefühle 103, 135, 141, 178, 184 ff., 262, 293
Gelegenheitsunterricht 145
Gender 158, 207
Genehmigungsverfahren (Schulbücher) 390
Gensymbole 368 f.
Geräte 346
Geschichte
- Biologie 105 f., 108, 110–113
- Biologieunterricht 125–141

geschlechtstypisches Interesse 207
Gesinnungsethik 120
Gespräch 63, 162 f., 385
Gestaltungskompetenz 171
Gesunde Schule 152 f.
Gesundheit 148
Gesundheitsförderung 149–153, 155 f.
Gesundheitskompetenz 151
Gesundheitswissen 150–152
Gewaltprävention 192
Gliederung (Unterricht) 238 f.
Glockenkurve 323, 326, 376 f.
große Ideen 35, 36 f.
Großformen 234 f.
Grundbildung 24, 48 f.
Gruppenarbeit 238 f.
guter Unterricht 241 f.

Haltungen 103, 222, 226
Handlungsmuster 269
Harvey, William 112
heimliche Ethik 118
Hempel-Oppenheim (HO)-Schema 89
Histogramm 362
historische Erklärung 86, 87
historische Quellentexte 388
historisch-genetisches Lernen 110
Höhenbestimmung 323
Hörbilder 357 f.

Humanbiologie 153 f.
humanzentrierter Unterricht 33
Humboldt, Alexander von 128
Hypertext 400
Hypothese 81, 83–85, 286
hypothetisch-deduktives Vorgehen 57, 58, 83–86, 270 f., 286

Ideologie 138, 140, 196
Indoktrinationsverbot 119, 164, 165
Induktion 82 f.
Informationsfülle 399 ff.
Informationstheorie 62 f.
Inhaltsauswahl 30 f.
inquiry 56, 61
integrierter naturwissenschaftlicher Unterricht 145–147
Interesse 204–211
Internet 407 ff.
Interpretation 83, 276, 282, 376 f.

Junge, Friedrich 128 f.

Kant, Immanuel 98
Kausalität 89
Kausalkreis 374
Kerncurriculum 228
Kerzenflamme 92
Klassenunterricht 238
Klassifizieren 17, 296
Koedukation 163
kognitive Dimension 222, 223
Kognitivismus 397
Kommunikation 62–70, 336
Kommunikationskompetenz 62, 68, 69, 70, 376
Kompetenzen 48 ff.
 – Beobachtung 275 f., 296 f.
 – Bewertung 71, 74–77
 – Diagramm 375
 – Erkenntnisgewinnung 56–60
 – Fachwissen 51–55
 – Gestaltung 171
 – Gesundheit 151
 – Kommunikation 62–70, 376
 – Modell 330, 333 f.
Kompetenzbereiche 49 f.
Kompetenzorientierung 48–50
Kompetenzstufen 24 f., 26, 224
Komplexität 95
Konkurrenzkreis 374
Konstruktivismus 63 f., 65, 88, 99–104, 202 ff., 240, 397
Kontext 22 f.

Konzeptwechsel 102 f., 202 ff.
Kosten-Nutzen-Ansatz 188
Kreationismus 37, 140, 141
Kreisdiagramm 362
Kreislauf 15
Kuhn, Thomas S. 86, 87
Kultur der Naturwissenschaften 80–97, 288
kumulatives Lernen 54 f.
Kurs 234
Kurvendiagramm 362, 363
Kürzel 316
Kybernetik 83, 372 ff.

Lakatos, Imre 88
Lamarck, Jean Baptiste de 105 f.
Landheim 432 f.
Leben 95, 107, 108
Lebensgemeinschaft 134 f., 138, 139 f.
Lebenskunde 125, 126, 133
Lebensprinzipien 34
Lebensstil 151 f., 188 f.
lebensweltliche Einbettung 23
Lebewesen
 – im Unterricht 132, 299–307
 – Medien 299
 – Pflegen 307–311
Lehr-/Übungsraum 414
Lehrberuf 2, 159 f., 212 f.
Lehrbuch 8, 21
Lehren 2–7, 217 f.
Lehrerbildung 167, 212–217
Lehrerrolle 2, 16, 166 f., 212 f.
Lehrerstation 415
Lehrervortrag 385
Lehrerzeichnungen 320
Lehrgang 234
Lehrpfad 430 f.
Lehrpläne 228 f.
Leistungskontrolle
 – Lehrer 240 ff., 242
 – Schüler 251–265
Lernaufgaben 243–250
Lerndimensionen 22 f.
Lernen 2, 101–103, 110
Lernerfolgskontrollen 256 f.
Lerninhalte 29–38
Lernlabor 429, 432, 437
Lernpotenzial 16, 17, 20, 233
Lernspiele 404
Lerntagebuch 261
Lernvoraussetzungen 14 f., 200 f.
Lernziel 220 f., 255
Lernzieldimensionen 220 ff.

Lernzieltaxonomien 220 f.
Lesefähigkeit, naturwissenschaftliche 24 f., 48
life-style-Konzept 151 f.
Linienführung 32
Linné, Carl von 128
Logik der Forschung 82, 86
Lorenz, Konrad 135, 140
Lupe 280

Maschinentheorie des Organismus 94
Mathematisieren 322 ff.
Mathetik 40
Maturana, Humberto 99
Mechanismus 94
Medien 299, 329 f., 344–349, 378, 395
Medientechnik 405
Medizinische Ethik 117
Mendel, Gregor 112
Mensch
  – Rassen 133 f., 139, 195
  – Ungleichheit 194 f.
Mensch-Naturverhältnis 175
Messen 274
Messwerte erfassen 405
Metaphern 102, 384 f.
Metaposition 385
Methodenkonzepte 232, 240
Methodik 40, 133, 193
methodische Großformen 234 f.
Mikroorganismen 293
Mikroskop 278, 280 ff.
Mikroskopieren 278 f., 281–283
  – Einführung 279 f.
misconception 200
Mitwelt 175
Möbius, Karl August 128
Modelle 325 ff., 360
Modellierung 57, 324, 326–329
Modellkompetenz 330, 333 f.
Modelltypen 331 f.
morphologische Betrachtungsweise
  – beschreibend- 128
  – funktionell- 129 f.
Motivation 207–211
Multimedia Lernen 397–403
Museen 429, 444 f.

Nachbereitung 242
Nachbildungen 351
nachhaltige Entwicklung 171 f., 195
Nahursache 90
Name 380
Narration 200

nationalsozialistische Ideologie 127, 131, 133–140
naturalistischer Fehlschluss 118
Nature of Science (NOS) 59, 96, 288
Naturerfahrung 176–179
Naturerfahrungspädagogik 178 f.
Naturerleben 141, 176
Naturerlebnispädagogik 175–179
Naturgarten 425
naturgeschichtlicher Unterricht 35, 37 f.
Naturheim 429, 431 f.
Naturkundemuseen 429, 444 f.
Naturschutz 177
Naturverständnisse 174–176
Naturwissenschaft (Fach) 145–147
Neurobiologie 100
Norm 115, 165
Normalverteilung 323, 326, 376 f.
Notengeben 262
nützliches Wissen 127

Oberflächenvergrößerung 323
Objektivierung 379
offener Unterricht 232
offenes System 92
Öffnung der Schule 190
Ökocaching 406
ökologische Betrachtungsweise 128 f.
Ökologisierung der Schule 190
Ökopädagogik 170
Operatoren 247
Ordnen 296
Ordnungsethik 120
Organisationsebenen 93 f., 108, 109
Organismen
  – im Unterricht 132, 299–307
  – Medien 299
  – Pflegen 307–311
Organsysteme 154 f.
Original 326, 327
Originalarbeit 21
originale Begegnung 346, 437
Output-Orientierung 48
Overhead-Projektion 353 f.

Paradigmenwechsel 86 f., 88
Partizipation 190, 192
Partnerarbeit 239
PCK (fachdidaktisches Wissen) 204 f., 218
Person-Gegenstandstheorie 204 f.
Personifizierung 384
Perspektivenwechsel 3
Pfeildiagramme 362, 366, 374
Pfeiltypen 366

Pflanzen
- im Unterricht 301, 307, 441 ff.
- Pflege 308
- Schulgelände 423

Pflege 307–311, 427 f.
pflegerische Leitidee 170
Phänomen 98
Phasen der Lehrerbildung 216
Pilze 306
Plenumsunterricht 238
Popper, Karl 81, 83, 86
Pornografie 165, 166
Portfolio 261, 356 f.
Präparate 350 f.
Präparieren 350 f.
Präsentation 64, 400
Praxisfelder (Biologiedidaktik) 44
Primärerfahrung 346, 347
problemlösender Unterricht 232, 240
Prognose 84, 286
Programme
- Verhalten 364
- Computer 395 f.

Projekt 234 f.
Propädeutik 96
Protokollieren 312–315
proximate Erklärung 90
psychomotorische Dimension 222
Punktdiagramm 362, 363

Qualifikationen
- Biologielehrer 212 f.
- Schlüssel- 225 f.

Quellenarbeit 64 f.
Quellentexte 388

Rahmung 22 f.
Rallye 442
Rassenkunde 133 f., 139
Rassismus 134, 139, 195
Realismus 98, 101
Realität 100 f.
Reduktionismus 93
Reflexion (Unterricht) 242
Reformpädagogische Bewegung 132
Regelkreisdiagramme 367, 368, 372, 373 ff.
Reiz-Reaktions-Diagramm 369, 370, 371
Relevanzkriterien 29 f.
representation 64
Richtlinien 228 f.
Risikofaktoren 150
Rückmeldung 254 f.

Sachanalyse 10
Sammeln 335
Sammlung 415–420, 429
Säulendiagramm 3, 6, 363
Schema 316
Schlüsselprobleme 144, 193
Schlüsselqualifikationen 225 f.
Schmeil, Otto 129 f.
Schöpfung 140
Schule
- und Gesundheit 152 f.
- und Sexualerziehung 159 f., 164
- und Umweltbildung 172 f., 190

Schulbauernhof 429, 431 f.
Schülerbeurteilung 251–265
Schülerlabor 429, 432, 439
Schülerorientierung 3, 198 ff.
Schulbücher 390–394
Schülervorstellungen 12–15, 199–204
- Blutkreislauf 12–15
- Erkenntnisgewinnung 59 f.
- Experimentieren 289 f.
- Tiere ordnen 17, 23, 296
- Umweltwissen 182
- Zukunft 184 f.

Schülervortrag 385
Schülerzeichnungen 319 ff.
Schulgarten 424–428
Schulgelände 421–424
Schullandheim 431 f.
Schweitzer, Albert 118
Schwierigkeitsgrad 260
Science Center 429, 432 f.
Scientific Literacy 24 f., 48
Sekundärerfahrung 346, 347
Selbstbestimmung 204, 208
Selbstevaluation 240, 254, 263
semantische Information 63, 99
Sexualbildung 158–168
Sexualerziehung in der Schule 159 f., 164
Sexualethik 117, 163 ff.
Sexualität 157 f.
Sexualverhalten 167 f.
Sezieren 404
Sicherheitsbestimmungen 292 f.
Simulationen 402–404
sinnige Naturbetrachtung 127, 141
Skizze 316
socio-scientific issues (SSI) 71, 74, 191
Software 395 f.
Sozialformen 238 f.
Spiele 12, 404
split attention 399

Sprache 9, 162 f., 378–389
Stammbaum
 – Familie 368 f.
 – Stammesgeschichte 369
Stationenarbeit 239
Stehbilder 352, 366
Sterndiagramm 362, 365
Stillarbeit 239
Streckendiagramm 362
Strukturierung des Unterrichts 4–6
Strukturierungsprinzipien 32 f.
Subjektivierung 200
Symbole 316, 366, 368 f.
synthetische Betrachtungsweise 131
System 92
systematische Gruppen 32
Systemeigenschaft 94 f., 99
Systemtheorie 92–95, 108, 109

Tafelarbeit 354 f.
Tandemarbeit 239
Taxonomie (Lernziele) 222 f.
Teleologie 91, 92
Teleonomie 92
Terminologie 9, 10, 11
Test 257 ff., 262
Testaufgaben 243, 258–260
Textarbeit 386 ff.
Text-Bild-Verschränkung 394, 399 f.
Textverständlichkeit 394
Theorie 43, 85, 112
 – erfahrungsbasiertes Verstehen 199
 – Evolutionstheorie 86, 106, 109
 – Person-Gegenstandstheorie des Interesses 204 f.
 – Selbstbestimmungstheorie der Motivation 208
Tiere
 – im Unterricht 301–306, 443 f.
 – Pflege 309, 310
 – Schulgelände 424
Tiere ordnen 17, 23, 296
Tierethik 117
Tierpark 429, 441, 442, 443 f.
Toleranzgebot 165
Tortendiagramm 362, 365
Treviranus, Gottfried Reinhold 105 f.

Übungsraum 414
ultimate Erklärung 91
Umgangssprache 162 f., 379
Umweltängste 185 f.
Umweltbewusstsein 183 f.
Umweltbildung 169–190, 172 f.
Umweltethik 117, 118

Umwelthandeln 186–190
Umweltkrise 169
Umweltwissen 180 f.
Umweltzentren 429, 431
UNESCO 169, 194
Unterrichtsartikulation 239 f.
Unterrichtsentwurf 235 ff.
Unterrichtsgespräch 162 f., 385
Unterrichtsgliederung 239 f.
Unterrichtsmethoden 131–133, 193, 234 f.
Unterrichtsplanung 3–7, 229–240, 290 f., 434–437
Unterrichtsprinzip 145
Unterrichtsqualität 241 f.
Unterrichtsreflexion 242
Unterrichtsschritte 237
Unterrichtssprache 9, 162 f., 380 f.
Unterrichtsstil 192 f.
Unterrichtsvorbereitung 227
Unterrichtsziele 220–226
Untersuchen 274, 275
utilitaristische Betrachtungsweise 127

Varela, Francisco 99
Variable 284
Verantwortung 115, 120 f., 307
Vereinfachung 21 f.
Vergleichen 294–298
Vergleichskriterien 294 f.
Verlaufsdiagramm 364, 371, 372 f.
vernetztes Denken 180
Verstehen 102, 199 f., 202
Versuch 286
Video 358
Vitalismus 94
Vivarien 424
Vorbereitung 227
Vorbereitungsraum 414
Vorstellungen
 – Blutkreislauf 12–15
 – Erkenntnisgewinnung 59 f.
 – Experimentieren 289 f.
 – Lehrer 217 ff.
 – Schüler 12–15, 199–204
 – Tiere ordnen 17, 23, 296
 – Umweltwissen 182
 – Zukunft 184 f.
Vortrag 385
Vorwissen 14 f., 200 f.
Vygotsky, Lew 101 f.

Wachstum 42, 324
Wandergruppenarbeit 239
Wandkarten 353

459

Wandtafel 354
Webquest 407, 408
Weißwandtafel 355 f.
Welterschließung 27, 288
Werte 114, 163–165, 166
Whiteboard 355
WHO 148
Wildnis 179
Wirklichkeit 100 f.
Wissenschaft 80 f.
Wissenschaftsethik 115 f., 117

Wissenschaftsphilosophie 80–97
Wissenschaftspropädeutik 56, 96 f.
Wochenplanarbeit 239
World Wide Web (www) 407
Wort 380

Zeichnen 316–322
Ziele 220–226
Zoo 429, 441, 442, 443 f.
Zukunftsvorstellungen 184 f.
Zweisprachigkeit 201

51 Autoren und Bearbeiter

Autoren der 9. Auflage

Dr. Susanne Bögeholz, Professorin für Didaktik der Biologie, Georg-August-Universität Göttingen, Fakultät für Biologie und Psychologie, Albrecht-von-Haller-Institut für Pflanzenwissenschaften, Abteilung Didaktik der Biologie

Dr. Karla Etschenberg, Professorin (i.R.) für Biologie und ihre Didaktik mit dem Schwerpunkt Humanbiologie und Gesundheitserziehung, Universität Flensburg, Institut für mathematische, naturwissenschaftliche und technische Bildung

Dr. Ulrich Gebhard, Professor für Erziehungswissenschaft unter besonderer Berücksichtigung der Didaktik der Biowissenschaften, Universität Hamburg, Fachbereich Didaktik der gesellschaftlichen und mathematisch-naturwissenschaftlichen Fächer

Dr. Harald Gropengießer, Professor für Biologiedidaktik, Institut für Didaktik der Naturwissenschaften, Leibniz Universität Hannover

Ilka Gropengießer, Hauptseminarleiterin und Fachleiterin für Biologie, Landesinstitut für Schule Bremen

Dr. Marcus Hammann, Professor für Didaktik der Biologie, Westfälische Wilhelms-Universität Münster, Fachbereich Biologie, Zentrum für Didaktik der Biologie

Dr. Ute Harms, Professorin für Didaktik der Biologie, Direktorin am Leibniz Institut für Didaktik der Naturwissenschaft und Mathematik (IPN) an der Christian-Abrecht-Universität Kiel, Abteilung Didaktik der Biologie

Dr. Ulrich Kattmann, Professor (i.R.) für Didaktik der Biologie mit dem Schwerpunkt Humanbiologie, Carl von Ossietzky Universität Oldenburg, Institut für Biologie und Umweltwissenschaften

Jürgen Langlet, Leiter der Internationalen Deutschen Schule in Brüssel

Dr. Jürgen Mayer, Professor für Didaktik der Biologie, Universität Kassel, Institut für Biologie

Susanne Meyfarth, Akademische Mitarbeiterin, Didaktik der Biologie, Freie Universität Berlin, Institut für Biologie

Dr. Georg Pfligersdorffer, Professor für Didaktik der Bio- und Geowissenschaften, Universität Salzburg, School of Education, Didaktik der Naturwissenschaften

Dr. Christoph Randler, Professor für Biologie und ihre Didaktik, Pädagogische Hochschule Heidelberg, Fachbereich Biologie

Dr. Carolin Retzlaff-Fürst, Professorin für Fachdidaktik Biologie, Universität Rostock, Institut für Biowissenschaften

Dr. Steffen Schaal, Professor für Biologie, Pädagogische Hochschule Ludwigsburg, Institut für Naturwissenschaften und Technik

Dr. Ulrike Unterbruner, Professorin für Didaktik der Bio- und Geowissenschaften, Universität Salzburg, School of Education, Didaktik der Naturwissenschaften

Dr. Annette Upmeier zu Belzen, Professorin für Fachdidaktik und Lehr-/Lernforschung Biologie, Humboldt-Universität zu Berlin, Institut für Biologie

Dr. Jörg Zabel, Professor für Biologiedidaktik, Universität Leipzig, Institut für Biologie

Ehemalige Autoren

Dr. Dieter Eschenhagen (gestorben 2012), Professor für Didaktik der Biologie, Carl von Ossietzky Universität Oldenburg, Institut für Biologie und Umweltwissenschaften

Dr. Karl-Heinz Gehlhaar, Professor (i.R.) für Biologiedidaktik, Universität Leipzig, Institut für Biologie

Dr. Frank Horn, Professor (i.R.) für Fachdidaktik Biologie, Universität Rostock, Institut für Biowissenschaften

Dr. Dieter Rodi, Professor (i.R.) für Biologie und ihre Didaktik, Pädagogische Hochschule Schwäbisch-Gmünd, Abteilung Biologie

Dr. Isolde Weber, Wissenschaftliche Mitarbeiterin (i.R.) für Sachunterricht und Schulgartenarbeit, Martin-Luther-Universität Halle-Wittenberg, Institut für Grundschulpädagogik